손에 잡히는 성경 이야기 _ 구약

손에 잡히는 성경 이야기 _ 구약

UNLOCKING THE BIBLE STORY

콜린 스미스 지음 | 김재영 옮김

국제제자훈련원

성경을 가르쳐주시고,

그리스도께로 인도해주셨으며,

하나님 중심의 삶으로

언제나 모범을 보여주고 계시는

부모님께 이 책을 바칩니다.

내 친구 중 한 명이 설교를 준비하는 데 얼마나 걸리느냐는 질문에 "40년 걸렸다"고 대답했다고 한다. 나는 지난 40년 이상의 세월을 되돌아보면서, 어린 시절부터 많은 사람을 통해 내게 성경을 가르쳐주시고, 내 삶 속에서 하나님의 복이 얼마나 중요한지를 깨닫게 해주신 하나님께 감사드린다.

지금은 주님 곁으로 가신 캠벨 헨더슨Campbell Henderson 목사님과 데릭 프라임Derek Prime 목사님께 깊은 감사를 드린다. 런던성경대학에서 역사신학에 대한 나의 연구를 지도해주셨던 토니 래인Tony Lane 교수님께도 큰 빚을 졌다. 그분은 내가 성경을 연구하는 데 꼭 필요한 신학적인 틀을 꾸준히 제공해주셨다. 또한 스튜어트 브리스코와 질 브리스코Stuart and Jill Briscoe에게도 감사를 전한다. 하나님께서는 그들을 통해 우리 가족이 미국으로 갈 수 있도록 인도해주셨으며, 상상력을 적절하게 발휘하며 설교하는 방법들을 가르쳐주셨다. 이 모든 친구들과 선생님들의 영향이 서로 어우러져 나의 삶을 이루었으며, 이 책 또한 마찬가지다.

특히 창세기 처음 몇 장들에 나타나는 신현神顯에 대한 나의 친구 조나단 스티븐Jonathan Stephen의 통찰력은 놀랄만하다. 그래서 그의 책,

『*Theophany:Close Encounters with the Son of God*』(Epsom, England:Day One Publications, 1998)을 흔쾌히 추천한다. 그의 신선한 접근은 에덴동산을 주관하신 하나님에 대해 새로운 안목을 가질 수 있도록 영향을 주었다. 또한 찰스 프라이스Charles Price가 쓴 율법의 목적에 대한 글에서도 많은 도움을 받았다. 그의 글을 통해 율법이 어떻게 하나님의 영광을 반영하는지 알 수 있었다.

인도 임마누엘병원협회에서 일하고 있는 나의 친구 라주 아브라함 박사Dr. Raju Abraham에게도 감사의 뜻을 전한다. 그는 어느 점심시간, 냅킨 위에 구약의 시대 구분표를 하나 그려주었는데, 그것을 내가 사용할 수 있도록 허락해주었다. 통찰력 있는 성경 교사인 라주와 나눈 많은 대화 속에서 나는 많은 자극을 받았고, 그 또한 하나님께 감사드린다. 책 전체의 시대 구분은 고든 콘웰 신학교 명예총장 월터 카이저Walter Kaiser 박사의 책에 근거하고 있다. 카이저 박사의 연대표들은 그의 탁월한 저서 『*A History of Israel*』(Broadman & Holman)에 나타나 있다.

마틴 로이드 존스Martyn-Lloyd Jones 목사의 저서에 친숙한 사람들은 이 시리즈 전체에 배어있는 그의 영향력을 금방 알아차릴 수 있을 것이다. 나는 그의 글에 흠뻑 빠져들었다. 특히 이 책에서 묘사한 낙원의 입구를 지키고 있는 칼(화염검)에 맞서 전진하는 그리스도에 대한 이미지는 창세기 3장에 관한 그의 설교집에 나와 있다.

지난 수년 동안 나의 마음속에 간직해두었던 수많은 생각과 문구들, 이야깃거리들이 다 기억나지는 않는다. 나는 오랜 세월 동안 그 진가를 인정해온 많은 목회자들과 친구들, 동료들에게 신세를 지고 있기 때문에 여러 사람들로부터 도움을 받았던 사상들의 출처를 확인하려고 노력했다. 만약 내가 잊은 것이 있다면, 실수를 부디 용서해주길 바란다.

이 책을 집필하면서 얻은 기쁨 중 하나는 이 작업에 역사하시는 하나님의 손길을 깊이 느낄 수 있었다는 점이다. 오차드 복음자유교회 성도 한 사람이 나도 모르는 사이 설교 테이프 한 개를 무디출판사의 총책임자이자 출판부 간사인 빌 트래셔Bill Trasher에게 보냈다. 이 시리즈가 알려지자 빌은 이 자료를 출판하는 일에 열과 성을 다했다. 마음으로부터 진심으로 그에게 감사를 표한다.

무디출판사와 작업하게 된 것도 나에게 큰 즐거움이었다. 눈 내리던 어느 날, 출판부 사람들과 처음 만나 이 작업에 대해 이야기하고, 비전을 나누고, 기도를 드린 이후 우리는 절친한 친구가 됐다. 그렉 손튼Greg Thornton, 데이브 드빗Dave DeWit, 존 힌클리John Hinkley와 함께하는 작업은 나에게 특별한 기쁨을 주었다. 편집을 맡았던 짐 빈센트Jim Vincent는 원고를 줄기차게 편집하고 다듬어 한층 향상해놓았다. 또한 능숙하고, 신속한 업무처리와 기쁨이 넘치는 마음으로 나를 도와주고 있는 비서 수지 폰 부시Susie Von Busch에게도 깊은 감사를 보낸다.

또한 내가 섬겼던 두 교회에도 감사드린다. 런던의 엔필드 복음자유교회는 위험을 무릅쓰고 신학대학을 갓 졸업해 목회 경험이 전혀 없는 스무 살짜리를 목회자로 청빙해주었다. 우리 부부는 내가 알링턴 하이츠에 있는 오차드 복음자유교회의 담임목사가 되던 1996년까지 16년 동안 그곳에서 큰 기쁨으로 주님을 섬겼다. "내게 줄로 재어준 구역은 아름다운 곳에 있음이여"(시 16:6). 하나님의 말씀에 갈급한 성도들을 섬긴다는 것은 특권이다. 그들의 신실한 기도와 친절한 격려는 내가 삶 속에서 풍성한 하나님의 축복을 누릴 수 있게 한다.

이 지면을 빌어서 가족에게도 특별한 고마움을 전하고자 한다. 캐어런과 나는 결혼한 지 21년이 됐다. 결혼하고 3주 후부터 함께 목회 사역을 시작했으며, 다른 것에는 한눈팔 정신도 없이 지내왔다. 아내는 나에게 이루 말할 수 없을 정도로 많은 힘과 용기를 불어넣었다. 지난 세월 동안 버팀목이 되어준 아내를 선물로 주신 하나님께 깊은 감사를 드린다. 두 아들 앤드류와 데이비드도 인내심을 가지고 기꺼이 희생하며 이 책을 만드는 데 기여했다. 그들의 사랑과 격려, 지원이 없었다면, 나는 결코 이 작업을 끝낼 수 없었을 것이다.

막내 아들 데이비드에게 특별한 감사의 말을 덧붙이고자 한다. 데이비드는 열세 살의 어린 나이지만 꼼꼼하게 이 책의 준비 작업을 도우며 중요한 역할을 담당했다. 내가 각 장을 편집하고 있을 때, 데이비드가 수정 작업을 도맡아 해주었으며, 본문에 언급된 모든 성경 구절도 일일이 찾아 확인해주었다. 이 책을 집필하는 동안 우리는 내내 함께 일했다. 덕분에 데이비드와 3주 동안 잊지 못할 추억을 만들었다. 특히 이번 일에 임한 데이비드의 헌신과 열정에 감탄했다.

하나님께서는 부모님과 가족, 은사님, 동료, 친구, 교회를 통해 내가 기대하고 있던 것보다 훨씬 더 많은 선물을 쏟아부어주셨으며, 내 인생에 더 많은 기회의 문을 열어주셨다. "우리가 다 그의 충만한 데서 받으니 은혜 위의 은혜"(요 1:16)다. 내가 받은 복을 여러 사람이 함께 누릴 수 있게 되기를 바라며, 많은 사람이 예수 그리스도를 통해 하나님을 알기 위해 이 책을 열어보기를 소망한다.

들어가는 글

"나는 수년 동안 교회에 다녔습니다만 아직 성경을 잘 모릅니다. 성경을 바로 이해하고 제대로 알고 싶습니다."

나는 이런 이야기를 수없이 들어왔다. 많은 사람이 성경에 나오는 토막 이야기들은 잘 알고 있지만, 성경의 전체적인 흐름은 잘 모르고 있다. 그것은 한 주먹의 진주알을 갖고 있는 것과 마찬가지다. 이 책은 당신이 그 진주들을 꿰어 목걸이를 만들 수 있도록 줄을 제공한다. 그래서 진리의 진주들이 어떻게 연결되는지를 보여줄 것이다.

그 이야기는 아름다운 동산에 있는 두 사람으로 시작해서, 웅장한 도성에 모여있는 엄청난 군중으로 막을 내린다. 그 여정에서 성경 이야기는 예수 그리스도가 누구인지 가르쳐준다. 이 책을 통해 성경의 전체적인 맥을 짚을 수 있을 것이다. 이는 성경의 흐름을 한눈에 파악하는 방법을 발견하는 데 도움이 될 것이다.

이 책은 일리노이주 알링턴 하이츠의 오차드 복음자유교회(알링턴 하이츠는 시카고의 서북부 근교에 위치한 작은 마을—역자 주)에서 사역한 두 해 동안의 설교 시리즈로부터 시작됐다. 나는 구약 이야기를 가르치려고 계획을 세우는 중이었는데, 때마침 우리 교회 장로협의회(장로들의 협의체이지만, 한국 장로교회의 당회와는 다르기 때문에 장로협의회로 번역—역자 주) 회장이 한 해 동안 교인들이 성경을 열심히 읽도록 장려할 것을 제안해 성경 읽기에 불을 지폈다.

우리는 성도들에게 도전장을 내밀면서, 성경을 읽기로 작정한 모든 성도에게 1년 통독 성경을 선물했다. 그리고 매주 설교를 그때그때 읽고 있는 부분의 내용을 중심으로 하되, 모든 부분이 전체와 어떻게 맞아떨어지는지 보여주겠다고 약속했다. 그러고는 성경 400권을 주문했는데, 놀랍게도 무려 1,400명이 1년 동안 성경을 읽겠다고 작정했다.

두 해가 지난 지금, 이 여정을 따라 성경을 읽은 사람들의 삶에 찾아온 큰 감동과 변화에 나는 깊은 감동을 받았다.

> "나는 인생의 대부분을 신자로 지냈지만, 성경을 처음부터 끝까지 읽어본 적이 없었습니다. 나는 성경을 부분별로 공부해보기도 했습니다. 그 방법도 좋았지만, 그렇게 해서는 성경의 종합적인 메시지를 파악할 수 없었습니다…. 그런데 이 책을 통해 특히 구약성경을 바르게 이해하게 되어, 그리스도가 누구인지 확신하게 되었습니다." **_히야신스(인적 자원 관리자)**

> "2년 동안 『손에 잡히는 성경 이야기』가 가져다준 가장 큰 유익은 하나님의 계획이 성경에 얼마나 세밀하게 얽혀있는지를 확인하게 된 것입니다. 그동안은 서로 연결되어있지 않은 것처럼 보였던 성경의 수많은 이야기들이 이제는 놀랍게도 서로 연결되어있음을 발견하게 됐습니다. 아주 큰 힘이 됩니다." **_제프(엔지니어)**

> "『손에 잡히는 성경 이야기』의 메시지는 진리를 찾는 모든 사람에

게 성경을 하나로 묶어 이야기해줄 수 있는 새로운 길을 열어주었습니다." **_리즈(간호사)**

이 사람들에게 일어났던 일들이 당신에게도 일어날 수 있다! 『손에 잡히는 성경 이야기』를 활용하는 방법에는 두 가지가 있다. 첫 번째 방법은 1년 동안 성경을 통독하기로 작정하고, 성경을 읽어가면서 이 책들을 하나의 길잡이로 사용하는 방법이다. 이 책은 틴데일 하우스Tyndale House가 출간한 『1년 통독 성경』*The One Year Bible*에 근거해서 만든 성경 읽기표를 부록으로 제공한다. 이것을 사용해도 좋다.

두 번째 방법은, 이 책을 하나의 항공지도와 같이 사용하는 것이다. 성경에 대한 큰 투시도를 먼저 확보함으로써, 당신이 '땅에 내려와서' 자체적으로 공부할 때, 현재 위치가 어디인지 쉽게 파악할 수 있도록 감각을 키우는 방법이다. 어떤 방법을 선택하든지 이 여정에 동참하게 된 것을 환영한다. 총 80개의 장으로 구성된 이 시리즈는 각 장을 시작하면서 핵심 질문을 던지며, 성경에서 찾은 해답으로 끝맺는다. 각 장 처음에는 당신이 정확한 사실을 발견하고 진리를 배우며 예배에 도움을 주는 통찰력을 얻을 수 있도록 길잡이를 제시하고 있다. 마지막으로, '그리스도에 대한 조명'을 통해 성경 전체가 예수 그리스도를 어떻게 가르쳐주고 있는지 알게 될 것이다.

이 책은 성경의 모든 것을 다루고 있지는 않다. 하지만 성경 전체를 관통할 것이다. 성경 하나하나가 어떻게 전체를 이루며, 어떻게 연결되는지 보여줄 것이다. 또한 성경의 중요한 주제도 만나게 해줄 것이다.

성경은 선지자, 제사장, 속죄, 계시와 같은 특수한 단어들을 사용하고 있다. 만약 하나님께서 성경을 통해 우리에게 어떤 말씀을 하고 계신지 충분히 인식하고자 한다면, 하나님께서 사용하시는 단어들을 이해할 필요가 있다. 5년 전 미국에 왔을 때, 나는 야구에 대해 거의 문외한이었다. 기본적인 지식은 있었지만, 정작 다른 사람들이 보고 즐기는 부분들은 놓치고 있음을 발견했다. 단지 야구를 즐기기 위해서라면 해설가가 '커브 볼'과 '슬라이더'에 대해 설명할 때, 그 단어들이 무엇을 의미하는지 알 필요는 없다. 하지만, 그 경기에서 무슨 일이 벌어지고 있는지 알고자 한다면, 야구 용어들을 배울 필요가 있음을 깨달았다.

이 책은 성경에서 하나님께서 사용하신 단어들을 이해할 수 있도록 도와줄 것이다. 각 장은 성경 이야기에 들어있는 한 가지 핵심적인 단어를 소개해줄 것이다. 당신은 성경의 중요한 주제들을 파악해감에 따라서, 이제까지 놓쳤던 사실까지도 꿰뚫어 볼 수 있을 것이다.

이 책은 또한 성경 전체가 어떻게 예수 그리스도를 암시하고 있는지 보여줄 것이다. 예수 그리스도는 성경 전체의 초점이다. 만약 당신이 다이아몬드를 손에 들고서 그것을 불빛에 비추어본다면, 각 면이 모두 다른 빛을 띨 것이다. 빛이 여러 각도에서 반사될 때, 다이아몬드는 광채를 낸다. 이와 같이 당신은 『손에 잡히는 성경 이야기』를 통해 우리 주 예수 그리스도의 영광이 지닌 새로운 측면들을 발견할 때마다 그를 경배하게 될 것이다.

서문: 막을 올리면서

당신과 당신의 친구가 〈성경 이야기〉라는 제목의 유명한 연극 입장권을 가지고 있다고 가정해보자. 그러나 교통 체증 때문에 (그리고 계획을 잘못 세워서) 극장에 늦게 도착한다. 그로 인해 〈성경 이야기〉라는 위대한 드라마의 1막 전체를 놓쳐버리고 만다. 구약성경에 대해서는 아무것도 모르게 되는 것이다. 실망스럽지만 이내 연극을 마저 보는 것이 더 좋겠다고 생각한다. 신약성경이 가장 중요한 부분이기 때문이다.

중간 휴식시간 중에 로비로 나갔다. 로비는 1막에 대한 이야기로 시끌벅적하다. 사람들의 말을 들어보려고 귀를 기울이지만, 곧 깜빡이는 불빛이 다시 극장 안으로 들어가야 할 시간임을 알린다. 2막의 시작이다.

막이 오르자 무대는 마구간이다. 말구유와 이제 막 태어난 아기가 무대 가운데에 있고, 그 곁에는 짐승들이 함께 있다. 장면이 전개되면서, 이 아기가 보통 아기가 아님을 알게 된다. 인류 역사상 여느 인물과는 달리, 그는 동정녀에게서 태어났다. 천사는 그 아기가 하나님의 아들이라고 선포한다. "그는 자기 백성을 그들의 죄에서 구원할 자"(마 1:21)이기 때문에 그는 "우리와 함께 계시는 하나님"(마 1:23)이며 그의 이름은 '예수'다.

바로 앞자리에는 중간 휴식시간에 로비에서 이야기를 나누던 부부가 있다. 아내가 자기 남편의 옆구리를 쿡 찌르면서 말한다.

"여보, 보세요!" 그녀가 말한다. "저 아기가 약속되었던 바로 그분일 거예요. 두고 보세요. 모든 것이 저 아기를 중심으로 돌아가게 될 거예요. 저 아기가 그 문제에 대한 해답이 될 거예요."

그러나 당신 일행은 지금 막 도착했기 때문에 그 문제가 무엇인지를 모른다. 그리고 그 아기가 하나님의 아들이라는 말을 들어도 누가 하나님인지 모른다. 그 아기가 자기 백성을 구원하게 될 것이라는 말을 들어도 그 백성이 누구인지 알 수 없다. 또한 어째서 그 백성이 구원받아야 하는지, 그들이 무엇으로부터 구원받아야 하는지 모른다. 1막을 놓쳐버렸기 때문에 이 이야기에 대해 파악하려고 애쓴다. 보이는 것은 그저 몇 마리의 짐승들에 둘러싸여 말구유에 누워있는 아기뿐이다. 때문에 당신 일행은 그 문제가 무엇인지, 그 약속이 무엇인지 모른다.

이것이 오늘날 많은 사람들이 처해있는 상황이다. 많은 사람이 성경의 큰 틀을 모르고 있다. 그러므로 예수님에 관한 이야기를 들어도 그것을 이해하지는 못한다. 그러면서도 사람들은 하나님에 대해 우리 안에 자리 잡고 있는 일종의 비인격적인 힘이라고 결론을 내린다. 때문에 하나님과 접촉(일치)한다는 것은 본질적으로 자신과 접촉(일치)하는 것의 문제라고 생각한다. 하나님이 우리 속에 자리 잡고 있는 하나의 비인격적인 힘이라면, 죄는 아마 우리에게 피해를 주는 존재가 될 것이다. 죄가 우리에게 상처가 되는 존재라면, 그에 대한 해결책은 우리 스스로 자신을 용서하면 될 것이다. 이렇게 생각하는 사람들은, 스스로 자신을 용서하는 법을 배울 수 있다면 영적인 건강을 누릴 수 있을 것이라고 결론을 내린다.

만일 당신이 그와 같은 생각들을 가지고 2막을 관람하게 된다면, 예수님의 이야기를 전혀 이해할 수 없을 것이다. 왜 예수 그리스도가 필요한가? 예수 그리스도가 누구인지가 왜 중요한가? 우리 자신을 위해 우리가 할 수 없는 일을 왜 예수 그리스도가 우리를 대신해 하셨는가?

당신이 하나님을 모르고, 인생의 문제가 무엇인지 그리고 하나님의 언약이 무엇인지 모른다고 가정하자. 그렇다면 예수 그리스도가 오신 것은 어린아이들과 천사들, 마구간에 있는 동물들, 흰 눈 그리고 크리스마스 등이 등장하는 동화 속 나라 이야기에 지나지 않는다. 그 모든 것은 우리의 눈을 흐리게 할 뿐이다.

바로 이러한 이유 때문에 우리는 성경 이야기를 열어보아야 한다. 우리는 1막의 핵심 주제들을 파악한 후에야 2막을 이해할 수 있을 것이다. 살아계신 하나님께서는 스스로 계시하셨다. 그분은 아브라함과 이삭과 야곱의 하나님이시다. 그분은 온 세상과 그 안에 있는 모든 것을 지으셨다. 그리고 지금 우리로 하여금 살아 숨 쉬고 운동하게 하신다. 하나님은 거룩하시며, 사랑이시다. 하나님은 당신에게 다가와 당신이 그를 알기 원하신다.

차례

UNLOCKING THE BIBLE STORY

	아브라함
BC 2000	이삭
	야곱
	애굽에서 노예 생활 400년
1500	
	출애굽(모세)
	가나안 입성(여호수아)
	혼란의 300년(사사 시대)
	사울
1000	다윗
	솔로몬
	분열 왕국 400년(북방 왕국 및 남방 왕국)
	바벨론 포로기
500	
	예루살렘 성 재건(에스라, 느헤미야)
	침묵의 400년
	예수 그리스도의 탄생

성경 이야기:

아브라함에서 예수 그리스도까지

1

생명

Life

창세기 1-2장

하나님은 누구신가, 왜 그것이 중요한가?

나는 누구인가, 나는 왜 여기 있는가?

묵상의 길잡이

☑ **발견하라**

하나님께서 모든 가정, 직장, 일, 결혼에 어떻게 직접 개입하고 계신지 발견하라.

☑ **배우라**

왜 당신의 삶이 비길 데 없는 유일한 가치를 지니고 있으며, 당신이 하나님을 알기 전까지 얼마나 자기 자신에 대해 알 수 없는지 배우라.

☑ **경배하라**

하나님께서 당신의 삶에 쏟아부어주시는 선한 선물들에 대해 묵상하면서 경배하라.

당신이 새 연극을 공연하는 한 극장에 앉아있다고 상상해보라. 커튼이 올라간다. 그러나 무대는 텅 비어있다. 그때 작가가 등장해 자신을 청중에게 소개한다. 그는 자신이 누구이며, 왜 그 희곡을 썼는지, 그것이 무엇에 대한 것인지 설명해준다. 작가는 자신의 존재에 대한 논증을 하지 않는다. 무대 위로 걸어 나와서 간단하게 자기를 소개하고 자신과 작품에 대해 말하기 시작한다.

작가가 무대에 등장하다

성경은 무대 위에 하나님이 걸어 나오셔서 자신을 소개하는 것으로 시작한다.

태초에 하나님이…(창 1:1).

이것은 하나님의 이야기다. 하나님은 처음부터 자신을 소개하신다. 우리는 성경 이야기를 이해하면서 하나님이 누구시며 무엇을 하셨는지에 대해 더 많은 사실을 발견하게 될 것이다. 그러나 하나님께서는 하나님이 바로 이 자리에 계신다는 사실을 우리가 가장 먼저 알기 원하신다. 또한 하나님께서는 자신이 무엇을 행하셨는지 우리가 알기를 원하신다.

태초에 하나님이 천지를 창조하시니라(창 1:1).

하나님께서는 우리가 주위에 보이는 것들이 전적으로 그분의 작품임을 알기 원하신다. 창조주께서 소유주로서의 권한을 다 가지고 계시기 때문에 이것은 대단히 중요하다. 우리는 상표와 공인된 서비스마크, 특허들로 가득한 세계에 살고 있다. 만약 내가 "Have it your way"라고 말한다면, 당신은 즉시 '버거킹'을 떠올릴 것이다. 내가 "Just do it"이라고 말한다면, 당신은 바로 '나이키'를 떠올릴 것이다. 그 슬로건은 각각 그것을 만든 사람들이 소유하고 있다.

무엇인가를 만든 사람이 언제나 그 창조물에 대한 소유권을 갖듯이 하나님께서도 그분이 만드신 모든 것을 소유하신다. 당신의 생명이 수백만 년 인류의 역사 가운데 우연히 생겨난 것이라고 하자. 그렇다면 당신은 아무도 책임지지 않고 오직 스스로 책임지는 자유 행위자라 할 수 있을 것이다. 그러나 당신이 창조된 피조물이라면, 당신을 지은 창조주가 당신의 생명에 대한 모든 소유권을 가지고 계신 것이다. 둘 중 한 가지만이 진실이다. 둘 다 참일 수는 없다.

1. 당신은 역사의 우연한 산물이다. 그러므로 당신은 방탕한 생활을 하든지, 쓰레기처럼 살든지, 끝장을 내버리든지 인생을 자기 마음대로 할 수 있다. 그런 경우라면, 당신의 삶은 궁극적으로 무의미하다.
2. 당신은 창조된 존재이다. 그렇다면 당신의 창조주가 당신 생명의 소유권에 대한 절대적인 권리를 가지고 있다.

하나님은 창조주이시므로 우리의 주인이라고 자신을 소개하신다. 당신은 당신 자신의 것이 아니다. 당신의 생명은 하나님이 당신에게 맡기신 위탁물이다. 하나님께서 당신이 존재하도록 선택하셨기 때문에 당신은 무가치하거나 목적 없는 생명이 아니다. 하나님께서 의도적으로 그렇게 하셨으므로 당신은 자신을 지으신 그분을 알게 되면서 그 목적을 발견하게 될 것이다.

우리 자신을 이해하기

우리가 우리의 창조주를 모른다면, 우리 자신을 이해하지 못할 것이다. 사람들이 자신을 아무 의미 없는 우연의 산물이라고 믿기 시작할 때, 인간의 생명은 싸구려가 된다. 그래서 인간의 생명이 값어치가 없다면, 불편을 느낄 때 마음대로 처분해버리게 된다. 우선은 배 속에 있는 태아, 장애인, 노약자 등 경제에 도움이 안 되는 사람들을 성가시게 생각하며, 심지어 소모품으로 치부하게 된다. 그다음에는 '나쁜 인종', '나쁜 민족', 또는 '나쁜 종교'를 말하는 사람들이 나타난다.

우리 시대의 극악무도한 죄악들은, 인간의 목숨이 우연의 산물이라는 가정에 근거하고 있다. 우리 사회의 미래는, 우리가 역사의 우연한 산물이라고 믿는지 아니면 전능하신 하나님의 특별한 창조물이라고 믿는지에 따라 결정된다.

성경을 펴면 하나님과 대면하게 된다. 하나님은 창조주시기 때문에 만물에 대한 절대적인 소유권을 가지고 계신다.

하나님께서는 자신이 누구인지 우리에게 말씀하신 다음에, 우리가 우리 자신에 대해 알기 원하시는 두 가지를 설명해주신다.

1. 우리는 하나님 형상으로 지음 받았다.
2. 우리는 절대적으로 하나님을 의지한다.

하나님 형상

하나님이 이르시되 우리의 형상을 따라 우리의 모양대로 우리가 사람을 만들고…(창 1:26).

당신은 이 말씀에 복수형 대명사가 있다는 것을 인지했는가? 하나님께서는 "우리가 사람을 만들고"라고 말씀하신다. 이것은 후에 더욱 충분히 계시될 하나님 본성에 관한 아주 흥미로운 복선이다.

닷새 동안 창조하신 후에 최고의 순간이 찾아왔다. 그것은 마치 하나님이 자신과 대화하는 것 같다. “자 이제 하자! 우리가 우리의 형상을 따라, 우리의 모양대로 사람을 만들자.” 하나의 형상은 어떠한 물체의 반영물이다. 그래서 하나님은 우리가 하나님 자신의 본성과 영광을 특별하게 반영할 수 있도록 우리를 만드셨다고 말씀하신다.

‘사람’은 여기에서 일반적인 용어로 쓰였다. 여기에는 남자와 여자가 다 포함된다. 우리는 구체적으로 “하나님이 자기 형상 곧 하나님의 형상대로 사람을 창조하시되 남자와 여자를 창조하시고”(창 1:27)라는 말씀을 들었다.

하나님의 형상은 사람을 동물과 구별시켜주는 것이다. 동물도 하나님이 창조하셨다. 그러나 어떤 동물도 하나님과 닮은 모습으로 지음 받지 않았다. 바로 이런 이유 때문에 남자나 여자나 누구든지 동물처럼 대접받아서는 안 된다. 동물처럼 행동해서도 안 된다. 사람과 동물 사이에는 엄청난 차이가 있다.

성경 이야기 초반부터 우리는 마귀가 한 동물의 형태를 취하고 있는 모습을 본다. 성경 이야기 중심부에서는 한 사람의 모습을 취하신 하나님을 볼 수 있다. 하나님의 아들은 하나님 형상이다. 사람은 하나님 형상으로 지음 받았다. 따라서 하나님께서는 한 사람의 모습으로 육신을 취하셨다. 자신이 단지 진화된 동물이라고 믿는 사람들은 하나님께서 그들에 대해 말씀하신 가장 근본적인 사실을 놓치고 있는 것이다. 우리는 하나님의 형상대로 지어졌다!

생명의 입맞춤

사람은 하나님의 형상대로 지음을 받았지만, 자신이 하나님이 아니라는 사실을 항상 기억해야 한다. 실제로, 인간은 연약하다. 하나님께서는 첫 사람을 땅의 흙으로 만드셨다. 그러므로 생물학적인 면에서 사람과 동물 사이에 서로 유사한 점들이 있다고 해서 그리 놀랄 일은 아니다. 그러나 사람에게는 생화학적이거나 생물학적인 생명 그 이상의 것이 존재한다.

"여호와 하나님이 땅의 흙으로 사람을 지으시고 생기를 그 코에 불어넣으시니 사람이 생령이 되니라"(창 2:7).

하나님께서는 생명이 없는 몸을 하나 만드셨다. 그리고 뼈대만 있는 한 형체가 땅 위에 생기 없이 누워있었다. 그때 하나님께서는 무생물에 의해 분해될 수 있는 시체나 다름없는 그 형체에 생기를 불어넣으셨다. 하나님께서 사람에게 생명의 입맞춤을 하시자 살아 숨 쉬며 자의식이 있는 존재가 됐다.

하나님은 지금도 언제나 그날의 일을 행하고 계신다. "…이는 만민에게 생명과 호흡과 만물을 친히 주시는 자이심이라"(행 17:25). 하나님께서는 당신에게 호흡 불어넣기를 쉬지 않으신다. 만약 당신이 의도적으로 하나님을 거역하고 죄를 짓고자 한다면, 숨을 쉬지 않고 죄를 지어보라! 하나님께 받은 호흡으로 하나님의 마음을 아프게 하는 것은 참으로 슬픈 일이다.

여기에 바로 당신이 자신에 대해 알고 이해할 수 있는 두 번째 열쇠가 있다. 즉, 당신은 절대적으로 하나님께 의지해있다는 사실이다. 만약 당신이 그 두 가지 진리—당신이 하나님의 형상대로 지음을 받았다는 사실과 하나님에게 전적으로 의지해있다는 사실—를 확실하게 이해한다면, 당신은 위대한 존엄성과 동시에 깊은 겸손을 깨닫게 될 것이다.

하나님께서는 아담에게 그의 삶을 놀랍도록 풍성하게 만들었던 네 가지 특별한 선물을 주셨다. 그 선물들은, 하나님의 임재와 신분과 삶의 목적과 인생의 동반자였다.

하나님과 동행

하나님은 영이시다. 이 말은 하나님께서는 인간의 눈에 보이지 않는다는 뜻이다. 그렇지만 성경의 처음 부분에서, 다음과 같은 말씀을 읽을 수 있다. "그들이 날이 서늘할 때에 동산에 거니시는 여호와 하나님의 음성을 듣고"(창 3:8).

하나님께서는 에덴이라는 아름다운 동산에서 자신을 계시하셨다. 우리는 각각의 계시를 신현theophany, 하나님의 나타나심이라고 부른다. 그 말은 하나님께서 눈에 보이는 형체로 나타나셨다는 뜻이다. 구약에 나타난 신현에 대한 많은 예들은 매우 중요하다. 지금 하나님께서는 모든 백성에게 눈에 보이지 않게 행하시지만, 아담과 하와에게는 눈에 보이게 행하셨다.

하나님은 영원하시며 눈에 보이지 않으신다. 그리고 하나님은 남자와 여자가 하나님을 알고 하나님을 경험할 수 있도록 그들과 관계를 맺기 원하신다. 성경을 읽어가면서 우리는 하나님이 한 사람이 되셨음을 알게 될 것이므로, 구약성경에서 하나님이 눈에 보이는 형상으로 나타나셨다는 사실을 이상하게 생각하지 않아도 된다. 이러한 신현들은 사람과 교통하시고자 하는 하나님의 강렬한 열망을 우리에게 보여준다. 마치 하나님의 아들이 이 땅에 오시는 것을 기다릴 수 없었던 것처럼 보인다. 하나님께서는 하늘로부터 갑자기 나타나 인간 세상 가운데 들어오셨고, 에덴동산에서 아담과 하와와 함께 동행하시기 위해 이 땅에 임하셨다.

'그들이 날이 서늘할 때에 동산에 거니시는 여호와 하나님의 음성을 들었다'는 사실에 주목하기 바란다. 그들은 나뭇가지가 부러지고, 낙엽들이 바스락거리는 소리를 들었다. 훗날 베드로와 야고보와 요한이 갈릴리에서 하나님의 아들과 함께 거닐게 되듯이, 그들은 에덴동산에서 하나님과 함께 거닐었다. 아담과 하와는 하나님께 질문도 하고 서로 대화도 나누었다. 어땠을지 상상할 수 있지 않은가? 하나님께서는 아담이 그 날 무슨 일을 했는지 관심을 가지고 계셨다. 하나님께서는 하와의 마음속에 있는 생각은 무엇이든지 다 듣고 계셨다.

다음 장에서 우리는, 깨져버린 하나님과 인간 사이의 관계와, 인류 역사 대대로 그 상태가 유지되고 있음을 살펴볼 것이다. 예수 그리스도께서는 하나님과 인간의 깨진 관계를 회복시키고 인간이 다시 하나님을 만날 수 있도록 하기 위해 이 세상에 오셨다.

이것이 성경 전체의 이야기다. 예수 그리스도는 우리가 하나님 아버지께로 나아갈 수 있는 길을 열어주신다. 우리는 하나님을 볼 수 없지만 우리가 믿음을 가지고 예수 그리스도의 이름으로 하나님께 나아갈 때, 아담에게 보이셨던 때처럼 하나님의 임재는 현실로 다가온다. 다음에 당신이 기도드릴 때 그 점에 대해 생각해보기 바란다.

본향이라 불리는 곳

> 여호와 하나님이 동방의 에덴에 동산을 창설하시고 그 지으신 사람을 거기 두시니라(창 2:8).

에덴의 위치를 정확하게 확인하는 것은 어렵다. 그러나 그 장소가 실제 장소였음을 파악하는 것이 중요하다. 그 동산은 동쪽에 있었다고 알려졌다. 창세기는 하나님이 시내산에서 모세에게 주셨던 계시의 일부였다. 그러므로 이 동쪽이라는 말은 시내산의 동편을 말하고 있는 것이다. 또한 4개의 강이 있었다고 알려졌는데(창 2:10-14), 그 강들은 비손

강, 기혼강(우리에게 알려져 있지 않음)과, 이라크를 관통해 흐르는 티그리스강, 유브라데강이다. 우리가 에덴동산의 위치를 정확히 알 수는 없지만, 여호와께서 이 지역 어딘가에 에덴동산을 세우신 것이 분명하다.

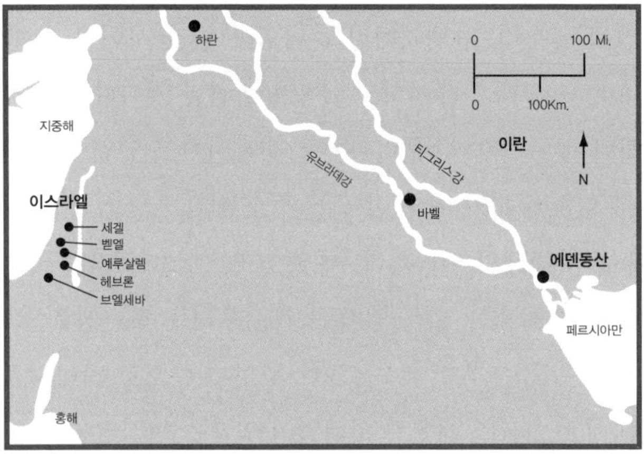

에덴동산

의미심장하게도 여호와 하나님께서는 아담을 그곳에 데려다 두셨다. 그분은 한 차례의 신현으로 아담에게 나타나셨고, 그로 하여금 이 동산에 자리 잡게 하셨다. 에덴동산 밖에서 아담을 창조하신 후, 그를 에덴동산으로 데리고 오셔서, "이곳이 바로 내가 너를 위해 준비해놓은 곳이다"라고 말씀하셨을 가능성이 높다. 하나님께서는 아담이 하나님을 알고 하나님의 복을 누릴 수 있도록 특별한 장소를 만드셨던 것이다.

나는 당신이 하나님께서 우리를 위해서도 똑같은 일을 하고 계신다는 사실을 상기하기 바란다. 하나님께서는 우리 모두가 살아갈 정확한 장소들을 미리 정해놓으셨다(행 17:26). 하나님께서 당신의 집에 들어오시면서 "네가 이곳에 머물렀으면 좋겠구나"라고 말씀하시는 모습 혹은 예수 그리스도께서 당신과 동행하여 교회 안으로 걸어 들어오시면서 "이곳이 바로 네가 성장하도록 내가 예비해놓은 곳이다"라고 말씀하시는 모습을 한번 상상해보자. 우리가 우연히 이곳에 있다고 여기는 사람은 아무도 없을 것이다. 아담이 그랬듯이, 하나님께서 지금 각자의 처소에 우리를 자리 잡게 하셨음을 깨닫는다면, 어떤 어려움이 와도 헤쳐나갈 힘을 얻을 수 있을 것이다.

해야 할 일이 있다

> 여호와 하나님이 흙으로 각종 들짐승과 공중의 각종 새를 지으시고 아담이 무엇이라고 부르나 보시려고 그것들을 그에게로 이끌어 가시니 아담이 각 생물을 부르는 것이 곧 그 이름이 되었더라(창 2:19).

창세기 1장에서 하나님께서는 낮과 밤을 정하셨다. 이제 아담은 사물들에 이름을 붙이는 하나님의 일에 동참하도록 초대됐다. 과학자들은 자기가 본 것을 곰곰이 생각해보고, 관찰한 다음에 그것을 기술記述한다. 하나님께서 첫 번째로 아담에게 시키신 일이 바로 그것이다. 태초부터 아담은 그 일에 전념했다. "여호와 하나님이 그 사람을 이끌어 에덴동산에 두어 그것을 경작하며 지키게 하시고"(창 2:15).

노동은 하나님께서 주신 값진 선물이다. 노동은 이 세상이 죄악으로 물들기 전부터 있었다. 그리고 죄악이 사라진 후에도 계속될 것이다. 죄악으로 물든 세상은 우리의 노동에 영향을 끼쳤으며, 우리가 하는 일에 좌절을 가져다주었다. 그래도 노동에 대해 명심해야 할 가장 중요한 사실은 노동이 하나님께서 주신 값진 선물이라는 사실이다.

하나님께서 동물들을 아담에게로 데려오셨음에 주목하기 바란다. 하나님께서는 아담이 매일 하는 일에 관심을 가지고 계셨다. 당신이 책상에서, 가게에서, 학교에서 혹은 부엌에서 하는 일들에 대해 생각해볼 필요가 있다. 하나님께서는 당신의 일상적인 노동에 대해 관심을 기울이고 계시며, 그 일의 한 부분이 되기를 원하신다.

천국에서 올린 결혼식

> 여호와 하나님이 이르시되 사람이 혼자 사는 것이 좋지 아니하니 내가 그를 위하여 돕는 배필을 지으리라 하시니라…여호와 하나님이 아담에게서 취하신 그 갈빗대로 여자를 만드시고 그를 아담에게로 이끌어 오시니(창 2:18, 22).

다시 한 번 여호와께서 아담에게 나타나 이렇게 말씀하셨다. "아담아, 네가 만났으면 하는 사람이 있다." 아담은 함지박만 하게 벌어진 입을 다물지 못했을 것이다. 그는 분명 매우 기뻐했을 것이다. "이는 내 뼈 중의 뼈요, 살 중의 살이라"(창 2:23)고 말한 것을 보면 말이다.

여호와 하나님께서 직접 이 두 사람을 맺어주셨다는 사실에 주목하기 바란다. 최초의 결혼예식은 전능하신 하나님께서 집행하셨다. 마음속으로 그 장면을 한번 그려보라. 여호와 하나님이 신부의 손을 잡아 아담의 손에 건네주시면서 이렇게 말씀하신다. "이 사람이 바로 내가 너를 위해 지은 배필이다!"

다음 장에서 우리는 이 결혼이 훨씬 더 많은 고통을 가져다주었음을 살펴보게 될 것이다. 하와가 시험을 당했을 때, 아담은 하와를 도와야 했음에도 불구하고 그저 방관했다. 그리고 이 곤란한 상황에서 두 사람 모두 서로 책임을 전가하려고만 한다. 그러나 그들에게 앞으로 어떤 문제들이 닥치든 간에, 아담과 하와가 함께하게 된 것은 바로 하나님이 맺어주셨기 때문임을 그들은 의심치 않았다.

결혼한 모든 아내와 남편은 이 점을 되새겨야 할 때가 여러 번 있을 것이다. 결혼은 하나님께서 친히 한 남자와 한 여자를 맺어주시는 것이다. 성경의 말씀을 빌자면, "이러므로 남자가 부모를 떠나 그의 아내와 합하여 둘이 한 몸을 이룰지로다"(창 2:24).

결혼은 하나님께서 주시는 굉장히 멋진 선물이다. 두 사람이 결혼할 때, 하나님께서 아담과 하와 앞에 친히 임하셔서 결혼예식을 집행하셨듯이, 지금 우리에게도 똑같이 행하신다. 만약 당신이 결혼을 했다면, 하나님께서 각각 당신과 배우자의 손을 잡으시고 그 두 손을 하나로 맞잡게 하시는 모습을 상상해보라. 그렇게 하시면서 "서로 배필이 돼라, 서로 사랑해라, 서로 용서해라 그리고 인생의 동반자가 돼라"고 말씀하신다. 하나님께서 당신과 당신의 배우자를 짝지어주셨음을 기억한다면, 최악의 고난이 닥치더라도 그것을 능히 이겨낼 수 있을 것이다.

당신이 현재 배우자를 찾고 있다면, 하나님께서 친히 아담에게 여자를 데려다주셨음을 기억하기 바란다. 나에게 꼭 맞는 적당한 사람을 찾아야 한다는 압박감이 심할 수 있다. 친히 하와를 아담에게 데리고 오셨던 것처럼, 하나님께서는 당신에게도 적임자를 데려다주시거나 당신을 적임자에게로 데려다주실 것이다. 하지만 내 말은 당신이 수동적으로 가만히 있어야 한다는 말이 아니다. 겁먹을 필요가 전혀 없다는 말을 하고 싶은 것이다. 당신은 모든 삶 속에서 예외 없이 하나님을 믿고 의지해야 한다.

남자와 여자에게 멋진 선물을 아낌없이 주시는 하나님의 절대적인 선하심을 알 수 있는가? 하나님께서는 남자와 여자에게 좋은 선물들을 넘치게 주고 계신다. 창조주께서는 첫 사람에게 삶의 처소와 인생의 목적과 배우자를 주시고, 하나님의 실재하심을 눈으로 확인하며 그 기쁨을 나누도록 함께하셨다. 말 그대로 지상 천국이었다.

그리스도에 대한 조명 SPOTLIGHT ON CHRIST

다음 장에서는 죄악이 결혼생활을 틀어지게 하고, 일터에서 좌절을 맛보게 하고, 최초의 부부를 그들의 안식처로부터 끌어내며, 하나님이 함께하시는 기쁨을 상실하게 만드는 것을 보게 될 것이다. 그러나 비록 그렇더라도, 하나님께서는 사람에게서 멀리 떨어져 계시지는 않을 것이다.

예수 그리스도께서 세상에 오셨다. 아담과 함께 에덴동산을 거니셨던 하나님의 아들은 인간의 모습으로 태어나셨다. 그분이 이 땅에 오셨을 때 비로소 우리는 우리 가운데 임하신 하나님을 볼 수 있게 됐다. 하나님의 아들은 죄로 더럽혀지고 깨진 것을 치유하고 회복하시기 위해 이 땅에 오셨다. 그분은 이렇게 말씀하셨다. "내가 온 것은 양으로 생명을 얻게 하고 더 풍성히 얻게 하려는 것이라"(요 10:10).

드러난 사실 UNLOCKED

하나님께서는 당신이 그분이 창조주이신 것과, 당신을 포함한 만물의 모든 소유권을 가지고 계심을 알기 원하신다. 또한 당신을 하나님의 형상대로 만들었으며, 이 때문에 당신이 특별한 존엄성과 가치를 가지고 있음을 알기 원하신다.

태초에, 하나님께서는 인류 최초의 조상이 하나님을 알고 누릴 수 있도록 해주셨다. 하나님께서는 그들에게 나타나셨으며, 그들과 함께 거니셨다. 하나님께서는 우리에게도 이 일이 가능하도록 만들기 위해 무슨 일이든 하실 것이다.

하나님께서는 그들의 삶 속에 복을 쏟아부어주셨다. 아담과 그의 아내를 하나로 맺어주셨고, 안식처로 인도해주셨으며, 그들에게 각각 할 일을 주셨다. 그들이 살아가는 데 필요하고 공유할 모든 것 또한 제공해주셨다. 하나님께서는 아담과 하와를 위해 하셨던 일들을 지금도 당신의 모든 백성을 위해 친히 행하신다. 유일한 차이점은 그분이 하시는 일을 우리가 눈으로 보지 못하고 있다는 점뿐이다. 우리는 눈에 보이는 것으로가 아니라, 믿음으로 하나님과 동행한다.

기도 PAUSE FOR PRAYER

기도라는 선물을 주신 주님께 감사를 드립니다. 에덴동산에서 아담에게 나타나셨던 것처럼 기도하는 가운데 진실로 주님께서 함께하시리라 믿습니다.

저의 가정, 일터, 인간관계 가운데 주님의 손길을 느낍니다. 또한 죄악이 어떻게 주님께서 주신 선한 선물들을 하나하나 더럽히고, 주님께서 주신 기쁨을 앗아갈 수 있는지 알고 있습니다. 제가 주님과 인격적으로 동행하는 발걸음 가운데 새로운 주님의 복을 부어주시옵소서. 예수 그리스도의 이름으로 기도드립니다. 아멘.

2

저주

Curse

창세기 3장

하나님께서 모든 것을 선하게 창조하셨다면,

왜 세상은 이와 같이 혼란스러운가?

Curse

묵상의 길잡이

☑ **발견하라**
이 세상에 태어난 모든 사람이 직면하고 있는 가장 큰 문제점 두 가지를 발견하라.

☑ **배우라**
대적 사탄 마귀의 전략과 그에 어떻게 맞서고 대처할 수 있는지 배우라.

☑ **경배하라**
어떻게 예수 그리스도께서 대적 사탄과 맞서 싸우시면서 하나님의 임재 안으로 다시 들어갈 수 있는 길을 열어놓으시는지 깨닫고 그분께 경배하라.

하나님께서 첫 남자와 여자에게 주신 처소인 에덴동산에서의 생활을 한번 상상해보자. 아담은 자기의 일에서 성취감과 매력을 느끼고 있다. 아담은 그의 아내와 가까이 지내며, 하나님과 교제를 즐긴다. 배가 고프면 나무 열매를 따서 먹는다. 그의 모든 삶은 축복과 기쁨 그 자체다. 그것이 창세기 2장 마지막 부분의 그림이다.

그런데 창세기 3장 마지막 부분을 보면, 이 모든 것이 바뀌었다. 아담은 전혀 다른 세상에서 어떻게든 살아보려고 발버둥 치고 있다. 지금 아담과 하와는 하나님께서 그들에게 주셨던 복된 처소 밖에 나와있다.

그들은 에덴이라 불리는 그 낙원에서 쫓겨났다. 그들은 생명나무에서 멀리 떨어져, 온갖 사나운 짐승이 위협하고, 식량을 얻기 위해 일을 해야만 하는 광야 가운데 나앉게 되었다. 그들은 고통과 두려움, 죄책감에 사로잡혀있으며, 저녁이 되어도 더 이상 하나님을 볼 수가 없다. 무엇인가 잘못되어도 엄청나게 잘못되어버렸다. 창세기 3장은 그 이야기를 우리에게 전해주고 있다.

우리가 아플 때 의사에게 원하는 두 가지는 정확한 진단과 적절한 처방이다. 진단 없이 처방을 내리는 의사는 피해야 한다. 이 원칙은 삶의 모든 영역에 잘 부합된다. 만약 질병의 원인을 알지 못한다면, 그 치료법도 인정할 수 없을 것이다. 그러므로 진단이 출발점이 되어야 한다.

반역할 자를 모집하다

아담과 하와를 유혹한 존재는 여러 가지 이름으로 알려졌다. 일반적으로 사탄, 마귀, 거짓의 아비로 불리는데, 그것은 하나님과 인류의 대적이다.

사탄은 여자와 의사소통하기를 원했다. 그래서 자기가 들어갈 어떤 눈에 보이는 형체를 찾아야 했다. 영은 우리 눈에 보이지 않기 때문에 사탄은 아담과 하와에게 들어갈 수 없었다. 그래서 그는 매혹적인 뱀의 모습으로 그들에게 접근한다.

성경은 우리에게 악의 기원에 대해 결코 충분한 설명을 해주지 않는다. 하나님의 임재 안에 있는 존재가 하나님께 대항하여 반역하는 것이 어떻게 매력적이라고 생각할 수 있었는지 알려주지 않는다. 그러나 성경은 마귀가 처음에는 빛의 천사였음을 지적한다.

천사는 천국에서 하나님 임재 안에 거하는 영적 존재이다. "하나님이 천지를 창조"(창 1:1)하셨을 때, 천사들은 천국에 있는 눈에 보이지 않는 창조물의 일부였다. 그렇게 창조된 천사들 가운데 하나로서, 마귀는 자신의 지위에서 교만에 빠져 하나님의 자리를 넘보려고 시도했다(사 14:12-14). 마귀가 왜 이런 일을 저질렀는지 그 이유를 우리는 알지 못한다.

사탄의 반역은 성공하지 못했으며, 하나님의 임재 안에서 쫓겨나 지상으로 내침을 당했다. 그래서 인류 역사의 시작부터 하나님의 역사를 파괴하려는 대적이 존재했던 것이다.

이 대적은 자신이 저지르려고 하는 반역에 인류를 끌어들이려고 여자에게 다가갔다. 그것의 첫 번째 목적은 아담과 하와가 죄악을 경험하는 것이었다.

대적의 작전을 읽어라

훌륭한 야구팀은 자신들의 경기에 대한 작전을 짜기 위해 많은 시간을 투자할 것이다. 상대편의 공격에 효과적으로 대비하고 방어하기 위해 상대편의 경기도 연구할 것이다. 사탄은 에덴동산에서의 첫 게임에서 최상의 작전을 펼쳤다. 우리가 이 작전들을 익혀서 간파할 수 있다면 대적을 효과적으로 방어할 수 있을 것이다.

첫 번째 작전: 혼란

하나님이 참으로 너희에게 동산 모든 나무의 열매를 먹지 말라 하시더냐(창 3:1).

사탄의 첫 번째 작전은 의문을 제기하는 것이다. 하나님께서는 아담과 하와에게 하나의 간단한 지령만을 내리셨으며, 사탄이 취한 첫 번째 행동은 아담과 하와가 그 지령에 대해 의문을 품게 하는 것이었다. 하나님께서 명백하게 하신 말씀을 사탄이 음흉하게 가려서 아담과 하와가 그 언약에 대해 혼란을 겪게 된다면, 그들이 여호와의 명령을 어기는 것은 그리 어려운 일이 아니었을 것이다.

흥미로운 사실은 사탄이 광야에서 예수 그리스도를 시험할 때도 같은 작전을 펼쳤다는 사실이다. "네가 만일 하나님의 아들이어든 명하여 이 돌들로 떡덩이가 되게 하라"(마 4:3). 사탄은 예수 그리스도의 마음에 혼란을 가져다주려고 했던 것이다. 그는 예수 그리스도가 자신의 신분을 의심하길 원했다. 물론 결과는 완전 실패였다.

사탄이 당신으로 하여금 죄를 짓도록 유혹할 때, 그 첫 번째 작전은 혼란을 일으키는 것이다. 사탄은 당신이 하고자 하는 일이 과연 하나님 일에 합당하지 않더라도 성경은 그 점에 대해 분명하게 제시하고 있지 않다고 생각하도록 판단력을 흐려 죄악에 대한 경계심을 낮추려고 시험할 것이다.

두 번째 작전: 어림짐작

너희가 결코 죽지 아니하리라(창 3:4).

하나님께서는 죄가 사망에 이르게 할 것이라고 분명히 밝히셨다(창 2:17). 그러나 사탄은 하와에게 죄를 지은 결과가 대단히 과장됐다고 말한다. 실제로 사탄은 이렇게 말한다. "하와야, 단지 한 번 불순종하는 것이 죽음과 같은 극단적인 결과를 낳는다는 말을 네가 정말로 믿는 것은 아니겠지!"

이 전략이 어디로 향하고 있는지 확인하기란 어려운 일이 아니다. 사탄은 하와가 하나님의 은총을 미루어 짐작하기를 원하고 있는 것이다. "하지만, 결국 하나님은 너를 사랑하고 계시지 않니? 그런데, 하나님이 어떻게 너에게 그런 나쁜 일이 생기도록 하실 수가 있겠어?"라고 말하고 있는 것이다.

사탄은 두 번째 작전 역시 우리 주 예수 그리스도께 사용했다는 점을 주목하기 바란다. 두 번째 시험에서 사탄은 성전 꼭대기로 예수님을 데리고 가서 이렇게 말했다. "네가 만일 하나님의 아들이어든 뛰어내리라"(마 4:6). 사탄은 그리스도께, 만일 그가 진실로 하나님의 아들이라면 높은 건물에서 자기 몸을 내던지는 일을 포함해서 어떤 식으로든 본인이 원하는 대로 행동할 수 있으며, 결코 그에게 아무 일도 생기지 않을 것이라고 말했다.

"만약 네가 하나님의 아들이거든"이라는 사탄의 말은, "너는 네가 하고 싶어 하는 일은 무엇이든지 할 수 있는 위치에 있다. 그러니 내가 제안을 하나 하겠다. 다른 사람들은 꿈도 꾸어보지 못한 일을 한번 해보지 않겠는가. 성전 꼭대기에서 네 몸을 내던져보라. 그 일에 대해 너는 염려할 필요가 없다는 것을 알고 있다. 왜냐하면 너는 하나님의 아들이기 때문이다." 라는 의미이다. 이것이 바로 사탄의 두 번째 작전인, 어림짐작하게 만드는 시험이다. 사탄이 당신으로 하여금 죄를 짓도록 유혹할 때, 이러한 꼬임과 함께 당신이 사탄에 대한 경계의 벽을 허물도록 할 것이다. "하나님이 말씀하신 것만큼 결과가 그렇게 나쁘지는 않을 거야. 너는 그 일을 할 수 있어. 그리고 너에게 나쁜 일이 일어나지는 않을 거야."

세 번째 작전: 야망

> 너희가 그것을 먹는 날에는 너희 눈이 밝아져 하나님과 같이 되어 선악을 알 줄 하나님이 아심이니라(창 3:5).

아담과 하와는 하나님의 형상으로 지음을 받았다. 그러나 사탄은 그들이 한층 더 나아질 수 있다고 말한다. 따지고 보면, 왜 그들이 이래라 저래라 명령만 하시는 하나님을 모시기 원하겠는가? 만일 그들 스스로 무엇이 선이고 악인지 결정할 수 있다면 훨씬 더 좋지 않겠는가?

사탄은 인간이 그 제안을 얼마나 좋아하는지 잘 알고 있다. 인간은 하나님의 형상으로 지음 받았지만, 그것으로 만족하지 않는다. 계속해서 인간은 하나님이 되기를 원하고 있다. 사탄의 세 번째 전략은 인간의 야망에 호소하는 것이다.

당신이 예상했듯이, 사탄은 주 예수 그리스도께 이 세 번째 작전도 펼쳤다. 사탄은 그리스도께 지상의 왕국들을 보여주면서 "만일 내게 엎드려 경배하면 이 모든 것을 네게 주리라"(마 4:9) 하고 말했다. 사탄은 또 이렇게 말했다. "네가 무엇이 될 수 있는지를 생각해보고, 하나님 뜻에 어긋나지 않나 하는 생각들에 방해받지 않도록 하라."

이것은 사탄의 가장 교묘한 작전 가운데 하나이다. 그의 근본적이면서도 헛된 목표는 하나님의 권위를 뒤엎어버리는 것이다. 사탄은 우리가 하나님의 자리를 차지해야 한다고 꼬이기를 좋아한다. 사탄이 이렇게 꾀는 이유는 우리를 위해서라기보다 하나님에 대한 깊은 증오심을 가지고 있기 때문이다. 사탄은 우리를 꾈 때 하나님께서 우리에게 무엇이 선한 것이고, 무엇이 악한 것인지 직접 지시하실 필요가 없다며 우리의 교만에 호소한다. 사탄의 메시지는 여전히 동일하다. "너 자신에게 무엇이 옳은지는 네가 결정하라!"

사탄은 에덴동산에서 아담과 하와를 그리고 광야에서 예수 그리스도를 시험할 때 똑같은 전략을 사용했다. 이는 사탄이 우리를 시험하려고 할 때도 똑같은 방법을 사용할 것이라는 사실을 경고하는 것이다. 사도 바울은 "우리는 그 계책을 알지 못하는 바가 아니로라"(고후 2:11)라고 선언했다. 우리는 이미 사탄의 주요한 공격 전술을 알고 있으므로 방어진을 구축하는 것은 그리 어렵지 않을 것이다. 우리는 하나님의 말씀을 진지하게 받아들여야 한다. 그러나 하나님의 말씀을 우리에게 좀 더 편한 수준으로 끌어내리기 위해 성경의 의미를 왜곡하지 말라는 말씀에 귀를 기울여야 한다. 죄에는 반드시 그 결과가 따르며, 하나님이 말씀하시는 심판은 괜한 협박이 아님을 명심해야 한다. 우리는 하나님으로 하나님 되게 해야 한다. 하나님이 선하다고 선포하시는 것이 선이며, 악하다고 선포하시는 것이 악인 것이다.

죄악에 대해 알다

앞에서(창 2:16, 17) 하나님께서는 아담이 에덴동산에서 살아가는 데 필요한 하나의 율법을 내리셨다. "여호와 하나님이 그 사람에게 명하여 이르시되 동산 각종 나무의 열매는 네가 임의로 먹되 선악을 알게 하는 나무의 열매는 먹지 말라." 하나님께서 아담에게 주신 첫 번째 율법은, 다른 모든 계명과 마찬가지로, 하나님의 사랑에 대한 놀라운 표현이었다. 하나님께서는 모든 것을 선하게 만드셨기 때문에 아담이 알고 있었던 모든 것 또한 '선한 것'이었다. 그러나 그것이 세상의 다가 아니었다. 죄악은 이미 활동하고 있었다. 죄악은 이미 사탄의 도전 속에 나타났던 것이다.

하나님께서 아담에게 선악을 알게 하는 나무의 열매는 먹지 말라고 말씀하셨을 때, 그 말씀의 의미는 이러했다. "아담아, 이 세상에는 무시무시한 현실이 하나 있다는 사실을 알아야만 한다. 그래서 나는 그것으로부터 너를 보호하려고 한다. 그것은 죄악이다. 너는 죄악에 대해 아무것도 모르고 있지만, 그것은 이미 실존하고 있다. 나는 앞으로 네가 결코 죄악을 저지르지 않기를 원한다. 그러니까 네가 무엇을 하든지 간에, 이 나무의 열매는 절대 먹지 말도록 해라!"

그러나 그 후에 아담과 하와는 죄악에 대해 알고 싶어졌다. 아마도 아담과 하와는 자신들에게는 무엇인가 결핍되어있다고 느꼈을 것이다. 호기심이 그들로 하여금 알아서는 안 되는 것을 알고 싶어 하도록 이끌었을 것이다. 사탄이 이러한 호기심을 부추겼다. 그래서 아담과 하와가 이것이야말로 자신들이 원했던 것이라고 확신하기까지 오랜 시간이 걸리지 않았다. 바로 죄악에 대해 말이다.

그래서 최초의 부부는 하나님께서 그들에게 하지 말라고 명령하셨던 일을 저지르고야 말았다. 그들은 죄악에 대해 알게 됐고, 그 이래로 우리는 모두 죄악과 더불어 살아가고 있는 것이다.

물론 이 미끼 뒤에는 무시무시한 갈고리가 숨어있었다. 아담은 죄악에 대해 알고 난 후에야 자신이 거기에서 빠져나올 수 없다는 사실을 발견했다. 죄악은 아담을 바꾸어버렸다. 죄악이 아담과 하와의 삶을 움켜쥐었다. 오늘도 역시 죄악은 우리를 움켜쥐고 있다. 당신은 죄악의 손아귀에 사로잡혀있다. 나도 마찬가지다. 그것이 우리의 일차적인 문제점이다.

낙원으로부터의 추방

> 여호와 하나님이 에덴 동산에서 그를 내보내어 그의 근원이 된 땅을 갈게 하시니라(창 3:23).

그러므로 하나님께서는 아담과 하와를 쫓아내셨다. 에덴동산 입구에는 그곳을 두루 도는 화염검과 함께 하나님의 심판과 거룩하심을 상징하는 그룹들을 두셨다. 그 그룹들과 화염검이 함께 생명나무에 이르는 길을 차단하고 있다. 그렇게 해서 사람은 하나님께서 주신 복된 처소의 밖에 거하게 됐다. 사람은 더 이상 하나님과의 교제를 누리지 않으며, 이전에는 전혀 볼 수 없었던 야생의 맹수들과 가시덤불과 엉겅퀴가 가득한 불리한 환경 속에서 살아가기 위해 무시무시한 싸움을 해야 하는 처지가 되고 말았다(창 3:18).

하나님의 멋진 선물이었던 완벽한 결혼생활이 뒤틀리게 됐다. 아담은 자신들에게 닥친 문제점들에 대해 하와를 탓했으며, 하와는 자신이 사탄과 싸우는 동안 자기를 전혀 도와주지 않았다고 아담을 꼬집었음에 틀림없다. 세월이 흘러가면서 아담과 하와는 자신들의 얼굴에 주름이 패는 것을 보기 시작했을 것이다. 그들은 고통을 경험했을 것이며, 하나님께서 말씀하셨던 '죽음'이란 것이 자기들로서는 피할 수 없는 끔찍한 현실이라는 사실을 깨달았을 것이다.

저녁이 찾아오면, 혹시라도 하나님께서 자기들에게 찾아오지 않으실까 틀림없이 궁금해했을 것이다. 그러나 하나님은 결코 오지 않으신다. 그들은 하나님으로부터 멀리 떨어져 있으며 세상 가운데 홀로 존재한다. 낙원은 잃어버렸고, 되돌아갈 길은 전혀 없다.

되돌아갈 길은 없다

하나님께서는 아담과 하와를 추방하신 후에, 생명나무에 이르는 길을 지키도록 그룹들과 화염검을 세워놓으셨다(창 3:24). 화염검이 두루 돈다고 한 것을 보면, 화염검을 피해 동산 안으로 들어간다는 것은 불가능한 일이라는 것을 알 수 있다. (화염검은 하나님의 심판을 말한다.) 이 광경은 분명 아담에게 두려움을 가져다주었을 것이다. 아담은 자신이 이전에 하나님과 교제를 나누었던 그곳에서 쫓겨났으며, 그곳으로 다시 돌아갈 방법은 어디에도 없었다.

성경의 진단은 이와 같다. 우리는 영적으로 병들어있다. 우리는 죄악에 대해 알게 됐고, 하나님 임재 안에서 쫓겨났다. 우리는 더 이상 죄악으로부터 자유로울 수 없고, 하나님의 낙원으로 되돌아갈 수도 없다. 아담과 하와는 오직 선한 것만 있던 낙원에서 더 이상 살지 못하게 됐다. 죄악을 선택하면서, 살기 위해 고된 일을 해야만 하고 고통과 좌절, 공포, 마침내는 죽음도 맞아야 하는 환경에서 살게 됐다. 그 이래로, 그들의 인생에는 고통의 그림자가 드리워져 참 기쁨이라고는 찾아볼 수 없게 됐다.

저주와 더불어 시작된 희망

이상이 바로 성경의 진단이다. 그렇다면 처방은 무엇인가? 희망은 사람이 죄를 짓고 에덴동산에서 쫓겨났던 바로 그날 시작됐다. 그리고 그 희망은 저주와 더불어 시작됐다.

> 여호와 하나님이 뱀에게 이르시되… 네가 저주를 받아…(창 3:14).

『콘사이스 옥스퍼드 사전』*Concise Oxford Dictionary* 제6판에 따르면, 저주란 "한 사람이나 물건에게 멸망으로 보내는 신의 발언"이다. 그러므로 하나님께서 뱀을 저주하실 때, 악이 서지 못할 것이라고 공표하셨다. 사탄은 최후의 결정권을 갖지 못했다. 이 소식을 들은 아담과 하와는 뛸 듯이 기뻤을 것임에 틀림없다.

우리는 하나님께서 악을 저주하셨음에 감사드려야 한다. 그 저주가 없었다면, 우리는 영원히 죄악에 얽매였을 것이다. 그러나 이 저주는 우리에게 희망의 문을 열어준다. 만약 하나님께서 악을 멸망으로 보내지 않으셨다면, 다른 누가 그런 일을 할 수 있었겠는가? 인류 역사 내내 우리는 악을 없애버리려고 계속해서 시도하고 있지만, 번번이 실패하고 있다. 신문들은 여전히 또 다른 대량 학살과 또 다른 만행과 또 다른 독재자에 대해 보도하고 있다. 우리는 악으로부터 벗어날 수가 없다. 그러나 하나님께서는 "너에게 저주를 내리노라"고 말씀하시고, 그 순간부터 우리의 원수는 궁극적인 멸망의 길로 보내졌다.

그런 다음에 하나님께서는 두 번째 저주를 내리셨다. 하나님께서 아담을 향해 이렇게 말씀하시기 시작했다. "저주를 내리노라…."

아담은 틀림없이 숨을 멈추었을 것이다. 하나님께서 뱀에게 저주를 내리셨고, 이제는 "저주를 내린다"는 무시무시한 말씀을 하시면서 아담을 뚫어지게 쳐다보고 계셨던 것이다. 아담은 '이제 나도 완전히 멸망해버리겠구나'라고 생각했을 것이다. 그러나 여호와 하나님께서는 뱀에게 하셨듯이, "저주가 네게 있을지어다" 하고 말씀하시는 대신 "땅은 너로 말미암아 저주를 받고"(창 3:17)라고 말씀하셨다.

한쪽으로 비켜나간 저주

여기서 우리는 하나님에 대해 매우 중요한 사실 한 가지를 발견하게 된다. 하나님께서는 자신이 악을 멸망시킬 것이라고 공표하고 계신다. 동시에 하나님께서는 그 저주를 아담을 피해 땅에 떨어지게 하시고 사람에게 직접 떨어지지 않게 하셨다.

하나님께서는 공의로우시기 때문에, 그 저주는 어디론가 가야 하지만, 아담과 하와에게서 저주가 떠나 다른 방향으로 향하도록 방법을 모색하셨다. 적당한 때에, 하나님께서는 아들을 보내시어 우리 죄에 대한 저주가 그 아들에게 향하도록 하실 것이다. 그것이 바로 십자가의 의미이다. "그리스도께서 우리를 위하여 저주를 받은바 되사 율법의 저주에서 우리를 속량하셨으니 기록된바 나무에 달린 자마다 저주 아래 있는 자라 하였음이라"(갈 3:13).

아담과 하와는 땅에서 저주의 영향을 받으며 살았을 것이다. 그들은 좌절, 수고, 고통, 기근, 질병, 죽음을 겪었을 것이다. 그들은 저주 아래, 언젠가는 멸망하게 될 세상에서 살았다. 그러나 저주가 그들에게 직접 떨어지지는 않았다. 그들은 이 타락한 세상에서 삶의 고통과 실망을 경험했을 때, 땅이 받은 저주를 되새겼다. 그러나 그것을 생각할 때마다 그들은 그 저주가 자신들에게 떨어지지 않았음을 감사했을 것이다. 그들이 죄를 범한 바로 그날, 그들은 하나님의 은혜와 자비를 발견했던 것이다.

창세기 3장 마지막 부분을 보면, 사탄에 대한 저주가 있었고(창 3:14), 땅에 대한 저주가 있었다(창 3:17). 하나님께서는 사탄이 지금 모습 그대로, 혹은 세상이 지금 모습 그대로 남아있도록 허락하지 않으실 것이다. 컴퓨터에 침투한 바이러스를 치료하듯이, 하나님께서는 죄악을 깨끗하게 제거하실 것이다. 하나님은 세상을 초기화하여, 하나님의 창조 세계에 속했던, 죄라는 바이러스가 없는 새 하늘과 새 땅을 만드실 것이다. 하나님께서는 "피조 세계가 허무한 데 굴복하게" 하셨지만, 또한 "피조물도 썩어짐의 종노릇 한 데서 해방되어 하나님의 자녀들의 영광의 자유에 이르는" 날을 계획해놓으셨다(롬 8:21).

계속되고 있는 싸움

여호와 하나님이 뱀에게 이르시되…내가 너로 여자와 원수가 되게 하고 너의 후손도 여자의 후손과 원수가 되게 하리니 여자의 후손은 네 머리를 상하게 할 것이요 너는 그의 발꿈치를 상하게 할 것이니라(창 3:14, 15).

'사탄'은 인류가, 역사 대대에 걸쳐 나타난 죄악에 저항한 끊임없는 싸움을 총괄한다. 인간은 항상 악을 제거하려고 노력한다. 그러나 그러한 노력이 또 다른 비극, 또 다른 참사, 또 다른 독재자, 또 다른 대량학살을 유발시키는 것을 보면서 끊임없이 좌절한다. 간단히 말해서 인간은 죄악으로부터 벗어날 수 없다. 그러나 하나님께서는 여자에게서 한 후손이 있을 것임을 약속하신다. 인간의 계보 가운데 누군가가 올 것이다. 이 사람을 남자의 후손이라 칭하지 않고, 여자의 후손이라 칭했다. 그분이 이 땅에 오시면, 악의 존재와 맞서 큰 싸움을 치를 것이다.

결정적인 승리

한 구세주가 올 것이다. 그는 원수의 머리에 치명타를 가할 것이다.

그는 원수의 머리를 부숴버릴 것이며, 그 과정에서 원수는 자기를 부수는 발의 뒤꿈치를 물게 될 것이다. 그것은 굉장한 광경이다. 당신이 독사의 머리를 짓밟고 있는 모습을 상상해보라. 바로 그 순간, 독사가 당신을 물어 상처를 입히지만, 상처 입은 당신의 발이 독사를 밟아서 멸망시킨다.

때가 차매, 예수 그리스도께서 이 세상에 오셨다. 예수 그리스도는 모든 양식이 공급되는 이상적인 에덴동산에서 평화롭고 아름답게 원수를 맞지 않으시고, 거칠고 황량한 광야에서 40일 동안 금식하신 후, 연약하고 굶주리고, 지칠대로 지쳐있었을 때 원수와 대면하셨다. 사탄은 예수님께 죄악을 처음으로 경험하게 하려고 온갖 전략을 시도했으나 헛될 뿐이었다. 모든 노력이 수포로 돌아가자, 사탄은 패배하여 다른 날 싸울 것을 기약하고 물러날 수밖에 없었다.

3년 후, 그리스도는 십자가를 지셨다. 십자가에서 고난을 당하시고 죽음을 맞이하셨다. 죽음을 통해 그리스도께서는 원수에게 치명상을 입히시고 사탄의 권세로부터 인간을 구원할 수 있는 길을 열어놓으셨다(골 2:15).

그리스도에 대한 조명 SPOTLIGHT ON CHRIST

만약 인간이 에덴동산으로 되돌아가고자 한다면, 악의 권세로부터 해방되어야 할 뿐만 아니라 거룩하신 하나님의 심판을 대표하는 화염검과 그룹들을 지나가야 한다.

당신이 에덴동산 밖에서 아담과 하와 그리고 다른 여러 사람들과 함께 그룹들과 심판의 무시무시한 검을 돌아보고 서 있는 모습을 상상해보라. 그곳을 바라보고 있을 때, 하나님 앞에서 누군가가 나온다. 그분은 우리가 있는 곳으로 와서 우리 곁에 서신다. 그런 다음에 화염검을 향해 전진하신다. 우리는 그 광경을 보면서 움츠러든다. 화염검은 두루 돌고 있으며, 그분이 화염검 앞에 도달했을 때, 그에게 무슨 일이 생길지 우리는 알 수가 있다. 그러나 그분은 계속해서 걸어가신다. 화염검이 그를 치고, 죽인다. 그 칼이 그의 몸을 뚫고 들어가지만, 칼도 부러지고 만다. 그를 죽인 칼은 산산조각이 나서 땅에 떨어진다. 그의 죽음으로, 다시 하나님 앞으로 되돌아갈 수 있는 길이 열리게 됐다.

그리스도께서 죽으셨을 때, 예루살렘 성전에 드리웠던 거대한 성소 휘장이 둘로 찢어졌다(마 27:51). 그 휘장은 하나님의 임재 안에서의 추방을 상징했다. 그룹들의 형상이 그 휘장 천의 일부로 바뀌어있었던 것이다. 그래서 휘장이 찢어졌을 때, 그룹들은 둘로 갈라졌다. 그렇게 심판은 예수 그리스도께로 떨어졌고 그분은 모든 백성을 위한 죗값을 지불하셨다. 하나님의 복된 처소로 되돌아갈 수 있는 새 길이 열린 것이다.

드러난 사실 UNLOCKED

인간이 죄악을 선택해서 에덴동산에서 쫓겨났다는 사실을 이해했을 때에야 비로소 이 세상을 이해할 수 있을 것이다. 우리는 계속해서 악의 권세를 떨쳐버리고 자유로워지기를 바라지만, 그 악의 세력은 우리 안에 있기 때문에 우리는 죄에서 결코 자유로워질 수 없다. 또한 우리는 이 세상을 에덴동산과 같은 낙원으로 만들 수 있을 것이라고 생각하지만, 그렇게 할 수도 없다.

그러나 하나님께서는 우리를 버리지 않으셨다. 하나님께서는 이 타락한 세상에, 죄악과 끊임없는 전쟁을 하고 있는 우리의 싸움터에 아들을 보내셨다. 예수 그리스도께서는 한 걸음도 물러서지 않고 그 원수와 싸워 아담이 실패했던 곳에서 승리하셨다. 예수 그리스도는 아담이 받았던 유혹과 똑같은 시험을 받으셨지만, 결과는 완전히 달랐다. 그리스도께서는 십자가를 지셨으며, 죽음을 통해 사탄의 권세를 꺾으셨다. 이렇게 예수 그리스도께서는 하나님의 심판을 통과하여 하나님의 임재와 축복 속으로 되돌아갈 수 있는 길을 열어놓으셨다.

기도 PAUSE FOR PRAYER

전능하신 아버지여!

저에게 가장 절실한 것은 죄악으로부터 구원받고 하나님의 심판을 통과할 수 있는 길을 찾는 것임을 고백합니다. 이러한 일들은 제 능력 밖임을 인정합니다.

주님께서 저를 이러한 상황 가운데 버려두지 않으시고, 하나님의 아들 예수 그리스도를 보내주셨음에 감사드립니다. 죄악을 이기신 예수 그리스도께 감사드립니다. 원수를 무찌르고 승리하신 예수 그리스도께 감사드립니다. 저를 향해 날을 세우고 있던 심판의 칼을 부러뜨리시고, 제가 다시 하나님께로 돌아갈 수 있는 길을 열어주시기 위해 십자가에서 죽으신 예수 그리스도께 정말 감사드립니다. 저의 부족을 고백하오며, 예수 그리스도께서 이루신 일을 믿고, 주님께 나아갑니다. 저를 받아 주시옵소서. 예수 그리스도의 이름으로 기도드립니다. 아멘.

3

구원

Salvation

창세기 6:5-22

구원받기 위해 내가 해야 할 일은 무엇인가,

어떻게 해야 구원받을 수 있는가?

묵상의 길잡이

☑ **발견하라**

노아의 방주가 그리스도에 대해 우리에게 무엇을 가르치고 있는지 발견하라.

☑ **배우라**

기독교 세계관의 기본적인 건축 자재들을 배우라.

☑ **경배하라**

하나님께서 항상 똑같은 구원 계획, 즉 예수 그리스도 안에서 주의 은혜로 믿음을 통해 이루어지는 구원 계획을 가지고 계신 것에 감사하고 그분께 경배하라.

인생에 대해 당신이 알아야 하는 거의 모든 것은 단 두 가지 영역으로 압축할 수 있다. '하나님은 누구인가 그리고 나는 누구인가'가 그것이다. 이 두 가지를 바르게 깨닫는다면, 당신의 인생은 굳건한 기반 위에 서게 될 것이다. 그러나 당신이 이 두 가지를 잘못 알고 있다면, 심각한 어려움에 빠질 것이다.

성경의 처음 몇 장에서 우리는 하나님이 누구시며, 우리는 또한 누구인가를 발견하게 된다. 하나님은 창조주이시므로 만물의 소유주이시다. 그분은 우리를 만드셨으며, 우리에 대한 절대적인 권한을 가지고 계신다. 하나님께서는 우리가 누릴 수 있도록 세상을 멋진 선물들로 가득 채워놓으셨으며, 우리가 하나님을 알 수 있도록 태초부터 인간에게 손을 내미셨다.

하나님은 각 사람을 하나님의 형상대로 만드셨다. 그러나 일찍이 인류 역사의 진로와 이 세상에서 살아가는 우리 삶의 경험을 바꾸어놓은 끔찍한 재난이 있었다. 인간이 죄악에 이끌린 것이다. 아담이 죄를 지은 이후로 인간은 죄악과 더불어 살아가야 했다. 죄악은 우리 안에 있다. 이것이, 바울이 선을 행하기 원했을 때 악이 바로 가까이에 있었다고 말한 이유이다.

죄악의 결과로, 인간은 에덴동산에서 쫓겨났다. 이제 인간은 심판에 직면하지 않고서는 하나님께로 다가갈 수 없다. 그룹들과 화염검이 생명나무에 이르는 길을 막고 있기 때문이다.

구원자가 임하실 때

그러나 하나님께서는 두 가지 방법으로 희망을 주셨다. 첫째, 하나님께서는 구원자를 약속하셨다. 둘째, 하나님께서는 저주의 방향을 인간으로부터 다른 곳으로 돌리셨다. 그 저주는 땅에 떨어졌다. 아담의 범죄는 끔찍한 결과들을 가져왔지만, 그에게는 하나님을 찾을 수 있는 여지가 남아있었다. 게다가 이 두려운 저주로부터 영원히 구원해줄 수 있는 방법을 찾을 수 있다는 소망도 있었다.

이 모든 것은 구원자이신 예수 그리스도의 도래를 가리킨다. 그분은 동정녀 마리아에게서 태어나, 우리에게로 오셨다. 그 후에 십자가에서 죽으심으로써, 대적 원수에게 치명상을 입히셨다. 사탄은 예수 그리스도를 장악할 수 없었다. 하나님의 심판의 칼이 우리를 대신하고 있는 예수 그리스도를 쳤을 때, 그 칼은 부러지면서 하나님의 임재 안에 이르는 살아있는 새 생명의 길을 닦아놓았다. 이처럼 예수님께서는 자신을 통해 모든 인간이 하나님께 이를 수 있는 길을 열어놓으셨다.

성경적 세계관 건설

우리는 이와 같은 근본적인 기독교 신앙의 진리를 배우면서, 성경적인 세계관을 세워나가게 된다. 세계관이란, 어떠한 쟁점이 주어질 때, 그것에 대해 우리가 어떻게 생각할지 결정할 일련의 핵심적인 신념들을 말한다. 사람들이 각자 매우 다른 생활 방식을 선택하는 이유는, 하나님이 누구시며 자신이 누구인가에 대해, 서로 다른 핵심이 되는 신념들에 근거해서 움직이기 때문이다.

성경적인 세계관을 가지고 있는 사람들은 하나님께서 자신을 창조하신 것과 그분이 자신에 대해 절대적인 권한을 가지고 계신 것 그리고 그들의 삶 속에 있는 모든 선한 선물이 하나님의 손에서 나온다는 것을 믿는다. 만약 당신이 이러한 사실들을 받아들인다면, 하나님을 아는 것이 당신의 가장 큰 기쁨이 될 것이며, 하나님께 순종하는 것이 최고의 소명이 될 것이다. 그러나 당신의 삶이 하나의 우연일 뿐이라고 믿는다면, 성경이 단지 인간의 생각과 경험과 상상력의 소산이라고 믿는다면, 당신은 이 모든 선한 선물이 우연히 생긴 것이라고 결론을 내리게 될 것이다. 그 결과 당신은 자신을 발견하는 것이 가장 큰 기쁨이 될 것이며, 자신에게 진실한 것이 최고의 소명이 될 것이다.

여기에서 설명하는 두 가지 세계관은 서로 전적으로 다른 것이며, 두 세계관이 모두 옳을 수는 없다. 당신은 다음 두 세계관 중 어느 한쪽의 세계관을 가지고 있다.

- 자신을 중심에 놓고, 자신을 역사의 우연한 산물일 뿐이라고 여긴다. 자신만의 율법을 만들어내야 하고, 자신 이외에는 아무에게도 책임질 필요가 없으며 자신에게 가장 절실한 일은 자기 자신과 평화롭게 지내는 일이라고 믿는다.
- 하나님을 중심에 놓고, 하나님께서 자신의 창조주시며, 하나님께서 율법을 만드셨으며, 자신에 대한 궁극적인 책임은 하나님께 있으며, 자신에게 가장 절실한 일은 하나님과의 평화를 찾는 일이라고 믿는다.

이러한 신념들은 배의 키와 같다. 이 신념들이 삶의 방향을 결정할 것이다.

하나님에 대해 그리고 자신이 무엇을 믿고 있는지 모르는 사람은 마치 방향키를 붙잡고 있는 사람이 아무도 없어 정처 없이 떠돌아다니는 배 가운데 앉아있는 사람과 같다. 그 배는 바람과 물결에 휩쓸려 이리저리로 떠돌 것이다. 만약 당신의 배가 바위를 향해 표류하고 있는 중이라면, 가장 먼저 해야 할 일은 손을 뻗어 배의 키를 꽉 붙잡는 일이다.

동일한 출발, 다른 방향들

하나는 하나님을 중심으로 하고 있고, 다른 하나는 우리 자신을 중심으로 하고 있는 이 두 개의 세계관은 인류 역사 시초부터 우리와 함께 존재했다. 바로 그 시초부터 인간은 하나님께 대응하는 방식에서 차이를 보였다. 아담과 하와는 두 자녀를 두었다. 세상에 나온 최초의 형제들은 자신들의 인생 항로를 전혀 다른 방향으로 돌려놓고 있었다. 아벨은 하나님을 찾았으며, 가인은 하나님과 싸웠다.

가인은 아벨에게 격렬한 분노와 증오심을 품고 있었다(창 4:3-5). 세상은 언제나 하나님께 순종하려는 사람들을 미워해왔다. 결국 가인은 동생을 죽였다. 하나님께서는 아담과 하와에게 셋이라는 또 다른 아들을 주셨다. 그 이후 가인은 비통한 삶을 살았다. 그는 하나님과 가족으로부터 떨어져 고립되어 살았다.

가인의 행동은 여러 가지 결과를 가져왔다. 그러나 하나님께서는 그를 향해 여전히 자비를 보여주셨다(창 4:10-16). 가인은 한 성읍을 건설했고, 그의 자손들은 음악과 미술, 문화에 중요한 기여를 하여 명성을 남겼다. 하나님께서는 가인의 적개심에도 불구하고 그를 보호해주셨다. 하나님께서는 자기의 대적들까지도 감싸 안으신다. 그러나 성경 이야기의 초점은 셋의 계보에 있다.

셋이 태어나고, 또 셋의 아들이 태어났을 때, 그때에 사람들이 비로소 여호와의 이름을 불렀다(창 4:26).

이렇게 해서 창세기 5장에 이르게 되는데, 5장은 발음하기 어려운 이름들로 가득 차 있다. 성경에서 이러한 장들에 이르면, 대충 읽고 넘어가고 싶은 유혹이 생길 것이다. 왜냐하면 그 사람들이 누구인지도 모르고 왜 그들이 중요한지도 알 수 없기 때문이다.

가장 중요한 관계

그러나 그들은 주 예수 그리스도가 태어나게 될 가계도의 시작이기 때문에 매우 중요하다. 누가복음 3장을 보면, 예수 그리스도로부터 다시 아담으로 거슬러 올라가는 족보가 기록되어있다. 그리고 36-38절에 열거된 이름들은 바로 창세기 5장에 열거된 이름들과 똑같다. 우리가 따라가고 있는 이야기는 예수 그리스도가 태어나게 될 계보의 이야기이다. 창세기 5장에 언급된 인물들에 대해 우리가 알고 있는 것은 거의 없다. 오늘날 그들의 삶을 의미 있게 하는 유일한 사실은 그들이 모두 예수 그리스도와 연결되어있다는 것이다. 바로 그 이유 때문에 그들의 이름이 기록된 것이다.

마찬가지로, 당신에게 영원토록 중요한 의미를 줄 한 가지 사실은 당신이 주 예수 그리스도와 관계를 맺고 있다는 사실이다. 지금부터 1,000년이 흐르면 우리 모두는 세상에서 완전히 잊힐 것이다. 그러나 예수 그리스도와 관계를 맺고 있는 사람들은 영원히 하나님의 계획 안으로 들어갈 것이다.

놀라우신 은혜

아담과 하와가 에덴동산에서 추방된 이후에도 하나님께서는 계속해서 인간에게 다가오셨다. 하나님은 사람들을 포기하고 내버리거나 관심을 잃지도 않으셨다. 성경 전체에서 우리는 은혜로 말미암아 인간을 구원하시기 위해 손을 내미시는 하나님을 발견할 수 있다. 그 양식은 노아 이야기의 처음에 정확히 기록되어있다.

> 노아는 여호와께 은혜를 입었더라(창 6:8).

노아는 하나님에게서 은혜를 발견했다. 성경에서 은혜를 뜻하는 단어가 여기에서 처음으로 등장한다. 하나님께서는 온유하심과 측은히 여기심으로 노아를 바라보셨고, 그러한 하나님의 은혜는 두 가지로 표현됐다. 첫째, 하나님께서는 심판이 임할 것을 노아에게 일러주셨다.

하나님이 노아에게 이르시되 모든 혈육 있는 자의 포악함이 땅에 가득하므로 그 끝날이 내 앞에 이르렀으니 내가 그들을 땅과 함께 멸하리라(창 6:13).

노아는 그 말씀을 혼자만 알고 있지 않았다. 베드로후서 2:5을 보면, 노아가 "의를 전파"했다는 사실을 알 수 있다. 노아는 성경에 나오는 최초의 전도자였다. 하나님께서는 노아에게 말씀하셨으며, 사회 전체가 하나님의 말씀을 들을 수 있도록 노아를 통해 말씀하셨다.

성경에는 하나님께서 특수한 사회 공동체들을 심판하셨던 여러 경우가 기록되어있다. 거기에는 노아의 홍수와 소돔과 고모라의 멸망, 기원전 586년의 예루살렘 멸망 등이 포함된다. 역사 속에서 하나님의 심판에 대한 이러한 예들은 하나님께서 앞으로 의로움 가운데 전 세계를 심판하실 때 다가올 최후의 재앙을 미리 지적한다. 하나님께서 우리에게 은혜를 보여주시는 첫 번째 방법은 다가올 심판에 대해 우리에게 미리 경고하시는 것이다.

두 번째로, 하나님께서는 심판의 날 내내 노아가 안전하게 보호받기 위해 무엇을 해야 하는지 정확하고 구체적으로 말씀해주심으로써 하나님의 은혜를 보여주셨다.

너는 고페르 나무로 너를 위하여 방주를 만들되(창 6:14).

심판이 다가오는 것을 안다고 해도, 그 심판에서 구원받을 수 있는 방법을 모르면, 아무 소용이 없을 것이다. 심판의 메시지는 흉포한 하나님이 진노하시는 것이 아니다. 그 메시지는 사랑의 하나님께서 "나는 악을 멸망시켜야 하므로, 그렇게 할 것이다. 그러나 나는 너희를 멸망시키고 싶지 않다. 이것이 너희가 피할 수 있는 길이다"라고 말씀하시는 자비로운 외침이다.

믿음을 통한 구원

> 믿음으로 노아는 아직 보이지 않는 일에 경고하심을 받아 경외함으로 방주를 준비하여 그 집을 구원하였으니 이로 말미암아 세상을 정죄하고 믿음을 따르는 의의 상속자가 되었느니라(히 11:7).

성경이 노아가 "의인"(창 6:9)이었다고 말하는 것은 그가 완벽한 성품을 지녔다는 뜻이 아니다. 노아 역시 다른 사람들처럼 하나님의 은혜가 필요했다. 그를 '의롭게' 만들어준 것은 그가 하나님의 말씀을 믿고 그 말씀대로 행하였다는 사실이다. 하나님은 노아에게 말씀하셨고, 노아는 하나님을 믿었다. 그래서 그는 믿음으로 말미암아 의의 상속자가 됐다.

노아의 시대에 하나님을 믿는다는 것은 쉽지 않았을 것이다. 하나님께서는 노아에게 이전에는 결코 일어나지 않았던 일에 대비하라고 말씀하셨다. 모든 생명체를 멸망시킨 홍수는 상상할 수도 없는 재앙이다. 어느 누가 당대에 그러한 일이 일어나리라고 생각할 수 있었겠는가?

하나님께서는 우리에게 이전에는 결코 일어나지 않았던 일에 대비해야 한다고 말씀하신다. 예수 그리스도께서는 살아있는 자와 죽은 자를 모두 심판하기 위해 오실 것이다. 세상은 여전히 이 메시지를 비웃음으로 받아들이고 있다(벧후 3:3). 노아 시대에도 마찬가지였다. 그 당시 사람들은 하나님의 심판에 대한 경고를 심각하게 받아들이지 않았다. 오늘날에도 많은 사람이 이러한 경고들을 심각하게 받아들이지 않고 있다. 만약 노아 시대에 기자가 있었다면, '결코 바다로 나가지 못할 배'와 같은 제목의 기사를 썼을 것이다.

노아는 아마도 여러 가지 의문이 들었을 것이다. 만약 아무런 의문점이 없다면, 믿음을 가질 필요가 없을 것이다. 그리스도인으로 살아가는데 있어서도 "내가 왜 지금 이것을 하고 있는 거지?"라고 스스로에게 물어보는 때가 여러 번 있다.

의심은 일이 잘못되어갈 때 혹은 하나님의 약속이 지체되는 것 같을 때 하게 된다. 비가 내릴 때마다 노아는 '드디어 때가 왔다'고 생각했을 것이다. 그러나 당시 세상 사람들은 노아에게 결코 아무 일도 일어나지 않을 것이라고 말했을 것이다. 그렇지만 그는 여전히 하나님의 말씀을 믿었으며, 믿었기 때문에 순종했다.

실천하는 믿음

참된 믿음은 언제나 행동으로 보여준다. 노아의 믿음에 대한 증거는 그가 방주를 지었다는 것이다. 그는 하나님께서 그에게 하신 말씀을 믿었으며, 그대로 실천했다. "행함이 없는 믿음은 죽은 것"(약 2:26)이라는 말씀을 기억하기 바란다. 루터는 믿음을 한 그루의 나무로 묘사했는데, 믿음은 죽은 나무가 아니라 탐스러운 열매를 가득 맺는 살아있는 나무라고 지적했다. 예수 그리스도는 이 이야기에 대해 다음과 같이 평하셨다.

> 노아의 때와 같이 인자의 임함도 그러하리라 홍수 전에 노아가 방주에 들어가던 날까지 사람들이 먹고 마시고 장가들고 시집가고 있으면서 홍수가 나서 그들을 다 멸하기까지 깨닫지 못하였으니 인자의 임함도 이와 같으리라(마 24:37-39).

먹고 마시고 장가들고 시집가는 일이 잘못이라는 것이 아니다. 노아도 결혼하여 세 아들을 두었다. 그들도 매일 먹고 마셨다. 그러나 노아의 우선순위는 하나님께서 그에게 말씀하신 그날을 준비하는 것이었다. 준비를 하는 유일한 방법은 하나님께서 말씀하신 것을 믿고 명령하신 대로 행하는 것이었다.

성경은 하나님께서 어느 날 홍수보다 더 큰 재앙을 보내실 것이라고 말한다(벧후 3:10). 또한 예수님께서는 그날에 많은 사람이 노아의 말을 듣고도 그의 말을 믿지 않았던 것과 똑같은 상황에 처하게 될 것이라고 경고하셨다(마 24:35-39).

믿음으로 기다림

하나님께서는 비가 내리기 전에 방주 안으로 들어가 꼬박 7일간을 그 안에 있으라고 노아에게 말씀하셨다(창 7:4-7). 하늘에서 비 한 방울도 떨어지지 않고 있을 때 방주에 짐을 싣는 것은 믿음으로부터 우러나온 행동이었다. 하나님의 말씀이 아니라면, 방주 들어갈 이유가 전혀 없었다. 사람들은 노아를 다소 바보 같다고 느꼈을 것이다. 그러나 비가 내렸다. 비뿐 아니라, 땅에서도 샘물이 솟아올랐다(창 7:11). 광야에서 지은 노아의 방주가 떠올랐고, 노아와 그의 가족은 솟아오른 채 새로운 세계 속으로 인도됐다.

그리스도에 대한 조명 SPOTLIGHT ON CHRIST

홍수는 결코 반복되지 않을 심판이다(창 9:8-16). 그러나 하나님께서는 장차 더 끔찍한 심판이 있을 것이라고 우리에게 경고하신다. 하나님께서 노아를 위해 방주를 예비하셨듯이, 하나님께서는 예수 그리스도를 통해 최후의 심판으로부터 구원받을 수 있도록 우리를 위한 길을 예비해놓으셨다.

방주이신 그리스도

방주 안에 있던 모든 자는 안전했다. 방주 밖에 있던 자들은 모두 멸망했다. 하나님께서는 우리를 위해 하나의 방주를 예비해주셨다. 예수 그리스도가 그 방주이다. 하나님께서는 노아의 설교를 통해 사람들에게 말씀하셨다. 만약 사람들이 그 안으로 들어가고자 한다면, 구원받을 수 있는 하나의 방주가 있다고 말씀하고 계신다. 동일하신 하나님께서는 오늘날 약속을 통해 말씀하고 계신다. 하나님께서는 우리에게 예수 그리스도를 가리키면서 만약 우리가 그에게로 간다면 구원받을 수 있다고 말씀하신다.

사도 바울은 그리스도인을 '예수 그리스도 안에' 있는 존재라고 설명한다. 노아가 방주 안에 있었듯이, 당신은 예수 그리스도 안에 거할 수 있다. 심판의 날이 임할 때, '예수 그리스도 안에' 있는 자들은 예수 그리스도에 의해 높이 들려 새로운 세상 속으로 인도될 것이다. 이 방주는 찾아오는 모든 이들에게 열려있다. 예수님께서는, "내게 오는 자는 내가 결코 내쫓지 아니하리라"(요 6:37)고 말씀하셨다. 노아 시대 사람들에게도 기회의 문은 열려있었다. 하나님께서는 그 사람들에게 경고하시기 위해 한 전도자를 보내셨다. 그들의 지역사회 한복판에서 방주가 지어지고 있었다. 어떤 사람들은 매일 그 곁을 지나쳤을 것이다.

비를 피해 들어오시오!

몇 년 전 어느 날 런던에서 있었던 일이다. 나는 서재에 앉아서 주일 예배 설교 준비를 하고 있었다. 밖에는 비가 퍼붓고 있었는데 한 노부부가 길을 걷고 있었다. 그들은 비를 피해 우리 집 가장자리에 있던 한 그루 나무 아래 서 있었다. 그러나 그 나무는 앙상한 가지뿐이어서 전혀 피난처가 되어주지 못했다.

나는 코트를 뒤집어쓰고 나가 그들에게 말했다. “여기에 있으면, 흠뻑 젖게 됩니다. 안으로 들어와서 젖은 옷을 말리시겠어요?” 그들은 나를 쳐다보면서 정중한 영국식 예절을 갖추어 말했다. “감사하지만, 우리는 괜찮습니다.”

나는 어떤 말로도 노부부를 설득할 수 없었기 때문에, 문을 열어 두고 들어오겠다면 절대 환영이라고 그들에게 말했다. 그러나 그들은 한 걸음도 움직이지 않았다.

그 갑작스런 폭풍우는 하나님의 심판에 대한 좋은 예이다. 만약 우리가 홀로 서 있으면, 그 비는 우리에게 곧장 쏟아질 것이며, 우리는 그 폭풍우에 휩쓸려버릴 것이다. 그러나 만약 우리가 집 안에 있다면, 퍼붓는 빗줄기는 지붕 위로 떨어질 것이며, 비를 맞지 않을 것이다.

예수 그리스도는 하나님께서 우리를 위해 예비해주신 피난처이시며, 심판의 폭풍우를 피할 수 있도록 보호해주시는 방주이다. 하나님께서는 우리의 피난처이신 예수 그리스도께 나오라고 우리를 초대하신다. 언젠가 하나님의 심판이 내릴 것인데, 그 심판은 이미 예수 그리스도께 떨어져 그분이 우리의 죗값을 치르셨기 때문에 우리에게는 심판이 임하지 않을 것이다. “그러므로 이제 그리스도 예수 안에 있는 자에게는 결코 정죄함이 없나니”(롬 8:1).

당신은 ‘예수 그리스도 안에’ 있는가? 아니면 안으로 들어오라고 문이 열려있는데도 밖에 서 있고자 하는가? 만약 당신이 예수 그리스도 안으로 들어온다면, 하나님의 심판으로부터 안전할 것이다.

드러난 사실 UNLOCKED

'예수 그리스도 안에 있는' 은혜와 믿음, 구원은 신약성경에 출현한 새로운 사상들이 아니다. 성경은 하나의 이야기이다. 하나님은 은혜로우시다. 그분은 언제나 존재하셨으며, 영원토록 존재하실 것이다. 하나님께서는 자신의 약속을 믿으라고 우리에게 권하시며 말씀하신다.

방주는 '예수 그리스도 안에' 있다는 것이 어떤 의미인지 이해하는 데 도움을 준다. 노아와 그의 가족이 방주 안에 들어가 있었기 때문에 하나님의 심판을 안전하게 통과했다. 우리도 '예수 그리스도 안에' 있다면 최후의 심판을 안전하게 통과하게 될 것이다.

그러므로 당신이 인생의 마지막에 전능하신 하나님 앞에 서서 삶을 결산하게 될 것이라고 믿는다면, 인생에서 우선순위에 두어야 할 일은 그날에 대비하는 것임을 알게 될 것이다.

기도 PAUSE FOR PRAYER

전능하신 하나님!

저는 여호와 하나님께서 창조주이심을 믿으며, 주님이 저의 삶에 대한 절대적인 권한을 가지고 계심을 믿습니다. 저는 죄악 가운데 있으며, 에덴동산에서 쫓겨난 존재임을 고백합니다. 저는 장차 심판이 있을 것이라는 주님의 말씀을 믿으며, 하나님을 떠나서는 저에게 아무런 소망이 없음을 고백합니다.

주 예수 그리스도를 저희에게 보내주시는 은혜를 베풀어주셔서 정말 감사합니다. 제가 주 예수 그리스도 안에 거하면, 장차 올 심판으로부터 구원받게 될 줄을 믿습니다. 예수 그리스도를 전적으로 믿고 의지합니다. 구세주가 되신 주님이시여, 성령으로 제 안에 들어오셔서 흑암 권세로부터 저를 안전하게 지켜주시옵소서.

하나님 아버지, 저를 죄의 심판으로부터 구원해주시고, 제게 영생의 선물을 주심 또한 감사드립니다. 예수 그리스도의 이름으로 기도드립니다. 아멘.

4

심판

Judgment

창세기 11:1-12:3

왜 하나님께서는 세상 모든 민족이
다른 언어로 말하도록 만드셨을까?

묵상의 길잡이

☑ **발견하라**
기도하기 시작한 이유를 발견하라.

☑ **배우라**
각 민족을 어떻게 처리하셨는지 배우라.

☑ **경배하라**
바벨에서의 하나님의 심판이 성령강림절에 뒤바뀐 이유를 깨닫고 하나님께 경배하라.

조금 더 힘을 주자, 아기가 세상에 나왔다. 그리고 잠시 후, 이 세상 최초의 아기가 출현했음을 알리는 울음소리가 울려 퍼지기 시작했다. 그 아기를 낳은 산모에게는 산파가 없었다. 그녀를 도울 수 있는 사람은 오직 그녀의 남편뿐이었다. 그런데 그 남편도 무엇을 해야 할지 전혀 몰랐다. 그 점에 있어서는 산모 역시 마찬가지였다. 아무튼 하나님의 은혜로 그들은 모두 무사했다. 이제 산모는 그들의 갓난아기 가인을 양팔로 보듬어 안고, 아담이 그녀에게 말했듯이 "나의 뼈 중의 뼈요, 나의 살 중의 살이로구나"라고 말할 수 있게 됐다. 나는 그들이 서로 무슨 말을 했을지 궁금하다. 최초의 부부가 최초의 아기를 가진 느낌이 어땠을까?

하와는 자신의 아이가 태어난 일에서 틀림없이 하나님의 축복을 보았을 것이다. 하나님께서는 여인의 후손이 뱀의 머리를 상하게 할 것이라고 말씀하셨다. 아마도 하와는 자기 아들의 눈을 들여다보면서 그 아들이 어떻게 악의 형세를 뒤집고 그들을 낙원으로 복귀시켜줄 것인지 깊이 생각했을 것이다.

만약 하와가 이런 생각을 했었다면, 하와는 분명히 매우 실망했을 것이다. 자기가 들여다보고 있는 천진난만한 눈을 가진 그 아기가 결국 세상 최초의 살인자가 되기 때문이다.

창세기의 첫 장들은 죄의 권력이 세상에서 성장하는 모습을 그리고 있다. 처음에는 아주 매력적으로 보였던 '죄악'이 결국은 파멸을 가져오는 힘이 되며, 철천지원수임이 드러났다.

성장하는 죄악의 권세

창세기 3장에서 우리는 하나님께 불순종했던 한 행위에 대해 읽었다. 그 행위는 아주 단순한 일처럼 보였다. 그러나 핵심은 죄가 거기에서 끝나지 않았다는 것이다. 죄악은 일종의 권력이므로 일단 기회를 잡으면 당신에게 달라붙어 세력을 키우기 때문에 죄를 단 한 번만 저지른다는 것은 거의 불가능한 일이다. 창세기 4장에서 한 사내아이가 태어났는데, 그 부모의 자유로운 선택으로 지은 죄가 이미 아기 안에 있었다. 죄는 처음부터 거기에 있었다. 아담은 하나님과 사이가 멀어졌지만, 가인은 이미 하나님과 멀어진 그 시점에서 인생을 시작했다.

창세기 4장은 가인이 어떻게 노여움으로 가득한 젊은이가 됐는지 기록하고 있다. 하나님께 대항해서 싸우려는 충동이 이미 가인 내면에 자리 잡고 있었다. 동생 아벨이 하나님의 복을 누리는 것을 보았을 때, 그의 분노는 더욱 심해졌다. 가인은 그의 동생에게 "들녘으로 나가자"고 말했다. 그들 두 사람이 들녘에 나가 단 둘만 있게 되자, "가인이 그의 아우 아벨을 쳐 죽였다"(창 4:8).

죄악은 거기에서 끝나지 않고 계속해서 인류를 망쳐놓았다.

아담은 세 번째 아들 셋을 낳았다. 셋은 아버지의 마음속에서 아벨을 대신했다. "하나님이 내게 가인이 죽인 아벨 대신에 다른 씨를 주셨다…그때에 사람들이 비로소 여호와의 이름을 불렀더라"(창 4:25, 26). 그 시점에 사람들이 하나님을 찾기 시작했다는 것은 놀라운 일이 아니다. 죄의 결과는 아담이 해야 하는 일에 대한 수고보다, 하와가 겪어야 하는 해산의 고통보다 훨씬 더 삶을 어렵게 만들었다. 죄는 이제 그들의 자녀들 속에서까지 활동했다. 아마도 아담과 하와는 처음에 그들이 선과 악의 차이점을 자녀들에게 잘 가르쳐 지도해주기만 한다면, 모든 것이 잘될 것이라고 생각했을 것이다. 그러나 그때 바로 아담과 하와는 자신들이 죄의 권세에 직면했음을 알게 됐다. 그래서 그들은 하나님을 부르기 시작했다. "우리는 자녀에게 우리 스스로 선과 악을 분별하는 방법을 가르칠 수 있을 것이라고 생각했습니다. 그러나 이제는, 하나님께서 우리를 돕지 않으신다면 죄악이 우리를 멸망시킬 것이라는 사실을 깨달았습니다."

비탄에 잠긴 부모

우리가 자녀들을 위해 사랑이 깃든 환경을 마련해주고, 우리가 할 수 있는 한 최상의 교육을 제공해주며, 잘 먹이고 잘 입히고, 가능한 한 가장 좋은 교육 시설에 보낸다면, 그 결과 신앙심이 두터운 자녀들로 성장할 것이라고 생각하기 쉽다. 그러나 결과가 언제나 우리 생각대로 되는 것이 아니라는 것을 깨닫게 된다. 우리는 인간 본성 내면에서 움직이고 있는 '죄의 권세'라는 비밀을 발견한다. 그러나 그것을 보면서도 어떻게 해야 할지 잘 모른다. 문제는 우리 가운데 많은 사람이 죄악의 권세에 대한 실체를 결코 받아들이지 않는다는 것이다.

아담과 하와가 마침내 죄악이라는 것이 실제로 세력을 확장하고 있다는 사실을 파악했을 때, 그들은 여호와의 이름을 부르기 시작했다. 그들은 고통에 직면하자 그 자리에서 기도했다. "오, 하나님, 죄악의 권세가 우리 가정을 파괴하고 있습니다. 우리에게 주님의 은혜가 필요합니다." 아마 당신도 당신이 겪고 있는 고통 속에서 이 기도의 실체를 알게 될 것이다.

창세기 5장은 자신들의 유일한 희망이 하나님께 있음을 알고 기도했던 수 세대에 걸친 사람들로 이어지는 계보를 기록하고 있다. 그들이 그렇게 기도하는 것은 쉬운 일이 아니었을 것이다. 세대마다 새로운 종류의 죄악이 그 모습을 드러냈기 때문이다. 4장에서 우리는 이 세상에서 인간의 악의가 광대해져서, "그의 마음으로 생각하는 모든 계획이 항상 악할 뿐"(창 6:5)임을 보았다. 세상은 "포악함이 땅에 가득"(창 6:11)했다. 얼마 지나지 않아 인류는 에덴동산에서의 단 한 번의 불순종 행위로 인해 세상을 휩쓰는 폭력의 시류 속으로 들어가버렸다.

브레이크를 밟으신 하나님

하나님께서는 홍수를 일으켜 전체 인구를 8명으로 구성된 단 한 가족으로 줄여버리셨다. 하나님께서는 노아의 가정을 선택하셨다. 그들은 그 가운데 가장 선한 가정이었다. 물로 심판하심과 함께, 하나님께서는 끝없이 치솟는 죄에 제동을 거셨다.

노아는 놀라운 기회를 맞았다. 그는 새로운 아담처럼 방주에서 나왔다. 그것은 해결해야 할 오래된 빚도, 대적자들도 없는 새로운 환경에서 8명으로 구성된 단 한 가족의 새로운 시작이었다. 그러나 노아는 자신과 더불어 죄의 씨앗들을 새로운 세상 속으로 가지고 들어왔다. 그래서 그리 오래 지나지 않아 우리는 노아가 만취한 것을 보게 된다(창 9:20-23). 또 그의 자녀들 중 한 명에게서는 냉소의 씨앗이 자라고 있었다. 죄는 기회가 주어지면 어디든 들어가 강력하게 성장할 것이며 당신이 원치 않는 곳으로 당신을 끌고 갈 힘이 있다.

이것이 바로 하나님께서 성경을 통해 우리에게 가르쳐주시는 중요한 진리 중 하나이다. 당신이 롯의 딸들의 악행이나 아브라함의 거짓말, 창녀로 가장한 여인(유다의 며느리, 창 38:13-19)에 대한 유다의 정욕에 대해 읽을 때마다 그 점을 기억할 필요가 있다. 성경은 몇 가지 끔찍한 사건들을 담고 있다. 성경은 신성한 책이지만, 우리가 부정한 세상 가운데 살고 있다는 사실을 가르쳐주고 있다. 성경은 우리 사회가 믿고 싶어 하는 것처럼 사람들이 점점 더 나아지고 있다고 말하기는커녕, 하나님으로부터 멀리 떠나면 떠날수록, 사람들이 더 악해진다고 말한다.

예수님은 "죄를 범하는 자마다 죄의 종"(요 8:34)이라고 말씀하셨다. 당신이 하나님께서 하지 말라고 명하신 일을 굳이 하려고 선택하면, 당신은 자신의 영혼 속에 노예제도를 제정하는 것이 된다. 나는 젊은이들이 하나님께서 그들에게 접하지 말라고 말씀하신 온갖 종류의 것들을 시험해봄으로, 지금보다 좀 더 나은 미래를 만들 수 있게 될 것이라고 믿고 있는 것을 볼 때 가슴이 아프다. 당신은 수많은 세월 동안 더불어 싸워나가야 할 전쟁들을 스스로 일으키고 있는 것이다.

예방이 치료보다 낫다

성경이 죄에 대해 우리에게 말하고 있는 첫 번째 내용은 "그곳에 가지 말라"는 것이다. 그곳에는 당신이 결코 개입해서는 안 될 어떤 싸움들이 있는데, 당신이 지혜로운 선택을 함으로써 그 싸움으로부터 떨어져있을 수 있다. 죄는 그 권세가 날로 커지므로 할 수 있는 한 멀리 벗어나라. 여러 해 동안 따라다니면서 당신을 괴롭힐 고통과 상처, 싸움을 스스로 불러일으키지 말라. 몇 년 후에 당신이 '그곳에 이르도록 내버려두지 않았더라면 좋았으련만.' 하는 후회의 씨를 뿌리지 말라. 사탄에게 발 디딜 틈을 주지 말라.

아마도 당신은 '나의 생활 습관이 굳어버리기 전에, 내 영혼 속에서 전쟁을 벌이기 전에 진작 그 생각을 했더라면 좋았을 텐데' 하고 생각하고 있을 것이다. 그러한 생각을 한다는 것은 매우 긍정적인 반응이다. 당신이 그냥 자라도록 내버려두었던 잡초에 대해 아주 솔직해지고 있는 것이다. 지금이 바로 그것들을 처리해야 할 때이다. 단 하루라도 미루지 않길 바란다.

심판은 하나님께서 죄악을 베어버리시는 것이다. 만일 하나님께서 베지 않으신다면, 죄악이 하나님께서 만드신 모든 선한 것들을 파괴할 것이다. 당신은 이 사실을 창세기 전체에 걸쳐 확인할 수 있다. 아담과 하와는 하나님에 대한 불순종을 선택했으므로 하나님께서는 그들을 에덴동산에서 추방하심으로써 그들의 죄가 진전되는 것을 저지하셨다. 가인은 최초의 살인자가 됐다. 그래서 하나님께서는 가인을 가족으로부터 격리시키셨다. 노아의 시대에 죄악이 창궐하자, 하나님께서는 홍수를 통해 그 악을 잘라버리셨다. 그러나 죄는 계속해서 커지고 있으며, 노아가 방주로부터 나온 지 그리 오래 지나지 않아 사람들이 하나님을 향한 그들의 도전을 표출하기 위해 바벨에 모였다.

'새로운' 과학 기술

사람들은 동쪽으로 이주해가고 있었으며, 이주해가면서 대단한 발명품을 고안해냈다. 그들은 벽돌이라는 새로운 과학 기술의 산물을 개발했다. 벽돌은 가히 경탄할만한 새로운 발견이었으며, 여러 가능성이 잠재된 놀라운 신세계를 열어주었다. "자, 이제 우리가 여태껏 가능하다고 생각했던 것보다 훨씬 더 높게 건설할 수 있을 것이다. 그러니까 우리가 얼마나 높이 올라갈 수 있는지 한번 해보자. 하늘 위로 치솟아 올라가는 탑을 하나 세워보자." 이 건축물의 문제는 높이가 아니라 그 목적에 있었다.

> 자, 성읍과 탑을 건설하여 그 탑 꼭대기를 하늘에 닿게 하여 우리 이름을 내고 온 지면에 흩어짐을 면하자(창 11:4).

이 도성을 건설하는 목적은 인간의 위대함을 선언하기 위함이었다. 인간은 그들 스스로 유명해지기 원했고, 자신의 안전을 스스로 보장하고자 했다. 다시 한번 인간은 하나님의 보좌를 손아귀에 넣으려 하고 있었다. "자, 우리는 유명해질 수 있다. 우리도 저 위에 올라갈 수 있다." 인간은 하나님을 믿고 경배하는 대신에 자신을 믿고 숭배하기 원했다. 하나님께서는 그들이 행하고 있는 일을 살펴보셨다(창 11:5). 하나님께서 에덴동산에서 그렇게 하셨듯이, 어느 정도 그대로 두셨다가 그 일을 절단해버리셨다. 여호와 하나님께서 이렇게 말씀하셨다.

> 이 무리가 한 족속이요 언어도 하나이므로 이같이 시작하였으니 이후로는 그 하고자 하는 일을 막을 수 없으리로다 자, 우리가 내려가서 거기서 그들의 언어를 혼잡하게 하여 그들이 서로 알아듣지 못하게

하자 하시고(창 11:6, 7).

22층에서 벌어진 혼란

이렇게 해서 어떤 일이 벌어졌는지 상상하기란 어렵지 않다. 지난 2년 동안 당신은 바벨탑 22층에서 동료와 일을 해왔다. 날이 저물면 서로 인사를 하고 연장을 챙겨 들고 가족의 품으로 돌아간다. 다음 날 당신은 동료에게 어젯밤에 텔레비전에서 중계한 축구 경기를 보았는지 (혹은 그와 비슷한 것을) 묻는다. 그런데 동료는 이해할 수 없는 소리로 대답을 한다. 이 친구 어디가 잘못된 것이 아닌가? 당신은 곧 22층에서 일하는 다른 나머지 동료들도 모두 이해할 수 없는 소리를 내고 있다는 사실을 발견하고는 이 일이 꿈인가 생시인가 의아해한다.

다행스럽게도, 당신과 같은 말을 쓰는 다른 사람을 건물 부지에서 발견한다. 당신은 그 사람에게 이렇게 말한다. "여기에 있는 다른 사람들은 미쳤어. 도무지 그 사람들이 하는 말을 한 마디도 알아들을 수가 없어." 곧이어 같은 말을 쓰는 다른 사람들을 더 발견한다. 그중 한 사람이 이렇게 말한다. "이 사람들하고는 어떤 일도 끝내기 어렵겠어. 지금껏 말이 잘 통했는데, 지금은 전혀 말이 통하지 않아…" 그래서 당신은 연장을 싸 들고 모든 사람이 같은 언어를 사용하는 곳에 새로운 공동체를 건설하자며 어딘가로 길을 떠난다.

여호와께서 거기서 그들을 온 지면에 흩으셨더라(창 11:9).

하나님께서 내려다보고 계셨을 때, 바벨은 사방팔방으로 떠나는 여러 가족들로부터 버림받고 있었다. 그들은 모두 서로를 의심하면서 다른 사람들이 자신을 우롱하고 있다고 느꼈다. 장차 일어날 갈등의 씨가 이미 뿌려진 것이다.

참으로 흥미롭다. 그들이 피하려고 노력했던 바로 그 일, 즉 분열을 하나님께서 일으키신 것이다. 하나님께서 행하신 일의 패턴에 주목하기 바란다. 하나님께서는 어느 수준까지는 인간이 자신의 위대함을 추구하도록 허락하시다가 그다음에 행동으로 옮기신다. 소돔과 고모라, 바벨론, 그리스, 로마 등 인류 역사상의 모든 제국에 대해 그렇게 하셨다. 그것이 바로 우리가 하나님께서 우리나라에 은혜를 베풀어주시기를 부르짖어야 할 이유 가운데 하나이다. 우리에게는 그 은혜가 필요하다. 그런 일은 국가 차원에만 해당되는 것이 아니다. 우리 개개인에게도 해당되는 사실이다. 우리는 이중적인 생활을 하는 것이 가능하다. 당신은 다른 사람이 모르는 은밀한 죄를 가슴에 품고 있지 않은가? 하나님께서는 어느 시점에 이르기까지 당신을 내버려두실 것이다. 그러고 나서 당신을 심판하실 것이다. 하나님께서는 사랑하는 자들을 훈련시키시기 때문에 그렇게 하셔야만 한다(히 12:6). 따라서 그러한 훈련을 받지 않을 유일한 대안은 죄악의 잡초가 당신의 목을 조이기 전에 스스로 그 잡초를 제거하는 것이다.

하나님의 은혜를 위한 자리

하나님의 심판은 결코 최후의 통첩이 아니다. 하나님께서 죄를 베어버리실 때, 항상 하나님의 은혜를 위한 자리가 만들어진다. 아담과 하와가 에덴동산에서 쫓겨났지만, 하나님은 그때 구세주에 대한 약속을 하셨다. 가인이 자기 동생을 살해했지만, 그때 셋을 주심으로 새로운 희망의 계보를 이어가셨다. 홍수가 모든 생명을 멸망시켰지만, 노아와 그의 가족이 방주 안에서 구원을 받았다. 그렇다면 하나님께서 바벨탑에 대해 심판을 내리셨을 때, 은혜가 어떻게 작용하게 될 것인지 궁금하지 않을 수 없다.

바벨탑 이야기의 마지막 부분에서 우리는 셈으로부터 시작해 데라에서 끝나는 계보 하나를 볼 수 있다(창 11:10-26). 그리 장래성 있어 보이진 않지만, 데라의 세 아들 가운데 한 아들의 이름이 아브람이었다. 아브람은 나중에 아브라함이라 불린다. 신약성경은 아브라함을 하나님이 건설자 되시고, 하나님이 창조자 되시는 한 도성을 대망하고 있던 사람이라고 설명한다(히 11:10). 아브라함은 바벨탑의 정반대가 되는, 즉 하나님을 숭배하고 자신의 안위를 하나님께 전적으로 맡기고 의지하는 사람들로 구성된 사회의 일부가 되겠다는 불타는 열망을 가지고 있었다. 하나님께서는 에덴동산에서 아담에게 나타나셨듯이 아브라함에게 나타나셨다(행 7:2). 그때까지도 아브라함은 하나님에 대해 전혀 모르고 있었다. 그의 가족은 우상들을 섬기고 있었다(수 24:2). 그러나 하나님께서 아브라함에게 나타나셨을 때, 아브라함과 그의 자손들을 축복하시고 아브라함의 계보를 통해 땅 위의 모든 나라가 복을 누리게 될 것이라고 약속하셨다(창 12:1-3).

하나님께서는 땅 위의 모든 민족을 사방으로 흐트러뜨리셨다. 그러나 심판은 그 민족들에 대한 하나님의 최후통첩이 아니었다. 하나님께서는 아브라함의 계보를 통해 하나님의 복이 임할 것을 약속하셨다.

그리스도에 대한 조명 SPOTLIGHT ON CHRIST

구약성경의 나머지 부분은 이 가족의 역사를 따라가고 있다. 그 역사는 아담과 셋에서 출발하여, 노아와 셈 그리고 아브라함, 이삭, 야곱으로 이어져 유다와 다윗에게로 이른다. 그다음에 우리는 신약성경을 통해 이 계보 안에서 한 아기가 태어났음을 알게 된다. 이 아기의 어머니 마리아는 아기를 안고 그 이름을 '예수'라 지었다. 새로운 죄악의 뿌리를 내린 최초의 아기와는 달리, 이 아기는 "자기 백성을 그들의 죄에서 구원할 자"가 될 것이다(마 1:21). 예수님은 하나님의 말씀을 가르치셨고, 하나님의 일을 행하셨다. 그다음에 예수님은 십자가에 못 박혀 죽으셨다. 그러나 사흘 후에 죽은 자 가운데서 부활하셨고, 부활 후에 많은 사람에게 나타나셨으며, 40일 후에 승천하셨다.

그러고 나서 성령강림절에 하나님께서는 바벨에서와 반대로 역사하셨다. 사도들의 목청에 놀랄만한 기적을 일으키셔서, 다른 여러 나라에서 찾아온 순례자들도 하나님의 말씀을 이해할 수 있도록, 사도들이 몰랐던 언어로 말씀을 전하게 만드셨다.

> 그때에 경건한 유대인들이 천하 각국으로부터 와서 예루살렘에 머물러 있더니 이 소리가 나매 큰 무리가 모여 각각 자기의 방언으로 제자들이 말하는 것을 듣고 소동하여 다 놀라 신기하게 여겨 이르되 보라 이 말하는 사람들이 다 갈릴리 사람이 아니냐 우리가 우리 각 사람이 난 곳 방언으로 듣게 되는 것이 어찌 됨이냐…우리가 다 우리의 각 언어로 하나님의 큰 일을 말함을 듣는도다 하고(행 2:5-8, 11).

당신은 여기에서 하나님의 은혜를 보고 있는가? 바벨에서는 인간의 자만이 하늘로 치솟았고, 하나님께서는 그들의 언어를 혼잡게 하셨다. 그 결과 그들은 제각각 나뉘어 흩어지게 됐다. 반면 성령강림절에는 예수 그리스도께서 높아지셨으며, 하나님께서는 여러 민족에게 각각 그들의 방언으로 말씀하셨고, 그 결과 그들은 한데 모여 하나가 됐다.

사도행전은 복음이 어떻게 여러 나라로 전파되고 있는지를 우리에게 전해주고 있다. 하나님께서 아브라함의 계보를 통해 만방의 모든 민족에게 약속하셨던 그 축복을 예수 그리스도를 통해 모든 사람에게 베푸셨다. 그 이야기는 사도 요한이 거룩한 한 성읍에 대해 기록하고 있는, 성경의 마지막 권인 요한계시록에 이르기까지 계속해서 이어진다. 그 성읍의 한가운데에는 하나의 탑이 아니라 하나의 보좌가 있고, 예수 그리스도께서 그 보좌에 앉아계신다. 그 보좌 주위에는 모든 민족과 나라와 언어와 문화의 사람들이 함께 모여있다. 그들은 자신의 이름을 높이지 않고 그리스도의 이름을 높이고 있다. 그들은 함께 모여 하나님의 어린양께 경배를 드리고 있다. 그리고 이렇게 외친다. "구원하심이 보좌에 앉으신 우리 하나님과 어린양에게 있도다"(계 7:10).

드러난 사실 UNLOCKED

인류를 서로 다른 언어를 쓰는 집단들로 나누신 분은 하나님이셨다. 하나님께서는 날로 심해지는 인간의 도전에 제동을 걸기 위해 그렇게 하셨다. 그 제동장치는 매우 효과적이었다. 인류 역사 전체에 걸쳐 여러 지도자들은 줄기차게 여러 민족들을 규합시키려고 시도해왔다. 그러나 그 시도들은 한계가 있었으며, 단명했다.

하나님께서는 예수 그리스도를 통해 모든 민족과 나라로부터 사람들을 불러내고 계신다. 천국에서는 인류 역사 모든 부분에서 사람들을 분열시켰던 인종, 계급, 언어, 성차별과 같은 모든 장벽이 완전히 제거될 것이다. 하나님께서는 교회 안에서 그러한 화합을 드러내기 시작하라고 자기 백성을 부르신다.

기도 PAUSE FOR PRAYER

전능하신 하나님 아버지!

제가 때때로 주님의 이름을 높이기보다는 저 자신의 이름을 높이는 일에 더 많은 관심을 기울이고 있음을 고백합니다. 저의 삶 속에서 너무나 많은 부분이 주님을 영화롭게 하기보다는 저 자신을 만족시키는 데 집중되어 있음을 고백합니다.

예수 그리스도를 통해 모든 민족과 나라로부터 예수 그리스도를 믿고 주님의 이름을 드높이는 새 백성을 불러 모으고 계심을 감사드립니다. 주 예수 그리스도의 복음이 세계 곳곳의 모든 이들에게 전해지기를 소원합니다. 주님의 복음을 전하는 일에 제가 쓰임 받을 수 있도록 도와주시옵소서. 예수 그리스도의 이름으로 기도드립니다. 아멘.

5

피

Blood

출애굽기 3, 12장

성경은 왜 그렇게 피를 강조하는가?

BC 2100		
	2092	아브라함이 가나안으로 이동하다
	2092~1875	아브라함에서 야곱에 이르는 족장 시대
2000		
1900		
	1876	야곱이 애굽으로 들어가다
1800		애굽에서의 노예 생활 400년
1700		
1600		
1500		
	1447	출애굽
1400	1407~1400	가나안 정복
1300		
1200		

묵상의 길잡이

☑ **발견하라**
하나님께서 자신을 알리신 독특한 이름을 발견하라.

☑ **배우라**
애굽에 내린 재앙들의 참된 의의를 배우라.

☑ **경배하라**
그리스도의 보혈이 하나님의 심판이 주는 두려움으로부터 우리를 어떻게 구원하는지 보면서 경배하라.

당신은 무엇인가에 대해 약속을 받았지만, 약속한 것이 전혀 지켜지지 않았던 경험을 한 적이 있는가? 아브라함은 두 가지 약속이 이루어지기를 오랫동안 기다렸다. 하나님께서는 아브라함이 큰 민족을 이루도록 복을 주시겠다고 약속하셨고(창 12:2; 13:15), 아브라함은 이 두 가지 약속이 이루어질 것을 믿으면서, 믿음의 한계를 끌어올렸다. 그러나 사라가 아기를 임신할 아무런 기미도 없이 세월은 흘러만 갔다.

하나님께서는 그들이 늙어서 임신할 수 있는 인간의 모든 가능성이 완전히 사라져버릴 때까지 기다렸다가 개입하셨고, 그분의 섭리로 이삭이 태어났다. 하나님께서는 첫 번째 약속을 지키셨다.

이삭은 두 아들, 야곱과 에서를 두었다. 그리고 야곱은 열두 명의 아들을 두었다. 그들은 각각 이스라엘 열두 지파의 조상이 됐다. 아브라함의 자손들이 거주할 땅에 대한 약속 역시 바로 이루어지지 않았다. 아브라함은 하나님의 부르심에 순종하여 고향을 떠나 하나님께서 자신에게 보여주실 그곳으로 갔다. 그러나 그가 가나안 땅에 도착했을 때, 이미 다른 사람들이 그 땅을 차지하고 있다는 사실을 알게 됐다. 그 땅을 아브라함의 자손들에게 주시겠다는 하나님의 약속이 이루어지기까지는 상당한 시간이 걸렸다.

이삭과 야곱은 가나안 땅에서 각각 그들 가족을 부양했으나, 야곱의 말년에 기근이 들어 온 식구가 식량을 구하러 애굽 땅으로 갔다. 하나님께서는 자기 형들에게 무참하게 취급받았던 야곱의 아들 요셉을 앞서 애굽 땅으로 보내셨다. 이렇게 해서 하나님께서는 야곱의 가족에게 필요한 것을 공급해주셨다.

야곱의 후손들은 그 후 400년 동안 애굽에 머물렀고, 그 기간 동안 70명의 대가족은 200만 명이나 되는 한 민족으로 성장했다.

약속 대신 박해

출애굽기의 첫 부분에서, 우리는 점점 번성하던 히브리 민족이 박해당하고 있는 모습을 발견한다. 이것은 극심한 인종차별, 특히 역사상 극악무도한 죄악의 원인이 된 반유대주의의 첫 번째 예이다. 애굽인들은 히브리인들에게 강제로 노동을 부과하여 그들을 억압했다. 그중 가장 극악무도한 것은 바로가 히브리 신생아 중 남자아이 전부를 나일강에 던져버리라고 칙령을 내린 일이었다(출 1:22).

모세가 태어났을 때, 그의 어머니는 모세를 바구니에 넣어 나일강에 띄워 보냈다. 바로의 딸이 그 아기를 발견하고 궁궐로 데려가 키웠다. 하나님의 놀라운 섭리 가운데, 모세의 어머니가 모세의 유모로 임명됐다. 모세가 성인이 됐을 때, 그는 애굽인들이 자신의 동족들을 함부로 취급하자 분노가 치밀었다. 마침내 모세는 히브리인을 학대하고 있던 애굽인을 자기 손으로 죽였다. 이 사건에 대한 소문이 퍼지자, 모세는 목숨을 부지하기 위해 도망쳐야 했다. 그는 미디안 땅으로 가서 십보라와 결혼했고, 그곳에 정착해 목축을 생업으로 삼았다.

하루는 모세가, 성경에서 호렙산이라고도 불리는 시내산 지역에서 양 떼를 치고 있었는데, 하나님이 떨기나무 불꽃 가운데 나타나셔서 그를 부르셨다. 하나님은 그에게 다시 애굽으로 돌아가 바로에게 "내 백성을 보내라!"고 말하라고 명하셨다. 모세는 명령에 순종했다. 그리고 출애굽기 다음 네 권의 책은 어떻게 하나님께서 40년 동안 백성을 애굽에서 나오게 하시고, 마침내 그들의 조상들이 찾아왔던 가나안 땅으로 다시 들어가게 하셨는지 전해준다.

침묵을 깨신 하나님

야곱과 그의 가족이 애굽으로 이주해 들어온 이래로 400년이 흘렀다. 그 기간 내내 하나님께서는 침묵하셨다. 의심할 것도 없이 모세의 어머니는 모세에게 아브라함과 이삭과 야곱의 하나님에 대해 가르쳤을 것이다. 그러나 모세 시대에 이러한 이야기들은 아마 먼 옛날의 역사 이야기처럼 들렸을 것이다. (오늘날 고등학생들 가운데 16세기나 17세기의 이야기가 재미있거나 삶에 변화를 불러일으킨다고 보는 학생들은 많지 않을 것이다!) 우리는 모세가 바로의 궁궐에서 세속적인 교육을 받았다는 것을 알고 있다. 그 사실은 오늘날 이 세상 대학교에 다니고 있는 여느 학생들처럼, 모세가 하나님에 대해 그의 부모로부터 받았던 가르침과는 매우 다른 교육을 교수들로부터 받아야 하는 난국에 부딪쳐야만 했다는 것을 의미한다.

궁궐에서 모세는 애굽의 판테온萬神殿에 대해, 애굽의 신들인 오시리스Osiris, 헥트Hekt, 아피스Apis 그리고 라Ra에 대해 배웠을 것이다. 따라서 모세는 성경 이야기들에 대해 잘 알고는 있지만, 성경 속의 하나님을 여러 신들 중 하나로 여기는 세속 사회의 학생들과 똑같은 입장에 있었을 것이다. 애굽의 궁궐에서 교수들이 모세에게 '당신이 경배하는 어떠한 신도 사실은 문화의 반영일 뿐'이라고 가르쳤다 해도 전혀 놀라운 사실이 아니다. 그러므로 모세는 틀림없이 '하나님은 누구인가?'에 대한 큰 의문을 품고 있었을 것이다. 그가 그 물음에 대한 답을 어떻게 찾았는지는 출애굽기 3장에 나타나 있다. 400년 동안의 침묵 이후에, 에덴동산에 내려오셨던 그 하나님, 아브라함을 부르시고 야곱과 씨름을 하셨던 그 하나님께서 그때 다시 내려오셔서 모세에게 말씀하셨다.

스스로 타오르는 불길

사건은 이렇다. 모세는 불이 붙은 떨기나무를 보았다. 그러나 불꽃은 떨기나무 덤불을 불살라버리지 않았다. 다시 말해서, 그 불은 떨기나무와 상관없이 스스로 타오르고 있었다. 불길은 떨기나무 덤불을 연료로 삼아 태우지 않았다. 모든 불길은 연료가 다 타면 꺼져버린다. 그러나 이 불길은 다른 불길과는 달랐다. 불꽃은 아무것도 태우지 않고 자체의 생명을 유지하고 있었다.

모세는 처음 보는 광경에 놀라 그 불꽃을 보려고 가까이 다가갔다. 그가 다가갔을 때, 하나님께서는 귀에 들리는 소리로 불길로부터 말씀하시기 시작했다.

> 나는 네 조상의 하나님이니 아브라함의 하나님, 이삭의 하나님, 야곱의 하나님이니라(출 3:6).

갑자기 모세의 머릿속에서 모든 것이 맞아떨어지기 시작했다. 그가 하나님에 대해 들었던 이야기들은 모두 최소한 400년은 지난 것들이기 때문에 때때로 모세는 하나님께서 과거에만 매여 계시는 것이 아닌지 의아해했을 수도 있다. 그러나 그의 선조들에게 나타나셨던 그 하나님께서 이제 모세에게 말씀하고 계신 것이다. 스스로 존재하며, 스스로 유지하시는 하나님께서는 역사상의 어떤 시간이나 장소에도 갇히실 수 없었다. 하나님께서는 아브라함과 이삭과 야곱에게 자신의 정체를 밝히셨으나, 그분은 그들에게 의존하지 않으셨다. 그분은 무소부재 하시며, 스스로의 힘으로 존재하고 계신다.

하나님께서는 모세에게 "나는 스스로 있는 자"(출 3:14)라며 놀랄만한 이름으로 정체를 밝히셨다. 전능하신 하나님께서는 "나는 아브라함을 불렀으며, 이삭에게 나타났던 그 하나님이다. 나는 야곱과 씨름했던 그 하나님이다. 그리고 나는 지금 너에게 말하고 있다. 나는 나로서 존재하고 있다. 나는 언제나 존재하기 때문에 앞으로도 있을 것이다"라고 말씀하신 것이다.

하나님에 관한 혼란

하나님께서 천지를 창조하시고, 우리를 자신의 형상대로 지으시고, 인류 역사의 무대 한가운데로 걸어 올라오셨음에도 불구하고, 우리의 원수 사탄은 우리가 하나님을 알지 못하기를 원했다. 하나님께서는 최초의 조상들로 하여금 하나님을 알게 하시기 위해 내려오셨지만, 사탄이 갖가지 잡신을 덧붙여 혼란을 가져다주었다. 그 결과 많은 사람이 하나님에 대해 진지하게 생각하기를 피하고 있다.

당신은 인도에 9억의 신이 있다는 사실을 알고 있는가? 그곳에 살고 있는 사람마다 각자 섬기는 신이 다르다는 말이다. 사람들은 자신들이 헌신할 대상을 선택한다. 나는 미국도 마찬가지로 우리가 선택하는 가치들이나 생활 방식들을 뒷받침해줄 신들을 줄기차게 만들고 있기 때문에 앞으로 수백만의 신을 가지게 될 것이라고 생각한다. 사람들은 심판하시는 하나님 혹은 오직 예수를 통해서만 구원하시는 하나님을 믿을 수 없다고 말한다. 하지만 그들이 실제로 말하고 있는 것은, 자신들이 성경의 하나님을 좋아하지 않으며, 좀 더 자신들의 기호에 맞는 또 다른 신을 만들기로 선택했다는 것이다. 만일 그렇게 하는 것이 얼마나 무례한 짓인지를 알고 싶다면, 자기 아내를 찍은 디지털 사진을 편집하고 있는 한 남자의 모습을 상상해보자. 그 남자는 아내 사진을 보면서 자기 마음에 들지 않는 모든 부분을 수정해버린다. 아내의 코가 너무 크다고 생각해서 콧날을 세운다. 아내가 너무 뚱뚱하다고 생각해서 날씬하게 바꾼다. 그런 다음에 아내에게 가서 "나는 당신 모습에 싫증이 났어. 여기 내가 원하는 당신 모습이 있어"라고 말한다. 모욕감을 느낀 아내는 아마도 눈을 똑바로 치켜뜨고 남편을 쳐다보면서 "나는 나예요!"라고 앙칼지게 말했을 것이다.

마찬가지로 우리가 성경을 펼쳐 들고 하나님에 대해 우리 마음에 들지 않는 많은 부분들을 보면서 좀 더 만족할만한 모습으로 고치겠다고 결심하는 것은 하나님께 심히 모욕적인 것이다. 하나님은 당신이 원하는 모습대로 존재하지 않으신다. 하나님은 있는 그대로의 하나님이시다! 살아계신 하나님께서는 성경의 첫 페이지에서 만물을 창조하신 창조주로 자신을 소개하신 그 하나님이며, 우리에게 내려오셔서 "나는 스스로 있는 자니라"라고 말씀하시는 분이시다. 시작도 없고 끝도 없이 타오르는 그 불길처럼, 하나님께서는 스스로의 존재를 위해 아무에게도 그리고 아무것에도 의존하지 않으신다. 하나님께서는 어떠한 요구조건에도, 어떠한 제한에도, 어떠한 의무에도 종속되지 않으신다.

살아계신 하나님과 다른 신들

성경 속의 하나님께서는 "나는 있다"고 말씀하신다. 그러나 그 하나님은 존재하고, 다른 신들은 존재하지 않는다는 사실을 우리가 어떻게 아는가? 그것이 바로 애굽에 내렸던 재앙들의 핵심이다. 바로는 히브리 백성을 내보내라는 하나님의 명령에 순종하기를 거부했다. 바로는 그의 삶 속에서 하나님의 권위를 인정하지 않았다. 아마도 바로는 그가 자기만의 신들을 소유하고 있다고 생각했던 것 같다. 그래서 모세의 하나님에게 자기가 순종할 하등의 이유도 없다고 보았다. 바로는 자신의 신들을 숭배하는 동안 유일하신 참 하나님의 권위에 결코 복종할 수 없었을 것이다. 그래서 살아계신 하나님께서는 애굽의 신들 배후에서 조종하고 있던 세력들을 파멸시킴으로써 자신이 누구신지에 대한 증거를 나타내셨다. 하나님은 이렇게 말씀하셨다.

> 내가…애굽의 모든 신을 내가 심판하리라 나는 여호와라(출 12:12).

우리는 모세가 배웠던 많은 애굽의 신들에 대해 언급했다. 거기에는 나일강의 신 오시리스Osiris와 탄생의 신 헥트Hekt, 태양 신 라Ra 등이 포함된다. 일반적인 지식은 각각의 신들이 애굽에 특별한 복을 가져다주었다는 것이었다.

이것은 재앙에 대한 이야기에 이를 때 우리에게 매우 중요하다. 모세와 바로, 이스라엘과 애굽 사이의 싸움보다 훨씬 더 중요한 싸움이 걸려있었다. 살아계신 하나님께서, 애굽의 거짓 신들 배후에 숨어서 정체를 감추고 있던 사탄의 권세를 무너뜨리고 계셨던 것이다. 그 방법은 매우 현실적이었다. 마술사들이 개구리들을 만들어낼 수 있었던 것도 이런 이유에서다. (물론 개구리들을 없애버릴 수는 없었다!)

하나님께서 바로를 향해 이렇게 말씀하셨다. "너는 나일강이 너를 지켜주고 있다고 말하면서 오리시스를 경배하지만, 나는 나일강을 생명 없는 늪지로 바꿀 수 있다. 너는 개구리 형상으로 만든 탄생의 여신 헥트를 섬기고 있지만, 나는 네가 그 여신을 몰랐더라면 좋았을 것이라고 여길 만큼 엄청나게 많은 개구리들이 생기게 할 것이다. 너는 태양이 네 위에 비칠 것이라고 말하면서 라Ra를 섬기고 있지만, 나는 그 태양을 흑암으로 가릴 것이다. 네가 나의 자리에 대신 둔 것이 바로 너에게 재앙이 될 것이다." 가혹한 애굽의 정권에 맞서 자신들을 지킬 수 없었던 히브리인들은 하나님께 부르짖었다. 그들이 달리 무슨 일을 할 수 있었겠는가? 그들은 전혀 힘이 없었다.

출애굽기 서두의 가장 큰 의문점은 '과연 살아계신 그 하나님께서 고난받는 백성을 구하기 위해 무엇이든지 하실 것인가' 였다. 또 만일 그 하나님께서 무슨 일인가를 하실 수 있는 능력이 있다면, 행동으로 옮기실 만큼 그들을 걱정하셨는지에 대한 것이었다.

우리는 오늘날 우리 주변에서 일어나는 고난을 보면서 여전히 하나님께 똑같은 질문을 던지고 있다. 하나님께서 무슨 일을 하실 수 있습니까? 하나님께서 나에게 관심을 기울이고 계십니까? 하나님께서는 애굽에 내리신 그 심판으로 우리에게 대답하신다. "내가 애굽에 있는 내 백성의 고통을 분명히 보고 그들이 그들의 감독자로 말미암아 부르짖음을 듣고 그 근심을 알고 내가 내려가서 그들을 애굽인의 손에서 건져내고"(출 3:7, 8).

살아계신 하나님에 대한 반항

만약 바로가 자신의 죄를 회개했거나, 그 죄가 파멸됐다면, 그 백성은 학대로부터 벗어날 수 있었을 것이다. 하나님께서는 바로에게 그 백성을 내보내라고 요구하셨지만, 애굽의 지도자는 거절했다. 그래서 하나님께서는 한 가지 재앙을 통해 말씀하셨다. 그래도 바로는 여전히 거절했다. 그 결과 더 많은 재앙이 뒤따르게 됐다. 바로가 하나님을 무시하고 맞설 때마다 그가 치러야 할 대가는 자신이나 자신이 이끌었던 백성에게 점점 더 가중됐다.

하나님께서 심판을 내리시는 이유는 죄악이 하나님께 맞서는 것을 허락하지 않으시려는 데 있다. 하나님께서는 죄가 세상에 들어왔던 바로 그 날 그 시점을 명확하게 못 박아 두셨다. 만약 당신이 하나님께서 모든 악을 멸하실 것이라는 사실을 깨닫지 못한다면, 결코 성경의 메시지를 이해하지 못할 것이다. 현대 사회는 심판을 내리실 하나님을 믿지 않고, 교회가 그 잘못된 신념에 맞추어 너무나도 흔히 성경의 메시지를 왜곡시키고 있기 때문에 구세주의 필요성을 느끼지 못하고 있다. 우리는 "예수 그리스도께서 당신을 행복하게 만들어줄 것입니다", "예수 그리스도께서 당신을 부자로 만들어줄 것입니다", "예수 그리스도께서 당신의 가족을 치유해줄 것입니다", "예수 그리스도께서 당신의 삶에 있는 하나님 형상의 빈자리를 채워줄 것입니다"라는 말을 듣기 시작한다.

이러한 말들 가운데 어느 정도 진리가 있기는 하겠지만, 그것이 절대 복음은 아니다. 복음의 핵심은 예수 그리스도께서 하나님의 심판으로부터 우리를 구원하시기 위해 오셨다는 것이다.

유월절, 피의 희생제물

하나님께서는 그 백성을 위해 모세에게 매우 신중한 지시를 내리셨다. 애굽에 큰 심판이 임할 때, 하나님께서는 믿고 순종하는 모든 사람이 해를 당하지 않도록 한 가지 방법을 마련하셨다. 모든 가정은 양 한 마리를 골라 나흘 동안 데리고 있다가 죽여서 그 양의 피를 집 문설주에 발라야 했다. 하나님께서 이렇게 말씀하셨다.

내가 피를 볼 때에 너희를 넘어가리니(출 12:13).

당신은 이 메시지를 전달하기 위해 모세가 받았을 중압감을 상상할 수 있겠는가? 모세는 불길이 타오르고 있는 떨기나무에 살아계신 하나님과 함께 있었다. 그는 그 불길을 보았고, 하나님의 음성을 들었다. 그는 재앙들을 목격했으며, 하나님께서 심판으로 애굽을 치실 것임을 알았다. 그는 하나님께서 각 가정들이 이 공포의 밤을 안전하게 지낼 수 있는 방법 한 가지를 예비하셨다는 사실을 알았다. 피로 인한 구원이었다. 오직 피만이 그들을 죽음으로부터 건져낼 것이다.

나는 모세가 그 지역을 돌면서 이렇게 외쳤을 것이라고 생각한다. "당신은 양의 피를 발랐습니까? 당신은 아직 양을 죽이지 않았습니까? 그 피가 당신의 문설주에 발라져 있습니까? 심판의 날이 다가오고 있습니다. 이건 장난이 아닙니다. 정말 심각합니다. 하나님께서 '내가 그 피를 보게 될 때, 내가 너희를 지나가리라' 하고 말씀하셨습니다. 자, 어서 그 피를 당신 집 문설주에 바르십시오. 어째서 아직도 바르고 있지 않습니까?"

하나님께서는 결코 단 한번도 "만일 네가 기도를 몇 번 한다면, 내가 너를 넘어 지나가겠다" 하고 말씀하시지 않았음에 주목하라. 하나님께서는 "만약 네가 진실하다면, 내가 너를 지나가겠다" 하고 말씀하시지 않으셨다. 하나님께서는 오직 "내가 그 피를 볼 때에, 내가 너를 지나가겠다" 하고 말씀하셨다. 공포의 밤이 찾아왔을 때, 틀림없이 몇몇 사람은 유월절 음식을 먹는 식탁 곁에 서서 벌벌 떨었을 것이다. 그들 가운데 어떤 사람들은 자기 집 문설주를 바라보면서 하나님의 심판의 폭풍이 휩쓸고 지나갈 때, 과연 저 피가 어떤 영향을 줄 수 있을까 걱정하기도 했을 것이다. 그들이 믿고 나가야 할 것은 오직 하나님의 말씀밖에 없었다. 믿고 순종했던 사람은 약 200만 명 정도였다. 그들은 모두 하나님의 심판을 안전하게 통과했다.

에덴동산에서의 피

성경 이야기에 담긴 피의 주제는 태초로 거슬러 올라간다. 아담과 하와가 에덴동산에서 죄를 지었을 때, 그들은 자신들이 벌거벗었음을 알게 됐다. 그런 다음에 우리는 '여호와 하나님이 아담과 그 아내를 위하여 가죽옷을 지어 입히셨다'(창 3:21)는 사실을 알게 된다. 그 말씀의 뜻은 최초의 범죄가 일어난 바로 그날에 하나님께서 동물 한 마리를 죽였음을 의미했다. 하나님께서는 에덴동산에서의 불순종이 어떻게 죽음으로 이어질 것인지를 말씀하셨다. 그리고 그날 에덴동산에서 한 생명의 죽음이 있었다. 아담의 목숨은 붙어있었다. 그 대신 짐승 한 마리가 죽었다.

우리는 아브라함과 이삭의 이야기에서 동일한 경향을 발견한다. 하나님께서는 아브라함에게 그의 아들을 산 위로 데리고 올라가라고 말씀하시고는 이삭이 죽임을 당해야 했던 그 장소에 양 한 마리를 예비해 두셨다. 그 양이 이삭을 대신해서 죽은 것이다. 양의 피가 뿌려졌고, 이삭은 목숨을 건졌다.

자, 애굽에서 모든 가정을 위해 각 가정마다 양 한 마리씩 죽임을 당했다. 하나님께서는 새로운 세대에게 동일한 메시지를 가르치고 계셨던 것이다. 하나님의 말씀은 이런 것이었다. "너희가 심판으로부터 구원을 받게 되는 길은 다른 자의 죽음을 통해서다. 그것은 피 흘림을 의미한다. 아담과 아브라함에게도 마찬가지였다. 그리고 너희를 위해서도 그렇게 될 것이다." 아브라함의 자손들 가운데 일부는 애굽에서 그날 밤에 벌어질 일을 받아들이기가 대단히 어려웠을 것이다. 아이들은 양을 죽이는 것에 반대했을 것이다. 하나님의 말씀을 믿고 행하는 데는 믿음의 실천이 따랐다.

그리스도에 대한 조명 SPOTLIGHT ON CHRIST

동물들의 희생은, 세례 요한이 예수님을 보고 "보라 세상 죄를 지고 가는 하나님의 어린양이로다"(요 1:29) 하고 말할 때까지 구약성경 이야기 속에서 수백 년 동안 계속되어 왔다. 모든 청중에게 세례 요한은 이렇게 선포하고 있었다. "예수님은 아담이나, 아브라함이나 이스라엘의 죄만을 짊어지고 없애버리시는 분이 아니다. 그는 세상의 모든 죄를 없애버릴 하나님의 어린양이다."

애굽에서 나온 지 1,500년이 지난 후, 그 당시 신실한 유대인들이 그러했고, 지금까지도 여전히 그러하듯이 예수님께서는 유월절을 기념하셨다. 예수님께서는 제자들에게 유월절을 함께 나누기를 간절히 고대하고 있었다고 말씀하셨다. 그들은 양을 먹었으며, 식사시간 내내 유월절의 위대한 전통이 이어졌다. 유월절의 한 시점에서 잔을 들면서 어떻게 하나님께서 어린양의 피로 자기 백성을 구원하셨는지에 대해 선포하셨다. 제자들과 유월절 만찬을 나누는 동안, 그리스도께서는 잔을 들고 이렇게 말씀하셨다.

> 이 잔은 내 피로 세우는 새 언약이니 곧 너희를 위하여 붓는 것이라 (눅 22:20).

예수님께서 제자들에게 하셨던 말씀은, 애굽에서 공포에 떨었던 그날 밤, 어린양의 피가 히브리인들을 구했듯이, 자신의 피가 마지막 날에 있을 하나님의 심판으로부터 그 피로 덮인 백성을 건져내신다는 것이었다.

성경 이야기의 마지막 부분을 보면, 하나님께서는 사도 요한에게 종말의 날 하늘에 펼쳐질 장면의 일면을 보여주셨다. 요한은 하나님 앞에서 있는 거대한 군중을 보았다. 셀 수 없이 많은 군중이었다. 그들은 기쁨으로 충만해 있었다. 요한은 그들이 누구인지 알고 싶었다. 사도 요한은 이 사람들이 "어린양의 피에 그 옷을 씻어 희게"(계 7:14) 된 사람들이라는 것을 알게 됐다.

하나님께서 죽음이 자기 백성을 지나 넘어가게 하신다는 이 이야기는 우리를 곧장 성경 메시지의 핵심으로 인도한다. 하나님께서는 이렇게 말씀하신다. "나는 스스로 있는 자이니라…내가 애굽 땅을 칠 때에…내가 피를 볼 때에 너희를 넘어가리니"(출 3:14; 12:13).

드러난 사실 UNLOCKED

반복해서 동물들을 죽이는 일은 구약성경 이야기 중 우리가 가장 이해하기 어려운 주제들 가운데 하나이다. 그러나 그것은 가장 중요한 주제들 중 하나이기도 하다. 이러한 동물들의 희생을 통해 하나님께서는 자기 백성이 예수 그리스도의 희생의 필요성과 의의를 깨닫도록 준비하고 계셨던 것이다.

"우리의 유월절 양 곧 그리스도께서 희생되셨느니라"(고전 5:7). 예수 그리스도는 '세상 죄를 지고 가는 하나님의 어린양'이시다. 그 양과 같이 예수 그리스도께서는 아담을 대신해서, 이삭을 대신해서, 히브리인을 대신해서 그리고 당신을 대신해서 죽으셨다. 예수 그리스도는 살아계신 하나님의 심판이 당신에게 떨어지지 않도록 그 심판을 감당하셨다.

그러나 유월절과 같이 어린양의 피를 발라야 할 뿐만 아니라 적용해야 한다. 히브리인들이 자기 집 문설주에 양의 피를 바름으로써 믿음과 순종을 실행해야 했듯이 당신의 삶에 예수 그리스도의 피를 적용시키는 믿음의 실천이 있어야 한다.

예수 그리스도께서 피를 흘리셨으므로 당신은 믿음의 실천을 통해 그분의 피가 당신을 감싸도록 기도하기 바란다. 그럴 때 당신이 하나님의 언약에 의지할 수 있을 것이며, 하나님께서는 심판 날에 당신을 안전하게 지켜주실 것이다.

기도 PAUSE FOR PRAYER

하늘에 계신 하나님 아버지!

주님 앞에 머리 숙여 살아계신 하나님을 찬양합니다. 주님은 아브라함과 이삭과 야곱의 하나님이시며, 모세에게 말씀하셨던 하나님이십니다. 주님은 우리 죄를 사하여주시기 위해 주 예수 그리스도를 보내신 아버지 하나님이십니다. 주님이 지으신 세계를 사탄의 손아귀에 버려두지 않으시고, 어떠한 죄악도 서지 못하도록 차단하신 것에 감사드립니다. 만일 주님께서 죄악과 접했던 모든 것을 심판하신다면, 저 또한 그 심판을 받아야 함을 시인합니다.

주님께서 예수님의 피를 통해 저를 구원하시고 죄를 사하여주셔서, 모든 죄악을 심판하실 그날에 저를 안전하게 인도하실 것을 믿고 감사드립니다. 저의 죄를 위해 대신 십자가에서 죽으신 주님을 찬양합니다. 이스라엘 백성이 어린양의 피로 말미암아 무사히 심판을 통과했듯이 세상 끝나는 날에 저 또한 주 예수 그리스도의 피로써 안전하게 지켜주실 것이라는 약속을 믿습니다.

이 놀라운 선물을 저에게 주시니 감사드립니다. 이 선물은 이제 저를 사랑하사 저를 위해 십자가에서 죽으신 하나님의 아들을 믿는 믿음을 통해 저의 것이 되었습니다. 이 모든 것에 감사드리며, 살아계신 주 예수 그리스도의 이름으로 기도드렸습니다. 아멘.

6

율법

Law

출애굽기 20장

그리스도인의 삶 속에서 율법의 역할은 무엇인가?

묵상의 길잡이

☑ **발견하라**
인생에서 가장 큰 열 가지의 싸움에서 이길 수 있는 방법을 발견하라.

☑ **배우라**
율법이 어떻게 우리를 예수 그리스도께 인도하는지 배우라.

☑ **경배하라**
예수 그리스도께서 어떻게 하나님의 명령들을 약속들로 바꾸시는지 보면서 경배하라.

모세는 하나님께서 떨기나무 불길 가운데서 자신에게 말씀하셨던 그곳으로 되돌아왔을 때 감개무량했을 것이다. 그가 그곳에 처음 왔을 때는 한 무리의 양 떼가 모세를 둘러싸고 있었다. 그런데 이제는 200만 명의 사람이 모세를 둘러싸고 있었다. 하나님께서는 약속을 지키셨으며, 불가능한 것처럼 여겨졌던 일이 일어났다. 구약성경에 있는 큰 기적들 가운데 하나는, 하나님께서 홍해를 갈라 둘로 나누신 것이다. 그러고 나서 두 달이 지난 후, 히브리 백성은 시내산에 도달했다. 그들은 거기에 캠프를 쳤다. 산 밑은 일종의 출입금지 구역이었다. 그들이 위를 올려다보았을 때, 다음과 같은 광경을 보았다. "시내산에 연기가 자욱하니 여호와께서 불 가운데서 거기 강림하심이라 그 연기가 옹기 가마 연기 같이 떠오르고 온 산이 크게 진동하며 나팔 소리가 점점 커질 때에…"(출 19:18, 19). 아담과 아브라함과 이삭과 야곱에게 친히 내려오셔서 말씀하셨던 하나님께서 자기 백성에게 율법을 주시고자 내려오고 계셨던 것이다.

하나님의 율법은 구원받지 못한 사람들이 하늘로 올라갈 수 있게 해주는 사다리가 결코 아니었다. 율법은 언제나 어린양의 피로 하나님의 심판에서 구원을 받은 하나님의 백성을 위한 생활양식이었다.

하나님 은혜의 새로운 차원

하나님께서는 "이 계명들을 너희가 지키면 나의 백성이 될 수 있도록 이 계명들을 너희에게 주노라"라고 말씀하지 않으시고, "너희가 나의 백성이기 때문에 내가 너희에게 이 계명들을 주노라"라고 말씀하고 계신다. 오늘날 율법이 우리에게 주는 메시지는 우리가 구원을 받기 위해 이 율법들을 지켜야 한다는 것이 아니라 우리가 구원받은 사람들이기 때문에 이 율법들을 지켜야 한다는 것이다. 율법은 하나님께 소속된 사람들이 어떻게 살아야 하는지 우리에게 알려주고 있다.

이 사실은 중요하다. 왜냐하면 어떤 사람들은, 구약성경에서는 하나님께서 인간에게 율법을 지키도록 명하심으로써 인간을 구원하려고 하셨으나, 인간이 이 법을 지킬 수 없음을 발견하시고, 예수 그리스도를 통해 인간을 구원하시려는 더 좋은 방법을 강구하게 됐다는 생각을 가지고 있기 때문이다. 만약 이러한 생각이 사실이라면, 구약성경은 율법의 책이고, 신약성경은 은혜의 책인데, 우리가 지금은 율법 아래 있지 않고 은혜 아래 있기 때문에 구약성경은 우리와 전혀 상관이 결론을 내리게 된다.

그러한 생각은 성경을 완전히 오해하는 것이다. 성경은 전체가 은혜의 책이다. 하나님께서는 성경의 처음부터 끝까지를 모두 아우르는 한 가지 계획을 가지고 계시며, 그 계획은 모두 서로 맞아떨어진다. 하나님께서는 죄악이 세상에 등장했던 바로 그날에 구세주를 약속하셨다. 하나님께서는 언제나 은혜와 믿음을 통해 자기 백성을 구원하셨다. 우리는 이 사실을 노아 이야기와 출애굽 이야기에서 살펴보았다. 성경에는 유일하신 하나님이 계시며, 하나의 주제를 담고 있는 이야기가 있다. 율법은 특히 하나님의 은혜를 경험하여 하나님의 백성이 된 사람들에게 주어진 것이다. 그러므로 율법은 오늘날 우리들에게도 분명한 메시지를 전하고 있다.

하나님 영광의 일면을 파악하라!

신약성경은 죄를 '하나님의 영광에 이르지 못한 것', 또한 '불법을 행하는 것'으로 정의하고 있다(롬 3:23; 요일 3:4). 이 두 가지 진리를 하나로 묶으면 흥미로운 사실을 발견할 수 있다. 만일 죄가 하나님의 영광에 이르지 못한 것이며, 동시에 율법을 어기는 것이라면, 율법이 하나님 영광의 한 표현이라고 합리적으로 결론을 내릴 수 있을 것이다. 십계명의 각 계명은(출 20:3-17에 나와 있음) 하나님의 성품이 지닌 어떤 측면을 반영하고 있다. 하나님께서 "너는 나 외에는 다른 신들을 네게 두지 말라"(출 20:3) 하고 선언하셨을 때, 그 이유는 오직 그분만이 유일하신 하나님이기 때문이었다. 하나님과 같은 존재는 하나도 없다.

하나님께서는 우리가 하나님을 대신할 어떠한 모양이나 형상도 만들어서는 안 된다고 말씀하고 계시는데, 그 이유는 우리가 하나님에 대해 물질로 어떤 표상을 만들려고 했을 때, 그것은 하나님의 위대함과 영광을 떨어뜨리는 것일 뿐이기 때문이다.

왜 당신이 간음을 저질러서는 안 되는가? 하나님께서는 정숙하시기 때문이다. 왜 당신이 도둑질하면 안 되는가? 하나님께서는 진실하시기 때문이다. 왜 당신이 거짓말하면 안 되는가? 하나님께서는 진리이시기 때문이다. 왜 당신이 남의 것을 탐내면 안 되는가? 하나님께서는 평화로우시며 자족하는 분이시기 때문이다.

하나님께서는 시내산에서 자기 백성에게 이렇게 말씀하셨다. "너희는 나의 백성이다. 그러므로 너희가 내 백성이 된 이후부터, 너희들의 삶은 나를 본받아야 한다. 만약 너희들이 나를 본받아 살아가고자 한다면, 이것이 바로 너희 생활이 될 것이다."

십계명은 임의로 정해놓은 법률이 아니다. 그것들은 하나님의 성품에 대한 직접적인 반영물이다. 하나님의 백성이 지고 있는 최대의 부담은 하나님의 성품을 세상에 반영하는 것이다. 우리가 하나님의 율법에 순종할 때, 우리는 하나님 영광의 일부를 반영하는 것이다.

마음속의 큰 싸움들

하나님께서 우리에게 십계명을 주신 두 번째 이유는 그 계명들이 인간의 경험 가운데서 가장 주목할만한 열 가지의 싸움에 대해 말하고 있기 때문이다.

부모들은 이 사실을 잘 알고 있다. 그래서 그들은 언제나 자녀들에게 목표가 되는 규칙들을 제시한다. 예를 들어 부모들은 "저녁 먹어라!" 혹은 "숙제해라!" 혹은 "네 방 좀 치워라!"와 같은 지시를 해서 자녀들이 싸움에서 이길 수 있도록 도움을 준다.

부모들은 "텔레비전을 봐라!", "인터넷을 해라!", "농구대 앞에 서서 자유투 던지는 연습을 해라!" 하고 교육하지 않는다. 우리가 이런 식의 교육을 할 필요가 없는 이유는, 이러한 일들은 우리 자녀들에게서 천성적으로 나오는 행위들이기 때문이다. 당신의 자녀가 특별히 갈등을 겪고 있는 분야들에 대해 집중적으로 교훈하고 지시하고 있다는 사실을 세상 모든 부모들은 잘 알고 있다. 이처럼 하나님께서 우리들에게 십계명을 주셨을 때, 하나님께서는 모든 인간이 겪고 있는 주요 갈등들을 놓고서 그것에 대해 직접적으로 말씀하셨던 것이다.

예수님께서는 가장 중요한 계명을 "네 마음을 다하고 목숨을 다하고 뜻을 다하고 힘을 다하여 주 너의 하나님을 사랑하라…, 둘째는 이것이니 네 이웃을 네 자신과 같이 사랑하라…"(막 12:30, 31) 하고 말씀해주심으로써, 율법의 핵심을 요약하셨다. 예수 그리스도께서는 우리 인생에서 벌어지는 가장 큰 싸움들을 확증하셨다. 예수님의 말씀은, "너희는 온 마음을 다하고 뜻을 다하여 하나님을 사랑하기 위해 고군분투할 것이며, 네 이웃을 네 몸과 같이 사랑하는 것이 쉽지 않다는 것을 깨닫게 될 것이다" 하는 말씀이었다.

십계명 가운데서 처음 네 계명은 우리의 전심을 바쳐 하나님을 사랑하는 일을 놓고서 벌어지는 싸움을 다루고 있다. 첫 번째 계명에서 하나님께서는 "내 앞에 다른 신들을 두지 말지니라"고 하셨다. 하나님께서는 우리의 모든 것을 바쳐 하나님을 사랑한다는 것이 우리가 생각하고 있는 것만큼 그렇게 쉽지 않을 것이라고 말씀하고 계신 것이다. 하나님으로 하나님 되게 하는 것이 그리 쉽지 않다는 것을 당신은 알게 될 것이다. 아담과 하와가 그랬듯이, 당신은 계속해서 자신이 하나님 되기를 원하고 있음을 발견하게 될 것이다. 그 싸움은 당신의 인생에서 가장 큰 싸움이 될 것이다.

두 번째 계명에서는 이렇게 말씀하셨다. "너희들은 진정한 예배를 드리는 일을 놓고서 갈등을 겪을 것이다. 믿음으로 너희의 마음을 나에게 바치고, 내가 실제로 존재하는 것으로 여기고 예배하는 일이 쉽지 않음을 알게 될 것이다."

세 번째 계명에서는 "주 너의 하나님의 이름을 망령되이 부르지 말라"고 하셨다. 이 말씀은 "너희들은 나를 진정으로 섬긴다고 말하는 일을 놓고서 갈등을 겪을 것이다" 하는 말씀이었다.

네 번째 계명에서는 "안식일을 기억하여 그 날을 거룩하게 지키라"고 말씀하셨다. 이 말씀은 "너희들이 나에게 너희의 시간을 할애하는 것을 놓고서 싸움이 벌어지는 것을 알게 될 것이다" 하는 말씀이었다.

나머지 여섯 계명은 이웃을 자신처럼 사랑하는 일을 놓고서 우리가 갈등을 벌일 것에 대해 말하고 있다. 하나님께서 "너희 부모를 공경하라"고 하셨을 때, 그 말씀은 우리가 권위에 순종하는 일을 놓고서 상당히 힘든 싸움들을 벌이게 될 것이라는 말씀이었다. 우리의 부모님은 하나님께서 우리 삶 가운데 두신 첫 번째 권위에 해당하는 분들이다. 그러나 당신이 아주 늙기 전에 십중팔구 그 권위에 대항해 싸우고 싶은 어떠한 충동이 당신 안에 있음을 발견할 것이다.

우리는 또한 지속적인 적개심으로 인한 문제들로 갈등을 벌인다. "살인하지 말라"는 여섯 번째 계명이다. 예수 그리스도께서는, 여기에서의 쟁점은 물리적인 폭력을 넘어서서 타인을 향해 분을 품거나 화를 내는 것까지 포함하는 것이라고 말씀하신다(마 5:21-22). 이 계명은 깨진 인간관계들로부터 일어나는 지속적인 적개심에 그 뿌리를 두고 있다. 그래서 하나님께서는 "너희는 이 문제를 놓고 갈등을 일으킬 것이다. 그 갈등은 너희들의 싸움이 될 것이다" 하고 말씀하고 계신다.

당신은 또한 성적인 순결성을 놓고서 벌어지는 힘든 싸움이 있다는 것을 알게 될 것이다. 하나님께서는 "간음하지 말라" 하고 일곱 번째 계명에서 경고하셨다. 다시금 예수 그리스도께서는 이 계명의 쟁점이 단순히 한 남자나 한 여자가 간음을 저질렀느냐의 문제가 아니라는 점을 분명히 밝혀주셨다. 하나님의 말씀은 "너희가 너희 생각과 마음을 깨끗하게 유지하려면 힘든 싸움을 해야 할 것이다" 하는 말씀이었다. 당신이 다른 사람들을 바라볼 때 무슨 생각을 하는지가 당신의 실제 모습의 반영이다.

그다음으로는 개인의 성실함에 대한 싸움이 있음을 발견하게 될 것이다. 하나님께서는 여덟 번째 계명으로, "도둑질하지 말라" 하고 경고하셨다. 다른 사람들을 희생시키면서 당신이 이득을 얻을 수 있는 기회들이 찾아올 것이다. 그러한 기회가 생기면 당신은 이웃을 사랑하는 것보다 자기 자신을 훨씬 더 사랑하고 있다는 사실을 발견하게 될 것이다.

그다음으로는 정직성을 놓고 싸움을 벌일 것이다. 하나님께서는 아홉 번째 계명으로 "네 이웃에 대하여 거짓 증거하지 말라" 하심으로써 이 갈등을 확인시켜주셨다. 당신은 진리를 왜곡하고, 이야기를 과장하고, 사건을 거짓으로 전하고, 노골적으로 뻔뻔스런 거짓말을 하고 싶은 충동이 당신 안에 자리 잡고 있음을 발견하게 될 것이다.

그다음으로 당신은 자족하는 문제를 놓고 싸움을 벌이게 될 것이다. 그런 까닭에 하나님께서는 "탐내지 말라"는 열 번째 계명을 주신 것이다. 물질만능주의 세상을 살면서 당신은 다른 사람의 소유물을 볼 때, 마음속에서 당신도 꼭 그것을 소유해야 되겠다는 욕구가 일어나는 것을 발견할 것이다.

이러한 것들은 우리 삶 속에서 벌어지고 있는 싸움들이다. 그렇지 않은가? 그 싸움들은 우리 모두가 이러저러한 면에서 부딪치고 있는 커다란 갈등이다. 율법은 일종의 광채와 같다. 율법은 우리의 영혼을 비추어주므로, 하나님께서 우리에게 말씀하고 계시는 내용을 들여다볼 때, 우리는 하나님께서 우리 속에서 벌어지고 있는 주요 전투들을 향해 직접적으로 말씀하고 계시다는 것을 인정해야 한다.

영혼에 대한 방사선X-ray 검사

최근에 치과에 다녀왔다. 그 자리까지 가는 데 아주 오랜 시간이 걸렸다. 전혀 고통을 느끼지 못하는데 내가 왜 치과에 가야 한단 말인가? 그러나 이제는 진료를 받아야겠다고 결심했고, 의사는 치아 엑스레이를 몇 군데 찍었다. 그다지 기분 좋은 경험은 아니었다.

치료를 담당한 의사는 선 자리에서 엑스레이 사진들을 불빛에 비추어 들여다보면서 신경에 거슬리는 소리를 했다. "으음…이런!…쯧쯧 심하군. …여기 때운 자리들 밑으로 상당히 썩었군요." 나는 전혀 통증을 느끼지 못했다고 주장했다. 그러나 의사는 내 말을 그다지 깊이 새겨듣는 것 같지 않았다. 그는 "상당히 큰 공사를 해야 할 필요가 있겠어요. 그리고 빠를수록 좋겠습니다" 하고 말했다.

자기 자신의 영적인 상태에 대해 전혀 고통이나 통증을 느끼지 못하고 살아가는 사람들이 많다. 그들은 자신의 모든 일이 잘되고 있으며, 일반적으로 존경할만한 삶을 살고 있기 때문에, 자신의 영적 상태가 매우 양호하다는 그릇된 가정을 하고 있다. 그러나 하나님께서는 율법으로 우리에게 말씀하신다. 하나님의 율법은 영혼에 대고 찍는 엑스레이 사진과 같은 것이다. 하나님께서는 그 엑스레이 사진을 들고 불빛에 비추어보시면서, 그 사진을 들여다보라고 말씀하신다. 당신이 자신의 내면 상태를 제대로 보여주고 있는 엑스레이 사진을 들여다본다면, 당신의 눈에 비친 모습을 별로 좋아하지 않을 것이다. 율법은 우리가 현재 어떤 모습, 어떤 상태에 있는지 우리에게 보여줌으로써 우리에게 예수 그리스도가 얼마나 필요한지 알려준다.

성경 구절 중에는 참으로 즐겁고 기분 좋은 말씀들이 있다. "모세가 내려와서 백성의 장로들을 불러 여호와께서 자기에게 명령하신 그 모든 말씀을 그들 앞에 진술하니." 그다음의 말씀이 구약성경에 나오는 위대한 구절들 중 하나이다. "백성이 일제히 응답하여 이르되 여호와께서 명령하신 대로 우리가 다 행하리이다…"(출 19:7, 8).

당신은 나머지 구약성경을 읽으면서, 그 구절에 나오는 말씀이 상당히 슬픈 우스갯소리와 같다고 생각할 것이다. 하나님께서는 시내산에서 모세에게 하나님의 율법을 선포하시려고 나오셨다. 그러나 하나님께서 율법을 돌판에 다 새기기도 전에 그들은 사실상 그 율법을 다 어겨버렸다. 그들은 금송아지를 둘러싸고 쾌락에 빠졌다. 만일 모세가 하나님의 율법을 그들에게 말로 전해주었을 때, 그들이 머리를 조아리면서 "하나님께서 저희를 도와주셔야만 저희는 이 율법을 지킬 수 있습니다. 이 모든 갈등과 싸움에서 이긴다는 것은 우리의 능력 밖의 일이기 때문입니다"라고 했더라면 더 좋았을 뻔했다.

그것이 바로 어거스틴의 대답이었다. 어거스틴은 자기를 사로잡고 있는 습관들의 힘으로부터 벗어나려고 발버둥 쳤다. 그래서 그는 이런 기도를 드렸다. "오, 주님, 주님께서 원하시는 대로 지휘하시고, 오직 주님께서 명령을 내려주시옵소서." 어거스틴은 진심으로 "주님, 주님께서 원하시는 것은 무엇이든지 제게 명령하셔도 좋습니다. 그러나 그 명령대로 제가 준행하려면 주님께서 도와주셔야 합니다. 제가 하나님의 명령을 감당할 수 있도록 제게 힘을 주시옵소서"라고 말했다.

교사로부터 배우라

율법은 하나님의 영광을 확증해주고 있을 뿐만 아니라, 우리에게 예수 그리스도가 필요함을 알려주고 있다. 사도 바울은 율법이 선한 것이라고 했다. 그것은 마치 엑스레이 사진이 우리에게 나쁜 소식을 가져다준다 할지라도 유용한 것과 같다. 율법은 우리에게 나쁜 소식들을 가져다준다. 그렇지만 율법은 우리에게 진실을 보여주기 때문에 가치 있는 것이다. 율법은 우리 마음의 진짜 상태를 보여준다.

하나님의 율법을 통해 나는 하나님을 하나님으로 모시는 데 어려움을 느끼고 있는 사람이라는 것을 발견한다. 그리고 내가 본성적으로 다른 사람들의 유익보다는 나 자신에게 더 많은 관심을 기울이고 있다는 것을 발견한다. 율법은 나에게 예수 그리스도가 필요함을 알려주고 있다.

율법은 우리를 예수 그리스도께로 인도해주는 교사(갈 3:24)와 같다. 만일 당신이 율법이 가르치고 있는 것을 배우되, 그 교훈을 정확하게 배웠다면 당신은 예수 그리스도께 찾아올 것이다. 그리고 만일 율법이 당신을 예수 그리스도께로 인도해주지 않았다면, 당신은 하나님께서 율법을 통해 당신에게 계획하셨던 가장 큰 목적을 놓쳐버렸다고 말할 수 있다. 물론 이것은 예수님께서 바리새인들에게 하신 말씀의 핵심이었다. "너희가 성경에서 영생을 얻는 줄 생각하고 성경을 연구하거니와 이 성경이 곧 내게 대하여 증언하는 것이니라 그러나 너희가 영생을 얻기 위하여 내게 오기를 원하지 아니하는도다"(요 5:39-40). 그들은 매우 부지런히 율법을 연구하고 있었지만, 율법의 전체적인 핵심을 놓치고 있었다. 그 핵심은 사람들에게 예수 그리스도가 필요함을 보여주는 것이었다.

당신에게 예수 그리스도가 필요한 첫 번째 이유는 당신이 더욱 풍성하고, 충만하고, 만족스런 삶을 살게 될 것이기 때문이 아니다. 예수 그리스도가 필요한 이유는 우리가 본질적으로나 습관적으로 죄인이기 때문이다. 비록 우리가 통증이나 고통을 전혀 느끼지 못하더라도 율법의 엑스레이는 우리가 죄인이라는 사실을 보여준다. 율법은 하나님의 영광을 확증해주며, 동시에 우리에게 예수 그리스도가 필요하다는 사실을 보여준다.

기차가 달리기 위한 철도 깔기

하나님께서는 우리 안에서 하나님 영광이 진실로 반영되도록 회복시키고자 하신다. 하나님의 영광은 율법 가운데 표출되어있는데, 그것은 우리가 하나님의 율법에 따라 살기 시작하려는 그 시점으로 우리를 인도하는 것이 복음의 목표라는 사실을 의미한다. 그러므로 그리스도인의 삶 전체는 한 단계 한 단계 하나님 영광의 수순을 밟아가며 예수 그리스도를 만나게 될 그날까지 변화되는 과정이라고 할 수 있다. 그날이 되면 우리는 예수 그리스도처럼 변화될 것이다. 성령의 역사하심으로 이 변화를 맛보게 될 것이며, 이 사실은 성경 전체에 언급되어있다. 하나님께서는 이렇게 말씀하고 계신다.

> 또 새 영을 너희 속에 두고 새 마음을 너희에게 주되 너희 육신에서 굳은 마음을 제하고 부드러운 마음을 줄 것이며 또 내 영을 너희 속에 두어 너희로 내 율례를 행하게 하리니 너희가 내 규례를 지켜 행할지라(겔 36:26-27).

하나님께서는 새 언약 가운데 우리가 무엇을 해야 할지 말씀해주실 뿐만 아니라, 그 방향으로 나아갈 수 있는 힘을 주실 것이다.

하나님의 율법은 기차가 달릴 수 있도록 철도를 까는 것과 같다. 철도가 방향을 정해주지만, 엔진에 힘이 없다면 기차는 어느 곳으로도 갈 수 없을 것이다. 하나님의 백성이 율법이 지시하는 그 방향으로 나아갈 수 있도록 힘을 주는 것이 바로 성령의 특별한 역사이다.

그리스도인의 생활은 예수님을 믿고 난 다음에 율법에 따라 살기 위해 최선을 다하려고 노력하는 것이 아니다. 하나님께서는 당신이 주 예수 그리스도를 믿을 때에 성령이 당신의 삶 속에 찾아오셔서 함께하실 것이라는 약속을 주셨다. 당신은 권능을 받게 될 것이며, 그 권능이 영적 전쟁에서 최후에 패배할 것인지 승리할 것인지를 좌우할 것이다.

그리스도에 대한 조명 SPOTLIGHT ON CHRIST

성경 교사인 찰스 프라이스Charles Price는 그의 마태복음 주석에서 도둑질로 수감생활을 했던 한 사람에 대해 설명한다. 경찰이 그를 체포할 때까지 훔치는 것은 그의 생활 방식이었다. 그는 감옥에서 지내는 동안 예수 그리스도의 복음을 듣고 놀랍게 회심했다.

석방될 시기가 다가왔을 때, 그 사람은 자신이 새로운 싸움을 벌이게 되리라는 것을 알고 있었다. 그의 옛 친구들은 대부분 도둑이었기 때문에 그가 자신의 옛날 습관들을 깨버리기란 결코 쉽지 않을 것이었다. 그가 석방되고 나서 제일 먼저 하고 싶었던 일은 교회에 찾아가는 것이었다. 그렇게 해서 새로운 자유를 맞이한 첫 번째 주일 아침에 그는 교회에 들어가서 뒤쪽 어딘가에 한 자리를 차지하고 앉았다. 그가 앞을 바라보았을 때, 두 개의 판 위에 새겨진 십계명을 볼 수 있었다. 그는 자기를 책망하고 있는 것처럼 보이는 십계명의 말씀을 읽었다. "너는 도둑질하지 말라."

그 사람은 혼자서 생각했다. "저것은 더 이상 내게 필요하지 않아. 나는 내 약점을 잘 알고 있어. 그리고 내가 앞으로 싸워나가야 할 싸움이 어떤 것인지도 알고 있어." 예배를 드리는 중에도, 그는 십계명 판을 계속 바라보았다. 그가 그 말씀을 읽고 또 읽자, 그 말씀들이 새로운 의미를 지니는 것처럼 보였다. 이전에 그는 그 말씀들을 명령조로 읽었었다. "너는 도둑질하지 말라!" 그러나 이제 그것은 하나님께서 자신에게 하시는 하나의 약속의 말씀처럼 여겨졌다. "너는 도둑질하지 않게 될 것이다."

그는 예수 그리스도 안에서 새사람이 됐다. 하나님께서는 성령을 통해 그가 훔치는 습관을 극복할 수 있게 하실 것이라고 약속하고 계셨다. "너는 도둑질하지 않을 것이다. 그리고 네가 훔치지 않게 되는 이유는, 성령이 네 안에 함께하며 네가 나의 명령들을 따르고 내 법들을 지키도록 너를 움직이기 때문이다." 과거에는 책망하는 명령이었던 것이 이제는 성령의 권능으로 예수 그리스도로 인해 그에게 열려진 새로운 가능성들에 대한 하나의 약속처럼 느껴졌다(겔 36:26).

당신 삶 속의 최대의 싸움들은 무엇이며 어디에서 벌어지고 있는가? 당신은 승리를 약속하신 하나님의 말씀을 들을 수 있는가? 율법은 우리가 하나님을 영화롭게 하기 위해 움직여야 하는 방향을 제시하고, 성령은 신자가 그 방향으로 움직일 수 있도록 힘을 주신다. 만약 당신이 하나님의 율법을 이해했다면, 당신은 엎드려 경배하지 않을 수 없을 것이다. 왜냐하면 율법은 하나님이 누구시며, 그분이 어떤 분인지를 우리에게 보여주기 때문이다. 당신이 하나님의 율법을 깨달았다면, 당신은 예수 그리스도께 전적으로 매달리게 될 것이다. 당신은 자신에게 왜 예수 그리스도가 필요한지 명확하게 알게 될 것이기 때문이다. 그리고 당신이 율법을 이해했을 때, 그 깨달음은 당신에게 성령의 권능 안에서 살아가는 새로운 삶을 위한 방향을 제공해줄 것이다. 성령의 권능 안에서 당신은 패배하지 않고 승리하도록 이미 정해져있다.

드러난 사실 UNLOCKED

율법은 하나님께서 자기 백성에게 주신 선한 선물들 가운데 하나이다. 그래서 우리는 율법을 우리에게 주신 것에 대해 하나님께 감사드려야 한다. 시편에서 다윗은 하나님의 율법을 즐거워한다고 말했다. 다윗이 그렇게 할 수 있었다면, 우리도 다윗 못지않게 분명히 그렇게 할 수 있을 것이다. 우리는 율법을 통해 하나님의 영광이 드러나는 것을 보면서 그 율법을 즐거워할 것이다.

율법은 우리가 살아가면서 바르게 보지 못하는 것들을 비추어주는 거울과 같은데, 하나님께서 그 율법을 이용해 우리가 죄인임을 인식할 수 있도록 해주시는 것에 감사할 수 있다. 하나님께서는 그렇게 우리를 예수 그리스도께로 이끌어주시며, '우리 안에 계시는 그리스도'를 통해 우리가 그 능력을 이용할 수 있다는 점을 계속해서 일깨워주신다. 또한 우리 안에 성령님께서 거하실 때, 더 이상 율법이 불가능한 요구들의 목록이 아니라 새로운 가능성들에 대한 기술이 된다는 점에 대해서도 감사드릴 수 있다.

기도 PAUSE FOR PRAYER

십계명 가운데 어느 계명이 지금 당신이 가장 크게 갈등하며 싸우고 있는 영역에 대해 말하고 있는가? 잠시 그 계명을 확인해보고, 그다음에 그 계명을 성령의 권능으로 승리하는 영역으로 만들도록 하나님께 간구하라. 이 기도를 드리면서 로마서 6장 14절의 약속을 기억하라. "죄가 너희를 주관치 못하리니."

거룩하신 하나님 아버지!

제가 죄인임을 일깨워주시고, 제게 구세주가 필요함을 알려주시기 위해 율법을 내려주심을 감사드립니다. 주님께서는 제가 계속해서 ______________의 문제를 가지고 갈등하고 있으면서 ___________에 대한 주님의 계명을 어기고 있는 것을 알고 계십니다. 제 안에 거하시는 성령님의 권능으로 이 영역에서 제가 승리할 수 있도록 도와주시옵소서.

우리 주 예수 그리스도께서 이루신 사역을 통해 승리할 수 있도록 도와주심에 감사를 드립니다. 비길 데 없이 귀하신 예수 그리스도의 이름으로 기도드립니다. 아멘.

7

속죄

Atonement

창세기 32장

속죄란 무엇이며, 왜 필요한가?

묵상의 길잡이

☑ **발견하라**

송구스러워하기만 하는 것이 왜 우리가 하나님과 올바른 관계를 유지하기에 충분하지 않은지 그 이유를 발견하라.

☑ **배우라**

속죄란 무엇이며, 왜 그것이 필요하며, 하나님께서 우리를 위해 어떻게 대속물을 제공해주셨는지 배우라.

☑ **경배하라**

하나님께서 예수 그리스도의 피로 우리를 하나님과 화목하게 하심을 경배하라.

처음 십계명을 주셨을 때, 하나님께서는 귀에 들리는 목소리로 말씀하셨으므로, 그 자리에 있던 모든 백성이 그 음성을 들을 수 있었다. "여호와께서 모세에게 이르시되 내가 빽빽한 구름 가운데서 네게 임함은 내가 너와 말하는 것을 백성이 듣게 하며 또한 너를 영영히 믿게 하려 함이니라…"(출 19:9). 그래서 모세는 산에서 내려와 앞으로 어떤 일이 생길 것인지 백성에게 알려주었다(출 19:25).

다음 장에서 우리는 백성이 하나님의 음성을 들었다는 사실을 알 수 있다. "하나님이 이 모든 말씀으로 말씀하여 이르시되"(출 20:1). 하나님의 음성을 들을 수 있다는 것을 한번 상상해보라!

그 음성에 백성이 어떻게 반응했는지 주목하기 바란다. "뭇 백성이 우레와 번개와 나팔 소리와 산의 연기를 본지라 그들이 볼 때에 떨며 멀리 서서 모세에게 이르되 당신이 우리에게 말씀하소서 우리가 들으리이다 하나님이 우리에게 말씀하시지 말게 하소서 우리가 죽을까 하나이다"(출 20:18-19).

부재중인 지도자

그래서 모세는 다시 산으로 올라가 거기서 밤낮으로 40일을 지내게 됐다(출 24:18). 그 기간은 6주에서 이틀이 모자라는 기간이다. 그러나 40일이 채 되기도 전에 백성은 기다리다 지쳐버렸다.

> 백성이 모세가 산에서 내려옴이 더딤을 보고 모여 백성이 아론에게 이르러 말하되 일어나라 우리를 위하여 우리를 인도할 신을 만들라 이 모세 곧 우리를 애굽 땅에서 인도하여 낸 사람은 어찌 되었는지 알지 못함이니라(출 32:1).

어떠한 우상도 만들지 말라는 하나님의 음성을 그들이 직접 귀로 들은 지 겨우 6주가 지났을 때였다. 불과 며칠 만에 그들은 하나님의 가장 간단한 지시 가운데 하나를 부인하고 말았다. 그들이 겪은 하나님에 대한 엄청난 경험의 영향도 곧 사라져버렸다. 바로 이것이 죄와 인간 본성의 연약함이 지닌 미스터리다.

하나님으로부터 아무런 말씀이 없고 영적 지도자 모세의 부재 기간이 6주에 이르자, 그들의 믿음은 시험에 빠졌다. 그들은 이제 자신들의 종교를 만들어도 될 것이라고 결정을 내렸다.

궁핍한 사정과 시장市場의 위력

그래서 백성은 그간의 사역이 인정되며 리더십도 갖춘 사람을 찾기 시작했다. 모세의 형 아론이 적격인 것처럼 보였다. 아론에게 접근한 그들은 아론이 시장市場의 공백을 메워줄 준비가 되어있다고 여겼다.

나는 아론의 동기가 무엇이었는지 참 궁금하다. 이번이 모세의 그림자로부터 벗어날 수 있는 기회라고 느꼈을까? 자신이 그 백성의 처지를 딱하게 여겨 그들이 원하는 것을 해주는 것이라고 말함으로써 자기가 하고 있는 일을 정당화했을까?

아론의 첫 번째 조처는 새로운 사역을 시작하기 위한 기금을 조성하는 것이었다. 백성은 자신들이 가지고 있던 보석들을 기부했으며, 아론은 그 헌물들로 금송아지를 하나 만들었다. 아론은 "사람들이 무엇을 원하고 있는가?"라는 질문을 사역의 주된 기반으로 삼고 있는 교역자들의 슬픈 조상이 됐다. 만약 우리가 시장의 원리를 목회나 사역에 적용한다면, 우리의 사역은 언제나 우상숭배로 치닫고 말 것이다.

생각 없는 파티

이튿날에 그들이 일찍이 일어나 번제를 드리며 화목제를 드리고 백성이 앉아서 먹고 마시며 일어나서 뛰놀더라(출 32:6).

다시 말해서 술이 흥건하고, 옷을 벗어젖혔다는 말이다. 성대한 축하

연이 벌어지는 잔치였지만, 그것은 우상에게 예배하고, 잘못된 행동에 빠지고, 그릇된 기쁨을 맛보는 잔치였다.

오늘날의 뉴스 프로그램이 이 일을 어떻게 다룰지 잠깐 생각해보는 것도 재미있을 것이다. 따지고 보면, 금송아지는 세계에서 벌어지는 새로운 종교 운동에 관심을 가지고 있는 저널리스트의 기사로 썩 훌륭한 주제가 될 수 있을 것이다. 카메라맨들은 그곳 광야에서 상당히 괜찮은 장면들을 찍을 수 있을 것이며, 리포터들은 춤을 추고 있는 무리들을 배경으로 하고서 마이크를 들고 카메라 앞에 설 수 있을 것이다.

"여기는 지금 시내산 앞 광야입니다. 이전에는 볼 수 없었던 아주 놀라운 종교 운동이 탄생했습니다"라며 리포터가 운을 뗄 것이다. "이 운동은 이 원시 종족들의 비상한 창의성을 보여주고 있습니다. 그들은 주변 문화로부터 개조한 여러 종교적인 관습들을 통해 흥겹고 즐거운 새 예배 스타일을 만들어냈습니다." 그런 다음에 흥에 겨워 춤을 추고 있는 커플 한 쌍과의 인터뷰가 이어질 것이며, 그들은 그 금송아지 축제가 자신들에게 무척 깊은 의미를 지니고 있다고 말할 것이다. 이처럼 그들은 축제가 의미심장하다고 생각하겠지만, 하나님께서는 혐오스럽다고 생각하셨다.

잔치가 끝나다

모세가 나쁜 소식을 전해 들었을 때, 그는 시내산 꼭대기에서 하나님 앞에 있었다. "…너는 내려가라 내가 애굽 땅에서 인도하여 낸 네 백성이 부패하였도다"(출 32:7). 이렇게 모세는 잔치의 흥을 깨야 하는 거북한 임무를 감당하게 됐다. 모세가 했던 첫 조치는 아론을 추궁하는 것이었다. "이 백성이 당신에게 어떻게 하였기에 당신이 그들을 큰 죄에 빠지게 하였느냐"(출 32:21).

아론으로 하여금 하나님의 법을 불순종하도록 부추겼던 것은 여론의 요구와 시장의 틈새였다. 아론은 사람들이 느끼고 있었던 욕구불만의 압력과 시장의 힘에 저항할 수 없었기 때문에 그 백성이 죄를 짓도록 이끌었던 것이다.

그 책임을 회피하고자 하는 아론의 노력을 보라. 우리는 4절에서 아론이 "도구를 사용해서(부어서 조각칼로 새겨)" 우상의 형상을 만들어낸 것을 볼 수 있다. 그러나 모세가 다그치자, 아론은 불온한 부분을 삭제하고 말했다. "내가 그들에게 이르기를 금이 있는 자는 빼내라 한즉 그들이 그것을 내게로 가져왔기로 내가 불에 던졌더니 이 송아지가 나왔나이다"(출 32:24). 저절로 그 일이 벌어졌다는 것이다. 아론의 책임을 추궁한 후에, 모세는 백성에게 결단할 것을 촉구했다.

…누구든지 여호와의 편에 있는 자는 내게로 나아오라…(출 32:26).

모든 사람에게 회개할 기회가 생겼다. 그들은 모두 여호와 하나님에 대한 충성을 선언하기 위한 자리에 초대됐다. 그 진지에 대략 200만 명의 사람이 있었다고 할 때, 199만 7,000명이 모세의 호소에 응답하고 모세의 곁에 가서 섰다. 거기에는 초대에 응하지 않은 3,000명이 있었기 때문에 그 수를 쉽게 짐작할 수 있으며, 3,000명에게 그날은 생의 마지막 날이 됐다(출 32:28).

그처럼 참혹한 심판의 핵심은 그들의 죄에 있는 것이 아니라, 그들이 죄 짓기를 그만두지 않은 데 있었다. 그들은 하나님의 영광을 보았으며, 하나님의 음성을 들었으나, 하나님께 다가가기를 거부했다. 회개하라는 하나님의 초대에 대한 최후의 거절은 언제나 참혹한 결과를 부른다. 하나님의 계명은 여러 가지 제안들을 늘어놓은 것이 아니다. 그 계명들은 그것을 어기는 자들에게 실질적인 형벌을 가할 만큼 실효성 있는 법률들이다.

용서 구하기

자, 이제 그 이야기에서 정말로 매력적인 부분에 이르렀다. 출애굽기 32장 29절의 마지막 부분을 보면, 3,000명이 죽었고, (그 3,000명을 제외하고 살아있는 사람들의 수를 추정해볼 때) 199만 7,000명은 하나님께 회개하는 어떠한 표시를 했다. 그러나 그다음에 무슨 일이 있었는지 주목하기 바란다.

이튿날 모세가 백성에게 이르되 너희가 큰 죄를 범하였도다(출 32:30).

이것은 이미 목사의 설교 내용을 다 꿰고 앉아있는 성가대를 향해 설교하는 것과 마찬가지다. 이 사람들은 이미 자기들이 잘못을 저질렀음을 잘 알고 있었다. 그런데 어째서 모세는 다음날 아침에 일어나서는 "너희가 큰 죄를 범하였다"고 말한 것일까? 도대체 용서는 받은 것인가? 왜 모세는 용서에 대해 말하지 않는가? 그 사람들이 용서 받았다고 말해주는 것이 모세의 의무가 아닌가? 그들은 진심으로 사죄하고 있다. 그런데 모세는 그 사람들에게서 무엇을 더 원하고 있는 것일까?

주의해서 보면, 하나님께서는 용서하지 않으셨다는 사실을 알 수 있다. 그들을 용서하는 것이 하나님의 의무일까? 그렇지 않다. 용서를 받기 전에 먼저 특별한 어떤 일을 행해야 한다.

속죄의 의미

이 시점에 이르러서 우리는 '속죄'라는 단어를 만난다. 모세는 사람들에게 이렇게 말했다.

> …내가 이제 여호와께로 올라가노니 혹 너희를 위하여 속죄가 될까 하노라 하고(출 32:30).

아주 간단하게 말해서, 속죄는 잘못된 어떤 일을 바로잡기 위해 곁들이는 것을 의미한다. 속죄에 해당하는 영어 단어atonement를 세 부분으로 나누면, 'at-one-ment'(하나로 만듦)가 된다. 만약 두 사람이 언쟁을 벌이다가 사이가 벌어진다면, 그들을 다시 '하나로 만드는 데' 필요한 것이 속죄이다. 공격을 가하거나 피해를 입혔다면, 속죄의 문제에 직면하게 된다. 잘못된 것을 바로잡기 위해 어떤 조치를 취해야 하겠는가?

'죄송하다'고 한다고 다가 아니다

대학 시절 한 축구팀에 선수로 소속되어있을 때 뛰었던 중요한 경기 하나가 기억난다. 상대 팀에서 수비를 뚫고 공격선 안으로 치고 들어왔다. 나는 최종 수비수였기 때문에 가슴을 졸이면서 가까스로 그 공을 골라인 밖으로 힘껏 걷어냈다. 내가 우리 팀을 구한 것이다.

그러나 불행하게도 그 공은 멋지게 날아 학장님 서재 유리창을 깨고 방 안으로 들어갔다. 학장님은 사고를 친 나를 부드럽고 너그럽게 대해 주셨다. 대신 깨진 유리창을 갈아 끼우고 서재를 청소하라고 당부하셨다. 그것이 잘못을 바로잡는 데 필요한 조치, 즉 속죄였다.

속죄는 저질러진 잘못을 바로잡고 관계를 회복하기 위해 지불해야 할 대가이다. 이 단어는 우리에게 성경의 핵심을 보여줄 것이다. 사람이 하나님께 저지른 잘못을 바로잡는 데 무엇이 필요하겠는가? 당신과 하나님을 다시 '하나로' 묶으려면 어떤 조치를 취해야 하겠는가?

용서를 받기 위해서는 미안하게 생각하는 것이 최선이라고 생각하는 사람이 많다. 그들은 자신들이 진정으로 회개하고 진실로 변화되려고 노력한다면, 하나님과의 관계를 회복할 수 있을 것이라고 생각한다.

그러나 출애굽기 32장은 죄송하게 생각하는 것만으로는 하나님과 우리가 다시 하나가 될 수 없다고 말한다. 여기에 자신들이 저지른 잘못에 대해 송구스러워하고 있는 199만 7,000명의 사람들이 있다. 그런데 모세는 그 사람들에게 여전히 문제가 있다고 말했다. 우리가 저지른 잘못에 대해 죄송하게 생각하는 것으로는 우리 죄를 씻을 수 없다. 우리에게 필요한 것은 죗값을 치르는 것, 즉 속죄이다. 미안한 마음을 가지고 있는 것으로는 충분하지 않다.

위대한 지도자라도 할 수가 없다

모세는 죗값을 치르기 위해 과연 자신이 할 수 있는 일이 있는지 불안해지기 시작했다. 모세의 일생에서 수많은 위대한 순간들 가운데 바로 이때가 그의 사역이 가장 빛나는 시기였다. 하나님께서는 이미 모세에게 매우 솔깃할 만한 제의를 하나 하셨다.

> 그런즉 내가 하는 대로 두라 내가 그들에게 진노하여 그들을 진멸하고 너를 큰 나라가 되게 하리라(출 32:10).

그것은 상당히 괜찮은 제안이었다. 모세의 입장이 되어보라. 그는 새로운 백성의 무리를 이끄는 것에 대해 생각해보았다. 하나님께서는 모세가 깨끗하게 새로 시작할 수 있도록 미리 준비를 다 해놓으셨다. 그러나 그때 모세는 하나님께서 자기에게 맡기셨던 백성을 생각했다. 모세는 그들을 포기할 수 없었다.

모세는 그 백성의 죗값을 치르는 데 무엇이 필요한지 생각하기 시작했다. 모세는 유월절과 어린양의 죽음을 생각했을 것이다. 그것은 하나님께서 대속물의 죽음을 받아들이시고 백성을 용서하실 준비가 되어있음을 암시하는 것으로 여겨졌으므로 어쩌면 모세가 그 백성의 죗값을 치르는 대속물이 될 수 있을지도 몰랐다. 그 점에 대해 생각할수록 모세는, 이 백성이 용서받기 위해서라면 자신의 목숨을 내놓을 수도 있다고 새로이 각오를 다졌다.

> 이튿날 모세가 백성에게 이르되 너희가 큰 죄를 범하였도다 내가 이제 여호와께로 올라가노니 혹 너희를 위하여 속죄가 될까 하노라 하고 모세가 여호와께로 다시 나아가 여짜오되 슬프도소이다 이 백성이 자기들을 위하여 금 신을 만들었사오니 큰 죄를 범하였나이다 그러나 이제 그들의 죄를 사하시옵소서 그렇지 아니하시오면 원하건대 주께서 기록하신 책에서 내 이름을 지워버려 주옵소서(출 32:30-32).

이렇게 해서 우리에게 대속물이 되겠다는 자원자 한 사람이 생겼다. 구약성경의 가장 위대한 지도자가 한 걸음 앞으로 나섰다. 그는 백성을 위해 지옥이라도 가야 한다면, 그렇게 할 각오가 되어있었다.

그러나 하나님께서는 그 제의를 받아들이지 않으셨다. 하나님의 대답은 이러했다. "그런 것으로 거래가 성사되지는 않는다, 모세야. 속죄를 하는 것은 너의 수준에서 벗어난 일이다."

모세는 이미 살인을 저질렀다. 이미 죄를 지은 사람은 다른 사람의 죄에 대해 속죄할 자격이 없다. 따라서 속죄는 전혀 이루어지지 못했다.

이 백성이 계속 살 수는 있을 것이다. 그러나 속죄하지 않으면 그들은 하나님 앞에 들어가지 못할 것이다. 다시 에덴동산으로 되돌아가 보면, 아담과 하와는 그들이 하나님 앞에서 쫓겨난 이유가 바로 그들의 죄악 때문이었다는 것을 깨달았다. 여기에서 이스라엘 민족은, 바로 죄악이 하나님으로 하여금 당신을 숨기고 당신의 임재를 거두려고 한다는 사실을 깨닫게 됐다.

하나님께서는 여전히 그들에게 약속하셨던 약속의 땅을 선물로 주시겠다고 말씀하셨다. 그러나 속죄 없이는 하나님께서 그들과 함께하실 수가 없었다. 그래서 하나님께서는 "나는 너희와 함께 올라가지 아니하리니"(출 33:3)라고 말씀하신다. 하나님의 직접적인 임재 안에 거하는 것은 그들에게 겁나는 일이 될 것이다. 진노하시는 하나님 앞에 선다는 것은 두렵고 떨리는 일이기 때문이다.

백성은 하나님의 임재 없이 미래를 맞이하게 될 것이라는 소식을 듣고 '슬퍼하기 시작했다'(출 33:4). 그들은 이제 가장 개인적이며 가장 근본적인 문제에 직면하게 됐다. '무엇이 우리를 하나님 앞으로, 하나님의 임재 속으로 다시 되돌려줄 수 있을 것인가? 죄송하고 미안한 마음을 가지고 있다고 되는 것도 아니고, 모세로도 어쩔 수 없다면, 무엇으로 우리 죗값을 치를 수 있을까?'

애써 순종해도 안 된다

어떤 사람들은 하나님의 명령에 따르려고 진심으로 순종을 하면 자신의 죗값을 치를 수 있을 것이라고 생각한다. 이스라엘 백성 가운데 어떤 사람들은 진심에서 우러나오는 마음을 가지고 하나님께 순종한다면, 하나님의 복이 되돌아올 것이라고 생각했던 것 같다.

> 일하는 사람 중에 마음이 지혜로운 모든 사람이 열 폭 휘장으로 성막을 지었으니(출 36:8).

앞으로 전개될 내용을 정리해주는 이 간략한 진술에 뒤이어, 그 장인들이 어떻게 성막과 받침과 등잔과 번제燔祭와 뜰과 제사장의 제복과 에봇과 흉배(가슴띠)를 만들었는지에 대한 길고 자세한 묘사가 나온다. 성막을 어떻게 만들어 세워야 하는지에 대한 정확한 지침들은 이미 주어져 있었다(출 25-30장). 출애굽기 36-39장에 나타난 꼼꼼하고 섬세한 장인들의 솜씨를 보면, 마치 25-30장에 있는 하나님의 지시를 그대로 거울에 비춰보는 것 같다. 백성은 하나님께서 그들에게 하라고 명하신 세세한 부분까지 모두 준행하였다. "이스라엘 자손이 이와 같이 성막 곧 회막의 모든 역사를 마치되 여호와께서 모세에게 명령하신 대로 다 행하고"(출 39:32).

모든 작업을 마무리했을 때, 각 부분들은 모두 맞추어지고 모아져 제자리를 찾아 둘째 해 첫째 달 곧 그 달 초하루에 성막을 세웠다(출 40:17). 백성은 애굽을 떠난 후 세 번째 달 첫날 시내산에 도착했고(출 19:1), 그러고 나서 두 달이 지났다. 우리는 또한 모세가 두 차례나 6주씩을 떠나있었음을 알고 있다. 따라서 그들의 여행 기간과 모세가 자리를 비웠던 두 차례의 기간을 더하면 총 다섯 달이 된다. 성막은 두 번째 해 첫 달(정월) 첫날에 세워졌다. 그러므로 그들은 그해의 남은 일곱 달 동안 성막 공사를 벌였음에 틀림없다.

장인들은 매일 하나님의 임재 밖에서 사는 삶의 중압감을 느끼면서 일하러 나왔을 것이다. 하나님께서 멀리 떨어져 계신다고 느끼면서 성막의 커튼에 수를 놓고 있는 여인을 상상해보라. 그 여인은 하나님께서 명하셨던 지시들을 정확히 따르면서, '나는 하나님의 말씀에 순종해야 해. 이렇게 하면 하나님께서 다시 우리 곁으로 돌아오실지 몰라. 내 살아생전에 하나님의 임재를 알 수 있다면 얼마나 좋을까' 하고 생각했을 것이다. '여호와 하나님을 몹시 슬프게 하지 않았었더라면…' 하고 생각하며, 자신의 손으로 하나님께서 명령하신 바를 그대로 행한다면, 어쩌면 하나님께서 다시 복을 내려주시지 않을까 하는 바람을 가지고 일하고 있는 남자를 상상해보라.

일곱 달 동안 그 백성은 매일같이 하나님 법을 세세하고 꼼꼼하게 순종하기 위해 혼신의 힘을 다했다. 그러나 명하신 그 일을 다 마쳤음에도 불구하고 하나님 임재의 징후는 전혀 없었다.

이 순간에 그들은 도대체 무엇을 어떻게 해야 잘못된 것을 바로잡을 수 있고, 다시 하나님 임재 안에 거할 수 있을까 몹시 염려하고 고민했을 것이다. 만약 우리가 성경 이야기를 이해하고자 한다면, 이것이 바로 우리가 파악해야 할 핵심이다. 어떤 사람들은 만약 교회에 출석하고, 소리 내어 기도를 드리고, 혹은 성경을 읽음으로써 하나님의 율법에 더 세밀하게 순종한다면, 하나님과 바른 관계를 회복할 수 있을 것이라고 생각하고 있다. 그러나 출애굽기(바로 이 부분)에서 하나님께서는 그러한 일들이 비록 선한 것이기는 하나, 그런 행위들로는 잘못된 관계를 바로잡기에 충분하지 않다고 가르치고 계신다. 우리에게 필요한 것은 속죄이다.

그 값어치를 지닌 희생제물이면 할 수 있다

출애굽기는 새로 건축된 성막에서 한 제사장이 첫 번째로 희생제물을 바쳤던 그날로 우리를 인도한다. 출애굽기 마지막 부분에 마침내 그 위대한 날이 임한다.

출애굽기 40장에는 그 성막이 어떻게 지어졌는가에 대한 자세한 내용이 쓰여있다. 그러나 더 자세한 묘사는 레위기 9장에 기록되어있다. 백성이 다시 하나님 임재 안에서 거하게 될 날을 고대하며 일곱 달을 보낸 후에, 모세는 그들에게 어떻게 하면 그 일이 일어날 수 있는지 전해주었다. "모세가 이르되 이는 여호와께서 너희에게 하라고 명령하신 것이니 여호와의 영광이 너희에게 나타나리라"(레 9:6). 백성은 모세의 말을 듣기 위해 기다리는 가운데 침묵 속에서 긴장하고 있었을 것이다. 모세는 아론에게 가서 이렇게 말했다.

"너는 제단에 나아가 네 속죄제와 네 번제를 드려서 너를 위하여, 백성을 위하여 속죄하고 또 백성의 예물을 드려서 그들을 위하여 속죄하되 여호와의 명령대로 하라"(레 9:7).

제사장들은 동물 한 마리를 죽여서, 그것의 피를 쏟아부었다. 그런 다음에 그 피를 제단으로 가져갔다. 백성은 숨을 죽이고 그다음에 벌어진 일을 지켜보았을 것이다. "모세와 아론이 회막에 들어갔다가 나와서 백성에게 축복하매 여호와의 영광이 온 백성에게 나타나며"(레 9:23).

하나님께서 다시 찾아오셨다. 그리고 그것은 바로 지난 일곱 달 동안 잘못되어있었던 것이 마침내 바로잡혔음을 뜻하는 것이기도 하다. 여호와 하나님께서는 구름 가운데뿐만 아니라 불 가운데에서도 당신의 임재에 대한 아주 명확한 증거를 보여주셨다. "불이 여호와 앞에서 나와 제단 위의 번제물과 기름을 사른지라 온 백성이 이를 보고 소리 지르며 엎드렸더라"(레 9:24). 똑같은 사건이 출애굽기 40장에도 기록되어

있다. "구름이 회막에 덮이고 여호와의 영광이 성막에 충만하매 모세가 회막에 들어갈 수 없었으니 이는 구름이 회막 위에 덮이고 여호와의 영광이 성막에 충만함이었으며"(출 40:34-35).

당신은 이 사건이 그 백성에게 미쳤을 영향을 상상이나 할 수 있겠는가? 자신들의 장막에 앉아서 그날 목격한 일에 대해 서로 대화를 나누고 있는 부부를 한번 상상해보라. "나는 정말 오늘과 같은 일을 처음 봐. 짐승 한 마리를 희생시켜서 그 피로 하나님의 임재를 회복시키리라고 누가 상상이나 할 수 있었겠소?" 하고 남편이 말한다.

"맞아요, 정말 믿을 수 없는 일이지요!" 아내가 맞장구친다. "나는 우리가 여러 달 동안 하나님께 죄송한 마음을 가지고 있었고, 그동안 진심으로 순종했으며, 모세도 우리를 위해 자신의 목숨까지 내놓겠다고 했음에도 불구하고 불가능했던 일이 어떻게 그 희생제물의 피로 가능하게 될 수 있었는지 정말 이해할 수가 없어요."

"피를 흘려 목숨을 바치는 희생제사에는 무엇인가 대단히 강력한 힘이 있음에 틀림없어요. 어쨌든 우리는 상당히 중요한 것을 배운 것 같소. 죄악이 있는 곳에는 희생제물이 필요하다는 사실이오. 하나님께 속죄할 수 있는 방법은 희생제물과 피 흘림인 것이오."

죄는 하나님을 우리에게서 물러서시도록 만든다. 하나님께서 다시 찾아오시게 할 수 있는 유일한 것은, 제단 위에서 산 채로 드리는 희생제물의 피다.

그리스도에 대한 조명 SPOTLIGHT ON CHRIST

당시에도 백성을 하나님과 '하나 되게' 해주는 것이 동물의 피 그 자체가 아니었다는 사실을 이미 잘 알고 있었을 것이다. 속죄는 희생제물이 상징하고 있는 그 사람에 의해 성취되는 것이다.

이처럼 성경 이야기의 초기 단계에서부터 하나님께서는 예수님의 오심을 준비하고 계신다. 구약성경에서 희생제물의 전체적인 목적은 하나님의 아들이 왜 이 세상에 오셔야 했는지에 대한 이유를 깨달을 수 있도록 하기 위해 우리의 사상을 형성시켜주고자 하는 데 있다. 희생제물은, 단지 상징적으로만 행했던 바를 하나님의 아들이 십자가에서 죽으심으로써 실질적으로 행하셨음을 우리가 이해할 수 있도록 돕는다. 예수 그리스도께서 우리의 죄를 대신하여 속죄하셨으므로, 십자가에서 죽으신 예수 그리스도를 믿고 의지하는 모든 사람은 다시 하나님을 만날 수 있다.

당신은 하나님께서 아주 멀리 떨어져계신다고 느끼는가? 하나님과 올바른 관계를 회복하는 데 무엇이 필요한지 궁금한가? 만약 당신의 삶 중심에 하나님께서 함께하시기 원한다면, 속죄가 필요하다.

드러난 사실 UNLOCKED

우리는 우리 죄 때문에 십자가에 달려 죽으신 예수 그리스도에 의해 속죄함을 얻었다.

예수 그리스도의 십자가 사건을 믿고 의지하면, 하나님께서 당신과 함께하실 것이며, 당신은 하나님과 '하나가' 될 것이다.

기도 PAUSE FOR PRAYER

하늘에 계신 하나님 아버지!

저의 죄를 씻기 원하오나, 속죄하기 위해 저 자신이 할 수 있는 일은 아무것도 없다는 사실을 깨달았습니다. 예수 그리스도께서 십자가에서 죽으심으로써 저의 죄를 대신 지시고, 저의 죄를 눈같이 희게 하여주심을 감사드립니다.

제가 예수 그리스도의 피를 믿고 의지하면서, 저의 죄악들을 대속해 주시기 위해 희생하신 주님 안에서 참된 평안을 누립니다. 예수 그리스도께서 저를 위해 죽으심으로써 하나님을 만나는 길이 열리고, 주님의 축복이 제 삶에 임하고 주님께서 항상 저와 함께하시길 간구합니다. 모든 말씀 예수 그리스도의 이름으로 기도드립니다. 아멘.

8

제사장

Priest

레위기 16장

우리가 죄를 고백할 때 하나님께서는
그 죄에 대해 어떤 일을 행하시는가?

묵상의 길잡이

☑ **발견하라**
대속죄일의 극적인 드라마를 발견하라.

☑ **배우라**
하나님의 가장 위대한 시청각 교재를 통해 복음을 배우라.

☑ **경배하라**
예수님께서 우리를 위한 대제사장 직분을 어떻게 완수하시는지 보면서 경배하라.

만약 당신이 법정에 서게 된다면, 십중팔구는 변호사 선임을 원할 것이다. 법정은 위협적이며, 쉽게 위축될 수 있는 곳이다. 때문에 판사 앞에서 당신을 대리하고, 당신 편에 설 변호사를 고용해 그에게 도움을 받을 필요가 있다.

구약성경에서 제사장들이 하나님 앞에서 그와 비슷한 일을 행했다. 제사장은 하나님의 백성을 대신해서 하나님께 말씀을 올렸다. 제사장은 장막(혹은 성막)이라 불리던 이동식 예배 처소를 운영했다. 그 장막은 여러 개의 커튼으로 각 지역을 나누었으며, 거기에는 각각 상징적인 성구聖具들이 함께 들어있었다.

장막의 중앙에는 지성소가 있었다. 그곳은 밖에서 안을 들여다볼 수 없도록 거대한 커튼으로 가려져 있었다. 지성소 안에는 대제사장 이외에 아무도 들어갈 수 없었다. 지성소 안에는 언약궤가 있었다. 언약궤는 나무로 만들어진 상자로, 그 위에 뚜껑이 덮여있었고, 그 상자를 이동하고자 할 때는 장대를 이용했다. 그 뚜껑에는 2개의 황금 그룹상이 서 있었다. 그 황금상은 특별히 하나님의 심판과 관련된 일을 담당했던 그룹들의 상이었다. 성경 이야기의 처음 부분에서 언급했듯이 죄를 지은 사람들이 하나님 앞에 들어가지 못하도록 막기 위해 하나님의 그룹들이 에덴동산 입구를 지켰다(2장을 기억하기 바람). 마찬가지로, 언약궤 위에 세워진 황금 그룹상은 심판이 다가오지 않고는 당신이 하나님 가까이 갈 수 없음을 알리는 가시적인 암시였다.

하나님을 만남

두 그룹들의 사이에는 속죄소the atonement cover 혹은 시은좌mercy seat라 일컫는 평평한 곳이 있었다. 하나님께서는 모세에게 이렇게 말씀하셨다. "거기서 내가 너와 만나고 속죄소 위 곧 증거궤 위에 있는 두 그룹 사이에서 내가 이스라엘 자손을 위하여 네게 명령할 모든 일을 네게 이르리라"(출 25:22).

매년 한 번, 대속죄일에 대제사장은 커튼을 지나서 지성소에 들어갈 수 있었다. 그날 하나님께서는 자신의 모습을 보이지 않으셨으며, '구름 가운데서'(레 16:2) 나타나셨다. 하나님께서는 심판과 은혜에 대해 말씀하셨던 장소에서 대제사장을 만나셨다.

대속죄일은 5막으로 이루어진 큰 드라마와 같았다. 오늘날 그날은 성경에 나타난 복음에 대한 가장 시각적인 표상으로 남아있다. 그날 하루는 우리에게 예수 그리스도를 가르쳐주며, 십자가에서 죽으신 그분의 죽음의 의미를 이해할 수 있도록 도와주는 상징적 의미로 가득 차 있었다.

1막: 제사장이 등장하다

대제사장은 그 민족에서 가장 중요한 사람들 중 한 사람이었다. 비록 사람들이 그 사실을 몰랐더라도 대제사장의 옷을 보면서 그렇다는 인상을 받았을 것이다.

대제사장의 옷은 그 직책의 존엄성을 드러낸다. 의미심장한 상징적 의미를 지니고 있는 그의 흉패에는 열두 지파를 대표하는 열두 개의 보석이 달려있었다. 청색 끈으로 흉패와 그 밑에 있는 에봇을 연결시켰다. 에봇은 금색, 청색, 자색, 홍색 실로 수놓은 고운 세마포로 된 소매 없는 겉옷이었다. 만약 당신이 대제사장을 보았다면, 국가적인 행사에 그 모습을 드러낸 왕의 풍모와 같았을 것이다. 대제사장 직분의 위엄과 그가 하는 일의 중요성을 나타내기에 충분했다.

그러나 대속죄일에 대제사장은 그의 제복을 입지 않았다. 대제사장은 자신의 찬란한 의복을 벗어버리고 대신 간소한 흰옷을 입고 거리에 등장했다. 그 옷은 가장 비천한 종이 입을 법한 그런 종류의 의복이었다.

그 장면은 참으로 놀랄만하다. 그 땅에서 가장 위엄 있는 직분을 가지고 있는 사람이 노예처럼 옷을 입었다. 사람들은 그 광경을 직접 눈으로 보려고 거리로 나왔다. 그러한 차림을 한 대제사장이 걸어갈 때, 길가에 늘어서서 구경하고 있는 사람들을 상상해보라. 대제사장은 앞으로 일어날 일을 예상하면서 주변에 모여있는 군중을 헤치고 한가운데의 링으로 들어가고 있는 복싱선수와 같이 성막을 향해 발길을 옮긴다.

2막: 제사장이 준비를 하다

대제사장이 하는 첫 번째 일은 대속죄일에 해야 할 특별한 일을 위해 자신을 준비하는 것이다. 첫 대제사장이었던 아론을 예로 들어보자. 동생 모세와 마찬가지로, 아론도 죄를 지었다. 아론은 금송아지 사건으로 백성이 우상을 숭배하도록 이끈 죄를 가지고 있었다. 의심할 것도 없이 아론은 하나님을 경배하고 하나님의 계명에 따라 살려고 노력했던 사람이었다. 그러나 그는 다른 모든 사람과 마찬가지로 실수가 있는 사람이었다. 아론이 하나님 앞에 백성의 죄를 가지고 나가기 위해서는 그 전에 자신의 죄를 처리하는 것이 급선무였다.

황소 한 마리가 끌려나와 만인이 보는 앞에서 도살된다. 그런 다음에 아론이 그 피를 조금 받아서 커튼을 열고 하나님께서 그에게 들어오라고 말씀하신 지성소에 들어간다. 거기에서 아론은 자신의 죄를 대속하기 위한 희생제물로서 그 황소의 피를 뿌린다.

이 모습은 백성에게 강한 인상을 남겼을 것이다. 그 땅에서 가장 위엄 있는 지위 중 한 자리를 차지하고 있는 그 대제사장이 이렇게 말하고 있는 것이다. "백성을 위해 희생제사를 드리기 전에, 제가 저를 위한 희생제사를 드려야만 하는 처지에 있음을 공적으로 인정하고자 합니다." 오늘날 모든 목회자, 혹은 지도자들 역시 항상 이렇게 말할 수 있어야 한다. "저도 죄를 가지고 있습니다. 그래서 저는 당신의 죄를 처리할 처지가 전혀 못 됩니다."

3막: 속죄가 이루어지다

대제사장은 다시 장막 밖으로 나온다. 그러면 모든 백성은 다시 그를 바라본다. 두 마리의 염소가 앞으로 끌려나오고 첫 번째 염소가 도살된다. 대제사장은 그 피를 커튼 뒤로 가져가서 속죄소, 혹은 시은좌에 뿌린다.

속죄소는 두 개의 커다란 황금 그룹상 사이에 있는 평평한 면임을 기억하기 바란다. 그것은 상당히 인상 깊은 모습을 하고 있다. 하나님의 심판을 대행하는 천사, 즉 그룹들이 그 피가 뿌려질 속죄소를 내려다보고 있다. 아론이 속죄소에 염소의 피를 뿌리는 모습은 마치 심판과 은혜가 함께 만나는 것과 같다. 심판은 죄에 대한 형벌로 죽음을 요구함으로써 그 요건이 충족된다. 은혜는 죄인들을 용서할 것을 요구함으로써 지속된다. 희생제물의 피가 뿌려짐에 따라서 심판의 자리에서 은혜가 베풀어진다.

다시 에덴동산으로 되돌아가 보면, 하나님께서는 아담에게 죄의 결과는 죽음임을 분명히 밝히셨다(창 2:17; 참조, 롬 6:23). 바로 그 이유 때문에 속죄소에 피를 뿌려야 했던 것이다. 그 피는 한 차례의 죽음이 일어났음을 입증했다. 성경 이야기의 시작에서부터 우리가 보고 있다시피, 하나님께서는 죄인 대신에 한 마리의 동물에게 죽음의 형벌이 전가되도록 허락하실 준비가 되어있으셨다. 그러나 속죄는 죄와 관련해서 하나님의 공의를 만족시켜줄 수 있는 어떤 죽음을 통해서만 이루어질 수 있을 것이다.

여기에서 우리가 반드시 기억해야 할 것은 대제사장이 결코 속죄소에 눈물 한 사발(백성의 회개를 대표하는 눈물)을 가지고 들어가도록 요구받지 않았다는 점이다. 또한 땀으로 흠뻑 젖은 누더기들(백성의 노력을 대표하는 땀에 절은 옷들)을 가지고 들어가도록 요구받지도 않았다. 하나님의 공의는 회개의 눈물이나 노력의 땀방울에 의해서 이루어지지 않는다. 속죄는 속죄소에 피를 뿌려야만 비로소 이루어지는 것이다.

대제사장은 자신과 백성을 위해서만이 아니라 지성소 자체를 위해서도 속죄를 해야 했다. 하나님께서는 이렇게 말씀하신다.

또 백성을 위한 속죄제 염소를 잡아 그 피를 가지고 휘장 안에 들어가서 그 수송아지 피로 행함같이 그 피로 행하여 속죄소 위와 속죄소 앞에 뿌릴지니 곧 이스라엘 자손의 부정과 그들이 범한 모든 죄로 말미암아 지성소를 위하여 속죄하고 또 그들의 부정한 중에 있는 회막을 위하여 그같이 할 것이요(레 16:15-16).

이 말씀의 핵심은 하나님께서 그 백성으로부터 멀찌감치 물러나 계시다는 것이다. 하나님께서는 백성이 머물고 있던 진지 밖에 계신다. 백성은 하나님께서 자신들 가운데 오시기를 고대하고 있다. 그러나 어떻게 하나님께서 죄악이 가득한 공동체 가운데로 들어오실 수 있겠는가? 어떻게 하나님의 거룩한 불이 불결한 곳으로 들어갈 수 있겠는가? 어떻게 거룩하신 성령님이 거룩하지 못한 삶 가운데 들어갈 수 있겠는가? 그에 대한 대답은, 속죄가 하나님께서 자기 백성 가운데로 들어오시도록 하기 위한 길을 만든다는 것이다.

4막: 죄를 고백하다

당신이 그 군중 가운데 서 있다고 상상해보라. 다음에 열릴 막은 가장 극적인 부분이 될 것이다. 즉, 살아있는 희생제물이 등장하고 모든 백성이 공개적으로 죄를 고백하는 것이다. 기억해야 할 것은, 그 백성이 실제로는 자신들의 눈으로 속죄가 이루어지는 과정을 보지는 못한다는 사실이다. 그 일은 가려진 커튼 뒤에서 진행됐다. 그들은 염소가 잡히는 것을 목격했다. 그러나 그 뒤에 그들이 할 수 있는 일은 대제사장이 지성소에 들어가 속죄소에 그 피를 뿌리고 나오는 것을 기다리는 일뿐이었다.

그러나 이제 대제사장이 나오고 두 번째 염소가 대제사장 앞으로 끌려나온다. 이때 일어나는 일은 다음과 같다.

> 그 지성소와 회막과 제단을 위하여 속죄하기를 마친 후에 살아있는 염소를 드리되 아론은 그의 두 손으로 살아있는 염소의 머리에 안수하여 이스라엘 자손의 모든 불의와 그 범한 모든 죄를 아뢰고 그 죄를 염소의 머리에 두어 미리 정한 사람에게 맡겨 광야로 보낼지니(레 16:20-21).

대제사장은 살아있는 염소의 머리 위에 양손을 얹어놓고서 이스라엘 백성의 모든 죄를 고백해야 할 책임을 가지고 있었다.

살아있는 그 염소가 대제사장이 기도를 드리려고 애쓰고 있을 때 얌전히 있었을 것이라고는 기대하기 어렵다. 아마도 상당히 소란스러웠을 것이다. 그리고 대제사장이 백성의 죄를 모두 고백함과 동시에 그 염소를 붙잡고 있으려고 씨름하는 동안 염소는 대제사장에게 몇 차례 발길질도 했을 것이다.

만약 당신이 그 무리 가운데 있었다면, 당신은 다음과 비슷한 기도를 들었을 것이다. "전능하신 하나님이시여, 우상을 숭배한 것을 고백합니다. 우리는 주님을 사랑하는 것보다 주님께서 주신 선물들을 더 사랑했습니다. 우리의 시기심을 고백합니다. 주님께서 다른 사람들에게 주신 것을 보았을 때, 남의 것을 가지고 싶어서 탐을 냈습니다. 우리의 간음죄를 고백합니다. 마음으로 그리고 육신으로 주님의 말씀을 거슬러 죄를 범했습니다. 또한 분을 참지 못하고 화낸 것을 고백합니다. 매사에 성급했을 뿐만 아니라 다른 사람들에게 불친절하게 대했습니다. 또한 도둑질한 것들에 대해 고백합니다. 우리가 사는 곳에서 신뢰받지 못했습니다. 우리의 거짓말을 고백합니다. 진실을 회피했습니다. 사실을 과장했고, 속였고, 거짓으로 꾸몄으며, 왜곡시켰습니다."

대제사장은 백성의 죄를 모두 고백해야 했기 때문에, 이 기도는 아주 길었을 것이다. 그가 개개인의 죄를 세세하게 고백할 수는 없었을지라도, 그 백성이 용서받아야 할 구체적인 죄가 있음을 인지할 수 있도록 기도드렸을 것이다. 만약 당신이 그 기도를 들으면서 그 무리 가운데서 있었다면, 마침내 '그래, 저 죄가 바로 내가 지은 죄 가운데 하나야' 하고 생각할 수 있었을 것이다.

대제사장이 염소의 머리 위에 양손을 얹고서 백성의 죄를 다 고백할 때, 죄가 옮겨졌다. 하나님께서는 죄를 지은 데 대한 책임을 그 염소에게로 옮겨놓으셨다. 하나님은 죄가 염소의 머리 위로 옮겨져 염소가 사람의 죄를 짊어진 것으로 여기셨다.

5막: 죄책이 제거되다

그다음에는 우리의 죄가 고백되고 속죄가 이루어졌을 때 하나님께서 우리의 죄를 어떻게 처리하시는지에 대한 아주 놀라운 광경이 펼쳐진다.

하나님께서는 이 놀라운 시청각 자료를 사용하시어, 당신께서 우리의 죄를 어떻게 처리하시는지 그려볼 수 있도록 도움을 주신다. 죄가 사람에게서 제거되고 그 염소에게로 옮겨진다. 그러므로 그 기도가 끝나면 당신은 죄책을 짊어진 염소 한 마리를 가지게 된다. 그런 다음에 대제사장은 죄책을 짊어진 염소를 광야로 보낸다.

> …미리 정한 사람에게 맡겨 광야로 보낼지니 염소가 그들의 모든 불의를 지고 접근하기 어려운 땅에 이르거든 그는 그 염소를 광야에 놓을지니라(레 16:21-22).

다시 당신이 군중 가운데서 직접 이 장면을 바라보고 있다고 상상해 보라. 대제사장이 당신의 죄에 대한 고백을 마쳤다. 당신의 죄책은 그 염소에게로 전가됐다. 그리고 이제 누군가가 앞으로 나와 그 염소를 끌고 가버린다. 당신은 그 사람이 천막들 사이를 지나고 다시 백성의 진을 넘어 광야로 들어가는 것을 바라본다. 그 사람과 그 염소가 점이 될 때까지 바라본다. 그리고 완전히 시야에서 사라져 더 이상 그 모습을 볼 수 없게 된다.

대속죄일은 우리가 깊게 되새길 필요가 있는 기본적인 진리들과 사실들을 하나님께서 가르쳐주시는 일련의 시청각 자료였다. 그 기본 진리들은 다음과 같다.

- 우리에게는 한 사람의 제사장이 필요하다. 그 제사장은 위엄과 명예를 내려놓고서 노예가 되어 백성을 위해 속죄를 행하기 위해 임한다.
- 자신의 죄를 지니고 있는 사람은 다른 사람들의 죄를 속할 수 없기 때문에 제사장은 속죄 의식을 치르기에 앞서 반드시 해야 할 것이 있다.
- 속죄는 오직 피 흘림에 의해서만 이루어질 수 있다. 이렇게 해서 하나님의 공의가 이루어지며, 은혜가 그 백성에게 베풀어질 것이다.
- 죄는 고백되어야 하며, 죄가 고백될 때 그 죄책이 전가될 것이다.
- 속죄가 이루어지고 죄가 고백될 때, 당신의 죄에 대한 책임은 제거될 것이다. 그 죄책은 시야에서 사라져버릴 것이다.

나는 이보다 더 확실하게 복음에 대해 시청각적으로 보여주는 것은 없다고 생각한다. 이 5막의 드라마는 예수 그리스도께서 세상에 오셔서 행하신 실제 공연에 대한 드레스 리허설(옷을 다 갖추어 입고 행하는 무대 총연습)과 같다. 이 드라마는 앞으로 벌어질 일을 미리 내다볼 수 있도록 그리고 예수 그리스도께서 오셨을 때 기대할 것이 무엇인지 우리에게 말해주고 있는 시사회와 같았다.

그렇게 1,500년의 시간이 흘러 당신은 드레스 리허설에서 개막일 밤, 공연 실황으로 옮겨간다. 실제 공연에서 대제사장 역으로 예수 그리스도가 등장한다.

그리스도에 대한 조명 SPOTLIGHT ON CHRIST

앞서 언급했다시피, 대속죄일에 행해지는 일련의 사건들은 예수 그리스도께서 이스라엘 백성에게 나타나셨을 때 행하셨던 주된 행사에 대한 시사회이다. 5막으로 이루어진 그 드라마가 어떻게 예수 그리스도의 오심으로 전개되는지 살펴보자.

1막: 그리스도께서 등장하다

신약성경에서 또 다른 대제사장이 등장한다. 그는 아론의 후손이 아니다(모든 대제사장은 아론의 후손이었다). 이 제사장은 하나님의 아들이다. 그분의 영광은 이전의 대제사장이 입었던 어떠한 옷들보다 훨씬 더 찬란하며, 이 세상이 시작되기 전부터 아버지의 영광을 함께 누리고 있었다.

그러나 구약 시대에 대제사장이 대속죄일에 자신의 휘황찬란한 옷을 벗어버렸듯이, 예수 그리스도께서도 자신의 영광을 내려놓으셨다. 예수 그리스도는 친히 종의 모습을 취하셨다(빌 2:6, 7). 그는 보자기에 싸여 구유에 눕혔다. 예수 그리스도가 탄생했을 때, 속죄의 실제 드라마가 시작됐다.

2막: 그리스도께서 준비되다

우리는 복음서들을 읽으면서, 예수 그리스도께서 여느 사람들과는 다른 생애를 사셨음을 발견하게 된다. 그분은 아버지의 뜻을 따랐으며, 아버지의 명하신 일을 그대로 다 성취했다.

예수 그리스도께서는 원수들에게 "너희들 중 어느 누구라도 내게 죄가 있다고 비난할 수 있는 사람이 있느냐?"고 물으셨다. 그때 그들은 오직 욕설로만 답변했다(요 8:46-48). 이 대제사장은 다른 대제사장들과는 달랐다. 이 대제사장은 자신의 죄를 위해 희생제물을 드릴 필요가 없었다. 그에게는 전혀 죄가 없었던 것이다(고후 5:21; 벧전 2:22). 그분은 다른 어떠한 대제사장이 살 수 없었던 삶을 사셨다. 그 완전한 삶 때문에, 다른 대제사장들은 겨우 예시만을 보여줄 수 있었던 것을 이 대제사장은 실현할 자격을 갖추고 있었다.

3막: 예수 그리스도께서 죄를 속하다

3년 동안의 공생애 후에, 예수님은 체포되어, 십자가에 못 박히셨다. 그분의 피와 생명이 쏟아져나왔다. 그룹들이 상징하던 하나님의 심판이 예수 그리스도 위에 떨어졌다. 흑암이 땅의 표면을 뒤덮었고, 예수 그리스도는 고통 가운데서 "나의 하나님이여, 나의 하나님이여, 어찌하여 나를 버리셨나이까?" 하고 외치셨다. 그리고 마지막에 "다 이루었도다" 하고 외치셨다. 그때 성전 안에서 지성소를 둘러싸고 있던 휘장이 위에서 아래로 찢겨졌다(막 15:34, 37, 38; 요 19:30). 우리의 위대한 대제사장에 의해 속죄가 이루어졌다. 그리고 하나님과 인간이 만날 수 있는 새롭고, 살아있는 생명의 길이 다시 열렸다.

4막: 자신의 죄를 고백하다

바로 여기가 이 드라마에서 우리의 역할이 있는 장면이다. 대속죄일에 염소 두 마리가 있었음을 기억하기 바란다. 한 마리는 희생제물로 바쳤으며, 다른 한 마리는 광야로 보내졌다. 이 두 마리 짐승은 예수 그리스도께서 자기 백성을 위해 행하고 계신 일이 무엇인지 이해할 수 있도록 도와주고 있다. 예수 그리스도께서는 우리 죄에 대한 속죄로서 자신의 생명을 희생제물로 바치신 분이시다. 우리의 죄 또한 대신 짊어지신 분이시기도 하다. 예수 그리스도의 사역은 어느 하나의 그림으로 완전히 표시될 수 없을 만큼 풍성하다.

대제사장은 그 짐승의 머리 위에 양손을 올려놓고서 백성의 죄를 고백했다. 이제는 하나님께서 우리에게 이렇게 말씀하고 계신다. "나는 바로 그 일을 너희들이 직접 행하기를 원한다. 나는 너희가 믿음의 행위로 주 예수 그리스도를 붙잡고 그 위에 너희의 손을 얹기를 원한다. 나는 너희가 너희의 죄를 고백하기 원한다. 그렇게 할 때 너희의 죄과가 예수 그리스도에게로 옮겨질 것이다. 모든 죄는 예수 그리스도에게 놓일 것이며, 그가 죽음으로써 모든 이의 죗값을 대신 치르게 된다."

당신은 그 일을 행하였는가? 완전한 대제사장이신 예수 그리스도께서 나타나셨음을 기억하라. 속죄는 그분의 죽음으로 성취됐다. 그 속죄는 온 세상 죄악을 다 가리기에 충분하다. 믿음으로 예수 그리스도 위에 손을 얹고 죄를 고백하면, 그때 우리의 죄과는 예수 그리스도께로 옮겨지며, 십자가에서 우리의 죄가 사하여졌음을 알 수 있다. 그 일은 〈모든 동물들의 피로도 안 되네〉라는 찬송이 선언하고 있는 것과 같다.

옛날 제단 위에서 죽임을 당한 모든 동물들의 피도
죄책에 빠진 양심에 평안을 줄 수도, 그 흠을 씻지도 못하네.
그러나 하늘의 어린양 그리스도가 우리의 모든 죄를 짊어지고 가버리시네.
그 동물들보다 더 귀한 이름과 더 값진 피를 가진 희생제물이시네.
나의 믿음이 당신의 사랑스런 머리 위에 그 손을 얹고
회개하며 서서, 나의 죄를 고백하네.

–아이작 왓츠(개작)

5막: 우리의 죄가 제거되다

당신이 예수님을 붙잡고 믿음으로 죄를 고백했을 때, 그 죄가 예수님께 놓여있는 것을 볼 수 있는가? 당신은 죄악들이 시야 밖으로 멀리 떨어져 보이지 않게 됐다는 것을 상상할 수 있는가? 당신은 예수 그리스도가 이루신 사역을 통해 당신의 죄가 용서됐을 뿐만 아니라 죄과 역시 사라졌음을 믿을 수 있는가? 성경의 약속을 기억하라. "이는 하늘이 땅에서 높음 같이 그를 경외하는 자에게 그 인자하심이 크심이로다 동이 서에서 먼 것 같이 우리의 죄과를 우리에게서 멀리 옮기셨으며"(시 103:11-12).

드러난 사실 UNLOCKED

대속죄일은 예수 그리스도께서 어떻게 우리의 죄를 대신 속하셨는지에 대한 예화를 잘 보여주고 있다. 그분의 피가 뿌려졌을 때, 하나님의 공의로운 심판이 임했으며, 동시에 죄인들을 향한 은혜도 함께 임했다. 당신이 믿음으로 '예수 그리스도를 붙잡고' 죄를 고백할 때, 당신이 지은 죄에 대해 예수 그리스도의 속죄가 구체적으로 적용된다. 구약성경에서 그 대제사장이 짐승 위에 손을 얹고 죄를 고백하는 기도를 드렸을 때, 하나님의 백성의 죄가 상징적으로 짐승에게 옮겨졌다. 마찬가지로 당신이 믿음으로 예수 그리스도께 손을 얹을 때, 하나님께서 당신의 죄로 말미암은 죄과를 예수 그리스도께로 옮기실 것이다. 그러고 나면 당신의 죄는 눈과 같이 희게 되며, 당신은 참으로 용서함을 받은 자의 기쁨과 자유를 누리며 하나님을 바라볼 수 있게 된다.

기도 PAUSE FOR PRAYER

만일 당신이 위대한 대제사장이신 예수 그리스도께 당신의 구원자가 되어달라고 부탁을 드리지 않은 상태라면, 지금이 그렇게 할 수 있는 좋은 기회이다. 다음에 있는 감사와 고백의 기도는 당신이 예수님을 붙잡고 '손을 얹을 수 있도록' 도와줄 것이다. 예수님께서는 우리의 모든 죄를 없애버리셨다.

은혜가 풍성하신 하나님 아버지!

저의 대제사장이 되시기 위해 주 예수 그리스도께서 하늘 영광을 다 버리고 친히 세상에 오신 것에 감사드립니다. 죄를 속해주실 수 있는 자격을 갖춘 완전한 삶을 사신 것에 감사드립니다. 자신의 생명을 내놓으시고 피를 흘려서 죗값을 치러주신 것에 감사드립니다.

그 주 예수 그리스도를 제가 믿습니다. 그리고 지금 주 예수 그리스도를 저의 구원자이자 저의 주님으로 믿고 의지합니다. 제가 주님께 저의 죄를 고백하고자 합니다. (당신의 죄악들을 주님께 고백하기 위하여 시간을 좀 가질 것)

이 죄들을 위해 대신 죽으신 그리스도께 진심으로 감사드립니다. 이 모든 죄를 제게서 물리쳐주시고, 용서해주신 것을 감사드립니다. 우리 주 예수 그리스도를 통해 죄 사함 받았음을 깨닫고 평안을 누릴 수 있도록 도와주옵소서. 예수 그리스도의 이름으로 기도드립니다. 아멘.

9

복

Blessing

레위기 26장

만일 하나님의 사랑에 조건이 없다면,
왜 순종이 문제가 되는가?

묵상의 길잡이

☑ **발견하라**

하나님께서 당신을 왜 사랑하시는지 발견하라.

☑ **배우라**

하나님께서 어떻게 자기 백성을 징계하시는지 배우라.

☑ **경배하라**

하나님의 사랑이 결코 당신을 그냥 내버려두시지 않을 것임을 알 때 경배하라.

하나님께서 왜 당신을 사랑하시는지 의아하게 생각해본 적이 있는가? 하나님께서는 왜 아브라함과 같은 사람을 선택하셨을까? 메소포타미아 지방에서 우상을 섬기고 있던(수 24:2) 아브라함은 아마도 어떤 대단한 영적인 헌신이나 통찰력 때문에 하나님의 사랑을 받았던 것은 아니었을 것이다. 실로 아브라함은 하나님이 누구인지도 모르고 있었다.

한번은 하나님의 백성이 왜 하나님께서 그들을 사랑하시는지 설명해 주실 것이라는 기대를 가지고 거의 조르듯이 물은 적이 있었다. "여호와께서 너희를 기뻐하시고 너희를 택하심은 너희가 다른 민족보다 수효가 많기 때문이 아니니라 너희는 오히려 모든 민족 중에 가장 적으니라"(신 7:7). 그 대답을 듣고 그들은 더욱 궁금해했다. "맞습니다. 주님, 저희들에 대한 주님의 사랑이 저희의 수효가 많은 데 있지 않다는 사실을 잘 알고 있습니다. 자, 이제 왜 주님께서 저희를 사랑하시는지 말씀해주십시오."

하나님께서 백성에게 최후의 답변을 해주셨다. "여호와께서 다만 너희를 사랑하심으로 말미암아"(신 7:8). 하나님께서 당신을 사랑하시는 이유는 단지 '여호와께서 당신을 사랑하고 계시기 때문'이다. 그리고 당신은 그보다 더 심원한 대답을 결코 얻지 못할 것이다. 하나님의 사랑에 대한 설명은 오로지 하나님 안에만 있다. 하나님의 사랑에 대한 설명은 그 사랑이 흘러나온 원천에 있는 것이지, 그 대상에 있는 것이 아니다. "하나님께서는 당신을 사랑하시기 때문에 사랑하신다."

하나님의 조건 없는 사랑

이것은 우리가 체험할 수 있는 범위를 벗어난다. 내가 왜 아내를 사랑하는지 설명하는 것은 매우 쉽다. 아내가 내 마음을 사로잡았기 때문이다. 그것은 첫눈에 반한 사랑이었다. 이 현상에 대한 합리적인 이유를 찾기란 그다지 어렵지 않다. 그녀의 매력적인 성격, 가슴 떨리게 하는 외모, 특별한 은사들 그리고 따스한 품성이 내게서 사랑의 반응을 불러일으켰다. 나는 그녀에게서 보이는 것들에 끌렸으며, 그것들이 어떤 반응을 불러일으킨 것이다.

그러나 하나님의 사랑은 매우 다르다. 하나님께서 우리를 사랑하시는 이유는 당신의 외모에 홀딱 반했거나, 당신의 개성에 넋이 나갔거나, 당신의 선행에 감동했거나, 천재적인 재능에 넘어가셨기 때문이 아니다. 당신을 사랑하시는 하나님 사랑에 대한 설명은 당신 안에 있는 그 무엇에 있지 않고 하나님 자신에게 있다. 하나님은 사랑이시다.

하나님의 사랑은 그 사랑이 흘러나오는 원천에서 설명할 수 있다. 오직 하나님만이, 매력적이지도 않고, 솜씨도 없으며, 상처 입고, 내성적이며, 심지어 반항적이기까지 한 사람까지도 사랑하실 수 있다. 오직 하나님만이 아직 다른 신들을 섬기고 있던 아브라함을 사랑하실 수 있다. 당신이 아직도 너무나 형편없는 상황에 처해 있음에도 불구하고 오직 하나님만이 당신을 사랑하실 수 있다.

지난 수년 동안 나는 "어떻게 하나님께서 나를 사랑하실 수가 있어?"라는 문제를 놓고 씨름하는 사람들을 도와줄 기회가 있었다. 문제는 그 질문의 초점이 온통 '나'에게 집중되어있다는 것이었다. 어떤 사람이 낙담하거나 개인적인 실패를 받아들이지 못하고 씨름하고 있을 때, 그 순간 '나'에 대해 생각하는 것은 그다지 도움이 되지 않는다. 감사하게도, 하나님께서 우리를 사랑하시는 이유는 나와는 전혀 관계가 없다. 그 설명은 하나님 자신 속에 있다. 그래서 만약 우리의 마음과 생각의 중심을 우리 자신에게 집중하지 않고 하나님에게 맞춘다면, 하나님의 사랑을 즐거워하게 될 것이다.

순종이 왜 중요한가

만약 하나님께서 당신을 조건 없이 사랑하시는 것이 사실이라면, 왜 순종을 문제 삼는 것인가?

모세는 인생의 마지막을 앞에 두고, 분명히 그 백성 가운데 일부가 이미 살아계신 하나님을 떠나가버렸을 수도 있다고 걱정했다.

이 저주의 경고를 듣고도 여러분은 '내가 내 고집대로 살아도 모든 것이 다 잘 될 것이다.'라는 경솔한 생각을 하지 않도록 하십시오. 그렇게 하면 선한 사람과 악한 사람이 다 같이 멸망할 것입니다(신 29:19, 현대인의성경).

어떻게 하나님 백성 가운데 한 사람이 이런 식의 결론에 이를 수 있을까? 바로 이것이다. "우리는 하나님의 백성이다. 그리고 하나님께서는 우리의 죄를 모두 덮어줄 희생제물을 우리에게 주셨다. 우리를 대신해 지성소에 들어가는 대제사장이 있다. 대속죄일도 있다. 하나님께서는 우리를 조건 없이 사랑하시기 때문에, 우리가 행한 모든 일에 이 종교 의식을 거치기만 하면, 그런 다음에 나머지 주간 동안은 좀 느슨하게 지낼 수 있다. 하나님께서 금하고 계신 것이 있다는 사실을 알고는 있지만, 하고자 하는 일들을 할 수 있는 여지는 조금 있다."

모세는 그런 식으로 생각하기 시작하는 사람들이 있음을 깨달았으며, 그 이래로 그런 사람들은 항상 존재해왔다. "만일 하나님께서 예수님의 흘리신 피로 나를 용서해주셨다면, 내가 어떠한 일을 저질러도 하나님께서는 나에게 복 주시기를 결코 멈추지 않으실 것이기 때문에, 내가 선택하고 싶은 대로 살 수 있다. 그런데 왜 순종이 중요하단 말이냐?" 하고 말하는 사람에게 우리는 어떻게 대답해야 하는가?

레위기 26장에서 하나님께서는 이 문제를 직접 다루셨다. 하나님께서는 약속들에 대한 긴 목록을 주셨다. 그러나 그 약속들에는 모두 '만일…면'이라는 조건이 붙어있다.

너희가 나의 규례와 계명을 준행하면 내가…주리니…(레 26:3, 4).

그런 다음에 하나님께서는 순종한 뒤에 따라오는 축복을 열거하셨다. 그 축복에는 강력한 경제력(풍성한 수확)과 민족의 안전(위압적인 적군에 대한 승리)이 포함되어있었다. 실제로 하나님께서는 하나님 백성 5명이 적군 100명을 이길 수 있는 능력을 주시겠다고 약속하셨다(레 26:8).

순종함으로써 따라오는 최대의 축복은 그 백성 가운데 하나님께서 임하신다는 것이다. 하나님께서 "내가 내 성막을 너희 중에 세우리니"라고 말씀하셨다(레 26:11). 그러나 이 모든 것에는 '만일'이라는 순종의 조건이 달려있었다. "만일 너희가 나의 규례들과 계명들을 준행한다면." 그런 다음에 하나님께서는 불순종의 결과들에 대해 말씀하셨다.

> 그러나 너희가 내게 청종하지 아니하여 이 모든 명령을 준행하지 아니하며 내 규례를 멸시하며 마음에 내 법도를 싫어하여 내 모든 계명을 준행하지 아니하며 내 언약을 배반할진대 내가 이같이 너희에게 행하리니…(레 26:14-16).

그 결과들 가운데 어떤 것들은 당신의 머리카락이 쭈뼛 곤두서도록 할만한 것도 있다. 거기에는 건강이 나빠지거나, 흉작이거나, 적군에게 패배하는 것 등이 포함되어있다. 실제로 하나님께서는 그 백성을 다시 하나님께로 되돌리기 위한 징계수단으로 그들을 향해 적군을 불러오는 일까지 하실 것이다.

죄와 고난

성경은 결코 모든 고통의 경험이 죄의 결과라고 말하지 않는다. 예수님께서는 어떤 사람이 왜 소경으로 태어났는지 묻는 사람들과 말씀을 나누신 적이 있다. 그들은 모든 고난이 죄의 직접적인 결과라고 믿고 있었으므로, 그 사람이 소경으로 태어난 것은 그가 지은 죄의 결과이든지, 그 부모가 지은 죄의 결과일 것이라고 가정하고 있었다. 예수님께서는 그들의 가정을 단칼에 잘라버리셨다. 그 소경의 고난은 어느 누구의 죄의 직접적인 결과가 아니었다. 그와 반대로 그 사람이 소경이 된 것은 하나님의 영광이 나타나게 될 기회였다(요 9:1-3).

욥의 세 친구는 모든 고난이 개인이 지은 죄의 직접적인 결과라는 그릇된 가정하에 움직이고 있었다. 그래서 욥이 고난을 받을 때, 그가 특정한 죄를 확인할 수 있도록 도와주는 것이 자신들의 할 일이라고 생각했다. 그들은 마치 증거를 찾고 있는 수사관 같았다. 그런데 어떠한 증거도 찾을 수 없자, 좌절감만 더해갔다. 그 이야기의 마지막 부분에 하나님이 개입하셔서 욥의 고난의 목적은 매우 다른 것임을 나타내주셨다. 욥은 반듯한 성품의 소유자였다. 그렇기 때문에 그의 친구들이 찾고 있었던 죄는 존재하지 않았다(욥 4장; 8장; 11장; 42:7, 8). 모든 고난이 개인적인 죄의 직접적인 결과라고 생각하는 것은 큰 잘못이다.

그러나 어떠한 고난도 개인적인 죄의 결과가 아니라고 생각하는 것도 잘못이다.

요나는 여호와 하나님께 불순종하는 죄를 지었다. 그래서 하나님께서는 커다란 폭풍우를 보내셨다. 하나님께서는 이 출세한 설교자에게 남의 눈길을 끌지 못하는 지역에 가서 설교를 하라고 부탁하셨다. 그러나 요나는 그곳에 가기를 원하지 않았다. 요나가 있던 곳에는 자신을 따르는 군중이 있었다. 그리고 솔직히 니느웨에 사는 사람들에게는 그다지 애착이 없었다. 그래서 그는 하나님의 부르심과는 정반대가 되는 방향으로 가는 배를 찾았고, 하나님의 뜻에 교묘하게 불순종하는 방향으로 움직였다.

하나님께서 요나를 그냥 가게 내버려두실까, 아니면 그를 추격하실까? 하나님께서는 요나가 그냥 그대로 가도록 내버려두기에는 그를 너무도 사랑하셨다. 그래서 하나님께서는 요나의 정신을 들게 하셔서 다시금 하나님께 유용하게 쓰임을 받을 수 있는 곳으로 그를 되돌리시겠다는 단 하나의 목적으로 폭풍우를 보내셨다.

후에 우리는 성경 이야기에서, 이스라엘 민족이 몇십 년 동안 하나님께 반역하면서 살았음을 볼 수 있다. 하나님께서는 그 백성을 사랑하셨으므로, 선지자들을 보내셨다. 그러나 그들은 선지자들의 말을 들으려고 하지 않았다. 그래서 하나님께서는 적군을 보내어 침공하도록 하셨다. 그래도 여전히 그들의 행습들을 바꾸려 들지 않자, 마침내 하나님께서는 예루살렘 성을 초토화시킬 대적들을 보내셨다. 70년 동안 예루살렘 성은 처참하게 몰락했으며, 능력 있는 사람들은 모두 포로가 되어 바벨론으로 끌려갔다.

포로로 잡혀갔던 사람들이 바벨론에 있었을 때, 하나님께서는 새로운 세대의 사람들의 마음속에서 역사하시기 시작했다. 이 난민촌에서 여호와를 사랑하는 한 무리의 사람들이 나오게 됐다. 그러고 나서 느헤미야의 인도 아래 예루살렘으로 돌아와서 다시 시작할 수 있게 됐다. 하나님께서 자기 백성을 귀환시키신 것이다.

떠나보내지 않는 사랑

하나님의 가차 없는 징계는 우리가 깊이 감사드려야 할 축복의 한 단면이다. 그 외의 달리 취할 수 있는 유일한 대안은 하나님께서 우리를 포기하시는 일일 것이다.

한 부부를 상상해보자. 그 부부의 이름을 그레이엄과 실라라고 불러보자. 그들은 깊은 사랑에 빠져 결혼을 했다. 10년 동안 그들은 함께 행복한 나날을 보내고 있다.

그런데 실라가 그레이엄의 행동에서 어떤 언짢은 양상들을 발견하기 시작한다. 그레이엄이 사무실에 있다고 말하지만, 그때 사무실에 전화를 해보면, 남편은 그 자리에 없고 전화를 받는 남편의 동료는 그레이엄이 어디에 갔는지에 대해 이상하게 대답을 회피하면서 말을 해주지 않는다.

그러던 어느 날 그녀가 옷을 정리하다가 남편의 호주머니 속에 들어있는 호텔 영수증을 발견한다. 그리고는 갑자기 그녀가 우려하고 있던 일들이 그녀의 마음속에 밀려들기 시작한다. 그레이엄이 냉담해지고 자신과 거리를 둔 데에는 이유가 있었던 것이다.

실라는 더 이상 그레이엄을 믿을 수 없다. 그리고 한때 따스하고 친밀했던 관계가 지금은 차갑고 서먹서먹해졌다. 실라에게는 세 가지 선택이 있었다.

1. 모든 사태를 받아들이고, 그 관계를 유지한다.
2. 관계를 정리하고 그레이엄을 포기한다.
3. 관계가 회복되도록 노력한다.

그녀가 결정을 내리기까지는 그리 오랜 시간이 걸리지 않았다. 그녀는 남편을 사랑하고 있으며, 자신의 삶을 그에게 헌신하고 있었다. 그들은 함께 인생을 쌓아왔기 때문에 그 인생을 이대로 포기할 수가 없었다. 그래서 그녀는 그레이엄과 맞부딪치기로 결정을 내린다. 그러나 그녀가 그렇게 했을 때, 그레이엄은 그 문제에 대해 언급하기를 꺼려한다. 그녀에게 돌아오는 것은 부인과 회피뿐이었다. 그레이엄은 이내 대화를 끝낸다.

결국 실라는 같은 선택 앞에 직면하게 됐다. 이런 상황을 그대로 두고 그냥 지낸다는 것을 생각하면 너무도 고통스러웠다. 실라는 그녀의 사랑이 가치가 없으며 그 사랑에 아무런 응답도 하지 않는 남자를 사랑하고 있었다. 그러나 실라가 어떻게 남편을 포기할 수 있을까?

실라는 결정을 내린다. 그녀는 그레이엄을 되찾기 위해 싸울 것이다. 그녀는 그 일이 아무리 오래 걸린다 할지라도, 그 대가가 크고 고통스럽다 할지라도 싸울 것이다. 과거에는 금슬 좋은 부부 사이에서 표현됐던 바로 그 사랑이 이제는 단호한 결심으로 표현된 것이다.

이것은 우리에 대한 하나님 사랑의 작은 그림이다. 하나님께서는 조건 없는 언약에 자신을 바치셨다. 그것은 하나님께서 자기 백성을 죄의 구렁텅이에서 끄집어내시어 축복 속으로 인도하기 위해 무슨 일이든지 하시겠다는 헌신을 의미한다. 하나님으로 하여금 조건 없는 언약을 맺도록 만들었던 바로 그 사랑이 집요하게 자기 백성을 뒤쫓아 가도록 만들었다.

천사들이 이 모습을 보면서 틀림없이 그 까닭을 궁금해했을 것이다. 그에 대한 유일한 설명은 이유를 알 수 없는, 가차 없는, 억제할 수 없는 하나님 사랑인 것이다. 그것을 대신해 취할 수 있는 유일한 대안은 하나님께서 우리를 포기하시는 일일 것이다. 그와 동시에 그 일은 하나님께서 자기 백성에 대해 하실 수 없는 유일한 일이다. 하나님께서는 자기 백성이 죄를 지을 때, 눈을 감지 않으실 것이다. 하나님께서는 그 백성을 되찾기 위해 싸우실 것이다.

하나님께서는 자기 백성에게 사랑을 고정시켜놓으셨다. 은혜로 말미암아, 믿음을 통해 그리고 예수 그리스도 안에서 그의 흘리신 피의 대가로 그와 같이 행하셨다. 이 관계는 하나님께 매우 귀중하기 때문에,

하나님께서는 그 관계를 보호하고 지키기 위해 무슨 일이든 하실 것이다. 당신이 하나님의 언약 속으로 들어갈 때, 하나님께서는 당신을 결코 포기하지 않으실 것이며, 결코 당신을 그냥 보내지 않으실 것이라는 사실을 알아야 한다. 하나님께서는 그저 이름으로만, 명목으로만 당신과 관계 맺는 것을 원하지 않으신다. 그분은 당신과 동행하기를 원하며, 당신이 이 세상에서 하나님의 복을 전하는 통로가 되길 원하신다. 당신이 하나님과 소원한 관계에 있는 동안에는 하나님께서 그러한 일을 하실 수가 없다. 그래서 하나님께서는 당신을 되찾아오기 위해 분투하실 것이다.

하나님의 저주에 동의하는 '아멘'

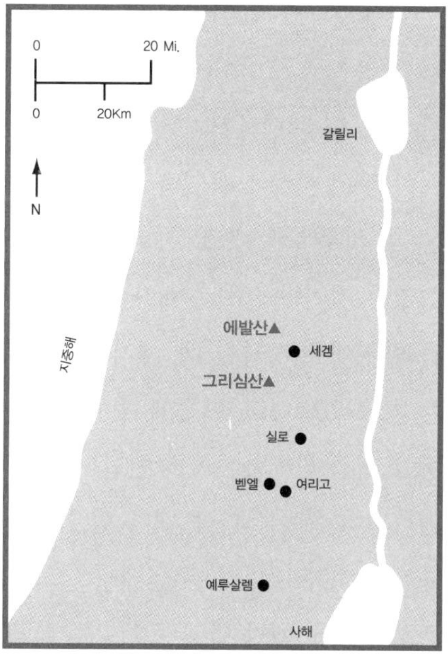

백성이 가나안 땅에 들어가기 직전에, 하나님께서는 자기 백성에게 순종의 우선순위를 가르치기 위해 강력한 시청각 자료를 사용하셨다. 하나님께서는 계곡 하나를 끼고 우뚝 솟아 있는 두 산 사이로 그들을 데리고 가셨다. 그 두 산은 각각 에발산과 그리심산이라 불렸다. 백성이 그 사이를 지날 때에, 모세는 각 지파 대표자들을 두 산의 꼭대기로 보냈다. 이 이야기는 신명기 27, 28장에 기록되어있다.

에발산 꼭대기에서 레위인들은 백성이 그들 밑에 있는 계곡을 통과해 지나갈 때, 하나님의 율법에 나오는 저주를 외쳤다. 이 장면을 한번 상상해보라. 당신은 산길을 따라 걷고 있는 엄청난 군중 가운데 끼어있다. 그리고 당신 위에 높이 솟은 바위 위에서 한 무리의 사람들이 "장색의 손으로 조각하였거나 부어 만든 우상은 여호와께 가증하니 그것을 만들어 은밀히 세우는 자는 저주를 받을 것이라"(신 27:15) 하고 외치고 있다. 당신은 머리 위에서 누군가 외치는 이 저주의 위협을 들을 때, 그 길을 지나면서 다른 모든 사람과 함께 "아멘"이라고 외쳐야 한다.

당신이 몇 발자국을 더 걸어가자, 누군가가 "그 부모를 경홀히 여기는 자는 저주를 받을 것이라" 하고 외치는 소리가 들린다. 그래서 당신은 다른 사람들과 함께 "아멘"이라고 대답한다.

"아멘"은 "그대로 될지어다"라는 뜻이다. 그러므로 당신이 "아멘"이라고 말하면, "그 일이 정확히 일어나기를 제가 소원합니다. 하나님께서 친히 그 일을 행하시기를 제가 간청합니다"라고 말하는 것이다.

이 일은 백성에게 잊을 수 없는 경험이었을 것임에 틀림없다. 사람들은 그 저주들에 대해 "아멘"이라고 말하면서, 실제로는 이렇게 말하고 있었던 것이다. "주님, 제가 저의 마음을 알고 있습니다. 제가 불신앙하는 환경에 둘러싸일 때, 제가 그 환경에 속아 넘어가기 매우 쉽다는 것을 알고 있습니다. 때문에 주님께서 제가 불신앙 가운데 빠지지 않도록 항상 저와 함께하시기를 원합니다. 제가 하나님 앞에 부끄럼 없이 살기 원합니다, 주여! 만약 제가 앞으로 언제든지 어리석게도 불순종의 길을 선택하게 된다면, 주님께서 간섭하셔서 그 저주가 제게서 떠나게 해 주시옵소서. 제가 만일 속임수를 사용하면 그 죄를 들추어주시고, 제가 만일 은밀하게 죄를 지으면 그 죄를 낱낱이 밝혀주시옵소서. 제가 만일 자신을 위해 그리고 자신의 쾌락을 위해 살기 시작하면 제가 주님 안에서 즐거움을 찾기까지 제게서 즐거움을 빼앗아버리시옵소서. 만약 제가 돈을 위해 살기 시작하면 제가 주님을 가장 사랑할 때까지 제가 받는 몫의 가치가 떨어지고 또 떨어지게 하시옵소서."

하나님 앞에 그러한 서약을 하는 것에 대해 어떻게 느끼는가? 참으로 만만치 않은 요구인 것 같다. 그렇지 않은가? 이때 당신의 마음에서 일어나는 반응이 바로 당신의 마음이 어디를 향하고 있는지 알려주는 지표이다.

당신이 하나님께 충성하는 삶을 살기 원하는가에 대해 그다지 확실치 않다고 마음속으로 가정해보라. 당신은 최소한 취할 수 있는 선택의 문이 열려 있기를 원할 것이다. 만약 당신이 에발산에 있었다면, 당신은 웅얼거리면서 결코 "아멘"이라고 말하지 않았다는 사실을 감추려고 애썼을 것이다.

당신은 하나님께서 저주하시지 않기를 바라는 죄를 짓고 있는가? 하나님께서 건드리시지 않기를 바라는 약점이 있는가? 하나님의 축복 속으로 들어가는 길은 유일하다. 그 길은 바로 에발산을 지나는 길이다. 그 길에서 당신은 죄를 버리고, 죄악으로부터 지켜달라고 하나님께 간구해야 한다.

하나님의 축복 속으로 들어감

그러나 에발산을 지나면 그리심산이 놓여있다. 그 산은 하나님의 축복이 있는 곳이다. 하나님의 백성이 죄를 버렸던 에발산을 지나 그리심산 아래를 걷게 됐다. 그 산에서는 다른 한 무리의 레위인이 하나님의 축복을 외쳤다.

"성읍에서도 복을 받고 들에서도 복을 받을 것이며…네가 들어와도 복을 받고 나가도 복을 받을 것이니라"(신 28:3, 6).

하나님께서는 말씀하신다. "내가 너희와 함께할 것이다. 내 손을 네 위에 얹었다. 원수들에게 맞서 네가 불리할 때 나는 너를 보호할 것이다. 나는 너를 축복할 것이다. 너는 나의 존재를 알게 될 것이며, 나는 너에게 나의 평안을 줄 것이다."

백성이 그 산들을 바라볼 때마다 그 두 산은, 그들이 살아가는 데에는 두 가지 길이 있으며, 그 길은 각기 하나님 사랑에 대해 완전히 다른 두 개의 경험으로 그들을 인도할 것이라는 사실을 상기시켰을 것이다. 하나님께서는 불순종하는 우리를 하나님께로 되돌리기 위해 무슨 일이든지 하시기 때문에, 불순종의 길은 하나님께서 사랑으로 징계하시는 손길을 경험하게 만든다. 순종의 길은 하나님께서 자기 백성에게 좋은 선물을 계속 부어주시기 때문에 하나님께서 사랑으로 내리시는 축복을 경험하도록 우리를 인도한다.

모세는 백성 앞에 이 두 가지 선택이 있음을 설명했다. 그런 다음에 이 나이 든 지도자는 열정을 다해서 그 백성에게 다음과 같은 마지막 말을 남겼다.

> 내가 오늘 하늘과 땅을 불러 너희에게 증거를 삼노라 내가 생명과 사망과 복과 저주를 네 앞에 두었은즉 너와 네 자손이 살기 위하여 생명을 택하고 네 하나님 여호와를 사랑하고 그의 말씀을 청종하며 또 그를 의지하라 그는 네 생명이시요 네 장수이시니 여호와께서 네 조상 아브라함과 이삭과 야곱에게 주리라고 맹세하신 땅에 네가 거주하리라(신 30:19-20).

그리스도에 대한 조명 SPOTLIGHT ON CHRIST

바로 이 때문에 예수 그리스도께서 세상에 오신 것이다. 예수님께서는 "…내가 온 것은 양으로 생명을 얻게 하고 더 풍성히 얻게 하려는 것이라"(요 10:10)라고 말씀하셨다. 죽이고 훔치고 파괴하기 위해 오는 자는 악한 자이다. 예수 그리스도께서는 두 개의 길—하나는 순종의 길, 다른 하나는 불순종의 길—이 삶 속에서 각각 다른 경험으로 인도할 뿐만 아니라 궁극적으로는 두 개의 다른 목적지로 인도한다는 점을 명확히 하셨다. (마 7:13, 14에 예수님의 경고가 나타나 있다.) 예수 그리스도께서는 우리를 위해 그 저주를 담당하사 우리가 멸망으로 인도하는 길에서 벗어나 생명으로 인도하는 길로 들어갈 수 있도록 해주셨다.

지난 10년 동안의 삶을 되돌아보라. 어떤가? 하나님의 율법을 어기고 거역하면서 하나님께서 주신 계명들의 경계선 밖으로 밀려나가 있는 생활 패턴이 당신 속에 자리 잡고 있는가? 그 세월이 하나님께 반항하고 있는 당신의 이야기를 보여주고 있는가? 그래서 하나님께서 당신을 되찾으시기 위해 문제점을 당신 눈에 들이대고 추궁하고 계신가? 당신은 하나님의 진리와 뜻에 저항하는 삶을 살고 있는가?

다음 10년을 전망해본다면 어떨 것 같은가? 생명을 선택하라! 하나님의 복된 길을 선택하라.

드러난 사실 UNLOCKED

하나님께서는 자기 백성을 조건 없이 사랑하신다. 그러나 그 복을 주시는 사랑은 또한 징계도 주시는 사랑이다. 다윗 왕은 자신의 간음죄를 감추려고 시도했다가 이 사실을 발견했다. 그래서 다윗은 시편 32편에 그 사실에 대해 적어놓았다. 다윗은 그의 이중적 삶의 고통을 다음과 같이 기술했다. "내가 입을 열지 아니할 때에 종일 신음하므로 내 뼈가 쇠하였도다 주의 손이 주야로 나를 누르시오니 내 진액이 빠져서 여름 가뭄에 마름 같이 되었나이다"(시 32:3, 4).

이것이 바로 다윗을 사랑하시는 하나님으로부터 다윗이 겪었던 일이었다. 하나님의 손이 무겁게 그를 누르셨다. 그러나 그가 자신의 죄를 고백했을 때, 그는 이렇게 말할 수 있었다. "허물의 사함을 받고 자신의 죄가 가려진 자는 복이 있도다"(시 32:1). 하나님께서는 다윗이 하나님의 복을 회복하기를 원하셨다. 그래서 하나님께서는 다윗을 되찾으시기 위해 무슨 일이든지 하실 준비가 되어있으셨다. 그것이 바로 조건 없는 사랑이다.

기도 PAUSE FOR PRAYER

전능하신 하나님 아버지!

저를 절대 그냥 내버려두지 아니하시는 주님, 제가 주님을 찬양합니다. 또한 지금 모습 그대로 저를 결코 내버려두지 않으실 주님께 감사드립니다. 영원히 깨지지 않는 언약을 주신 주님의 사랑과, 저를 하나님의 복된 길로 인도하시기 위해 엄히 단련하시는 주님의 사랑에도 감사드립니다.

제가 주님의 축복 가운데로 들어갈 수 있도록, 주님께서 저의 모든 죄를 저주하심에 대해 제가 "아멘" 하고 화답할 수 있도록 도와주시옵소서.

저를 미련하고 어리석은 길에서 벗어나게 하시고, 의지적으로 순종하는 길로 들어서도록 도와주시옵소서. 저를 생명의 길로 인도하시기 위해 친히 오신 예수 그리스도의 이름으로 기도드립니다. 아멘.

10

용기

Courage

민수기 13-14장

이 세상에서 하나님의 뜻이 성취되도록 하기 위해

우리가 어떤 기여를 할 수 있는가?

묵상의 길잡이

☑ **발견하라**

귀중한 헌신을 하기 위한 열쇠를 발견하라.

☑ **배우라**

하나님의 백성이 어떻게 길을 잃어버렸으며, 어떻게 우리가 그들의 불행한 실수를 피할 수 있는지 배우라.

☑ **경배하라**

하나님의 뜻을 추구함에 있어서 전혀 주저하지 않았던 예수 그리스도의 용기를 보면서 경배하라.

열 달이라는 시간은 한 군데의 야영지에 머물면서 보내기에는 상당히 긴 기간이지만, 이스라엘 백성은 그 긴 열 달 동안 시내산에서 야영을 했다. 그들이 홍해를 건너 시내산에 도착하는 데 두 달이 소요됐으며(출 19:1), 성막이 세워지기까지 한 해가 다 지나갔다.

그 기간 동안에 하나님께서는 혼란에 빠져있던 군중을 훈련된 하나의 민족으로 만드셨다. 그해가 지나기 전에, 백성은 질서 있는 예배 방식과 제 기능을 하는 법체계 그리고 각 지파의 지도자들을 통해 합리적으로 운영되는 정부와 의사소통 체계를 갖추게 됐다.

민수기는 그 백성이 애굽에서 구출된 이후인 "둘째 해 둘째 달 첫째 날"(민 1:1)에서부터, 즉 출애굽기에서 그친 이야기에 뒤이어서 시작하고 있다. 하나님께서는 모세에게 인구조사를 하도록 명하셨다. "너희는 이스라엘 자손의 모든 회중 각 남자의 수를 그들의 종족과 조상의 가문에 따라 그 명수대로 계수할지니 이스라엘 중 이십 세 이상으로 싸움에 나갈 만한 모든 자를 너와 아론은 그 진영별로 계수하되"(민 1:2-3). 이 말씀은 민수기가 무엇에 대한 책인지 그 단서를 제공해주고 있다. 하나님께서는 이스라엘 백성을 데리고 전쟁을 치르시려는 것이었다. 하나님께서는 그 백성이 약속의 땅으로 들어갈 때 치러야 할 전투를 위해 그들을 준비시키고 계셨다. 대가를 지불해야 할 전투들과 궁극적인 승리가 그들 앞에 놓여있었다.

창세기는 하나님께서 자기 백성을 선택하신다고 말하고 있다. 출애굽기는 하나님께서 자기 백성을 구속해주신다고 말하고 있다. 레위기는 하나님께서 자기 백성 가운데 계신다고 말하고 있다. 신명기(연대기적 순서로는 다음에 옴)는 하나님께서 자기 백성을 사랑하신다고 말하고 있다. 그리고 민수기는 하나님께서 자기 백성에게 임무를 맡기신다고 말하고 있다. 하나님의 선택을 받고, 구속함을 입고, 거룩하며, 지극한 사랑을 받는 백성이 바야흐로 전쟁터로 보내지고 있는 것이다.

민수기의 처음 몇 장들은 그 백성이 주둔지에서 일어나 시내산으로부터 이동할 준비를 하는 모습을 기술한다. 열두 지파는 성막 주변, 즉 성막 북편에 세 지파, 남쪽에 세 지파, 동편에 세 지파, 서편에 세 지파로 나뉘어 야영을 하고 있었다. 만약 당신이 이 200만 명의 사람들을 공중에서 내려다볼 수 있었다면, 이동하고 있는 이스라엘 민족의 모습이 광야를 가로질러 움직이는 거대한 십자가와 비슷하다는 사실을 발견했을 것이다. 그 모습은 장관이었다. 200만 명에 가까운 사람들이 질서 정연하게 훈련되어 각자 자기 위치를 숙지하고 그 중심에 하나님의 임재하심과 더불어 이동하고 있었던 것이다. 그 광경은 그들의 대적들에게 곧 두려움을 불러일으켰을 것이다(아래 그림 참조).

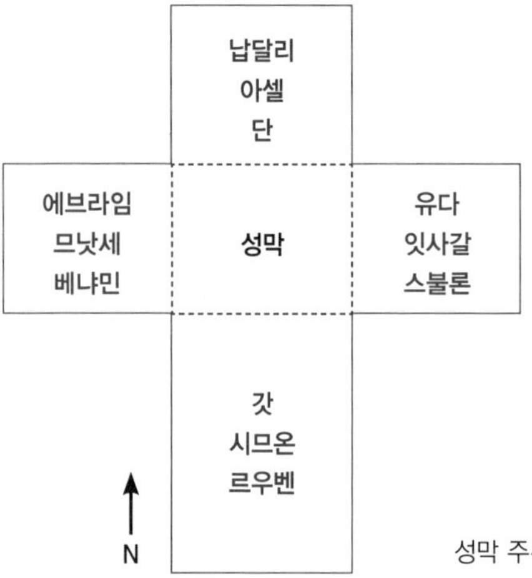

성막 주위에서 야영했던 12지파

"둘째 해 둘째 달 스무날에(하나님 임재의) 구름이 증거의 성막에서 떠오르매"(민 10:11) 움직이기 시작했다. 따라서 우리는 민수기에서 가장 잘 알려진 이야기인, 가나안 땅에 들어간 정탐꾼들에 대한 이야기에 이르게 된다.

> 여호와께서 모세에게 말씀하여 이르시되 사람을 보내어 내가 이스라엘 자손에게 주는 가나안 땅을 정탐하게 하되…(민 13:1, 2).

모세는 그 말에 순종하여 사람들을 보냈다. 그리고 그 사람들은 40일 동안 그 땅을 두루 다니면서 정보를 수집했다. 그러나 그들이 복귀했을 때, 일이 나쁘게 진행되기 시작했다. 돌아온 정탐꾼들 다수가 그 땅은 정복할 수 없다는 입장을 보였다. 그들의 비관론이 퍼져나가자, 백성은 낙담했다. 그들은 전진하라는 하나님 명령에 순종하려고 하지 않았다. 그 대신, 그들은 원망했다(민 13:31-14:4).

하나님께서는 불평하고 원망하는 이 세대는 그 땅에 들어가지 못하게 하겠다고 결정하셨다. 그들은 그 세대 전체가 죽고 자녀들이 그들의 자리를 차지하게 될 때까지 광야에서 38년을 더 보냈다.

어떤 의미에서 민수기는 결코 쓰일 필요가 없었던 책이다. 민수기는 불필요하게 돌아서 간 이야기이며, 활짝 열린 기회를 맞이했으나 전진해야 할 때 뒤로 물러섰던 하나님 백성에 대한 이야기이다. 하나님께서는 겁쟁이의 선택이 끼치는 장기적인 영향들에 대해 우리에게 경고하시려고 자기 백성의 이 슬픈 경험을 기록하신 것이다. 우리가 아무리 하나님께 속해있다 할지라도, 우리가 하나님의 부르심을 놓치고 한 세대 동안이나 제자리걸음하면서 정처 없이 방황하고 있는 한 무리의 사람들이 될 수 있는 위험은 여전히 존재한다.

그러한 전망을 한다는 것은 두려운 일이다. 그래서 민수기가 우리에게는 아주 귀중하다. 우리가 만약 이 백성이 어디에서 잘못되었는지 깨달을 수 있다면, 그 깨달음은 그들과 동일한 실수를 반복하지 않도록 우리를 도와줄 것이다.

원망과 불평

민수기 11장 1절에 따르면, '백성이 여호와의 들으시기에 악한 말로 원망하였다.' 그들은 자기들의 먹는 음식에 대해 불평하기 시작했으며, 미리암과 아론이 모세를 향해 불평하기 시작했다(민 12장). 하나님께서 주신 선물들에 대해 불평한다는 것은 언제나 위험천만한 일이며, 투덜거리는 기질은 분명 하나님을 노엽게 한다.

하나님께서는 그들이 먹을 양식을 제공해주셨다. 그리고 그들의 지도자를 허락해주셨다. 그러나 어찌 된 영문인지 그들 앞에 굉장한 일이 벌어지고 있는 그 중요한 시점에서 부정적인 정신이 고개를 들고 일어났다. 그래서 하나님께서 내리신 특유한 복을 누리던 그 무리가 하나님께서 그들에게 주신 것에 대해 강한 불만을 표시하게 됐다.

당신이 나쁜 마음가짐을 가지고 있을 때 좋은 결정을 내리기란 매우 힘들다. 만약 당신이 마음속으로 하나님께서 당신에게 주신 것에 대해 깊이 불만을 품고 있다면, 특히 주의하기 바란다. 그 점이 바로 하나님의 백성이 저지른 대실수이기 때문이다.

이 비판적인 기질은 그들의 영적인 확신들로부터 나오는 힘을 고갈시켜버렸다. 그 기질은 주님을 향한 그들의 헌신에 대한 열정을 앗아갔고, 영적인 어려움을 겪게 만들었다. 그래서 결정의 순간이 왔을 때, 그들이 잘못된 방향으로 움직였던 것이다. 이처럼 비판적이며, 불평이 가득한 사람은 대개 잘못된 길을 선택하고야 만다. 잘못된 결정의 배후에는 대개 나쁜 마음가짐이 발견된다.

자기만족에 빠진 지도자들

파견된 열두 명의 정탐꾼은 각 지파에서 한 사람씩 나온 대표들로 구성됐다. 그 정탐꾼들은 모두 "이스라엘 자손의 수령 된 사람"(민 13:3)이라고 기록되어있다. 그들은 하나님의 뜻을 이루기 위해 모세가 계획을 세울 수 있도록 도움이 될만한 정보를 수집하도록 파견됐다. 적의 진영 안으로 들어가 40일 동안 여행한 후에 그들은 모세에게 다시 돌아와서, 사실상 하나님의 계획이 실제적이지 않다고 보고했다.

…우리는 능히 올라가서 그 백성을 치지 못하리라 그들은 우리보다 강하니라(민 13:31).

그들은 이렇게 말하고 있었다. "우리는 할 수가 없습니다. 그 땅은 좋지만, 이미 막강한 세력들이 차지하고 있습니다. 이 기획 전체는 우리에게 벅찹니다."

그들의 보고에 하나님에 대한 언급은 전혀 없다는 점을 주목하기 바란다. 그들은 단순히 "입수할 수 있는 자료들을 근거로 할 때, 당장은 하나님의 의도와 목적에 맞춰 진행한다는 것은 불가능하다"는 견해를 발표했던 것이다.

그들은 "하나님께서는 우리가 무엇을 하기 원하시는가?"를 묻지 않고, "처리하기 쉬운 것처럼 보이는 것이 무엇인가?"를 묻기 시작했던 지도자들이었다. 지도자들이 그렇게 태도를 바꿀 때면 언제나, 하나님의 백성이 치러야 할 대가는 엄청났다. 그것은 지도자의 책임을 맡고 있는 모든 사람이 새겨야 할 매우 중요한 교훈이다.

우리는 감히 "우리가 손쉽게 처리할만한 것이 무엇인가?"를 묻지 않아야 한다. 우리가 주의를 집중해서 초점을 맞춰야 할 일은 하나님께서 명하신 일이다. 만약 우리가 그 중심점을 잃어버린다면, 순전히 실용주의적인 수준에서만 움직이게 될 것이다. 그것이 흔히 비효율적인 사역 속에서 목적 없이 방황하는 세월의 시작이다.

그 정탐꾼들 중 오직 두 명만이 다른 입장을 취했다. 여호수아와 갈렙은 하나님께서 그 백성과 함께하신다는 사실에 초점을 맞추고 있는 보고서를 제출했다. 하지만, 그 두 사람이 말할 기회를 얻었을 때는 이미 백성이 마음을 결정하고 난 뒤였다.

'가나안 보고서'는 재앙들의 목록이었다. 조사팀은 엉뚱한 곳에서 보고를 했다. 그들은 모세로부터 임무를 부여받았으나, 돌아와서는 모든 백성에게 보고했다. 그들은 자신들의 권한에서 벗어난 일을 행하였다. 정보를 수집해서 돌아오라는 명령을 받았는데, 그 일을 넘어서서 권고까지 하는 월권을 행사했던 것이다. 그 결과 백성은 절대로 다루지 말았어야 할 쟁점을 놓고 토론을 벌였다. 원래 결정되어야 할 문제는 가나안으로 들어가야 하느냐 마느냐가 아니라 그들이 어떤 식으로 가나안에 들어가야 하느냐에 대한 것이다.

모세는 그 상황이 통제할 수 없는 지경에 이르기까지 그대로 두었으며, 백성은 그들이 결코 먼저 이야기를 꺼내서는 안 될 쟁점을 놓고서 잘못된 결정을 내리고 말았다. 그 일로 그 사회 전체가 재앙의 문턱에 들어서게 됐다.

여기에 우리가 얻을 수 있는 매우 중요한 교훈이 몇 가지 있다. 만약 하나님의 백성이 하나님의 목적을 추진하고자 한다면, 반드시 감사가 넘쳐야 하고, 하나님 백성의 지도자들은 믿음의 사람들이어야 한다. 그들은 자료 그 이상의 것을 볼 줄 알아야 하며, 하나님을 신뢰해야 한다. 이 점이 바로 어느 교회를 막론하고 그 교회의 건강을 잴 수 있는 두 개의 중요한 테스트이다. 교인들 사이에 감사하고 있으며 화합하려는 의지가 존재하고 있는가? 지도자들 사이에 믿음의 신념이 자리 잡고 있는가?

가치 있는 순종을 향해 표를 던지라

편하게 앉아있는 상황에서 만일 우리가 가나안 땅으로 진입해 들어가는 문제를 놓고 표를 던지라는 요청을 받았다고 가정해보자. "예, 그렇게 하겠습니다!" 하고 큰 목소리로 외쳤을 것이라고 상상하기는 아주 쉽다. 그러나 당신이 과연 그렇게 할지는 의심스럽다.

백성의 무기력한 선택에 대해 그들을 판단하기에 앞서, 잠시 그 사람들의 입장이 되어보자. 사실 하나님께서는 그들이 요구하거나 생각했던 것보다 훨씬 많은 일을 행하셨다. 하나님께서는 그들을 애굽에서 이끌어내셨고, 그들의 죄를 용서해주셨으며, 광야 가운데서 매일 그들에게 일용할 양식을 제공해주셨다. 그러나 그들은 이제 하나님께서 자신들에게 매우 가치 있는 무엇인가를 이행하라고 요구하신다는 것을 인식했다. 그것은 이교도들의 땅 가나안으로 들어가서 사탄의 요새가 되어버린 그 땅을 차지하라는 것이었다. 그것은 전쟁을 의미했으며, 사람들은 싸우다가 죽을 수도 있었다.

이제 그들의 입장이 되어보자. 만약 당신이 그 여인들 가운데 한 사람이라고 한다면, 당신의 남편이 목숨을 잃을지도 모르는데 가나안 땅에 들어가는 일에 찬성하겠는가? 만약 당신이 그 남자들 가운데 한 사람이라고 한다면, 7년 동안의 군복무를 하게 될지도 모르는 군사 작전에 대해 찬성표를 던질 수 있겠는가?

나는 많은 사람이 왜 위기의 시간이 다가오자 희생제사를 드리고 하나님의 임재를 즐기면서 광야에 안주하기를 더 원했는지 이해할 수 있다. 그렇게 하면 그들이 애굽을 떠난 이래로 경험해왔던 하나님의 축복을 계속 누리면서 매일 집에서 저녁식사를 할 수 있을 것이고 편안하게 자녀들을 키울 수 있을 것이기 때문이었다.

그렇지만 그들에게 전진하라고 외치셨던 분은 바로 하나님이셨다. 그 백성은 이 사실을 그다지 중요하게 받아들인 것 같지 않다. 그들 가운데 많은 사람이 주님께 대한 첫사랑을 잃어버린 것처럼 보였다. 한때 그들은 하나님께서 홍해를 건너게 해주신 것에 감사하며 기쁨으로 춤을 추었지만, 이제는 의문을 제기하고 있다.

그들의 지도자들은 기뻐하지 않는 200만 명의 사람들에 대한 책임감을 느끼고, 하나님께서 자신들에게 무엇을 행하라고 하셨는지 청하기를 중단하고 그저 손쉽게 처리할 수 있는 일을 하려고만 시도했다. "이번에 우리가 하나님께서 분명하게 계시해주신 일을 할 처지가 못 된다는 것을 알려드리게 되어 송구스럽게 생각합니다. 주의 깊게 평가해본 결과 하나님의 뜻을 순종하기 위해 개인적으로 치러야 할 대가가 너무나 크다고 판단했기 때문입니다." 그래서 그 백성은 한 가지 선택을 했다. "우리가 이 사나운 적군들을 대하기보다는 차라리 이 광야에서 죽도록 합시다"(민 14:1, 2). 그리하여 하나님께서는 그 사람들이 그렇게 하도록 허락해주셨다. 즉, 그들이 불평함으로써 보여준 불신앙 때문에 한 세대 전체가 멸망한 것이다.

하나님의 마음이 상하시다

이 백성이 어느 때까지 나를 멸시하겠느냐(민 14:11).

만일 하나님의 뜻에 대한 당신의 헌신이 개인의 안락을 조건으로 하는 것이라면, 당신은 하나님을 경멸하고 있는 것이다. 다시 말해서, 당신은 하나님께서 제공해주시는 좋은 선물들은 모두 기쁘게 받으면서도 인격적으로는 하나님을 눈곱만큼도 생각하지 않는 것과 같다. 하나님께서는, 자기 백성이 새롭고 신선한 축복을 받기 위해서는 매일 두 손을 내밀면서도 자신의 안락을 위협하는 일이 포함되면 하나님을 섬기려 하지 않는다는 사실을 아셨다. 하나님께서는 그것이 인격적인 모독임을 아셨으므로, 이렇게 말씀하셨다. "내가 그들의 조상들에게 맹세한 땅을 결단코 보지 못할 것이요 또 나를 멸시하는 사람은 한 사람도 그것을 보지 못하리라"(민 14:23).

자, 이제 이 모든 일의 핵심을 파악하는 것이 중요하다. 그 교훈은 그들이 마침내 멸망하여 지옥에 떨어져버렸다는 것이 아니다. 하나님께서는 광야에서조차도 그 사람들에게 충실하셨다. 그들은 여전히 하나님의 백성이었으며, 하나님께서는 매일 그들을 위해 먹을 것을 공급해주셨다. 하나님은 결코 그들을 떠나지 않으셨다. 핵심은 그들이 구원을 받았다가 잘못해서 멸망하게 됐다는 것이 아니다. 요점은 하나님의 풍성한 은혜를 경험했던 이 세대의 백성이 하나님의 목적을 추진하는 데 아무것도 기여하지 못했다는 것이다.

사도 바울은 고린도전서 10장에서 이 이야기를 언급하면서, 자기만족에 빠진 사람들이 있는 지역 교회에 적용시켰다. 그는 고린도 교회의 신자들에게 이렇게 일깨워주었다. "그러나 그들의 다수를 하나님이 기뻐하지 아니하셨으므로 그들이 광야에서 멸망을 받았느니라"(고전 10:5). 사실상 사도 바울의 말은 "너희가 광야에 있었던 그 세대처럼 무익한 사람들이 되지 않도록 주의할 필요가 있다"는 뜻이었다. 바울은 이 때문에 자신이 개인적인 삶에서 스스로를 절제하고 다스리는 것이라고 고린도 교인들에게 말했다. 다른 사람들에게 설교를 하면서, 자신은 하나님 나라에 무익한 사람, 즉 구원은 받았으면서도 하나님의 목적을 이루는 데 조금도 소용이 없는 사람이 되지 않기를 원했던 것이다(고전 9:26, 27에 있는 바울의 경고를 보라).

안락한 내 자신의 안전지대 안에서 예배 잘 드리고, 예수 그리스도의 사랑을 즐거워하고, 그러면서도 하나님의 목적을 이루기 위한 의미 있는 기여는 전혀 하지 않으면서 속죄 받은 하나님의 자녀로 살아가기는 아주 쉽다. 마찬가지로, 크게 복을 받은 교회가 성령님을 근심하게 하고 하나님의 의도와 목적에 전혀 도움이 되지 않는 경우도 종종 있다. 일단 우리가 그 위험을 알게 되면, 당연히 해야 할 질문은 "어떻게 하면 우리가 그렇게 되지 않도록 피할 수 있겠는가?" 이다.

하나님의 부르심을 파악하라

우리의 소명은, 하나님께서 우리에게 행하라고 말씀하신 모든 것에 대해 조건 없이 순종하는 삶을 사는 것이다. 민수기에서 이스라엘에게 분명하게 계시된 하나님의 뜻은 가나안 땅으로 들어가라는 것이었다. 오늘날 하나님의 백성에게 분명하게 나타나 있는 하나님의 뜻은 큰 계명—"네 마음을 다하고 목숨을 다하고 뜻을 다하고 힘을 다하여 주 너의 하나님을 사랑하라…네 이웃을 네 자신과 같이 사랑하라"—과 대사명—"너희는 가서 모든 민족을 제자로 삼아…"—이다(막 12:29-31; 마 28:19).

우리의 소명은 하나님께서 우리에게 행하라고 말씀하신 모든 것에 대한 무조건적인 순종의 삶을 사는 것이다.

우리는 일터와 사업장의 차갑고 어두운 곳으로 들어가 사람들을 사랑해야 한다. 우리는 예수 그리스도를 알지 못하며, 우리를 법정으로 끌어다 세울 수 있는 세상 여러 나라로 들어가, 주 예수 그리스도의 이름으로 흑암 속에 갇힌 생명들을 구해내야 한다. 우리는 그 사람들이 믿음 가운데 바로 서고 순전한 그리스도인의 삶을 살 수 있도록 돌보아야 한다. 우리는 편리한 삶을 살라고 부르심을 받지 않았다.

하나님께서 당신을 축복하면 하실수록, 희생적인 삶을 살기가 더 어려울 수 있다. 하나님께서 어떤 교회를 축복하면 하실수록, 모든 것의 궁극적인 목적은 우리의 행복이라는 생각을 하기가 더 쉽다. 그것은 우리의 목표가 아니다. 교회는 하나님께서 우리에게 맡기신 임무를 수행하기 위해 존재한다. 교회는 하나님께 전적으로 순종하기 위해 존재한다. 교회는 세상에서 그리스도의 몸이 되고, 그리스도의 손이 되며, 그리스도의 발이 되기 위해 존재한다. 교회는 그리스도께서 하신 일은 무엇이든지 행하기 위해 존재한다. 우리는 우리의 소명에 대해 절대적으로 명확히 알고 있어야 한다. 우리의 소명은 예수 그리스도께 순종하는 것이다.

대가 계산하기

흥미로운 것은 이스라엘 백성이 그들의 소명에 대해 희생을 치르게 되는 일이 없도록 출애굽 초기에 하나님께서 자기 백성을 보호하셨다는 사실이다.

> 바로가 백성을 보낸 후에 블레셋 사람의 땅의 길은 가까울지라도 하나님이 그들을 그 길로 인도하지 아니하셨으니 이는 하나님이 말씀하시기를 이 백성이 전쟁을 하게 되면 마음을 돌이켜 애굽으로 돌아갈까 하셨음이라 그러므로 하나님이 홍해의 광야 길로 돌려 백성을 인도하시매…(출 13:17-18).

그러나 이제는 시간이 흘러 하나님께서는 좀 더 많은 희생이 따르는 순종을 해야 하는 곳으로 그들을 데리고 오셨다. 전쟁을 맞이해야 할 때였다.

우리가 만약 경매장에 앉아있다면, 입찰에 참가할 때 자신이 지불할 수 있는 최고의 상한가를 미리 정해두는 것이 유용하다. 그러나 그리스도인의 삶에 있어서는 매우 형편없는 접근 방법이다.

예수 그리스도께서는 자신을 섬기는 사람들에게 그들이 지불할 수 있는 최고 상한가를 정해놓도록 하지 않으실 것이다. 그리스도께서는 이렇게 말씀하셨다. "누구든지 자기 목숨을 구원하고자 하면 잃을 것이요 누구든지 나와 복음을 위하여 자기 목숨을 잃으면 구원하리라"(막 8:35). 또한 예수님께서는 하나님 나라를 마침내 값진 진주 하나를 발견한 진주 상인에 비유하셨다. 그 상인은 자기가 가지고 있는 모든 것을 팔아서 귀한 진주를 샀다(마 13:45, 46). 그리스도께서는 이렇게 선언하셨다. "…누구든지 나를 따라오려거든 자기를 부인하고 자기 십자가를 지고 나를 따를 것이니라"(막 8:34).

예수 그리스도께서는 그 십자가가 무엇이 될 것인지는 말씀해주시지 않고, 다만 우리가 그 십자가를 기꺼이 짊어질 각오가 되어있어야 한다고 말씀하신다. 하나님은 우리를 조건 없이 순종하는 삶을 살라고 부르신 것이다. 그러한 순종을 하기 위해 어떤 대가를 치러야 하는지는 모른다. 아마도 당신은 어떤 희생을 치러야 할지 모르는 일 속으로는 들어가고 싶지 않을 것이다. 그렇다면 당신은 그리스도의 제자가 될 수 없다(눅 14:27). 그리스도를 따르는 출발점은 모든 것을 희생하는 것이다.

예수 그리스도를 믿고 따르는 신자로서 당신과 나는 기꺼이 이렇게 말해야 한다.

- "나의 돈은 그리스도의 돈입니다." 이렇게 말하는 것이 쉽지 않다는 것을 알고 있다. 내가 사고 싶은 것들이 많이 있기 때문이다. 그러나 내가 그 사실을 인정할 때 할 수 있는 유일한 질문은 "하나님께서는 내가 그 돈으로 무엇을 하기를 원하시는가?"이다.

- "나의 시간은 그리스도의 시간입니다." 이렇게 말하는 것도 쉽지 않다. 내가 하고 싶은 일들이 많이 있기 때문이다. 그러나 내가 그 사실을 인정할 때 할 수 있는 유일한 질문은 "하나님께서는 내가 그 시간으로 무엇을 하기를 원하시는가?"이다.
- "나의 인생은 그리스도의 것입니다." 이 말을 하는 것도 확실히 쉽지가 않다. 자신의 목표와 계획들이 있기 때문이다. 그러나 내가 그 사실을 인정할 때 할 수 있는 유일한 질문은 "하나님께서는 내가 나의 인생으로 무엇을 하기를 원하시는가?"이다.

소명에 대해 우리는 절대적으로 명확해야 한다. 우리는 어떠한 희생이라도 치를 각오를 해야 한다. 극단적으로 그리스도를 따라야 한다. 거기에는 최고 상한가가 없다.

소명에 대한 상급에 시선을 두라

복음서들은 자신의 인생에 대해 하나님께서 소유권을 주장하고 계심을 마음속으로 알고 있던 한 부자이자, 성공한 사업가에 대한 이야기를 기록하고 있다. 어느 날 그 부자가 예수님께 찾아와서는 자기가 영생을 소유하려면 어떤 일을 해야 하느냐고 물었다(마 19:16-22; 막 10:17-22; 눅 18:18-23). 그리스도께서는 돈이 그 사람의 영적인 생명을 조르고 있음을 아셨으며, 또한 그가 자유로워질 수 있는 유일한 길은 그 돈을 나누어 주는 것임을 아셨다. 그래서 예수님께서는 이렇게 말씀해주셨다. "…가서 네게 있는 것을 다 팔아 가난한 자들에게 주라…그리고 와서 나를 따르라"(막 10:21). 그 사람은 자신의 소명이 무엇인지 알았으나, 가나안 입성을 눈앞에 둔 하나님의 백성과 마찬가지로, 지불해야 할 대가 때문에 갈등을 하면서 '슬픈 기색을 띠고 근심하며 가버렸다'(막 10:22).

만약 내가 이 사람에게 이야기를 해줄 수 있었다면, 이렇게 말했을 것이다. "당신은 하나님의 아들이 방금 자신과 함께 인생을 나누자고 당신을 초대했다는 사실을 깨닫지 못했습니까? 그분이 자신을 따르라고 당신을 개인적으로 초청한 겁니다. 조금 전에 당신에게 열렸던 그 기회를 잡을 수만 있다면 자신이 가진 모든 것을 바치고자 하는 사람이 수백만 명도 넘을 것입니다."

그리스도에 대한 조명 SPOTLIGHT ON CHRIST

예수님의 삶은 그 부자의 삶과 매우 다른 결과를 낳았다. 그리스도께서는 자신의 소명에 대해 너무나도 명확하게 알고 계셨다. "나의 양식은 나를 보내신 이의 뜻을 행하며 그의 일을 온전히 이루는 이것이니라"(요 4:34). 그리스도께서는 그 단 하나의 목적을 위해 자신을 다 바치셨다. 그리고 그는 어떠한 희생이라도 치를 준비가 되어있으셨다. 믿을 수 없는 용기를 가지고, 그리스도께서는 예루살렘을 향해 올라가셨다.

> 인자가 많은 고난을 받고 장로들과 대제사장들과 서기관들에게 버린 바 되어 죽임을 당하고 제삼일에 살아나야 하리라(눅 9:22).

베드로가 앞으로 나서서 "그리 마옵소서" 하고 말했으나(마 16:21-22), 예수님께서는 예루살렘을 정면으로 응시하고 그곳을 향해 올라가셨다. 그것이 용기이다.

히브리서는 예수 그리스도께서 어떻게 이 일을 감당하실 수 있었는지에 대한 하나의 실마리를 우리에게 보여주고 있다. 예수 그리스도께서는 "그 앞에 있는 기쁨을 위하여"(히 12:2) 그 십자가를 견디셨다. 다시 말해서, 하나님께서 예수 그리스도 앞에 십자가를 내놓으셨을 때, 그리스도께서는 그 십자가에 집중하지 않고, 십자가를 통과해서 그 반대편 있었던 기쁨을 바라보셨다는 것이다. 그리스도께서는 그 상급에 자신의 눈을 고정시키셨다. 그 결과에 집중하셨다. 그래서 이사야는 우리에게 이렇게 말해주고 있다. "그가 자기 영혼의 수고한 것을 보고 만족하게 여길 것이라"(사 53:11).

여기에 두 개의 다른 선택들과 그에 따른 서로 다른 결과들에 대한 이야기가 있다. 한 이야기는 슬퍼하는 사람으로 끝나고, 다른 한 이야기는 만족스러워하는 사람으로 끝난다. 그 차이점은 지불할 대가에 개의치 않고 하나님의 부르심에 순종할 각오가 되어있는가 아닌가에 있다. 슬픔인가, 아니면 만족인가? 당신이 인생을 되돌아볼 때 두 단어 가운데 어느 것이 당신의 느낌을 표현하도록 할 것인가?

만약 하나님께서 예수 그리스도께서 오시기 전에 당신에게 10년을 더 주신다면, 당신은 하나님 나라의 성취를 위해, 자신의 안락한 안전지대를 넘어서 예배 시간을 즐기고 개인적으로 받은 복을 즐기는 것 이상으로 어떤 일을 하겠는가?

드러난 사실 UNLOCKED

교회의 역사를 되돌아보면, 어떤 세대가 다른 세대보다 하나님의 목적을 이루어 나가는 데 더 많은 기여를 했는지 명확하게 알 수 있다. 민수기는 우리가 그러한 사실을 알 수 있도록 도와준다. 모든 세대가 기꺼이 하나님을 섬기는 것이 아니다. 사람들 가운데 있는 비판적인 기질과 함께 지도자들 가운데 있는 겁쟁이 같은 소심한 기질은 우리를 정처 없이 방황하도록 만들 것이다. 이렇게 되면 우리는 세상 속에서 하나님의 목적을 이루는 데 전혀 기여하지 못하게 된다.

예수 그리스도의 교회에 적합한 가장 큰 도전은 자신의 소명을 파악하고 확실히 붙잡는 것이며, 그러고 난 다음에 치러야 할 희생 너머에 있는 하나님의 상급을 바라보는 것이다.

기도 PAUSE FOR PRAYER

은혜로우신 하나님 아버지!

저의 소명을 확실히 깨달을 수 있도록 해주시옵소서. 어떠한 희생이라도 치를 준비가 되어있도록 해주시옵소서. 저의 눈이 십자가 너머에 놓여있는 왕관에 집중할 수 있게 해주시옵소서. 인기보다는 그리스도에 대한 순종을 추구하게 하시고, 이익보다는 그리스도에 대한 순종을 추구하게 하시고, 쾌락보다는 그리스도에 대한 순종을 추구하게 하시옵소서.

저의 삶을 통해 주님의 뜻과 목적이 이루어질 수 있도록 해주시옵소서. 우리 주 예수 그리스도를 통해 제가 이 모든 일을 할 수 있도록 권능을 주시옵소서.

예수 그리스도의 이름으로 기도드립니다. 아멘.

11

드리기

Giving

신명기 14-16장

물질 중심의 문화 가운데서

어떻게 영적인 건강을 유지할 수 있는가?

묵상의 길잡이

☑ **발견하라**

하나님의 축복과 함께 따라오는 재정적인 문제에 대한 책임을 어떻게 감당해야 하는지 발견하라.

☑ **배우라**

드리고 빌리는 것에 대한 하나님의 원칙들을 배우라.

☑ **경배하라**

그리스도께서 하나님의 희년을 어떻게 선포하고 계시는지 보면서 경배하라.

그 노인이 마지막으로 연설하기 시작했을 때, 그 자리의 분위기는 감동적이었다. 그는 40년 동안 그 사람들의 지도자였다. 그 노인이 없는 삶은 상상조차 할 수 없었다. 그 노인은 아버지가 자기 자녀들에 말하듯이, 열정적으로 연설했다. 수십 년을 지내면서 그의 수염은 하얗게 변했으나, 기억력은 여전히 예리해서 그들이 함께했던 세월들을 잘 기억하고 있었다. 비전 또한 전과 마찬가지로 명확해서, 그는 그들의 장래를 형성할 중요한 선택들에 대해 말했다.

신명기는 하나님께서 모세를 통해 하셨던 마지막 말씀들을 기록하고 있다. 이스라엘 백성은 바야흐로 하나님께서 자기 조상들에게 주시겠다고 약속했던 땅에 진입하는 기쁨을 눈앞에 두고 있었다. 그러나 안타깝게도 모세는 그들과 함께 들어갈 수가 없었다. 모세는 그들이 약속의 땅에 들어가기 전에 죽게 될 것이고, 지도자의 지팡이는 여호수아에게 넘어갈 것이다.

그 백성이 애굽을 떠난 이래로 40년이 흘렀다(신 1:3). 그래서 모세는 그 백성에게 자기들이 어디로부터 나왔는지 일깨워주었다. 하나님께서는 그들의 부모들을 약속의 땅 입구까지 데리고 오셨으나, 그들에게는 그 땅으로 밀고 들어갈 만큼의 용기가 없었다. 하나님께서는 다음 세대에게 똑같은 기회를 주셨다. 그리고 그들은 그 도전을 받아들일 각오가 되어있었다.

새로운 세대가 자신들이 이어받을 기업 안으로 들어가기 직전에 처한 최대의 문제점은 갑작스런 풍요가 주는 해로운 영향들을 그들이 어떻게 처리할 것이냐 하는 것이었다. 재정적인 안정은 당신에게서 영적인 생명을 교묘하게 앗아가버린다. 성공은 그 자체로 교묘한 시험들을 가지고 온다. 즉, 성공은 당신의 영적인 열정을 무디게 만들 수 있다.

신명기는 성경의 어느 다른 책보다도 풍요로운 시대를 살아가는 삶이 지닌 영적인 위험들에 대해 훨씬 많은 이야기를 하고 있는 책이다. 신명기는 물질만능주의 문화 가운데서 영적인 건강을 유지하는 하나님의 안내서이다. 하나님께서는 백성이 자신들의 돈을 다루는 데 있어서, 드리기(헌금, 헌상, 구제, 베풀기)를 실천하고, 절제를 훈련하며, 하나님과 이웃들에 대한 자신들의 사랑을 드러내는 따스한 문화를 발전시키라고 요청하셨다.

드리기를 실천하라

> 너는 마땅히 매년 토지 소산의 십일조를 드릴 것이며(신 14:22).

구약성경은 각 지파, 각 가족이 그 땅을 어떻게 분배받아야 하는지에 대해 아주 상세하게 말해주고 있다. 그 땅은 하나님의 선물이었다. 그래서 그 땅을 가지고 그들이 생계를 유지할 수 있었다. 하나님께서는 그들이 생산한 모든 것의 십분의 일을 하나님께 대한 감사의 십일조로 성막으로 가져와야 한다고 말씀하신다.

덧붙여서, 이스라엘의 모든 사람은 세 차례의 명절(절기, 축제)에 참석해야 했다. "너의 가운데 모든 남자는 일 년에 세 번 곧 무교절과 칠칠절과 초막절에 네 하나님 여호와께서 택하신 곳에서 여호와를 뵈옵되…"(신 16:16). 이 세 차례의 명절은 기쁨으로 드리는 일을 행하는 것이 특징이었다.

> …빈손으로 여호와를 뵈옵지 말고 각 사람이 네 하나님 여호와께서 주신 복을 따라 그 힘대로 드릴지니라(신 16:16-17).

이 말씀은 하나님께서 그 백성이 아직 한 뼘의 땅도 소유하고 있지 않았을 때에 광야에서 모세를 통해 그들에게 하신 말씀이라는 사실을 기억하기 바란다. 그 땅은 여전히 적들의 수중에 있었다. 모세는 이렇게 말했다. "하나님께서 이 땅을 너희들에게 주실 것이다. 그 땅은 너희 수입의 수단이 될 것이며, 그 땅이 너희들의 삶을 유지시켜줄 것이다. 하나님께서 지난 40년 동안 하늘에서 내려온 만나로 하셨던 일을 이제는 그 땅의 수확물들로 하실 것이다. 그러나 너희들이 반드시 기억해야 할 사실은, 너희들이 가지고 있는 모든 것을 주신 분은 여전히 하나님이시라는 사실이다. 그러므로 매년 너희들의 모든 수입을 따져서 전체를 10등분하라. 그런 다음에 십분의 일을 취하여 그것을 하나님께 드리도록 하라."

드리는 일에 대한 하나님의 원칙들은 여전히 변하지 않았다. 신약성경에서 가장 강력하게 강조하는 것은 우리가 하나님께 드릴 때 가지는 마음이다. "하나님은 즐겨 내는 자를 사랑하시느니라"(고후 9:7). 당신이 출석하고 있는 지역 교회에 헌금을 할 때, 그 행위가 곧 예배가 되도록 하라! 그 행위가 하나님께서 당신에게 주신 것에 대한 기쁨의 표현이 되도록 하라! 주님께서 당신을 부요하게 하시면 할수록, 당신이 내게 되는 십일조의 액수는 더 늘어날 것이며, 하나님께 드리는 기쁨도 더 커질 것이다.

하나님께서 물질 중심적인 문화 가운데서 어떻게 영적인 건강을 유지하는지 자기 백성에게 가르치셨다는 사실을 기억하라. 그들이 가나안 땅으로 들어갔을 때, 최대의 위험은 그들이 돈을 버는 데 휩쓸려서, 하나님의 복이 오히려 그들의 영적인 생명을 질식시킬 수 있다는 것이었다. 그래서 하나님께서는 그들에게 드리는 습관과 문화를 발전시키라고 명하셨으며, 지금도 우리에게 그렇게 하도록 명하고 계신다.

지금 당신은 하나님께 어떻게 드리고 있는가? 예수님께서는, "네 보물이 있는 그곳에는 네 마음도 있느니라"(마 6:21) 하고 말씀하셨다. 당신의 재물이 당신의 마음을 따라가는 것이 아니라 마음이 재물을 따라간다. 만약 당신이 모든 재물을 끌어안고 있다면, 하나님께서는 결코 당신의 마음을 가지실 수 없을 것이다. 물질주의적인 문화 가운데서 영적인 건강을 유지하는 첫 번째 핵심은 드리기를 실천하는 것이다.

탐욕을 억제하라

드리기의 실천은 돈에만 국한되지 않는다. 시간을 드리는 것도 포함된다. 하나님께서는 네 번째 계명에 안식의 원칙을 확립해놓으셨다. "안식일을 기억하여 거룩하게 지키라 엿새 동안은 힘써 네 모든 일을 행할 것이나 일곱째 날은 네 하나님 여호와의 안식일인즉 너나 네 아들이나 네 딸이나 네 남종이나 네 여종이나 네 가축이나 네 문안에 머무는 객이라도 아무 일도 하지 말라"(출 20:8-10).

안식일은 "여호와에게 성스러운" 날이었다. 그날은 예배를 위한 날이며, 가정을 위한 날이었다. 그리고 그날은 몸과 영혼과 정신이 다시 새롭게 되어야 하는 날이었다. 안식 법은 우리의 24시간, 일주일의 문화 가운데 아주 중요하게 유지되고 있다.

하나님께서는 일주일 가운데 하루는 우리가 하던 일을 멈추고 쉬어야 한다고 말씀하신다. 우리는 이날을 특별하게 구별하여 하나님께 드려야 한다. 그리고 그날을 우리가 다시 새롭게 되고, 회복되고, 다시 신선한 힘을 공급받는 날로 이용해야 한다. 사람들은 이날에 무엇을 하는 것이 적합한가에 대해 여러 가지 서로 다른 선택을 할 것이다. 그러나 우리가 무엇을 하든지 간에, 그날을 일하는 또 다른 하루로 만들어서는 절대 안 된다.

비록 당신이 그것은 힘든 요구라고 생각할지 모르겠지만, 그게 다가 아니다. 하나님께서는 사람이 일주일 가운데 하루를 쉬어야 한다고 말씀하셨을 뿐만 아니라 토지도 7년 가운데 한 해를 쉬어야 한다고 말씀하셨다.

여호와께서 시내산에서 모세에게 말씀하여 이르시되 이스라엘 자손에게 말하여 이르라 너희는 내가 너희에게 주는 땅에 들어간 후에 그

> 땅으로 여호와 앞에 안식하게 하라 너는 육 년 동안 그 밭에 파종하며 육 년 동안 그 포도원을 가꾸어 그 소출을 거둘 것이나 일곱째 해에는 그 땅이 쉬어 안식하게 할지니 여호와께 대한 안식이라 너는 그 밭에 파종하거나 포도원을 가꾸지 말며 네가 거둔 후에 자라난 것을 거두지 말고 가꾸지 아니한 포도나무가 맺은 열매를 거두지 말라 이는 땅의 안식년임이니라(레 25:1-5).

하나님께서는 이 법과 관련해서 특별한 약속을 하셨다. 하나님께서 여섯 번째 해에 풍작을 주셔서, 그 백성이 일곱 번째 해를 지내고 여덟 번째 해의 경작할 시기까지 지낼 수 있을 만큼 충분한 양식을 주시겠다는 것이었다(레 25:20-22).

이 안식년에 대해 당신은 어떻게 반응하겠는가? 아마도 당신은 농경지를 바라보면서 이렇게 독백했을 것이다. "이게 얼마나 큰 낭비인가! 이 안식의 법 때문에 내가 한 해의 수입을 몽땅 놓쳐버리고 있구나. 내가 이 밭에 작물을 심어서 벌어들일 수 있는 돈을 한번 생각해봐라."

그 안식의 법은 탐욕을 자제하도록 하기 위해 만들었다. 하나님의 백성은 더 좋은 것에 대해 긍정적으로 "예"라고 대답하기 위해, 어느 정도 좋은 것에 대해 "아니"라고 말할 수 있는 법을 배워야 했다. 이렇게 인생에는 노동과 돈보다 더 중요한 것이 있음을 다시금 배우기 위해 매 7년 중 한 해는 상당한 수입을 얻을 수 있는 기회를 지나쳐 보내야 했다.

탐욕이 가득한 세계에서 자제력을 실천하라. 그것이 물질 중심적인 문화 가운데서 영적인 건강을 유지하는 두 번째 열쇠이다. 나는 찾아오는 모든 기회에 대해 긍정적으로 "예"라고 말하고 싶어 하는 성격을 고치기 위해 노력하고 있다. 나는 내가 감당할 수 있는 것의 두 배로 일을 맡는 성격이다. 자제를 가르치는 안식의 법이 없었다면, 내 생활에는 전혀 여유가 없었을 것이다. 내게는 하루의 쉬는 날이 필요하며, 휴가도 필요하다. 이러한 것들은 호사스러운 것이 아니라, 영적인 건강을 유지하도록 해주는 하나님의 원칙들이다.

빚을 말소시켜주는 일

매 칠 년 끝에는 면제하라(신 15:1).

이스라엘은 빌려주는 일을 권장했다. 그 민족 전체는 한 가족에서 비롯됐기 때문에 하나님께서는 이렇게 말씀하셨다. "네 하나님 여호와께서 네게 주신 땅 어느 성읍에서든지 가난한 형제가 너와 함께 거주하거든 그 가난한 형제에게 네 마음을 완악하게 하지 말며 네 손을 움켜쥐지 말고 반드시 네 손을 그에게 펴서 그에게 필요한 대로 쓸 것을 넉넉히 꾸어주라"(신 15:7, 8, '무이자로 꾸어주라'는 말임—역자 주).

그 대부貸付의 성격에 주목하기 바란다. 우리는 '손을 펴서' 무이자로 꾸어주어야 한다. 이스라엘 안에서, 만일 당신이 다른 동족에게 돈을 꾸어준다면, 이자를 붙일 수 없었다(레 25:36-37). 외국인에게는 합당한 이자를 붙일 수 있었지만, 당신의 형제 된 이웃에게는 그렇게 할 수가 없었다. 물론 그것은 또한 당신이 이웃에게 돈을 꾼다면, 가능한 한 빨리 갚을 의무가 있다는 뜻이기도 했다.

오늘날의 그리스도인에게는 그들의 빚을 다 갚아야 할 의무가 있다. "아무에게든지 아무 빚도 지지 말라"(롬 13:8). 우리는 빌린 돈을 갚으려고 계획함으로써 하나님께 영광을 돌려야 한다.

옛날 이스라엘에서 돈을 빌려주었던 때로 다시 돌아가보자. 7년 후에 당신의 형제 이웃이 빌려간 돈을 갚을 수 없게 됐다고 가정해보자. 불행한 상황 중에는 이러한 일이 쉽게 생길 수 있다. 그럴 경우 당신은 어떻게 하겠는가? 하나님께서는 "그 빚을 면제해주라"고 말씀하신다.

하나님께서는 이 일이 처리되는 분명한 절차를 규정해주신다. 그 주도권은 돈을 빌려준 사람에게 있다.

> 면제의 규례는 이러하니라 무릇 그 이웃에게 꾸어준 채주는 그것을 면제하고 그의 이웃에게나 그 형제에게 독촉하지 말지니 이는 여호와를 위하여 면제를 선포하였음이라(신 15:2).

이 법은 분명 악용될 소지가 많이 있었다. 예를 들어서, A라는 사람이 이자 없이 돈 1억 원을 빌렸다고 해보자. 그리고 그 절반을 갚았는데, 이제 그 돈을 빌린 지 여섯 번째 해가 됐다. 그에게는 지금 은행에 7,000만 원이 있다. 그는 자기 통장을 꺼내, 빌린 돈을 입금하려고 하면서 손이 떨린다.

"내가 그에게 5,000만 원을 지불해야 하는데, 앞으로 몇 달만 버티면 빚을 말소시켜주는 해가 되지 않는가. 그때까지 기다리는 것이 어떨까? 따지고 보면, 지금 그는 내가 이 돈이 필요한 것만큼 이 돈의 절반이라도 필요한 형편은 아니지 않은가!"라고 그는 생각한다.

그 법이 하나님의 백성에게 주어진 이유와 목적을 기억하는 것이 중요하다. 그 법은 은혜를 전제로 하고 있다. 하나님의 법 전체는 두 개의 근본적인 원칙들에 대한 일종의 해설이다. 하나는, 우리가 우리의 전심을 다해 하나님을 사랑해야 한다는 것이며, 다른 하나는 우리가 우리 자신을 사랑하듯이 우리 이웃을 사랑해야 한다는 것이다. 이 두 개의 원칙은 우리가 돈을 취급하는 데까지 확대된다. 사랑은 내가 친절한 내

형제에게 돈을 빌린다면, 가능한 한 빨리 그에게 다 갚아야 할 사랑의 책무를 진다는 것을 의미한다.

우리 마음에 대한 일종의 테스트

빚을 말소시켜주는 해는 돈을 꾸어간 사람의 마음과 갚는 일에 대한 실천의지를 시험했다. 그리고 또한 빌려주는 사람의 마음과 그의 기꺼이 베푸는 관대함에 대한 테스트이기도 했다. 예를 들어서, 당신에게 지금 5,000만 원이 있는데, 형제가 어려운 일을 당해서 그 5,000만 원을 꾸어야 할 형편에 처했다고 가정해보자. 그런데 달력을 확인해보니, 내년이면 면제년이 되돌아오는 여섯 번째 해라는 사실을 알게 됐다. 빚을 말소해주는 해가 불과 몇 달만 지나면 시작되는 것이다. 당신은 혼자서 고민한다. "만약 내가 그 돈을 지금 그에게 빌려준다면, 면제년이 시작되기 전에 그 돈을 받을 기회가 별로 없을 것이다." 그러나 하나님께서는 이렇게 말씀하셨다.

> 삼가 너는 마음에 악한 생각을 품지 말라 곧 이르기를 일곱째 해 면제년이 가까이 왔다 하고 네 궁핍한 형제를 악한 눈으로 바라보며 아무것도 주지 아니하면 그가 너를 여호와께 호소하리니 그것이 네게 죄가 되리라(신 15:9).

"나는 그게 분명히 손해라 할지라도 나의 형제를 기꺼이 돕겠는가?" "만일 내가 나의 형제에게 돈을 꾸어간다면, 나는 그의 돈을 갚지 않고, 그의 온정과 관대함을 악용할 사람인가?"

모세는 아직 변변한 재산도 없고 수입이 생길 수단도 가지고 있지 않았던 사람들에게 이 원칙을 가르치고 있었다. 그러나 하나님께서는 곧 그들에게 상당한 부를 맡기실 것이었다. 그렇게 됐을 때, 그들은 후하게 드리고, 자제력을 실천하고, 자신들의 돈을 쓰는 방법에 있어서 실지로 은혜를 보여주어야 했다. 이 법들은 특정하게 이스라엘에게 주어진 것이었다. 그러나 그 법들은 오늘날 우리들의 마음도 살피고 있다. 비록 우리가 그 법들에 의해 구속받고 있지는 않지만, 하나님께서는 우리에게 그러한 마음가짐을 드러내라고 말씀하고 계신다.

일꾼들과 노예들에 대한 해방

만일 하나님의 백성 가운데 어떤 사람이 빌려간 돈을 갚을 수가 없을 때, 그가 갚아야 할 자기의 책임을 다 하는 방법 가운데 하나는 돈을 꾸어준 사람을 위해 일하며 그 대부금을 갚는 것이었다. 하나님께서는 이러한 상황에 처한 그 일꾼의 존엄성을 보호하기 위해 매우 분명한 법을 제정해놓으셨다. 하나님의 백성은 과거 애굽에서 노예였기 때문에 그들은 결코 다시 노예 상태로 되돌아가서는 안 되었다(신 15:15). 따라서 돈을 빌려준 사람은 노예의 주인이 되어서는 안 되었다.

> 너와 함께 있는 네 형제가 가난하게 되어 네게 몸이 팔리거든 너는 그를 종으로 부리지 말고 품꾼이나 동거인과 같이 함께 있게 하여 희년까지 너를 섬기게 하라(레 25:39-40).

고용주의 책무는 그 일꾼을 따뜻하게 대하는 것 이상이었다. 법에 따르면 7년 후에는 노예를 해방시켜줌으로써 자유를 보장해주었다. 만약 한 사람이 빚을 갚기 위해 일을 하고 있다면, 그 사람은 자신의 자유와 독립이 회복될 날을 언제나 고대할 수 있었다.

노예들에 대한 해방은 빚을 면제시켜주는 것과는 달랐다. 빚은 모든 사람을 위해 동시에 면제됐다. 그러나 노예들의 해방은 그 계약이 맺어진 그날로부터 7년째에 이루어졌다.

> 네 동족 히브리 남자나 히브리 여자가 네게 팔렸다 하자 만일 여섯 해 동안 너를 섬겼거든 일곱째 해에 너는 그를 놓아 자유롭게 할 것이요 그를 놓아 자유하게 할 때에는 빈손으로 가게 하지 말고 네 양 무리 중에서와 타작마당에서와 포도주 틀에서 그에게 후히 줄지니 곧 네 하나님 여호와께서 네게 복을 주신 대로 그에게 줄지니라(신 15:12-14).

노예 해방법은 사람들이 노예로 자신들을(그들의 노동을) 팔 때에 분명 아무것도 가진 게 없었을 일꾼들에게 온정 어린 보상을 할 것을 요구했다. 그 법은 부자들이 가난한 사람들을 착취하지 못하도록 방지하고 모든 백성의 자유를 보호해주려는 의도를 가지고 있었다.

토지 반환

빚을 면제시켜주는 시기는 7년마다 찾아왔다. 그렇게 일곱 해씩을 일곱 번을 넘긴 다음에는 이스라엘에서 희년이라 불리는 '일생에 한 번' 열리는 축제가 있었다. 매번 50년째마다 한 번씩 나팔을 울리고, 굉장한 은혜의 축제를 벌였다.

> 오십 년째 해를 거룩하게 하여 그 땅에 있는 모든 주민을 위하여 자유

를 공포하라…(레 25:10).

50년째에는 모든 토지가 원래 주인에게 반환되어야 했다. 그래서 만일 이스라엘 사람 한 명이 그 주기 가운데서 40년째에 땅을 팔았다면, 그 가격은 낮았을 것이다. 왜냐하면 구매자가 그 땅을 10년 동안밖에 소유할 수가 없고, 그다음에는 소유권이 판매자에게 되돌아가게 될 것이기 때문이다. 만일 같은 이스라엘 사람이 그 주기 가운데서 10년째에 땅을 샀다면, 그 가격은 높았을 것이다. 왜냐하면 그가 그 땅을 40년 동안 사용할 수 있기 때문이다.

토지 소유권은 결코 이전될 수 없었다. 토지는 여호와 하나님께 속해 있다. 사거나 팔거나 모든 것은 제한된 기간 동안의 그 땅에 대한 사용권이었다.

이것이 그 사회에 끼쳤을 영향력에 대해 한번 생각해보라. 일생에 한 번은 중대한 회복의 때가 있었을 것이다. 가난한 사람들은 여호와께서 애초에 그 가족에게 주셨던 땅을 가지고 새롭게 시작할 수 있는 기회를 부여받았을 것이다. 성공한 부자들은 자신들이 벌어들인 자산을 소유하게 됐겠지만, 그 자녀들은 똑같은 면적의 땅을 가지고 출발했을 것이다.

토지 반환은 부를 축적한 사람들의 권력이 증대되는 것에 대한 견제 역할을 했다. 그리고 그것은 그들의 자녀들이 유산으로 물려받을 대규모로 축적된 땅에 의지하는 것이 아니라 자기 나름대로의 살 길을 찾아야 했었음을 의미했다.

그 법에 대한 무시

당신은 이러한 법 아래에서 살고 싶은가? 그 질문에 대한 대답은 아마도 당신이 돈을 빌려주는 입장인지 아니면 빌려가는 입장인지에 달렸을 것이다. 만일 당신이 가지고 있는 빚이 자산보다 더 많다면, 아마도 빚을 말소시켜주는 해와, 노예들을 해방시켜주는 해와 희년을 대단한 선물이라고 생각할 것이다.

그러나 당신이 돈을 빌려주는 입장이라면 어떠하겠는가? 상당한 재력을 가지고 있는 B라는 사람이 있다고 가정해보자. 그는 여러 명의 노예를 거느리고 있으며, 좋은 가격대의 땅을 상당수 소유하고 있고, 어려운 일을 당하게 된 자기 친구들 가운데서 세 사람에게 돈을 빌려줄 수 있는 만족할만한 지위에 있었다. 하루는 B가 재정 계획을 세우느라 경리직원과 함께 자리에 앉았다.

"자, 보세. 토지에 대한 안식년이 다가오고 있군. 그런 다음에는 빚을 말소시켜주는 면제년이 될 것이고, 바로 희년이 될 거야. 그렇다면 추수 때에 수확이 없겠군. 그리고 세 친구들에게 빌려준 돈도 면제될 것이고, 내가 지난 몇 년 동안 확보해두었던 전답들도 잃게 되겠지. 그리고 내게 빚을 갚기 위해 일을 해주고 있는 사람들 가운데 네 사람에게 일곱 번째 해가 다가오고 있군. 그렇게 되면 내가 나가서 더 많은 일꾼을 고용해야 된다는 얘긴데. 이 법들은 내 재산을 상당히 축내는군!" 그의 경리직원은 씁쓸하게 동의하면서 고개를 끄덕인다.

이것이 전혀 틀린 말은 아니다. 안식을 규정한 법들은 채무자들에게는 위대한 것이었지만, 채권자들에게는 출혈이 심한 것이었다.

모세는 그가 죽기 직전에 이 법들을 백성에게 주었다. 백성은 여호수아를 지도자로 맞이해 그의 지휘 아래 약속의 땅으로 들어갔다. 그리고 몇 년이 지나지 않아서 안식의 법들은 그들에게 조용히 잊혀졌다. 그 문제를 의논하는 위원회에 대해 이렇게 상상해볼 수 있다.

"아시다시피, 다음 해는 면제년입니다. 이 모세의 법을 지키는 데 들어가는 비용이 만만치가 않습니다. 이번에는 그냥 지나가도록 합시다. 만약 7년 뒤에 경제가 호전된다면 다시 살펴보도록 합시다."

토지에 대한 안식법도 형편이 마찬가지였을 것이다. 토지 휴경의 해는 조직적으로 무시됐다. 하나님의 백성이 그 땅을 점유하고 있었던 그 기간(가나안 정복 초기에서부터 바벨론 포로 직전까지—역자 주) 동안 경작을 하지 않고 지나간 햇수가 70년이 되어야 했다. 하나님께서는 그 땅이 쉬어야 했던 안식의 해들을 계산하셨다. 그러고 나서 바벨론 사람들이 하나님의 백성을 포로로 잡아가 유배시켰을 때, 그 땅은 한 차례의 장기적인 안식을 누리게 됐다. 그 안식 기간은 70년 동안 지속됐다(대하 36:21).

당신은 희년 제도가 얼마나 지켜졌다고 알고 있는가? 희년은 단 한 번도 준수되지 않았다.

유대 명절들에 대한 책에서, 케빈 하워드Kevin Howard와 마빈 로젠탈Marvin Rosenthal은 이렇게 기록했다. "안식년 준수와 마찬가지로, 희년 준수는 이스라엘 초기 역사 동안 무시됐다. 실제로 성경이나 성경 이외의 어떠한 역사적 기록을 찾아보더라도 이스라엘이 단 한 번이라도 희년을 준수했다는 기록은 전무하다."[1]

희년을 개최할 권력을 가지고 있었던 사람들에게는 그렇게 하고자 하는 의지가 결코 없었던 것이다. 희년을 준수하기 위해서는 자신들이 치러야 할 대가가 너무나도 컸기 때문이다. 그래서 이스라엘의 역사는 가난한 사람들에 대한 좌절의 역사였다. 바로 이 때문에 주전 8세기의 선지자였던 이사야와 아모스가 부를 축적해놓고서도 가난한 사람들을 전혀 배려하지 않았던 자들을 그처럼 통렬하게 비판했던 것이다. 그 민족의 경제 구조를 회복시키기 위해 하나님께서 내리신 법들이 조직적으로 무시된 것이다.

그리스도에 대한 조명 SPOTLIGHT ON CHRIST

세월이 흘러가면서, 백성은 나팔을 불고 희년을 선포할 권위와 의지가 있는 지도자가 있을 것인지 분명히 궁금해했을 것이다.

한 임금이 거의 그러한 지도자가 될 뻔했다. 선지자 예레미야는 시드기야 왕이 노비가 된 사람들에게 자유의 해를 선포했으나 나중에 마음을 바꾸었기 때문에 그 일이 이루어지지 못했다고 기록했다(렘 34:8-20). 그리고 유배지에서 돌아온 후 예루살렘 성이 재건됐을 때, 사람들은 새로운 사회를 건설하면서 그 땅의 안식년을 준수하고 7년째에는 모든 빚을 면제시키겠다며 실천의지를 보였지만(느 10:31), 이 일도 거의 지켜지지 않았다.

그러다가 예수님께서 세상에 오셨다. 그리고 누가는 예수님께서 공생애를 시작하신 바로 그날에 대해 우리에게 전해주고 있다. 예수님께서 나사렛에 가셨다. 그곳은 예수님께서 자란 곳이었다. 그리고 안식일에 회당으로 가셨다. 선지자 이사야의 글이 적혀있던 두루마리를 들고, 그것을 펴면서 이렇게 쓰여있는 곳을 찾으셨다. "주의 성령이 내게 임하셨으니 이는 가난한 자에게 복음을 전하게 하시려고 내게 기름을 부으시고 나를 보내사 포로 된 자에게 자유를, 눈 먼 자에게 다시 보게 함을 전파하며 눌린 자를 자유롭게 하고 주의 은혜의 해를 전파하게 하려 하심이라"(눅 4:18-19).

예수님께서는 그 두루마리를 다시 말아서 그 맡은 자에게 돌려주고 앉으셨다. 모든 사람이 예수님을 쳐다보고 있었다. "이 글이 오늘 너희 귀에 응하였느니라" 하고 예수님께서 말씀하셨다(눅 4:21). 그리스도께서는 빚을 사해주는 하나님의 해와, 사람들이 잃어버렸던 기업을 회복시켜주는 하나님의 해를 선포하셨다. 우리는 지금도 주님의 은혜의 '해' 가운데 살아가고 있다.

안식의 법들은 빚을 진 채무자들에게는 위대했지만, 꾸어준 채권자들에게는 손해가 큰 법이었다. 그리고 우리의 모든 빚을 면제해주고 우리의 기업을 회복시키기 위해 하나님께서 치르신 대가란 계산할 수 없을 정도였다. 바로 예수 그리스도의 죽음을 그 대가로 지불하셨다.

어떤 빚을 탕감해줄 수 있는 유일한 방법은 개인적으로 그 빚만큼의 손해를 떠안는 것뿐이다. 만약 당신이 내게 1,000만 원의 빚을 졌고, 내가 그 빚을 눈감아준다면, 나는 1,000만 원의 손해를 보는 것이다. 하나님께서 우리가 진 모든 빚을 면제해주신다면, 하나님 스스로 그 빚을 다 떠안아야 한다는 뜻이 된다. 그것이 바로 예수 그리스도께서 십자가에 달리신 이유이다. 그리스도께서는 그 대가를 짊어지셨으며, 이렇게 해서 우리의 빚을 말소시키셨고, 영원한 생명에 대한 기업을 회복시키셨다.

이것이 바로 가난한 자들을 향한 복음이다. 그리스도께서는 그 사람들에게 이렇게 말씀하고 계셨던 것이다. "당신들은 정치 지도자들이 희년을 이행하기를 바라고 있었습니다. 그런데 그 일을 위해 치러야 할 대가가 너무나도 컸기 때문에 그 일은 결코 이루어지지 않았습니다. 그러나 하나님께서는 지금 당신을 위해 훨씬 더 위대한 일을 행하시고자 합니다. 하나님께서는 나에게 기름을 부어 가난한 사람들에게 이 복음을 전하라고 보내셨습니다. 하나님께서는 모든 빚을 면제시켜주실 것입니다. 하나님께서 상실했던 유업들을 회복시켜주실 것입니다." 실제로 하나님께서는 예수 그리스도 안에서 그 일을 행하셨다.

드러난 사실 UNLOCKED

돈은 막강한 것이다. 돈은 우리의 마음을 사로잡을 수 있다. 만약 우리가 돈의 주인이 되지 않는다면, 돈이 우리의 주인 노릇을 하게 될 것이다. 알맞은 비율로 바치고, 자제하는 것을 연습하는 영적인 훈련은 우리를 쉽게 장악하고 주무르는 돈의 권세를 깨뜨릴 수 있도록 도움을 줄 것이다. 하나님께서는 자기 백성에게 애정을 베푸는 문화를 발전시키라고 요구하고 계신다. 우리의 돈을 어떻게 사용하는 것이 올바른지 생각해보고 그를 통해 하나님과 서로에 대한 사랑을 실제적으로 표현하도록 하자.

기도 PAUSE FOR PRAYER

사랑과 은혜가 풍성하신 하나님!

주님께서 제게 풍성히 주시면 주실수록, 저는 더 많은 것을 소유하고 싶어 한다는 것을 고백합니다. 돈에 대한 사랑으로부터 저를 해방시켜 주시고, 저에게 아낌없이 베푸는 관대한 마음을 주시옵소서.

주님께서 십자가에서 죽으심으로 저의 빚을 모두 탕감해주시고 그 대가를 치러주심을 감사드립니다.

저의 마음에 성령이 충만하게 하셔서 제가 하나님께 드리기를 실천하고 자제력을 실천하는 사람이 되게 해주시옵소서. 주님께서 제게 복을 주시는 대로, 제가 다른 사람들에게 그 복을 베풀 수 있게 도와주옵소서. 나의 주님이신 예수 그리스도의 이름으로 기도드립니다. 아멘.

Notes

1. Kevin Howard and Rosenthal, *The Feasts of the Lord*(Nashville:Nelson, 1997), 197.

12

악

Evil

신명기 19장

어떻게 하면 우리가 거룩함으로

이끌어주는 문화를 만들 수 있는가?

묵상의 길잡이

☑ **발견하라**
하나님께서 왜 부모에게 가정에서 적절한 징계를 하라고 하시는지 발견하라.

☑ **배우라**
개인적인 불평거리를 다루는 하나님의 원칙들을 배우라.

☑ **경배하라**
그리스도께서 율법의 완전한 형벌로부터 우리를 어떻게 구원해주시는지를 보면서 경배하라.

내가 처음으로 인도 북부 지방을 여행했을 때, 결혼한 남자들 중에서 간음을 저지른 사람은 거의 찾아볼 수 없었다. 그 이유를 묻자, 대답은 매우 간단했다. 만약 어떤 남자가 자기 아내에게 충실하지 못했다면, 그 마을의 나머지 남자들이 그를 강물에 빠뜨려서 '보내버린다'는 것이었다. 이것은 그 마을 남자들에게 확실한 자제심을 가져다주었고, 간음은 거의 없었으며, 특별히 행복하지는 않다 할지라도 결혼생활이 어느 정도 안정적일 수 있게 만들어주었다.

다른 한 편으로, 나는 인도에 부패가 만연해있는 것을 발견했다. 그 점에 대한 설명 역시 간단했다. "사람들이 뇌물에 대해서는 눈감아주거든요."

하나의 문화는 '대부분의 사람이 용인할만한 것'이라고 정의될 수 있다. 한 사회가 용인하는 것이 무엇이든지 간에 그것은 증가하게 되며, 반대하는 것은 무엇이든지 간에 감소하게 된다.

하나님의 백성이 약속의 땅 입구에 모여있었을 때, 모세는 마지막으로 그들에게 하나님의 말씀을 전달할 기회를 갖게 됐다. 그들이 그 땅으로 들어가자마자, 하나님의 백성은 새로운 도전에 직면했다.

그 사회가 어떻게 하나님의 법들을 적용할 것인가? 그들 가운데 한 사람이 명백하게 하나님의 법을 어겼을 때 어떻게 할 것인가? 하나님의 백성은 그 문제를 직시하고 책임을 추궁할 것인가, 아니면 눈감아주면서 무시할 것인가? 아마도 그들은 어떠한 위반들에 대해서는 훨씬 심하게 처벌할 것이다. 그 사회가 여러 가지 다른 종류의 죄악을 어떤 식으로 대처하는지가 어떤 죄악들이 증가하고 어떤 죄악들이 감소하게 될지를 결정할 것이다.

모세는 모든 죄악을 하나님께서 여기시는 것처럼 여기라고 요구했다. 모세는 백성에게, 하나님께서 그들에게 살아가라고 명하셨던 삶을 유지하고 육성하는 공동체가 되라고 부탁했다.

의로운 삶을 권장하는 문화

이것은 오늘날의 교회에 있어서도 심각한 문제이다. 교회들은 각각 자기 자신들의 문화를 만들어가고 있다. 한 교회에서 대부분의 사람들이 받아들일 수 있다고 여기는 것은 점점 증가하겠지만, 그 교회에서 대부분의 사람이 용인할 수 없다고 생각하는 것들은 점점 감소할 것이다. 건강한 교회는 일관성이 있으며, 거룩한 삶을 추구하도록 서로 격려할 만큼 충분한 관심을 기울이고 있는 공동체이다. 건강한 교회는 또한 죄의 문제들에 대해 서로 정면으로 다룰 수 있을 만큼 관심을 기울이는 공동체이다. 만약 그리스도의 몸 된 한 지체가 죄악 된 패턴을 취하고, 그러한 생활 패턴을 포기하기를 거부한다면, 그 사람은 그 공동체 전체가 비난하는 것에 대한 중압감을 느낄 필요가 있다(교회의 권징 문제를 언급하는 것임—역자 주). 그러한 비난은 하나님께서 내리시는 최후의 심판이 이 세상에서 일부 이루어질 수 있다는 것을 보여주는 매우 강력한 수단이다.

하나님께서는 십계명을 주면서 이렇게 말씀하실 수 있었다. "이것들은 법이다. 그리고 그 법을 적용하는 것은 각 개인에게 달려있다." 그러나 하나님께서는 그렇게 하지 않으셨다. 하나님께서는 백성에게 율법을 주면서 이렇게 말씀하셨다. "만일 이 법이 공공연하게 무시된다면, 공동체가 그 조처를 취해야 한다. 너희들이 그 일에 대해 특별한 조처를 취할 각오를 해야 한다. 너희들이 의를 권장하고, 악을 억제하는 그런 문화를 만들어야 한다."

당신이 고대 이스라엘 사회를 관찰해보았다면, 곧 다음과 같은 메시지를 얻었을 것이다. "여기에서 우리는 하나님의 법에 의거해서 살아가고 있습니다. 만일 당신이 하나님의 율법을 존중한다면, 당신은 복을 받을 것입니다. 만약 당신이 하나님의 법을 지키지 못하고 실패한다면, 당신은 용서를 받을 것입니다. 그러나 만일 당신이 하나님의 법을 능멸한다면, 당신은 곧장 어려움에 처하게 될 것입니다."

우리가 무엇을 선택하느냐 하는 것은 본성과 환경에 크게 영향을 받고 있다. 그리고 예수 그리스도께 다가갈 때에 하나님께서는 우리의 본성과 환경을 둘 다 바꾸어주신다. 하나님께서는 우리를 새롭게 태어나게 하셔서 본성을 바꾸어주시며, 우리를 교회라 불리는 새로운 환경 속으로 인도하신다. 교회는 우리에게 순종을 본받도록 격려하고, 죄를 짓지 못하도록 하는 관계들이 형성된 환경이다. 우리는 종종 연약함에 빠지기 때문에 격려가 필요하다. 그리고 때때로 제멋대로이며 고집이 세기 때문에 억제가 필요하다.

우리가 신명기에서 모세를 통해 자기 백성에게 하셨던 하나님의 말씀을 들을 때에, 거룩함으로 이끌어주는 문화의 특징적인 표지들을 발견하게 될 것이다. 그리고 이러한 원리 원칙들이 우리의 가정과 민족과 교회에 어떻게 적용되는지 배우게 될 것이다.

약자에 대한 보호

하나님께서는 백성이 그 땅에 정착하게 되면, 중심지가 되는 세 성읍들을 정하고 그 나라의 어느 지역에서든지 쉽게 찾아갈 수 있도록 그 성읍들에 이르는 길을 닦으라고 말씀하셨다. 이 성읍들은 도피성들이 될 것이다. 그곳은 "모든 살인자를 그 성읍으로 도피하게 할"(신 19:2, 3) 곳들이었다.

모세는 이 성읍들이 어떤 상황에서 이용될 수 있는지에 대한 예를 들어주었다. 두 사람이 숲에 가서 나무를 자르다가 끔찍한 사고가 발생한다. 한 사람의 도끼머리가 도끼 자루에서 빠져나가 곁에 있던 동료를 맞혀 그 동료는 죽게 된다. 죽은 사람의 가족이 그 소식을 들었을 때, 그들은 그 일이 사고였다고 믿지 못한다. 가족들은 그 사건이 과실치사를 가장한 범죄라고 확신한다. 사고 당시 어찌할 수 없었던 불운한 그 나무꾼에게 복수를 하려고 추적한다(신 19:5, 6).

약자들에게 발생한 사건에 대한 적절한 조사와 심리가 이루어질 때까지 도피성들은 그 사람을 보호해주는 장소를 제공해주었다. 도끼로 인한 그 사고는 고의적 과실일 수도 있고, 끔찍한 사고일 수도 있다. 그러나 하나님의 백성 간에는 그 진실이 무엇이었는지 결정하기 위한 적절한 법률적 절차가 진행되어야 했다. 그 공동체는 자신들의 손으로 직접 법을 집행하고자 하는 사람들로부터 약자가 보호받아야 한다는 사실을 확실히 해두었다.

몇 년 전, 우리 교회에서는 베네수엘라의 외딴 곳에서 살고 있는, 미국 선교사들에 의해 복음을 듣게 된 부족 몇 명을 초청했다.

그 부족의 지도자들 가운데 한 사람이 복음이 이루어놓은 차이점을 이렇게 설명했다. "복음이 우리 문화 속으로 들어오기 전, 모든 분쟁들은 언제나 칼로 해결됐습니다. 그러나 이제는 분쟁을 해결하는 위원회가 생겼습니다."

이것이 바로 하나의 공동체가 어떤 식으로 기능해야 하는지 하나님께서 명하시는 것을 훌륭히 반영한 사례이다. 하나님은 이렇게 말씀하고 계신다. "너희들은 법치를 존중해야 한다. 불평거리를 다루기 위해서는 적절한 절차를 통과해야 한다."

약자를 보호하는 또 하나의 중요한 원칙은 이것이다.

> 사람의 모든 악에 관하여 또한 모든 죄에 관하여는 한 증인으로만 정할 것이 아니요 두 증인의 입으로나 또는 세 증인의 입으로 그 사건을 확정할 것이며(신 19:15).

예를 들어서, 어떤 사람이 공개적으로 남을 헐뜯고 비난한다고 가정해보자. 그 비난은 전혀 사실이 아닐 수 있다. 그러나 일단 비난이 일게 되면, 사람들은 종종 이러한 결론을 내린다. "아니 땐 굴뚝에 연기가 날까.” 그래서 거짓된 근거로 고소당한 사람이 자기를 변호한다는 것은 지극히 어려울 수 있다.

이러한 사실을 알고, 어떤 대적이 거짓된 근거로 고소할 수 있다. 공동체는 그러한 중상모략으로 고소당한 자를 어떻게 보호할 수 있는가? 하나님께서는 만일 누군가의 고소가 거짓인 것으로 입증된다면, 법정은 그 거짓으로 고소한 사람에게 그가 자기 동족에게 행하려고 했던 대로 해주어야 한다고 말씀하신다(신 19:18, 19). 이 법의 효과는 이러할 것이다. “그리하면 그 남은 자들이 듣고 두려워하여 다시는 그런 악을 너희 중에서 행하지 아니하리라”(신 19:20).

눈에는 눈으로

이 법들의 전체 핵심은 약자를 보호해야 한다는 것이다. 이러한 맥락에서 하나님께서는 자기 백성에게 이렇게 지시하셨다.

> 네 눈이 긍휼히 여기지 말라 생명에는 생명으로, 눈에는 눈으로, 이에는 이로, 손에는 손으로, 발에는 발로이니라(신 19:21).

어떤 사람들은 이 말이 성경에 있다는 사실에 충격을 금치 못한다. 그래서 우리가 이 말씀을 정확하게 이해하는 것이 중요하다. 하나님께서는 결코, 당신이 내 치아를 하나 부러뜨리면, 내가 마찬가지로 당신의 치아를 부러뜨리려고 주먹을 날리는 동안에 당신은 벽에 등을 대고 서 있어야 한다는 의도로 말씀하지 않으셨다. “눈에는 눈으로”라는 말씀은 보복하는 폭력을 청하는 말이 아니다. 하나님의 명령은 공정한 배상의 원칙을 확립하고 있는 것일 뿐이다.

출애굽기 21장 23-27절에서 하나님께서는 이 원칙을 구체적으로 적용할 수 있는 사례를 하나 제시해주셨다. 예를 들어서, 노예 소유주가 자신의 노예를 때려서 실명시켰다고 가정해보자. 율법은 그 노예에게 "눈에는 눈, 이에는 이"로 배상해주어야 한다고 요구했다(출 21:24). 그러나 하나님의 의도는 실명한 노예가 자기 주인도 실명하게 만들어야 한다는 것이 아니다. 그 원칙은 마땅한 배상이 있어야 한다는 것이다. 그래서 이 경우, 하나님께서는 그 종에게 자유가 주어져야 한다고 말씀하신다(출 21:26).

또한 "눈에는 눈으로"는 우리가 해야 하는 배상이 끼친 피해나 손해에 비례해야 한다는 점을 가르쳐준다. 즉, 하나님의 법은 부당하게 누명을 쓰거나 피해를 당한 사람이 "너는 내가 당한 고통의 10배를 더 당하게 될 거야" 하고 말하는 것을 제지시킨다.

하나님의 법은 법정에서 배상의 문제가 확고하게 다루어질 것을 요구한다. 그 법은 형평성에 어긋나게 거대한 배상을 하도록 해서는 안 된다고 말함으로써 재판장들에게 지침을 제공해주고 있다. 이 원칙은 오늘날 우리 사회에 절실하게 필요하다. 오늘날 이 사회는 작은 피해를 입었을 때 종종 그것이 한 재산 거머쥘 수 있는 기회로 비추어지기 때문이다. 이 사회는 상처 입기 쉬운 약자를 반드시 보호해야 한다.

악인에 대한 제재

성경은 정말 부도덕한 사람들이 있는 슬픈 현실에 처한 타락한 사회에서 살아가는 일에 대해 말하고 있다. 하나님께서는 사회 전체의 건강과 안전을 위해 제지되어야 하는 부도덕에 대한 몇 가지 특정 분야들을 명시해주고 계신다.

예를 들어 하나님께서는, '만일 사람이 그 이웃을 미워하여 엎드려 그를 기다리다가 일어나 쳐서 그 생명을 상하여 죽게 한다'고 가정해 보자고 말씀하셨다(신 19:11). 이것은 고의적으로 미리 계획된 피도 눈물도 없는 살인의 예이다. 그 살인자가 우선적으로 해야 할 일은 도피성 가운데 한 곳으로 도망치는 것이다. 그러나 그 살인자는 그가 저지른 행위의 결과에 대해 보호받지 못한다. 마을의 장로들은 그를 잡아다가 사형에 처했다(신 19:12). 그 이유에 대해 하나님께서는 명확하게 말씀하셨다.

> 네 눈이 그를 긍휼히 여기지 말고 무죄한 피를 흘린 죄를 이스라엘에서 제하라 그리하면 네게 복이 있으리라(신 19:13).

"악을 제거하라"는 이 주제는 거의 일종의 후렴구처럼 신명기 전체에서 되풀이되고 있다. 예를 들어, 한 사람이 다른 사람을 해하고자 의도적으로 교묘하게 위증을 할 경우, 하나님께서는 "그가 그 형제에게 행하려고 꾀한 대로 그에게 행하여 너희 중에서 악을 제하라"고 말씀하셨다. 또한 간음의 경우, "어떤 남자가 유부녀와 동침한 것이 드러나거든 그 동침한 남자와 그 여자를 둘 다 죽여 이스라엘 중에 악을 제할지니라"(신 22:22) 하고 말씀하셨다. 또한 유괴의 경우, "사람이 자기 형제 곧 이스라엘 자손 중 한 사람을 유인하여 종으로 삼거나 판 것이 발견되면 그 유인한 자를 죽일지니 이같이 하여 너희 중에서 악을 제할지니라"(신 24:7) 하고 말씀하셨다.

또한 하나님의 백성 가운데 표적과 기사들을 가지고 찾아와서 백성으로 하여금 다른 신들을 따르도록 강요하는 선지자의 경우, "그런 선지자나 꿈 꾸는 자는 죽이라 이는 그가 너희에게…너희의 하나님 여호와를 배반하게 하려 하며 너희의 하나님 여호와께서 네게 행하라 명령하신 도에서 너를 꾀어내려고 말하였음이라 너는 이같이 하여 너희 중에서 악을 제할지니라"(신 13:5) 하고 말씀하셨다.

이 모든 법을 한데로 모으면, 하나님의 백성은 끊임없는 사형의 위험 속에서 살아가야 했다는 인상을 받을지도 모르겠다. 그러나 실제로 사형을 요구하고 있는 범죄의 수는 극히 적었으며, 그 범죄들은 주로 세 가지 가치들과 연결되어있었다. 그것들은 '하나님께 대한 예배'("너는 내 앞에 다른 신을 두지 말라"), '생명의 존엄성'("너는 살인하지 말라"), '결혼의 신성함'("너는 간음하지 말라")이었다.

이 세 가지 가치는 한 사회를 구성하는 중추적인 기둥이다. 그래서 하나님께서는 사회 전체가 힘을 모아서 그 가치들을 지지할 것을 요구하신 것이다.

뉘우치는 자의 회복

우리가 중요하게 기억해야 할 사실은 하나님께서 백성에게 법을 주심과 동시에 희생제물을 주셨다는 사실이다. 하나님께서는 우상숭배의 죄악에 대해 사형선고를 확정지어놓으셨다. 하지만 그 백성이 자신들의 죄악 된 반역행위를 속죄할 수 있는 방법으로 희생제사를 드릴 수 있도록 해주셨다. 이스라엘 사람들이 광야에서 금송아지를 만든 후에 하나님께서는 그들을 구원해주시는 길로 희생제물을 제공해주셨다.

마찬가지로, 간음한 자들에 대한 하나님의 법은 그들을 돌로 쳐 죽이라고 명령하고 있다. 그러나 하나님께서는 다윗이 밧세바와 통정하는 죄를 지은 후 회개했을 때, 그를 용서해주셨다. 용서와 회복은 언제나 하나님의 생각과 마음에 자리 잡고 있다. 희생제물을 드리는 제사는 율법이 정하고 있는 모든 죗값에서 벗어날 수 있는 길을 제공해주었다.

희생제사에 나타나 있는 하나님의 용서는 그 사회 안에서 하나님의 은혜가 회복되는 여지가 있음을 의미했다. 이 사실은 구약성경에는 암시적으로 나타나 있지만, 신약성경에는 뚜렷하게 드러나 있다(예를 들어 갈 6:1; 약 5:19, 20).

간음하다가 잡힌 한 여인이 바리새인들(그 당시 존경받았던 종교 지도자들의 집단)에 의해 예수 그리스도 앞에 끌려나왔던 그날보다 회복의 권능이 더 멋지게 드러난 예는 없을 것이다. 그들은 선생이신 예수님께서 율법의 완전한 이행(돌로 쳐서 죽이는 일—역자 주)을 허용해줄 것을 바라고 있었다.

이에 그리스도께서 이렇게 대답하셨다. "너희 중에 죄 없는 자가 먼저 돌로 치라"(요 8:7). 그런 다음에 그리스도께서 그 여자에게 가서 이렇게 말씀하셨다. "여자여 너를 고발하던 그들이 어디 있느냐 너를 정죄한 자가 없느냐…나도 너를 정죄하지 아니하노니 가서 다시는 죄를 범하지 말라"(요 8:10, 11). 하나님께서 정하신 율법의 정의 아래, 그 여인은 죽임을 당했어야 했을 것이다. 그러나 하나님의 은혜 가운데 그녀는 새로운 삶을 살 수 있도록 허락됐다. "죄의 삯은 사망이요 하나님의 은사는 그리스도 예수 우리 주 안에 있는 영생이니라"(롬 6:23).

원칙대로 실천하기

만일 약자를 보호하고, 악인을 제지하고, 회개하는 자가 회복되는 사회 공동체를 세우는 것이 하나님의 목적이라면, 이러한 원리원칙들이 실천에 옮겨지고 있는 모델을 어디에서 찾아야 할 것인가? 우리가 어디에서 거룩함으로 이끌어주는 문화를 발견하기 위한 소망을 가질 수 있겠는가?

만일 우리가 구약성경에서 이 공동체를 찾는다면, 실망하게 될 것이다. 하나님의 백성이 가나안 땅에 정착한 이후, 사사기는 '사람이 각기 자기의 소견에 옳은 대로 행하였다'(삿 17:6; 21:25)고 말하고 있다. 사사기는 결코 다루어진 적이 없던 폭력과 불의에 대한 소름 끼치는 이야기들로 가득 차 있다. 그리고 그 사회가 악을 다루는 데 실패했을 때, 사악함이 증가하여 마침내 그 백성이 하나님께 부르짖게 됐다. 각 성읍들과 도시들이 도저히 살아갈 수 없을 정도로 폭력으로 가득 차게 됐기 때문이다.

그리스도에 대한 조명 SPOTLIGHT ON CHRIST

수백 년 후에 주 예수 그리스도께서 세상에 오셨다. 그리스도의 사역이 시작되자마자, 바리새인들과 헤롯 당원(헤롯 임금에게 충성하였던 사람들)들은 예수님을 죽일 계획을 세우기 시작했다. 마침내 그들은 예수님을 체포했으며, 예수님은 종교 법정으로 끌려나갔다.

이 법정은 무고한 자가 보호를 받아야 했으며, 두세 사람의 증인들에 의해 고소가 성립되어야 하는 곳이었다. 복음서들은 어떻게 거짓 증인들이 나왔는지, 그리스도께는 왜 그 거짓 고소들에 대한 법의 보호가 주어지지 않았는지 기록하고 있다.

예수 그리스도는 로마의 총독이었던 빌라도에게로 끌려갔다. 빌라도는 적절한 법적 절차가 이루어지도록 감독하는 대신에, 군중에게 과연 그들이 그리스도가 석방되기를 원하는지 아니면 바나바라는 죄인을 석방시켜주기를 원하는지 물었다. 악인을 제지하는 대신에 빌라도는 바나바를 풀어주었으며, 그리스도는 예루살렘 성 바깥으로 끌려나가 처형당했다.

정부를 탓하지 말라

여기에서 한 가지 의문이 생긴다. 우리는 어느 정도까지 정부가 거룩함으로 이끌어주는 사회를 세워나가기를 바라야 할 것인가? 우리는 구약성경에 있는 법들을 국가에 적용하는 데 있어서 어떻게 한계를 그어야 할 것인지에 대해 유의해야 할 필요가 있다. 그리스도께서는 "가이사의 것은 가이사에게, 하나님의 것은 하나님께 바치라"(막 12:17)고 말씀하심으로써 하나님의 궁극적인 권위와 국가가 가지는 파생적인 권위 사이를 구별하셨다. 문제는 어떤 악들을 가이사(국가)가 다루어야 하며, 어떤 악을 하나님께 남겨두어야 하는지 결정하는 것이다.

죄악sin과 범죄crime 사이에는 차이가 있다는 점을 기억하는 것이 중요하다. 죄악은 하나님을 거스르는 위법 행위이다. 범죄는 하나님을 거스르는 위법 행위인 동시에 다른 사람에 대한 위법 행위이다. 모든 범죄는 죄악이다. 그러나 모든 죄악이 범죄는 아니다. 모독은 죄악이지만, 범죄는 아니다. 우상숭배는 죄악이지만, 범죄가 아니다. 국가는 (예를 들어 살인과 같이) 사람들에 대해 저질러진 범죄들을 처벌할 책임이 있다. 그러나 (우상숭배와 같이) 하나님만을 거스르고 있는 죄악들에 대해 처벌할 권력을 가지고 있지는 않다.

국가는 평화와 안전으로 이끌어주는 문화를 만들어나갈 수 있다. 그러나 거룩함으로 이끌어주는 문화를 만들 수는 없다. 범죄를 제지하는 것은 국가의 책임이다. 그러나 거룩함을 증대시키는 것은 국가의 권력을 넘어서는 일이다.

우리가 악에 대항하면서 거룩함을 증대시키는 문화를 발견할 소망을 가질 수 있는 곳은 단 두 곳밖에 없다. 한 곳은 가정이고, 다른 한 곳은 교회이다.

경건한 가정 문화

하나님께서는 기독교 가정의 부모들에게 그들의 자녀들이 올바른 것을 추구하도록 권장하는 환경을 만들 책임을 주셨다. 따라서 그리스도인 부모들도 약자를 보호해야 한다. 어떠한 자녀도 아버지의 처분이나 어머니의 기분에 따라 취급되어서는 안 된다. 당신은 성질 급하게 앙갚음을 하는 사람처럼 행동하지 않도록 매우 조심해야 한다. 사고가 발생했을 때, 그에 적합한 징계를 행사하기에 앞서 적절한 조사를 하고 정확한 사실들을 밝혀야 할 필요가 있다. (이러한 태도는 가정 안에서만이 아니라 이웃들과의 사이에서 벌어지는 사고와 싸움의 경우에도 반드시 필요하다. 부모가 본이 된다.—역자 주)

어떠한 사고가 발생했을 때, 부모는 반드시 자비로워야 한다는 점을 명심해야 한다. 나는 어렸을 때 겪었던 한 가지 일을 결코 잊을 수 없다. 나는 집에서 검은 페인트가 담긴 통을 실수로 노란색 카펫에 떨어뜨린 적이 있었다. 그때 나는 '이젠, 진짜 크게 혼나겠구나!' 하고 생각하고 있었는데 '크게 혼날 일'이 전혀 일어나지 않아 놀랐던 것이다. 아버지는 그것이 마치 도끼머리가 날아가는 것처럼 실수로 일어난 사고였을 뿐이며, 의도적인 불순종과 사고 사이에는 엄청난 차이가 있음을 알고 계셨다.

그것은 중요한 차이이다. 그러나 어린아이의 두 눈이 반항적으로 당신을 쳐다보고 있다면, 그때는 징계해야 한다. 왜냐하면 '아이의 마음에는 미련한 것이 얽혔기'(잠 22:15) 때문이다. 그래서 하나님께서는 부모들에게 죄가 고통스런 결과들로 이르게 한다는 메시지를 전달할 책임을 주셨다. 그리스도인 부모들은 죄인이 가는 길은 가혹하다는 사실을 적절하고 신중하게 자녀들에게 가르칠 필요가 있다. 만약 우리가 이 일에 실패하게 되면, 우리의 자녀들은 죄와 그 결과들을 연결 짓지 못하는 사람으로 자라게 될 것이다. 당신은 자녀를 키우고 있는 부모인가? 당신이 징계를 행할 때마다, 언제나 회복의 방법을 명확히 가지고 있어야 한다는 점을 명심하기 바란다.

하나님께서는 그 사랑하시는 자들을 징계하시지만, 자신이 징계하는 그 사람들을 사랑하는 일을 그치지 않으신다. 하나님께서는 그리스도인 부모들에게 격려로 가득한 가정을 만들라고 요구하신다. 그리스도인의 가정은 일종의 대항문화가 될 수 있다. 가정은 세상과는 다른 가치관들을 확립하고 부양할 수 있는 장소가 될 수 있다.

올바른 교회 문화

교회는 의로움을 증대시키기 위한 하나님 계획의 중심에 자리 잡고 있다. 대부분 그리스도인들은 죄를 가지고 농담을 하고, 죄를 칭찬하고 심지어 죄를 짓도록 지원하는 환경 가운데서 일주일을 보낸다. 경건함 없는 환경이 주는 끊임없는 압력 때문에 그리스도인으로서 살아가는 일이 힘들 수 있다. 예수 그리스도를 믿는 사람들은 거룩한 삶을 살아가기 위해 서로 도움을 주고받아야 한다. 교회는 사회와는 반대 방향으로 격려하는 곳이 되어야 한다.

이 말은 당신의 형제자매가 약자가 되었을 때, 그 사람을 보호해주어야 한다는 뜻이다. 그 사람과 함께 폭풍우 가운데 서서 뒤로 물러서지 말고, 형제자매가 죄를 향해 끌려들어가고 있는 것을 알게 될 때, 그를 제지해야 한다. 다른 길을 찾지 말라. 막강한 힘이 그를 끌어가고 있다. 그러므로 당신의 정직한 말은 하나님께서 그 사람을 재앙으로부터 건져내는 데 사용하는 수단이 될 수 있다. 그러나 당신의 침묵은 그 사람을 넘어지게 만드는 지름길이 될 수 있다.

그리고 만일 당신의 형제나 자매가 죄에 빠졌다면 어떻게 할 것인가? 그럴 때는 그를 회복시켜야 한다. "형제들아 사람이 만일 무슨 범죄한 일이 드러나거든 신령한 너희는 온유한 심령으로 그러한 자를 바로잡고"(갈 6:1). 어떤 사람이 덫에 걸려있거나 그물에 얽혀있다면, 이 사람은 자기를 풀어줄 누군가의 도움이 필요한 상태에 놓여있는 것이다. 그리스도 안에서 당신의 형제나 자매를 포기하지 말라. 그 사람이 현재 빠져있는 궁지에서 벗어나 다시금 의의 길을 따르도록 도와주어야 한다.

당신이 자신의 영적인 열정을 잃어가고 있을 때 당신을 환기시켜주고, 당신이 유혹에 빠지려고 할 때 정면으로 나무랄 정도로 당신을 아끼는 친구들이 있다고 상상해보라.

거짓말을 하는 생활 습관에 대해 나무라고 주위를 환기해줄 만큼 깊은 인간관계가 존재하고, 당신이 죄에 대한 저항력을 키울 수 있도록 도우며, 의로움에 대한 열망을 강화시켜주는 친구들이 있는 교회를 생각해보라. 그런 교회는 일주일에 한 번 교회에 나와서 몇 차례 찬송을 부르고 설교 한 편을 듣고 집으로 돌아가는 그런 교회가 아니다. 신약성경에 있는 교회는 서로 하나가 되어 경건한 삶을 추구했던 사람들의 공동체이다.

우리가 어려운 때에 함께하고, 유혹과 시험의 시기에 처했을 때 서로의 책임을 일깨워주며, 죄의 얽매임에서 피할 수 있도록 서로 도와주어 자유 가운데 경건한 삶을 추구할 수 있도록 하기 전까지 우리의 교회는 신약성경에 기록되어있는 대로의 참교회가 된 것이 아니다.

드러난 사실 UNLOCKED

우리는 지극히 개인주의적인 문화 속에서 살아가고 있다. 그러나 하나님께서는 공동체에 커다란 중요성을 두고 계신다. 하나님께서는 자기 백성에게 거룩함으로 인도해주는 문화를 만들라고 촉구하고 계신다.

구약성경의 율법은 약자가 보호를 받고, 악인이 제지를 받으며, 회개한 자가 회복되는 공동체 사회를 그리고 있다. 이러한 원리원칙들은 어떠한 민족, 어떠한 나라의 안전과 복지에 있어서 근본적인 기준이 된다. 그러나 정부는 거룩함으로 이끌어주는 문화를 만들 수 없다. 따라서 부모들은 가정에서 그러한 문화를 건설할 책임을 가지고 있으며, 예수 그리스도를 믿는 자들은 교회에서 그러한 문화를 건설할 책임을 가지고 있다.

기도 PAUSE FOR PRAYER

하늘에 계신 하나님 아버지!

지금 이 시간, 상처 입기 쉽고 공격받기 쉽기 때문에 제가 함께해야 할 약자의 처지에 있는 사람들을 보내주시옵소서. 형제나 자매가 그릇된 일이나 재난 가운데 빠지지 않도록 그들에게 주님의 말을 전할 수 있도록 성령께서 항상 저를 깨워주옵소서. 죄의 올무에 사로잡혀 있는 사람을 바른 길로 인도하고 회복시키기 위해 그들을 어떻게 도울 수 있는지 제게 가르쳐주시옵소서. 제가 할 일을 지적해주시고, 어떠한 사람이 되어야 하는지 보여주시옵소서. 나의 주인 되시는 예수 그리스도의 이름으로 기도드립니다. 아멘.

BC	2100		
		2092	아브라함이 가나안으로 들어가다
	2000		
	1900		
		1876	야곱이 애굽으로 들어가다
	1800		400년 동안의 애굽 노예 생활
	1700		
	1600		
	1500		
		1447	출애굽
	1400	1407~1400	가나안 정복
	1300		
	1200		
	1100		

13

언약

Covenant

여호수아 24장

우리가 어떻게 하나님과의 언약을 지킬 수 있는가?

묵상의 길잡이

☑ **발견하라**

어떻게 영적 언약을 회복할 것인지 발견하라.

☑ **배우라**

그리스도인의 삶 속에서 상대방의 책임을 일깨워주는 일의 중요성을 배우라.

☑ **경배하라**

자기 백성에 대한 하나님의 신의를 보면서 경배하라.

이제껏 내가 경험했던 가장 감동적인 예배 가운데 하나는 교회나 성당에서 드린 예배가 아니었다. 그 예배는 런던에 있었던 우리 집 거실에서 드린 예배였다. 약 30명의 어른들이 모여 예배를 드렸고, 그중 절반은 바닥에 앉아 예배 드렸다. 이 사람들은 모두 한 부부로부터 함께 모여 예배하자고 부탁을 받은, 그들의 친구들이었다.

그 부부는 결혼한 지 15년이 됐고, 세 자녀를 두었다. 그러나 그들의 결혼생활 대부분은 상당히 불행했다. 스티브(가명)는 포르노에 빠졌으며, 항상 과음했다. 시간이 지나면서 스티브는 점점 마약에 의존하게 됐다. 그는 가족들에게 사나운 욕설을 퍼붓는가 하면, 폭력을 휘둘렀다.

직장에서도 신뢰할 수 없는 사람으로 평가됐다.

우리 중 이 부부를 보살펴주었던 사람들은 점차적으로 이 가정이 무너지는 것을 보았다. 리사의 건강은 나빠졌으며, 그들의 재정 상태는 궁핍해졌다. 마침내 리사가 스티브의 외도 사실을 알았을 때, 그녀는 그를 더 이상 받아들이지 않고 내쫓아버렸다.

그렇게 얼마가 지났다. 스티브는 친구와 함께 살고 있었고 그의 부인 리사는 자녀들과 함께 고생하고 있었다. 그러다가 삶이 밑바닥에 치달았을 때, 하나님께서는 내가 오직 기적이라고밖에 말할 수 없는 일로 역사하셨다. 스티브의 마음이 온화해지기 시작했다. 그는 벌어진 일에 대해 책임을 지기 시작했고 진정한 회개의 증거도 있었다. 그는 정기적으로 자녀들과 함께 시간을 보내기 시작했다. 때때로 모두 모였을 때 우리는 그들 가족이 진정으로 행복해한다는 사실을 실감했다. 리사는 내게 그것이 두렵다고 말했다.

내가 스티브와 이야기를 나눌 기회가 있었을 때, 스티브는 자신의 삶을 장악하고 자신의 영혼을 갉아먹고 있던 습관적인 죄악과 행동거지에 대해 새로운 마음가짐으로 정직하게 맞서고 있음을 보여주었다. 처음 스티브가 나와 이야기를 나누러 왔을 때 그는 선글라스를 끼고 있었다. 그리고 그다음에 만났을 때에는 선글라스를 벗었다. 그것은 마치 그가 영혼을 활짝 열어놓았다는 상징과 같이 보였다.

리사는 매우 현명했으며, 신중하게 처신했다. 그녀는 스티브가 다시 집으로 돌아오도록 하지 않았다. 그러나 그들은 점차적으로 새롭게 신뢰를 형성해가는 과정을 밟기 시작했다. 그러다가 어느 날 그녀가 나를 찾아왔다. "목사님, 이제는 그 사람을 다시 받아들일 준비가 된 것 같습니다. 그가 진짜로 변했다고 믿으며, 둘 다 새로운 출발을 할 준비가 됐다고 생각합니다. 그러나 우리는 과거에 대해 분명한 선을 그을 필요가 있습니다. 우리가 하나님의 도움으로 새로운 출발을 하고 있음을 알 필요가 있습니다. 우리가 어떤 식으로 예배를 드릴 수 있겠습니까?" 하고 그녀가 말했다.

언약 예식

나는 그런 종류의 예배에 대해 잘 모르지만, 하나 창안해낼 수 있을 것이라고 말했고, 우리는 함께 계획을 세우기로 했다. 그들 부부는 그 예배를 우리 집에서 드리기 원했기 때문에 그렇게 하기로 했다. 그들은 자기 친구들을 예배에 초청했다. 그렇게 해서 스티브 부부 및 그들의 세 자녀와 함께 30여 명의 사람들이 모두 예배에 맞는 옷차림을 하고서 우리 집 거실에 들어오게 된 것이다.

우리는 그 예배를 '언약 갱신 예배'라고 불렀다. 나는 결코 그 언약 예식을 잊지 못할 것이다.

나는 다음과 같은 말로 그 예배를 시작했다. "우리는 여기에 우리의 친구들이 새롭게 결혼생활을 시작할 수 있도록 도와주기 위해 모였습니다. 그들의 결혼은 결코 끝나지 않았습니다만, 그들 사이에 맺었던 언약은 여러 번 지켜지지 않았습니다. 이 두 사람은 큰 고통을 겪었으며, 그들의 자녀들도 마찬가지입니다. 그러나 은혜가 풍성한 하나님께서는 우리가 하나님께 반항하고 있을 때조차도 우리를 내버리지 않으실 것입니다. 하나님께서는 우리의 마음을 어루만져서, 바른 방향으로 가도록 만드십니다. 우리의 친구 두 사람은 서로 다른 방향으로 가고 있었지만, 하나님께서는 그들의 방향을 다시 돌려서 하나로 만들어 주셨습니다. 그리고 지금 이 예배는 고백의 시간이며, 용서의 시간이며, 새로운 언약의 시간이며, 큰 소망의 시간입니다."

나는 스티브가 자신의 이야기를 우리에게 들려주고, 죄를 고백하고 난 다음에 자신을 위해 기도했던 친구들에게 고마움을 표시하면서 눈물을 왈칵 쏟았을 때, 그 방의 분위기를 결코 잊지 못할 것이다. 우리는 모두 그를 둘러싸고 그의 몸에 손을 얹고서 하나님께 감사의 기도를 드렸다. 그의 삶에 하나님께서 성령의 힘을 부어주시기를 간구했다.

리사의 차례가 됐다. 그녀는 자신의 분노, 견고해진 마음 그리고 품고 있었던 아픔에 대해 말했다. 그녀는 가정의 문제들이 한쪽에만 치우쳐있지 않다는 것과, 자신이 전과 다르게 처신했더라면 좋았을 것이라고 이야기했다. 그리고 그녀는 하나님께서 자신의 삶 가운데 역사하신 것과, 그녀가 다른 어느 누구를 용서하는 것보다 하나님께서 그녀를 용서해주시는 것에 대한 대가가 더 크다는 사실을 깨닫게 해주심에 감사드렸다. 우리는 다시 그녀를 에워싸고 기도를 드렸다.

그런 다음에 우리는 서약 순서를 가졌다. 우리는 서약을 위한 적절한 문구를 함께 작업했다. 이 언약 예식은 결혼식이 아니었다. 그들의 결혼생활은 결코 끝나지 않았기 때문에 그것은 '결혼 언약에 대한 갱신 의식'이었다. 언약을 갱신하는 의식은, 어제 맺었던 약속들이 비록 지켜지지 않았다 할지라도 그 약속은 오늘날 여전히 굳건하게 서 있으며, 하나님의 도우심을 받아서 그 약속들이 앞으로 지켜질 것임을 확인하는 의식이었다. 하나님의 선하심 가운데, 바로 그 일이 일어났던 것이다.

하나님의 구속력 있는 협약

'언약을 새롭게 갱신하는 것'이 여호수아서의 중심 주제 중 하나이다. 언약은 간단히 말해서 구속력 있는 약속이다. 성경 전체는 어떻게 하나님께서 자기 백성과 언약을 맺음으로써 자신을 바치고 계신지에 대한 이야기이다.

우리가 이 언약에 대해 성경에서 처음으로 읽게 되는 때는, 하나님께서 노아에게 "그러나 너와는 내가 내 언약을 세우리니 너는 네 아들들과 네 아내와 네 며느리들과 함께 그 방주로 들어가고"(창 6:18)라고 말씀하셨던 때이다. 하나님께서는 노아와 그의 가족들을 홍수로부터 건져내시겠다는 구속력 있는 언약을 세우셨고, 후에 결코 다시는 땅 전체를 홍수로 뒤덮어버리지는 않으시겠다는 또 다른 언약을 세우셨다(창 9:11-15).

그다음으로, 하나님께서는 아브라함과 하나의 언약을 세우셨다. "그 날에 여호와께서 아브람과 더불어 언약을 세워 이르시되 내가 이 땅을 애굽강에서부터 그 큰 강 유브라데까지 네 자손에게 주노니"(창 15:18). 하나님께서는 한 가지 약속을 하셨으며, 이번에는 그 약속을 한 희생제물의 피로 확증하셨다. 출애굽기, 레위기, 신명기는 모두 하나님께서 이스라엘 민족과 세우신 언약에 관한 것이다. "나는…너희의 하나님이 되고 너희는 내 백성이 될 것이니라"(레 26:12). 그러고 나서 하나님께서는 십계명을 주셨다. 그 언약은 돌판에 새겨졌다.

고대 세계에서는 일반적으로 하나의 언약이 맺어질 때, 그 언약의 조건들이 기록되는 것이 보통이었다. 그리고 그에 대한 두 개의 사본을 만들었다. 이 사실은 십계명을 기록한 돌판이 두 개였다는 점과 관련이 있을 것이다. 흔히 하나님께서 돌판 하나에 다섯 개의 계명을 기록하고 공간이 부족해서 나머지 다섯 개의 계명을 다른 돌판에 기록했을 것이라고 추측하고 있다. 그러나 하나님께서는 돌판 하나에 십계명을 모두 기록하여, 모세에게 그 돌판 두 개를 주셨을 가능성이 높다. 모세는 두 개의 돌판을 언약궤 안에 넣어두었다. 그 돌판들은 하나님과 그의 백성 사이에 맺어진 언약의 조건들이었다. 오늘날 모든 법적 계약이 그렇듯이, 쌍방 모두를 위해 계약서의 사본이 하나 더—하나는 하나님의 것으로, 다른 하나는 그 백성의 것으로—만들어졌던 것이다.

영적 언약을 갱신하라

우리는 이전 장까지 하나님께서 어떻게 자기 백성을 약속의 땅 입구에까지 인도해주셨으며, 모세가 고별 설교를 하면서 그 백성에게 가나안 땅에 들어갔을 때 어떠한 사회를 건설하라고 가르쳤는지에 대한 이야기를 따라왔다.

여호수아서는 하나님의 백성이 그들의 대적들을 몰아낼 때 하나님께서 그들에게 얼마나 놀라운 승리를 주셨는지 전해주고 있다. 그 백성은 얻은 승리 때문에 기쁨이 충만하여 한데 모였다. 그때 여호수아는 그들에게 여호와 하나님께 대한 언약을 갱신하라고 촉구했다.

하나님의 백성은 살아오면서 처음으로 번영이 가져다주는 시험에 부딪치게 됐다. 그들이 안락한 집에 정착함에 따라, 여호수아는 그들이 여호와 하나님을 섬기는 열정을 상실할까봐 걱정했다. 그래서 여호수아는 그 백성에게 "그러므로 이제는 여호와를 경외하며 온전함과 진실함으로 그를 섬기라"(수 24:14)고 권면했다. 여호와를 섬기라는 여호수아의 말은 어떤 특정한 프로그램이나 사역에 동참하겠다고 자원해서 가입하라는 이야기가 아니었다. 여호와를 섬긴다는 것은 한 사람이 그 삶 속에서 하나님께서 원하시는 바를 최우선적으로 행한다는 의미였다. 이것은 지금도 마찬가지다.

이 일은 결코 쉬운 일이 아니다. 우리의 생활 속에서 하나님을 최우선으로 여긴다고 말은 할 수 있지만, 그대로 실천하기 위해서는 매일 전쟁을 치러야 한다. 그래서 여호수아는 그 백성에게 네 가지 전략을 제시했다(수 24장). 그 전략들은 그들의 영적인 열정에 다시 불을 지펴서 하나님과 맺은 언약을 계속해서 유지할 수 있도록 도움을 줄 수 있는 전략들로, (1) 신실하신 하나님을 기억하고, (2) 과단성 있게 헌신하고, (3) 모든 우상들을 내버리고, (4) 서로서로 자기 할 바를 다하도록 책임을 일깨워주는 것이었다.

신실하신 하나님을 기억하라

여호수아가 이스라엘 모든 지파를 세겜에 모으고(수 24:1).

세겜은 큰 의미를 지닌 장소였다. 아브라함이 가나안 땅에 들어오기 500년 전에 그곳에 왔었다. 그곳은 레위인들이 올라가 하나님의 복과 저주들을 외쳤던 에발산과 그리심산 사이에 있는 작은 마을이었다. (당시에 아브람이라고 불렸던) 아브라함이 "…세겜 땅 모레 상수리나무에 이르니 그 때에…여호와께서 아브람에게 나타나 이르시되 내가 이 땅을 네 자손에게 주리라 하신지라 자기에게 나타나신 여호와께 그가 그곳에서 제단을 쌓고"(창 12:6-7).

이제 아브라함의 자손 200만 명이 바로 그 마을에 모여있었다. 이 백성이 그 산 위에 올라가 계곡을 내려다보면서 세겜 땅에 있는 큰 상수리나무들을 보았을 때 느꼈을 그 감격을 한번 상상해보라! 아버지들과 어머니들은 자기 자녀들에게 이렇게 말했을 것이다. "너희들, 저기 밑에 있는 큰 나무들이 보이지? 저기가 바로 500여 년 전에 하나님께서 우리 조상 아브라함에게 나타나셨던 곳이란다. 하나님께서 아브라함에게 그의 자손이 이 땅에서 살게 될 것이라고 말씀하셨지. 그래서 지금 우리가 여기에 와있는 것이란다! 하나님께서는 그분의 말씀처럼 선하신 분이시지."

어떤 약속의 가치는 그 약속을 한 사람의 성품에 의존한다. 당신이 자신이 한 약속들을 어떤 식으로 취급하고 행하느냐 하는 것이 바로 당신의 성격과 품성을 말해준다. 하나님의 성품은 자신이 하신 약속에 충실하신 것에 반영되어있다. 그 백성이 세겜 땅의 그 커다란 상수리나무 앞에 도착했을 때, 많은 사람이 분명히 자신이 거룩한 땅에 들어와 있다고 느꼈을 것이다.

그런 다음에 하나님께서는 그의 종, 지도자 여호수아를 통해, 백성에게 자신의 신실하심을 일깨워주기 시작하셨다.

> 이스라엘의 하나님 여호와께서 이같이 말씀하시기를…내가 너희의 조상 아브라함을 강 저쪽에서 이끌어내어…내가 모세와 아론을 보내었고…내가…그 후에 너희를 인도하여내었노라…내가 또 너희를 인도하여 요단 저쪽에 거주하는 아모리 족속의 땅으로 들어가게 하매…내가 그들을 너희 손에 넘겨주매…(수 24:2, 3, 5, 8).

그러고 나서 하나님께서는 이스라엘 백성을 약속의 땅으로 데려오시기 위해 자신이 행한 모든 일을 다음과 같이 정리하셨다. "내가 또 너희가 수고하지 아니한 땅과 너희가 건설하지 아니한 성읍들을 너희에게 주었더니"(수 24:13).

여호수아는 신실하신 하나님의 행하심을 회상했다. 만약 당신이 여호와 하나님께 대한 당신의 언약을 회복하고자 한다면, 세겜에 있는 커다란 상수리나무 아래로 되돌아오라. 거기에 와서 당신에 대한 하나님의 사랑과 신실하심을 생각하는 시간을 갖기 바란다. 우리의 헌신은 언제나 하나님의 은혜에 대한 대답이다. 영적인 열정은 하나님께서 신실하시다는 사실을 믿는 마음에서 시작된다.

과단성 있게 헌신하라

> 만일 여호와를 섬기는 것이 너희에게 좋지 않게 보이거든 너희 조상들이 강 저쪽에서 섬기던 신들이든지 또는 너희가 거주하는 땅에 있는 아모리 족속의 신들이든지 너희가 섬길 자를 오늘 택하라 오직 나와 내 집은 여호와를 섬기겠노라(수 24:15).

그다음으로 여호수아는 여호와 하나님께 전심으로 헌신하는 문제를 놓고 갈등하고 있던 백성에게 주의를 기울였다. 만약 그들이 여호와 하나님 섬기는 것을 원치 않는다면, 누구를 섬길 것인지 명확히 밝힐 필요가 있다고 여호수아는 주장했다.

만약 내가 당신들에게 "당신은 여호와를 섬기겠습니까?" 하고 묻는다면, 당신은 "아마 그럴 것입니다" 하거나 "앞으로 그렇게 하겠습니다" 하거나 "그러한 언약을 할 각오가 되어있지 않습니다" 하고 대답할 수 있다. 그러나 그 질문은 하나님께서 당신에게 묻고 있는 요점이 아니다. 요점은 당신이 여호와를 섬길지의 여부가 아니라 "당신이 어떤 신을 섬기고 있느냐?" 하는 것이다. 그 질문의 핵심은 당신이 여호와 하나님을 섬기고 있지 않다면, 하나님이 계셔야 하는 자리에 다른 존재를 두고 있다는 것이다. 그것이 누구인지 혹은 무엇인지에 대해 분명히 밝히고 솔직해지는 것이 매우 중요하다.

그 백성이 여호와 하나님을 대신할 다른 신들에 대해 고심할 때, 여호수아는 그들에게 이런 제안까지도 했다. "만일 너희들이 여호와를 섬기는 일에 전적으로 헌신하기가 어렵다고 생각하고 있다면, 너희들은 너희 조상들이 저기 강 건너편에서 숭배했던 그 신들에게로 돌아갈 수도 있을 것이다."

아브라함은 살아계신 하나님을 알기 전에 메소포타미아 지방에서 우상을 섬기고 있었다. 그 당시의 아브라함에 대해 들어보았던 사람은 거의 없었을 것이다. 당시 아브라함의 삶은 전혀 중요하게 여겨지지 않았다. 그런데 하나님께서 나타나셔서 그에게 복을 주시고, 그를 열방에 대한 복의 통로로 삼으시겠다고 약속하셨다. 여호수아의 말은 이런 뜻이었다. "자, 만일 너희에게 복을 주시고 너희로 하여금 다른 사람들에게 복을 전해주기 원하시는 여호와 하나님 섬기기를 꺼린다면, 아브라함에게 무엇이 되었든지 아무것도 해준 것이 없었던 그 신들에게 되돌아갈 수도 있을 것이다."

그런 다음에 여호수아는 또 다른 제안도 했다. "만일 너희가 여호와를 전적으로 섬기는 일에 자신을 다 드리기가 어렵다고 생각한다면, 아모리 사람들이 섬기고 있는 신들을 한번 고려해보는 것은 어떤가?" 실로 어리석은 말이었다. 왜냐하면 이스라엘 백성은 방금 아모리 사람들을 그 땅에서 몰아냈기 때문이다. 아모리 사람들의 신들이 자기 백성을 패배로부터 구원하기 위해 아무런 힘도 쓰지 못했음이 너무나 분명했기 때문이었다.

21세기에는 아모리 족속의 신들을 섬기고자 하는 사람이 아무도 없을 것이다. 그러나 여호수아의 질문은 여전히 우리에게 중요하다. 만약 우리가 여호와 하나님을 섬기고 있지 않다면, 여호와 하나님의 자리에 우리가 무엇을 두고 있다는 것인가? 나는 때때로 나 자신이나 성공, 쾌락을 그 자리에 넣고 싶은 유혹을 받는다.

당신이 한 가지 결정을 내려야 했을 때 선택을 결정해주었던 핵심이 "하나님께서 무엇을 원하시는가?"가 아니라 "무엇이 나를 행복하게 해 줄 수 있을 것인가?"였던 때가 있었을 것이다. 혹은 진짜 문제가 "무엇이 하나님을 기쁘시게 할 것인가?"가 아니라 "무엇을 하면 돈을 더 벌 수 있을까?"였던 때가 있었을 것이다.

아마도 당신은 "하나님께서 무엇을 원하시는가?"라는 질문에 대해, "무슨 상관인가? 이것이 내가 하고 싶은 거야, 어쨌든지 나는 이 일을 할 거야" 하고 대답했던 때가 여러 번 있었을 것이다.

이러한 갈등은 전혀 새로운 것이 아니기 때문에 여호수아의 질문은 우리에게 실질적인 도움을 준다. 당신이 여호와 하나님을 섬기는 것이 어렵다고 여길 때, 당신 자신이 하나님의 자리에 대신 무엇을 두고 있는지를 확인하라. 그런 다음에 그 대신하는 것이 당신을 어디로 이끌고 갈는지를 진실한 눈으로 바라보라. 21세기의 거짓 신들은 쉽게 알아볼 수 있다. 인기와 돈과 쾌락이다. 이 신들이 줄 수 있는 묘비명을 생각해 보면 도움이 될 것이다.

콜린 스미스의 묘

1958년에 태어나 20XX년에 죽어 여기 잠들다.
사람들에게 정말 인기가 많았으며,
돈도 산더미처럼 남겼으며,
많은 재미를 보았다.

당신에게는 어떤 묘비명이 새겨지겠는가? 무엇인가 더 좋은 묘비명이었으면 하는 바람이 마음속에 있지 않은가? 당신은 오히려 사도 바울과 같이 이렇게 말할 수 있지 않겠는가? "내게 사는 것이 그리스도니 죽는 것도 유익함이라"(빌 1:21).

여호수아는 백성에게 하나의 근본적인 선택을 하도록 다그쳤다. "만일 너희들이 온 마음과 뜻과 힘으로 여호와 하나님을 섬기고자 하지 않는다면, 너희들이 여호와의 자리에 누구를 혹은 무엇을 둘 것인지 내게 말하라." 그런 다음에 여호수아는 이렇게 말하여 갈 길을 제시해주었다. "…오직 나와 내 집은 여호와를 섬기겠노라"(수 24:15). 당신이 여호와 하나님을 대신할 수 있는 신들을 정직하게 살펴본다면, 당신도 그리 오래 걸리지 않아서 여호수아와 똑같은 말을 하게 될 것이다.

너희의 우상들을 내던져버리라

여호수아가 백성에게 여호와를 섬길 것인지 아니면 다른 어떤 신들을 섬길 것인지 선택하라고 요구하자, 그들은 바르게 답변했다.

> 우리가 결단코 여호와를 버리고 다른 신들을 섬기기를 하지 아니하오리니 이는 우리 하나님 여호와께서 친히 우리와 우리 조상들을 인도하여 애굽 땅 종 되었던 집에서 올라오게 하시고…여호와께서 또 모든 백성과 이 땅에 거주하던 아모리 족속을 우리 앞에서 쫓아내셨음이라 그러므로 우리도 여호와를 섬기리니 그는 우리 하나님이심이니이다(수 24:16-18).

이렇게 그들은 핵심을 파악했다. 그러자 여호수아가 대단히 놀라운 말을 했다. "너희가 여호와를 능히 섬기지 못할 것이다"(수 24:19). 이 말은 참으로 충격적이다. 백성은 여호와를 섬기라는 요구에 호응하여 그렇게 하겠다고 대답했다. 그런데 여호수아는 그들이 그렇게 할 수 없을 것이라고 말한 것이다. 그들은 이 말을 듣고 감정이 상했던 것 같다. 그래서 그들은 자신들이 그렇게 할 수 있다고 강력히 주장했다(수 24:21). 그러자 여호수아는 그 백성에게 만일 이 언약을 완결 짓고자 한다면, "이제 너희 중에 있는 이방 신들을 치워버려야 할 것"이라고 말했다(수 24:23). 이 말로 보아, 하나님의 백성은 가나안 사람들이 자신들의 집을 버리고 떠날 때 남겼던 우상들을 지니고 있었던 것이 분명하다. 그 우상들은 하나님께 거슬리는 것이었다. 그래서 하나님은 자기 백성에게 그 우상들을 내버리라고 요구하셨던 것이다.

예수 그리스도께서 당신의 집에 들어오셨다고 가정해보자. 당신의 집에는 예수님께서 보시지 않았으면 하는 것이 있는가? 만일 예수님께서 당신의 사무실 책상을 다 훑어보신다면 어떤가? 여호수아는 이때 선지자의 권위를 가지고 말했다. "너희들은 여호와를 섬기기 원한다고 내게 말하고 있다. 그러나 내가 너희들에게 말하지만, 너희가 하나님을 거스르고 있는 물건을 처리하지 않는 한, 그런 일은 일어나지 않을 것이다. 그것을 제거해버려라!" 우상들이 남아있는 한, 여호와 하나님을 섬기겠다는 그들의 언약은 단지 말뿐인 것이다.

하나님께서 과거에 이러한 일이 있었음에도 불구하고 그들에게 복을 주셨다는 사실은 주목할만하다. 하나님은 정말 놀라우리만큼 은혜로우시며, 때로는 오랫동안 우리의 생활 가운데 자리 잡고 있는 모순을 눈감아주신다. 그러나 하나님께서 어떤 특정한 문제를 지적하실 때가 오는데, 그때에 당신은 그 문제를 처리해야 한다.

하나님께서 "너희의 잘못과 죄들을 사하지 아니하실 것임이라"(수 24:19)고 한 여호수아의 말은 그 사람들이 용서받지 못할 죄를 저질렀다는 말이 아니었다. 그러나 그들이 버리려고 하지 않는 죄를 용서하지는 않으실 것이라는 사실을 명확히 밝히고 있었다. 백성이 여전히 이 우상 신들을 붙잡고 있는 동안에는, 다른 신들을 섬기는 죄를 용서하지 않으실 것이다. 당신이 그만둘 의지가 없는 죄에 대해 용서해달라고 하나님께 간구할 수 없다.

당신이 계속 붙잡고 있어서 여호와 하나님을 섬기지 못하도록 방해하고 있는 것이 무엇인가? 여호수아는 백성이 말로만 언약을 갱신하도록 내버려두지 않고자 했던 것이다. 언약에 대한 헌신은 하나님을 성나게 하는 모든 것에 대한 확실하고 결단성 있는 거부가 포함된다.

서로 책임을 일깨워주라

> 너희가 여호와를 택하고 그를 섬기리라 하였으니 스스로 증인이 되었느니라(수 24:22).

언약에 대한 증인들은 그 언약이 존중되도록 할 책임을 지고 있다. 이것에 대한 좋은 예가 결혼예식이다. 한 젊은 부부가 결혼식을 올리고 있다. 그리고 그의 모든 친구들은 그 예식에 참석하고, 공짜 음식과 떡을 먹는다. 그렇다면 그 결혼식에 참석한 친구들의 역할은 무엇인가?

고대 세계에서, 증인들은 그 언약이 확실하게 지켜지도록 만들어야 할 책임을 지고 있었다. 그래서 만약 한 남자가 자기 가정에서 불행해진다면, 그 사람은 결혼식에 참석했던 친한 친구들 중 한 사람에게 찾아가 상의를 했다.

그 남자가 왜 자기의 결혼생활에 크게 실망했으며, 이혼을 고려하고 있는지 설명한다면, 그의 친구는 이렇게 말해야 했다. "그래, 그런데 잠깐만 기다려봐. 결혼식 언약을 잊었니? 너는 그때 엄숙하게 서약했었지. 나는 그것을 봤던 증인이야. 네가 한 서약은 지켜야 하는 거야. 내가 친구로서 이 일을 잘 해결할 수 있도록 네 입장이 되어서 도와줄게."

여호수아는 그 백성이 여호와 하나님을 섬기기로 선택했다는 사실에 대한 그들 자신의 증인들이라고 말했다. 다시 말해서, 그들은 서로서로 책임을 지도록 일깨워주어야 했던 것이다.

만일 당신의 형제나 자매가 어떤 우상을 섬기고 있는 것을 본다면, 못 본 척 지나치지 말고 그 사람이 우상을 버릴 수 있도록 도와주어야 한다. 당신은 그의 증인이다!

그리스도에 대한 조명 SPOTLIGHT ON CHRIST

"그날에 여호수아가 세겜에서 백성과 더불어 언약을 맺고"(수 24:25). 지금 우리가 우리의 언약을 새롭게 갱신하고 있는 장소는 하나님께서 처음 아브라함에게 나타나 약속하셨던 큰 상수리나무가 있는 세겜이 아니라 다른 나무이다. 그 나무는 예수 그리스도께서 우리를 위해 자신의 목숨을 내어주셨던 나무이다. 세겜의 상수리나무는 하나님의 신실성과 사랑에 대해 그 백성에게 말해주었다. 하지만 십자가는 동일한 그 진리를 훨씬 더 명확하게 선포하고 있다.

우리가 십자가 앞으로 나아갈 때, 하나님께서는 우리가 예수 그리스도에 대한 과단성 있는 헌신을 하면서 우리의 우상들을 다 포기할 것을 촉구하고 계신다.

드러난 사실 UNLOCKED

하나님께서는 모든 약속을 신실하게 지키신다. 그리고 우리가 한 약속을 신실하게 지키는 것은 우리가 영적으로 성숙했다는 최초의 징표 중 하나가 될 것이다. 하나님에게나 다른 사람들에게 한 약속들을 지키려면, 때때로 값비싼 대가가 뒤따르는 선택을 해야 할 것이다. 그래서 하나님께서는 우리가 언약을 지키기 위한 선택을 할 수 있도록 도움을 주는 네 가지 전략을 주셨다.

첫째, 하나님께서 당신을 위해 무엇을 하셨는지 떠올리기 바란다. 당신의 삶에 부어주신 하나님 은혜에 대한 생생한 느낌은 하나님에 대한 당신의 충성을 강화시키는 데 도움을 줄 것이다.

둘째, 여호와를 섬기는 일을 대신할만한 다른 대안들을 찾아보기 바란다. 그 다른 선택들이 당신을 장기적으로 어느 곳으로 이끌고 갈지 살펴보아야 한다.

셋째, 당신의 삶 속에서 하나님을 성나게 한다고 생각되는 모든 것을 내던져버리기 바란다. 그것이 바로 그리스도에 대한 당신의 헌신이 단지 말뿐이 아님을 보여주는 증거가 될 것이다.

넷째, 당신이 한 약속들을 지키도록 책임을 일깨워주는 친구를 만들기 바란다. 그러한 책임이 바로 하나님께서 당신에게 힘과 격려를 주시는 한 가지 길이다.

기도 PAUSE FOR PRAYER

전능하신 하나님 아버지!

주님의 신실하심과 그 크신 사랑에 감사드립니다. 주님께서는 십자가에 달리신 우리 주 예수 그리스도를 통해 그 신실성과 사랑을 보여주셨습니다.

저는 하나님께서 제 삶의 주인이 되시기를 진심으로 원합니다. 주님이외에는 제 삶의 온전한 헌신의 대상이 될 만큼 가치있는 존재가 없습니다.

저는 온전히 하나님께만 헌신하겠다고 다짐했지만, 감추어져있는 우상들 때문에 그 다짐이 훼손되어버렸음을 고백합니다. 오늘 저는 여호수아와 더불어, "오직 나와 내 집은 여호와를 섬기겠노라"고 기도합니다. 제가 그 우상들을 제거해버리고 진정으로 주님을 섬기는 데 전적으로 헌신하는 사람이 되도록 도와주시옵소서. 나의 주 예수 그리스도의 이름으로 기도드립니다. 아멘.

14

구원자

Deliverer

사사기 2장

우상숭배란 무엇인가?

그리고 그 일이 오늘날 이 땅에서는 어떻게 이루어지고 있는가?

BC	1990		
		1876	야곱이 애굽에 들어가다
	1800		애굽에서의 노예 생활 400년
	1700		
	1600		
	1500		
		1447	출애굽
	1400	1407~1400	가나안 정복
		1360~1350	여호수아와 사사 시대 사이의 과도기
		1350~1084	사사 시대
	1300		

묵상의 길잡이

☑ **발견하라**

어떻게 한 세대 만에 하나님에 대한 지식을 상실했는지 발견하라.

☑ **배우라**

왜 우상들이 우리에게는 매력적이고, 하나님에게는 거슬리는 것인지 배우라.

☑ **경배하라**

예수 그리스도께서 우리의 최대의 적들로부터 자기 백성을 어떻게 구원하시는지 보면서 경배하라.

2000년 4월 21일자 《월 스트리트 저널》Wall Street Journal은 '하나님에 대한 재정의'라는 제목의 기사를 내보냈다. 리포터인 리사 밀러Lisa Miller는 하나님에 대한 지극히 개인화된 정의들이 새롭게 떠오르고 있는 현상을 다음과 같이 정리했다.

> 전국에 걸쳐서, 신실한 자들이 하나님을 다시 정의하고 있다. 권위적이거나 가부장적인 하나님의 통상적인 이미지들에 불만을 가진 사람들이 자신들의 영적인 욕구에 맞추어 하나님에 대한 기발하고 개인주의적인 생

> 각들을 받아들이고 있다….
>
> 그들은 자신을 감동시키는 것이면 무엇에서든지, 요가와 정신 치료 등과 함께 다양한 종교적 영향을 받아 영적인 삶을 짜깁기하고 있다.
>
> 뉴욕의 유니온 신학교 교수인 랜달 스타이어스Randall Styers는 "사람들은 시장에서 새로운 상품을 찾듯이 새로운 신들을 찾고 있다"고 말하고 있다. 그는 "그것은 개인주의가 극치에 달한 형태"라고 말했다.

이 기사와 더불어, 《월 스트리트 저널》은 다양한 배경의 출신자 10명에게 던진 "신은 무엇인가?"라는 질문에 대한 각각의 답변을 함께 제공해주었다. 나는 질문이 "신은 누구인가?"가 아니라 "신은 무엇인가?"라는 사실이 흥미로웠다. 그 대답 가운데 4가지는 다음과 같다.

뉴욕의 리버사이드교회를 담임하고 있는 제임스 포브스 목사Rev. James Fobes는 하나님은 "절대적인 힘의 원동력이 되는 장"이라고 말했다. 자신을 유대인이라 밝히고 있는 아테미스 레코드 회사Artemis Records 회장인 대니 골드버그Danny Goldberg는 하나님을 "순수한 사랑, 사랑의 강렬한 느낌들"이라고 말했다. 선 마이크로시스템스Sun Microsystems의 공동 창업자이자 자칭 개신교도인 빌 조이Bill Joy는 "과학자로서 우리는 하나님이 우리 유전자들의 일부분이라고 말할 수 있다"고 덧붙였다. 패션 디자이너이자 자신을 장로교인이라고 밝힌 대나 부크맨Dana Buchman은 이렇게 말했다. "나는 하나님을 믿지 않지만, 나의 생활과 가치들에 어떤 영향을 준 가까운 친지들에 대해 종종 생각한다. 하나님을 믿는다는 것은 마치 조상을 숭배하는 것과 같다."[1]

《월 스트리트 저널》의 그 기사는 고대 역사의 안개 속에서 사사기를 끄집어내어 곧장 21세기로 가져다놓은 것 같다. 사람들은 살아계신 하나님을 알지 못하고 있다.

여호와를 몰랐던 세대

여호수아는 그 백성을 모아 거대한 민족 대회를 열어, 그들이 하나님의 언약을 갱신하고 우상들을 제거해버리겠다는 맹세를 하도록 했다. 그런 다음에 사사기가 그 이야기의 뒤를 이으며 우리에게 이렇게 말하고 있다. "…여호수아가 백성을 보내매 이스라엘 자손이 각기 그 기업으로 가서 땅을 차지하였고"(삿 2:6).

그들은 하나님의 언약을 새롭게 갱신한 다음 각자 자기 집으로 돌아가서 하나님과 한 약속을 잘 지켰다.

> 백성이 여호수아의 사는 날 동안과 여호수아 뒤에 생존한 장로들 곧 여호와께서 이스라엘을 위하여 행하신 모든 큰 일을 본 자의 사는 날 동안에 여호와를 섬겼더라(삿 2:7).

이 사람들은 하나님의 구원의 역사를 개인적으로 직접 체험했다. 이들은 광야에서 성장한 세대였다. 그들 가운데 어떤 사람은 출애굽 당시에 어린아이였을 것이다. 만약 그렇다면, 그들이 가나안에 도달했을 때는 40대 후반이나 50대 초반 정도의 나이였을 것이다. 그리고 그 땅을 정복했을 때는 은퇴할 나이에 이르렀을 것이다. 그 밖의 사람들은 광야에서 태어났을 것이고, 여호수아가 모세로부터 지휘권을 물려받을 당시에 그들의 나이는 20대에서 30대 정도였을 것이다. 이 사람들은 가나안을 정복하는 동안 전투의 열기 속에서 민족을 위해 진력을 다했을 것이다. 그들은 여리고 성벽이 무너져내렸을 때, 혹은 태양이 멈추어 섰던 날에 여호와 하나님께서 이스라엘을 위해 행하신 기적을 직접 목격했을 것이다. 13장에서 살펴보았다시피, 그들은 하나님께서 자신들을 위해 행하신 일을 되새기면서 여호와를 섬기겠다고 약속했던 것이다.

그러나 마침내 "그 세대 사람도 다 그 열조에게로 돌아갔고…"(삿 2:10 상반절). 즉, 그 세대 전체가 다 죽었다는 말이다. 그러나 문제는 그 다음 세대에 있었다.

…그 후에 일어난 다른 세대는 여호와를 알지 못하며 여호와께서 이스라엘을 위하여 행하신 일도 알지 못하였더라(삿 2:10 하반절).

이 구절은 성경에서 가장 슬픈 구절 중 하나이다. 그리고 이 구절이 사사기 전체의 무대를 설정해주고 있다. 사사기는 하나님을 모르고, 하나님께서 그 백성을 위해 행하셨던 역사도 모른 채 한 세대가 성장했을 때, 한 민족에게 어떤 일이 일어나는지를 우리에게 말해주고 있다. 사사기는 그렇게 기분 좋게 읽을 수 있는 말씀이 아니다.

사사기는 성경 이야기에서 새로운 장을 열고 있다. 그 장은 오늘날의 교회에도 많은 것을 시사해준다. 광야에 있었을 때는 모든 사람이 하나님이 누구인지 그리고 하나님께서 이스라엘을 위해 무슨 일을 하셨는지를 잘 알고 있었다. 때문에 《월 스트리트 저널》의 기자가 이 사람들에게 "하나님이 무엇입니까?" 하고 물었다면, 그 사람들은 즉각적으로 "질문이 잘못되었어요. '하나님이 누구십니까?' 하고 물어야지요. 그 하나님은 아브라함과 이삭과 야곱의 하나님이십니다. 그 하나님은 모세에게 나타나셔서 '나는 스스로 있는 자다' 하고 말씀하신 하나님이시고, 시내산에 내려오셔서 십계명을 주신 하나님이시지요" 하고 답변했을 것이다.

그 사람들은 대답하면서 하나님의 성품을 이렇게 선포했을 것이다. "하나님은 만물의 창조주시지요. 그리고 그분은 우리의 구원자이시며 재판장이십니다. 그분은 거룩하시고, 의로우시고, 사랑이 많으시고, 은혜로우시고, 선하신 분이십니다. 우리는 그분을 경배해야 하고 경외해야 합니다. 우리는 그분을 사랑해야 하고 사모해야 합니다. 그분은 살아계신 하나님이십니다."

이 사람들이 항상 여호와 하나님께 순종했던 것은 아니었다. 그 세대는 부모들의 불순종 덕택에 광야에서 방랑했다. 그러나 적어도 그들은 하나님이 누구시며, 무슨 일을 행하셨는지에 대해서는 알고 있었다. 그러나 이제 새로운 세대가 등장했으며, 그들은 전혀 다른 상황 속에 있었다. 그들의 문제점은 그들이 하나님을 믿지 못했다는 데 있는 것이 아니라 그들이 하나님을 알지 못했다는 데 있었다.

그 일이 어떻게 벌어졌는가?

어떻게 그 일이 한 세대 만에 일어날 수 있었는가? 간단히 말하면 그들의 부모들이 풍요로운 땅에서 너무나 바빴기 때문이었을 것이다. 그들은 자신들의 세대 가운데서 하나님께서 행하시는 놀라운 일들을 목격했던 사람들이었다. 그러나 자기 자녀들에게 체계적이고 조직적으로 가르치기를 소홀히 했음에 틀림없다. 그래서 한 세대 만에 하나님에 대한 지식이 소실되어버렸던 것이다.

어쩌면 여기 사사기에서 우리는 정확히 현재의 포스트모던 사회 같은 세대를 보고 있는 것인지도 모른다. 풍요로움 속에서 태어나 영적인 의미를 찾는 데 얼을 빼앗겼지만, 여호와를 알거나 여호와께서 이스라엘을 위해 무슨 일을 행하셨는지에 대해서는 알지 못하는 것이다.

부모에게 있어서의 우선순위

이스라엘에서 발생한 이 위기는 부모, 주일 학교 교사, 소그룹 지도자 등 우리나라에서 영적인 생명에 대해 관심이 있는 모든 그리스도인들을 위한 우선순위가 무엇인지 우리에게 일깨워주고 있다. 우리의 자녀들에게 하나님께서 누구신지를 가르쳐야 한다. 우리는 자녀들에게 하나님께서 행하신 일이 무엇인지를 가르쳐야 한다. 이것이 가장 중요하고 본질적인 요소이다.

우리는 "서진은 착한 학생이 되어야 한다"거나 "은주는 착한 소녀가 되어야 한다"라고 가르칠 것을 요구받지 않았다. 서진과 은주는 하나님이 누구시며 하나님께서 무슨 일을 하셨는지 알아야 한다. 이 지식 없이는 믿음이 불가능하다. 사도 바울이 말했다시피, "그런즉 그들이…듣지도 못한 이를 어찌 믿으리요"(롬 10:14). 그러므로 바로 이것이 교육과정의 핵심이 되어야 한다. 서진과 은주가 하나님은 누구시며, 그 하나님께서 행하신 일이 무엇인지 알게 될 때, 그때서야 비로소 그들은 믿음과 순종으로 의미 있는 응답을 할 수 있게 되는 것이다.

자녀들이 예수 그리스도를 믿게 만드는 것은 그리스도인 부모들의 책임이 아니다. 오직 성령님께서만 그 일을 하실 수 있다. 그러나 하나님께서는 예수 그리스도를 믿는 모든 부모에게 자기 자녀들로 하여금 믿음이 무엇인지 알도록 가르칠 의무를 주셨다.

오늘날 우리에게 있어서 가장 시급한 일은 가정과 교회와 신학교에서 부모, 목사, 교수들이 하나님은 누구이며 이스라엘을 위해 무슨 일을 하셨는지를 가르치는 것이다. 우리에게는 그러한 가정과 교회와 신학교가 절실하게 필요하다.

그 지식이 소멸해버리는 데 겨우 한 세대가 걸렸다. 그러나 한 세대 만에 상실된 것은 다시 한 세대 만에 회복될 수도 있다. 실제로 이 일이 얼마 후에 이스라엘에서 일어났던 일이다. 하나님께서 사무엘에게 말씀하셨으며, 그를 통해 하나님의 말씀이 모든 이스라엘에게 전해졌다(삼상 3:21).

반복 순환

사사기는 몇백 년 동안 많은 사건이 여러 차례 반복 순환하면서 발생하는 것을 기록하고 있다. 그 순환은 사람들이 여호와 하나님을 버리고 우상에게 눈길을 돌렸을 때 일어나기 시작했다. "이스라엘 자손이 여호와의 목전에 악을 행하여 바알들을 섬기며…그들의 조상들의 하나님 여호와를 버리고 다른 신들 곧 그들의 주위에 있는 백성의 신들을 따라 그들에게 절하여…"(삿 2:11, 12).

그래서 하나님께서 진노하셔서 그 백성을 대적들의 손에 붙이셨다. "그들의 주위에 있는 백성의 신들을 따라 그들에게 절하여 여호와를 진노하시게 하였으되…여호와께서 이스라엘에게 진노하사 노략하는 자의 손에 넘겨주사…"(삿 2:12, 14).

이에 대처하여 백성은 하나님께 도와달라고 부르짖었으며, 하나님께서는 그들을 구하기 위해 한 지도자, 혹은 한 사사士師(재판도 겸하여 하는 일종의 정치적 군사적 지도자였음, 판관, 판관기라고 번역하기도 함—역자 주)를 세우셨다. 이 사사는 관리가 아니라, 군사적인 지도자에 가까웠다.

그러나 사사가 죽으면, 그 백성은 다시 이전의 생활 방식으로 되돌아갔으며, 그러한 순환은 또다시 시작됐다. 그 백성은 우상숭배, 심판, 하나님께 부르짖음, 구원, 다시 우상숭배를 반복적으로 되풀이했다. 그래서 사사기 2장은 그 일을 다음과 같이 요약하고 있다.

> 여호와께서 그들을 위하여 사사들을 세우실 때에는 그 사사와 함께 하셨고 그 사사가 사는 날 동안에는 여호와께서 그들을 대적의 손에서 구원하셨으니 이는 그들이 대적에게 압박과 괴롭게 함을 받아 슬피 부르짖으므로 여호와께서 뜻을 돌이키셨음이거늘 그 사사가 죽은 후에는 그들이 돌이켜 그들의 조상들보다 더욱 타락하여 다른 신들을 따라 섬기며 그들에게 절하고 그들의 행위와 패역한 길을 그치지 아니하였으므로(삿 2:18-19).

우상 식별하기

구약성경에는, 우상숭배라는 말이 계속해서 등장한다. 바알과 아스다롯(아세라—아스다롯이라는 단어의 복수형), 몰렉, 다곤 등 많은 우상들의 이야기가 등장한다. 그것은 현재 우리에게는 상당히 거리가 먼 것처럼 보이지만, 아주 중요한 사실들이기 때문에 거듭해서 자주 등장하는 것이다. 《월 스트리트 저널》의 그 기사는 우상숭배에 대한 확실한 정의를 하나 내려주고 있다. "전국에 걸쳐서, 많은 사람들이 하나님을 다시 정의하고 있다…사람들이 자신들의 영적인 욕구에 맞추어 하나님에 대한 기발하고 개인주의적인 생각들을 받아들이고 있다."

당신은 우상숭배에 대해 이보다 더 분명한 정의를 찾을 수는 없을 것이다. 《월 스트리트 저널》은 아마도 그 기사의 제목을 '미국에서 벌어지고 있는 우상숭배'라고 달았을 수도 있었을 것이다. 그 신문에 따르면 미국에는 그러한 우상숭배가 가득 차 있다. 물론 우리의 귀에 들리는 것은 바알이나 아세라, 다곤, 몰렉이 아니다. 우리들의 세계에는 하나님을 "절대적인 힘의 원동력이 되는 장"이나 "사랑에 대한 순수하고 강력한 느낌"이나 "일출시에 안개가 걷히는 것을 바라보면서 물소리를 듣고 있는 것" 정도로 여기는 사람이 가득하다. 이처럼 하나님을 다시 정의한다는 것 자체가 완전한 우상숭배이다.

우상들의 매력

우상숭배는 강력한 흡인력을 가지고 있다. 왜냐하면 우상숭배는 당신을 절대적인 지배자의 자리에 앉혀주기 때문이다. 예를 들어, 당신이 어떤 소설을 하나 쓴다고 가정해보자. 당신은 하나의 이야기를 창작해서 아무것도 쓰여있지 않은 깨끗한 백지 위에 어떤 내용이라도 원하는 것이면 아무 방향으로든지 그 이야기를 이끌어갈 수 있다.

그 이야기를 엮어가면서 당신은 절대적인 지배력을 행사한다. 주인공은 당신의 절대 권력 아래 있다. 주인공의 유일한 실체는 당신의 책 페이지 속에서 당신이 그에게 부여하는 실체일 뿐이다. 당신은 주인공을 당신이 원하는 사람으로 만들 수 있으며, 그 이야기 안에서 그에게 무슨 일이든 하게 할 수 있다. 그것이 바로 우상숭배의 매력이다. "나는 스스로 있는 자니라" 하고 말씀하시는 살아계신 하나님을 예배하고 경배하는 대신에, 많은 사람이 자기 자신의 영적인 욕구와 필요에 맞는 신을 하나 만들어내기를 선호하고 있다.

한 인물을 창조해내는 것은 소설을 쓰기에는 더할 나위 없이 좋은 일이지만, 실제 인물로 이러한 시도를 한다면, 그 사람의 명예를 훼손한 죄로 법정에 서게 될 것이다. 우상숭배는 강력한 흡인력과 매력을 가지고 있지만, 또한 대단히 도발적이며, 공격적인 것이다. 예를 들어, 지금 내가 목회하면서 사역하고 있는 교회의 몇몇 사람들이 "우리는 여기에 '콜린 목사 조각상'을 하나 세워두고 따르고 싶다. 그러나 우리는 당신이라는 사람 자체는 좋아하지도 않고 당신이 하고 있는 일도 좋아하지 않는다. 그저 당신의 조각상만 있으면 된다" 하고 말한다면, 나는 상당히 심한 모욕을 당하고 있다고 생각할 것이다. 그런데 이것이 바로 하나님 앞에 우상숭배의 죄를 저지르는 것이다. 우상숭배는 하나님께 이렇게 말하는 것이다. "우리는 하나님 당신에 대한 어떤 종류의 사상은 좋아하지만, 당신 자체를 좋아하지는 않는다. 당신이 하는 말도 좋아하지 않고, 당신이 하고 있는 일도 좋아하지 않는다. 그래서 우리는 당신을 다시 새롭게 정의하려고 한다. 당신이 누구인지, 어떤 자인지 우리가 결정할 것이다."

하나님께서는 이렇게 대답하신다. "나는 나이다. 나는 스스로 있는 자이다. 너희들이 나를 다시 정의할 수 없다. 그러나 나는 너희들이 무슨 말을 하는지 정확히 알아들었다. 그래서 너희를 보호해주고 있는 나의 손을 물리치고, 너희들을 너희 대적들의 손에 넘겨주도록 하겠다."

하나님께서는 자기 백성을 자신에게로 다시 되돌리기 위해 위기를 만들어내신다. 그래서 하나님께서는 보호의 손길을 거두시고 자기 백성이 스스로 선택한 결과들을 감당하면서 살아가도록 허락하신다. 이것이 바로 고집을 피우면서 계속 죄를 짓고 있는 사람들을 하나님께서 다루시는 방식이다.

아모리 족속의 죄악

하나님께서는 아브라함에게 그의 자손들이 가나안 땅으로 복귀하게 될 것이라고 약속하셨다. 그때 하나님께서는 "아모리 족속의 죄악이 아직 가득 차지 아니했기 때문에"(창 15:16) 그 일이 네 세대가 지나가기 전까지는 일어나지 않을 것이라고 말씀하셨다. 이 말은 우리가 가나안 정복을 이해하는데 있어서 매우 중요한 말이다. 아모리 족속은 가나안 땅에 거주하고 있던 다양한 부족 집단들을 가리키는 일반적인 용어였다. 이 사람들은 하나님을 거슬러서 죄를 짓고 있었음이 확실했다. 그러나 하나님께서는 인내하신다. 하나님께서는 노하기를 더디하시며, 가끔은 오랫동안 죄를 눈감아주신다. 그러나 어떤 시기가 오면, 하나님께서는 심판하시기 위해 행동하신다. 아모리 족속의 죄가 한도에 도달했을 때에, 하나님께서 그들을 심판하시는 것이다.

동시에 하나님께서는 이스라엘을 통해 역사하고 계셨다. 하나님께서는 이스라엘 백성이 애굽에서 고난을 겪도록 하셨다. 하나님께서는 그들을 가나안 땅과 근접한 곳까지 인도하셨다. 그러나 그들은 전진해 들어갈 믿음과 용기가 없었다. 그래서 하나님께서는 당신을 전적으로 신뢰하는 새로운 세대가 나타날 때까지 그들을 거의 40여 년 동안 광야 가운데서 인도하셨다. 그러고 나서 그들은 여호수아의 지휘 아래 그 땅을 공격하여 아모리 족속을 내쫓을 준비를 했다.

그 당시 아모리 족속의 죄악은 한도에 도달했다. 하나님의 심판의 때가 찾아왔으며, 하나님께서는 이스라엘과 아모리 족속을 모이게 하셨다. 이스라엘에는 복을 주시고, 그와 동시에 아모리 족속은 심판하시려는 목적을 달성하셨다.

그리고 몇 년 후에 하나님의 백성이 바로 아모리 족속이 숭배했던 그 우상들에게로 눈을 돌린다. 하나님께서는 우상숭배 때문에 아모리 족속을 심판하셨는데, 이스라엘 백성이 바로 그 죄악을 저지르려 하고 있었다. 그래서 하나님께서 이번에는 아모리 족속의 손에 자기 백성을 붙이셨다. "그들이 싸우러 어디를 가든지 여호와의 손이 그들에게 재앙을 내리시매"(삿 2:15). 그러나 이것이 그 이야기의 다가 아니었다.

건져내주시는 하나님

여호와께서 사사들을 세우사 노략자의 손에서 그들을 구원하게 하셨으나(삿 2:16).

사사기 전체를 통해 우리는 군대의 지도자들과 그들의 영웅적인 업적에 대해 읽는다. 거기에는 옷니엘, 에훗, 삼갈, 드보라, 바락, 기드온 그리고 삼손이 있었다. 여호와의 성령이 사사들에게 임하여, 그들이 하나님의 백성을 위해 놀랄만한 승리를 거둘 수 있도록 해주셨다.

나는 《월 스트리트 저널》에서 밀러 기자가 쓴 기사의 결론에 매료됐다. 리사 밀러는 다음과 같이 썼다.

> 더 관대하고, 거의 신비에 가까운 신학은 (이것은 우상들에 대해 듣기 좋게 표현한 말이다.) 오늘날의 풍요로운 사회 속에서 그것을 기꺼이 수용하는 청중을 발견했다…오늘날은 비교적 평안하고 풍요로운 시대이다. 그래서 많은 미국인들이 신과 더 깊은 관계를 형성하려고 노력하고 있음에도 불구하고, 그들은 흔히 하나님으로부터의 보호나 구원을 갈구하도록 자극했던 어떤 위기에도 직면해있지 않다…힘든 시기나 갑작스런 고난이 찾아오면 이 모든 것을 순식간에 바꿀 수 있을 것이다…하나님에 대한 사람들의 생각이 아무리 광범위하고 그와 동떨어져있다 할지라도, 고난이 닥치면 사람들은 아버지 하나님을 다시 찾는다.[2]

이것은 매우 예리한 지적이다. 그것이 바로 사사기가 우리에게 말하고 있는 사실이다. 생활이 어렵고 힘들어지면, 질문은 매우 간단해진다. "당신을 도와주기 위해 특별한 일을 해줄 수 있는 신이 있는가?"

그것이 질문이라면, 우상들은 더 이상 매력이 없어질 것이다. 그 이유는 간단하다. 우상들은 아무것도 해줄 수 없기 때문이다. 우상들은 평온하고 풍요로운 시대에는 매우 편리할지 모른다. 우상들은 우리에게 도덕적 요구들을 하지 않기 때문이다. 그러나 인생에서 위기에 직면했을 때, 당신은 호숫가에서 피어오르는 안개에게 도움을 구할 수 있겠는가? 당신이 임종을 맞고 있을 때 (인격과 의지를 가지고 있지 않은) 긍정의 힘이 어떤 도움을 줄 수 있겠는가?

그러나 하나님께서는 하늘에 계시며, 성령으로 우리 마음속에 함께 하신다. 그리고 당신은 그 하나님에게 구원해달라고 간구할 수 있다. 이것이 바로 우리가 하나님을 모르고 있는 새로운 세대에게 가르쳐야 할 것이다. 우리는 그들에게 이렇게 말해야 한다.

"세상에는 살아계시며 참되신 오직 단 한 분의 하나님이 계신다. 그 하나님께서는 '나는 스스로 있는 자니라, 나는 여호와 하나님이다' 하고 말씀하신다. 그분은 우리가 원하는 대로 만들어지는 그런 하나님이 아니다. 그 하나님을 우리가 다시 새롭게 규정할 수가 없다. 그것은 우상숭배이다. 하나님께서는 우상숭배를 심판하실 것이기 때문에 우리는 감히 그 길로 가려고 해서는 안 된다.

그러나 하나님께서는 자신을 부르는 모든 자에게 은혜로우시다는 사실을 기억하라. 너희들이 믿음으로 하나님을 바라보고 하나님을 의지한다면, 하나님께서는 너희를 구해주실 것이다."

그리스도에 대한 조명 SPOTLIGHT ON CHRIST

당신이 사사기 전체를 다 읽었을 때, 이 군대의 지도자들이 놀라운 업적을 달성하기는 했지만, 커다란 한계도 지니고 있었음이 확연하게 드러날 것이다.

그들 대부분은 인격적으로 심각한 결핍이 있었으며, 존경할만한 점이 거의 없었다. 에훗은 비겁한 암살자 같아 보인다(삿 3:12-23). 기드온은 자기가 무슨 일을 하기에 앞서 하나님께서 그에게 명하신 일에 대해 여러 차례 확인을 거칠 정도로 믿음이 부족했던 사람이다(삿 6:36-40). 입다는 자기 딸이 희생제물로 바쳐지는 불행스런 선택을 했다(삿 11:3-40). 삼손의 실패는 유명한 사건이 됐다(삿 14장, 16장). 그래서 삼손은 지금껏 살아온 사람들 가운데 가장 연약하고도 힘센 사람이라고 볼 수 있다.

당신이 그 이야기를 따라가면서 읽어갈 때, 사사들의 모든 활동 이후에도 사실 변한 것은 아무것도 없었다는 결론을 피하기 어려울 것이다. 사사들의 활동이 백성의 형편에는 어떠한 변화를 가져다주었는지 모르지만, 결코 그들의 마음은 변화시키지 못했다.

그래서 사사들의 업적은 그리 오래가지 못했다. 한 사람의 사사가 죽으면, 죽자마자 그 백성은 우상들에게 달려갔으며, 그 전체의 악순환은 다시 시작됐다. 당신은 하나님의 백성에게 이러한 사사들보다 더 나은 구원자, 즉 그들의 형편만을 바꾸는 정도가 아니라 마음에 변화를 불러일으키는 사람이 필요했다는 결론을 내릴 수 있다. 그들에게는 지속적인 변화를 가져다줄 구원자가 필요했다.

성경 이야기의 세월이 지나 1,400년이 흐른 후에도, 여전히 하나님의 백성은 또 다른 박해자의 발아래 놓였다. 이번에는 로마군대다. 그들은 시저(가이사)에게 세금을 바쳤으며, 정의를 집행하는 일은 본디오 빌라도라는 외국의 정치적 실용주의자의 손아귀에 있었다.

이 시기 동안 로마의 권력을 무너뜨리려는 반란들과 시도들이 여러 번 일어났다. 그리고 그 백성은 하나님께서 자신들을 건져내줄 구원자를 세워주시기를 고대하고 있었다. 어떤 사람들은 하나님께서 또 다른 에훗이나 또 다른 삼손, 즉 본디오 빌라도와 그와 같은 몇 사람들을 해치워버릴 수 있는 강인하고 공격적인 사람을 세워주시기를 고대했다. 그리고 시므온이나 안나와 같은 사람들(눅 2:34-39)에 대한 더 깊은 필요성을 느끼고 있었다. 그들은 마음의 문제들을 어루만져줄 수 있는 구원자를 하루 빨리 하나님께서 보내주시기를 기도하고 있었다. 그들이 기도로 부르짖었을 때, 하나님께서는 새로운 일을 행하셨다. 자기 아들을 세상에 보내신 것이다.

예수님의 사역은 마음에 집중되어있었다. 천사는 요셉에게, "아들을 낳으리니 이름을 예수라 하라 이는 그가 자기 백성을 그들의 죄에서 구원할 자이심이라"(마 1:21) 하고 말했다. 가룟 유다는 예수님이 행하셨던 능력을 보고, 그분이 로마의 권력으로부터 건져내주실 구세주이심을 깨달았다. 그러나 예수 그리스도는 그러한 일정표를 따르기를 거부하셨다. 하나님께서는 당신의 삶의 외적인 형편들을 수천 번이라도 바꾸어주실 수 있다. 그러나 하나님께서 당신의 마음을 바꾸지 않으신다면, 당신의 삶은 사사기가 보여주고 있듯이 그대로 악순환을 계속하게 될 것이다.

그다음에 예수님께서는 자신의 공생애 사역이 정점에 이르렀을 때, 십자가에 못 박혀 죽으셨다. 로마의 권세에서 건져내줄 모든 희망은 산산조각이 나버렸다. 그러나 예수 그리스도께서는 죽으신 지 사흘 만에 죽은 자 가운데서 다시 살아나셨다. 이렇게 인류 역사상 처음으로, 결코 죽지 않을 구원자가 나타나신 것이다. 예수 그리스도께서는 오늘날에도 계속 우리를 최대의 적인 죄와 죽음과 지옥으로부터 건져내고 계신다.

당신의 생각 속에만 존재하고 있는 신은 당신을 죄와 사망으로부터 건져내줄 수 없다. 살아계신 하나님께서는 당신에게 우상으로부터 떠나 하나님을 부르라고 권하신다. 그리고 하나님께서는 "누구든지 주의 이름을 부르는 자는 구원을 받으리라"(롬 10:13)고 약속하신다.

드러난 사실 UNLOCKED

우상숭배란 하나님을 다시 새롭게 정의하는 것이다. 우리가 만들어내는 신들은 우리가 마음껏 주무를 수 있기 때문에 매력적이다. 그러나 그 신들은 우리를 도와줄 힘이 전혀 없다. 그리고 그 신들은 하나님을 노하시게 한다.

살아계신 하나님께서는 우리를 죄와 사망으로부터 건져내주실 수 있는 분이시다. 하나님께서는 자기 아들을 세상에 보내사 우리를 죄와 죽음과 지옥으로부터 구원해주신다. 오늘날 사람들은 여전히 자신의 상상으로 만들어낸 신들과 살아계신 참 하나님 사이에서 선택을 해야 한다. 그러나 오직 살아계신 하나님만이 우리를 구원해 주실 수 있는 분이시다.

기도 PAUSE FOR PRAYER

전능하신 하나님 아버지!

주님이 살아계신 하나님이심에 감사드립니다. 또한 주님께서 주님의 백성을 건져내주실 수 있는 분이심에 감사드립니다. 주님을 있는 그대로 사랑하지 못하고, 경배하기를 주저했던 저를 용서해주시옵소서. 주님께서 제게 하시는 그 말씀을 제가 전적으로 믿을 수 있도록 도와주시옵소서. 그리하여 저의 생각보다는 주님의 진리 속에서 믿음의 삶을 세워나갈 수 있도록 도와주시옵소서.

성령님의 도우심으로 여러 부모와 목회자들이 주님의 말씀을 올바로 가르쳐서, 새로운 세대가 주님이 누구시며 무엇을 행하셨는지 제대로 알 수 있도록 해주시옵소서. 주님의 이름이 온 나라에 가득하고 오직 주님만을 경배할 수 있도록 우리와 함께해주시옵소서. 우리 주 예수 그리스도의 이름으로 기도드립니다. 아멘.

Notes

1. "When We Talk About God," *The Wall Street Journal*, 2004년 4월 21일, 4면.
2. Miller, "Redefining God," 같은 신문, 4면.

15

구속자

Redeemer

룻기

우리에게는 왜 구속자가 필요한가?

묵상의 길잡이

☑ **발견하라**

구약성경에서 가장 아름다운 사랑 이야기를 발견하라.

☑ **배우라**

참된 사랑을 위해서는 어떠한 대가를 지불해야 하는지 배우라.

☑ **경배하라**

예수 그리스도께서 어떻게 우리의 구속자가 되셨는지 보면서 경배하라.

만일 당신에게 아내가 있고 부양해야 할 두 자녀가 있는데, 필요한 식량을 살 돈이 없다면, 어떻게 하겠는가? 물론 몇몇 남편들, 아버지들은 "하나님을 의지한다"고 말할 것이다. 그러나 자녀들이 당장 배고프다고 성화를 부리고 있는데 그렇게 말하기란 쉬운 일이 아니다. 엘리멜렉은 기근 때문에 고생하는 가족을 보면서 자신은 하나님의 도움을 기다릴 만큼 충분히 기다렸다고 느꼈다. 그래서 엘리멜렉과 그의 가족은 짐을 꾸려 베들레헴의 집을 뒤로 하고 모압 땅으로 향했다.

모압은 자존심이 높은 유대인이 살고 싶어 하는 곳이 아니었다. 어떤 의미에서 모압 족속은 결코 존재해서는 안 될 민족이라는 의식이 있었다. 모압 족속의 기원은 롯과 그의 큰딸 사이의 근친상간이라는 지저분한 이야기로 거슬러 올라간다(창 19:36, 37, 작은딸에게서 낳은 자식은 암몬 족속의 조상이 됐음). 모압 족속은 우상숭배하는 자들로 알려져있으며, 수십 년 동안 이스라엘의 대적이었다.

에글론이라는 모압 왕이 이스라엘을 침공해서 18년 동안이나 이스라엘 민족을 탄압했다. 그때 하나님께서는 에훗이라는 이름의 사사를 일으키셨다. 에훗은 왼손으로 단검을 뽑아 에글론을 암살했다. 그렇게 해서 하나님께서는 하나님 백성을 구해주셨던 것이다. 그런 이유로 모압은 이스라엘에 대해 적대적이었다. 그러나 때때로 절망적인 상황에 이르면, 절망적인 일을 감행하게 만든다. 그래서 엘리멜렉은 모압으로 떠나는 것이 자기가 할 수 있는 최선의 선택이라고 결정하게 됐다.

그 외에 이스라엘에서도 마찬가지로 아주 잔혹한 일들이 벌어지고 있었다. 사사기는 폭력배들의 이야기들, 특히 과연 이런 이야기가 성경에 있어야 하는지 의아하게 생각될 정도로 여성들에게 폭력을 행사하는 끔찍한 이야기들로 가득 차 있다. 그러나 성경은 왕이 없는 그 시절 이스라엘에서 살아간다는 것이 어땠는지를 기록으로 보여준다. 모든 사람이 제 소견대로 행했다. 법과 질서는 자주 무너져내렸다. 이스라엘은 더 이상 자녀들을 양육하고 교육시킬 수 있는 안전지대가 아니었다. 그래서 엘리멜렉은 떠나가기로 마음먹었던 것이다. 그는 하나님의 백성이 새로운 출발을 하도록 택하셨던 축복의 땅을 뒤로 하고 떠났다.

온 가족이 모압으로 이주했다. 그리고 도착한 지 얼마 되지 않아서 엘리멜렉은 죽었다. 그렇게 해서 우리는 두 아들을 보살피고 있는 나오미라는 한 어머니를 만나게 된다. 두 아들은 그 당시 아마도 10대였을 것이다. 그 가족은 낯선 이국땅에서 어떻게든 살아가려고 노력했다.

다시 혼자가 되다

시간이 지나, 두 아들은 그 지방의 모압 처녀들과 결혼했다. 그 처녀들의 이름은 오르바와 룻이었다. 그렇게 해서 나오미는 두 아들을 분가시키고 혼자 빈집에 덩그러니 남게 됐다.

다시 10년이 지났고, 다시 그 가족에게 비극이 찾아왔다. 나오미의 두 아들이 아버지의 뒤를 따라 죽은 것이다. 나오미는 낯선 이국땅에서 이제 완전히 혼자가 되어버렸다. 나오미는 남편 때문에 모압에 왔고, 두 아들 때문에 모압에 남아있었는데, 이제는 이방에서 길 잃은 영혼과 같은 신세가 되어버린 것이다.

이와 같은 비극적인 출발에도 불구하고, 룻에 대한 이야기는 성경에서 가장 아름답고 감동적인 이야기 중 하나로 꼽힌다. 끝에 가서 나오미와 그의 며느리 룻은 인류에 대한 하나님의 구원 계획에서 한 역할을 감당하게 된다. 그들은 사사 시대라는 역경 속에서 살았지만, 그들의 이야기는 암울했던 시대에 살았던 하나님의 백성에게 있어서는 마치 기쁨의 오아시스와 같다.

얼마 지나지 않아 나오미는 이스라엘에 기근이 그쳤으며, 베들레헴에도 먹을 것이 있다는 이야기를 들었다. 나오미는 가족도 없는 베들레헴에 가서 혼자 농사를 지으며 살아간다는 것이 쉽지 않다는 사실을 알았지만, 그 농토는 여전히 자신의 고향이며 자기 집이 있는 땅이었다. 그래서 나오미는 고향으로 돌아가야겠다고 결심한다. 최소한 땅을 팔아서 어느 정도의 수입을 얻을 수 있을 것이라고 생각했기 때문이다.

비록 며느리들이 기꺼이 자신을 따라오려고 했지만, 그녀는 며느리들에게 부담을 주고 싶지 않았다. 며느리들이 자기를 따라 이스라엘로 간다면, 자신이 이국땅 모압에서 견뎌야 했던 것과 똑같은 어려움을 만나게 될 것이라는 사실을 잘 알고 있었다. 며느리들은 낯선 땅, 낯선 문화 속에서 아무런 도움도 받지 못하며 살아가야 하는 외로운 이방 여자가 될 것이 자명했기 때문이다. 남편도, 아비도 없이 두 이방 여인이 이스라엘에서 살아간다는 것은 너무도 위험하고 가엾은 일이었다. 며느리들은 재혼이라도 할 수 있는 희망이 있는 모압 땅에 그대로 머물러 있는 편이 더 나았다. 그래서 나오미는 며느리들에게 모압 땅에 남아 있으라고 강권하면서 충고를 해주었다(룻 1:11).

나를 '한 많은 여자'라고 불러다오

나오미는 더 깊은 문제와 씨름하고 있었다. 그녀는 하나님께서 자신을 치신다고 확신하고 있었다(룻 1:13). 그녀는, 선한 유대 여인이라면 당연히 그래야 했듯이, 하나님을 믿었다. 그러나 늙어가면서 그녀가 겪었던 삶의 고난은 하나님께서 자기를 대적하고, 자기를 치고 계시는 것이 틀림없다는 결론을 내리기에 충분했다.

나오미가 다시 베들레헴으로 돌아왔을 때, 우리는 '온 성읍이 그들을 인하여 떠들었다'는 사실을 알 수 있다. 마을 여인들은 말했다. "이 사람이 나오미 맞아?"(룻 1:19). 이러한 표현은 당시 나오미가 얼마나 형편없는 모습이었는지를 보여주는 말일 수 있다. 나오미가 베들레헴을 떠날 때에는 건강한 두 아들을 둔, 신수가 훤한 어머니였다. 그러나 지금 그녀는 상당히 슬프고 수척한 모습으로 고향에 돌아온 것이다. 고난이 그녀의 아름다움과 밝음을 다 빼앗아버렸다.

나오미는 베들레헴에 돌아온 후, 친구들에게 자신을 '마라'라 불러달라고 부탁했다. '마라'라는 말은 쓰라림, 괴로움, 비통함이라는 뜻이다(룻 1:20). 그녀가 그런 말을 했다는 것은 그녀의 내면에서 어떤 일이 벌어지고 있었는지를 여실히 보여주고 있다.

분명 나오미는 깊은 우울증에 빠졌을 것이다. 나오미는 마을 사람들에게 "전능자가 나를 심히 괴롭게 하셨음이라"(룻 1:20) 하고 말했다. 만약 하나님께서 그녀를 대적하셨다면, 그녀의 며느리들이 그녀와 함께 머물며 살아간다는 것은 아무 소용이 없었을 것이다. "너희가 어찌 나를 따라다니고 싶겠느냐. 내가 혼자서 나의 이 비통함을 간직하고 살아가도록 나를 내버려두거라. 가서 너희들이 어떻게 살 것인지 그 궁리나 하거라." 나오미가 두 며느리에게 "내 딸들아 돌아가라"(룻 1:11)고 말했을 때, 셋이서 함께 울었다. 그런 다음에 오르바는 모압 땅으로 되돌아갔다(룻 1:12-14).

그러나 룻은 돌아가지 않았다. 그리고 룻은 지금껏 누군가 고백했던 헌신의 말 가운데 가장 아름다운 말을 했다.

> 내게 어머니를 떠나며 어머니를 따르지 말고 돌아가라 강권하지 마옵소서 어머니께서 가시는 곳에 나도 가고 어머니께서 머무시는 곳에서 나도 머물겠나이다 어머니의 백성이 나의 백성이 되고 어머니의 하나님이 나의 하나님이 되시리니 어머니께서 죽으시는 곳에서 나도 죽어 거기 묻힐 것이라 만일 내가 죽는 일 외에 어머니를 떠나면 여호와께서 내게 벌을 내리시고 더 내리시기를 원하나이다 하는지라(룻 1:16, 17)

대가를 지불하고자 하는 사랑

실행하기는 무척 힘들지만, 어떤 젊은 여인이 한 많고 비통에 잠긴 나이 든 한 여인에게 사랑과 충성으로 헌신할 것을 약속하고 있었다. 동시에 그 젊은 여인은 이스라엘의 하나님께 대해서도 같은 희생적 헌신을 약속하고 있었다. 그 이스라엘의 하나님은 자신의 삶에 큰 고통과 실망을 안겨다 준 분이었다. 그러나 사랑은 대가를 지불하고자 선택할 때, 스스로를 증명한다.

나는 때로 젊은 연인들이 얼마나 서로를 사랑하고 있는지 말할 때 이 사실을 생각한다. 나에게 결혼식 주례를 부탁하러 왔던 한 쌍의 커플이 기억난다. 그들은 자신들이 정말로 얼마나 잘 어울리는지, 얼마나 완벽한 한 쌍인지 내가 알아주기를 바라고 있었던 것 같다. 그들은 내게 이렇게 말했다. "우리는 정말로 서로 사랑하고 있어요. 우리의 관계가 얼마나 돈독한지는 이루 말할 데가 없습니다." 그들이 서로 치켜세우는 말을 다 들은 다음에 나는 몇 가지 질문을 했다.

"지금까지 두 분은 서로 말다툼하거나 의견 차이를 보인 적이 있었습니까?" 내가 미소를 지으면서 물었다. 그들은 참으로 가당치도 않은 질문을 다 들어본다는 표정으로 대답했다. "아니요, 전혀 없었습니다." 하고 "두 분은 지금까지 서로에 대해 실망해본 적이 있습니까?" 서로 함께 부딪쳐야 했던 문제들에 대해 좀 이야기를 해보세요." 그러자 그들은 과연 자신들이 목사를 제대로 찾아왔는지에 대해 심각하게 고려하고 있는 것 같아 보였다.

"저희들은 서로를 사랑하고 있다고 말씀 드렸는데요." 여자 쪽에서 말했다.

"하지만 그 사랑이 한번도 검증받지 못했고, 그 사랑에 대해 한 번도 실망해보지 않았고, 어떤 잘못에 대해 한번도 서로를 용서해보지도 않았는데, 어떻게 두 사람이 서로 사랑한다는 것을 알 수 있습니까?"

진정한 사랑은 엄청난 장애물에 직면했을 때, 비로소 자신을 입증할 수 있는 것이며, 그런 의미에서 룻은 참된 사랑이 무엇인지 보여주며 우리에게 훌륭한 귀감이 되고 있다. 룻은 나오미의 눈을 바라보면서 자기 시어머니가 상당히 가슴 아픈, 한 많은 여인이라는 것을 알고 있었다. 그런 시어머니와 함께하는 삶이 결코 순탄치 않을 것임도 알고 있었다. 하지만 룻은 자기 시어머니에게 헌신하겠다는 약속을 했다. "어머니께서 가시는 곳에 나도 가고 어머니께서 머무시는 곳에서 나도 머물겠나이다."

실망과 고통을 무릅쓰는 사랑

그런 다음에 룻은 나오미의 하나님에 대해서도 똑같이 헌신하겠다고 약속했다. "어머니의 하나님이 나의 하나님이 되시리니." 이 말에 대해 한번 생각해보자.

룻이 한 말은 이런 뜻이다. "저는 내 남편이 왜 죽었으며, 내게 왜 자식이 없는지 그 이유를 모르겠습니다. 그러나 어머니의 하나님이 나의 하나님이 될 것입니다. 어머니에 대한 저의 사랑은 모든 의문과 질문들에 대한 어머니의 대답에 의지하지도 않을 것이며, 저의 바람이나 꿈을 다 채워주시는 데 달려있지도 않을 것입니다. 순조로울 때만 따르는 자가 되지 않겠습니다. 저는 어머니를 따르겠습니다. 저는 어머니를 사랑합니다." 그것은 누군가를 향한 최고의 경배라 할 수 있다.

당신은 실망하게 되거나 대가를 지불하게 되기 전까지 다른 사람을 사랑한다는 것이 무엇을 의미하는지 잘 알 수 없다. 당신이 고통을 겪으면서도 변함없이 하나님을 사랑하기 전까지는 하나님을 사랑한다는 것이 무슨 뜻인지 잘 알지 못하고 있는 것이다.

하나님께서는 그렇게 우리를 사랑하셨다. "우리가 아직 죄인 되었을 때에 그리스도께서 우리를 위하여 죽으심으로 하나님께서 우리에 대한 자기의 사랑을 확증하셨느니라"(롬 5:8). 이 사랑이 바로 하나님께서 성령을 통해 우리 마음속에 부어주신 사랑이다. 그렇게 해서 우리가 이 험한 세상 속에서, 사랑이 메마른 세상 속에서 서로 사랑할 수 있게 된 것이다.

매우 가난한 삶

그들이 나오미의 농토에 돌아왔을 때, 두 여인이 살아간다는 것은 쉽지 않았을 것이다. 그 밭은 적어도 10여 년 이상 경작되지 않았을 것이다. 그리고 온 땅에 잡초가 무성했을 것이다. 비록 그들에게 노동력이 있다 할지라도, 그 밭을 일구어내는 데에는 최소한 몇 주가 걸릴 것이다. 씨앗을 심어서 추수를 하기까지는 몇 달이 걸려야 했을 것이다. 따라서 두 여인에게는 당장에 아무런 수입의 원천이 없었다. 그들은 가난했다.

가난한 사람들이 양식을 얻을 수 있었던 한 가지 방법은 떨어진 이삭을 줍는 것이었다. 당시에는 가난한 사람들이 밭 가장자리에서 이삭을 잘라갈 수 있도록 허용했으며, 추수를 마친 농사꾼들은 땅에 떨어진 곡식을 가난한 사람들이 주워 갈 수 있도록 허락했다. 그것은 마치 쓰레기통을 뒤지는 것과 같았다. 대부분의 사람이 그런 일은 하고 싶어 하지 않았다. 이삭을 줍는 사람들은 때때로 전염병자 취급을 받았으며, 땅 주인들에게 학대와 위협을 받기도 했다.

그래도 룻은 밭으로 나갔다, 나가서 “내가 누구에게 은혜를 입으면”(룻 2:2) 그 사람의 뒤를 따라다니면서 이삭을 줍겠다고 나섰다. 룻이 한 말의 뜻은 아무든지 자기에게 떨어진 이삭을 줍도록 허락해준다면, 그 이삭을 모으겠다는 뜻이었다.

룻이 선택한 밭은 보아스라는 사람의 밭이었다. 놀랍게도 (아니 더 정확하게 말해서, 하나님의 섭리로) 보아스는 엘리멜렉의 먼 친척이었다. 보아스는 상당한 땅을 소유하고 있었고 농사를 짓는 규모도 컸다. 보아스는 추수하는 것을 감독하다가 한 이방 여인이 추수꾼들의 뒤를 따라다니면서 곡식을 줍고 있는 것을 보았다.

"저 여자가 누구지요?" 보아스가 물었다.

"이방 여자예요, 모압 출신이지요. 나오미를 따라서 돌아왔답니다."

보아스는 룻이 나오미를 따스하게 보살펴주고 있다는 이야기를 들은 적이 있었다. 그래서 보아스는 룻에게 자기 밭에서 계속 이삭을 줍도록 했다. 그리고 또한 낟가리를 거두어들이는 자들에게는 그녀에게 친절을 베풀라고 말했다.

룻은 낯선 사람이 자기에게 그와 같은 친절을 베풀어주는 것에 대해 깜짝 놀랐다. 그러나 보아스는 슬픔에 잠겨있는 자신의 친척을 돌보며, 자신의 하나님을 사랑하고 있는 한 여인에게 자신이 해줄 수 있는 일 중 최소한의 것을 베풀고 있다고 느꼈다. "여호와께서 네가 행한 일에 보답하시기를 원하며 이스라엘의 하나님 여호와께서 그의 날개 아래에 보호를 받으러 온 네게 온전한 상 주시기를 원하노라"(룻 2:12).

자비의 전염력

룻은 나오미에게 커다란 자비를 베풀었다. 이제 보아스가 룻에게 커다란 자비를 베풀고 있다. 자비는 성령의 열매이다(갈 5:22). 자비를 베푸는 것은 우리 삶 속에 있는 하나님 은혜의 증거이다. 하나님께서는 자비를 베푸는 만큼 또한 누군가 베푸는 자비를 받도록 놀랍게 섭리하신다. 그처럼 자비와 친절을 베푼 여인이 이제 예상치도 못했던 사람이 베푸는 자비와 친절을 받은 것이다.

보아스가 하나님을 의지하고 신뢰했던 다른 종족 사람 누군가를 도왔다는 사실에 주목하기 바란다. 물론 그 당시 하나님의 언약이란, 하나님의 사랑이 이스라엘에만 국한되기 때문에, 하나님께서는 나머지 민족은 전혀 돌보지 않으신다고 생각한 사람들이 분명 있었을 것이다. 그러나 결코 그렇지 않았다. 하나님의 약속은, 하나님께서 아브라함에게 복을 주셔서 아브라함을 통해 땅 위의 모든 나라, 모든 민족이 복을 받게 될 것이라는 것이었다. 구약성경에서도 하나님께서는 하나님의 날개 아래 피난처를 구하는 모든 사람을 받아들일 준비가 되어있으셨다.

보아스는 돈 한 푼 없는 이 이방 여인이 자신과 마찬가지로 하나님께는 모든 면에서 중요하다는 점을 인식했다. 보아스는 룻이 이스라엘 백성으로 태어났을 경우와 마찬가지로 인격적으로 존중해주었다.

보아스가 베푼 자비와 친절은 오늘날 교회에도 강력한 도전이 된다. 예수 그리스도께서는 사회를 분리시키고 있는 장벽들을 무너뜨리셔서 각자 처한 배경이 다른 사람들이 하나님의 품으로 들어올 수 있도록 하셨다. 누구든지 전능하신 하나님의 날개 아래 와서 피난처를 찾고자 한다면 찾을 수 있을 것이다. 그리고 누구든지 하나님을 피난처로 삼는 자는 하나님의 백성에게 자비롭고 친절한 대접을 받아야 한다.

믿음으로 먼저 행동을 취하다

이제 우리는 그 이야기에서 가장 멋진 부분에 이르게 된다. 먼저 간략하게 그 당시의 법에 대해 설명을 한다면, 무슨 일이 일어날 것인지 이해하게 될 것이다. 옛날 이스라엘에는 이러한 경우에 적용될 수 있는 두 개의 법률 조항이 있었다. 그 첫 번째 법은 '대속의 법'이다(레 25:25, 대신 값을 물어주어 사들이는 법). 이 법 조항은, 만약 가난한 사람이 생계를 위해 자신의 토지를 팔 수밖에 없게 된다면, 그 토지를 살 수 있는 첫 번째 권리가 그 가문 중에서 가장 가까운 친척에게 주어진다고 규정했다. 만약 친척이 그 토지를 산다면, 그 토지는 그 문중에 계속 남아있게 될 것이며, 희년이 왔을 때 다시 원래 주인에게 돌려줄 수 있었다.

두 번째 법은 '형사취수兄死取嫂의 법'이다[신 25:5-10 ('상속자가 없이 형이 죽으면 동생이 형수를 취하여 대를 잇게 한다'는 뜻, 대를 잇도록 만든다는 의미에서 '계대 결혼법'이라고도 함—역자 주)]. 이 법 조항은 만일 어떤 남자가 자식이 없이 죽는다면, 그의 형제가 그 죽은 사람의 미망인을 책임져야 한다고 규정하고 있다. 거기에는 그 미망인과 결혼해서 자녀들을 키우는 일도 함께 포함되어 있었다. 그 법은 특히 대가족이 함께 사는 상황에서 적용됐다. 그래서 가까운 친척일수록 그에 대한 책무는 더 컸던 것으로 보인다.

이 이야기에서 보아스는 가장 가까운 친척은 아니었다. 그래서 이미 자신이 베풀어준 자비와 친절 이상으로 이 여인들의 생활에 더 큰 역할을 감당할 수 있으리라는 생각을 하지 못했다. 때때로 남자들이 그렇듯이 보아스는 상당히 둔했다. 그래서 룻은 선수를 써서 믿음으로 먼저 행동을 취했다.

계획은 나오미에게서 나왔다. 그러나 위험을 초래할 수도 있는 행동을 믿음으로 먼저 취했던 것은 룻이었다. 보아스는 추수 때 시간에 맞추어 정확히 일을 하는 사람이었다. 낮 시간 동안에는 나가서 추수하는 일을 독려했으며, 저녁에는 타작마당으로 왔다. 그리고 일이 끝났을 때에는 곡초 옆에 누워 잠을 청했다.

어느 날 밤 룻은 그 타작마당으로 가서 보아스의 발치에 누웠다. 밤중에 보아스가 놀라 깨어보니 누군가가 그곳에 있었다.

"네가 누구냐?" 하고 그가 물었다.

"나는 당신의 여종 룻이오니 당신의 옷자락을 펴 당신의 여종을 덮으소서 이는 당신이 기업을 무를 자가 됨이니이다"(룻 3:9) 하고 룻이 대답했다.

쉽게 요즘 말로 표현하자면, "나와 결혼해주세요"라는 말이다. 그것이 바로 "당신의 옷자락 끝을 펴서 나를 덮어주소서"라는 말의 뜻이 된다.

앞서 보아스가 하나님의 날개 아래에서 피난처를 찾는 룻에게 하나님의 축복이 임하시기를 기원했던 것을 기억하기 바란다(룻 2:12). 보아스가 사용한 '날개'라는 단어와 룻이 사용하고 있는 '옷자락'이라는 단어는 히브리어로 동일한 단어이다. 그러므로 이 단어에는 아름다운 두 가지 뜻이 들어있다는 것을 알 수 있다. 룻은 이렇게 말하고 있었다. "보아스여, 당신은 하나님의 날개가 나를 덮어주시기를 기도했습니다. 그러나 나는 이런 일이 가능한 길은 당신이 내게 당신의 날개를 펴서 덮어주는 것이라고 생각합니다. 나와 결혼해주세요."

이 여인은 참으로 영민했다. 이 여인은 하나님을 전적으로 신뢰하고 있었지만, 믿음으로 먼저 나서기를 두려워하지 않았다. 룻은 자신의 삶에 대한 하나님의 목적이 이루어지는 것을 보기 위해 기꺼이 위험을 무릅썼다. 믿음은 신뢰하는 것일 뿐만 아니라 실행에 옮기는 것이다.

보아스는 두 번 생각하지 않았다. 물론 보아스는 그녀와 결혼을 할 것이었지만 한 가지 문제가 있었다. 그녀의 가족에게는 자기보다 더 가까운 다른 친척이 있었던 것이다. 왜 보아스보다 더 가까운 친척이 나오미와 룻을 돕기 위해 아무런 일도 하지 않았는지 궁금하지만, 이제 그 사람에 대한 이야기가 시작될 것이며, 그는 이 잔치를 망쳐놓을 것처럼 보인다.

성문에서

보아스는 성문으로 찾아갔다. 성문은 법적 계약들이 체결되고, 마을 장로들이 모이는 곳이었다. 그는 그곳에 앉아서 이름이 밝혀지지 않은 그 친척이 지나가기를 기다렸다. 보아스는 그 친척을 만나서 설득했다. 그리고 그 마을 장로 열 명을 청해서 그 대화에 대한 법적인 증인들로 삼았다(룻 4:2). 룻기 4장 3-5절을 쉽게 풀어 써보면, 그 대화는 이렇게 진행됐다는 사실을 알 수 있다.

"나오미가 엘리멜렉의 농지를 팔려고 합니다." 보아스가 말했다. "그리고 당신이 그 땅을 살 수 있는 첫 번째 권리를 가지고 있는 사람입니다."

"오, 그렇습니까?" 그 사람이 말했다. "내가 사겠소. 좋은 가격에 나온 좋은 농지로군요. 몇 년 안에는 투자한 돈을 빼낼 수 있겠어요. 그리고 꽤 괜찮은 벌이가 될 것 같소."

"물론 당신도 아시겠지만, 당신이 그 토지를 손에 넣는다면, 두 여인들에 대해서도 돌보아주어야 할 책임을 감당해야 할 겁니다." 보아스가 말했다. "이 일에는 두 개의 법이 적용됩니다. 하나는 당신에게 그 땅을 살 수 있는 권한을 주는 법 조항이며, 다른 하나는 당신에게 그 과부들을 돌보아야 할 책임을 규정하고 있는 조항입니다. 당신은 특권은 주장하면서 책임은 부인할 수는 없습니다!"

이 협상은 걸작이었다. 대속代贖해주는 대가는 이름이 밝혀지지 않은 이 친척이 생각했던 것보다 훨씬 더 높은 것이었다. 한 번 값을 지불하는 것으로 끝나지 않고 평생 헌신해야 할 일이었던 것이다.

그 가까운 친척은 그 의견에 별로 동조하지 않았다. "그렇다면 내 현재 재산도 위태롭게 만들 수 있기 때문에 나는 그 땅을 사줄 수가 없소이다. 당신이 그 땅을 직접 사도록 하시지요. 나는 살 수가 없소"(룻

4:6).

"만일 당신이 대속해주고 싶지 않다고 한다면…" 보아스가 증인들 앞에서 그 거래에 대해 대답했다. "내가 사겠소. 나는 그 농토에 대한 값을 지불하고 그 여인들을 돌볼 책임을 질 각오가 되어있소. 모압 여인 룻을 내 아내로 맞이하겠소"(룻 4:9-10).

가장 가까운 친척으로서 처분할 수 있는 대속자가 되는 권리를 포기한 그는 안도의 한숨을 쉬면서 자신의 샌들을 보아스에게 건네주었다. 그렇게 하는 것은 법적으로 거래가 성사됐음을 알리는 표시였다.

그리스도에 대한 조명 SPOTLIGHT ON CHRIST

우리 주 예수 그리스도에게 주어진 가장 위대한 호칭들 가운데 하나는 '구속자'라는 이름이다. 그리고 룻의 이야기는 그 의미에서 우리에게 놀라운 통찰력을 부여하고 있다.

고통과 가난으로부터 룻을 건져내기 위해 보아스는 구속자(대속자), 즉 궁핍과 곤란에 빠진 사람을 위해 기꺼이 대신 대가를 지불해주는 친척으로서 행동했다. 마찬가지로, 우리의 구속자가 되기 위해 그리스도께서는 스스로 우리의 살과 피를 입고 이 땅에 오셔야 했다. 그것이 바로 성탄절의 의미이다. 예수 그리스도께서 베들레헴에 태어나셨을 때, 그리스도께서는 인간으로 우리와 한 가족이 되고 우리의 친척이 되셨던 것이다.

기꺼이 구속자 되기를 감당하시다

예수께서는 우리의 영적인 빈곤과 하나님께 소외된 상태로부터 우리를 사서 건져주실 대가를 기꺼이 지불하실 의지가 있었다. 그 대가는 예수 그리스도 자신의 피를 흘리는 것이었다. "너희가 알거니와 너희 조상이 물려준 헛된 행실에서 대속함을 받은 것은…그리스도의 보배로운 피로 된 것이니라"(벧전 1:18, 19). 그리스도께서는 그 값을 지불하심으로써, 구속받은 죄인들을 자신의 신부로 맞이할 수 있는 권리를 획득하셨다. 바로 이러한 이유 때문에 신약성경이 교회를 '그리스도의 신부'로 그리고 있는 것이다(이를테면, 엡 5:22, 23).

룻의 이야기의 마지막 부분에서 베들레헴의 여인들은 나오미에게 이렇게 말했다. "찬송할지로다 여호와께서 오늘 네게 기업 무를 자가 없게 하지 아니하셨도다 이 아이의 이름이 이스라엘 중에 유명하게 되기를 원하노라"(룻 4:14). 그리스도께서 오셨기 때문에, 하나님께서는 마찬가지로, 구속해줄 자 없이 우리를 남겨두지 않으셨던 것이다.

만일 당신이 룻과 같이 해본 적이 없었다면, 룻을 모범으로 삼아 믿음으로 먼저 솔선하는 모험을 한번 해보기를 권한다. 당신이 믿음으로 그리스도께 나와 이렇게 말해보라. "주님의 날개 밑에서 제가 피할 곳을 찾습니다. 주님의 옷자락을 펴서 나를 덮어 보호해주소서. 주님께서 나를 위해 무를 자(구속자)되시기를 부탁드립니다." 예수 그리스도께서는 당신을 구속해주실 권리와 능력과 의지를 가지고 계신다. 만약 당신이 그리스도께 나온다면, 그리스도께서는 당신을 물리치지 않으실 것이다.

이야기의 반전

최고의 이야기들이 모두 그렇듯이, 이 이야기도 마지막 부분에 아주 매력적인 반전을 보이고 있다. 그 반전이 바로 하나님께서 우리를 위해 룻의 이야기를 성경 가운데 넣어두신 이유일 것이다.

결혼을 한 다음에, 룻은 잉태하여 아들을 낳았는데, 그녀와 보아스는 그 아들의 이름을 오벳(룻 4:17)이라고 지었다. 이 이야기는 다음과 같은 말로 결론을 맺는다. "오벳은 이새를 낳고 이새는 다윗을 낳았더라"(룻 4:22).

그 다윗이 이스라엘에서 두 번째로 왕위에 올랐던 바로 그 다윗이다. 그리고 만일 우리가 다윗의 계보를 따라 또 다시 천 년의 세월을 지나간다면, 바로 이 계보 속에서 예수 그리스도가 탄생하셨다는 것을 알게 될 것이다. 마태는 그리스도의 조상 가운데 특별히 모압 여인 룻을 언급한다(마 1:5).

하나님께서는 이 가족이 흘리는 낙심의 눈물 가운데서 역사하고 계셨다. 인생의 소망을 거의 포기하고 지냈던 자신의 시어머니를 끝까지 믿음으로 보살핀 이 이방 과부를 통해 마침내 다윗 왕이 태어났으며, 메시아가 나타나셨다. 당신은 때때로 이 세상에 대한 하나님의 계획은 모든 정권과 사업체와 왕들과 군대들을 향해있다고 느낄지 모르겠다. 그러나 룻기는 역사의 한 순간에서 하나님의 구원 계획이 다른 거창한 곳이 아니라, 하나님을 전적으로 믿고 의지할 것이며, 비탄에 잠겨있던 한 많은 늙은 과부를 사랑하겠다고 결심했던 한 여인을 통해 드러났음을 우리에게 일깨워주고 있다.

특이한 점은 나오미나 룻, 보아스 모두가 자신들의 충성과 신실함을 통해 하나님께서 무엇을 하실 것인지 알지 못하고 죽었다는 사실이다. 가족을 다 잃어버린 나이 든 한 여인과 자신이 자식을 가질 수 있으리라고는 전혀 생각지도 못했을 한 젊은 여인이 세상을 위한 하나님의 구속 계획 가운데 들어가게 된 것이다.

하나님께서 당신에게 행하라고 하신 사역의 의미를 결코 과소평가하지 말아야 한다. 그 사역이란 것이 상당히 대하기 힘든 사람을 위해 남모르게 대가를 치러야 하는 헌신적인 태도일 수 있다. 또한 예전에 한

번도 보지 못했던 한 외국인을 위해 베푸는 자비와 친절의 행위일 수도 있다. 그 사역이란, 하나님의 뜻이 이루어지도록 하기 위해 믿음으로 솔선수범하는 것일 수도 있다. 믿음과 순종에서 나온 아주 평범한 행동들이 대단히 놀라운 결과들을 초래할 수 있다.

드러난 사실 UNLOCKED

사람은 자신이 감당할 수 있는 수준을 넘어서는 어려움 가운데 처하게 되면, 자기 대신 대가를 지불해줌으로써 위기로부터 자신을 구해줄 대속자를 필요로 하게 된다. 나오미의 가난은 이 점을 잘 보여주고 있다. 성경에 의하면, 죄는 우리가 하나님 앞에서 빚을 갚을 능력이 전혀 없는 가운데 파산하도록 만들어놓았기 때문에, 우리에게는 우리를 위해 대신 물어줄 영적인 구속자가 필요하다는 점을 명확히 밝히고 있다.

그리스도께서는 당신을 기꺼이 구속해주신다. 그리스도께서는 당신을 위해 평생토록 헌신할 준비가 되어있으시며, 당신이 그를 구속주로 받아들이도록 권하고 계신다.

기도 PAUSE FOR PRAYER

은혜로우신 하나님 아버지!

주님께서 저의 구속자가 되어주심을 감사드립니다. 주님께서는 십자가에서 그 대가를 다 치르셨으며, 결코 주님의 백성을 향한 약속을 저버리지 않으신 것을 감사드립니다.

죄와 저주와 사망의 고통으로부터 구원해주시기까지 베풀어주신 예수 그리스도의 무한하신 사랑 때문에 기쁨과 감사의 찬양을 드립니다.

주님의 옷자락으로 항상 저를 덮어주시고, 어떠한 위험이 다가와도 구해주시사 주님의 크신 사랑 가운데 안전하게 거할 수 있도록 지켜주시옵소서.

비록 주님을 전적으로 믿고 의지하고 사랑하는 데 있어서 희생이 따른다 할지라도 항상 변함없이 주님을 사랑할 수 있도록 도와주시고, 곤핍 가운데 있는 사람들과 외롭고 슬프고 고통 가운데 빠져있는 사람들에게도 자비와 친절을 베풀 수 있도록 도와주시옵소서.

이 험한 세상 속에서 우리 주 예수 그리스도의 사랑을 입은 저를 통해 주님의 사랑을 만방에 전할 수 있도록 도와주시옵소서. 예수님의 이름으로 기도드립니다. 아멘.

BC 1500

1447 출애굽

1400

1407~1400 가나안 정복

1360~1084 사사 시대

1300

1200

1100

1051~1011 사울

1011~971 다윗

1000

971~931 솔로몬

931 여로보암과 르호보암 아래서 왕국 분열

900

800

16

왕

King

사무엘상 8장

하나님께서는 왜 자기 백성이

왕을 세우는 것을 원치 않으셨는가?

묵상의 길잡이

☑ **발견하라**

하나님 백성 중에 지도자가 되기 위한 자격 요건을 발견하라.

☑ **배우라**

자기 백성이 잘못된 선택을 할 때 하나님께서 어떻게 역사하시는지 배우라.

☑ **경배하라**

왕 중의 왕, 예수 그리스도께 경배하라.

은퇴한 퇴역 장군인 노먼 슈워츠코프Norman Schwartzkopf는 1991년 페르시아만에서 발발한 걸프전에서 미국의 승리를 이끌어낸 인물들 가운데 한 사람이다. 그는 종종 전쟁 전략과 미국 군대에 대한 그의 의견을 묻는 질문을 받곤 한다. 그 4성四星 장군이 누군가로부터 이스라엘 군대가 싸웠던 전투들에 대한 군사적 분석을 해달라는 부탁을 받았다고 상상해보자. 틀림없이 그는 "말씀드리자면, 이 전투들 가운데 어느 것 하나도 군사적으로 전혀 이해가 되지 않습니다" 하고 말할 것이다.

하나님의 백성이 치른 모든 전투에서 그들에게 승리를 안겨주신 분은 하나님이셨다. 하나님께서는 그 군사들에게 용기와 함께 구체적인 작전들을 내려주셨다. 때때로 하나님의 군사들이 변변한 무기 하나 갖추지 못했고 적군이 하나님의 백성보다 수적으로 우세한 상황 가운데 있을 때조차도 하나님은 그 대적들 가운데 혼란을 유발시켜 자기 백성이 승리하도록 만드셨다.

애굽으로부터의 탈출은 훨씬 더 강력한 적군을 이긴 놀라운 하나의 실례였다. 하나님의 백성은 전혀 무기를 가지고 있지 않았다. 그래서 히브리인 남녀노소는, 수많은 기병과 전차를 갖추었으며 훈련이 잘된 엄청난 군대의 추격을 받고 있었다. 홍해가 하나님의 백성을 가로막았을 때, 그들이 갈 수 있는 길은 단 한 가지밖에 없었다. 그 길은 하나님이 그들과 함께 계신다는 사실이었다. 하나님께서는 백성이 건널 수 있도록 그 바다에 길을 열어주셨으며, 애굽 병사들 위에 바닷물이 뒤덮이도록 하셨다.

그런 다음에 그들은 아말렉 족속과 맞서 전투를 벌였다(출 17:8-13). 전투가 벌어지면서 주도권이 이쪽저쪽을 오락가락했다. 성경은, 모세가 두 팔을 올려 기도를 드렸을 때에는 이스라엘이 우세했고, 그가 피곤한 두 팔을 잠시 내릴 때에는 아말렉 군대가 우세했다고 우리에게 전해주고 있다. 이렇듯 이 전투는 기도에 응답하시는 하나님의 개입에 따라 결정됐다.

하나님을 의지하여 얻은 승리들

하나님의 백성이 가나안 땅을 공격해 들어갔을 때에도 같은 일이 반복되고 있음을 알 수 있다. 여리고 성읍은 굳건한 성벽으로 에워싸여 있었다. 그 성읍을 점령할 수 있는 마땅한 수가 전혀 없었다. 하나님께서는 여호수아와 히브리 군대에게 나팔을 불면서 그 성 주위를 일곱 바퀴 돌면서 행진하라고 말씀하셨다. 그들이 그렇게 했을 때, 성벽이 무너져내렸다. 그것은 군대의 역사 자료에 나오는 가장 특이한 승리들 중 하나였다. 사사기는 기드온에 대해 우리에게 말해주고 있다. 그는 미디안 군사들과 맞서 싸울 민병대 3만 2,000명을 모집했다. 하나님께서는 그 수가 너무 많다고 말씀하셨다. 그래서 기드온은 모인 사람을 탈락시키는 과정을 통해 마침내 그 수를 300명으로 줄였다. 그 사람들은 밤에 나가 매복을 하고 있었다. 그들은 횃불과 항아리와 나팔을 들고 미디안 군대 진영으로 들어가 나팔을 불고 항아리를 깨뜨리면서 시끄러운 소음을 냈다. 하나님께서는 미디안 병사들 속에 혼란을 일으키셔서 그들이 겁에 질려 도망가도록 만드셨다.

이스라엘의 모든 승리는 무력이나 군사력으로 이루어진 것이 아니라 하나님께서 개입하심으로 이루어졌다. 그들이 압도적인 수로 승리할 수 있을 것 같던 때에도 하나님께서는 여러 번 그들의 수를 줄이셨다. 그렇게 함으로써 그들에게 승리를 안겨주는 것은 사람이 아니라 하나님이시라는 사실을 명확히 밝히셨다.

믿음으로 사는 것에 대한 욕구불만

이 이야기 전체는 하나님께서 이루시는 기적적인 구원의 양상을 보여준다. 출애굽에서부터 사사 시대 말기에 이르는 거의 400년 동안 하나님께서는 이스라엘 백성을 이끄셨다. 그러나 하나님의 백성은 이 점에 대해 점점 불만을 품게 됐다.

가장 분명하게 드러나는 약점은 사사들이 계속 대를 잇지 못했다는 점이었다. 하나님께서는 이스라엘이 위기에 처했을 때 사사 한 사람을 세우셨다. 이것은 그 백성이 항상 하나님께만 의존했다는 뜻이다. 다른 나라들은 그런 식으로 운영되지 않았다. 그들에게는 왕이 있었고, 상비군이 있었으며, 그들은 국가의 방어 전략 또한 세워두고 있었다. 왕이 죽으면 "왕이 승하하셨다. 임금 만세!" 하고 그 즉시 후계자가 왕관을 이어받았다.

백성은 왜 이스라엘이 이러한 안정과 연속성을 가질 수 없는지 의문을 가졌다. 마침내 장로들이 사사이자 선지자인 사무엘에게 찾아와 왕 한 사람을 임명해줄 것을 요청했다(삼상 8:5).

"왜 우리들에게는 왕이 없습니까?" 하는 질문에 대한 대답은 하나님께서 그들의 왕이시라는 것이었다. 하나님께서는 전투에서 그들을 승리로 이끄셨으며, 그들을 축복하셨다. 하나님께서는 왕이 자기 백성을 위해 하는 모든 일을 하셨으며, 그 이상의 것들을 해주셨다. 그러나 백성은 만족하지 않았다. 그들은 오직 하나님만을 의지해서 전투에 임하고 싶어 하지 않았다. 자신들의 지도자를 세우는 일에 하나님의 처분을 마냥 기다리고 싶어 하지 않았다. 왕위를 계승하는 국가적 통치 체제를 원했으며, 자신들을 이끌고 전투를 벌이며 자신들에게 복을 가져다줄 '살과 피가 있는 사람'을 원했다.

> …그들이 너를 버림이 아니요 나를 버려 자기들의 왕이 되지 못하게 함이니라(삼상 8:7).

사무엘에게 하신 하나님의 말씀을 보면, 백성의 이러한 요구는 하나님을 기쁘게 하지 못했음이 분명하다. 이스라엘 백성이 왕 세우기를 요청했을 때, 그들은 여호와 하나님을 전적으로 의지했던 믿음의 삶으로부터 멀어지고 있었다.

그러나 하나님께서는 그들이 원하는 대로 하도록 허락해주셨다. 주님께서는 사무엘에게 "그들의 말을 들어 왕을 세우라"(삼상 8:22)고 말씀하셨다. 하나님의 백성은 하나님을 노하시게 만드는 결정을 내렸지만, 하나님께서는 그들의 결정이 이루어지도록 허락하셨다. 하나님께서는 현실적인 선택을 내림에 있어서 우리에게 믿을 수 없을 정도의 특권을 허락해주고 계신다.

선택들의 중요성

당신은 친구를 선택하고, 직업을 선택하고 여러 관계들을 선택하면서 살아간다. 소비하고 빌리거나 지불하기 위한 선택, 결혼하거나 독신으로 남는 선택, 싸우거나 헤어지거나 화해하는 선택 등 여러 가지 선택을 한다. 이러한 선택들은 살아가는 데 있어서 매우 중요하다. 그러한 선택들은 삶에 장기적인 영향을 끼치기 때문이다.

사무엘상은 하나님의 백성이 얼마나 형편없는 선택을 했는지에 대한 이야기를 우리에게 전해주고 있다. 그들은 왕을 요구하는 자신들의 바람이 하나님을 기쁘게 하지 못하고 있다는 사실을 알고 있었다. 그리고 사무엘은 이스라엘 백성에게 그들이 한 선택에 대한 결과들에 대해 경고했다. "만약 너희에게 왕이 있다면, 무슨 일이 벌어질 것인지 너희들이 잘 알아야 한다. 세금부과와 징병이 있을 것이며, 그렇게 되면 너희의 아들과 딸들은 너희가 이런 선택을 하지 않았으면 좋았을 것이라고 바라게 될 것이다." 또한 사무엘상 8장 18절에서 선지자 사무엘은 이렇게 선언했다. "그 날에 너희가 너희 택한 왕을 인하여 부르짖되 그 날에 여호와께서 너희에게 응답지 아니하시리라." 그런데도 그 백성은 만류하는 사무엘의 말을 듣지 않았다. 그들의 마음은 이미 정해져있었다. 그래서 하나님께서는 그들이 원하는 대로 해주셨다.

잘 알려진 탕자의 비유를 보자(눅 15:11-32). 한 아들이 아버지에게 자기 유산을 달라고 요구했다. 아버지는 자기가 받을 유산을 미리 달라는 아들의 청을 들어주었다. 아버지는 아들을 사랑했지만 아들은 자유분방한 사람이었다. 그래서 아버지는 아들의 의지를 막기 위해 그를 묶어둘 수 없었다. 아버지는 아들의 눈에서 확고한 결심을 보았고, 아들의 의지를 바꾸는 유일한 방법은 그대로 보내주는 것임을 깨달았다. 그래서 아들은 자기의 꿈을 이루기 위해 집을 나갔고, 아들의 선택에 대한 결과는, 비참한 모습으로 돌아온 것이었다.

당신이 하는 선택들의 중요성을 결코 과소평가하지 말기 바란다. 형편없는 선택은 언제든지 고통스런 결과를 가져다준다. 경험은 위대한 교사이다. 그러나 경험을 가르치는 학교에 내야 하는 수업료는 아주 비싸다. 하나님은 주권자이시다. 그 말은 우리가 아무리 형편없는 선택을 했다 할지라도 하나님께서는 우리를 당신의 은혜가 미치지 않는 곳에 그대로 두지 않으신다는 뜻이다. 그러나 성경은 또한 우리가 개인적으로 져야 할 책임이 있음을 가르치고 있다. 이 말은 우리가 살아가면서 내리는 선택들 하나하나가 모두 중요하다는 것을 뜻한다. 각각의 선택은 모두 그에 대한 책임이 따른다.

이스라엘의 이전 세대는, 불신앙의 선택을 하고, 가나안 땅을 쟁취하기를 거부했던 일을 통해 선택의 중요성을 이미 배웠다. 그들의 선택으로 인해 그 길로 광야에서 거의 40년을 방랑했다. 오늘날 당신이 이 자리에 있게 된 것은 하나님의 은혜이기도 하지만, 일련의 여러 선택들과 연결되어있다. 내일 당신이 있게 될 자리도 하나님의 은혜이지만, 동시에 오늘 당신이 하는 선택들에 의해 영향을 받게 될 것이다.

돌이킬 수 없는 선택들

왕을 세워서 기름을 부어야겠다는 결정은 돌이킬 수 없는 것이었다. 일단 결정된 것이 이루어지면, 그 결정은 온갖 어려움을 이끌고 온다. 비록 몇몇 왕들이 나라를 잘 다스리기는 했지만, 대부분의 왕들은 백성에게 커다란 짐이었다. 이스라엘은 한 번 형편없는 선택을 함으로써 그에 대한 아주 고통스러운 결과들과 더불어 살게 된다.

우리는 때때로 형편없는 결정들을 내리기도 한다. 어떤 사람은 한 가지 중요한 선택을 잘못해서 매일 후회와 고통을 짊어지고 살아간다. 그 선택은 직업이 될 수도 있고, 결혼이 될 수도 있다. 어떤 사람은 지울 수 없는 피해를 가져오거나 건강을 해치는 결정을 내린다. 그러한 선택들은 돌이킬 수 없는 결과들을 초래한다. 그래서 당신이 후회하고 되돌아보면서 "그때 그렇게만 하지 않았더라면…" 하고 말하게 만든다.

그래도 좋은 소식은, 돌이킬 수 없는 잘못된 결정들 때문에 발생한 힘든 상황 속에서도 하나님께서는 역사하고 계신다는 사실이다. 당신이 수년 전에 어떤 잘못된 결정을 내리지 않았더라면, 지금 직면하고 있는 문제를 겪지 않았을지도 모른다. 물론 하나님께서는 현재 역사하고 계신다. 어떠한 죄악도 우리가 하나님 은혜를 입지 못하도록 그 은혜 밖으로 밀쳐낼 수 없다. 마찬가지로, 어떠한 결정도 우리가 하나님의 도움을 받지 못하도록 우리를 하나님의 손길 밖으로 밀쳐내지 못한다.

비록 우리가 믿음 없는 선택들을 한다 할지라도, 하나님께서는 우리를 버리지 않으신다. 하나님께서는 잘못된 결정들을 대속代贖해주신다. 하나님께서는 도저히 납득할 수 없는 상황 속에서도 우리의 생명, 우리의 인생에 대한 하나님의 위대한 목적을 전진시키신다. 실제로 성경의 주된 이야기는 에덴동산에서 아담이 내렸던 잘못된 결정 하나에서 비롯되어 돌이킬 수 없는 죄악의 영향 아래 살아가는 사람들을 하나님께서 어떻게 축복하셨는지에 대한 이야기이다. 왕들에 대한 이야기는, 잘못된 결정 하나가 우리의 삶에 미치는 하나님의 은혜를 막을 수도 없고, 하나님의 목적을 방해할 수도 없다는 것을 우리에게 일깨워준다.

지도자의 자격 요건들

왕 한 사람을 임명하겠다는 결정을 내리자, 이스라엘 백성은 왕에 대한 자격 요건을 결정해야 했다. 하나님께서는 자기 백성을 그냥 무시해 버리지 않으셨다. 하나님께서는 백성이 선출해야 할 지도자들에 대한 지침을 알려주셨다.

왕은 하나님의 뜻이 그 백성 가운데 이루어지도록 해야 할 책임이 있었다. 또한 백성을 대적들에게서 구해내야 했으며, 그들을 올바른 길로 이끌어가야 했다. 이것은 지고한 소명이다. 그리고 하나님의 백성은 이러한 권세를 감당할 수 있는 사람을 선택함에 있어서 신중에 신중을 기해야 할 필요가 있었다.

사울은 이스라엘의 첫 번째 왕으로 기름 부음을 받았다. 그가 왕관을 쓰게 됐을 때, 사무엘이 나라의 제도를 백성에게 설명해주었다(삼상 10:25). 하나님께서는 자기 백성이 왕을 요청할 때가 올 것을 예상하고 계셨다. 실제로 신명기로 돌아가 보면, 하나님께서 이미 하나님의 백성 중 어떤 사람이 왕이 되어야 할지에 대한 프로필을 제공해주셨음을 알 수 있다. 그 프로필에는 일곱 가지 자격 조건이 있는데, 각각은 교회 안에서의 리더십 자격 조건들에 대한 신약성경의 가르침이 그대로 반영되어있다.

첫째, 왕은 하나님께서 임명하셔야 한다. "네가 네 하나님 여호와께서 네게 주시는 땅에 이르러 그 땅을 차지하고 거주할 때에 만일 우리도 우리 주위의 모든 민족들 같이 우리 위에 왕을 세워야겠다는 생각이 나거든 반드시 네 하나님 여호와께서 택하신 자를 네 위에 왕으로 세울 것이며"(신 17:14, 15). 만일 하나님께서 그 왕을 인정하지 않으신다면, 그 왕이 무슨 일을 한다 할지라도 하나님의 목적을 이루어나갈 희망은 전혀 없다. 신약성경(사도행전 6장)에서 이에 해당하는 말씀을 찾을 수 있다. 사도행전 6장에서 처음으로 집사들이 임명됐는데, 교회는 "성령이 충만한 사람들을 택하라"는 분부를 받았다(행 6:3). 그들의 생활 속에서 하나님의 임재가 반드시 증명되어야 한다. 그것이 일차적인 자격 요건이다.

둘째, 왕은 반드시 하나님의 백성에게 속한 사람이어야 한다. "…네 위에 왕을 세우려면 네 형제 중에서 한 사람을 할 것이요 네 형제 아닌 타국인을 네 위에 세우지 말 것이며"(신 17:15). 다시 사도행전 6장을 보면, 교회 성도들은 신자들 중에서 그들의 지도자를 뽑아야 한다(행 6:3). 교회는 유명세에 따라 지도자를 뽑아서도 안 되며, 신자들 중에서 그 인재를 찾아야 한다. 하나님의 백성은 지역 교회에서 검증된 지도자들을 찾아야 한다.

셋째, 왕은 반드시 믿음으로 행해야 한다. "왕 된 자는 말을 많이 두지 말 것이며 말을 많이 얻으려고 그 백성을 애굽으로 돌아가게 말 것이니"(신 17:16). 병거와 말은 애굽 군사력의 핵심이었다. 이스라엘은 결코 이러한 물적 자원을 누리지 못했다. 그들이 싸웠던 모든 전투들은 발로 뛴 것이었으며, 그들의 승리는 전적으로 하나님께서 주신 것이었다. 그래서 하나님께서는 그 백성에게 이렇게 말씀하고 계셨던 것이다. "만일 너희가 왕을 두게 된다면, 그때 그 왕이 나의 대적들과 동맹이나 제휴를 하여 개인 신상의 안전을 도모하는 것을 나는 원치 않는다."

왕은 믿음의 모범이 되어야 한다. 교회가 처음으로 집사들을 임명했을 때, 그들은 스데반을 선출했다. 왜냐하면 그가 "믿음과 성령이 충만한 사람"(행 6:5)이었기 때문이다. 하나님의 백성 중에 세워진 지도자의 자리는 언제나 살아계신 하나님 안에서 하나님을 어떻게 믿어야 하는지 알고 있는 사람에게 맡겨야 한다.

넷째, 왕은 반드시 충실한 사람이어야 한다. "아내를 많이 두어 그의 마음이 미혹되게 하지 말 것이며"(신 17:17). 똑같은 원칙이 신약성경에 반영되어있다. 장로는 '한 아내의 남편'이어야 한다(딤전 3:2). 구약 시대에는 왕들이 결혼을 통해 동맹을 체결하는 것이 흔히 있는 일이었다. 하나님께서는 그렇게 하지 말라고 하셨다. 오늘날, 하나님께 대한 그리스도인 지도자의 충성은 자기 아내에 대한 충성으로 표현될 것이다.

다섯째, 왕은 반드시 희생할 각오가 되어있어야 한다. "자기를 위하여 은금을 많이 쌓지 말 것이니라"(신 17:17). 고대 세계에서 왕들은 돈을 산더미처럼 쌓아놓을 수 있는 기회를 누렸다. 그러나 하나님께서는, 하나님의 백성을 이끄는 지도자의 책임을 맡은 사람이라면 자기 배를 불리는 데 자신의 지위를 사용해서는 안 된다고 말씀하셨다. 왕은 탐욕스러워서는 안 되며, 백성의 유익을 위해 자기 권력을 사용해야 한다. 신약성경에서 베드로는 목사들과 장로들에게 "더러운 이득을 위하여 하지 말고 기꺼이 하며 맡은 자들에게 주장하는 자세를 하지 말라"고 교훈했다(벧전 5:2, 3).

여섯째, 왕은 성경을 잘 알아야 한다. "그가 왕위에 오르거든 이 율법서의 등사본을 레위 사람 제사장 앞에서 책에 기록하여 평생에 자기 옆에 두고 읽어 그의 하나님 여호와 경외하기를 배우며 이 율법의 모든 말과 이 규례를 지켜 행할 것이라"(신 17:18, 19). 왕이 직접 율법서를 손으로 베껴서 사본을 하나 만들어두어야 했다. 이것은 참으로 감탄할만한 일이 아닐 수 없다.

예를 들어서, 한 나라의 대통령이 취임할 때, 첫 번째 해야 할 일이 손으로 하나님의 율법서를 베껴 그것을 자기 곁에 두고, 그 모든 규례에 따라 주의해서 국민을 이끌어나간다고 상상해보라. 다시 신약성경은 교회에서의 지도자들에게 이 우선순위를 반영하고 있다. 집사들은 "깨끗한 양심에 믿음의 비밀을 가진 자라야"(딤전 3:9) 했다. 리더십은 하나님의 말씀을 알고 하나님 말씀 가운데서 사람들을 이끌어갈 사람들의 손에 맡겨야 한다.

일곱째, 왕은 순종의 모범이 되어야 한다. 왕은 "그의 마음이 그 형제 위에 교만하지 아니하고 이 명령에서 떠나 좌로나 우로나 치우치지 아니"(신 17:20)해야 했다. 왕은 백성에게, "내가 행하는 대로는 하지 말고 내가 말하는 대로 하라" 하고 말할 수 없었다. 그 땅에서 가장 권세 있는 자가 반드시 하나님의 율법에 헌신하는 최고의 모범이 되어야 했다. 다른 사람들이 그를 바라보고 있었으며, 그 사람들은 그의 선례를 따를 것이었다. 교회에 대해서도 베드로는 목회자들과 장로들에게 하나님의 "양 무리의 본이 되라"(벧전 5:3)고 썼다.

교회 지도자들에 대한 프로필

하나님 백성의 지도자들에 대한 프로필은 목회자, 장로, 평신도 지도자 그리고 지도자의 위치에 있는 사람들을 임명하는 일에 참여하는 모든 사람들에게 대단히 중요한 것이다. 이 프로필은 목회 사역이나 선교 사역을 준비하고 있는 학생들과 하나님의 뜻이 이루어지는 것을 보고자 하는 다른 모든 사람에게 있어서 중요한 것이다.

만일 당신이 하나님의 쓰임을 받고자 한다면, 성령의 충만을 간구하

라. 하나님의 백성에게 헌신하고, 중대한 일들에 대해 하나님을 신뢰하는 법을 배우라. 당신이 한 모든 헌신에 대한 약속과, 특히 결혼생활에 충실하기 바란다. 물질은 하나님의 제단 위에 바치고, 하나님께서 주시는 대로 무엇이든지 즐겁게 받을 결심을 하기 바란다. 복음의 핵심을 명확히 파악하여, 그에 대한 분명한 확신을 갖길 바란다. 그리고 매일 하나님의 말씀을 섭취하기 바란다. 그리스도 예수 안에서, 하나님께서 주신 부르심에 합당한 삶을 살 수 있도록 하나님의 은혜와 도우심을 구하기 바란다.

이는 하나님의 뜻이 이루어지도록 하기 위해 하나님께서 쓰실 사람의 프로필이다. 그리고 이는 교회의 지도자가 될 사람을 확인하는 과정에서 우리가 우선적으로 살펴보아야 할 사항들이다.

그 프로필에 적합한 사람은 누구인가?

이후의 구약성경 이야기를 따라가 보면서, 그다음 600년 동안 이스라엘 민족을 다스렸던 왕들이 이 프로필에 비추어 어떻게 평가됐는지 살펴보는 것은 매우 흥미로운 일이다. 그 왕들 중 어느 누가 하나님께서 요구하신 바를 만족시켰는가?

첫 번째 왕 사울은 분명 아니었다. 그의 강한 고집에서 나온 하나님에 대한 불순종은 금방 확연하게 드러났다. 세 번째 왕 솔로몬도 분명 아니었다. 솔로몬은 성경의 어느 부분을 쓰기도 하고 성전을 건축하기도 하는 등 대단한 업적을 남긴 왕이었다. 그리고 지혜로운 선택을 하기도 했다. 그러나 솔로몬 역시 몇 가지 매우 어리석은 선택을 했다. 그는 아내를 700명이나 두었다. 성경에 의하면, 결국 솔로몬이 늙었을 때 아내들이 그의 마음을 다른 신들에게로 돌려놓았다(왕상 11:4). 그는 지도자에 대한 하나님의 네 번째 자격 조건에서 실패했다.

가장 그럴듯한 후보는 다윗 왕일 것이다. 그러나 다윗 왕은 단 한 명의 아내를 둔 사람이 아니었다. 그럼에도 불구하고 다윗 왕은 하나님의 프로필에 가장 근접한 왕이다. 왜냐하면 다윗의 마음 중심에 여호와 하나님을 따르고자 하는 진정한 열망이 있었기 때문이다.

솔로몬 이후, 이스라엘 왕들의 이야기는 실망 그 자체다. 어떤 왕들은 좀 더 낫고, 어떤 왕들은 좀 더 못했으나, 아무도 이스라엘 왕에 대한 하나님의 명령을 달성하지 못했다.

그리스도에 대한 조명 SPOTLIGHT ON CHRIST

또다시 1,000년이 지난 후의 성경 이야기를 보도록 하자. 다른 왕이 예루살렘에서 왕권을 잡고 있다. 그러나 헤롯 왕은 하나님의 말씀에 순종하는 문제에 대해 전혀 관심이 없다. 그리고 그에게는 그다지 실권도 많지 않았다. 왜냐하면 실권은 시저라는 이름의 외국 왕에게 있기 때문이다. 하나님의 백성은 여전히 하나님의 뜻을 이룰 왕을 애타게 기다리고 있었다. 하나님께서는 살과 피가 있는 지도자를 구하는 백성의 소원에 응답해주셨다. 동방에서 별 하나가 빛을 비추고, 한 천사가 목자들에게 '유대인의 왕'이 될 자의 탄생을 알려주었다.

왕의 프로필을 성취하다

그리스도께서는 유대인 왕의 모든 자격 요건을 만족시키셨다. 예수 그리스도는 다윗의 계보에서 태어났다. 그러므로 이 왕은 하나님의 백성에 속해있다. 예수 그리스도는 열두 살 어린 나이에 성전에 가서 성경에 관해 대화를 나누었다. 하나님의 말씀이 예수 그리스도의 마음속에 가득 차 있었다. 어린 예수 그리스도의 말을 들은 사람들은 그의 이해력에 놀라움을 금치 못했다. 이 왕은 성경에 대해 잘 알고 있었다.

세례를 받으실 때, 하늘이 열리고 비둘기가 내려왔으며, 하나님께서는 "이는 내 사랑하는 아들이요 내 기뻐하는 자라"(마 3:17)고 알리셨다. 이 왕은 하나님의 기름 부음을 받았다. 그 후에 예수 그리스도는 광야에서 하나님 백성의 가장 큰 대적 사탄과 맞붙으셨다. 사탄은 동맹을 제의했다. "만약 네가 내게 절하고 나를 경배한다면 내가 너에게 이 모든 왕국을 주리라." 그러나 그리스도께서는 사탄과의 어떠한 제휴도 거절하셨다. 이 왕은 절대적으로 충성된 왕이었다.

그의 생애를 통해서, 예수 그리스도는 하나님의 법에 대해 절대적으로 충성하는 모범이 되셨다. 예수 그리스도는 하나님께서 그에게 행하라고 하신 모든 역사를 마치셨다. 이 왕은 순종의 모범이셨다. 그리스도는 자기 제자들에게 자신이 "섬김을 받으려 함이 아니라 도리어 섬기려 하고 자기 목숨을 많은 사람의 대속물로 주려고" 왔다고 말씀하셨다(막 10:45). 사도 바울이 썼다시피, 그리스도께서는 자기의 이익을 고려하지 않으시고, '오히려 자기를 비워 종의 형체를 가지셨다'(빌 2:7). 이 왕은 희생을 할 각오가 되어있었다.

그때 그의 대적들이 그를 체포했다. 베드로는 그 왕이 자기를 방어하기 위해 어떤 무기들을 필요로 할 것이라고 생각했다. 그래서 그는 자기 칼을 꺼내 들었다. 그러나 그리스도께서는 베드로에게 칼을 치우라고 하시고, 이렇게 말씀하셨다. "너는 내가 내 아버지께 구하여 지금 열두 군단 더 되는 천사를 보내시게 할 수 없는 줄로 아느냐"(마 26:53). 이 왕은 믿음으로 살 준비가 되어있었다.

예수 그리스도께서 본디오 빌라도에게 끌려갔을 때, 그 총독은 한 가지 질문을 했다. "네가 유대인의 왕이냐?" 예수님께서는 간단하게 "네 말이 옳도다"(마 27:11) 하고 대답하셨다.

조롱받은 왕, 겸손한 왕

빌라도는 예수 그리스도를 십자가에 못 박도록 넘겨주면서 그 백성에게 "보라, 너희 왕이로다" 하고 말했다(요 19:14). 거기에 모여있던 많은 군중에게 그 말은 극심한 모욕이었다. 결국 그렇게 결박당한 왕이 무슨 소용이 있단 말인가? 만일 그가 하나님의 뜻을 이루도록 보냄을 받은 자라고 한다면, 이제 하나님의 백성에게 도대체 무슨 희망이 있단 말인가?

그런 다음에 예수 그리스도는 로마 병사들에게 인계됐다. 그 병사들은 "그의 옷을 벗기고 홍포를 입히며 가시 면류관을 엮어 그 머리에 씌우고 갈대를 그 오른 손에 들리고 그 앞에서 무릎을 꿇고 희롱하여 이르되 유대인의 왕이여 평안할지어다" 하고 말했다(마 27:28, 29).

예수 그리스도가 십자가에 달려있을 때에도 그에 대한 조롱은 계속됐다. 그의 머리 위에 있는 팻말은 "유대인의 왕, 나사렛 예수"(요 19:19)라고 알리고 있었다. 그 광경을 구경하려고 몰려든 군중은 그 팻말을 보고 외쳐댔다. "네가 만일 유대인의 왕이면 네가 너를 구원하라"(눅 23:37). 율법을 가르치는 자(서기관)들과 장로들은 이렇게 외쳐댔다. "그가 남은 구원하였으되 자기는 구원할 수 없도다 그가 이스라엘의 왕이로다 지금 십자가에서 내려올지어다 그리하면 우리가 믿겠노라"(마 27:42).

그렇지만, 상처 입고, 얼굴이 찢기고, 십자가에 못 박히신 왕을 통해 바로 하나님의 뜻이 이루어졌다. 십자가에 못 박히신 예수 그리스도를 통해 당신의 대적인 죄와 죽음과 지옥이 무너졌다. 그리고 당신을 위해 영원한 생명으로 들어가는 길이 열리게 됐다.

하나님께서 예수님을 다시 살리셨고, '그를 지극히 높여 모든 이름 위에 뛰어난 이름을 주셨다'(빌 2:9). 실로, 성경의 이야기는 "만왕의 왕이요, 만주의 주"(계 19:16)라는 그의 이름에 대한 알림으로 끝을 맺고 있다.

드러난 사실 UNLOCKED

하나님께서는 자기 백성이 왕을 세우는 것을 원치 않으셨다. 왜냐하면 하나님께서 이미 그들을 승리로 인도하셨고, 축복으로 인도하고 계셨기 때문이었다. 하나님의 백성은 여호와 하나님을 믿는 대신에 오히려 한 사람의 지도자에게 의지하겠다고 선택함으로써 큰 실수를 범했다. 그러나 하나님께서는 그들의 선택을 인정하고 계속해서 그 백성을 축복하셨다.

어떠한 왕도 하나님의 프로필을 성취할 수 없었다. 그래서 하나님이신 예수 그리스도께서 육신을 입고 이 땅에 오셔서 자기 백성을 구원하신 왕이 되셨다. 예수 그리스도는 하나님의 백성을 승리와 축복으로 이끌어주시는 왕이시다.

기도 PAUSE FOR PRAYER

은혜로우신 하나님 아버지!

주님의 교회에 지도자들을 세워주신 것을 감사드립니다. 주님께서 친히 그들에게 기름을 부으셔서 그들이 지혜와 능력으로 주님의 백성을 이끌 수 있게 해주시옵소서. 그들이 시험에서 능히 이길 수 있도록 항상 지켜주시고, 주님의 진리로 그들을 양육시켜주시옵소서. 예수 그리스도께서 진실로 그리스도의 교회의 주인이 되셔서 주님의 뜻이 이루어지고 주님의 백성이 복을 받게 하여주옵소서. 예수 그리스도의 이름으로 기도드립니다. 아멘.

17

보좌

Throne

사무엘하 7장

우리는 어디에서 안정과 안전을 찾아야 하는가?

묵상의 길잡이

☑ **발견하라**

하나님을 섬김에 있어서 겸손함에 대한 도전을 발견하라.

☑ **배우라**

실망이 어떻게 하나님의 약속으로 이끌어주는 문이 될 수 있는지 배우라.

☑ **경배하라**

예수 그리스도께서 어떻게 영원히 다스리실지 보면서 경배하라.

다윗이 자신의 삶을 되돌아보았을 때, 그동안 하나님께서 자기를 위해 해주신 일을 믿기 어려웠다. 얼마 전까지만 해도 그는 한 사람의 목동이었으며, 그에 대해 들어본 사람은 아무도 없었다. 그러다가 그가 골리앗을 무찌르자, 그 날 이후로 모든 사람이 다윗이 누구인지 알게 됐다. 하나님의 백성에게 영웅이 탄생한다.

물론 사울 왕은 그렇게 보지 않았다. 그 옛날에 치어리더에 해당하는 여인들이 "사울이 죽인 자는 천천이요, 다윗은 만만이로다"(삼상 18:7) 하고 노래 부르기 시작했을 때, 사울은 미칠 지경이었다. 다윗은 자기 목숨을 보전하기 위해 도주해야 했다.

사울은 앞으로 벌어질 일을 막느라 자기 인생의 마지막 몇 년을 소모했다. 그러나 하나님의 손길은 이미 다윗에게 가있었고, 마음에 분이 가득 차고 환멸을 느낀 사울 왕은 죽었다. 그렇게 해서 마음 중심에 살아계신 하나님을 섬기려는 사람이 왕위에 오를 길이 열리게 됐다.

물론 새로운 지도자에 대해 저항 세력이 생겨났다. 사울에게 충성하는 몇몇 사람들이 자신들의 영역을 지키기 위해 싸웠다. 그들은 분명히 하나님께서 하시고 계신 새로운 일에 대해 저항했다. 그다음 두 해 동안, '다윗은 점점 강하여가고 사울의 집은 점점 약하여 갔다'(삼하 3:1). 마침내 모든 백성이 하나님 백성의 지도자로서 다윗의 위치를 받아들이게 됐다(삼하 5:1-5).

다윗 왕과 함께하시는 하나님

그런 다음에 다윗은 예루살렘으로 진군해 들어갔다(삼하 5:6). 비록 하나님의 백성이 지난 300여 년 동안 그 땅에 있었지만, 그들은 아직도 그 큰 성읍을 점령하지 못하고 있었다. 그러나 다윗의 통치 아래 그들은 예루살렘을 점령했다. 그리고 그 성읍을 얻었을 때, 다윗은 그곳에 자기 궁궐과 자기 정부를 세웠다.

그런 다음에 다윗은 가까운 곳에 있는 블레셋을 처리해야 했다. 블레셋 사람들은 다윗이 이스라엘 전체의 왕이 됐다는 소식을 듣고서, 다윗을 치려고 특별 원정대를 보냈다. 블레셋 사람들은 다윗이 골리앗을 물리쳤기 때문에 이미 다윗을 두려워하고 있었다. 그리고 이제 다윗이 왕위에 올랐다는 소식을 듣자, 그들은 다윗에게 대항하기 위한 조치를 취하지 않을 수 없었다. 그래서 '블레셋 사람들은 전 군대를 동원해서 다윗을 찾으러 올라왔다'(삼하 5:17). 그러나 하나님께서는 다윗에게 승리를 안겨주셨다. 그리고 다시 블레셋 사람들이 이스라엘을 공격하기까지는 오랜 기간이 걸렸다.

그런 다음에 다윗은 예루살렘으로 언약궤를 가지고 왔다. 그 백성이 광야에서 지냈을 때, 하나님의 임재가 실제로 그 언약궤에 임했음을 기억하기 바란다. 하나님께서는 속죄소(시은좌)에서 대제사장을 만나셨다.

사울 왕의 재위 시절에 언약궤는 창고 속으로 옮겨졌고 사람들로부터 잊혔다는 사실에서 우리는 그 나라의 영적인 상태가 어떠했었는지 짐작할 수 있다(삼상 7:1, 2). 이제 다윗 왕은 이스라엘 민족의 삶 중심에 하나님께서 임하시기를 원했다. 그래서 다윗 왕은 언약궤를 예루살렘으로 가져왔다. 하나님의 임재를 상징했던 언약궤가 수도로 옮겨지자, 큰 기쁨과 축하의 잔치를 벌였다(삼하 6장).

그렇게 해서 새로운 왕은 자신의 궁에 자리를 잡았으며, 그의 모든 대적들로부터 벗어나 평안을 누리게 됐다. 오랜 세월 동안 이스라엘 백성에 대한 하나님의 복이 아주 확연하게 드러났다. 그 나라는 하나로 통일됐고, 번영했으며, 평화를 누렸다. 다윗은 자신이 꿈꾸었던 것보다 훨씬 더 성공했다. 하나님의 축복은 그의 모든 기대를 채우고도 넘쳤다. 그렇기 때문에 그는 이제 자신이 하나님께 무엇인가 은혜를 갚아야 할 때가 됐다고 느꼈다. 다윗은 선한 마음과 원대한 생각을 가진 경건한 사람이었다.

하나님을 높이기 위한 왕의 계획

그래서 그는 친구 나단을 불렀다. 당신은 사무엘하 7장 1-3절에서 그 두 사람 사이에 어떤 대화가 오고 갔는지 확인할 수 있다. 그들의 대화를 쉽게 풀어서 말하자면 이렇다. 다윗이 이렇게 말했다. "나단, 너는 내가 무슨 생각을 하고 있는지 알지? 내가 이 호화로운 왕궁에서 살게 됐는데, 하나님의 언약궤는 성막에 안치되어있다는 것이 영 마음에 걸린다. 왕궁은 왕의 위대함을 드러내고 있지. 나는 하나님의 위대함을 선포할 건축물을 세우고자 한다."

나단은 다윗의 그러한 생각을 전적으로 환영했다. "그래, 다윗. 네가 손대는 것마다 금으로 바뀌듯, 네가 복을 누리고 있다는 것을 너도 알고 있지. 그러니까 너의 마음속에 품은 생각을 그대로 실천하도록 해."

그러나 그 날 밤, 나단이 집에 돌아갔을 때, 그는 홀로 하나님과 함께 편치 않은 시간을 갖게 됐다. 나단은 선지자였다. 그 말은 하나님께서 나단의 마음속에 직접 여러 일들을 계시해주셨다는 뜻이다. 실제로 하나님께서는 이렇게 말씀하셨다. "나단아, 너는 너의 친구 다윗에게 가서 다윗이 마음먹은 것은 무엇이든지 다 하라고 말했는데, 그것은 형편없는 충고였다. 나는 나의 종 다윗을 높여줄 것이고, 그를 위한 집 한 채를 세울 것이다. 그러나 이 건축물을 세울 자는 다윗이 아니라고 그에게 전해라. 나는 그 특권을 그의 아들에게 줄 것이다"(삼하 7:9, 11, 12). 그런 다음에 하나님께서는 다윗의 아들이 "내 이름을 위하여 집을 건축할 것이요 나는 그의 나라 왕위를 영원히 견고하게 하리라"(삼하 7:13) 하고 덧붙여 말씀하셨다.

당신은 무엇인가 선한 일을 하고 싶어 했지만, 하나님께서 문을 열어주지 않으신 경험이 있는가? 혹은 친구 한 명이 당신이 생각했던 하나님의 영광을 위한 일을 먼저 솔선해서 해보라고 격려했는데, 그 일이 제대로 이루어지지 않았던 경험이 있는가? 아니면, 당신에게 아주 위대한 생각이 떠올랐는데, 하나님께서 그 생각을 실현할 기회를 다른 사람에게 주셨음을 알게 된 경험이 있는가? 이것은 결국 겸손에 대한 테스트이다. 다윗은 겸손해졌지만, 이 지위를 받아들임으로써, 그는 높임을 받게 될 것이었다.

실제로 하나님께서는 다윗 왕에게 이렇게 말씀하고 계셨다. "다윗아, 너는 이 건물을 나를 위해 짓겠다고 말한다. 만약 이 성전이 나를 위하고 진정으로 나의 영광만을 위한 것이라면, 누가 그 성전을 건축하든지 네게는 아무런 상관이 없어야 한다. 다윗아, 너의 꿈은 실현될 것이다. 성전이 세워질 것이다. 그러나 너의 아들이 그 성전을 건축할 것이다."

다윗은 비록 하나님 말씀을 완전히 이해할 수는 없었지만, 하나님의 계획이 최우선이라는 것을 인정했다. 그리고 그에 대한 최종적인 결과가 하나님을 높이게 될 것임을 인정했다(거절 당한 뒤에 그가 찬양으로 드린 기도를 읽어보기 바란다. 삼하 7:18, 19).

겸손에 대한 시험

다윗은 겸손하게 하나님의 계획을 받아들였다. 참된 겸손은 당신이 무엇인가를 아주 잘했을 때 받게 되는 칭찬을 비껴가려는 가식적인 시도가 아니다. 만약 당신이 대단한 경기를 펼쳤거나, 위대한 연설을 했거나, 새로운 자리로 승진했을 때, 누군가 당신의 노력에 대해 칭찬할 때 "아, 그건 별거 아닙니다" 하고 말하는 것은 참된 겸손이 아니다. 그것은 거짓된 겸손으로서, 하나님께서 당신이 할 수 있도록 해주신 것이 전혀 중요치 않거나 가치가 없는 것인 양 말하는 것이다. 그러한 위장된 겸손으로는 하나님께 영광을 돌릴 수가 없다.

무엇이 진정한 겸손인가? 루이스C. S. Lewis는 겸손이란 "세상에서 가장 훌륭한 성당을 설계할 수 있으며, 그 설계가 최고일 것임을 알고 그 사실에 기뻐하면서도, 만일 그 설계가 다른 사람에 의해서 이루어졌을 때, 자신이 직접 그 일을 했을 때보다 더 기뻐할 수 있는 마음 상태"라고 썼다.

그러한 겸손은 자연스럽게 나오는 것이 아니다. 예를 들어서, 참된 겸손이란 어떤 축구 팀 안에서 당신이 세 골을 넣었을 때 크게 기뻐할 수 있지만, 만일 다른 사람이 세 골을 넣었을 때에도 똑같은 기쁨을 느낄 수 있는 것을 의미한다. 찬양 사역을 하는 사람에게 있어서 참된 겸손이란, 당신이 하나님의 영광을 위해 독창할 때 크게 기뻐할 수 있지만, 다른 선택된 누군가가 똑같이 찬양을 잘 불렀을 때에도 똑같은 기쁨을 느낄 수 있는 것을 의미한다. 목회자에게 있어서 참된 겸손은, 하나님께서 사역과 목회 활동에 복을 부어주신 것에 대해 기뻐할 수 있되, 형제들 중 한 사람에게 하나님께서 훨씬 더 큰 복을 부어주셨다는 사실을 들었을 때에도 똑같이 기뻐할 수 있는 것을 의미한다.

참된 겸손이란, 당신보다 하나님께서 모든 영광을 받으신다는 데 더 관심을 기울이고, 누구의 이름이 더 높이 올라가는지에 대해서는 관심을 덜 기울이는 것을 의미한다.

다윗의 겸손

그러므로 다윗은 자신이 하나님의 성전을 건축한다는 것에 대해서도 큰 기쁨을 느꼈겠지만, 그 영예가 자기 아들에게 주어졌을 때에도 못지않게 기뻐했다. 그것이 참된 겸손이다. 다윗은 역사가 그 건축물을 '솔로몬의 성전'이라고 기술하게 될 것임을 알았다. 그렇지만 그는 질투하지 않았다. 도리어 그는 즐거워했다.

다윗의 가장 큰 장점은, 그가 겸손을 배웠고, 하나님의 영광을 자신의 명예보다 더 중요하게 여겼다는 점이다. 다윗이 하나님으로부터 하나님의 성전을 완성할 수 없을 것이라는 말을 들은 후에, 그가 성전 건축 프로젝트에 대한 흥미를 다 잃어버렸다 해도 결코 놀라운 일이 아닐 것이다. 그러나 다윗의 겸손은 그가 성전 건축에 필요한 목재와 석재를 모았다는 사실에서 드러난다. 그는 모든 건축 자재들을 미리 준비하고, 성전을 건축하는 큰 특권은 아들에게 양보했다.

참된 겸손을 행하기란 결코 쉽지 않다. 우리들 중 천성적으로 겸손한 사람은 아무도 없다. 그렇지만 겸손은 하나님 나라 안에서 참된 위대함에 대한 표시이다. 그래서 예수님께서는 제자들에게 이렇게 말씀하셨다. "너희 중에 누구든지 크고자 하는 자는 너희를 섬기는 자가 되고 너희 중에 누구든지 으뜸이 되고자 하는 자는 모든 사람의 종이 되어야 하리라 인자가 온 것은 섬김을 받으려 함이 아니라 도리어 섬기려 하고 자기 목숨을 많은 사람의 대속물로 주려 함이니라"(막 10:43-45).

슬프게도 초대 교회는 이 문제로 어려움을 겪어야 했다. 어떤 사람들이 '투기와 분쟁으로, 이기적인 야망으로' 예수 그리스도를 전파했던 것이다(빌 1:15, 17). 초대 교회조차도, 특정 인물을 크게 내세우고 알리는 데 집중하는 사역을 벌였다. 그러나 사도 바울은 이렇게 말한다. "예수 그리스도가 전파되고 있는 한 나는 다른 어떠한 것에 대해서도 그리 신경을 쓰지 않습니다. 예수 그리스도께서 전파된다는 사실이 내게는 가장 중요한 것입니다. 나는 그리스도가 전파되고 있으며, 하나님의 나라가 확장된다는 사실을 기뻐합니다. 거기에 내 이름을 집어넣을 필요는 없습니다"(참고. 빌 1:18).

실망 그리고 열린 약속의 문

닫힌 문 때문에 다윗이 실망하게 됐을 때, 하나님께서는 다윗에게 놀라운 약속을 주셨다. "다윗아, 너의 생각은 나를 위해 집을 하나 짓겠다는 것이었다. 그런 일은 일어나지 않을 것이다. 그러나 나에게 더 좋은 생각이 있다. 내가 너를 위해 집을 하나 세워주겠다."

> 여호와가 또 네게 이르노니 여호와가 너를 위하여 집을 짓고(삼하 7:11).

그런 다음에 하나님께서는 자신이 벽돌을 세우고, 회반죽을 하는 일에 대해 말하고 있는 것이 아님을 설명해주셨다. 하나님께서는 다윗의 자손들 중 한 명에 대해 한 가지 약속을 하고 계셨다. "네 수한이 차서 네 조상들과 함께 누울 때에—네가 죽었을 때에—내가 네 몸에서 날 네 씨를 네 뒤에 세워 그의 나라를 견고하게 하리라"(삼하 7:12).

하나님께서는 다윗의 자손들 가운데 특정한 한 명을 일으켜 왕의 자리에 앉히시겠다고 약속하셨다. 그 약속은 하나님께서 하와에게 그녀의 후손 가운데 하나가 뱀의 머리를 부수게 될 것이라고 약속하셨던(창 3:15) 것과 매우 흡사했다.

하나님께서는 이 특별한 후손에 대한 놀라운 세 가지 약속을 다윗에게 해주셨다. 하나님께서 이렇게 말씀하셨다.

> 그는 내 이름을 위하여 집을 건축할 것이요 나는 그의 나라 왕위를 영원히 견고하게 하리라 나는 그에게 아버지가 되고 그는 내게 아들이 되리니(삼하 7:13, 14).

하나님께서는 이렇게 말씀하고 계셨다. "다윗아, 내가 너를 위해 해주려는 일이 바로 이것이다. 너의 자손이 나의 이름을 위해 한 집을 건축할 것이며, 나는 그의 왕위를 영원토록 세워줄 것이다. 그리고 그보다도 다윗아, 내가 그의 아버지가 되고 그는 내 아들이 될 것이다. 너의 아들이 나의 아들일 것이다." 이 세 가지 약속의 중요성과 영광은 너무도 대단한 것이어서, 그는 여호와 앞에 들어가 앉아야 했다(삼하 7:18). 하나님께서는 다윗의 모든 상상을 훨씬 뛰어넘는 특별한 일을 하겠다고 그에게 약속하셨다. 다윗은 그것을 받아들이느라 애를 써야 했다. 다윗의 아들이 어떻게 하나님의 아들이 될 수 있단 말인가? 어떤 왕의 통치가 어떻게 영영히 지속될 수 있단 말인가? 이것은 믿기 어려운 약속들이었다. 문제는 다윗의 자손들 가운데 어떤 자손이 그 약속을 성취하게 될 것인가 하는 것이었다. 가장 우선적으로 떠오르는 명백한 후보는 다윗의 왕위를 바로 이어받을 아들 솔로몬이었다. 솔로몬이 예루살렘에 성전을 건축했다는 것은 역사적인 사실이다. 솔로몬은 아버지 다윗이 모아둔 건축 자재들을 사용했으며, 이 웅장한 건물의 건축에 대해서는 열왕기상 5-8장에서 확인할 수 있다.

미루어진 약속

하나님께서는 이 웅대한 건물을 세우겠다는 다윗의 꿈을 솔로몬을 통해 성취하도록 허락하셨다. 그리고 그 성전이 헌당됐을 때, 하나님 영광의 구름이 내려와 그 성전을 가득 채웠다. 하나님께서는 자신의 임재로 그 성전을 가득 채우셨다.

그 일이 일어났을 때, 어떤 백성은 틀림없이, "그래 바로 이거야. 이것이 바로 하나님께서 다윗에게 약속하신 것이야. 솔로몬은 여호와의 집을 건축한 왕이야. 그의 왕국은 영원히 지속될 거야" 하고 생각했을 것이다. 그러나 몇 년 뒤에 솔로몬은 죽었다. 그리고 그가 죽고 나서 그 나라는 두 쪽으로 갈라져버렸다. 그로부터 몇백 년 만에 솔로몬의 성전은 파괴됐다.

다윗의 시대 이후로 성경 이야기는, 성전을 하나 건설하고 그의 보좌를 영원히 지속할 다윗의 한 아들을 찾는 일을 중심으로 흘러가고 있다.

그리스도에 대한 조명 SPOTLIGHT ON CHRIST

그 성경 이야기에서 곧장 1,000년을 건너뛰면, 신약성경의 첫머리에 이른다.

> 아브라함과 다윗의 자손 예수 그리스도의 계보라(마 1:1).

우리가 예수 그리스도에 대해 배우게 되는 첫 번째 사실은 그분이 다윗의 자손이라는 사실이다. 처음부터 예수 그리스도는 하나님께서 다윗에게 주셨던 믿기 어려웠던 약속을 성취하시는 분으로 우리에게 소개되고 있다.

다윗의 아들이며, 하나님의 아들이신 예수 그리스도

성탄절 이야기 전체에 이 주제가 나오고 있다. 누가는 하나님께서 다윗에게 약속하셨던 것이 성취될 것이라는 사실을 천사가 마리아에게 알려주는 말을 기록하고 있다.

> 보라 네가 잉태하여 아들을 낳으리니 그 이름을 예수라 하라 그가 큰 자가 되고 지극히 높으신 이의 아들이라 일컬어질 것이요 주 하나님께서 그 조상 다윗의 왕위를 그에게 주시리니(눅 1:31-32).

예수 그리스도는 다윗의 자손이다. 그러나 예수 그리스도는 그 이상이시다. 또한 예수 그리스도는 천사 가브리엘이 알려주었다시피, 지극히 높으신 분의 아들, 즉 하나님의 아들이시다.

그 뒤에 다른 천사들이 들판에 있던 목자들에게 나타나 이렇게 알려주었다. "오늘 다윗의 동네에 너희를 위하여 구주가 나셨으니 곧 그리스도 주시니라"(눅 2:11).

예수님께서 사역을 시작하셨을 때, 사람들은 그분이 행하시는 기적들을 목격했으며, 너무나 놀라서 "이 사람이 다윗의 그 아들일지도 모른다" 하고 말했다(마 12:23). 이 사람이 바로 하나님의 백성이 1,000년 동안이나 고대해왔던 그 사람일 수도 있지 않을까? 예수님의 사역이 계속되자, 더욱 많은 사람이 예수 그리스도에게 자신들의 희망을 걸었으며, 예수 그리스도가 예루살렘에 당도하셨을 때 군중이 줄을 서서 그분을 맞이했다.

그들은 종려나무 가지를 흔들면서 이렇게 외쳤다. "호산나 다윗의 자손이여!"(마 21:9). 그들은 예수 그리스도가 바로 하나님께서 다윗에게 주셨던 옛 약속을 이루실 것이라고 확신해마지 않았다.

다른 사람들은 더 깊이 인식하고 있었다. 그들은 예수 그리스도가 다윗의 그 아들일 뿐만 아니라 또한 하나님의 아들이기도 하다는 사실을 깨달았다(마 16:16; 요 11:27). 귀신들이 맨 처음으로 이 사실을 인식했다. 예수 그리스도께서 그들에게 말씀하시자마자, 귀신들은 예수 그리스도가 누구인지 알았다(막 5:7).

예수 그리스도는 자신이 실로 하나님의 아들이라고 확언하셨다. 대제사장 가야바가 예수 그리스도께 직접 대놓고 "네가 하나님의 아들 그리스도인지 우리에게 말하라" 하고 물었을 때, 예수 그리스도께서는 똑바로 대답하셨다. "그렇다, 네가 말하고 있는 대로이다"(마 26:63, 64).

예수 그리스도는 하나님께서 다윗에게 하셨던 약속의 비밀을 성취하셨다. 예수 그리스도는 육체로 오신 하나님이셨으며, 다윗의 혈통 가운데서 육체를 취하셨다.

하나님을 만날 장소

만일 진정으로 예수 그리스도께서 다윗의 약속된 아들이셨다면, 하나님의 약속에 따라서, 그가 하나님의 집을 세울 자가 되어야 한다. 그래서 분별력 있던 사람들은 과연 예수 그리스도께서 성전에 관해 무슨 말을 하셨는지 매우 주의 깊게 들었을 것이다.

그리고 그 말씀 그대로, 요한은 예수 그리스도가 그의 공생애 사역을 시작하면서, 성전 경내에서 "이 성전을 헐라 내가 사흘 동안에 일으키리라"(요 2:19) 하고 선언하셨다는 사실을 우리에게 전해준다. 그 말을 들었던 사람들은 예수 그리스도께서 성전을 불도저로 밀어버리고 자신이 다시 성전을 재건할 것이라고 말씀하신다 생각했다. 그래서 그들은 예수 그리스도께 이렇게 말했다. "이 성전을 짓는 데는 46년이나 걸렸소, 그런데 당신이 사흘 동안에 어떻게 다시 세우겠다는 거요?"

그러나 예수 그리스도께서 말씀하신 허물어질 성전은 그들의 눈앞에서 있었던 그 건물이 아니었다. 예수 그리스도는 자신의 몸에 대해 말씀하고 계셨던 것이다. 예수 그리스도께서 말씀하셨을 때, 그를 둘러싼 웅장한 성전 건물은 한 때 하나님께서 자기 백성을 만났던 장소였다. 그러나 그때 그 성전은 상거래의 중심지가 되어있었다. 그래서 그리스도께서는 마치 이렇게 말씀하고 계시는 것과 같았다. '이 건물은 사람들이 하나님을 만났던 장소로 사용했었지만, 이제로부터는 내 몸이 새로운 성전이다.' 하나님의 임재는 예수 그리스도 안에서 발견된다. 그리스도 안에 '신성의 모든 충만이 육체로 거하신다'(골 2:9).

예수 그리스도께서 십자가에 못 박히셨을 때, 성전인 그분의 몸은 갈가리 찢김을 당했다. 그리고 사흘 후에 다시 부활하셨을 때, 그 몸 된 성전은 다시 세워졌다. 몇 년 후에(주후 70년), 예루살렘에 서 있던 성전 건물은 로마 군대에 의해 파괴됐다. 그리고 그 성전은 결코 재건되지 않았다. 그 사실은 큰 의미를 지니고 있다. 사람들이 하나님을 만날 수 있는 장소는 예루살렘에 있는 건물도 아니고, 다른 어느 곳에 있지도 않다. 당신이 하나님을 만나는 장소는 예수 그리스도만을 통해 존재한다.

하나님께서는 다윗의 아들이 하나님의 이름을 위해 집을 하나 세우게 될 것이라고 약속해주셨다. 예수 그리스도는 결코 돌로 된 어떤 건물도 세우신 적이 없었다. 그러나 그리스도는 하나님의 영광을 위해 사람들로 이루어진 집을 하나 세워가고 계신다. 히브리서의 기자는 예수 그리스도를 믿는 신자들에게 그들이 바로 하나님의 집이라고 말했다(히 3:6). 그리고 베드로는 신자들을 "신령한 집으로 세워져가고 있는 생명이 있는 돌들"이라고 묘사했다(벧전 2:5).

신약성경은 건물들에 대해서는 그다지 중요성을 두고 있지 않다. 하나님께서는 "사람의 손으로 지은 전殿에 계시지 아니"(행 17:24)하신다. 그러나 하나님의 임재는 하나님의 영광을 위해 살아있는 성전으로 함께 지어지고 있는 신자들 가운데 존재하고 있다(참조, 엡 2:21). 바로 이러한 이유 때문에 사도 바울은 불신자들이 고린도 교회를 방문해서 예배에 참여했을 때, 그들이 "하나님께서 진실로 너희들 가운데 계시구나" 하는 말로 반응하기를 기대했다(고전 14:25). 하나님의 임재는 예수 그리스도의 이름으로 함께 모이는 하나님의 백성 가운데 언제나 존재한다.

영원히 계속될 왕위

왕위가 영원히 계속될 한 왕에 대한 하나님의 약속은 구약성경의 후기 선지자들에 의해서도 반복되고 있다. 예를 들어서, 이사야 선지자는 한 아기가 태어날 것이며, 한 아들이 주어질 것이며, 그 정사政事가 그의 어깨 위에 있게 될 것임을 예언했다.

> 그 정사와 평강의 더함이 무궁하며 또 다윗의 왕좌와 그의 나라에 군림하여 그 나라를 굳게 세우고 지금 이후로 영원히 정의와 공의로 그것을 보존하실 것이라…(사 9:7).

이후에 천사 가브리엘이 예수 그리스도의 탄생에 대해 이렇게 알려주었다. "주 하나님께서 그 조상 다윗의 왕위를 그에게 주시리니 영원히 야곱의 집을 왕으로 다스리실 것이며 그 나라가 무궁하리라"(눅 1:32, 33). 한 선지자와 한 천사로부터 나온 이 두 가지 중요한 약속은 "마지막 때가 없을 한 정부이며…그의 나라가 무궁할 것"이라는 것이다. 왕들에게는 각각 그들의 때가 있고, 결국 그들은 다 죽는다. 그렇다면 어떻게 한 왕이 영원히 다스릴 수 있단 말인가? 이것이 바로 부활과 승천의 중요성이다. 예수 그리스도께서는 죽으시고 다시 부활하셨다. 이 왕에게는 죽음이 더 이상 권세를 발휘하지 못한다. 만왕의 왕으로서 예수 그리스도는 하나님 아버지의 우편에 앉아계신다. 그가 모든 원수를 그 발아래 둘 때까지 반드시 왕 노릇하실 것이다(고전 15:25). 그다음에 세상 나라가 우리 주와 그의 그리스도의 나라가 되어 그가 세세토록 왕 노릇 하실 것이다(계 11:15).

예수 그리스도께서는 제자들에게 보좌에 대한 놀라운 약속을 하나 하셨다. "내 아버지께서 나라를 내게 맡기신 것 같이 나도 너희에게 맡겨 너희로 내 나라에 있어 내 상에서 먹고 마시며 또는 보좌에 앉아 이스라엘 열두 지파를 다스리게 하려 하노라"(눅 22:29, 30). 제자들은 그리스도의 통치에 동참하게 될 것이다. 그리고 이것은 기독교 신자들에 대한 신약성경의 특별한 약속이다. "이기는 그에게는 내가 내 보좌에 함께 앉게 하여 주기를 내가 이기고 아버지 보좌에 함께 앉은 것과 같이 하리라"(계 3:21).

성경의 가장 위대한 기적

예수 그리스도는 하나님의 기적으로 말미암아 처녀에게 잉태되셨다. "성령이 네게 임하시고 지극히 높으신 이의 능력이 너를 덮으시리니 이러므로 나실 바 거룩한 자는 하나님의 아들이라 일컬으리라"(눅 1:35). 다윗의 아들이 바로 하나님의 아들이었다.

어떤 사람의 아들을 생각할 때, 우리는 그 아버지가 태어나고 20, 30년이 지난 후 그에게서 태어난 누군가를 생각하게 된다. 그러나 하나님의 아들은 그 아버지와 함께 계시지 않았던 때가 한 번도 없었다. 예수 그리스도는 성부 하나님의 본성을 공유하고 있다. 시작이 전혀 없는 것이 바로 하나님의 본성이다.

이것은 예수 그리스도에게도 시작이나 끝이 전혀 없다는 뜻이다. 사도 요한은, "태초에 말씀이 계시니라 이 말씀이 하나님과 함께 계셨으니 이 말씀은 곧 하나님이시니라"(요 1:1)고 썼다.

이것은 성경 전체의 핵심적인 비밀이다. 그 사실을 완전히 이해한다는 것은 불가능하다. 그렇지만 일단 이 진리를 파악하면 다른 모든 것이 이해되기 시작한다. 하나님께서 사람이 되셨다. 영원하신 아들이 육체를 취하셨다. 언제나 성부 하나님의 곁에 계셨던 분이 다윗의 한 아들이 되셨고, 그 자신의 본성을 지니고 하나님이시자 동시에 사람이 되셨다. 그 아들은 마리아에게서 태어나 베들레헴의 마구간에 나타나셔서, 하나님께서 다윗에게 주셨던 그 약속을 성취하셨다. 성육신은 성경에서 가장 큰 기적이다.

하나님의 자녀들

당신이 유일하신 하나님의 아들 예수 그리스도를 믿었을 때, 하나님께서는 당신을 하나님의 자녀로 받아들이셨다. 사도 요한은 이 사실을 이렇게 설명했다. "영접하는 자 곧 그 이름을 믿는 자들에게는 하나님의 자녀가 되는 권세를 주셨으니"(요 1:12).

오늘날에는 자신의 가치를 가장 중요하게 여기고, 자신을 높이는 삶을 추구하는 사람들이 너무 많다. 만약 당신이 이러한 세상의 흐름 속에서 갈등을 겪고 있다면, 예수 그리스도가 누구며, 자기 백성을 위해 무슨 일을 하시는지에 대한 진리를 당신 존재 속에 깊이 간직하기 바란다.

- 예수 그리스도는 성전이다. 예수 그리스도는 우주의 왕으로서 보좌 위에서 다스리고 계신다. 그리고 예수 그리스도는 하나님의 아들이시다.
- 믿음은 예수 그리스도와 당신을 결합시켰다. 그래서 당신은 예수 그리스도 안에서 하나님의 성전이 됐다. 그곳은 하나님의 임재가 있을 자리이다.
- 당신은 하나님의 통치하심이 주는 혜택 속에서 살아가고 있는 하나님 나라의 시민이다.
- 당신은 살아계신 하나님의 자녀이며, 당신의 운명은 하나님을 영원히 누리는 것이다.

이 사실을 통해 하나님께서 당신에게 주신 영광을 바라보도록 하라. 또한 마음과 뜻과 정성을 다하여 하나님의 이름을 찬양하고 영화롭게 하라.

드러난 사실 UNLOCKED

구약성경에서의 하나님 백성의 삶은 주로 그 시대를 다스리고 있던 왕에게 달려있었다. 악한 임금이 죽었을 때 그 백성은 커다란 안도감을 느꼈을 것이며, 선한 임금이 죽었을 때 그 백성은 국가의 장래가 어떻게 될 것인지에 대한 불안감을 느꼈을 것이다. 구약성경의 중심부에서, 하나님께서는 다윗에게 그의 후손들 중 한 사람이 세상을 영원히 다스리게 될 것이라는 놀라운 약속을 하셨다. 예수 그리스도께서 이 약속을 성취하고 계신다.

하나님의 백성은 예수 그리스도께서 왕좌에 계시기 때문에 미래에 대해 안심할 수 있다. 이 왕에게는 여러 대적들이 있다. 그러나 그 대적들은 앞으로 그 왕의 발아래 놓일 것이다(시 110:1). 예수 그리스도께 속한 사람들의 궁극적인 운명은 그리스도의 영원한 나라가 주는 복을 누리고 그 가운데 동참하게 될 것이라는 사실이다.

기도 PAUSE FOR PRAYER

우리의 기도를 위해 만왕의 왕께 그의 이름에 합당한 찬양을 돌리고 있는 성경 구절, 요한계시록 5장 9, 10, 13절을 사용해보자.

위대하신 만왕의 왕, 만 주의 주님이시여!

주님께서 그 두루마리를 취하여, 봉인한 것들을 떼시기에 합당하십니다. 왜냐하면 주님께서는 십자가에서 죽임을 당하셨고, 주님의 피로 하나님을 위해 모든 족속과 나라와 민족의 사람들을 사셨기 때문입니다.

주님께서는 그 사람들을 우리 주 여호와를 섬기는 한 나라와 제사장들이 되도록 만드셨으며, 그 사람들은 땅 위에서 다스릴 것입니다.

보좌 위에 앉으신 이와 어린양에게 찬송과 존귀와 영광과 권세가 영원토록 있기를 원합니다. 예수 그리스도의 이름으로 기도드립니다. 아멘.

18

선지자

Prophet

사무엘하 12장

하나님께서 우리에게 어떻게 말씀하셨는가?

묵상의 길잡이

☑ **발견하라**

하나님께서 선지자들을 통해 어떻게 말씀하셨는지 발견하라.

☑ **배우라**

성경의 저자들이 자기 자신들의 의견을 표출하고 있던 것이 아니었음을 우리가 어떻게 알 수 있는지 배우라.

☑ **경배하라**

하나님께서 말씀하시는 모든 것이 어떻게 한 사람에게 표현되고 있는지 보면서 그분을 경배하라.

나에게 한 친구가 있다. 그 친구의 이름을 브라이언Brian이라고 부르겠다. 브라이언은 하룻밤 사이에 봉급이 4배로 뛰는 자리에 고용됐다. 내가 그의 집을 방문했을 때 그가 나에게 자신이 맞이한 새로운 기회에 대해 열정적으로 말했던 것을 기억한다. 브라이언은 간부 관리직으로 승진됐던 것이다. 당시 그는 겨우 30대 초반이었다.

그때 그는 하나님께서 자신에게 이 기회를 어떻게 주셨는지에 대해 말했다. 그러나 몇 달이 지나지 않아, 브라이언은 하나님과 자기 아내에게 신의를 저버렸다.

주의하기 바란다. 권력이 있는 지위를 부여받은 사람들은 대개 자신은 다른 사람들에게 적용되는 규칙이나 법을 어떤 식으로든 뛰어넘는다고 생각하기 시작한다. 바로 그런 일이 다윗 왕에게 일어났다. 어느 날 다윗 왕은 밧세바라는 이름의 결혼한 여인을 보게 됐다. 그녀를 본 다윗은 자신이 원하는 사람이라고 생각했다. 다윗은 권력을 가지고 있었다. 그리고 자신이 원하는 것은 무엇이든지 얻을 수 있는 돈도 가지고 있었다. 그래서 그는 하나님의 법을 무시하고 그 여인을 취했다.

완벽한 은폐

브라이언이 하나님을 사랑하는 것같이 보였던 것처럼, 다윗 왕은 여호와를 사랑했다. 그러나 하나님을 사랑하는 마음 안에도 어떤 이상한 감정들을 감추고 있을 수 있다. 밧세바에 대한 다윗의 감정은 전적으로 하나님을 거스르는 것이었다. 그러나 그 감정은 너무도 강력했기 때문에 다윗은 그 감정에 끌려갔다. 유혹의 힘을 뛰어넘을 수 있는 사람은 아무도 없다. 그래서 우리가 유혹을 능히 이길 수 있고, 유혹과는 아무 상관이 없는 사람이라고 생각하는 그때가 가장 위험한 순간일 것이다. "그런즉 선 줄로 생각하는 자는 넘어질까 조심하라"(고전 10:12).

밧세바가 다윗 왕의 아기를 갖자, 이스라엘의 위대한 왕은 비열한 은폐 공작을 편다. 그 여인의 남편인 우리아는 전쟁터에 나가 있었다. 그런데 다윗은 그를 집으로 보낼 것을 명령했다. 다윗은 우리아가 그 아이의 아버지인 것으로 속일 수 있도록 그가 그의 아내와 며칠 밤을 지내기를 바랐다.

그러나 그 작전은 먹혀들지 않았다. 우리아는 양심적인 군인이었기 때문에 전우들이 전쟁터에서 목숨을 걸고 싸우고 있는 마당에 자신이 집에서 아내와 함께 지내서는 안 된다고 생각했다. 다윗은 훨씬 더 필사적인 방법을 써야 했다. 그는 우리아가 죽음을 면치 못하도록 그를 전쟁의 최전선으로 보낼 것을 명령했다. 야전 사령관은 그 말에 순종했다. 그렇게 우리아는 맹렬한 전투에서 전사했다(삼하 11:5-17).

얼마 후, 다윗은 과부가 된 지 얼마 되지 않은 밧세바를 자신의 아내로 삼았다. 그 모든 과정은 은밀하게 진행됐다. 어느 누구도 그 사실을 알지 못했다. 오직 다윗과 밧세바만이 그 일에 대해 알고 있었다. 완벽히 은폐된 사건이었다. 그렇기 때문에 우리는 이야기의 진행상으로 보아 당연히 다윗은 자신이 밧세바와 결혼하게 된 사실을 크게 기뻐했을 것이라고 단정할 수 있다.

미갈과 결혼했던 다윗은 대단히 실망했다. 미갈은 사울의 딸이었는데, 언약궤가 예루살렘으로 옮겨졌을 때 그녀의 태도로 보면, 말을 톡톡 쏘는 냉소적인 여인이었던 것으로 여겨진다. 하나님께서 주신 복 때문에 다윗이 기쁨에 겨워 뛰놀며 춤추자, 미갈은 심중에 그를 업신여겼다(삼하 6:16).

그렇지만 밧세바의 마음은 아주 흡족했을 것이다. 자신의 남편이 집을 떠나 멀리 나가 있었을 때, 밧세바가 다윗 왕의 시선을 끌기 위해 연극을 했다는 것은 거의 의심할 바 없다. 밧세바는 일광욕을 하면서 목욕을 하기 위해 지붕 위로 올라갔을 때, 그 지붕이 왕궁에서 보이는 것을 알고 있었음에 틀림없다.

이렇게 해서, 그다지 행복하지 못했고, 욕구불만에 사로잡혀있던 두 사람이 서로 만난 것이다. 밧세바는 자신이 원했던 것을 얻었으며, 다윗 왕도 자신이 원했던 것을 얻었다. 그것이 마치 이 이야기의 끝인 것 같았다.

단 한 가지만 빼놓고서 말이다. "다윗이 행한 그 일이 여호와 보시기에 악하였더라"(삼하 11:27).

하나님께서 이제까지 진행된 모든 일을 목격하신 것이다. 여호와께서는 침묵하실 수도 있었다. 그렇게 된다면 다윗의 죄는 감추어질 것이고, 그는 하나님과는 거리를 둔 채 믿는 사람 행세를 하면서 살 수 있었을 것이다. 혹은 하나님께서 이제까지 일어난 일을 모두 공개적으로 들추어내셔서 용서와 회복이 가능한 기회를 만드셨을 수도 있었을 것이다. 하나님께서 어떤 선택을 하셨는지 한번 짐작해보기 바란다.

하나님의 음성을 듣는 일에 대한 두려움

우리는 이미 구약성경의 이야기에서 하나님의 음성을 직접 듣는 일이 공포를 불러일으키는 경험이라는 것을 배웠다. 하나님께서 시내산에서 모세에게 말씀하셨을 때, 하나님 임재의 영광을 알려주는 천둥과 번개와 나팔 소리가 울려퍼졌다. 백성은 그 산이 연기에 에워싸이는 것을 보았으며, 그다음에 하나님의 음성을 귀로 들을 수 있었다. 하나님께서 친히 말씀하신 것이다.

이 상황이 어땠을지 조금이라도 느껴보고 싶다면, 당신이 지진이나 태풍이 휘몰아치는 한가운데 있다고 상상해보면 될 것이다. 모세조차도 두려움에 벌벌 떨었다. 그래서 이스라엘 백성은 하나님의 음성을 들었을 때, 더 이상 자신들에게 말씀하지 말아달라고 사정했다. 그 음성을 감당할 수가 없었기 때문이다(히 12:18-21). 그들은 아마도 최후의 심판 날에 전능하신 하나님 앞에 선 죄인들이 느끼게 될 두려움을 느꼈음에 틀림없다. 시편 기자는 이렇게 썼다. "그가 소리를 내시매 땅이 녹았도다"(시 46:6).

하나님께서 시내산에 계셨을 때, 백성은 모세에게 이렇게 말했다.

"당신이 우리에게 말씀하소서 우리가 들으리이다 하나님이 우리에게 말씀하시지 말게 하소서 우리가 죽을까 하나이다"(출 20:19). 그래서 모세가 그 산 위로 올라갔고, 하나님께서는 모세에게 말씀하셨다. 그다음에 모세가 다시 내려와 하나님의 말씀을 백성에게 그대로 전해주었다. 그것이 바로 우리가 말하는 '예언'(이 때 예언은 하나님의 말씀을 맡았다는 뜻임. 구약에서 선지자 혹은 예언자의 역할은 주로 하나님의 말씀을 맡아서 전하는 것이고, 앞일을 미리 예고해주는 일이 아니었음. 그러나 앞날의 일을 맡아서 전해주는 예언豫言의 일도 했으므로, 이를 잘 구분하는 것이 중요함—역자 주)의 시작이다.

하나님께서는 자신의 말씀을 전달해줄 선지자들을 파견하셨다. 그렇게 함으로써 백성이 하나님께서 그들에게 직접 말씀하는 것을 들으면서 공포에 떠는 일을 면할 수 있게 해주셨다. 하나님께서 한 사람의 선지자를 보내주실 때, 그것은 언제나 하나님 은혜의 징표였다. 때때로 선지자들은 상당히 격렬한 말들을 할 수 있었다. 그렇지만 그 선지자들이 하는 말을 듣는 것은 그 어떤 것이라 할지라도 백성이 하나님 앞에 서서 직접 말씀을 듣는 것과 마찬가지였다는 사실을 명심하기 바란다. 다윗이 바로 그렇게 하나님의 말씀을 들었을 것이다. 하나님께서 보내신 선지자의 강하고 단도직입적인 말을 통해, 하나님의 말씀을 들었을 것이다.

선지자의 역할

때때로 사람들은 "나는 교회에 가서 설교자가 내 죄악들에 대해 말하는 것을 듣고 싶지 않아요" 하고 말한다. 좋다. 그렇지만 최후의 심판 날까지 당신의 죄를 감추어두고 있다가 하나님께서 직접 그 죄악들에 대해 말씀하시게 하는 것보다는 한 사람의 설교자를 통해 성령님께서 죄를 깨닫게 해주시는 편이 훨씬 더 나을 것이다. 오늘날에는 설교자들이 하나님의 말씀을 선포하고, 자기 백성에 대한 하나님의 권고(하나님의 천상회의를 통해 나온 하나님의 생각과 권고와 계획을 말함—역자 주)를 선언할 때, 예언이 표현될 수 있다. 그러나 그것은 구약 시대와는 다르다. 왜냐하면 설교자들이 새로운 계시를 전달해주는 것이 아니기 때문이다. 그럼에도 불구하고 하나님의 말씀이 선포될 때, 그것은 하나님의 음성이 전달되는 것이다.

구약 시대에는 하나님께서 선지자들을 통해 말씀하셨다. 선지자들은 하나님의 천상회의에 설 특별한 권한을 부여 받은 사람들이었다.

하나님의 천상회의에 참여하는 특권을 부여 받은 선지자들은 하나님께서 실제로 하신 말씀을 직접 듣고 백성에게 그대로 전해주는 사람들이다. 선지자의 역할은 제사장의 역할과는 반대라는 느낌을 준다. 즉, 제사장들은 백성을 대표해서, 백성 편에서 하나님께 말씀을 드렸으나, 선지자들은 하나님 편에서 백성에게 말했다.

성경을 이해하기 위해서는, 다음과 같은 세 가지 사실을 파악할 필요가 있다. (1) 하나님께서는 끊임없이 말씀하신다는 사실과, (2) 하나님께서는 선지자들을 통해 말씀하셨다는 사실과(히 1:1), (3) 구약성경은 하나님께서 모세 이후로 선지자들을 통해 하신 말씀을 기록한 책이라는 사실이다.

여호와 하나님의 말씀을 받는다는 것은 무엇과 같은가? 하나님께서는 실제로 어떻게 선지자들에게 말씀하셨을까? 신약성경에서 사도 베드로는 우리에게 이 점에 대해 다음과 같이 말하고 있다.

먼저 알 것은 성경의 모든 예언은 사사로이 풀 것이 아니니 예언은 언제든지 사람의 뜻으로 낸 것이 아니요 오직 성령의 감동하심을 받은 사람들이 하나님께 받아 말한 것임이라(벧후 1:20-21).

하나님께서는 그분의 음성을 우리가 직접 듣는 공포로부터 우리를 보호하시려고 선지자들을 통해 말씀하셨다. 그래서 하나님께서는 꾸미거나 해석하거나 왜곡하지 말고 하나님께서 하신 말씀 그대로 정확히 기록하라고 선지자들에게 말씀하셨다.

예언의 영감

사도 베드로는 우리에게 "오직 성령의 감동하심을 입은 사람들이 하나님께 받아 말씀한 것임이라"(벧후 1:21)고 말한다. 선지자들은 어떻게 '성령의 감동하심'을 받았을까?

하나님께서 선지자들에게 말씀하셨을 때, 그것은 마치 큰 바람의 힘과 같았으며, 그들은 그 크고 강한 바람에 사로잡혔다. 선지자들은 그 과정을 통제할 수가 없었다. 그들은 하나님께서 말씀하실 내용을 끌어내기 위해 연역적인 논리를 적용하지 않았다. 그들은 성령의 '감동을 받았으며' 정확하게 하나님의 말씀들을 기록했다.

이렇게 말한다고 해서, 성경이 어떤 기계적인 받아쓰기 과정을 통해 기록됐다는 뜻이 아니다. 선지자들의 글에는 여러 가지 스타일이 있다. 사람들은 하나님의 말씀을 받아 말했다. 그들은 모두 다른 사람이고, 개성도 다르고, 존재한 시대도 달랐다. 그러나 그들은 모두 자신에게 불어닥친 성령의 폭풍 가운데 휩싸였다. 하나님의 말씀은 그러한 힘과 명확성을 가지고 선지자들에게 임했다. 그렇기 때문에 하나님께서 하신 말씀과 그들이 써놓은 내용이 정확히 일치하는 것이다.

바로 이렇게 해서 선지자들은 알려질 수 없었던 것들에 대해 말할 수 있었다. 선지자 이사야는 한 처녀가 잉태하여 아들을 낳을 것이라고 말했다. 스가랴는 나귀를 타고 예루살렘에 한 왕이 올 것이라고 말했다. 그 선지자들이 이러한 일들을 알 수 있었던 유일한 방법은 하나님께 직접 듣는 것뿐이었다.

자, 그렇다면 나단은 다윗이 밧세바와 함께 저지른 일을 어떻게 알았을까? 밧세바가 자기 남편이 죽은 다음에 상당히 서둘러 결혼을 했으며, 배 속의 아기가 곧 태어났음을 주목하고, 그 두 가지 사실과 그 두 사람을 서로 연관지어 생각한 후, 그 사실에 대해 다윗에게 말하기로 결심했는가? 아니었다! 하나님께서 친히 무슨 일이 일어났었는지를 나단에게 말씀해주셨던 것이다. 하나님께서 나단에게 말씀하셔서, 다윗이 숨기려던 것이 드러난 것이다.

왕궁에 선 선지자

그래서 바로 이때를 위해 하나님께서 임명하신 선지자 나단이 다윗 왕에게 나아갔다. 다윗은 그 스캔들에 대해 자신이 너무도 완벽하게 은폐했다고 생각했기 때문에 아무도 무슨 일이 있었는지 모르고 있다고 확신하고 있었다. 그러나 하나님께서는 알고 계셨다. 그리고 하나님께서는 그 일에 대해 다윗에게 하실 말씀을 나단을 통해 주셨다.

그 일이 두렵고 떨리는 일이었음은 말할 것도 없었다. 그러나 성령의 권능으로, 나단은 자신의 옛 친구에게 하나님의 말씀을 전하기 위해 왕궁으로 갔다. 그러고는 적절한 비유를 하나 들었다. 나단은 다윗에게 가난한 남자의 양을 빼앗은 부자의 이야기를 들려주었다. 그 이야기를 들은 다윗은 그 부자가 한 일에 대해 분노했다. 다윗은 그 부자에게 정의를 실현하기 위해 그가 누구인지를 알기 원했다. 나단은 다윗을 바라보면서 말했다. "당신이 그 사람이라"(삼하 12:7).

다윗은 변명할 여지가 없었다. 그는 밧세바와의 스캔들이 드러날 어떠한 가능성도 사라졌다고 생각하고 있었다. 그러나 하나님께서는 알고 계셨다. 그리고 하나님께서 나단에게 말씀하셨다. 다윗은 흑암 가운데 빠져버렸다. 하나님께서는 감추어진 것을 드러내시기 위해 선지자를 보내셨다. 다윗은 하나님과의 교제를 놓치고 있었다. 때문에 하나님께서는 다윗을 되찾아오시기 위해 선지자를 보내셨던 것이다.

이것은 행동하는 하나님의 은혜였다. 선지자는 하나님의 백성에 대한 사건을 기소하기 위해 하나님에 의해 파견된 법정 대리인과 같았다. 그러나 선지자는 또한 하나님의 백성이 다시 하나님께 은혜와 용서를 구할 수 있도록 돕는 지혜로운 상담자들이기도 했다.

그리스도에 대한 조명 SPOTLIGHT ON CHRIST

수백 년 동안 하나님께서는 선지자들을 통해 말씀을 전하셨으며, 백성에게 그들을 파견하셨다. 그들은 자주 미움과 경멸을 받고, 폭행을 당하고, 때로는 살해당하기까지 했다. 그러다가 하나님의 때가 찼을 때, 하나님께서는 자기 아들을 보내셨다(히 1:1-2).

구약성경에서 하나님의 말씀은 사람에게 주어졌지만, 예수 그리스도 안에서 하나님의 말씀은 사람이 됐다. "말씀이 육신이 되어 우리 가운데 거하시매"(요 1:14).

예수 그리스도께서는 선지자들처럼 하나님의 말씀을 들은 것이 아니었다. 예수 그리스도가 하나님의 말씀이시다. 하나님께서 당신에게 하셔야 할 모든 말씀은 예수 그리스도 안에 표현되어있다. 그래서 오늘날 우리에게는 더 이상 다른 선지자가 필요하지 않은 것이다. 과거에 하나님께서는 선지자들을 통해 말씀하셨다. 그러나 그 선지자들은 하나님의 말씀이 곧 예수 그리스도라고 지적했다. 하나님의 말씀이신 그분을 넘어서는 그 이상의 말씀은 없을 것이다.

한 사람의 선지자…그리고 그 이상

예수 그리스도는 선지자의 사역을 감당하셨다. 그분이 하신 말씀들은 하나님 아버지께로부터 받은 것이었다. "내가 자의로 말한 것이 아니요 나를 보내신 아버지께서 나의 말한 것과 이를 것을 친히 명령하여 주셨으니 나는 그의 명령이 영생인 줄 아노라 그러므로 나의 이르는 것은 내 아버지께서 내게 말씀하신 그대로니라"(요 12:49-50).

예수 그리스도께서는 자신을 따르겠다고 고백했던 사람들의 심중에 무엇이 있는지 알고 계셨다(요 2:24, 25). 그분은 우물가에서 사마리아 여인에게 그녀가 다섯 번 결혼했으며, 지금 그 여인이 함께 살고 있는 남자는 그녀의 남편이 아니라고 말씀하셨다(요 4:18). 예수께서는 그 여인으로 하여금 예수 그리스도가 누구인지를 발견하고 그로부터 새로운 생명을 얻도록 하기 위해 이 사실을 말씀하셨다.

사람들은 곧 예수 그리스도를 한 사람의 선지자로 인정했다. 그러나 오래 지나지 않아서 그를 따랐던 제자들은 예수 그리스도가 단지 선지자가 아니라 그 이상이심을 깨달았다. 왜냐하면 그분이 어떠한 선지자도 결코 주장할 수 없었던 것을 주장하셨기 때문이다. "나와 아버지는 하나이니라." "나를 본 자는 아버지를 보았다"(요 10:30; 14:9).

예수 그리스도의 사역이 진행되면서, 그분의 평판을 나쁘게 할만한 계획이 추진되기 시작했다. 마침내 예수 그리스도가 체포되셨다. 그리고 성경은 예수 그리스도를 지키는 자들이 그분의 눈을 가리고 그분을 둘러싼 후 차례대로 때리는, 끔찍하고 무자비한 장면을 우리에게 보여준다. 그때 그들은 이렇게 말했다. "선지자 노릇 하라[예언해보라] 너를 친 자가 누구냐"(눅 22:64). 그들은 사람들이 예수 그리스도를 선지자라고 부른다는 것을 알고 있었다. 그래서 그들은 예수 그리스도에게 자기들 중 누가 마지막으로 그에게 주먹질을 했는지 하나님께 물어 말해보라고 요구했던 것이다.

오늘날 하나님께서는 어떻게 말씀하시는가?

사람들은 종종 "하나님께서 내게 직접 말을 해주셨으면 좋겠는데" 하고 말한다. 하나님께서는 지금도 말씀하고 계신다. 그렇지만 시내산에서 말씀하신 것처럼 하지는 않으신다. 그때에 사람들은 하나님께 그만 말씀하시라고 애걸했다. 우리는 하나님께서 선지자들과 예수 그리스도를 통해 말씀하셨다는 사실과 성경이 하나님의 말씀을 기록해놓았다는 사실에 대해 깊이 감사해야 한다.

구약성경에서 선지자의 역할은 신약성경에서 성령의 역사로 성취되고 있다. 예수 그리스도께서는 성령이 오셨을 때, 죄와 의로움과 심판에 대해 세상을 책망하실 것이라고 말씀하셨다(요 16:8). 당신의 양심을 통해 감추어져 있던 죄를 밝히 드러내도록 하는 것이 성령의 역사이다.

그러나 하나님의 목적은 죄를 드러내는 것에서 훨씬 더 나아간다. 죄를 드러내는 것은 죄인들을 회복시키기 위한 한 가지 수단일 뿐이다. 예수 그리스도는 성령이 자신에 대한 진리를 우리에게 알려주실 것이라고 말씀하셨다(요 16:4). 그것은 예수 그리스도 안에 있는 우리에게 하나님께서 은혜를 베푸신다는 사실을 알려주는 것이 바로 성령의 특별한 사역이라는 의미이다. 다윗이 하나님과의 관계를 회복하고, 그런 다음에 계속해서 하나님의 영광을 위해 살았듯이, 우리의 죄는 사함을 받게 될 것이며, 우리는 새로운 삶을 살게 될 것이다.

하나님의 말씀에 대한 응답

성경은 선지자로부터 하나님의 말씀을 받고 매우 다르게 응답했던 두 왕들, 다윗 왕과 헤롯 왕에 대한 이야기를 우리에게 전해주고 있다.

하나님께서 나단을 통해 다윗에게 말씀하셨을 때, 다윗은 "내가 여호와께 죄를 범하였노라"(삼하 12:13)라고 말했다. 그는 이렇게 말했을 수도 있었다. "나단아, 너는 그 여자가 내게 자기 몸을 던졌다는 사실을 알아야 해." 물론 그 말에는 약간의 진실이 담겨있을 수도 있다. 또한 그는 이렇게 말했을 수도 있었다. "나단아, 너는 이해하지 못할 거야. 지난 몇 년간 나의 결혼생활은 완전히 죽음이었어." 그것은 사실일 수 있다. 다윗은 이렇게까지 말했을 수도 있었다. "나단아, 나는 내가 잘못을 저질렀다는 사실을 알고 있어. 그렇지만 이전의 많은 지도자들이 나와 같거나, 나보다 더 나쁜 죄를 저질렀지 않니?" 이것 역시 사실일 수 있다.

그러나 다윗은 아무런 변명도 하지 않았다. 그는 "내가 여호와께 죄를 범하였노라"라고 말했다.

당신은 그렇게 말했겠는가? 하나님의 말씀이 당신에게 상처를 줄 때, 그 말씀에 어떻게 반응하느냐가 아마도 당신을 가장 잘 드러내주는 말 중 하나가 될 것이다. 그 반응은 여전히 영적으로 죽은 자 명단에 올라 있을 것인지, 아니면 하나님과의 온전한 관계를 회복할 것인지 결정하게 될 것이다.

다윗이 정직하게 고백한 결과 그는 하나님의 용서하심을 발견하게 됐다. 그는 자신을 억압했던 양심의 고통에서 해방됐으며, 구원의 기쁨 또한 회복됐다.

하나님의 약속은 이것이다. "만일 우리가 우리 죄를 자백하면 그는 미쁘시고 의로우사 우리 죄를 사하시며 우리를 모든 불의에서 깨끗하게 하실 것이요"(요일 1:9). 그것이 바로 다윗에게 일어난 일이다. 그리고 그 일은 당신에게도 일어날 수 있다.

드러난 사실 UNLOCKED

하나님께서는 선지자들을 통해 그리고 그의 아들 예수 그리스도를 통해 우리에게 말씀하셨다. 우리는 하나님께서 직접 우리에게 말씀하시려고 하지 않으셨다는 데 대해 깊은 감사를 드려야 한다. 이스라엘 백성은 시내산에서 하나님의 말씀을 직접 듣는 것에 대한 두려움과 공포를 알게 됐다. 은혜롭게도 하나님께서는 선지자들을 통해 그리고 위대한 중보자이신 예수 그리스도를 통해 우리에게 간접적으로 말씀하시기로 하셨다.

하나님께서는 우리가 죄를 고백하고 용서를 받을 수 있도록 우리가 지은 죄에 대해 말씀하신다. 하나님께서는 성경과 성령을 통해 우리에게 말씀하신다.

기도 PAUSE FOR PRAYER

전능하신 하나님 아버지!

제가 죄를 지었을 때, 주님께서 그저 침묵하지 않으심을 감사드립니다.

선지자들과 하나님의 아들을 통해 제게 말씀해주심을 감사드립니다. 말씀이 육신이 되신 것에 감사드립니다. 제가 이 두 가지 진리를 통해 주님의 말씀을 계속해서 들을 수 있도록 도와주시옵소서.

나의 주인이신 예수 그리스도의 이름으로 기도드립니다. 아멘

19

성전

Temple

열왕기상 8장

우리는 어디에서 하나님을 만날 수 있는가?

묵상의 길잡이

☑ **발견하라**

언약궤의 중요성을 발견하라.

☑ **배우라**

하나님께서 당신의 삶 가운데 시련을 다듬는 도구를 어떻게 사용하시는지 배우라.

☑ **경배하라**

예수 그리스도 안에서 어떻게 하나님이 우리에게 임하시는지 보면서 경배하라.

성경 이야기는 사람들이 어떻게 하나님의 임재 안에서 살 수 있는가에 대한 이야기이다. 이 이야기는 최초의 남녀가 에덴동산에서 하나님의 임재를 누리는 이야기로 시작해, 엄청난 군중이 도성 가운데서 하나님의 임재를 누리는 것으로 끝난다. 이 두 장면 사이에는 인간의 죄와 불순종을 통해 어떻게 하나님의 임재가 사라졌는지에 대한 이야기와, 어떻게 하나님의 임재가 하나님께서 먼저 내려주신 은혜로 말미암아 회복됐는지에 대한 이야기가 자리 잡고 있다.

그러므로 성경은 "어떻게 사람이 하나님의 임재 안에서 살 수 있는가?"라는 물음을 던지고 있다. 아담과 하와는 에덴동산과 하나님의 임재로부터 쫓겨난 후에, 멀리서만 겨우 하나님을 알 수 있을 뿐이었다. 그러나 하나님께서는 자신의 임재하심이 알려지기를 원하셨다. 그래서 여러 차례 나타내 보여주심으로써 자신을 드러내셨다. 하나님께서는 사람의 모양으로 나타나셔서 자기 백성과 교통하셨다. 그러나 이와 같은 하나님의 임재에 대한 경험들은 극히 드물었다. (아브라함은 네 차례, 이삭은 두 차례, 야곱은 아마도 세 차례 경험했을 것이다.)

그 후 400년 동안이나 하나님께서는 직접 나타나시지 않았다. 그러다가 하나님께서는 스스로 타는 불 속에서 모세에게 나타나셨다. 그리고 모세가 이스라엘 백성을 애굽 밖으로 인도해냈을 때, 하나님께서는 낮에는 구름 기둥으로, 밤에는 불 기둥으로 그들과 함께하셨다.

하나님의 임재 구하기

하나님의 백성이 시내산에 갔을 때, 그들은 하나님의 영광이 새로 나타나는 것을 목격했다. 하나님의 임재를 보여주는 구름은 산 위에 내려앉았다. 백성은 두려움과 공포를 느꼈다. 그것은 마치 심판 날이 임한 것과 같았다.

백성은 모세에게 시내산에 올라가 하나님의 임재 속으로 들어가달라고 부탁했다. 그렇게 모세가 한동안 그곳에 가있는 동안에, 백성은 금송아지 형상으로 된 우상을 하나 만들었다. 하나님께서는 이렇게 말씀하셨다. "너희로 젖과 꿀이 흐르는 땅에 이르게 하려니와 나는 너희와 함께 올라가지 아니하리니"(출 33:3).

하나님께서는 가나안 땅에서 그 백성이 누릴 온갖 복을 다 내려주실 준비가 되어있으셨다. 그러나 단 한 가지 예외가 있었다. 하나님 자신은 백성과 함께 계시지 않을 것이다. 하나님의 말씀을 듣고, 그들은 세상 속에서의 모든 번영과 평화와 자유가 하나님의 임재 없이는 아무것도 아니라는 사실을 깨달았다. 그래서 그들은 하나님께서 명하신 대로, 자신들의 행위를 후회하며 울었고 우상들을 없애버렸다(출 33:4, 5). 그리고 그들은 하나님께서 행동하시기를 기다렸다.

그러나 하나님께서는 이미 모세에게 하나님의 임재가 다시 그 백성에게 어떻게 임할 수 있는지 말씀해주셨다. 하나님께서는 성막의 안뜰에 둘 언약궤(혹은 '증거궤')를 어떻게 만들 것인지 구체적이고도 정밀한 세부 사항들을 알려주셨다. 대제사장이 1년에 한 차례 지성소에 들어갈 수 있었고, 그곳에서 백성을 대신할 제사장과 하나님이 만날 것을 약속해주셨다(출 25:22).

그래서 그들은 이제 언약궤를 만들었다. 궤 안에는 하나님과 그의 백성 사이에 맺어진 언약(혹은 증거)이 들어있었다. 또한 그들은 언약궤를 둘 성막을 만들었다. 이 이야기에 대해서는 출애굽기 35장-40장 33절에서 읽을 수 있다. 성막과 언약궤가 완성되자, "구름이 회막에 덮이고 여호와의 영광이 성막에 충만하매 모세가 회막에 들어갈 수 없었으니 이는 구름이 회막 위에 덮이고 여호와의 영광이 성막에 충만함이었으며"(출 40:34, 35).

하나님의 임재를 나타내는 구름이 다시 하나님의 백성에게 돌아왔다. 이것은 그들의 죄가 사함을 받았음과 하나님과 그들의 관계가 회복됐음을 보여주는 징표였다.

언약궤 이야기

그 후부터 언약궤는 하나님께서 자기 백성과 함께하신다는 임재의 상징이 됐다. 백성이 이동할 때에는, 그 언약궤의 네 측면에서 편대를 이루어서 움직였다. 그들이 요단강을 건너서 가나안 땅으로 진입할 때, 제사장들이 먼저 그 언약궤를 메고 나갔으며, 그 뒤를 백성이 따랐다. 때때로 백성은 전쟁터에 언약궤를 가지고 나갔다. 그것은 하나님의 임재에 대한 상징이었다. 하나님께서 그들과 함께 계셨을 때, 불가능한 일은 아무것도 없었다.

그러나 어느 날, 블레셋 군대가 하나님의 언약궤를 빼앗아가 버렸다. 많은 사람이 슬퍼했다. 한 여인은 그날 낳은 아들 이름을 '이가봇'이라고 붙였다. 그 이름은 '영광이 떠났다'는 뜻이었다(삼상 4:21, 22). 언약궤의 분실은 하나님의 임재가 이스라엘로부터 떠났음을 보여주는 표시였다. 마침내 언약궤를 되찾아왔지만, 사울이 다스리던 한 세대 동안 그 언약궤는 창고에 처박혀있었으며, 그 존재가 완전히 무시됐다. 여기에서 우리는 사울의 우선순위가 하나님께 있지 않았다는 것을 알 수 있다.

다윗이 왕위에 오르고, 예루살렘에 왕궁을 세우고 나서, 그가 했던 첫 번째 일은 하나님의 언약궤를 수도로 가져오도록 한 일이었다. 다윗은 하나님의 임재가 통치의 중심에 세워지기를 원했다.

17장에서 지적했다시피, 다윗은 아름다운 성전을 건축해서 하나님을 경배하기를 원했다. 그 성전은 언약궤를 모셔둘 건물이 될 것이었다. 그곳은 사람과 하나님 사이의 영구적인 만남의 장소가 될 곳이었다. 그러한 장소가 세워져야 한다는 것이 하나님의 계획 가운데 언제나 자리잡고 있었다. 그래서 시간을 뒤로 거슬러 올라가 보면, 다윗으로부터 400년 전 모세 때에 하나님께서는 "오직 너희 하나님 여호와께서 자기 이름을 두시려고…택하신 곳"(신 12:5)을 말씀하셨던 것이다.

하나님께서는 그 백성이 자기와 만나고 '자기 이름을 두실' 어떤 장소를 선택하실 생각이었다. 다윗이 왕위에 올라 언약궤를 예루살렘에 가지고 왔을 때, 그는 이 성전이 바로 그 장소일 것이라고 생각하기 시작했다. 그 성전이 바로 '자기 이름을 두실' 그 장소라는 점은 옳았다. 그러나 아직 때가 이르지 않았다. 다윗의 역할은 이스라엘의 대적들을 정복하는 것이었다. 성전을 건설하는 일은 그의 아들 솔로몬의 몫이 될 것이었다.

성전을 세울 시기

솔로몬이 왕위에 올랐을 때처럼 하나님의 백성이 대단한 복을 누리고 있었던 때를 찾아보기 힘들다. 하나님께서는 자기 백성에게 특별한 기회를 주고 계신 것처럼 보였다. 하나님께서는 그 백성에게 지혜롭고 안정된 지도자를 주셨으며, 엄청난 자원들을 맡기셨다.

솔로몬은 하나님께서 자신에게 무엇을 하도록 명하시는지 알고 있었다. 하나님께서 자신의 아버지 다윗에게 이렇게 말씀하셨기 때문이다. "너의 아들이 나를 위하여 한 집을 건축할 것이다." 이렇게 해서 솔로몬은 자기 아버지에게 주어진 예언의 말씀을 통해 하나님께서 자신에게 원하시는 일이 무엇인지 알게 됐다.

> 이스라엘 자손이 애굽 땅에서 나온 지 사백팔십 년이요, 솔로몬이 이스라엘 왕이 된 지 사년 시브월 곧 둘째 달에 솔로몬이 여호와를 위하여 성전 건축하기를 시작하였더라(왕상 6:1).

채석장에서 돌들이 깎이고, 다듬어지고, 손질되어, 성전을 건축할 곳으로 운반됐다. 그런 다음에 모든 자재들이 취합되자, "세우라!"는 명령이 떨어졌다. 그리고 건물 전체가 조용히 올라갔다. "건축하는 동안에 성전 속에서는 방망이나 도끼나 모든 철 연장 소리가 들리지 아니하였으며"(왕상 6:7).

그 모습은 신약성경에서도 나타나고 있다. 신약성경에서 하나님의 백성은 하나님의 영광을 위해 존재할 성전으로 세워지고 있는 '산 돌들'로 묘사되고 있다(벧전 2:5). 모든 돌은 각각 그 성전 건물에 맞는 자기 자리에 끼워 맞혀지도록 다듬어져야 한다.

하나님께서 당신의 삶 속에서 허락하시는 고통이나 당신이 씨름하고 있는 고난들은 마치 채석장에서 돌을 다듬고 깎아내는 망치나 정과 같은 것이다. 하나님께서는 하나님의 영광을 위해 존재하게 될 그 성전 건물 가운데 당신의 자리를 만들어두기 위해 살아있는 석재로서의 당신을 다듬고 계시는 것이다. 고통스런 모든 예비 작업은 지금 여기 채석장에서 이루어진다. 왜냐하면 예수 그리스도께서 돌아오실 그날에 성전을 다시 세우라는 명령이 주어질 것이며 하나님의 모든 백성이 함께 모일 것이기 때문이다. 하늘에서는 준비된 모든 것과 다듬어진 모든 모양의 자재가 어우러져, 모든 하나님의 백성과 당신이 함께 영원히 하나님을 영화롭게 할 것이다. 만일 당신의 삶에서 가장 고통스런 경험들이 채석장에서 정을 맞는 것과 같은 것이라고 생각할 수 있다면, 당신은 고통에 대한 적절한 견해를 갖게 될 것이다.

하나님의 석공들

몇 해 전, 며칠 동안 루마니아의 한 목회자인 조셉 톤Joseph Ton을 우리 집에서 대접할 기회를 가지게 되었다. 그는 고국에서 신앙 때문에 옥고를 치러야 했었다. 우리는 그가 그리스도께 헌신한 대가를 이야기할 때 진지하게 경청했다. 조셉 톤 목사는 하룻저녁에 감옥의 간수 몇 사람이 그의 태도가 다른 죄수들의 태도와는 매우 다르다는 사실을 알게 됐다고 우리에게 이야기해주었다. 거의 모든 죄수들은 간수들의 잔학성 때문에 그들을 증오했다. 그러나 조셉은 그 간수들을 위해 그리고 그들의 가족들을 위해 기도했다.

한번은 한 간수가 조셉에게 물었다. "당신은 어째서 나에게 원한을 갖지 않는 것입니까?" 조셉이 대답했다. "왜냐하면 내게는 당신이 하나님의 석공이기 때문입니다."

당신의 삶에서는 누가 하나님의 석공인가? 그 사람들이 당신에게 고통을 가져다줄 수 있을 것이다. 그러나 하나님께서는 하나님의 위대한 목적 속에서 당신을 그리스도의 형상으로 만들어가기 위해 그 고통을 사용하셔서, 영원토록 하나님의 영광을 위해 존재하게 될 살아있는 성전 가운데 꼭 맞는 당신의 자리를 만드실 것이다.

당신을 다듬기 위해 하나님께서 당신의 삶 가운데 누구를 혹은 무엇을 사용하고 계신지는 알 수 없다. 그것은 건강이나, 직업이나 재정적인 어려움과 같이 힘든 문제일 수도 있다. 그렇게 다듬는 도구가 사람이든, 상황이든 간에, 그 과정은 매우 고통스러울 수 있다. 그러나 그리스도께서 재림하실 때에, 모두 크기가 맞고 잘 다듬어지고 잘 손질된 그 돌들은 "건축하라!"는 명령이 떨어지면 소음 하나 없이 조용하고 경이롭게 교회로 세워질 것이다. 교회는 그리스도께서 죽으심을 통해 이루신 모든 것으로 존재할 것이며, 당신은 하나님의 영광이 알려지고 그 영광을 영원히 맛볼 그 장소의 한 부분이 될 것이다.

솔로몬은 특별히 성전의 안쪽 경내에 주의를 기울였다. 옛 성막은 여러 개의 휘장을 사용해 여러 공간을 구분했다. 그러나 이제는 그런 연약한 구조 대신 사방이 벽으로 둘러싸인 영구적인 건축물로 향상됐다.

이제 지성소는 가로, 세로, 높이가 각각 9미터인 깜깜한 방이 됐다.

즉, 그 방은 정육면체였다. 솔로몬은 감람나무로 두 개의 그룹 상을 만들어 거기에 금박을 입혔다(왕상 6:20-28). 그 그룹들의 날개 길이는 4.5미터였기 때문에 그 그룹들이 양쪽에 놓였을 때, 그 날개들이 지성소 전체를 덮었다. 그룹들 높이 또한 4.5미터였기 때문에 그 그룹들의 형상은 언약궤를 내려다보는 자세를 취했다. 우리는 성경 이야기를 읽어가면서 이 그룹들에 대한 언급을 자주 보게 된다. 그룹들은 언제나 하나님의 임재로부터의 인간의 추방을 의미한다. 언약궤를 내려다보도록 안치된 이 거대한 두 그룹은 위에 계신 하나님이 어떻게 아래에 있는 사람들과 분리되어있는지 보여주고 있는 상징이었다.

이 엄청난 건축물을 완성하는 데 7년이 걸렸다. 레바논에서 목재를 베어오는 데 총 3만 명이 징발됐으며, 그들은 한 달에 1만 명씩 교대로 일을 했다. 그리고 돌을 잘라내는 석수가 8만 명, 운반하는 자가 7만 명 그리고 채석장에서 일했던 십장이 3,300명이나 되었다.

헌당식

건물이 완성되자, 백성이 헌당식을 위해 모였다. 그 성전 봉헌식은 그 나라 역사상 최대 행사 중 하나였다. 솔로몬은 이스라엘의 장로들과 각 지파의 지도자들과 각 가문의 족장들을 소집하여 그들에게 언약궤를 가지고 오라는 명령을 내렸다(왕상 8:1). "제사장들이 여호와의 언약궤를 자기의 처소로 메어 들였으니 곧 성전의 내소인 지성소 그룹들의 날개 아래라"(왕상 8:6).

> 제사장이 성소에서 나올 때에 구름이 여호와의 성전에 가득하매 제사장이 그 구름으로 말미암아 능히 서서 섬기지 못하였으니 이는 여호

와의 영광이 여호와의 전에 가득함이었더라(왕상 8:10-11).

이처럼 하나님의 영광이 드러났던 때는 광야에서가 마지막이었다. 그때는 400년이나 전이었다. 그러나 광야에서 언약궤에 머무셨고 그 영광을 내려주셨던 동일하신 하나님께서 이제는 하나님의 성전 안에 내려오셨다.

솔로몬은 무슨 일이 일어나고 있는지 그 백성에게 설명해주어야 했다. 그들은 이러한 직접적인 하나님의 임재를 결코 경험한 적이 없었다. 그들은 그 구름이 무엇이었는지조차 알지 못했다. 그래서 솔로몬은 그들에게, '여호와께서 캄캄한 데 계시겠다 말씀하셨다'(왕상 8:12)고 전해주었다.

우리는 지성소가 4.5미터나 되는 날개를 가진 두 개의 그룹이 휘어잡고 있는 어두운 방이었음을 배웠다. 그 그룹들 아래에 언약궤가 놓여 있었다. 그 언약궤는 가로, 세로, 높이가 각각 113센티미터, 68센티미터, 68센티미터 정도인 나무상자였다(출 25:10, 현대인의 성경).

그리고 언약궤의 덮개 위에는 금으로 된 그룹의 상들이 놓여있었다. 만약 하나님께서 친히 그 방에 내려오셔서 언약궤를 만진다면, 하나님께서는 그 그룹들을 통과해야만 하셨을 것이다. 하나님께서는 이 형상들이 상징하고 있던 분리와 심판의 장벽을 깨뜨리고 내려와 속죄소에서 자기 백성과 만나셨던 것이다.

예배로 응답하다

솔로몬의 첫 번째 응답은 예배하는 것이었다. "이스라엘 하나님 여호와를 송축할지로다. 여호와께서 그의 입으로 내 아버지 다윗에게 말씀하신 것을 이제 그의 손으로 이루셨도다"(왕상 8:15-21). 그런 다음에 그는 하나님께 다시 나와서 기도로 마음의 소원을 표현했다(왕상 8:22-53). 솔로몬은 지혜로운 사람이어서, 어떠한 건물도 하나님을 모셔둘 수 없음을 잘 알고 있었다. 그는 그 구름이 신속히 내려왔듯이 신속하게 떠날 수도 있음을 알고 있었다. 그는 하나님의 임재에 대한 평생에 단 한 번의 경험 그 이상을 원했다. 그리고 그 성전이 하나님의 임재를 언제나 발견할 수 있는 장소가 되기를 원했다. 그래서 그는 이렇게 간구했다.

> 주께서 전에 말씀하시기를 내 이름이 거기 있으리라 하신 곳 이 전을 향하여 주의 눈이 주야로 보옵시며(왕상 8:29).

솔로몬은 하늘이 하나님께서 거하시는 곳임을 알고 있었다. 그러나 그의 바람은 이 성전이 하나님께서 이 땅의 사람들을 만나시는 곳이 되는 것이었다.

예루살렘에서 수 킬로미터 떨어진 곳에서 살고 있던 사람들도 하나님의 얼굴을 뵙고 싶어 할 것이다. 그래서 솔로몬은 그 사람들이 성전을 향해 기도를 드릴 때, 하나님께서 그들의 기도를 들어주시기를 간구했다. "주의 종과 주의 백성 이스라엘이 이 곳을 향하여 기도할 때에 주는 그 간구함을 들으시되 주께서 계신 곳 하늘에서 들으시고 들으시사 사하여 주옵소서"(왕상 8:30). 그리고 솔로몬은 "무릎을 꿇고 손을 펴서 하늘을 향해 기도와 간구로 여호와께 아뢰기를 마치고, 여호와의 단 앞에서 일어나" 마지막 찬송을 드리고 백성을 위해 축복하기 시작했다(왕상 8:54). "여호와를 찬송할지로다 그가 말씀하신 대로 그의 백성 이스라엘에게 태평을 주셨으니 그 종 모세를 통하여 무릇 말씀하신 그 모든 좋은 약속이 하나도 이루어지지 아니함이 없도다 우리 하나님 여호와께서 우리 조상들과 함께 계시던 것 같이 우리와 함께 계시옵고 우리를 떠나지 마시오며 버리지 마시옵고"(왕상 8:56-57).

성전에 대한 슬픈 이야기

한동안은 그렇게 지냈다. 그러나 상황이 안타깝게 변하기까지는 오랜 시간이 걸리지 않았다. 므낫세라는 이름의 왕이 다른 신들에 대한 예배를 장려하고, 성전에 점성술을 도입했다(왕하 21:5). 이 일은 여호와의 진노를 샀으며, 하나님께서는 자기 백성을 대적의 손에 붙이셨다. 바벨론 군대가 예루살렘을 포위했으며, 성읍은 함락됐고 성전은 파괴됐다. 재능이 많은 백성은 바벨론으로 이송됐다.

예루살렘은 돌무덤으로 변해버렸다. 그리고 그 과정에서 언약궤는 사라져버렸다. 그래서 성전이 재건됐을 때에도, 하나님께서 자신이 그 백성을 만나겠다고 말씀하셨던 곳(언약궤의 속죄소)은 사라져버렸다.

단지 그림자일 뿐

그렇게 70년이 지나갔다. 그런 다음에 하나님께서는 그 백성이 에스라와 느헤미야의 지도 아래 귀환하도록 허락해주셨다. 그들은 돌아와서 예루살렘의 성벽을 재건한 다음에 성전을 재건했다. 그러나 재건된 성전은 솔로몬 성전의 그림자에 불과했다. 건물의 초석이 세워졌을 때, 나이 든 사람들 가운데서 어떤 사람들은 눈물을 흘렸다. 그들은 새로 짓는 성전이 이전에 그곳에 서 있던 성전과는 결코 비교도 할 수 없다는 것을 알고 있었다. 그리고 새 성전이 봉헌됐을 때, 성경은 하나님의 임재를 나타내는 구름에 대해 전혀 언급하고 있지 않다. 그곳은 단지 사람들이 예배드렸던 건물이었을 뿐이었다.

오래 지나지 않아 그 나라는 다시 정복을 당했으며, 그 두 번째 성전도 파괴됐다. 그렇게 해서 그 성전은 헤롯의 때가 되어서야 비로소 재건됐다. 그리고 그 세 번째 성전에도 하나님의 임재를 나타내는 구름이 임했다는 증거가 전혀 없다. 그 당시에 이르러 하나님의 집은 도적과 강도들의 소굴이 되어버렸다.

그리스도에 대한 조명 SPOTLIGHT ON CHRIST

세 번째 성전 기간 동안에, 우리 주님이신 예수 그리스도께서 탄생하셨다. 요한은 '말씀이 육신이 되어 우리 가운데 거하셨다'(요 1:14)고 썼다. '거하셨다'dwelt는 말에 사용되고 있는 단어는 문자 그대로 '장막을 쳤다'tabernacled 혹은 '자기의 장막을 세웠다'pitched His tent는 뜻이다. 요한은 예수 그리스도께서 태어나셨을 때에 하나님의 임재가 자기 백성에게 임했다고 우리에게 말하고 있다.

우리와 함께 계신 성전

예수 그리스도는 사역을 시작하시면서, 자기 자신의 몸은 무너졌다가 사흘 만에 다시 세워질 성전이라고 말씀하셨다. 자신의 몸을 성전이라고 언급하시면서, 그리스도께서는 우리에게 자신이 하나님과 사람들이 새롭게 만나는 장소가 될 것이라고 말씀하신 것이다. "너희는 성전을 너희가 하나님을 만날 수 있는 곳으로 바라보고 있었다. 이제는 그곳을 바라보지 마라. 너희가 하나님을 만나고자 한다면 내게로 오라."

구약성경에서 하나님과 사람이 만나는 곳은 한 장소였다. 그러나 신약성경에서 하나님과 사람이 만나는 곳은 한 사람이다. 한번은 예수님께서 예배하기에 가장 좋은 장소에 대해 토론하기 원하는 한 사마리아 여인과 대화를 나누셨다. 예수님께서는 그 여인에게 하나님께서는 "신령과 진정으로" 하나님께 예배하는 사람들을 찾고 계신다고 말씀하셨다(요 4:23).

솔로몬은 성전을 향해 드리는 모든 기도를 하나님께서 들어주시기를 간구했다. 그러나 예수님께서는 하나님께서 '내(예수 그리스도) 이름'으로 드리는 기도에 응답하실 것이라고 약속하고 계신다. "너희가 무엇이든지 아버지께 구하는 것을 내 이름으로 주시리라"(요 16:23).

우리 가운데 거하시는 성령님

예수님께서 자신이 떠나는 것에 대해 제자들에게 말씀하기 시작했을 때, 제자들은 질겁했다. 왜냐하면 그것은 하나님의 임재가 그들에게서 떠난다는 것을 의미했기 때문이다. 그러나 예수님께서는 앞으로 어떤 일이 일어날 것인지 그들에게 말씀해주셨다. "내가 아버지께 구하겠으니 그가 또 다른 보혜사를 너희에게 주사 영원토록 너희와 함께 있게 하리니 그는 진리의 영이라…"(요 14:16, 17). 하나님의 임재는 예수님과 함께하셨던 것처럼 그들과 함께하실 뿐만 아니라 성령으로 말미암아서 "그들 속에 계실 것"이다(요 14:17).

그런 다음 부활하신 후에, 제자들을 찾아와 그들을 향해 숨을 내쉬셨다. 그리고 "성령을 받으라"고 말씀하셨다. 예수님께서는 자신이 승천한 후 오순절에 일어날 일을 그려주고 계셨던 것이다.

오순절에 제자들은 급하고 강한 바람 소리를 들었다. 이제 진실로 하나님의 숨결이 그들 위에 불고 있었다. 그다음으로 그들은 불을 보았다. 광야에서 불기둥이 하나님의 백성을 지켜주고 있었듯이, 불은 하나님의 임재에 대한 상징이었다. 그 불꽃들은 제자들 각자에게 가서 머물렀다. 하나님께서는 눈으로 볼 수 있는 강력한 방식으로 이 사람들 위에 임하고 계신 것을 보여주셨다. 하나님의 생명이 그들 속에 들어갔던 것이다.

이렇게 하나님께서 사람 속으로 들어가시면, 그 사람은 하나님께서 계시는 장소가 된다. 다른 말로 표현하자면, 그 사람은 살아있는 하나의 성전이 되는 것이다.

그것이 바로 신약성경이 기독교 신자들을 설명하는 방식이다. "너희 몸은 너희가 하나님께로부터 받은바 너희 가운데 계신 성령의 전인 줄을 알지 못하느냐"(고전 6:19). 당신이 예수 그리스도께로 나아올 때, 당신의 몸은 하나님이 계시는 성전이 된다. 하나님께서 당신과 함께 존재하고 계신 것이다.

계속되는 이야기: 자기 백성과 함께 계시는 하나님

당신은 성경 전체를 통해 이 영광스런 이야기가 어떻게 진행되는지 알았을 것이다. 하나님께서는 자기 백성과 지금도 여전히 함께하고 계신다. 하나님께서는 에덴동산에서 두 사람과 함께 계셨다. 시내산에서는 두려움을 일으키게 하는 권능 가운데 임하셔서 모세와 더불어 말씀하셨다. 그런 다음에 하나님께서는 언약궤 위의 두 그룹 사이에 있는 속죄소에 임하셨다. 그다음에 성전을 가득 채웠던 구름 속에서 나타나셨다. 그 후에 우리 주 예수 그리스도로 성육신하셨다. 오늘날 하나님께서는 성령으로 하나님의 모든 백성과 함께하신다.

인간 역사 전체는 예수 그리스도께서 영광 중에 재림하셔서 자기 백성을 하나님 앞으로 데려가실 그날을 향해 진행되어가고 있다. 그때에 우리는 하나님을 직접 뵐 것이며, 또한 그분과 같은 형상으로 변할 것이다(요일 3:2).

사도 요한은 이것이 어떠할 것인지에 대한 일면을 전해 받았다. 그는 거대한 도성과 수많은 무리를 보았다. 그런 다음에, "큰 음성이 나서 이르되 보라 하나님의 장막이 사람들과 함께 있으매 하나님이 그들과 함께 계시리니 그들은 하나님의 백성이 되고 하나님은 친히 그들과 함께"(계 21:3) 계실 것이라는 소리를 들었다. 당신은 이 일이 지니고 있는 영광을 조금이라도 느끼고 있는가? 개신교가 가지고 있는 큰 문제점들 중 하나는 그리스도인이 자신들이 받은 구원의 영광을 제대로 파악하지 못하고 있다는 사실이다. 당신은 하나님 성전의 살아있는 돌이다. 그리고 하나님께서 당신의 삶 속에서 행하시는 모든 것은, 당신이 예수 그리스도와 함께 영원한 복락을 누릴 수 있도록 당신을 다듬어가고 계시는 것이다.

성전을 가득 채운 하나님의 임재를 나타내는 구름에 대해 한번 생각해보기 바란다. 그리고 그 장면이 하나님의 성령이 당신을 가득 채우고 있는 상황이라고 생각해보자. 그 점을 생각하면서 당신의 마음과 상상력을 일깨우기 바란다. 바울은 그리스도인들이 "하나님의 모든 충만하신 것으로…충만하게" 되기를 간구했다(엡 3:19).

구약성경에 존재했던 두 개의 성전에 대해 생각해보자. 솔로몬의 성전에는 하나님의 임재가 가득했다. 그러나 느헤미야 시절의 성전은 하나님의 이름만 함께할 뿐인 하나의 건물이었다. 우리는 두 번째 성전처럼 되지 않도록 주의해야 한다. 많은 사람이 '그리스도인'이라는 이름은 가지고 있지만, 그들의 삶에 하나님께서 함께하신다는 증거가 없다. 예수 그리스도는 그 점을 바꾸기 위해 오셨다. 예수 그리스도는 성령의 권능으로 말미암아 하나님의 임재가 우리에게 충만하게 될 길을 열어 놓으셨다.

드러난 사실 UNLOCKED

성경 이야기는 모두 우리가 어떻게 하나님의 임재를 누릴 수 있는가에 대한 내용이다. 아담이 에덴동산에서 추방당한 이래로, 하나님과의 만남은 그분이 친히 오셔서 우리와 만나시겠다는 그분의 선택에 속하게 됐다. 성경은 하나님께서 거듭해 내려오셔서 어떻게 자신을 알리셨으며, 어떻게 사람들에게 찾아오셨는지를 전해주고 있다. 하나님께서는 여러 차례의 신현 사건들을 통해 그렇게 하셨고, 그다음으로는 언약궤 위의 속죄소에 임하심으로써 그렇게 하셨으며, 그다음으로는 성전을 가득 채운 하나님의 임재의 구름으로 그렇게 하셨다.

두 번째 성전에는 언약궤가 없었다. 그리고 지금까지도 발견되지 않았다. 언약궤가 사라져버렸다는 사실은 매우 의미심장하다. 하나님께서는 더 이상 어떤 특정한 한 장소에서 우리와 만나지 않으시고 특정한 한 분을 통해 우리와 만나신다.

언약궤와 성전 안에서의 하나님의 임재에 대한 현상들은 하나님께서 예수 그리스도 안에서 행하실 훨씬 더 큰 일을 가리키고 있었다. 하나님께서 육신이 되사, 예수님을 통해 자신을 알리셨다. 우리가 믿음으로 예수 그리스도께로 나아갈 때, 하나님께서는 성령으로 말미암아 우리의 삶 속에 들어오신다. 그래서 우리의 죽음, 혹은 예수 그리스도의 재림을 통해 그리스도께서는 우리를 하나님 앞으로 데리고 가실 것이다. 우리는 하나님을 볼 것이며, 하나님처럼 변할 것이다.

기도 PAUSE FOR PRAYER

당신의 삶 속에서 하나님이 쓰시는 석공들을 잠깐 확인해보는 시간을 가져보기 바란다. 그것이 당신에게 얼마나 고통스러운지 하나님께고하고 싶어질 수도 있다. 당신을 깎아내는 것들조차도 하나님 목적의 한 부분이라는 사실을 믿게 해달라고 하나님께 간구하라. 당신의 삶 속에 임한 시련들을 통해 현재의 사역에 맞게 여러분을 다듬으시고, 앞으로 하나님과 함께하는 가운데 당신에게 주어질 자리에 맞게 준비시켜 달라고 하나님께 간절히 구하라.

20

예배

Worship

열왕기상 18장

진정한 예배의 특징은 무엇인가?

통일 왕국의 왕들과 북왕조의 왕들

BC 1000	1101~971	다윗
	971~931	솔로몬
	931~910	여로보암
	910~909	나답
	909~886	바사
900		
	886~885	엘라
	885~874	오므리
	874~853	아합
800		

묵상의 길잡이

☑ **발견하라**

우상숭배가 어떻게 하나님의 백성 가운데 둥지를 틀게 됐는지 발견하라.

☑ **배우라**

왜 모든 종교가 다 똑같지 않은지 배우라.

☑ **경배하라**

예수 그리스도의 희생제사가 우리를 어떻게 하나님의 심판으로부터 구원하시는지 보면서 경배하라.

몇 해 전에 나는 교단의 요청에 따라 영국 북동부 지역에서 몇몇 목회자들의 사역을 지원하고 격려하기 위해 2주 동안 사역을 했다. 영국 북동부 지역은 감리교 교회가 많은 곳이다. 그 교회의 대부분은 부흥 운동이 영국을 휩쓸고 있던 때인 요한 웨슬리 시절에 설립됐다. 사람들은 수백 명씩 예수 그리스도께 나왔다. 그들은 소그룹들을 이루어 제자훈련을 받았으며, 그다음에는 지역 모임으로 모였다.

100년 이상이 지난 지금은 많은 교회가 역사의 유물이 되어버렸다. 아직 문을 열고 있는 교회들도 대부분 복음을 전하지 않고 있다. 그 지역은 이제 영국에서 복음 사역을 하기 가장 힘든 곳 가운데 하나가 되어버렸다. 그곳에서 일한 경험 때문에, 나는 생명력 넘쳤던 신자들이 그처럼 짧은 기간에 영적으로 죽어버리는 일이 어떻게 가능할 수 있었는지 궁금했다. 한때 예배하는 사람들로 가득 찼던 아름다운 건물들이 이제는 어떻게 과거의 유물을 영구 보전하는 일밖에 하지 못하는, 쓸모없는 껍데기로 바뀌어버릴 수 있단 말인가? 내가 지금 알고 있는 사실 한 가지는, 이 건물들에서 일어났던 일이 사람들에게도 일어날 수 있다는 사실이다.

그리고 이 사실은 또 다른 의문을 불러일으킨다. 당신의 삶에서 예배를 죽이는 것은 무엇이며, 예배가 살아 숨 쉬고 있음을 알려주는 경험이 되도록 해주는 것이 무엇인가? 열왕기상은 이 문제들에 대해 직접적으로 언급한다.

분열의 씨앗을 뿌리다

솔로몬이 왕위에 올랐을 때, 하나님의 백성에게는 모든 것이 만사형통이었다. 그들에게는 지혜롭고 경건한 지도자가 있었으며, 적들로부터는 아무런 전쟁의 위협도 없었다. 그들 사이에는 강력한 유대관계가 형성되어있었다. 그러한 상황들 속에서, 그들은 대단한 업적을 이룰 수 있었다. 솔로몬은 거의 20만 명에 달하는 인력을 모아서, 7년 동안 건축한 끝에 하나님의 성전을 세웠다. 그 성전을 헌당했을 때, 하나님의 영광이 그 성전을 가득 채웠다. 그 사건은 이스라엘 역사상 가장 위대한 일들 가운데 하나였다.

여러 나라가 하나님의 백성을 시샘했다. 시바의 여왕은 솔로몬을 방문하여 그의 지혜를 배우고, 그가 이룬 업적에 대해 놀라움을 금치 못했다. 그러나 우리 주 예수 그리스도는 '솔로몬의 모든 영화'도 들에 핀

백합화만 못하다고 말씀하셨다(마 6:29).

승리의 기쁨과 재앙 사이의 거리는 아주 가까웠다. 시간이 흐르면서, 솔로몬의 성공은 자기만족을 낳기 시작했다. 그의 재위 후반기에는 미래에 불어닥칠 재앙의 씨앗들이 심어졌음을 발견할 수 있다. 솔로몬은 세 가지 실수를 범했다. 이 실수들은 하나님의 백성 가운데 지도자의 자리에 부름을 받은 모든 사람에게는 일종의 경고가 된다. 그는 (1) 상처 입은 사람들과의 만남을 놓쳤으며, (2) 방탕에 빠져들었으며, (3) (올바른 일보다는) 인기를 얻을만한 일을 했다.

상처 입은 사람들과의 만남을 놓치다

솔로몬의 모든 관심은 예루살렘 궁과 성전에만 집중되어있었다. 남쪽에서 살고 있는 사람들이 번영하는 동안에, 북쪽에 사는 사람들은 어려움을 겪고 있었다. 솔로몬은 북쪽에서는 강제로 노동력을 동원하는 데만 집중했다. 그 결과 상당수의 사람이 자신은 하나님 백성의 주변으로 점점 밀려나고 있다고 생각하게 됐다.

솔로몬은 상처받은 사람들과의 만남을 놓쳤다. 아마도 그는 북쪽 사람들은 그다지 중요하지 않다고 생각했던 것 같다. 그러나 근시안적인 지도자의 결정은 그가 죽은 다음에 장기적인 영향을 끼치게 됐다.

지도자들이 하나님의 백성 가운데 자신이 버림받았다는 느낌을 가지는 자들에게 민감해야 하는 것은 언제나 중요하다. 솔로몬은 백성 중에서 불만을 느끼는 사람들이 늘어간다는 사실을 알지 못했다. 그리고 아들 르호보암에게 왕위를 물려주었을 때, 그들 안에 억눌렸던 원한과 긴장은 터지기 직전에 있었다. 분열의 씨앗들이 이미 심겨진 것이다.

방탕에 빠져들다

솔로몬은 사실상 자신이 원하는 것은 무엇이든지 할 수 있는 지위에 있었다. 그는 거의 무제한의 권력과 거대한 부를 누리고 있었다. 왕위에 오른 초기 시절에 그는 사명을 가지고 있던 사람이었다. 그는 하나님께서 자신에게 성전을 건축하라고 명하셨음을 알고 있었다. 그는 하나님의 영광을 위해 시간과 에너지와 재물을 다 바쳐서 특별한 일을 성취했다.

그러나 삶의 후반기에 이르러, 그는 자신의 지위를 이용해 방탕한 생활에 빠져 700명의 아내와 300명의 후궁을 두었다(왕상 11:3). 그리고 흥미로운 것은 그의 방탕이 바로 패망의 뿌리였다는 사실이다. "솔로몬의 나이가 많을 때에 그의 여인들이 그의 마음을 돌려 다른 신들을 따르게 하였으므로 왕의 마음이 그의 아버지 다윗의 마음과 같지 아니하여 그의 하나님 여호와 앞에 온전하지 못하였으니"(왕상 11:4).

재임 초기 시절에 누구보다 지혜로웠던 솔로몬이 개인적인 영역에서 그처럼 어리석은 선택을 했다는 사실은 참으로 놀랄만한 일이다. 그의 말년에, 그가 선택했던 인간관계들이 그에게 짐이 되고, 올무가 되어버렸다. 경건치 못한 사람들에게 지속적인 영향을 받아 그의 신앙이 손상되어버린 것이다. 그러므로 당신은 중요한 인간관계를 맺을 때와 친구나 파트너를 선택할 때 신중을 기하기 바란다.

인기를 얻을만한 일을 하다

솔로몬이 범한 세 번째 실수는 옳은 일을 하는 대신에 인기를 얻을만한 일을 선택한 것이다. "모압의 가증한 그모스를 위하여 예루살렘 앞 산에 산당을 지었고…"(왕상 11:7). 어떠한 상황들이 솔로몬으로 하여금 이렇게 하도록 만들었는지 상상하기란 그다지 어렵지 않다. 아마도 그 당시 솔로몬의 특별한 총애를 받고 있던 그의 아내들 중 하나가 이렇게 말했을 것이다. "솔로몬, 나를 위해 아주 작은 은총을 하나 베풀어주세요. 그렇지만 나만을 위한 것은 아니에요, 하렘에 있는 여러 사람들을 위한 것이에요. 나는 모압에서 태어났고, 당신의 부인이 되기 위해 내 고향과 가족들을 다 뒤로하고 왔어요. 하지만 때때로 내가 고향의 맛을 조금이라도 느꼈으면 하는 생각이 들어요. 내가 다시 모압으로 되돌아가는 것을 당신은 원치 않으실 거예요. 그러니까 여기에 모압의 정취를 느낄 수 있는 것을 몇 가지 가져다 두어도 괜찮겠죠? 내가 가서 나의 종교 생활을 할 수 있는 곳이 있다면…. 그저 아주 자그마한 그모스 사당이 있다면 아주 좋을 텐데…." 그래서 솔로몬은 모압 출신의 자기 아내들을 위해 그모스 사당을 세워주었다. 그런 다음에 무슨 일이 일어날 것인지는 당신도 잘 알고 있을 것이다. 또 다른 솔로몬의 아내들이 그에게 찾아왔다. 이번에는 암몬 출신의 아내가 와서 마찬가지의 처우를 원했다. 그러자 솔로몬은 "암몬 자손의 가증한 몰록을 위해" 사당을 하나 세워주었다(왕상 11:7).

그러자 궁에 있던 나머지 여인들이 다 자기의 청을 가지고 달려왔고, 어떤 시점이 되자 솔로몬은 그 모든 일이 귀찮게 느껴졌을 것이다. 아마도 그는 "공평을 기하기 위해, 모든 여인은 자기가 선택한 사당을 하나씩 가질 수 있다. 이것이 법이다"라고 말했을 것이다. 성경은 이렇게 기록하고 있다. "그가 또 그의 이방 여인들을 위하여 다 그와 같이 한지라 그들이 자기의 신들에게 분향하며 제사하였더라"(왕상 11:8).

이것이 바로 하나님의 백성을 오염시킨 급진적인 변화의 시작이었다. 솔로몬의 재위 시작에 예루살렘은 살아계신 하나님께서 자기의 이름을 두었던 곳이었다. 그러나 솔로몬의 재위 말년에 이르러 예루살렘은 그 주변 나라나 문화에서 온 각양각색의 신의 이름을 가진 사당이 여기저기에 자리 잡게 됐다.

시바의 여왕이 예루살렘에 왔을 때, 그 여왕은 이스라엘 하나님의 특별한 영광을 보여주고 있는 성전을 보았다. 그러나 이제 살아계신 하나님의 성전은 다른 신들에게 바쳐진 잡다한 사당들로 둘러싸여 있었다. 그렇기 때문에 예루살렘을 방문한 모든 방문객은 이스라엘의 하나님을 여러 신들 가운데 하나라고 결론을 내릴 수밖에 없었을 것이다. 그것은 다양한 종교를 가진 사회로 들어가는 첫걸음이었다.

솔로몬의 선택은 이스라엘에서 참된 예배가 상실되는 출발점이었다. 우리의 예배 또한 잘못된 선택들에 의해 질식되어버릴 수 있다. 사도 베드로는 "기도가 막히지 않게"(벧전 3:7) 남편들이 자기 아내들을 대할 때 신중을 기하라고 경고하고 있다. 다윗 왕은 이렇게 썼다. "여호와의 눈은 의인을 향하시고 그의 귀는 그들의 부르짖음에 기울이시는도다"(시 34:15). 만약 우리가 의도적으로 우리 마음속에 죄악을 감추고 있다면, 여호와 하나님께서는 우리의 기도를 듣지 않으실 것이다.

흐름이 바뀌다

평화와 번영 그리고 하나님의 축복의 해가 지나간 후에, 흐름이 바뀌기 시작했다. '여호와께서 에돔 사람 하닷을 일으켜 솔로몬의 대적이 되게 하셨다'(왕상 11:14). 실제로 솔로몬은 아주 짧은 기간 동안에 세 차례나 적들에 맞서야 했다(11:14, 23, 26). 그런 다음에 솔로몬이 죽고 그의 아들 르호보암이 왕위에 오른 지 얼마 되지 않아서, 북방에서 반역이 일어나 여로보암에게 이스라엘의 일부를 빼앗긴다.

솔로몬은 그의 인생 전반기에 하나님을 위한 위대한 업적을 남겼지만, 후반기에는 방탕에 빠져 그가 이룬 업적을 대부분 뒤엎어버렸다. 그는 아버지 다윗 왕으로부터 평화를 누리던 통일된 나라를 물려받았다. 그러나 솔로몬은 자기 아들에게 두 쪽으로 나뉘어 싸움을 벌이고 있는 나라를 물려주었다. 그러므로 르호보암이 권력을 이어받았을 때, 그는 즉시 북쪽에 살고 있던 사람들 사이에 들끓고 있는 불만에 직면해야 했다. 결국은 북쪽 지역 지파들이 여로보암을 지도자로 삼게 됐다. 그들은 여로보암을 중심으로 모이고 그를 자기들의 왕으로 삼았다. 그것은 북부 지역의 열 지파가 하나님께서 복을 주시겠다고 약속하셨던 다윗의 혈통으로부터 분리되어 나갔다는 것을 의미한다. 한때 다른 나라들의 시샘의 대상이었던 나라는 이제 분열되고, 남북 간의 전쟁을 벌이게 됐다. 북쪽은 이스라엘로, 남쪽은 유다로 불리게 됐다.

북 왕국 이야기

여로보암은 이스라엘의 북쪽 열 지파를 이끄는 영리한 지도자였다. 비록 여호와 하나님에 대해 개인적인 지식을 거의 가지고 있지 않았지만, 그는 종교의 응집력을 잘 알고 있었다. 그는 만일 북쪽에 살고 있는 사람들 중 진실한 신앙심을 가지고 있는 사람들이 성전에 계신 하나님께 예배드리기 위해 계속해서 예루살렘으로 간다면, 남쪽과 북쪽 사람들은 함께 살아계신 하나님 한 분께 예배하면서 서로가 돈독한 유대를 재확인하게 될 것이라는 사실을 알아차렸다.

그래서 여로보암은 북쪽 지파 사람들을 위해 옛 형상으로 그 나름대로의 경배 대상을 세우기로 결정했다. 그 옛 형상이라는 것은 바로 시내산에서의 금송아지였다. 북쪽 왕국의 왕은 금송아지 상을 두 개 만들어서 백성에게 이렇게 말했다. "너희가 다시는 예루살렘에 올라갈 것이 없도다. 이스라엘아 이는 너희를 애굽 땅에서 인도하여 올린 너희의 신들이라"(왕상 12:28). 이 결정적인 말은 아론이 500년 전에 금송아지를 만들고 나서 했던 말과 똑같았다(출 32:8). 그것은 정치적으로 아주 영리한 처사였지만, 전적으로 잘못된 일이었다. 또한 그것은 하나님을 심히 거스르는 일이었다. 여로보암은 자기 왕국에 대한 하나님의 임재와 하나님의 복을 구하지 않았다. 그는 단지 종교를 이용해 자신이 다스리고 있는 백성의 일치와 단결을 강화하려는 것뿐이었다. 그리고 그 목표를 이루기 위해서는 어떠한 종교라도 상관없었다. 여로보암 이후, 이스라엘에는 여러 왕들이 왕위를 계승했는데, 그들은 대략 50년 동안 한결같은 정책을 펴나갔다. 여로보암은 그 나라를 아들 나답에게 물려주었다. 나답은 바사에게 살해당할 때까지 자기 아버지의 정책을 그대로 추종했다. 바사의 뒤를 엘라가 이었는데, 그는 술주정뱅이에다 살인자였다. 그다음에 시므리가 올랐는데 그는 반역죄를 지었으며, 겨우 7일 동안 왕위를 유지했다. 그런 다음에 오므리가 들어섰다. 그는 "여호와 보시기에 악을 행하되 그 전의 모든 사람보다 더욱 악하게 행하였던" 사람이다(왕상 16:25). 그리고 마침내 아합이 왕위에 올랐다. 그는 "그의 이전의 모든 사람보다 여호와 보시기에 악을 더욱 행하여" 오므리 위에 악을 더 쌓았다(왕상 16:30). 아합은 여로보암이 저지른 죄 정도는 아무것도 아니라고 생각했다. 그는 또한 악명 높은 이세벨과 결혼하여 바알을 숭배하기 시작했다. 이세벨은 왕궁의 권력을 이용해 하나님의 선지자들을 수색하여 죽이는 등 핍박을 가하기 시작했다.

솔로몬이 죽은 지 겨우 50년 만에, 이스라엘은 알아볼 수 없도록 변했다. 솔로몬은 재위를 시작하면서, "세상에는 오직 하나님이 한 분밖에 계시지 않는다"고 말했다. 그러나 여로보암 때의 공인된 견해는 "세상에는 많은 신이 있다"는 것이었으며, 아합 때에는 세상에 하나님이 단 한 분이라는 말은 용납될 수 없었으며, 그렇게 말하는 사람들은 끔찍한 박해를 당했다.

반세기 만에 이스라엘은 살아계신 하나님을 예배했던 통일된 나라에서, 혼란하고 분열된 나라로 변했다. 그 속에서 백성은 모든 종교의 본질은 똑같고, 그렇기 때문에 자신들이 하나님을 섬기는 것은 개인적인 선택의 문제라고 가정하게 됐다. 당신이 진실하기만 하면, 어떤 신을 섬기는가는 실제로 아무런 차이가 없다는 것이었다.

겨우 몇 해 전에 하나님의 임재가 솔로몬의 성전을 가득 채웠었다. 그런데 이제는 하나님에 대한 지식은 완전히 사라졌다. 만약 그 일이 대략 주전 800년경에 이스라엘에서 발생했다고 한다면, 대략 주후 2000년경에 미국에서도 분명 그런 일이 일어날 수 있다. 그렇다면 살아계시고 참되신 하나님에 대한 온전한 예배가 그 땅에서 어떻게 회복될 수 있겠는가? 그것이 바로 갈멜산에서의 엘리야에 대한 위대한 이야기의 주제이다. 여기에서 우리는 진정한 예배의 몇 가지 특징을 발견하게 된다.

진정한 예배는 계시된 진리에 대한 응답이다

> 엘리야가 모든 백성에게 가까이 나아가 이르되 너희가 어느 때까지 둘 사이에서 머뭇머뭇하려느냐 여호와가 만일 하나님이면 그를 따르고 바알이 만일 하나님이면 그를 따를지니라 하니 백성이 말 한마디도 대답하지 아니하는지라(왕상 18:21).

선지자 엘리야는 갈멜산에서 바알 선지자 450명과 아세라 선지자

400명 그리고 '이스라엘 전역에서 올라온 백성'을 맞이했다(왕상 18:19). 아합 왕까지도 그곳에 나와 있었다. 그러나 엘리야는 솔직하고 단도직입적이었다. 실제로 그는 이렇게 말했다. "만약 바알이 하나님이라면, 너희들이 해야 할 일은 그를 따르는 일이다. 그러나 만일 바알이 하나님이 아니라면, 다시 하나님께로 되돌아오라." 그것은 마치 오늘날 누군가가 "만약 알라가 하나님이라면, 교회를 떠나 모스크로 가라. 만일 시바Siva나 비시누Vishnu가 하나님이라면, 힌두교를 받아들이라"고 말하는 것과 같다.

엘리야는 전통에 호소하지 않았다. 엘리야는 그 문화를 억압하기 위해 자기와 주장을 같이하는 사람들을 동원하고 기존의 제도를 영속시키려는 일에는 관심이 없었다. 그는 대신에 진리에 호소했다. 여호와 하나님을 예배하는 단 하나의 이유는 그분이 하나님이시기 때문이다.

당신의 부모님이 그리스도인이라는 이유로, 혹은 당신 나라에 그리스도인 인구가 절대적으로 많다고 해서 당신이 그리스도인이 되어야 한다고 강요할 수 있는 사람은 아무도 없다. 이러한 이유들은 합당하지 않다. 기독교는 그것이 진리라는 주장에 근거한다. 진정한 예배는 계시된 진리에 대한 응답이다. "만약 여호와가 하나님이면, 그를 따르라!"

그 백성이 엘리야의 요구에 선뜻 응답하지 못했다는 사실이 드러났다. "백성이 말 한마디도 대답하지 아니하는지라"(왕상 18:21). 엘리야의 질문은 진리와 오류의 범주를 넘나드는 질문이었고, 백성은 그러한 맥락에서 생각하기란 매우 어렵다고 생각했다. 그들은 "너희들이 하나님께 예배하는 것은 개인적인 선택이다. 믿음은 너희들 마음의 영역에 속하는 사적인 문제일 뿐이다. 그리고 각 개인은 모두 자기 자신의 개성에 맞게 예배하는 방법을 찾아야 한다"고 말하는 혼합주의의 사상 속에서 성장했기 때문이었다.

엘리야가 그 백성에게 진리가 무엇인지 결정하라고 요구했을 때, 그들은 무슨 말을 해야 할지 도무지 알 수 없었다. 그래서 엘리야가 해야 할 첫 번째 과제는 하나님이 진리라는 주장에 대한 증거를 그 백성의 눈앞에 들이대는 것이었다. 당신은 참으로 예배할 수 있기 이전에, 하나님이 누구신지에 대해 알 필요가 있다. 진정한 예배는 계시된 진리에 대한 응답이다. 따라서 만일 예배가 회복되어야 한다면, 진리가 반드시 선포되어야 한다. 공적인 예배 전체는 진리를 중심으로 구성되어야 한다. 우리는 진리를 찬양하고, 진리를 읽고, 진리를 기도하며, 진리를 설교해야 한다.

만일 당신이 당신의 삶 속에서 훨씬 더 심오한 예배를 알고자 한다면, 성경을 펴서 진리 추구에 적극적으로 동참해야 한다. 성경의 진리로 당신의 마음을 흠뻑 적셔야 한다. 성령님께서 그 진리를 통해 당신의 마음속에서 어떤 반응을 불러일으키실 것이며, 그것이 당신의 기도를 도와줄 것이다.

진정한 예배는 살아계신 하나님께 초점을 맞춘다

엘리야는 바알 선지자들에게 희생제물을 하나 준비한 후 바알의 이름을 부른 다음에 그로 하여금 불을 보내어 자신을 드러내라고 간청할 것을 요구했다. 바알 선지자들은 그 도전을 받아들여서 열심히 자기들의 신을 불렀다. "오, 바알이여, 우리의 기도를 들으소서." 그들은 제단 주위를 돌며 춤을 추면서 광란의 도가니 속으로 빠져들었다.

이 일이 몇 시간 동안 계속됐다. 당신은 그 선지자들의 진지함과 노력에 대해 최고 점수를 주어야 할 것이다. 아마도 그들은 이러한 형태의 예배가 매우 의미 있다고 느꼈다거나, 자기들의 기분을 좋게 만들어주었다고 말했을 것이다. 또한 그들은 모든 의식을 마친 후에도 아마 기분이 좋았을 것이다. 여섯 시간이나 땀을 빼면서 춤을 추었으니, 얼마나 훌륭한 운동 시간이었겠는가! 그러나 이렇게 열정적인 행위에도 불구하고, '아무 소리도 없고 응답하는 자나 돌아보는 자가 아무도 없었다'(왕상 18:29). 그것이 바로 거짓된 종교의 비극이다. 그 선지자들은 성심성의를 다하고 개인적으로 큰 희생을 치르면서 온갖 일을 다 했지만, 거기에는 아무도 나타나지 않았다.

그들의 예배는 자기표현의 훈련 외에는 아무것도 아니었다. 그들은 자기 자신에게 말했던 것에 불과했다. 듣고 있는 자가 아무도 없었기 때문이다. 바알 숭배는, 역사의 어떤 시점에서 사람들이 바알에 대한 이야기들을 지어 기록으로 남겨놓았기 때문에 종교로 발전된 것이었다. 그러고 나서 다른 사람들이 바알의 형상을 그렸으며, 나무로 그 형상을 조각했다. 그러나 바알 숭배는 사람들이 꿈꿔왔던 생각들과 사람 손으로 만들어놓은 것이 전부이다. 그 전체가 문화적으로 창작된 것이므로, 바알은 아무런 권세도, 힘도 가지고 있지 않다. 엘리야는 그러한 우상의 숭배로부터 백성을 건져내고자 했다.

바알 숭배가 발전해왔듯이 오늘날에는 기독교가 그렇게 발전한 것이라고 결론 내리는 사람들이 많다. 그들은 성경 또한 고대 신화들을 모아놓은 책이라고 단정하고, 성경을 인류 문화의 창작물이라고 생각하기 때문에 아무런 권위가 없다고 주장하고 있다. 만약 그들의 가정이 옳다고 한다면, 그들의 결론도 올바를 것이다. 하나의 문화에 의해 만들어진 종교를 다른 문화에 강요해서는 안 된다. 단지 한 세대의 선택이었던 종교를 다음 세대에게 슬그머니 떠맡겨서도 안 된다. 만약 모든 종교가 인간의 창작물에 불과하다면, 어느 종교도 참이라고 주장할 수 없을 것이다.

그러나 엘리야는 살아계신 하나님이 문화적인 창작물이 아니라는 사실을 알고 있었다. 엘리야는 이스라엘 안에서 살아계신 하나님에 대한 지식이 회복되기를 소원했다. 그래서 그는 이렇게 기도하기 시작했다.

> 아브라함과 이삭과 이스라엘의 하나님 여호와여 주께서 이스라엘 중에서 하나님이신 것과 내가 주의 종인 것과 내가 주의 말씀대로 이 모든 일을 행하는 것을 오늘 알게 하옵소서 여호와여 내게 응답하옵소서 내게 응답하옵소서 이 백성에게 주 여호와는 하나님이신 것과 주는 그들의 마음을 되돌이키심을 알게 하옵소서 하매(왕상 18:36, 37).

엘리야는 성경의 가장 근본적인 진리인 "태초에 하나님…"에 대해 말하고 있었다. 세상이 시작되기 전에, 문화들이 발전되기 전에, 종교적인 문서들이 나오기 전에, 동물들과 채소들과 광물질들이 존재하기 전에, 태초에 하나님께서 계셨다. 세상과 그 안에 있는 모든 것들은 다 하나님의 손으로 만드신 것이다. 살아계신 하나님께서는 자신을 아브라함과 이삭과 야곱에게 보이셨다. 그렇지만 이 세상의 비극은 하나님에 대한 지식이 수천의 대용물이 만들어내는 소음들 가운데 묻혀버렸다는 것이다. 엘리야는 이 백성이 하나님이 누구이신지를 알기 원했다.

진정한 예배는 살아계신 하나님께 드리는 것이다. 오늘날 교회들은 많은 경우 예배를 자극하기 위한 여러 가지 방법들을 찾기에 혈안이 되어있다. 우리가 예배드리는 데 어려움을 느끼고 있는 이유는 여호와 하나님의 진중하심과 영광에 대한 감각을 상실했기 때문이다. 만약 우리가 살아계신 하나님을 바알과 똑같은 범주에 넣고, 모든 종교는 인간 생각의 창작물일 뿐이라는 세상의 확신을 받아들인다면, 예배드리는 데 아주 심각한 어려움을 느끼게 될 것이다. 바알 선지자들과 같이, 어떤 반응을 불러일으키려는 노력을 하면서도 점점 더 좌절하게 될 것이다.

엘리야의 접근방법은 매우 달랐다. 그는 하나님의 영광이 어디에서 알려졌는지 알고 있었기 때문에 예배드리는 일에 아무런 어려움이 없었다. 그는 단지 몇 걸음 앞으로 나가서 하나님께서 자신을 나타내시기를 기도드렸을 뿐이다. 예배 형식에 대한 물음들은 전적으로 부차적인 것이다.

진정한 예배는 합당한 희생제물에 초점을 맞춘다

엘리야는 하나님의 제단을 쌓으면서 매우 신중하게 행동했다. 그는 야곱의 열두 지파를 대표하도록 열두 개의 돌을 취했다. 그것은 정치적으로는 어긋난 것이었다. 북쪽의 열 지파에서 온 그의 청중들은 엘리야가 돌을 열 개만 취하기를 바라고 있었을 것이다. 그러나 엘리야는 열두 개를 취했다. 왜냐하면 그가 바야흐로 모든 이스라엘 백성의 하나님께 희생제물을 드릴 것이기 때문이었다.

그는 제단 위에 희생제물을 준비해놓고서, 의심하는 자들에게도 하나님의 권능이 확연하게 나타날 수 있도록 제단 위에 물을 퍼붓고 희생제물에도 물을 적셨다. 그다음에 놀랍고도 무척 의미심장한 기적이 일어났다.

> 이에 여호와의 불이 내려서 번제물과 나무와 돌과 흙을 태우고 또 도랑의 물을 핥은지라(왕상 18:38).

그 순간에 당신이 그 군중 속에 끼어있었다고 상상해보라. 당신은 지금까지 모든 종교는 인간의 창작물일 뿐이며, 모든 종교는 본질적으로

다 똑같은 것이라는 견해가 지배적인 문화 속에서 살고 있었다. 지금 당신이 갈멜산 꼭대기에 앉아 엘리야가 기도드리는 것을 바라보고 있는데, 갑자기 하늘에서 불이 내려온다. 순간적으로 당신의 생각은 명확해지고, 모든 것이 확실해질 것이다. '엘리야가 진리를 말하고 있었던 것이구나. 여호와가 하나님이시고, 이제 하나님의 심판의 불이 우리 머리 위에 떨어지고 있구나!'

여기에서 우리는 그 이야기의 가장 놀라운 부분에 이르게 된다. "여호와의 불이 내려서 번제물을 태웠다." 당시 그곳에 수천 명의 사람이 모여있었다. 그러나 하나님의 불이 내려왔을 때, 그 불은 그들 머리 위에 떨어지지 않았다. 하나님의 불은 그들을 비켜가 제단 위에 떨어졌다. 그 제단은 희생제물이 마련되어있던 곳이었다.

첫 사람, 아담과 하와가 에덴동산에서 죄를 범하여, 하나님께서 심판을 선언하셨을 때에도 비슷한 일이 일어났었다. 하나님께서는 그 뱀에게 "네가 저주를 받았다"고 말씀하셨다. 그런 다음에 하나님께서는 아담을 보시고, "너 때문에 땅이 저주를 받았다"고 말씀하셨다(창 3:17). 아담은 틀림없이 저주를 예상하고 있었을 것이다. 그러나 하나님께서는 아담을 저주하시는 대신에 자신의 심판을 땅으로 돌리셨다. 똑같은 일이 갈멜산에서 벌어졌다. 하나님의 불이 떨어졌는데, 그 사람들에게 떨어진 것이 아니었다. 그 대신에 하나님께서는 희생제물을 치셨다.

그리스도에 대한 조명 SPOTLIGHT ON CHRIST

다른 날, 다른 산 위에서 또 다른 희생제물이 바쳐졌다. 예수 그리스도께서 갈보리산 위에서 죽으셨을 때, 하나님의 심판이 떨어졌다. 그러나 그 심판은 사람들에게가 아니라 그 희생제물 위에 떨어졌다. 하나님의 심판은 예수 그리스도를 쳤다. 그렇게 해서 하나님께서는 모든 문화와 모든 세대의 사람들이 하나님과 화목하게 될 수 있는 통로를 만드셨다.

예수 그리스도라는 희생제물은 우리 예배의 초점이다. 하늘의 예배는 모두 예수 그리스도가 자기 백성을 위해 행하신 일을 중심으로 되어 있다. 우리의 예배도 마찬가지여야 한다. 참된 예배는 진리를 그 기반으로, 하나님을 중심으로, 예수 그리스도를 초점으로, 성령의 감동으로 이루어진다.

열두 지파의 대표들이 그 불을 보았을 때, 그들은 꿇어 엎드리면서 외쳤다. "여호와 그는 하나님이시로다. 여호와 그는 하나님이시로다!"(왕상 18:39). 하나님의 놀라운 권능과 은혜를 보면서, 많은 사람들이 살아계신 하나님에 대한 자신들의 믿음을 고백하고 새롭고 중대한 헌신의 약속을 했던 것이다.

이것이 바로 참된 예배가 우리를 이끌어가는 지점이다. 성경은 우리로 하여금 주님을 고백하도록 만드는 것이 바로 성령의 역사라는 점을 명확히 밝히고 있다(고전 12:3).

당신은 당신의 인생 속에서 헌신을 결단하는 지점에 이르렀는가?

어쩌면 당신은 하나님의 진리를 배우면서, 살아계신 하나님의 영광과, 예수 그리스도 안에 있는 당신에게 임한 하나님의 은혜를 보았을 것이다. 오늘 당신이 예수 그리스도에 대한 신앙을 고백하는 것이 어떻겠는가? 성경은 이렇게 약속하고 있다. "네가 만일 네 입으로 예수를 주로 시인하며 또 하나님께서 그를 죽은 자 가운데서 살리신 것을 네 마음에 믿으면 구원을 받으리라"(롬 10:9).

드러난 사실 UNLOCKED

진정으로 참된 예배는 언제나 계시된 진리에 대한 응답이다. 예배는 살아계신 하나님을 향하며, 주 예수 그리스도에게 초점을 맞추며, 성령의 감동으로 이루어진다.

참된 예배는 하나님의 진리가 선포되는 곳에서, 예수 그리스도가 높임을 받는 곳에서 그리고 하나님의 백성이 그들의 삶 속에 성령이 자유롭게 역사하시도록 주권을 내어드리는 곳에서 일어날 것이다. 다른 모든 것은 부차적인 것이다.

만일 당신이 예배 가운데 성장하기를 원한다면, 하나님이 누구신지에 대해 묵상하는 시간을 갖기 바란다. 성경에서 하나님이 자신에 대해 말씀하고 계신 내용으로 당신의 마음과 생각을 푹 적시기 바란다. 하나님께서 당신을 위해 예수 그리스도 안에서 행하신 일을 인정하고 받아들일 수 있도록 당신의 마음의 용량을 확장시켜달라고 성령님께 간구하기 바란다.

기도 PAUSE FOR PRAYER

하나님 아버지!

저는 진리를 믿지도 않고, 살아계신 하나님을 알지도 못하고 있는 새로운 세대가 일어나고 있는 것을 보고 있습니다.

이 세대가 주님의 말씀을 깨닫게 해주시옵소서. 주님의 진리를 세워주시옵소서. 주님의 영광을 나타내주시옵소서. 제가 성령 안에서, 진리로 주님을 예배할 수 있게 도와주시옵소서. 나의 주님이신 예수 그리스도의 이름으로 기도드립니다. 아멘.

북방 이스라엘의 왕들(계속)

BC 900

874~853	아합
853~852	아하시야
852~841	요람
841~814	예후
814~798	여호아하스

800

798~782	여호아스
793~753	여로보암 2세(섭정)
753	스가랴
752	살룸
752~742	므나헴
742~740	브가히야
752~732	베가
732~722	호세아
722	북방 왕국의 멸망

700

21

죄

Sin

열왕기하 17장

죄란 무엇이며, 왜 죄가 심각한 것인가?

묵상의 길잡이

☑ **발견하라**

하나님을 모르면 왜 도덕성이 상실되는지 발견하라.

☑ **배우라**

북방 이스라엘 열 지파 이야기를 배우라.

☑ **경배하라**

하나님께서 어떻게 예수 그리스도 안에서 하나님의 자비하심을 나타내셨는지 보고 경배하라.

우리 동시대의 많은 사람에게 '죄'라는 단어는 후식 메뉴에 속한다. 얼마 전, 식료품점에 들렀을 때, 나는 몇 가지 과자들의 이름을 보고 깜짝 놀랐다. 특히 두 가지 이름이 시선을 끌었다. 하나는 '산딸기의 유혹'raspberry temptations이었고, 다른 하나는 '죄악 된 선택들'sinful selections이었다. 그 과자는 속에 함유된 초콜릿의 양 때문에 '죄악 된'이라는 이름이 붙여졌다. 사실 그것은 열심히 다이어트를 하고 있는 사람들을 제외하고 정상인들에게는 매력적으로 보일 수 있다.

우리 문화 속에 살고 있는 많은 사람들에게 있어서 '죄'라는 단어는, 합법적이지만 조금은 제멋대로 하는 것, 그래서 대부분의 정상인들이 쓴웃음을 짓게 만들 수 있는 것을 묘사하는 말이 됐다.

분명히 우리 문화 속에서 '죄'라는 단어는 새로운 의미를 부여받았다. 그 새로운 의미는 그리스도인이라면 받아들이지 않도록 조심해야 할 의미이다. 우리는 언제나 죄라는 것을 하나님께 불순종하고, 하나님의 법에 불순종하는 것이라고 인식해야 한다. 죄는 무해한 쾌락이 아니라 하나님께 대한 반역이다.

슬프게도, 그리스도인이라고 하는 사람들조차, '죄'라는 단어를 폐기처분하고 있다. 사람들은 대부분 교회에 가서 자신들의 죄를 고백했다. 로마 가톨릭 신도들은 고해성사를 통해 자신의 죄를 고백했다. 그리고 개신교 목회자들은 교인 전체가 죄를 고백하도록 하는 고백의 기도를 드렸다. 그러면 교인들은 "아멘"이라고 말했다. 왜냐하면 목회자가 죄를 고백하는 기도를 드리면 그것을 자신의 죄와 동일시할 수 있다고 느꼈기 때문이었다.

그러나 신약성경에서 "하나님이여 불쌍히 여기소서 나는 죄인이로소이다"(눅 18:13) 하고 겸손하게 부르짖는 기도는 심지어 복음주의 교회들에서도 급속히 사라져가고 있다. 우리는 은혜를 입은 것은 축하하고 있지만, 죄는 고백하지 않고 있다.

그래도 만약 우리가 죄를 고백했다고 주장한다면, 아마도 그 고백의 기도는 다음과 같이 현대판으로 각색되어있었을 것이다. "이 아침에 주님께 기도하면서, 자기 자신을 실현하기 위해 발버둥치고 있는 우리를 고백합니다. 특히 우리가 좀 더 진실해져야 함을 고백합니다. 주님, 저에게 자비를 베풀어주셔서 저의 모든 가능성을 계발하는 데 더 많은 의지를 불태우는 사람이 되게 해주시옵소서."

우리가 겉으로 보기에 말끔하고 사회적으로나 정치적으로 어긋나지 않는 말들 뒤에 우리를 감추고 있는 한, 하나님께서 하시는 죄에 관한 말씀을 결코 이해하지 못할 것이다. 그리고 만일 죄가 당신의 최대의 문제라고 느끼지 못한다면, 당신은 기독교를 이해하지 못할 것이다. 예수 그리스도는 자기 백성을 그들의 죄악에서 구하기 위해 오셨다.

북방 왕국의 죄

앞 장에서 지적했다시피, 솔로몬의 사후死後에 하나님의 백성 중 북쪽의 열 지파는 남쪽의 두 지파로부터 독립을 선언했다. 북부 지파들의 비극은 그들이 스스로 하나님의 복으로부터 분리되어 나갔다는 것이다. 하나님께서는 남방에 있는 예루살렘을 중심으로 왕위를 이어가고 있는 다윗 후손들의 계보를 축복하시겠다고 약속하셨다. 다윗 왕조는 죽음에 임박한 왕이 자기 아들에게 권력을 이양하면서 지속됐다.

그러나 북쪽에서는 왕조가 제대로 세워지지 않았고, 대부분의 왕들이 선임자를 살해함으로써 권력을 장악했다. 정치적인 음모와 죄악이 만연하게 됐다. 북방 왕국은 대략 200년 동안 유지됐다. 거기에는 모두 합쳐 19명의 왕이 있었으며, 그 왕들 모두 '여호와 보시기에 악을 행하였다'.

마침내 하나님께서는 대적들을 보내서 북방 왕국을 무너뜨리도록 허락하셨다. 그 백성은 국외로 추방당했으며, 그 지역은 전체가 황무지처럼 변했다. 열왕기하 17장은 하나님께서 왜 북방 왕국을 무너뜨리셨는지를 우리에게 전해주기 때문에 성경에서 상당히 중요한 부분 가운데 하나이다.

경건의 우선권

이 일은 이스라엘 자손이…그 하나님 여호와께 죄를 범하고 또 다른 신들을 경외하며…또 우상을 섬겼으니 이는 여호와께서 그들에게 행하지 말라고 명하신 일이라(왕하 17:7, 12).

북쪽 열 지파에서 첫 번째 왕위에 올랐던 여로보암은 자기 백성이 하나님께 예배드리기 위해 예루살렘으로 올라가는 것을 원치 않았다. 그래서 그는 단과 벧엘에 두 개의 금송아지를 세워놓았다(20장 참조). 이것이 바로 백성이 여호와 하나님으로부터 돌아서게 된 200년의 시작이었다. 그래서 아합 왕 때에 한 선지자가 자기 목숨의 위협을 받으면서도 살아계신 하나님에 대해 선포했던 것이다.

만약 당신이 북방 왕국의 마지막 몇 년 동안의 생활이 어땠을지 알고 싶다면, 아모스서를 읽어보기 바란다. 아모스는 부자들이 풍요 속에 살아가면서 가난한 자들을 전적으로 무시했던 사회에 대해 기술하고 있다. 거리는 폭력으로 가득 차 있었다. 이스라엘에서 벌어졌던 만행들 중 한 가지는 부모들이 원치 않는 자식들을 불에 태우도록 내어주는 끔찍한 일이었다. 이 사회는 그 중심부에서부터 썩어가고 있었다.

그러나 하나님께서 자기 백성에 대해 꾸짖었던 첫 번째 죄목이 폭력이나 살인, 탐욕, 잔학성이 아니었다는 사실은 매우 의미심장하다. 그들에 대한 첫 번째 죄목은 그들이 다른 신들을 숭배했다는 사실이었다(왕하 17:7). 이 사실에 놀랄 필요가 없다. 십계명 중 처음 네 계명이 다 하나님 자신에 관한 것이기 때문이다. "너는 나 외에는 다른 신들을 네게 두지 말라. 너는 너를 위하여 우상을 만들지 말지니라…너는 네 하나님 여호와의 이름을 망령되게 부르지 말라…안식일을 기억하여 거룩하게 지키라"(출 20:3, 4, 7, 8). 이 명령들은 자기 백성에 대한 하나님의 근본적인 요구 사항들이다.

우리의 첫 번째 소명은 하나님께 자리를 내어드리는 것이다. 성경은 이것을 경건, 혹은 하나님 중심의 생활이라고 부르고 있다. 경건의 우선권은 예수님의 가르침에 의해 확증되었다. "율법 가운데서 어느 것이 가장 큰 계명입니까?"라는 질문을 받았을 때 예수님께서는 이렇게 대답해주셨다. "네 마음을 다하고 목숨을 다하고 뜻을 다하여 주 너의 하나님을 사랑하라"(마 22:36, 37).

의로움의 우선권

하나님께서는 우리에게 경건하라고 명하신 다음에, 다른 사람들에 대한 태도와 행동에 대해 말씀하신다. "네 부모를 공경하라…살인하지 말라 간음하지 말라 도둑질하지 말라 네 이웃에 대하여 거짓 증거하지 말라…탐내지 말라"(출 20:12-17).

이것이 하나님의 백성에게 이르시는 두 번째 소명이다. 성경은 그러한 금지조항을 의로움이라 칭하고 있다. 의로운 삶은 다른 사람들과의 관계 속에서 하나님의 자세와 행동을 신실하게 반영하는 삶이다. 예수 그리스도께서는 이것이 우리의 두 번째 우선순위에 든다는 점을 확증해주셨다. 그래서 주님께서 이르시기를 두 번째 계명은 "네 이웃을 네 자신 같이 사랑하라"(마 22:39)는 것이라고 말씀해주셨다.

이 두 가지의 순서를 이해하는 것이 중요하다. 참된 경건—하나님 중심의 삶—은 의로움의 증거가 넘쳐나도록 만든다. 다시 말해서, 경건은 다른 사람들과 우리의 관계 속에서 하나님의 자세와 행동을 반영하도록 만든다는 것이다. 의로움은 경건을 토대로 세워진다. 그래서 사람들이 경건을 배격할 때, 의로움을 지닐 수 없게 된다. 만약 당신이 경건하지 못하다면, 의로울 수가 없다. 당신이 하나님 중심의 삶을 살 때까지는 하나님의 자세와 행동을 반영할 수가 없는 것이다.

이것이 바로 열왕기하(그리고 왕상 12장; 15:25-53)의 메시지이다. 열왕기하는 우리에게 그들의 200년 동안의 역사를 기록해주고 있다. 그 이야기는 한 나라가 살아계신 하나님으로부터 고개를 돌려버릴 때, 그 결과는 도덕적 혼란을 불러일으키고 죄와 악을 분출시킨다는 사실을 가르쳐주고 있다. 북방 왕국에서, 죄악은 그 백성이 하나님을 배격하기 시작하면서 고개를 들었다. 그리고 자기 자식들을 불 속에 집어넣는 만행을 저지르게 만들었다. 그들이 성경이 말하고 있는 도덕성을 상실한 이유는 성경의 하나님을 배격했기 때문이다. 마찬가지로 당신은 경건 없이 의로움을 지닐 수가 없다.

열왕기하는 사람들이 하나님으로부터 떠나버렸을 때 의로움이 주는 혜택들과 유익들을 상실해버렸다고 우리에게 전해주고 있다.

우리의 마음이 하나님에 대한 순수한 사랑으로 가득 차 있다고 생각하는 것은 큰 착오이다. '육신의 생각은 하나님과 원수가 된다'(롬 8:7). 하나님께서 우리의 마음을 변화시켜주시지 않는 한, 우리가 하나님께 반항하는 것은 당연한 일이다. 왜냐하면 하나님의 권력이 우리의 자유를 위협하고 있는 것처럼 보이기 때문이다. 또한 우리는 하나님의 거룩하심이 우리의 자만과 교만을 공격하고 있으며, 우리에 대한 하나님의 완전한 지식이 우리의 사생활을 침해하고 있는 것처럼 느끼기 때문에 하나님께 화를 터뜨린다. 그리고 하나님께서 결코 변하지 않으실 것이라는 사실은, 하나님이 그 권좌에서 내려오시거나, 현재에는 허가해주지 않고 있는 것들에 대해 좀 더 관용을 베푸시거나, 혹은 하나님의 기억력이 쇠퇴해져서 우리의 그릇된 행위들을 기억하시지 못하여 우리의 죄가 감추어지는 일은 결코 일어나지 않을 것이라는 뜻이다.

만약 하나님께서 우리의 마음을 바꾸어주시지 않는다면, 우리는 하나님에 대해 바로 위와 같이 느낄 것이다. 죄악 된 육신의 마음과 생각은 하나님을 원수로 여기게 하며, 그것이 바로 우리의 죄악의 뿌리이다. 죄는 하나님에 대한 배격으로부터 기원한다.

하나님의 진노를 불러일으키다

> …또 악을 행하여 여호와를 격노하게 하였으며…복술과 사술을 행하고 스스로 팔려 여호와 보시기에 악을 행하여 그를 격노하게 하였으므로(왕하 17:11, 17).

하나님의 진노는 성경에서 가장 오해받고 있는 진리들 중 하나이다. '격노하게 했다'는 말을 보라. 진노는 하나님의 본성이 아니다. 하나님은 항상 거룩하시며, 항상 사랑하시며, 항상 참되시다. 하나님이 항상 화를 내고 계신 것은 아니다.

'여호와는 노하기를 더디 하신다'(시 103:8). 화를 내는 것은 하나님의 본성이 아니지만, 화를 내실 만큼 자극 받으실 수 있다.

이것이 하나님의 완전하심의 일부이다. 사람들이 자기 자식들을 불에 집어넣어 불 가운데로 통과하게 만들 때 격노하지 않는 신은 예배할 필요가 없다. 우리는 다른 사람들이 학대와 혹사를 당하고 있는데 가만히 서서 구경하고 있는 자들을 존경하지 않는다.

하나님께서는 지극히 인내하신다. 200년 동안 하나님께서는 심판을 억제하시면서, 그 백성에게 경건과 의로움을 회복하라고 외치도록 선지자들을 파견하셨다. 그러나 그 백성은 '듣지 않았다'(왕하 17:14). 마침내 하나님께서는 화가 나셨다.

하나님께서 격노하시면, 무슨 일을 하시는지를 살펴보기 바란다.

> 여호와께서 이스라엘에게 심히 노하사 그들을 그의 앞에서 제거하시니 오직 유다 지파 외에는 남은 자가 없으니라…여호와께서 그의 종 모든 선지자를 통하여 하신 말씀대로 드디어 이스라엘을 그 앞에서 내쫓으신지라…(왕하 17:18, 23).

"그 앞에서"라는 말은 하나님께서 자신의 이름을 두신 그 땅을 의미한다. 하나님께서는 선지자들을 통해 거듭 되풀이하셨던 말씀대로 행하셨다. 그리고 그다음에 이 일이 어떻게 벌어졌는지 듣게 된다. "이스라엘이 고향에서 앗수르에 사로잡혀 가서 오늘까지 이르렀더라"(왕하 17:23).

이러한 패턴은 에덴동산에서 시작됐다. 아담은 하나님의 통치 아래서 살고 싶지 않다는 결정을 내렸다. 그의 불경건은 하나님의 계명을 어기는 불의함으로 그를 이끌었다. 그 결과 그는 하나님 앞에서 쫓겨났다. 이제 열왕기의 두 책에서 우리는 그 백성이 살아계신 하나님께 예배하기를 그만두자 온갖 종류의 불의를 행하게 됐으며, 그 결과 하나님께서 복을 주시겠다고 약속하셨던 그 땅에서 그 백성을 내쫓으시는 결과를 초래했음을 발견하게 된다.

성경 이야기의 마지막은, 지상에서 살았던 모든 사람이 각각 하나님 앞에 서게 될 것이며, 불경건한 자들과 불의한 자들은 하나님 앞에서 내쫓길 것이라는 말을 듣게 된다. 그것이 바로 지옥이다. 지옥은 영원히 하나님의 축복 밖으로 벗어난 곳이다.

로마서는 성경에서 기독교 신앙에 대한 가장 체계적인 설명을 담고 있는 책인데, 사도 바울이 독자들에게 "하나님의 진노가 불의로 진리를 막는 사람들의 모든 경건하지 않음과 불의에 대하여 하늘로부터 나타나나니"(롬 1:18)라고 일깨워주는 말로 시작되고 있다.

그것이 바로 근본적인 쟁점이다. 불신 세계에 대한 메시지는 예수님을 따르는 것이 좀 더 만족스런 삶에 이르는 최선의 길이라는 것이 아니다. 사도 바울은 "당신은 자신이 엄청난 문제에 직면해있음을 깨달을 필요가 있습니다. 사람들의 모든 불경건과 불의함에 대한 하나님의 진노가 하늘에서부터 나타나고 있습니다!"라고 말하고 있었던 것이다. 바로 이러한 이유로 그가 예수 그리스도에 대해 전해야 했던 일이 너무도 다급하고 절박했던 것이다. 때문에 바울은 열정적으로 그 소식을 전했으며, 오늘날에도 우리가 가능한 모든 수단을 동원해서 바로 이 메시지를 전해야 하는 것이다.

하나님의 자비를 얻을 기회

백성은 여호와를 배척했으며, 하나님께로 되돌아오라는 초대를 거절했다. 하나님께서는 격노하시지 않을 수 없었다. 그래서 그들을 하나님의 임재로부터 제거해버리셨다. 하나님께서 복을 주시겠다고 약속하셨던 땅이 황무지로 변했고, 그곳에 사는 사람들도 점차 사라졌다.

그러나 오래 지나지 않아, 앗수르 왕은 자신의 제국 곳곳에서 사람들을 데려다가, 이전에 북쪽 열 지파가 차지하고 있던 지역에서 살도록 만들었다. 바벨론과 구다와 아와와 하맛과 스발와임에서 이주자들이 건너와 그 땅에 정착했다(왕하 17:24).

약속의 땅이 황폐화된 동안에 야생동물들의 수가 급격하게 증가했던 것으로 보인다. 새 이주자들이 도착했을 때, 그들은 전혀 예상치 못했던 문제들에 직면해야 했다. 마음대로 돌아다니는 사자들에게 상당수의 사람들이 공격을 당했다. 새로 온 이주자들은 이 문제를 어떻게 처리해야 할지 막막했다. 그들은 지역마다 그 지역을 책임지는 신들이 있다고 믿었던 것으로 보인다. 왜냐하면 그들은 그 사자들이 그 지역을 담당하고 있던 어떤 신이 보낸 일종의 재앙이라고 여겼기 때문이다.

이런 이야기가 앗수르 왕의 귀에까지 들어갔다. 앗수르 왕은 상황을 해결할 수 있는 최선의 방법은 그 지역에 살았던 사람들 가운데 제사장을 한 사람 찾아내는 것이라고 생각했다. 앗수르 왕은 그 지역 출신의 제사장이라면, 문제를 일으키고 있는 신을 달래는 방법을 알고 있을 것이라고 생각했다. 그래서 그는 제사장을 한 사람 찾아서 이스라엘로 돌려보내라는 명령을 내렸다. 그러나 제사장은 앗수르 왕이 의도했던 것보다 많은 일을 했다. 성경에 따르면 이렇다.

> 이에 사마리아에서 사로잡혀 간 제사장 중 한 사람이 와서 벧엘에 살며 백성에게 어떻게 여호와 경외할지를 가르쳤더라(왕하 17:28).

이것은 하나님께서 자비를 베푸신 것이다. 하나님께서는 자신이 복 주시겠다고 약속하셨던 그 땅으로 동서남북 사방에서 사람들을 데려다가 정착시키시고, 그 사람들에게 자기 백성 가운데 한 사람을 보내어 그들이 살아계신 하나님의 진리를 발견할 수 있도록 하신 것이다. 하나님 왕국의 경계 밖에 거하고 있던 사람들이 하나님 곁으로 가까이 오게 된 것이다. 하나님의 약속은 단순히 이스라엘만을 축복하시려는 것이 아니다. 이스라엘을 통해 온 땅의 모든 나라가 복을 받게 하려는 것이었다(창 22:18).

그러나 이 다민족 국가는 각 민족이 자기들의 신을 섬겼기 때문에 일정 기간 동안 혼란에 빠졌다(왕하 17:29). 그렇게 해서 이 사람들은 상당한 오류를 담고 있는 어떠한 진리를 갖게 됐다. 그러나 그 사람들 중에는 처음으로 진리에 대한 어떤 증거를 접했던 사람도 있었다.

이 이주자들의 이야기는 곧 히브리 백성의 이야기와 얽힌다. 약 150년 후에, 남방 왕국 백성 역시 포로로 잡혀간다. 70년 후에 에스라와 느헤미야의 지도 아래 많은 히브리 백성이 복귀하여 하나님의 성전을 재건했다. 에스라는 북방에 정착한 사람들—하나님을 예배했던 외국인들(때때로 다른 신들도 섬겼음)—이 예루살렘 성전 재건축을 돕겠다고 제의했음을 우리에게 전해준다. 유대인들은 즉시 돕겠다는 그들의 제의를 거절했다(스 4:1-3). 그 유대인들은, 하나님의 성전은 하나님 백성의 손으로 세워야 한다는 점과 함께 북방의 거주자들은 이 일과 아무런 관계가 없음을 분명히 했다.

그 이후에 이곳에 거주하고 있던 사마리아인들은—이 거주자들은 사마리아인들로 알려졌다—진행되고 있는 이 작업을 반대했으며, 유대인에게 냉혹한 적수가 됐다. 후에 그들은 하나님의 백성이 그 땅에 들어올 때 하나님의 복을 선언했던 그리심산 위에 자신들의 성전을 건설하기로 결정했다. 그때 이후로 유대인들은 사마리아인들과 아무런 관계를 맺지 않았다.

그리스도에 대한 조명 SPOTLIGHT ON CHRIST

그리고 400년 후에 예수 그리스도께서 세상에 오셨다. 요한은 우리에게 "그가 사마리아를 통과하여야 하겠는지라"(요 4:4)라고 했다고 전한다. 예수님은 한 여인을 만나셨다. 그 여인은 상당히 혼란스러운 상태에 있기는 해도 진리에 대한 어느 정도의 지식을 가지고 있었다. 그 여인은 또한 문란한 생활을 했었다. 그녀에게는 남편이 다섯 명이나 있었으며 지금 살고 있는 사람도 결혼한 사이가 아니었다. 그 여인은 예배를 드리기에 적합한 곳에 대한 몇 가지 의문을 가지고 있었다. 예루살렘에 있는 유대 성전에서 예배를 드려야 하는 것인지, 아니면 그리심산에 있는 사마리아 성전에서 예배를 드려야 하는 것인지 궁금해했다(요 4:20).

이 여인은 불경건하고 불의했으나, 예수님은 그녀의 죄악들에 대해 진노하신다는 말씀으로 시작하지 않으셨다. 그분은 하나님께서 "영과 진리로 아버지께 예배할 자들"을 찾고 계신다고 말씀하셨다(요 4:23). 예수님은 그 여인이 하나님과 바른 관계를 맺을 수 있도록 지도해주시면서 말씀을 시작하셨다.

경건함은 의로움의 토대이며 기반이다. 그리고 하나님을 모르는 사람들에게 의로움의 문제들에 대해 이야기하는 것은 아무런 소용이 없다. 예수 그리스도께서는 그 사마리아 여인에게 하나님을 제대로 아는 일에 대해 언급하시면서 말씀을 시작하셨다. 왜냐하면 그 여인이 하나님 중심의 생활을 통한 변화의 힘을 발견할 때에만 그 여인에게 변화가 일어날 수 있기 때문이었다.

예수 그리스도께서는 우리의 불경건과 불의함을 처리하시기 위해 죽으셨다. 아버지께서는 십자가에 달린 독생자 예수가 마치 불경건한 삶을 살았던 것처럼, 인류의 역사상 드러난 온갖 불의함에 대해 그에게 책임이 있는 것처럼 대하셨다. 아버지께서는 아들로부터 고개를 돌리셨으며, 그리스도는 하나님에게서 배제되셨다. 그래서 예수 그리스도가 "나의 하나님, 나의 하나님, 어찌하여 나를 버리셨나이까"(마 27:46) 하고 외치셨던 것이다.

예수 그리스도께서는 우리를 위해 불경건하고 불의한 자가 되셨다. 우리로 하여금 하나님과의 올바른 관계를 회복하게 하고, 의로운 삶을 회복하도록 하기 위해 이 일을 감당하셨다. "그리스도께서도 단번에 죄를 위하여 죽으사 의인으로서 불의한 자를 대신하셨으니 이는 우리를 하나님 앞으로 인도하려 하심이라"(벧전 3:18).

예수 그리스도는 불경건하고 불의한 사람들을 하나님께로 데리고 가실 수 있으시다. 만약 당신이 예수 그리스도께로 나아온다면, 그분께서는 당신을 경건하게 만들어주실 것이다. 그리스도께서는 당신을 의로운 자로 성장하게 하는 토대와 기반이 될 하나님 중심의 생활로 이끌어주실 것이다.

사도 바울은 '하나님의 진노가…사람들의 모든 경건하지 않음과 불의에 대하여 하늘로부터 나타나고 있다'고 언급함으로써 로마서를 시작하고 있다(롬 1:18). 그러나 그런 다음에 바울은 그리스도께서 십자가에서 무엇을 성취하셨는지 설명하고, 이렇게 말하고 있다. "그러므로 이제 그리스도 예수 안에 있는 자에게는 결코 정죄함이 없나니"(롬 8:1).

나는 이따금씩 "만약 하나님께서 아담이 범죄할 것을 아셨다면 왜 세상을 창조하셨는가?"라는 질문을 받는다. 그에 대한 대답 중 하나는 만약 죄를 짓지 않았다면, 하나님의 자비가 결코 알려지거나 계시되지 않았을 것이라는 사실이다.

천사들은 하나님의 거룩함과 진리와 사랑을 경험하고 있었지만, 그들은 결코 죄를 짓지 않았기 때문에 하나님의 자비하심을 맛볼 수 없었다. 예수 그리스도께서 세상에 임하시는 것을 지켜보고, 자기들이 항상 경배하던 분이 다른 사람들의 죄악들을 짊어지신다는 것이 무엇을 뜻하는지 보았을 때 천사들은 상당히 당혹스러워 했을 것이다. 하나님의 성품에 대한 새로운 차원이 그 천사들에게 그리고 우리에게 나타났던 것이다. 하나님께서는 언제나 자비로우셨다. 그러나 그 자비하심이 드러나게 된 것은 바로 우리의 죄 때문이었다.

드러난 사실 UNLOCKED

죄는 하나님의 법을 어기는 것이다. 예수님께서는 우리가 우리의 전심을 다하여 하나님을 사랑해야 하고, 우리의 이웃을 우리 자신처럼 사랑해야 한다고 말씀하심으로써 율법을 요약해주셨다. 하나님께서 원하시는 하나님 백성의 최우선 순위는 경건함과 의로움이다.

북방의 지파들은 하나님의 자리에 우상들을 대신 들여놓음으로써 잘못된 길을 택했다. 그 나라의 몰락은 그들이 하나님에 대한 지식을 상실하면서부터 시작됐다. 그리고 그들의 자식들을 불 속에 던져버리면서 몰락은 끝을 맺는다. 하나님에 대한 지식을 상실하게 됐을 때에는 사람이 도덕성을 유지할 수 없다.

마침내, 하나님께서 자극을 받아 진노하셨으며, 북방의 열 지파에 대해 심판을 행하셨다. 그들은 앗수르 군대의 침공을 받았다. 그래서 그 백성은 사방으로 흩어지게 됐다. 결국 그 지파들은 사마리아인들로 알려진 이주민들이 대신 차지하게 됐으며, 하나님의 은혜는 이 사람들에게도 임했다.

예수 그리스도께서는 자기 백성을 죄와 그 결과들로부터 구하시기 위해 이 세상에 오셨다. 우리가 예수 그리스도께 나아갈 때에, 예수 그리스도께서는 우리를 의로운 길로 인도해주실 것이다.

기도 PAUSE FOR PRAYER

하늘에 계신 하나님 아버지!

제가 본질적으로나 습관적으로 죄인임을 인정합니다. 죄인들을 구원하시기 위해 예수 그리스도를 세상에 보내주신 것을 감사드립니다.

저를 도와주셔서 경건한 생활을 하게 해주시고, 제가 전심으로 주님을 사랑하게 해주시옵소서. 그런 다음에 제가 다른 사람들을 사랑할 수 있게 도와주시고, 저의 태도와 행동 속에서 다른 사람이 주님의 성품을 발견할 수 있도록 도와주시옵소서. 우리 주 예수 그리스도의 이름으로 기도드립니다. 아멘.

22

의로움

Righteousness

열왕기하 22, 23장

의로움이란 무엇이며,

우리나라에 어떻게 의로움이 확립될 수 있는가?

1011~971 다윗

BC 1000

971~931 솔로몬

931~913 르호보암

913~911 아비야

911~870 아사

900

873~848 여호사밧

848~841 여호람

835~796 요아스

800

792~740 웃시야

750~731 요담(섭정)

735~686 아하스(12대 왕)

729~686 히스기야(섭정)

700

696~642 므낫세(섭정)

642~640 아몬

640~609 요시야

609 여호아하스

608~598 여호야김

600

598~597 여호야긴

587~586 시드기야

586 예루살렘 함락

묵상의 길잡이

☑ **발견하라**
민족을 다시 성경으로 돌아가게 하려는 큰 시도 가운데 하나가 왜 실패했는지 그 이유를 발견하라.

☑ **배우라**
왜 어떠한 정부도 의로움을 강제할 수 없는지 배우라.

☑ **경배하라**
예수 그리스도께서 어떻게 우리의 마음을 일으켜 하나님의 법에 순종하게 하시는지 보면서 경배하라.

어느 날 아침에 뉴스를 듣고서 미국의 50개 주 가운데 42개의 주가 연방에서 떠났다는 사실을 알게 됐다면 어떻겠는가? 42개 주는 각각 완전히 독립해서 무장한 군대를 갖추고 세금 내기를 거절한다. 그렇게 몇 년 있다가, 그 42개의 독립된 주가 적들에게 붕괴되고 함락됐을 때, 여러분은 어떤 기분이겠는가?

남은 여덟 개 주 시민은 더 이상 세계 초강대국의 구성원이 아닐 것이다. 그 대신에 상당히 작고 취약한 나라의 시민이 될 것이다. 한때 수천 킬로미터 밖에 있던 적들은 이제 미국의 국경선과 아주 근접한 곳에 군대를 주둔시킬 수 있다. 한때 강력하고 안정된 것으로 보이던 것이 이제는 연약하고 취약한 것으로 보일 것이다.

남방 유다 왕국을 이룬 두 지파에 있던 하나님의 백성이 아마도 그렇게 느꼈을 것이다. 다윗 시절에 이스라엘은 권력을 장악한 국가였다. 열두 지파가 통일되어있었으며, 사울과 다윗과 솔로몬이 남방에서 나라를 다스렸다. 솔로몬의 재위 동안에는 이스라엘을 부러워하는 여러 국가의 수장들이 세계를 주도하는 나라의 업적을 보기 위해 예루살렘으로 모여들었다.

그러나 열두 지파 가운데 열 지파가 독립을 선언한 후부터, 남방의 사태는 급격하게 달라졌다. 그 나라는 군사적으로나 경제적으로 급격히 위축됐다. 그리고 200년 만에 그 북쪽 지역 전체가 대적들에게 함락되어버리고 열 지파는 산산이 흩어져버렸다.

만약 그 시절에 당신이 남방 유다에 있었다면, 당신은 한때 찬란했던 나라에서 남은 소수에 속했을 것이다. 당신은 유다 지파와 베냐민 지파 자손들로 이루어진 취약한 집단의 일부 구성원이었을 것이다.

아브라함의 후손들에게 복을 주어, 그들을 통해 세계 모든 나라에 복을 주시겠다는 하나님의 약속은 그 시점에서는 매우 의심스럽게 보였을 것임에 틀림없다. 그러나 자기 백성에게 복을 주시겠다는 하나님의 약속은 결코 철회된 적이 없었다. 그리고 성경에서 흔히 유다로 일컬어지는 남방 왕국의 백성이 비록 상당한 고초를 겪었지만, 하나님께서는 약속에 충실하셨다.

리더십의 부침浮沈

수년 동안 유다 백성은 북방의 사람들보다 더 나은 지도자의 통치 아래서 혜택을 누렸다. 열왕기상과 열왕기하는 북방 이스라엘 19명의 왕에 대해 모두 "여호와의 보시기에 악을 행하였다"거나 "이전 왕의 어떠한 죄악들에서도 떠나지 않았다"고 말한다.[1] 그러나 남방 유다에는 "여호와의 보시기에 정직히 행하였던" 왕들이 상당수 있었다(왕하 15:3).

그러다가 므낫세가 왕위에 오르면서부터 사태는 달라지기 시작했다. 북쪽에 아합이 있었다면, 남쪽에는 므낫세가 있었다. 그는 55년 동안이나 다스렸으며(왕하 21:1), 다른 어느 왕보다 더 많은 어려움을 하나님의 백성에게 가져다주었다. "이 백성이 듣지 아니하였고, 므낫세의 꾀임을 받고 악을 행한 것이 여호와께서 이스라엘 자손 앞에서 멸하신 여러 민족보다 더욱 심하였더라"(왕하 21:9).

하나님께서는 가나안 족속과 브리스 족속의 죄악 때문에 그들을 그 땅에서 몰아내셨는데, 이제는 하나님의 백성이 더욱 악한 행위들을 저지르고 있었던 것이다. 므낫세는 몰렉 숭배를 장려했다. 몰렉 숭배에는 자녀들을 희생제물로 바쳐 불사르는 악한 의식이 포함되어있었다(왕하 21:6). 이 일이 있은 지 50년이 지난 후에 하나님께서 진노하셨다. 하나님께서 아모리 족속을 그들의 죄악 때문에 심판하셨다면, 자기 백성이 똑같은 죄악들을 저지르는데 어떻게 심판을 억제하실 수 있겠는가?(왕하 21:11). 하나님의 백성은 어두운 곳을 밝히는 빛이 되라고 부르심을 받았는데, 실상 그들이 그들 주변의 백성과 똑같은 어둠 속에서 살아가고 있었던 것이다.

므낫세의 재위 말년에 그의 아들 아몬이 왕위에 올랐지만 그가 살해되기 전 2년 동안만 왕위를 지켰으며, 그 후에 여덟 살짜리 소년 요시야가 왕이 되었다.

경건한 지도자의 영향력

요시야가 여호와 보시기에 정직히 행하여 그 조상 다윗의 모든 길로 행하고 좌우로 치우치지 아니하였더라(왕하 22:2).

이 왕은 참으로 대단한 소년이었다. 그는 왕위에 오른 지 8년 만에 여호와를 찾기 시작했다(대하 34:3). 그때 그는 겨우 열여섯 살이었다. 그 10대 소년은 하나님을 향한 마음을 키워나갔으며, 그것이 위대한 인물의 성품을 좌우하는 기초가 되었다. 하나님을 찾는 일에 너무 이른 것은 결코 없다.

그래서 우리는 여기에서 유다를 다시 올바른 길로 되돌리기를 원했던 경건한 청년 지도자를 맞이하게 된다. 그가 해야 할 일이 무엇이었는가? 그는 어떠한 기준에 의존할만한 성경적인 훈련을 전혀 받지 않았다. 그의 아버지(아몬 왕)와 할아버지(므낫세 왕)가 그에게 어떠한 모범도 보여주지 않은 것이 확실했다. 요시야는 영적으로 혼란했으며 성경적으로 무지했던 문화적 환경 속에서 성장했다. 그렇지만 그의 마음속 깊은 곳에는 하나님을 알고자 하는 열망이 있었다.

성경의 재발견

요시야 왕은 살아계신 하나님이 성전에서 예배를 받으셔야 한다는 것을 알고 있었다. 그래서 그는 하나님의 성전을 재정비하고 사태를 되돌리기 위해 노력할 것을 결심했다. 그 일을 하려면 돈이 필요했다. 그래서 그는 세금을 걷어 재정을 확보하기 시작했으며, 그 돈은 성전에 모아두었다.

그러다가 재위 18년째(그의 나이 26세)에 왕과 그의 백성은 보수 공사를 시작했다(왕하 22:3). 요시야는 대제사장 힐기야에게 자기의 비서관 사반을 보내어 거둬들인 세금을 일꾼들에게 지불할 수 있도록 관리인들에게 넘겨주라고 전했다. 힐기야는 모아놓은 돈을 꺼내려고 성전에 들어갔다. 그 돈은 아마도 어떤 창고에 쌓여있었던 것으로 보인다. 그리고 그 창고 속에서 대제사장 힐기야는 그 나라의 방향을 바꾸게 될 먼지 묻은 책 한 권을 발견했다.

> 대제사장 힐기야가 서기관 사반에게 이르되 내가 여호와의 전에서 율법책을 발견하였노라 하고…(왕하 22:8).

그 시대 종교계의 지도자가 하나님 말씀의 사본이 어디에 있는지도 몰랐다는 사실은 참으로 놀랄만한 일이다. 이 '율법서'는 추측건대, 신명기의 사본이었던 것 같다. 그리고 우리는 그 두루마리 책이 허다한 장소 중에서 어떻게 성전에서 소실될 수 있었는지 참으로 의아하게 생각하지 않을 수 없다.

유다의 온 나라가 반세기 동안이나 여호와 하나님께 저항하고 하나님의 모든 법을 어기며 생활했다는 사실을 기억하기 바란다. 하나님의 말씀은 그 문화의 대세 속에서 안정적으로 자리 잡지 못했다. 하나님의 법은 므낫세가 저질렀던 대부분의 일들에 대해 철저하게 정죄하고 있었다. 그리고 북방 이스라엘에서 용감하게 하나님의 말씀을 대변했던 선지자들이 어떻게 되었는지 모든 사람이 잘 알고 있었다. 이세벨이 그 선지자들을 죽였던 것이다.

그래서 므낫세 시절의 제사장들이 성경을 묵살한 이유를 상상하기란 그다지 어렵지 않다. 만약 그 제사장들이 하나님의 말씀을 전했다면,

그들은 그 시대의 문화를 주도하는 가치관들과 충돌하지 않을 수 없었을 것이다. 만약 대제사장이 성경을 가지고 설교했더라면, 그는 단 한 분의 살아계신 하나님이 계시며, 다른 신들에게 예배하는 것은 하나님의 영광에 대한 모욕이라고 말해야만 했을 것이다. 그렇게 했다면, 므낫세 시대 동안 유다에 큰 어려움이 일어났을 것이다.

그래서 므낫세 시절의 대제사장은 아마도 성경을 성전의 창고에 넣어두고 모든 사람을 격려할 수 있는 간단한 메시지를 전했을 것이다. 이제 50년 후, 하나님의 백성 가운데 새로운 세대가 등장했다. 그들은 하나님의 법을 몰랐으며, 의로움에 대해서도 아무런 생각이 없었다.

놀라운 일은 제사장들이 성경을 전혀 사용하지 않으면서도 성전에서 자기들의 일을 계속했다는 사실이다. 그들은 종일 무슨 일들을 하고 있었을까? 아마도 그들은 행정과 목회 상담, 사회적인 이벤트를 구상하는 일에 대한 전문가들이었을 것이다. 하지만 그 제사장들은 성경을 전혀 열어보지도 않고 성전의 일들을 운영했을 것이다.

그러한 관행은 오늘날에 다시 찾아왔다. 사도 바울은 다음과 같이 우리에게 경고했다. "때가 이르리니 사람이 바른 교훈을 받지 아니하며 귀가 가려워서 자기의 사욕을 따를 스승을 많이 두고…"(딤후 4:3). 사람들은 의로움에 대해 말하는 설교를 들으려고 하지 않게 될 것이다. 실로, 오늘날 많은 사람이 몇 가지 이야기나 들려주고, 농담이나 몇 마디 던지고, 『영혼을 위한 닭고기 수프』 식의 이야기를 해주는 목회자들을 찾고 있다. 그렇게 하는 데 성경이 왜 필요하겠는가! 그러나 만일 교회가 이러한 길을 선택한다면, 한 세대 만에 요시야 왕과 같이 하나님을 알고 싶은 마음은 굴뚝같지만, 어디에서 하나님을 찾아야 하는지를 알지 못하는 젊은 세대가 등장하게 될 것이다. 그 청년들은 교회는 다니지만, 그곳에서 하나님을 발견하지 못하게 될 것이다.

26세까지 요시야가 그랬다. 하나님에 대해 알고 싶은 소망은 있지만, 어디에서 하나님을 찾을 수 있는지 몰랐던 것이다. 그러다가 사반이 오래도록 소실되어 있던 율법서를 펴서 그것을 그에게 읽어주었다.

옳고 그름에 대한 재발견

신명기는 십계명과 함께 하나님의 백성이 가나안 땅에 들어가게 됐을 때 어떻게 살아야 할 것인지에 대한 모든 규례들을 담고 있다. 신명기는 순종이나 불순종에 따라올 복들과 저주들을 담고 있으며, 하나님의 백성이 어떻게 하나님과 자신들과의 언약을 갱신했으며, 어떻게 하나님의 율법에 따라 살 것을 약속했는지에 대한 기록으로 끝을 맺고 있다.

이 모든 내용을 왕 앞에서 읽었다. "왕이 율법책의 말을 듣자 곧 그의 옷을 찢으니라"(왕하 22:11). 요시야 왕은 성경을 심각하게 받아들였다. 그 계명들을 그 앞에서 읽자, 그는 "우리가 이대로 준행치 않고 있구나"라고 말했다.

그들은 어떻게 하나님께서 요구하셨던 내용으로부터 그렇게 멀어질 수 있었는가? 하나님의 말씀 없이는, 백성에게 옳고 그름을 가려줄 수 있는 어떠한 기준도 없었던 것이다. 그래서 백성은 여론에 따라 움직였고, 그 여론은 세대마다 변했다. 므낫세 시절에는 자녀들을 불 속에 집어넣어 제물로 삼는 것도 때로는 옳다는 것이 여론이었다.

성경은 의로움에 대해 그리고 악에 대해, 매우 간결하게 정의하고 있다. 하나님께서 옳다고 말씀하시는 것은 옳은 것이고, 하나님께서 악하다고 말씀하시는 것은 악한 것이다. 의로움은 하나님의 말씀 가운데 계시되어있다. 그래서 한 나라에서 의로움이 회복되려면, 교회 안에서 성경이 회복되어야 한다. 그리고 하나님을 사랑하는 사람들은 성경에서 명하는 바를 진지하게 실천에 옮겨야 한다.

요시야는 이 점에 대해 우리에게 훌륭한 모범을 보여주고 있다. 그는 하나님의 말씀을 듣고, 그 말씀을 심각하게 받아들였다. 그래서 이렇게 말했다. "이것이 바로 내가 앞으로 살아갈 길이다." 그는 단지 성경을 읽기만 하지 않았다. 성경 말씀을 실천에 옮기기를 원했으며, 스물여섯 살의 나이에 처음으로 성경대로 살기를 원했다. 그는 성경의 내용을 들었을 때, 하나님의 말씀에 순종하는 근본적인 새 비전을 품었다. 만일 하나님의 법에 따라 온전한 삶을 산다면 얼마나 좋겠는가?

이것이 바로 무디D. L. Moody가 영국에 도착했을 때, 그의 마음에 불을 지폈던 그 비전이었다. 한 영국의 부흥사가 그에게 이렇게 말했다. "세상은 하나님께서 하나님에게 전심을 바치는 사람을 들어 쓰셔서 무슨 일을 하실 것인지 아직 지켜보아야 할 것입니다." 그러자 무디가 그 부흥사에게 말했다. "하나님의 은혜로, 내가 그 사람이 될 것입니다."

요시야 역시 자신이 바로 그런 사람이 되기를 원했다. 그는 장로들과 사람들을 성전에 모이게 하고 집회를 열었다. 성전 주위에 몰려든 수많은 사람의 얼굴을 상상해보라. 요시야는 그 사람들에게 신명기 전체를 읽어주었다. 그런 다음에 그는 성전 기둥 곁에 서서, 여호와께 순종하겠다는 개인적이면서도 공적인 헌신의 약속을 했다(왕하 23:2, 3). 그는 또한 모든 사람에게 똑같은 헌신의 약속을 하도록 했다(대하 34:32).

종교개혁을 주도하다

이후 요시야는 전국적으로 일종의 '종교개혁 여정'을 펼쳤다. 그는 제단이나 아세라 장승이나 그 땅에서 우상숭배의 흔적을 완전히 제거해버렸다. 그 일은 이스라엘의 역사상 이교 풍습들과 관행들에 대한 최대의 대대적인 숙청 작업이었다. 요시야는 유다 지역 전체를 돌아본 다음에, 자기의 활동을 당시에 버려진 북쪽 지역들에까지 확대했다.

요시야가 단행한 종교개혁의 의의는 솔로몬이 외국 출신 아내들을 위해 마련해주었던 제단들을 없애버렸다는 사실에서 찾을 수 있다(왕하 23:13). 이 제단들은 300년 동안이나 그 자리를 차지하고 있던 것들이었다. 그런 다음에 요시야는 북쪽으로 가서 여로보암이 금송아지를 세워두었던 벧엘의 제단을 없애버렸다. 그 제단 또한 300년 동안이나 그 자리에 있던 것이었다. 다른 왕들은 하나님에 대한 예배를 장려하기는 했지만, 요시야 이전의 어느 왕도 그 땅에 있는 이교 제단들과 신당들을 없애버릴 만한 용기도, 정치적인 의지도 갖지 못했다. 요시야는 그 어떤 왕도 각오하지 못했던 일을 행한 것이다.

후에, 요시야가 훌다라는 여선지자에게 사신을 보냈을 때, 그 여선지자는 요시야에게 이런 메시지를 보냈다.

> 너희를 보내 여호와께 묻게 한 유다 왕에게는 너희가 이렇게 말하라 이스라엘의 하나님 여호와가 이같이 말씀하셨느니라 네가 들은 말들에 대하여는 내가 이 곳과 그 주민에게 대하여 빈터가 되고 저주가 되리라 한 말을 네가 듣고 마음이 부드러워져서 여호와 앞 곧 내 앞에서 겸비하여 옷을 찢고 통곡하였으므로 나도 네 말을 들었노라 여호와가 말하였느니라 그러므로 보라 내가 너로 너의 조상들에게 돌아가서 평안히 묘실로 들어가게 하리니 내가 이곳에 내리는 모든 재앙을 네 눈이 보지 못하리라 하셨느니라(왕하 22:18-22).

하나님께서는 요시야의 리더십을 존귀하게 여기셨으며, 그가 사는 동안 그 나라에 대한 심판을 보류하셨다. 요시야 왕은 평안히 죽었다.

그래서 열왕기서는 요시야에게 그의 반듯한 품성을 칭찬하는 훌륭한 묘비명을 주고 있다.

> 요시야와 같이 마음을 다하며 뜻을 다하며 힘을 다하여 모세의 모든 율법을 따라 여호와께로 돌이킨 왕은 요시야 전에도 없었고 후에도 그와 같은 자가 없었더라(왕하 23:25).

이보다 더 좋은 묘비명을 주문할 수는 없을 것이다. 그러나 그의 업적에는 한계가 있었다. "그러나 여호와께서 유다를 향하여 내리신 그 크게 타오르는 진노를 돌이키지 아니하셨으니 이는 므낫세가 여호와를 격노하게 한 그 모든 격노 때문이라"(왕하 23:26).

그 점에 대한 설명은 그 백성의 마음에 있었다. 거룩하신 하나님께서는 그 백성의 과거와 현재의 죄악들을 지켜보고 계셨던 것이다. 그 죄악들의 결과가 여전히 영향을 미쳤던 것이다.

의로움은 각 사람의 마음에서 시작한다

하나님께서는 이렇게 말씀하셨다. "내 이름으로 일컫는 내 백성이 그들의 악한 길에서 떠나 스스로 낮추고 기도하여 내 얼굴을 찾으면 내가 하늘에서 듣고 그들의 죄를 사하고 그들의 땅을 고칠지라"(대하 7:14). 그러나 요시야가 다스리는 동안에 그 백성 가운데 마음의 변화가 일어났다는 증거는 거의 없었다.

그 변화의 대부분은 요시야 자신이 실천했던 것에 대한 직접적인 결과로서 일어난 것이었다. 요시야가 직접 그 나라를 두루 다녀야 했으며, 직접 제단들이 허물어지는 것을 감독해야 했다. 이교 제사장들을 없앤 것도 요시야 자신이었으며(왕하 23:5), 여호와의 성전에서 아세라 목상을 제거한 것도 요시야 자신이었다(왕하 23:6). 요시야가 직접 여호와의 성전 가운데 남창의 집을 헐고, 힌놈의 아들 골짜기의 도벳을 더럽게 하였으며, 유다 여러 왕이 아하스의 다락 지붕에 세운 제단들과 므낫세가 여호와의 성전 두 마당에 세운 제단들을 다 헐었다(왕하 23:7, 10, 12).

이 모든 일에는 강제적인 요소가 있었다. 요시야 왕이 언약에 대한 새로운 헌신의 약속을 하도록 큰 집회를 개최했을 때, '예루살렘과 베냐민에 있는 자들로 다 이에 참가하게 하였다'(대하 34:32)고 되어있다. 그래서 '요시야가 사는 날에 백성이 그 열조의 하나님 여호와께 복종하고 떠나지 아니하였다'는 말이 그다지 놀랍지가 않다. 그러나 요시야가 죽자마자 피할 수 없는 일이 일어났다. 그 백성은 전에 그랬던 것처럼 다시 예전으로 되돌아갔다.

예레미야서는 요시야가 단행한 개혁의 한계를 통해 우리에게 매혹적인 통찰력을 심어주고 있다. 하나님께서 예레미야 선지자에게 이렇게 말씀해주셨다. "유다가 진심으로 내게 돌아오지 아니하고 거짓으로 할 뿐이니라 여호와의 말씀이니라"(렘 3:10).

> 내가 나의 법을 그들의 속에 두며 그 마음에 기록하여…(렘 31:33).

올바른 지도자를 만나면, 나라의 법을 옳게 바꿀 수는 있을 것이다. 그러나 동시에 백성의 마음이 바뀌지 않는다면, 장기적으로는 실망만을 가져다줄 것이다.

요시야 왕이 자기의 정치적인 권력을 이용해 그 나라의 얼굴을 바꾸려고 시도했을 때, 그 백성은 문화적인 압력의 흐름에 순응했다. 그러나 그것은 변화가 미치는 데까지만이었다. 새로운 왕의 통치 아래 이 물결은 다른 방향으로 흘러갔다.

기독교적 품행이라고 여겨지는 대로 순응하며 따라가는 것은 그리 어렵지 않다. 그러나 만일 그렇게 다른 사람들이 기대하는 것에 따라 순응하며 살아가는 것이 당신의 행동의 전부라고 한다면, 다른 군중과 함께 있을 때는 그 문화가 주는 새로운 물결의 압력에 휩쓸려 그 물결을 채택하게 될 것이다. 때때로 행동의 유형들은 우리 주변 환경에 대한 반영에 지나지 않을 수 있다.

그 백성의 마음이 변하지 않는 한, 왕에 의해 주도되는 도덕적 개혁 운동은 그 왕이 죽은 후에는 오래 유지되지 않는다. 의로움은 그 마음 중심에서 흘러나와야 한다. 교회가 직면한 최대의 문제는 어떻게 이 나라의 법들을 고칠 것인지에 있는 것이 아니라 어떻게 백성의 마음을 바꿀 것인지에 있는 것이다.

그 나라의 표면을 바꾸려는 요시야의 담대한 시도가 있은 지 몇 년 후에, 하나님께서는 선지자 예레미야를 통해 다시 말씀하셨다. 선한 왕이 죽은 후에 백성이 다시금 옛날의 우상숭배 습관으로 되돌아가는 것을 보는 것은 예레미야에게는 아주 힘든 일이었을 것이다. 그러나 하나님께서 구약성경 전체를 통해 주셨던 가장 놀라운 약속들 중 하나를 이때 주셨다. "여호와의 말씀이니라 보라 날이 이르리니 내가 이스라엘 집과 유다 집에 새 언약을 맺으리라…곧 내가 나의 법을 그들의 속에 두며 그들의 마음에 기록하여 나는 그들의 하나님이 되고 그들은 내 백성이 될 것이라"(렘 31:31, 33).

몇 년 후에, 하나님께서는 똑같은 약속을 선지자 에스겔에게도 주셨다. "또 새 영을 너희 속에 두고 새 마음을 너희에게 주되 너희 육신에서 굳은 마음을 제거하고 부드러운 마음을 줄 것이며 또 내 영을 너희 속에 두어 너희로 내 율례를 행하게 하리니 너희가 내 규례를 지켜 행할지라"(겔 36:26, 27).

이 음성이 선지자들에게는 마치 꿈처럼 들렸을 것이다. 요시야는 율법을 법령집으로 만들어 강제로 시행하는 데 성공했다. 그러나 그는 그 법을 백성의 생각 속에 집어넣지는 못했다.

그러나 이제 하나님께서는 어떠한 국가도, 어떠한 교회도, 어떠한 부모도 하지 못했던 일을 하시겠다고 약속하신다. 하나님께서는 자기 백성의 생각 속에 근본적인 변화를 일으키셔서, 그들이 하나님의 법과 같은 노선을 따라 생각하도록 하시겠다고 약속하고 계신다.

하나님께서는 자기 백성의 마음속에 변화를 일으키셔서, 하나님께서 명하신 일을 스스로 원하도록 하실 것이었다. 그들은 의로움에 대한 새로운 갈급함과 목마름을 갖게 될 것이었다. 예레미야는 하나님께서 어떻게 그런 일을 하실 것인지 무척 궁금했을 것이다.

그리스도에 대한 조명 SPOTLIGHT ON CHRIST

600년 후에 요시야의 계보에서 또 다른 왕이 태어났다. 어느 날 밤 그 왕은 다락방에 올라가서 포도주가 담긴 잔을 치켜드셨다. 그리고 이렇게 말씀하셨다. "이 잔은 내 피로 세우는 새 언약이니 곧 너희를 위하여 붓는 것이라"(눅 22:20). 그 왕은 하나님께서 예레미야에게 약속해주셨던 그 새 언약에 관하여 말씀하고 계셨다. 그 언약 가운데 하나님께서는 자기 백성이 생각하고 느끼는 방식에 대한 내적인 변화를 일으키실 것이었다.

그런 다음에 그 왕은 다락방에서 나와, 한 동산으로 가셨으며, 거기에서 체포되시고, 그다음 날에 십자가에 못 박히셨다. 그리고 사흘 만에 죽은 자 가운데서 다시 살아나셨다.

부활하신 주 예수 그리스도께서는 모든 사람을 초대하고 계신다. 그 왕은 우리에게 생각이 혼란스럽고 마음이 완고해 있는 상태 그대로 나아오라고 초대하신다.

우리가 그 왕께 나아갈 때, 그 왕은 우리 안에 의로움에 대한 욕망을 불어넣어주신다. 그것이 바로 새 언약에 대한 약속이다. 하나님께서는 그의 율법 이상의 것을 우리에게 주신다. 하나님께서는 우리에게 그 자신을 주시는 것이다. 성령이 당신의 영혼 속으로 들어갈 때, 새로운 갈망과 능력을 창조해주신다. 바로 그러한 이유 때문에 그리스도인이 하나님을 사랑하고 의로움을 소원하는 것이며, 기도하는 것이며, 죄를 지었을 때 곧 예수 그리스도께 나아가 용서함을 받아야 할 필요성을 느끼게 되는 것이다.

의로움에 대한 이 주림과 목마름은 그리스도인으로 살아가는 데 있어서 누릴 수 있는 가장 큰 축복들 가운데 하나이다. 하나님께서 금하고 계신 것들을 바라는 사람들은 종국에 가서는 공허함과 좌절만을 경험하게 될 것이다. 그러나 하나님께서 원하시는 것들을 내면적으로 갈망하는 사람들은 그것을 충족시킬 수 있을 것이다. 예수님께서는 "의에 주리고 목마른 자는 복이 있나니 그들이 배부를 것임이요"(마 5:6) 하고 말씀하셨다.

예수 그리스도께서 당신에게 새로운 마음을 주셨을 때, 기독교적인 가치들에 대해 겉으로만 따라가는 것으로 만족하지 말라.

드러난 사실 UNLOCKED

우리에게 무엇이 선이며 무엇이 악인지, 무엇이 옳고 무엇이 그른지에 대해 말할 권리는 하나님만이 갖고 계신다. 그리고 에덴동산에서 인간이 범한 첫 번째 죄는 그 권리를 자기가 갖겠다고 나선 것이었다. 우리는 여전히 하나님의 자리를 차지하고 싶어 하며, 무엇이 옳은지를 우리 자신이 결정하기를 원하고 있다. "너에게는 옳은 것이 아닐지 몰라도, 내게는 그것이 옳은 것이다"라고 누군가가 말한다면, 그 사람은 자기가 옳고 그름을 결정할 수 있다고 주장하고 있는 것이다. 그러나 하나님께서는 무엇이 의로운 것인지는 그의 율법에 들어있다고 우리에게 말씀하시고 계신다. 의로움은 하나님께서 옳다고 말씀하시는 것이다.

의로움은 정부에 의해 강요될 수 없다. 왜냐하면 의로움은 마음으로부터 흘러나와야 하기 때문이다. 물론 훌륭한 법이 나쁜 법보다는 낫다. 그리고 그러한 법들은 사람들에게 선이 무엇인지 가르쳐주고, 악한 것을 억제하는 효과가 있다. 법을 어기는 데 대한 적절한 형벌이 있는 선한 법들은 보통 어느 정도 행위의 개선을 가져올 수 있다. 그러나 법이 마음에 변화를 불러일으킬 수는 없다. 그렇기 때문에 종교(경건)를 강요하려는 시도는 언제나 실패하는 것이다.

하나님의 목적은 율법에 대한 외형적인 순응을 강요하고자 하는 것이 아니다. 의로움에 대한 내면의 갈망을 계발하려는 것이다. 이것이 바로 성령의 역할이다. 성령은 우리의 마음을 변화시켜서 우리에게 의로움에 대한 갈급함을 주시고, 하나님을 기쁘시게 하는 생활을 할 수 있도록 새로운 능력을 주시기 위해 역사하신다.

기도 PAUSE FOR PRAYER

전능하신 아버지 하나님!

주님의 말씀을 듣지 않고, 그 대신에 제 스스로 무엇이 옳고 무엇이 그른지를 결정하려고 시도했던 저의 교만을 용서해주시옵소서. 제 마음과 생각이 주님의 말씀에 맞추어지게 해주시고, 주님께서 옳다고 하신 것을 옳은 것으로, 그릇된 것이라고 말씀하시는 것을 그릇된 것이라고 여길 수 있게 도와주시옵소서. 제 생각으로만이 아니라 제 마음으로도 동의할 수 있도록 도와주시고, 주님께서 명령하신 것을 행하고 주님께서 금하신 것으로부터는 돌아섬으로써 항상 주님의 말씀대로 준행할 수 있게 도와주시옵소서.

우리나라에 의로움에 대한 새로운 갈급함을 불러일으켜주시옵소서. 주님의 백성부터 의로움을 갈망하게 해주옵시고, 그 갈급함이 아직 주님의 백성이 되지 못한 사람들의 삶까지도 휩쓸어버릴 수 있도록 해주옵소서. 성령의 권능으로 많은 이들의 마음속에서 새로운 역사가 시작될 수 있도록 해주시옵소서. 우리 주 예수 그리스도의 이름으로 기도드립니다. 아멘.

Notes

1. 열왕기상하에서 이스라엘의 왕들(즉, 북 왕국의 왕들)이 "여호와 보시기에 악을 행하였다"는 언급이 33회 나온다. 열아홉 명의 왕들 가운데서 열 명의 왕에 대해, "(이전 왕의) 어떠한 죄악으로부터도 돌이키지 않았다"고 언급되어있다.

23

기쁨

Joy

느헤미야 8장

하나님의 백성은 어떻게
하나님의 기쁨을 경험할 수 있는가?

BC 700	693~642	므낫세
	642~640	아몬
	640~609	요시야
	609	여호아하스
	608~598	여호야김
600		
	598~597	여호야긴
	587~586	시드기야
	586	예루살렘 함락
	606~536	바벨론 유수
	536	제1차 귀환(스룹바벨)
	516	성전 재건축
500		
	458	제2차 귀환(에스라)
	445	제3차 귀환(느헤미야)
400		
		400년 동안의 침묵
300		
200		
100		
		예수 그리스도의 탄생

묵상의 길잡이

☑ **발견하라**

순종의 기쁨을 발견하라.

☑ **배우라**

어떻게 한 사회가 하나님의 말씀을 중심으로 제자화됐는지 배우라.

☑ **경배하라**

하나님께서 자기 백성을 위해 예비해놓으신 기쁨을 바라보면서 경배하라.

두 번째 1,000년이 거의 마무리되는 1999년에 수십 차례의 지진이 지구를 흔들었다. 그중에서도 가장 큰 피해를 준 지진은 터키의 이즈밋Izmit, Turkey에서 일어났다. 이 지진은 그 강도가 리히터 규모 7.4였으며, 1만 5,000명의 인명 피해를 낸 것으로 추정됐다. 이스탄불 동쪽으로 184킬로미터 떨어진 곳을 진원지로 한 그 지진은 희생자들의 가족에게 엄청난 슬픔을 가져다주었다.

구조 작업 초기에는 과학 기술이 많은 가족에게 약간의 희망을 가져다주었다. 12개국에서 온 구조대원들은 비디오카메라, 민감하게 반응하는 마이크로폰, 탐지견 등을 포함해 생존자들을 찾아내는 다양한 장비들을 가지고 왔다. 그 모든 것은, 무너진 건물의 잔해 속에 있기 때문에 볼 수도 소리를 들을 수도 없는 사람들을 탐지할 수 있는 장비들이었다.

간혀버린 생존자들은 힘이 없거나 혼수상태였기 때문에 소리를 칠 수도 없었을 것이다. 그러나 탐지견들과 많은 구조 장비들은 구조대원들에게 생존자가 매몰되어있는 지점을 가리켜줄 수 있었다. 그렇게 해서 몇 시간 동안 구조 작업을 벌인 끝에 생존자들은 구조되어 병원으로 옮겨졌다. 그들은 곧 회복될 수 있었다.

매몰자들의 가족이나 친지들은 하루빨리 그들이 구조되기를 소망하고 있었다. 그러나 시간이 흘러가면서 매몰자들의 생존 가능성은 점차로 희박해졌다. 마침내 아무런 구조 소식 없이, 전염병에 대한 공포와 더불어 며칠이 지난 후에, 수색을 중단하고 무너진 파편들을 청소한다는 결정이 내려졌다.

희망의 마지막 불꽃은 사라져버렸다.

남방 왕국 유다 백성을 다시금 성경으로 회복시키겠다는 요시야의 노력은 꺼져가는 왕국의 마지막 희망의 등불이었다. 그리고 그 불이 꺼지자, 하나님께서는 대적들로 하여금 하나님 자신의 성읍을 돌무덤으로 만들도록 허락하셨다.

하나님께서는 바벨론의 힘을 이용하셔서, 자기 백성을 징계하셨다. 바벨론 군대는 예루살렘을 포위했다. 예루살렘은 엄청난 인명 피해를 입었으며, 생존한 사람들은 목숨을 부지하기 위해 도망가거나 포로로 끌려가 바벨론에 있는 포로수용소에 다시 정착하게 되었다.

하나님께서 당신의 이름을 두었던 성읍은 연기만 피운 채 모두 타버린 폐허가 됐고, 신자들이 예배하면서 목소리를 높였던 곳에는 침묵만이 흐르고 있었다. 한때 하나님의 임재를 나타내는 구름으로 가득 찼던 성전은 완전히 파괴되어버렸다.

그러나 하나님께서는 자기 백성에게 하셨던 약속을 잊지 않으셨다. 그래서 70년 후에 유배됐던 이스라엘 백성은 바벨론 제국이 무너지는 것과 메데와 바사 제국이 등장하는 것을 목격할 수 있었다. 곧 새로운 왕 고레스는 어떠한 유대인 포로든지 예루살렘에 돌아가서 살아계신 하나님을 위해 성전 재건하는 일을 하고 싶다면 자유롭게 그렇게 하라는 칙령을 내렸다.

겨우 5만 명의 사람들만이 그 도전에 응했다(스 2:64-67). 그러나 그 사람들은 성전을 재건하고 하나님의 도성 안에 새로운 공동체를 만들겠다는 비전에 사로잡혀있었다.

그러한 큰 과업을 감당하기에는 아주 작은 공동체였지만, 그들은 고국으로 돌아가 여호와 하나님을 섬길 수 있는 기회를 잡고서 마음이 불타올랐다. 그들이 해야 할 첫 번째 일은 집을 세우는 일이었다. 아마도 그들은 자기 조상들이 그 땅에 처음으로 들어왔을 때, 하나님께서 그 조상들이 짓지 않았던 집들과 그들이 심지 않았던 포도원(과수원)들을 어떻게 주셨는지에 대해 생각해보았을 것이다. 그러나 이번 경우는 그때와는 완전히 달랐다. 그 땅은 아무도 돌보지 않았으며, 황폐할 대로 황폐해져 있었다. 이 사람들은 그 힘든 일을 해야 했다. 그들은 집짓는 데 쓸 재목들을 일일이 찾아서 톱질해야 했으며, 못을 박아야 했다.

그들이 살 집들이 완성되자, 고향으로 복귀한 첫 번째 공동체를 이끌고 있던 스룹바벨은 그 백성에게 함께 제단을 세우자고 요청했다(스 3:1, 2). 그 일이 다 끝나자, 그 백성은 다시금 하나님께서 모세에게 명하셨던 것처럼 희생제물을 드리기 시작했다. 다음으로 그들은 성전 재건을 시작했다. 성전이 완성되자, 그들 사이에 커다란 기쁨이 있었다.

그리고 하나님께서는 에스라라는 이름의 사람을 일으키셨다. "에스라가 바벨론에서 올라왔으니 그는 이스라엘의 하나님 여호와께서 주신 모세의 율법에 익숙한 학자로서 그의 하나님 여호와의 도우심을 입음으로…"(스 7:6). 에스라는 예루살렘에 도착한 후 백성의 영적인 상태를 발견하고, 기가 막혀서 저녁때까지 아무 말 없이 망연자실한 채 앉아있었다(스 9:2-4). 그는 하나님의 도성에 있는 하나님의 백성이 하나님의 말씀에 관하여 이렇게 모르고 있다는 사실을 믿을 수가 없었다.

몇 년 후에, 하나님께서는 느헤미야라는 또 다른 사람을 일으키셨다. 그는 탁월한 입안자이자, 조직자였다. 그도 예루살렘으로 와서 비록 성전이 완성되기는 했지만, 성벽은 전혀 세워지지 않았음을 보았다. 하나님의 위대한 도성이 어떠한 방어책도 가지고 있지 않았으며, 주민도 없었고, 경제적 기반도 거의 없었던 것이다. 하나님께서는 느헤미야의 마음에 이 모든 것을 위해 특별한 일을 해야겠다는 생각을 불어넣어주셨다.

예루살렘을 재건하는 일에 대한 이야기는 하나님께서 서로 다른 은사들을 가진 사람들을 모아서 어떻게 역사하시는지 보여주는 훌륭한 본보기이다. 온갖 역경에도 불구하고 그들은 "여호와로 인하여 기뻐하는 것"(느 8:10)에서 힘을 찾으면서 번성했다. 하나님께서는 건축자와 성경 교사와 전략적인 입안자를 한 사람씩 들어 쓰셨으며, 하나님의 백성은 하나님의 권능 속에서 큰 업적을 이루어냈다.

에스라는 자기들이 하나님을 알고 있다고 생각하고 있으나 실제로는 성경에 대해 거의 모르는 사람들에게 성경을 가르치는 일을 감당해야 했다. 예루살렘으로 귀환했던 대부분의 사람들은 거의 평생을 이방 문화, 이교 문화 속에서 보냈다. 그들은 바벨론 사람들의 언어와 문화에 둘러싸여 있었다. 비록 다니엘과 같은 몇몇 사람들은 의심할 것도 없이 자기 특유의 신앙을 유지했지만, 많은 사람들은 그들의 주변 문화에 동화됐다. 그들은 자기들이 하나님의 백성이라고 알고 있었지만, 하나님에 대해서는 거의 알지 못했다.

하나님의 영광의 구름이 솔로몬의 성전을 가득 채웠던 때로부터 500년 이상이 흘렀다. 느헤미야의 시절에는 이러한 사건들은 고사古史가 되어버렸다. 그렇다면 어떻게 이 백성을 여호와를 사랑하고 주님의 율법에 헌신할 것을 약속하는 예배의 원형으로 만들 수 있겠는가? 그 대답은 하나님의 말씀에 있었다!

성경을 가져오시오!

5,000명이 하나님께 예배드리기 위해 광장으로 모였다. 그것은 참으로 놀라운 광경이었다. 그런 다음에 그 사람들은 한 가지 요청을 했다.

> 모든 백성이 일제히…학사 에스라에게 여호와께서 이스라엘에게 명령하신 모세의 율법책을 가져오기를 청하매(느 8:1).

어떻게 5,000명의 사람이 한 가지 요청을 하고 있는가? 그들은 일제히 목소리를 맞추어서 외쳤다! 그래서 우리는 고귀한 정신과 하나님 말씀에 대한 절박한 갈급함을 가지고 모였던 이 군중이 진행 중인 이벤트에 대해 몹시 갈망했을 것이라고 생각해야 할 것이다. 그들은 "우리는 성경을 원합니다. 성경을 가져오시오!"와 같은 말을 외치기 시작했다.

성경책을 가지고 나와서 군중에게 하나님의 말씀을 가르치는 일은 에스라에게 분명 커다란 기쁨이었을 것이다. 이 사람들은 그들이 살아온 대부분의 세월 동안 성경의 가르침에 굶주려있었다. 그리고 이제 하나님에 대한 새로운 신앙생활을 위해 헌신할 것을 약속하고 있었다.

가정 예배의 가치

…제사장 에스라가 율법책을 가지고 회중 앞 곧 남자나 여자나 알아들을만한 모든 사람 앞에 이르러(느 8:2).

"알아들을만한 모든 사람"이라 함은 거기에 어린 자녀들도 있었다는 뜻이다. 어른들이 예배를 드리고 하나님의 말씀을 진지하게 받아들이는 환경 속으로 어린 자녀들을 데리고 오는 것은 자녀들에게 아주 큰 감화를 줄 수 있는 일이다. 나는 인생에서 그러한 경험이 준 영향에 대해 하나님께 감사드린다. 어렸을 때 나는 스코틀랜드에 있는 한 작은 침례교회에 다녔다. 할아버지, 할머니, 어머니, 아버지, 어린 동생과 함께 예배를 드리기 위해 교회당 의자에 앉았는데, 대체로 할머니 곁에 가까이 가서 앉으려고 했다. 왜냐하면 할머니는 항상 가방에 사탕을 가지고 계셨기 때문이었다. 나는 소리 없이 사탕 껍질을 까는 데 명수였다.

나의 부모님과 조부모님은 성경을 무릎에 펴놓고 계셨다. 그래서 나도 똑같이 했다. 목사님이 "2절에서 말하고 있는 내용을 보세요" 하고 말씀하셨는데, 내가 찬송가의 숫자들을 더하고 있거나 5로 나눌 수 있는 수가 몇 개인지 알아보느라고 딴전을 피우고 있을라치면, 왼쪽이나 오른쪽에서 손가락이 하나 나와 내 성경책의 그 2절을 가리켰다.

수년에 걸쳐서, 그분들이 보인 모범은 말씀의 중요성에 대한 강력한 의미를 전달해주었다. 성경은 그 당시 40대였던 나의 어머니와 아버지에게 그리고 60대와 70대였던 나의 조부모님에게 말씀하고 있었다. 그리고 그들은 그 말씀을 정말 진지하게 배우고 있었던 것이다. 나는 열두 살 때 강단으로부터 들었던 내용들을 지금도 기억하고 있다. 그리고 감사하게도 하나님의 임재에 대한 느낌을 기억하고 있다.

부모님이 예배드리는 것을 본 일은 내게 지속적으로 깊은 인상을 남겼다. 아버지가 찬송 부르는 소리를 듣거나 어머니가 기도 끝에 부드럽게 "아멘"이라고 말하는 것을 들었던 일을 통해 그분들이 그저 교회에 앉아계시는 것이 아니라는 느낌을 받았다. 그들은 예배드리고 있었던 것이다. 대략 10년이 넘는 이 기간 동안의 체험은 내가 따르기 원했던 인생의 방향을 잡아주었다.

나는 내 일생에서 주일학교가 준 영향에 대해 하나님께 감사드리며, 우리의 자녀들과 청소년들에게 특히 중요하게 기여하고 있는 프로그램들에 대해 감사하고 있다. 그렇지만 어린 자녀들과 청소년들을, 하나님 말씀을 진지하고 심각하게 받아들이는 어른 예배의 환경 속으로 데리고 들어오는 것은 아주 특별한 일이다. 그래서 나는 부모들에게 자녀들이 '이해할 수 있는' 나이가 되면 곧장 대예배에 데리고 들어오라고 권유한다. 만약 자녀들이 어렸을 때 부모가 하나님께 진정으로 예배드리고 하나님의 말씀을 올바로 받아들이는 모범이 되지 못한다면, 자녀들이 나이 들었을 때, 예배드리는 것이 얼마나 중요한지를 느끼지 못하게 될 것이다.

큰 기대들

군중은 기대에 차서 바라보았다. 그리고 에스라가 성경을 펴들자, 즉시로 모두 일어섰다(느 8:5). 느헤미야의 기록에 따르면 그다음에 벌어진 일은 이렇다.

> 에스라가 위대하신 하나님 여호와를 송축하매 모든 백성이 손을 들고 아멘 아멘 하고 응답하고 몸을 굽혀 얼굴을 땅에 대고 여호와께 경배

하니라(느 8:6).

하나님께서 모세에게 이 말씀들을 하신 지 1,000년이 흘렀다. 그러나 성경을 펼치고 설명했을 때, 그 백성은 하나님께서 그들에게 말씀하시는 것이라고 분명하게 믿었다. 그들은 이 책을 읽는 소리와 그 설명을 들었을 때, 어떤 한 사람이 하고 있는 말을 듣고 있는 것이 아니라 하나님의 말씀을 듣고 있음을 인식했다. 그래서 그들은 거기에 온 정신을 집중했다.

그들이 에스라에게 시내산으로 올라가 여호와로부터 어떤 새로운 말씀이 있는지 알아보라고 요청하지 않았음에 주목하기 바란다. 그들은 에스라에게 1,000년이 된 율법서를 펼쳐서 읽어달라고 요청했다. 왜냐하면 그들은 하나님께서 그 책이 쓰인 당시에 하셨던 말씀이 여전히 그들의 시대에 그들을 위한 하나님의 말씀이라고 믿었기 때문이다.

에스라와, 그를 곁에서 도와주었던 레위인들은 설교자들이 따라야 할 훌륭한 모범을 보여주었다.

하나님의 율법책을 낭독하고 그 뜻을 해석하여 백성에게 그 낭독하는 것을 다 깨닫게 하니(느 8:8).

뜻을 분명하게 밝혀주다

그 설교가 성경 본문에서부터 출발했다는 점에 주목하기 바란다. 에스라는 청중에게 맞게 메시지를 창작하지 않았다. 그는 이미 하나님으로부터 주어진 메시지를 설명했다. 그는 어떤 메시지를 전할 것인지를 먼저 결정하고 나서 성경에서 그 메시지를 뒷받침해줄 구절들을 찾지 않았다. 그는 성경으로 가서 성경이 정한 메시지를 따랐다. 하나님께서는 어떠한 설교자의 말이라도 다 축복하시겠다고 약속하지 않으셨다. 그러나 하나님께서는 자신의 말씀을 축복하시겠다고 약속하셨다. 그러므로 설교자의 의무는 자기가 전할 말을 하나님의 말씀으로 채워서, 듣는 사람들이 복을 받을 수 있도록 하는 것이다.

에스라는 그 임무를 감당함에 있어서 레위인들의 도움을 받았다. 레위인들은 군중 가운데 곳곳에 흩어져있던 것으로 보인다. 에스라는 율법서의 한 부분을 읽고 그 의미를 설명해주고 나서 성경 읽기를 중단하고 잠시 기다렸다. 그런 다음에 레위인들이 좀 더 작은 가족 단위로 그들 주위에 사람들을 모아서 그들이 말씀을 이해했는지 그리고 어떠한 질문거리들이 있는지 물어보았다. 둘러선 소그룹 사람들이 말씀의 내용에 대해 모두 명확히 깨달았을 때, 에스라가 읽기를 계속했다(느 8:7, 8).

에스라의 설교와, 그 백성이 질문을 하고 가르침을 적용할 기회를 가졌던 소그룹과는 직접적인 연관이 있었다. 백성은 설교를 삶에 적용하기 위해 중간 시간을 가졌다. 물론 이 소그룹들은 대가족 단위를 중심으로 이루어졌을 것이다. 그러므로 우리는 여기에서 공적인 설교가 가정에서 확인되고 적용되는 모델을 볼 수 있다.

나의 믿음의 영웅들 중 한 사람은 리처드 백스터Richard Baxter이다. 그는 17세기 영국의 키더민스터Kidderminster, England라는 마을에서 목사로 봉직했다. 그가 왔을 때, 키더민스터에는 예수님을 믿는 사람이 거의 없었다. 그러나 하나님께서는 그의 사역을 통해 마을 전체를 바꾸어놓으셨다. 그는 강단에서 성경을 가르쳤다. 그런 다음에 각 가정을 심방하고, 교인들이 배운 것들에 대해 이야기를 나누었다.

백스터는 각 가정의 자녀들을 포함하여 구성원들 각각에게 몇 가지 질문을 했다. 그리고 그 사람들이 혼동을 하고 있을 경우, 분명하게 설명해주었다. 구성원들은 질문도 할 수 있었다. 그리고 그는 부모들에게 자녀들을 가르치는 일과 그들과 함께 기도하는 일을 신실하게 지켜나가라고 격려했다.

백스터는 이 일을 16년 동안 감당했다. 이렇게 해서, 그는 그 마을 전체를 예수 그리스도의 제자로 만들었다. 말씀은 교회에서 선포되고, 그런 다음에 가정에서 확인되고 적용됐으며, 각 가정은 목사나 장로의 심방을 통해 격려를 받았다. 이런 식으로 성경적으로 무지했던 한 세대가 제자화됐다.

하나님께서는 지금도 여전히 말씀하고 계신다. 말씀은 성령의 검이다. 그리고 말씀은 하나님 백성의 영적인 삶을 유지시켜주는 양식이다. 만약 우리가 말씀의 권능에 대한 자신감을 잃어버린다면, 우리는 곧 다른 어떤 것으로 젊은이들을 사로잡고, 이웃들의 관심을 끌고, 예배를 더욱 흥미롭고 재미있게 만들기 위해 노력하게 될 것이다. 그러나 만일 우리가 한 지역사회를 제자화하고자 한다면, 성경을 읽고, 설명하고, 적용하는 일이 우리가 행하는 모든 일의 중심이 되어야 할 것이다.

은혜의 기쁨

백성이 율법의 말씀을 듣고 다 우는지라 총독 느헤미야와 제사장 겸 학사 에스라와 백성을 가르치는 레위 사람들이 모든 백성에게 이르기를 오늘은 너희 하나님 여호와의 성일이니 슬퍼하지 말며 울지 말라 하고(느 8:9).

에스라가 하나님의 율법을 읽어나가자, 그 백성은 하나님께서 원하시는 모습에서 자기들이 얼마나 멀리 떨어져있는지를 깨달았다. 하나님의 말씀을 받았을 때 나타나는 효과 중 하나는 우리를 겸손하게 만드시는 것이다. 당신이 이전에는 보지 못했던 것들을 삶 속에서 보기 시작한다. 하나님의 마음을 슬프게 하는 태도들과 행동들에 대해 민감해지기 시작한다. 하나님의 말씀은 양쪽에 날선 검보다 더 날카롭다. 하나님의 말씀은 골수를 쪼개고 자른다.

당신을 그 자리에 이르게 하는 것은 대개가 하나님의 의도지만, 당신을 그 자리에 그대로 두는 것은 결코 하나님의 목적이 아니다. 당신을 작다고 느끼게 만들고, 그것으로 끝나버리는 어떤 율법주의적인 설교를 들은 경험이 있을지 모르겠다. 그때 당신은 이렇게 말했을 것이다. "나는 얼마나 형편없는 사람인가. 내가 좀 더 나은 일을 해야 되겠다." 그러나 그렇게 몇 년을 노력하면서 지내다가 지쳐버렸을 것이다. 마침내 당신은 계속해서 노력할 에너지도 힘도 다 잃는다.

그러나 에스라와 느헤미야의 사역은 매우 달랐다. 그들이 하나님의 말씀을 가르쳤을 때, 많은 사람이 눈물을 흘렸다. 그러나 그 지도자들은 백성을 그 자리에 멈추게 하지 않았다. 느헤미야는 이렇게 말했다. "자, 다들 가서 좋은 음식을 먹고 맛있는 음료수를 마십시다. 그리고 아무것도 준비해오지 못한 사람들에게도 좀 나누어 주시기 바랍니다. 이 날은 우리 여호와에게 거룩한 날입니다. 슬퍼하지 마십시오. 여호와의 기쁨이 곧 여러분의 힘이기 때문입니다"(느 8:10).

죄에 대한 확신은 결코 그 자체가 목적이 아니다. 그것은 언제나 하나의 목적을 위한 수단일 뿐이다. 그리고 그 목적은 우리가 하나님과 그의 아들 예수 그리스도에 대해 좀 더 깊이 인식하도록 하는 것이다.

대속죄일은 하나님께서 자기 백성의 죄악을 용서해주신다는 사실을 백성에게 일깨워주는 날이었다. 그들은 희생제물로 바칠 짐승들을 바라보면서 속죄의 날이 다가오고 있음을 알 수 있었다. 우리는 십자가를 바라보면서 속죄의 날이 임했음을 알 수 있다.

느헤미야가 여호와의 기뻐하심에 대해 언급했을 때, 그는 그들에게 스스로를 추스르고 즐거워하라고 말하고 있는 것이 아니라, 하나님의 은혜와 자비가 그들의 모든 눈물을 씻겨내줄 만큼 충분하다는 사실을 그들에게 일깨워주고 있었던 것이다.

당신에게 힘이 되는 것은 당신의 기쁨이 아니다. 여호와의 기쁨이다 (주의: 개역개정은 'the joy of the Lord'를 '여호와로 인하여 기뻐하는 것'이라고 번역하고 있는데, 저자는 '여호와의 기쁨' 즉 '여호와께서 기뻐하시는 것'으로 이해하고 있다. 즉, 기뻐하는 주체가 우리가 아니라 여호와 하나님이다—역자 주). 이 기쁨이 바로 죄인 하나가 회개하면 하늘에서 더한 기쁨이 있을 것이라고 예수님께서 말씀하셨던 때의 그 기쁨이다(눅 15:7). 땅에서의 회개는 하늘에서의 기쁨으로 이어진다. 우리가 죄에 대해 흘리는 눈물은 우리를 용서하시는 하나님의 기쁨에 반영된다. 그리고 그 기쁨이 우리의 힘이 된다.

실패와 연약함을 느낄 때 하나님의 얼굴을 바라보라. 그러면 하나님께서는 은혜로우시다는 사실을 발견하게 될 것이다. 하나님의 손길은 예수 그리스도 안에서 당신에게로 뻗어질 것이다.

만약 그리스도인으로서의 삶이 하나님의 율법을 완수하기 위한 끊임없는 투쟁과 시도라고 한다면 우리의 힘은 결국 고갈되어버릴 것이다. 그러나 성경의 메시지는 하나님의 자비와 은혜가 우리를 향해 뻗어 나온다고 말씀하고 있다. 그리고 바로 그 사실 때문에 우리는 계속해서 전진할 수 있는 힘을 발견하게 될 것이다.

그 백성은 예루살렘에서의 예배 현장을 떠나면서, 자기 자신에게 사로잡히거나 자신들의 실패에 억눌려서 집으로 향하지 않았다. 그들은 다가올 또 한 주의 도전에 맞서 싸울 수 있도록 새 힘을 주는 새로운 소망과 기쁨을 가져다주신 하나님의 은혜와 자비에 대한 신선한 기대를 품고 집으로 돌아갔다.

순종의 기쁨

대大집회가 끝난 다음 날, 사람들은 후속 조처를 위한 모임을 갖기 위해 복귀했다. 율법서를 더 읽는 동안에 그들은 한 가지 사실을 발견했다.

> 율법에 기록된 바를 본즉 여호와께서 모세를 통하여 명령하시기를 이스라엘 자손은 일곱째 달 절기에 초막에서 거할지니라 하였고(느 8:14).

이 특별한 절기는 각 가족이 7일 동안 나뭇가지로 임시 가옥을 만들어서 그곳에서 지내도록 하는 절기였다. 그 절기에 하나님께서는 광야에서 그들의 조상들을 어떻게 지켜주셨는지를 백성으로 하여금 깨닫게 해주었다. 그것은 또한 이 세상에 있는 모든 것은 임시적인 것이며, 아브라함과 같이 그들이 천성을 바라보아야 함을 일깨워주는 것이었다.

나는 그들의 순발력에 반했다. 이 사람들은 하나님 말씀의 가르침을 듣고 가서 그대로 행했다. "백성이 이에 나가서 나뭇가지를 가져다가 혹은 지붕 위에, 혹은 뜰 안에, 혹은 하나님의 전 뜰에, 혹은 수문 광장에, 혹은 에브라임 문 광장에 초막을 짓되"(느 8:16). 그들의 순종은 가정에서도, 이웃들 사이에서도, 그들의 예배 처소에서도 그리고 일터에서도 볼 수 있었다. 그것은 하나님께서 말씀하시는 것은 무엇이든지 다 행하려고 헌신을 다짐한 사람들의 힘에 대한 놀라운 예였다.

하나님의 말씀에 대한 그들의 순종은 전염력이 강했다.

> 사로잡혔다가 돌아온 회중이 다 초막을 짓고 그 안에서 거하니 눈의 아들 여호수아 때로부터 그 날까지 이스라엘 자손이 이같이 행한 일이 없었으므로 이에 크게 기뻐하며(느 8:17).

여호수아 시절 이래로 800년이 흘렀다. 이 백성은 자기들이 하나님께 온전히 순종했을 때 그처럼 행복할 수가 없었다.

하나님께서는 그의 말씀을 통해 자기 백성에게 말씀하셨다. 그 말씀은 그들의 죄악을 지적하여 그들을 겸손하게 만들었으나, 말씀은 다시 그들이 하나님의 은혜와 자비를 보도록 용기를 북돋아주었다. 그리고 다시 그들에게 새로운 순종의 삶을 살도록 지시해주었다.

우리는 기쁨을 찾기 위해 필사적으로 여러 방법들을 추구한다. 하지만 하나님께서는 우리가 죄악 가운데서 겸손케 되고, 하나님의 은혜를 경험하고, 순종의 삶을 살아야 하나님을 아는 기쁨과 같은 즐거움을 찾을 수 있을 것이라고 말씀하고 계신다.

느헤미야서는 우리를 구약성경 이야기의 끝 부분으로 데리고 간다. 하나님의 백성이 유배지에서 복귀하여 예루살렘 성읍을 재건한 후에, 예수 그리스도께서 세상에 임하셔서 성경 이야기의 중심 사건에 서시기까지 400년 동안 휴지기가 있었다.

구약성경의 나머지는 두 부분으로 이루어진다. 첫째는 지혜서들이다. 그 책들은 욥기, 시편, 잠언, 전도서, 아가서이다. 이 책들은 우리가 인생을 살아갈 때 필요한, 시간을 초월하는 지혜나 기술을 담고 있다. 그다음은 선지서들이다. 이 책들은 이사야, 예레미야에서부터 학개에까지 이르는 선지서들이다. 선지자들은 그 나라에 하나님의 말씀을 전하도록 하기 위해 하나님께서 일으키신 사람들이다. 그러나 이 모든 선지자들은 우리가 이미 살펴본 시대 속에서 사역을 감당했다.

지금까지의 이야기에서 우리는 인간이 에덴동산에서 죄를 지은 후에 하나님께서 어떻게 인간에게 다가오시기로 선택하셨는지를 살펴보았다.

하나님께서는 하나님의 축복이 아브라함의 한 자손을 통해 세계 곳곳에 이르게 될 것이라고 말씀하셨다. 그래서 우리는 아브라함의 가족이 하나님의 축복 가운데 거대한 왕국을 이루는 이야기를 따라왔다.

우리는 하나님께서 어떻게 율법을 주시고, 어떻게 자기 백성에게 희생제물을 주셨는지 살펴보았다. 그들은 크고 강력한 나라를 세웠다. 그러나 그러다가 그들은 우상숭배의 유혹에 빠졌다. 하나님께서는 만약 그들이 우상들에게로 향한다면, 그들을 축복하셨던 사랑과 똑같은 사랑으로 그들을 징계하실 것이라고 경고하셨다. 백성에게 선지자들의 경고는 쇠귀에 경 읽기였다. 그래서 마침내 하나님께서 진노하셨을 때, 북방의 열 지파가 산산이 흩어져버렸으며, 나중에 남방의 두 지파 출신의 많은 사람들이 포로가 되어 유배지로 끌려가 거기에서 70년을 보내게 되었다.

그러나 하나님은 결코 자기 백성을 포기하지 않으셨다. 마침내 작은 공동체가 예루살렘으로 복귀했다. 하나님께서 자기 이름을 두시겠다고 말씀하셨던 바로 그 자리에 다시 하나님의 백성이 모인 것이다.

그다음 몇백 년 동안 하나님의 백성으로 구성된 작은 공동체는 그들을 침략한 군대들과 주변에서 영토를 확장해나가는 제국들에게 온갖 핍박을 당했다.

그리고 하나님의 백성이 성전을 재건했을 때, 한 가지 빠진 것이 있었다. 하나님의 임재를 드러내는 눈에 보이는 현상이 없었던 것이다.

하나님께서는 언약궤에서 자기 백성을 만나겠다고 약속하셨다. 그 언약궤는 성전 중앙의 지성소에 있어야 했다. 그러나 그 언약궤는 소실되어버렸다. 그래서 새로운 성전이 세워졌을 때, 지성소는 텅 비어있었다. 하나님의 장소는 빈 공간이었다.

두 번째 성전의 토대가 세워진 날에 그 백성 중 나이 든 몇몇 사람은 성전 재건을 선뜻 축하하기가 어려웠다. 그들은 솔로몬 성전의 장엄함을 기억하고 있었다. 그들이 새 성전의 토대를 보았을 때, 그것이 이전에 파괴됐던 성전의 그림자에 지나지 않을 것이라는 사실을 알았다. 그래서 그들은 흐르는 눈물을 감출 수가 없었다(스 3:12; 학 2:3). 그들은 자신들이 '작은 일의 날'(작은 것들로 이루어지는 시대, 슥 4:10)을 살아가고 있음을 깨달았다.

구약성경 이야기는 하나님의 약속들과 그의 신실하심에 대해 하나님께 감사하는 마음을 전하고 있다. 하지만 여전히 하나님께서 어떻게 백성을 죄악에서 건져내시며, 그 사람들을 어떻게 하나님의 임재 안으로 회복시키시는지 바라보도록 만든다.

그리스도에 대한 조명 SPOTLIGHT ON CHRIST

예수 그리스도께서 세상에 오셨을 때, "마음이 청결한 자는 복이 있나니 그들이 하나님을 볼 것임이요"(마 5:8)라고 말씀하셨다. 그리고 예수 그리스도께서는 어떻게 이 사람들이 하나님을 만나는 기쁨을 누리게 될 것인가에 대해 말씀하셨다. 그분은 또한 자신의 나라가 이 세상에 속하지 않았다고 말씀하셨다. 그러므로 우리는 죄악으로부터 벗어나기 위해 이 세상에 기대해서는 안 된다. 이 세상에서 하나님을 볼 것을 기대해서도 안 된다. 그러나 예수 그리스도께서는 우리를 죄악으로부터 건져내시고 우리를 하나님 앞으로 인도하시기 위해 육신을 입고 이 땅에 오셨다.

성경 이야기 전체는 예수 그리스도께서 재림하셔서 모든 지파와 모든 나라의 자기 백성을 모아 하나님 앞으로 친히 데리고 가실 중요한 날을 향해 전개되고 있다. 악은 멸망할 것이며, 지금 우리가 알고 있는 대로의 인간 역사는 최후를 맞이할 것이다. 우리의 몸은 다 변하게 될 것이며, 우리는 이전에 에덴동산에서 아담이 누리던 것보다 훨씬 더 큰 기쁨을 지닌 새로운 삶을 시작하게 될 것이다.

드러난 사실 UNLOCKED

하나님의 백성은 하나님의 은혜를 발견하고 그것에 대해 순종으로 하나님께 응답할 때 기쁨을 경험하게 된다. 하나님의 말씀을 배울 때 죄에 대한 도전을 받게 될 것이며, 그때 은혜로운 하나님께서는 용서의 손길을 내미실 것이다. 하나님께서는 용서해주시기를 기뻐하신다. 하나님께서는 죄인들을 회복시키는 일을 기뻐하신다. 그리고 하나님의 기쁨은 우리 기쁨의 원천이다.

하나님의 말씀은 또한 우리에게 의로운 길을 보여준다. 그리고 은혜를 베풀어주시는 바로 그 하나님께서 또한 우리에게 순종하는 삶을 살라고 명하고 계신다. 느헤미야 시대를 살았던 하나님의 백성은 하나님께서 명하셨던 모든 것에 전심으로 순종하면서 큰 기쁨을 누렸다. 하늘에서 우리가 누리는 기쁨의 대부분은 하나님을 섬기고 하나님을 즐겁게 하는 일이 될 것이다. 하나님께 순종하면 큰 기쁨이 있다.

기도 PAUSE FOR PRAYER

은혜로우신 하나님 아버지!

저는 주님 앞에 서면 기쁨이 충만합니다. 주님의 오른손에는 영원한 즐거움이 있음을 믿습니다. 제가 주님 없이 기쁨을 찾을 수 있다고 생각했던 것을 용서해주시옵소서. 주님의 은혜를 누리는 기쁨을 알게 해주시고, 순종의 기쁨을 발견할 수 있도록 도와주시옵소서.

시편 기자가 기도했듯이, "주님의 구원의 기쁨을 제게 회복시켜주시고, 제가 그 기쁨에 동참할 수 있도록 저를 붙들어주시옵소서." 나의 주님이시며 구주이신 예수 그리스도의 이름으로 기도드립니다. 아멘.

24

고난

Suffering

욥기 1장

자기 백성의 고난에 대해

하나님께서는 어떤 말씀을 하셔야 하는가?

묵상의 길잡이

☑ **발견하라**

고난 이야기 배후에 있는 이야기를 발견하라.

☑ **배우라**

어떻게 고난에 대처해야 사탄의 목적을 헛되게 할 수 있는지 배우라.

☑ **경배하라**

예수 그리스도가 고난 속에서 무엇을 성취하셨는지를 보고 경배하라.

창세기가 성경에서 가장 처음 등장하고 있는 책이라면, 욥기는 가장 오래된 책이다. 욥에 대한 이야기는 아브라함 시대나 혹은 그 이전 시대로부터 전해 내려왔다.

욥기는 성경의 지혜서들 가운데 첫 번째로 자리하고 있다. 지혜서란, 우리가 인생의 길을 헤쳐나갈 때 필요한 생활의 기술과 지혜를 다루고 있는 책들이다. 또한 욥기는 성경에서 매우 극적이며 영향력 있는 이야기 중 하나를 담고 있기도 하다.

하나님께서 우리에게 고난에 대해 말씀하고자 하셨을 때, 그저 철학서 한 권을 던져주지 않으셨다. 우리가 깊은 고통 가운데 빠져있다면, 어떠한 이론이나 주장에도 큰 흥미를 느끼지 못할 것이다. 하나님께서는 한 사람의 실로 생생한 고난의 경험을 통해 우리에게 말씀하시며, 우리를 위해 그 사람의 사상과 고투를 기록해주셨다. 우리가 욥의 고난 속으로 들어가면, 하나님께서 당신이 살아가면서 겪고 있는 고통에 대해 말씀해주실 것이다. 인간 역사의 어느 곳을 보든지, 고난은 여전히 인간을 괴롭히며, 하나님은 여전히 하나님으로 우리와 함께하신다.

동방에서 가장 위대한 위인

욥은 모든 면에서 탁월한 사람이었다. 욥기는 욥이 순전하고 정직한 사람이라 말하고 있다(욥 1:1). 이 말은 그가 완벽한 사람이라는 뜻이 아니라, 사람들이 만약 그의 흠을 잡으려고 해도 흠잡을 데가 없다는 뜻이다. 이와 같은 말이 신약성경에서 기독교 지도자들에 대해 이야기할 때 사용되고 있다. 기독교 지도자들은 '책망할 것이 없어야' 한다(딛 1:6). 아무리 훌륭한 지도자라 할지라도, 완전하거나 완벽하지는 못하다. 그러나 책잡힐 것이 있어서는 안 된다. 이것이 바로 욥에게 해당되는 사실이었다. 욥은 '하나님을 경외했으며, 악에서 떠난 자'였다(욥 1:1). 이 말은 그가 우리와 같이 여러 가지 시험과 유혹을 받았지만, 그 시험과 유혹을 모두 물리쳤다는 뜻이다. 욥은 죄악을 멀리했다. 그가 그렇게 할 수 있었던 이유는 하나님을 경외했기 때문이었다. 진실로 그는 '동방 사람 중에 가장 큰 자'였다(욥 1:3).

우리가 욥에 관해 알 수 있는 두 번째 사실은 그가 부자였다는 점이다. 욥은 대단히 성공한 사람이었다. 그리고 하나님께서는 그에게 복을 내리셨다. 그 시절 부의 기준은 소유하고 있는 가축의 수로 측정했다. 그는 양 7,000마리, 낙타 3,000마리, 황소 500마리 그리고 나귀 500마리를 소유하고 있었다(욥 1:3). 그의 총 자산은 상당한 규모였다.

또한 욥은 슬하에 일곱 아들과 세 딸을 두었는데(욥 1:2), 아마도 욥의 자식들은 욥의 삶에 드리운 단 하나의 그림자였던 것으로 보인다. 우리가 욥의 자식들에 대해 알 수 있는 사실 한 가지는 그들의 생활이 끊임없는 파티의 연속이었다는 것이다. '그 아들들은 자기 생일이면 각각 자기의 집에서 잔치를 베풀었다'(욥 1:4). 욥의 자식들은 모두 쾌락을 추구하는 삶을 살았던 것 같다. 만약 당신이 그들에게 무엇을 위해 사느냐고 물었다면, 아마도 그들은 "우리는 주말을 기다리며 삽니다. 우리는 할 일을 마쳐놓고서 이후에는 짜릿한 파티를 즐기지요"라고 대답했을 것이다.

욥은 자기 자식들이 벌이던 일들을 좋아하지 않았다. 실제로, 자식들이 파티를 즐긴 후에 욥은 그들 하나하나를 위해 희생제사를 올리곤 했다. 욥은 "혹시 내 아들들이 죄를 범하여 마음으로 하나님을 욕되게 하였을까"(욥 1:5) 하여 번제를 드린 것이다.

만약 당신이 욥의 아들이나 딸들과 이야기를 나누어보았다면, 당신은 그들이 아주 훌륭하고 반듯하게 자란 자녀들이라고 생각했을 것이다. 그러나 욥은 자기 자식들이 입으로 하는 말과 속으로 생각하는 바가 서로 다른 것을 염려했다. 욥은 자식들이 마음속으로 무슨 생각을 하고 있는지에 대해 걱정했다.

욥은 놀라운 복을 받았지만, 그의 마음을 불안하게 하는 한 가지 두려움을 지니고 있던 사람이었다. 그는 자기 가정 속에서 벌어지고 있는 일들이 하나님을 기쁘게 하지 못하고 있다고 느꼈다.

재난

그러던 어느 날, 욥의 인생의 모든 것이 뒤바뀌어버렸다. 그날은, 공포에 질린 종이 절망적인 소식을 가지고 집 안으로 들어서기 전까지는 여느 날과 똑같았다. "소는 밭을 갈고 나귀는 그 곁에서 풀을 먹는데 스바 사람이 갑자기 이르러 그것들을 빼앗고 칼로 종을 죽였나이다 나만 홀로 피하였으므로 주인께 아뢰러 왔나이다"(욥 1:14-15).

그 종이 말을 채 마치기도 전에 또 다른 종이 다른 소식을 가지고 왔기 때문에, 욥은 이 끔찍한 소식을 되새겨볼 겨를조차 없었다. 그 종은 양 떼와 종들이 폭풍 속에서 벼락에 맞아 죽었다는 소식을 전해주었다. "하나님의 불이 하늘에서 떨어져서 양과 종들을 살라 버렸나이다 나만 홀로 피하였으므로 주인께 아뢰러 왔나이다"(욥 1:16).

그 종이 아직 말하고 있을 때에, 세 번째 종이 들어와 갈대아 사람들이 세 떼로 나뉘어 산 위에서부터 내려와 덮쳐서 낙타들을 약탈해갔다는 소식을 전해주었다. 그다음 네 번째 종이 모든 소식 중에서 가장 나쁜 소식을 가지고 들이닥쳤다. 욥의 자식들이 잔치를 벌이며 먹고 마시고 있는데, 갑자기 사막으로부터 강한 광풍이 불어 닥쳐, 그 집이 그들 위에 무너져 내려 자식들이 모두 죽었다는 것이었다(욥 1:19).

이 사람은 자기 인생의 모든 것, 그가 애지중지했던 것들을 한순간에 모두 잃어버렸다. 그의 사업은 망했으며, 그의 재산은 약탈당했으며, 자녀들은 비극적인 죽음을 맞았다. 그 모든 일이 단 하루 만에 일어났다. 어떤 기준으로 보아도, 이 일은 이루 다 말할 수 없는 수난의 목록이다.

하나님의 백성이라도 고난을 당한다

선한 사람에게도 나쁜 일들이 일어난다. 때때로 아주 훌륭한 사람들에게도 끔찍한 일들이 일어난다. 하나님께서는 그렇게 되도록 허용하신다. 성경은 욥이 "동방의 모든 사람들 가운데서 가장 위대한 사람"이라고 말한다(욥 1:3). 그러므로 욥 이야기는 경건한 삶을 추구한다고 해도 우리가 고난에서 벗어나지는 못한다는 사실을 가르쳐주고 있다.

많은 그리스도인들은 만약 우리가 예배도 잘 드리고 봉사와 섬김의 삶을 살아간다면, 하나님께서는 우리가 큰 고난을 당하지 않도록 지켜주시리라 당연히 기대할 것이다. 그러나 신앙생활에서는 그러한 거래가 전혀 존재하지 않는다. 욥기는 그 점을 매우 분명하게 보여주고 있다. 기독교 신앙은 타락한 세상 속에서 고난을 당하지 않도록 해주는 백신이 아니다. 때문에 만약 사람들이 예수님께 나오면 그들의 모든 문제가 끝나게 될 것이라는 식의 제시는 복음을 완전히 오해하는 것이다. 하나님께서는 자기 백성을 고난에서 면제시키지 않으신다.

성경 이야기의 한가운데서, 우리는 과거에 살았던 사람들 중 가장 위대하고 가장 경건했던 한 사람이 다른 어떤 사람보다 훨씬 더 큰 고난을 당했다는 사실을 배우게 된다. 그는 자기 가족들로부터도 버림받았다. 그는 자신의 가장 소중한 친구 중 한 사람의 무덤 곁에서 슬피 우셨다. 그는 배반당하고 부당한 대접을 받고 불의를 당했으며, 그러고 나서 십자가에 못 박히셨다. 그분이 우리에게 그의 발자취를 좇으라고 요청하실 때, 그 안에는 그분이 당했던 그 비밀, 하나님께서 경건한 사람의 삶 속에서 허용하시는 고난의 비밀 속으로 그분을 따라가는 일을 포함하고 있다.

고난을 당하게 될 때, 당신은 아마도 "왜?" 하고 묻게 될 것이다. 예수님께서도 그렇게 물으셨다. 그러나 당신은 "왜 이 일이 내게 일어나는 것일까?" 하고 물어서는 안 된다. 그러한 질문은 '이 일은 내가 아니라 다른 사람들에게 일어나야 하는 것이 마땅하다'는 식의 사고방식을 드러내준다. 예수 그리스도에 대한 믿음이 당신을 고난으로부터 면제시켜주지 않을 것이며, 앞으로도 그렇게 해주지 않을 것이다. 사도 베드로는 우리에게 이렇게 말했다. “너희를 연단하려고 오는 불 시험을 이상한 일 당하는 것 같이 이상히 여기지 말고”(벧전 4:12). 그러므로 우리가 물어야 할 중요한 것은 ‘왜 고난이 일어났는가?’가 아니라 ‘한 사람이 인생을 항해해나갈 수 있는 모든 좌표가 사라져버렸을 때, 그 사람이 어떻게 견딜 수 있겠는가?’ 하는 것이다.

하나님의 백성도 고통을 당한다

끔찍한 고난을 당했던 신자의 내적 갈등을 담고 있는 이야기가 성경에 담겨있다는 사실은 참 다행한 일이다.

욥기는 만일 우리가 ‘문제를 기도로 주님 앞에 가져가 아뢰기만 한다면’ 고통이 사라지게 될 것이라는 피상적인 생각이 거짓임을 보여주고 있다. 욥은 기도가 마취제와 같이 작용하지 않는다는 사실을 발견했다. 루이스C. S. Lewis는 그의 책 『헤아려 본 슬픔』*A Grief Observed*, 홍성사에서 이 사실을 설득력 있게 묘사해놓았다. 아내의 죽음에 이어 따라온 깊은 고통 속에서, 루이스는 기도하려는 자신의 시도들이, 안에서는 문을 단단히 잠그고 또 잠그는 소리가 들리고, 침묵 속에서 아무런 반응도 보이지 않는 굳게 닫힌 커다란 문을 두드리고 있는 것과 같다고 느꼈다.

루이스는 선지자 이사야가 여호와는 “스스로 숨어 계시는 하나님”(사 45:15)이라고 말했을 때, 무엇을 설명한 것인지 발견했다. 하나님께서는 성경 속에서 그리고 예수 그리스도 안에서 자신을 나타내고 계신다. 그러나 그분은 또한 자신을 숨기신다. 따라서 우리가 성경과 예수 그리스도 이 두 가지를 정확하게 파악하지 못한다면, 하나님에 대해 정확히 말할 수가 없다. 하나님께서는 우리가 하나님을 알 수 있도록 그리고 사랑할 수 있도록, 신뢰할 수 있도록 자신을 나타내셨다. 그러나 그 하나님께서는 또한 자신을 숨기셔서 우리가 때때로 "나는 도무지 이해할 수 없어, 하나님의 행하시는 일들을 도무지 이해할 수 없어"라고 말할 때가 있다. 우리의 마음이 "왜?" 하고 외치지만, 아무런 대답이 없을 때가 있을 것이다.

욥의 친구들은 욥을 위로하려고 애썼다. 그들은 많은 말을 해주었다. 어떤 이야기는 오해에서 비롯됐으며, 어떤 이야기는 이치에 맞는 말이었다. 그러나 욥은 그들의 이야기를 듣지 않았다. 과거에 욥이 자기 친구들과 더불어 신학적인 토론을 즐겼을 때가 여러 번 있었을 것이다. 그러나 지금 그들의 말은 그에게 전혀 다가오지 않고, 그의 귓전을 스쳐 지나가는 것 같았다. 그는 고통에 짓눌려있었으며, 고통이 그를 압도해버렸다.

욥의 이야기 후반부에 하나님께서 욥을 위로하셨지만, 그 위로가 임하시기까지는 오랜 시간이 걸렸다. 그리고 욥은 결코 자신이 하나님의 위로를 경험하지 않았을 때, 위로를 맛보는 척하지 않았다. 욥은 강직한 사람이었다. 그래서 그는 자기가 겪고 있지 않은 것을 겪고 있다고 말하지 않았다. "내가 두려워하는 그것이 내게 임하고 내가 무서워하는 그것이 내 몸에 미쳤구나 나에게는 평온도 없고 안일도 없고 휴식도 없고 다만 불안만이 있구나"(욥 3:25-26).

욥의 간증은 상황이 별로 좋지 못하면서도 잘 진행되고 있다고 말해야 한다는 압박으로부터 우리를 해방시켜준다. 평안이 우리 곁에 있지 않고 저 너머 멀리 있는 것처럼 여겨지는 고통과 분투 속에서 헤맬 때가 있다. 우리는 이것을 두려워해서는 안 된다. 이것이 바로 동방에서 가장 큰 자의 경험이었던 것이다.

나는 그 당시에 가장 위대했던 사람이 풀리지 않는 문제들을 가지고 깊은 어둠 속에서 씨름하고, 그의 가장 절친한 친구들조차도 이해할 수 없었을 정도로 처절하게 고통당했으며, 그럼에도 불구하고 그가 하나님께 범죄하지 않았음을 우리에게 알려주는 성경 말씀을 주신 하나님께 감사드린다.

이야기 배후의 이야기

욥기 1장에서 하나님께서는 장막을 걷어서 욥이 겪었던 고통 배후에서 진행되고 있는 또 다른 이야기의 일면을 우리가 파악할 수 있게 해주신다. 하나님께서는 욥이 알고 있었거나 이해할 수 있었던 것보다 훨씬 더 중차대한 일이 이 이야기에 담겨있음을 우리가 알기를 원하신다.

욥이 고난을 통과해나감에 있어서, 배후에 자리를 잡고 있는 진짜 이야기는 무엇인가? 욥기는 하나님께서 어느 날 천사들을 소집하셨으며, 그때 천사들과 함께 사탄도 왔음을 말하고 있다.

성경은 태초에 하나님께서 땅뿐만이 아니라 하늘도 창조하셨다고 명확하게 기록하고 있다. 눈에 보이는 창조 세계와 더불어, 하나님께서는 우리 눈에는 보이지 않는, 우리가 볼 수 없는 세계도 만드셨다. 성경은 지상의 창조 세계를 오염시킨 죄악이 천상의 창조 세계에서 기원했음을 시사하고 있다. 루시퍼(계명성, 금성)는 하나님의 자리를 찬탈하려고 했던 천사였다(사 14:12-15). 루시퍼의 반역은 성공하지 못했고, 그는 하나님 앞에서 내쫓겨 땅으로 떨어졌다. 그렇게 해서 인간 역사의 시작에서부터 지상에는 하나님이 하시는 일을 방해하려는 대적이 존재하게 됐다. 그래서 우리는 이 대적이 하나님께 대항하여 모반을 일으키려는 자신의 일에 인간을 끌어들이려고 첫 남자와 여자에게 접근하는 것을 창세기 3장을 통해 보게 된 것이다.

이 사실은 하나님께서 죄인들을 구속하시게 될 인간 역사의 중대한 드라마를 위한 무대를 제공한다. 하나님께서는 죄인들이 악보다는 선을, 거짓보다는 진실을, 자신들보다는 하나님을 더 사랑하도록 그 죄인들 속에 큰 변화를 불러일으키실 것이다. 바로 그것이 우리의 변변찮은 인생의 배후에 놓여있는 중대한 이야기다.

욥기에서 하나님께서는 하늘에서 일어나고 있던 그 드라마를 볼 수 있도록 커튼을 열어주신다. 우리는, 이제는 하늘에서 쫓겨난 자 사탄이 하나님 앞에 대령하도록 소환됐다는 이야기를 듣는다.

"네가 내 종 욥을 유의하여 보았느냐?"라고 하나님께서는 그 악한 자에게 물으신다. "그와 같이 온전하고 정직하여 하나님을 경외하며 악에서 떠난 자는 세상에 없느니라"(욥 1:8).

사탄은 그 기회를 잡아서 하나님의 명예를 깎아내리려고 한다. "욥이 어찌 까닭 없이 하나님을 경외하리이까"(욥 1:9). 사실상 사탄이 하나님께 하고 있는 말은, "욥이 당신을 경외하는 유일한 이유는 사사로운 뻔한 이익 때문입니다. 당신은 욥이 아무런 대가를 바라지 않고서 당신을 사랑한다고 생각합니다. 그러나 그런 일은 있을 수 없습니다. 불가능한 일입니다. 욥은 그저 사람일 뿐입니다. 그리고 사람이란 다 자신을 사랑하고 있지요."

> 주께서 그와 그의 집과 그의 모든 소유물을 울타리로 두르심 때문이 아니니이까 주께서 그의 손으로 하는 바를 복되게 하사 그의 소유물이 땅에 넘치게 하셨음이니이다(욥 1:10).

사탄의 말은 바로 이런 이야기이다. "당연히 욥은 당신이 그가 원하는 모든 것을 주시는 한, 하나님을 사랑하는 자라고 고백할 것입니다. 그러나 그의 재물을 다 빼앗고, 그의 일거리를 다 빼앗고, 그의 가족들을 다 떠나보내고, 그의 건강을 다 앗아가보십시오. 그러면 분명히 욥은 당신 앞에서 당신을 저주할 것입니다."

하나님의 법과 권위를 배척한 당사자인 사탄은, 하나님께 이렇게 말하고 있었다. "아무도 당신이 하나님이기 때문에, 당신을 있는 그대로 사랑할 수 없습니다. 사람들은 하나님이 주시는 선물들을 사랑합니다. 죄 또한 너무 깊어서 사람들은 결코 당신만을 사랑하지 못할 것입니다." 사탄은 죄가 치유될 수 없는 질병이므로, 죄로부터의 회복은 불가능하다고 확신했다. 사람은 아무도 하나님 그 자체만을 보고 하나님을 사랑할 수 없다는 것이었다.

그러자 하나님께서 말씀하신다. "그래, 그럼 한번 보도록 하자."

욥은 자신을 중심으로 일어나고 있는 이야기의 배후에서 벌어지는 일들을 결코 알 수 없었다. 욥의 입장에서 볼 때, 이 모든 일은 자신의 삶 속에서 일어난 설명할 수 없는 비극을 이해하고자 애를 쓰는 한 사람의 이야기였다. 그러나 훨씬 더 중요한 일이 진행되고 있었다. 그 이야기의 배후에 있는 이야기는 하나님의 이름을 높이는 일에 대한 것이다.

성경은 우리가 겪는 모든 고난의 경험이 결코 사탄의 활동으로 인한 직접적인 결과라고 말하지는 않는다. 사탄의 활동이 욥이 당한 고난의 직접적인 원인이 되고 있는 이 이야기에서조차도 사탄은 하나님께서 정해주신 엄격한 한계선 안에서만 움직이고 있었다.

그러나 고난이 당신의 삶에 임한다면, 그 고난이 어떤 원인 때문에, 어떤 형태로 오든지 간에 당신은 하나님의 이름을 높일 수 있는 기회를 갖는 것이다.

동일한 문제, 서로 다른 대응

이 가정에 비극이 닥쳤을 때, 욥과 그의 아내는 자신들에게 닥친 비극에 대해 전적으로 다른 반응을 보였다. 욥의 아내는 욥에게 이렇게 말했다. "당신이 그래도 자기의 온전함을 굳게 지키느냐 하나님을 욕하고 죽으라"(욥 2:9). 그 말은 욥의 아내가 그렇게 말할 것이라고 사탄이 생각했던 것 그대로였다. 자기 자식들이 술에 취해 저지르지 않을까 욥이 항상 두려워했던 바로 그 일을 욥의 아내가 저지르고 말았던 것이다. 그 고난 때문에 욥의 아내는 그동안 억누르고 있던 감정을 참지 못하고, 자기가 생각하고 있던 바를 표출해버렸다.

그러나 욥의 반응은 전적으로 달랐다.

> 욥이 일어나 겉옷을 찢고 머리털을 밀고 땅에 엎드려 경배하며(욥 1:20).

욥이 경배했을 때, 사탄은 당황했다. 고난을 당하고 있는 중에 있던 평범한 한 사람의 경배는 하나님의 이름을 드높인다. 욥의 경배는 하늘의 천사들에게도 울려퍼졌을 것임에 틀림없다. 나는 사탄이 이 평범한 사람의 삶에 존재하고 있는 하나님의 크신 은혜의 권능 때문에 할 말을 잃고 조용히 뒤로 물러났을 것이라고 생각한다.

어려움을 당하고 있을 때 하나님에 대한 당신의 반응은, 당신에 대해 드러나는 많은 것들 가운데 하나가 될 것이다. 욥의 아내에게 있어서 순전한 것은 어떤 목적을 얻기 위한 수단에 불과했다. 그의 입장에서는, 인생을 좋은 것으로 채워주고, 가족을 건강하게 지켜주고, 사업이 번창하도록 해주는 것이 하나님의 책임이었다. 그 일이 계속되는 한, 그는 하나님을 '사랑'했을 것이다. 그러나 고난이 그 부부에게 닥쳤을 때, 그들이 보였던 서로 다른 반응은 실로 시사하는 바가 크다. 즉, 욥은 하나님 때문에 하나님을 사랑했지만, 욥의 아내는 하나님께서 제공해 주시는 것 때문에 하나님을 사랑했다는 것이다. 한 사람은 사탄이 때때로 옳다는 것을 증명해주었으나, 다른 한 사람은 사탄이 결국에는 틀렸다는 증거를 제공해주었다.

나는 우리 성도들 가운데 20명이 함께 모여서 자기들이 당했던 슬픈 일들에 대해 이야기를 나누었던 그날 저녁을 결코 잊지 못할 것이다. 그때 나는 우리 성도들 상당수가 자식 하나를 잃는 어두운 골짜기를 통과했음을 깨닫게 되었다. 그 자리에 온 모든 사람에게 자신이 겪은 이야기를 할 기회가 주어졌다. 사람들은 어떤 일이 가장 견디기 힘들었으며, 무엇이 가장 큰 도움이 되었는지 이야기했다.

그 자리에서 많은 사람이 함께 눈물을 흘렸으며, 강한 유대감을 느꼈다. 이러한 눈물과 유대감은 다른 사람의 이야기에서 자신의 경험을 반추하게 될 때 느껴지는 감정들이다.

"나는 왜? 라고 물었지만, 결코 답을 듣지 못했습니다."

"나는 하나님께 분노를 느꼈습니다. 그러고 나서 내가 왜 그런 감정을 느껴야 했는지 당황스러웠습니다."

"그 고통은 여전히 나와 함께하고 있습니다."

그러나 그 날 저녁 모임이 끝나갈 즈음에, 내게 다가오는 한 가지 사실이 있었다. 그곳에 모인 20명의 사람들은 형언하기 어려운 고통을 겪은 사람들이었다. 그들 가운데 아무도 왜 그런 일이 자신에게 일어났는지 설명할 수 없었다. 그들의 고난은 그들에게 있어서 미스터리다. 그리고 그 괴로움은 아직도 그들에게 느껴지고 있다. 그렇지만 그들 한사람 한사람이 다 하나님을 사랑하고 있다.

당신은 그 점을 어떻게 설명하겠는가? 나는 그 사람들보다 훨씬 덜

한 고통을 당했으면서도 하나님을 증오한다고 말하는 사람들을 알고 있다. 그러나 그날 저녁에 함께 모였던 사람들은 훨씬 큰 고난을 견디고 있지만, 그럼에도 여전히 참으로 하나님을 사랑하는 사람들이다. 사탄은 그 사실에 대해 아무런 할 말이 없다. 그래서 사탄은 번개처럼 떨어지며, 천사들은 하나님의 이름이 높아지는 것을 보면서 즐거워한다. 한 사람이 아무런 대가를 바라지 않고 하나님을 사랑한다는 것 그리고 어떤 목적을 획득하기 위한 수단으로서가 아니라 하나님 때문에 하나님을 사랑하는 일은 가능한 것이다.

욥은 결코 자신의 고난 배후에 있었던 그 중대한 이야기를 알지 못했다. 만약 그가 죽은 후에 하나님 앞에 나아가서 천사들과 대화를 나누게 되었다면, 그 천사들은 아마도 이렇게 말했을 것이다.

"욥아, 사탄이 하나님의 이름을 깎아내리려는 것을 우리가 들었을 때 우리는 치를 떨었단다. 그리고 네가 과연 어떻게 할는지 숨을 멈추고서 지켜보았지. 하나님께서는 자신의 이름과 명예를 거셨다. 그리고 욥아, 네가 경배했을 때, 우리가 그 대적이 좌절하고 부끄러워하며 꼬리를 감추는 것을 보면서 얼마나 즐거워하고 의기양양했는지 모를 거야!"

신약성경에서 사도 베드로는 고통당하고 있었던 그리스도인들에게 편지를 쓰면서 그들이 당하고 있는 고난과 믿음의 시련이 "불로 연단하여도 없어질 금보다 더 귀하여 예수 그리스도께서 나타나실 때에 칭찬과 영광과 존귀를 얻게 할 것이니라"(벧전 1:7)고 말하고 있다.

그리스도에 대한 조명 SPOTLIGHT ON CHRIST

이 이야기를 생각하면, 예수 그리스도의 고난에 대해 생각하지 않을 수 없다. 그리스도께서는 이미 편견을 가지고 있었던 재판장 앞에 끌려나가 거짓 증인들에게 고소를 당하셨다. 그러나 이 모든 일을 당하면서도 예수님께서는 왜냐고 묻지 않으셨다. 예수님은 거리에 끌려 나가 군중 속에서 고초를 당하였으며, 매를 맞고, 옷이 벗겨지고, 채찍질 당하고, 십자가에 못 박히셨다. 이 모든 일에도 불구하고 예수님께서는 왜냐고 묻지 않으셨다.

그러다 예수님께서 십자가에 달리셨을 때, 흑암이 지면을 덮고 하나님의 위로가 그의 영혼에서 거두어졌다. 예수 그리스도께서는 세상의 죄악들을 짊어짐으로써 고난의 한가운데로 들어가셨다. 그때 예수 그리스도께서는 "크게 소리 질러 이르시되 엘리 엘리 라마 사박다니 하시니 이는 곧 나의 하나님, 나의 하나님, 어찌하여 나를 버리셨나이까 하는 뜻"(마 27:46)이었다.

예수님의 그 물음에 대해 아무런 대답도 없었다. 그렇지만 형언할 수조차 없는 고난 가운데서도, 그분의 최후의 말은 하나님을 향한 경배였다. "아버지 내 영혼을 아버지 손에 부탁하나이다"(눅 23:46).

그런 다음에 운명하셨다. 그러나 그 일은 지옥의 문들을 산산이 부숴 놓았다.

드러난 사실 UNLOCKED

하나님께서는 고난에 대해 우리에게 설명해주지 않으신다. 그러나 하나님께서는 우리에게 고난을 견딜 수 있는 방법을 말씀해주고 계신다. 고난이 닥쳤을 때 우리에게 가장 필요한 것은 설명이 아니라 그 고난을 견딜 수 있는 능력이다. 그리고 그 갈등을 이겨내며 하나님께 영광을 돌리는 일인 것이다.

삶 속에서 커다란 고난에 직면해 당신의 내면 깊은 곳에서 "도대체 하나님께서 내게 원하시는 것이 무엇일까?"라고 묻게 될 때가 올 것이다. 그에 대한 대답은 이것이다. "하나님께서는 당신이 계속해서 꾸준히 하나님을 사랑하기를 원하신다." 왜냐하면 당신이 그렇게 할 때 하나님의 이름에 영광이 드리워지며, 원래 그런 것처럼 사탄이 거짓말쟁이이며 중상모략하는 자임이 드러나기 때문이다.

한 사람의 영혼 속에 임하는 하나님의 참된 역사에 대한 가장 큰 증거는, 하나님께서 한 사람이 고난을 당하도록 허락하실 때, 그가 여전히 하나님을 사랑하고 있다는 사실이 드러날 때 나타난다. 그 증거는 당신이 예수 그리스도를 섬기면서 행하는 어떠한 증거보다도 훨씬 더 강력한 것일 수 있다.

기도 PAUSE FOR PRAYER

은혜로우신 아버지 하나님!

큰 고통과 절망 가운데 있는 사람들을 도와주셔서 그들이 주님의 크심을 보고, 주님 안에서 힘을 얻을 수 있게 하여주시옵소서. 이 땅에서 제가 알지 못하고 있는 것을 주님께서 다 알고 계시다는 사실을 알고 평안을 누리게 하여주시옵소서.

주님께서 제게 주시는 것 때문이 아니라, 온전히 주님 때문에 주님을 사랑할 수 있도록 도와주셔서, 고난의 때에 제가 주님께 드리는 경배를 통해 주님께 영광을 돌릴 수 있게 하여주시옵소서. 우리 주 예수 그리스도의 이름으로 기도드립니다. 아멘.

25

부활

Resurrection

욥기 19장

극한의 고난 속에서 내 믿음을 어떻게 지킬 수 있는가?

묵상의 길잡이

☑ **발견하라**

욥이 살아남은 비결을 발견하라.

☑ **배우라**

극한의 고난이 찾아왔을 때 당신의 믿음을 어떻게 고백할 것인지 배우라.

☑ **경배하라**

당신이 구속자를 어떻게 의지할 수 있으며 부활에 대해 어떻게 확신할 수 있는지 깨달으면서 경배하라.

세상에서 많은 것을 가지고, 이루었던 한 사람이 모든 것을 잃었다. 하나님께서는 욥에게 많은 가족과 번창하는 사업과 부요함을 주셔서 인생을 즐겁게 하셨다. 그런데 단 하루 만에 그의 모든 업적이 사라져버렸다. 그의 사업은 망했으며, 그의 재산은 약탈당했고 그의 가족은 모두 갑작스럽게 밀어닥친 비극 속에서 죽임을 당했다. 욥기는 줄줄이 이어진 고난을 감당하는 한 사람의 분투에 대한 이야기이다.

더 이상 무슨 일이 일어날 수 있겠는가? 그러나 그것은 시작에 불과했다. 그다음으로는 욥의 건강이 무너져내렸다. 그의 피부는 염증으로 문드러졌으며, 온몸은 고통으로 찢어질 듯 아팠다.

그러자 그의 아내는 고통에 백기를 들기로 마음먹었다. 욥의 아내는 욥에게 "하나님을 욕하고 죽으라"고 말했다(욥 2:9).

무너진 건강과 하나님을 저주하라는 가혹한 아내의 말에도 불구하고 욥은 단호하게 자신의 믿음을 지켰다. 욥은 '일어나 겉옷을 찢고 머리털을 밀고 땅에 엎드려 예배했다'(욥 1:20). 그 순간은 구약성경 전체에서 가장 위대한 장면 가운데 하나였다.

위기 이후

처절한 고난의 길을 걸어온 사람들은 위기의 순간이 지난 후에 새롭게 전개되는 달갑지 않은 상황과 더불어 살아가야 하는 과정이 있음을 알고 있다. 비극적인 고통을 겪었던 그날, 욥은 놀라운 신앙 고백을 했지만, 그의 마음이 괴롭고 그의 육체가 고통 가운데 빠지는 또 다른 날을 견뎌내야 할 길을 찾아야 했다.

인생에 닥친 위기로 인해 욥은 자신의 믿음과 자신이 겪고 있는 경험을 서로 연결시켜 이해해야 하는 처절한 싸움을 하기 시작했다. 장례식을 치른 이후에도 답을 얻지 못했던 의문들은 그를 떠날 줄 몰랐다. 그가 일곱 아들과 세 딸을 잃었음을 기억하기 바란다. 고난의 비밀은 시간이 흘러간다고 해서 밝혀지지 않는다. 어제는 믿음이 승리했을 수도 있지만, 여전히 오늘이 있고, 또한 내일이 올 것이다.

욥은 위기가 닥쳤던 그 순간에 자신의 믿음을 지켰지만, 이제 자신이 이렇게 얼마 동안 더 버틸 수 있을 것인지 걱정하기 시작했다. 때때로 그는 자신의 삶을 즉시 끝내버리는 것이 최선일 것이라고 생각하기도 했다. 그렇게 된다면 최소한 그는 '내가 선한 싸움을 싸우고, 믿음을 지켰다'고 말할 수 있을 것이다. 그러나 문제는 하나님께서 그에게 또 하루의 생명을 연장시켜서 하루하루의 삶에 직면하게 하셨다는 것과, 자신이 얼마 동안이나 고통을 견딜 수 있을 것인지 알 수가 없었다는 사실이다.

> 나의 간구를 누가 들어줄 것이며 나의 소원을 하나님이 허락하시랴 이는 곧 나를 멸하시기를 기뻐하사 하나님이 그의 손을 들어 나를 끊어버리실 것이라 그러할지라도 내가 오히려 위로를 받고 그칠 줄 모르는 고통 가운데서도 기뻐하는 것은 내가 거룩하신 이의 말씀을 거역하지 아니하였음이라(욥 6:8-10).

욥은 죽는 것보다, 살아서 겪는 고통과 거룩하신 이를 부인하게 될까 봐 더 염려했다.

게다가 욥은 자신에게 미래가 전혀 없다고 느꼈다. 자식들이 다 죽었기 때문에, 손자 · 손녀들을 기대할 수 없게 됐다. 재산도 다 약탈당했기 때문에 여행은 꿈도 꿀 수 없게 됐다. 그의 아내도 믿음을 버리고 그에게 욕을 하며 떠나버렸기 때문에 아내와 함께하는 행복한 황혼을 기대할 수도 없었다. 그러니 욥이 무엇을 바랄 수 있었겠는가?

심한 통증 속에서 욥은 허심탄회하게 하나님께 부르짖었다. "내가 무슨 기력이 있기에 기다리겠느냐 내 마지막이 어떠하겠기에 그저 참겠느냐 나의 기력이 어찌 돌의 기력이겠느냐 나의 살이 어찌 놋쇠겠느냐"(욥 6:11-12).

욥은 "내가 이런 상태로 도무지 더 이상 버틸 수 없습니다"라고 말할 수밖에 없는 지경에까지 이르렀다. 당신은 욥의 절규를 보면서 욥의 영혼이 겪고 있는 큰 번민을 느끼지 않을 수 없을 것이다.

아무도 이해하지 못하는데, 어디에 의지할 수 있겠는가?

욥은 자기 친구들에게도 도움과 지지를 기대했다. 그에게는 엘리바스, 소발, 빌닷이라는 세 친구가 있었다. 그 친구들이 고통당하는 욥에게 찾아왔다는 점에 대해서는 후한 점수를 주어야 할 것이다. 그러나 그들은 민감하게 반응해야 할 때에 그러지를 못했다. 이 친구들은 모든 고난이 죄에 대한 징벌이라고 확신했다. 그래서 욥이 은밀하게 어떤 죄를 지었으며 자기들 앞에서도 진실을 말하지 않고 있다고 단정했다. 욥은 그들에게 있는 그대로를 모두 이야기하고 감추는 것이 전혀 없었지만, 그들은 욥의 말을 믿지 않았다.

욥은 친구들에게 이렇게 말했다. "너희가 내 마음을 괴롭히며 말로 나를 짓부수기를 어느 때까지 하겠느냐 너희가 열 번이나 나를 학대하고도 부끄러워 아니하는구나 비록 내게 허물이 있다 할지라도 그 허물이 내게만 있느냐"(욥 19:2-4).

욥은 아내로부터도 큰 도움을 얻지 못했다. 이미 살펴본 대로, 욥의 아내는 하나님에 대한 믿음을 내던져버릴 준비가 되어있었다. 그리고 욥에 대해서도 마찬가지였던 것으로 보인다. 욥은 "아내도 내 숨결을 싫어하며"(욥 19:17)라고 말했는데, 이 말은 욥의 아내가 욥을 가까이하기를 원치 않았다는 말로 여겨진다. 이것은 욥의 친척들에게도 해당됐던 것 같다.

욥의 아내는 이 이야기의 끝 부분에서 그에게 다시 돌아온 것으로 보이며, 그의 형제들과 자매들도 그의 잔칫상에 자리를 함께했다. 그러나 욥은 고난 한가운데에서 전적으로 혼자였다.

이보다 더 처절한 상황은 상상하기가 어렵다. 이 사람은 모든 것을 잃어버렸다. 친구들도 그에게 전혀 도움이 되지 못했으며, 아내는 그에 대해 알려고 하지도 않았다. 그리고 그의 건강은 "내 피부와 살이 뼈에 붙었고 남은 것은 겨우 잇몸뿐이로구나"(욥 19:20)라고 말했을 정도로 쇠약해졌다. 욥을 방문했던 사람들은 "이제 욥에게는 별로 남은 것이 없다"고 말하면서 돌아섰을 것이다.

운이 다하고 당장 얻을 수 있는 도움이 전혀 없을 때 당신은 어떻게 견디겠는가?

욥이 살아남은 비결

육체의 고통과 상한 마음 가운데 욥은 자신의 생명을 걸고 신앙을 고백했다.

몇 년 전에 누군가 내게 "하나님께서 밝을 때에 당신에게 가르쳐준 것을 흑암 가운데서 결코 의심하지 말라"고 말해주었다. 그것은 지혜로운 충고이다. 큰 고난의 흑암 속에서 당신이 알고 있는 진실을 확실하게 움켜쥐기 바란다.

욥 주변의 모든 것은 무너져내리고 있었다. 그리고 그 속으로 함께 무너져내리지 않는 유일한 길은 확실한 어떤 것을 굳게 붙잡는 것이었다. 욥은 바로 그 일을 했던 것이다. 그는 자신의 생명이 달려있는 근본적인 확신들을 확인하고 고백했다.

내가 알기에는 나의 대속자가 살아계시니(욥 19:25).

그것이 욥이 살아남을 수 있었던 비밀이었다. 그는 자신을 구해줄 준비를 하고 있으며, 이 고난으로부터 건져낼 수 있는 살아계신 구속자가 계심을 알고 있었다.

우리는 '구속자'(무를 자)라는 단어에 대해 이미 이 책의 룻기에서 살펴보았다. 친척으로서 무를 자(구속자)는 친척을 어려움에서 건져내주는 사람이었다. 그 단어는 금전적인 위기가 닥쳤을 때 매우 흔하게 쓰인 단어였다. 만약 한 가정이 어려운 때를 만나게 되면, 자기들의 농토를 팔기 위해 시장에 내놓아야만 한다. 농토를 내놓는 가정의 가장 큰 소망은 그들의 친척들 중 누군가에게 그 땅을 살만한 재력이 있고, 그 땅을 살 뜻이 있어서, 그 땅이 자기들의 가문 안에 남도록 하는 것이었다. 그렇게 되면 최소한 어려움에 처한 그 가정이 계속해서 그 땅을 경작하되, 그 가정의 최선의 이익을 생각하고 있는 사람, 즉 그 땅을 산 친척을 위해 일을 할 수 있기 때문이다.

땅과 돈에 대해서는 그렇다손 치더라도, 도대체 그의 온몸이 무너져 내리고 죽음이 어른거리고 있는 마당에 누가 욥을 건져낼 수 있겠는가? 누가 그 고통 속에서 욥을 건져내주겠는가? 문제는 그의 재산을 되찾아주는 것이 아니라, 그의 삶을 회복시켜주는 것이다.

욥의 신앙 고백은 참으로 놀라웠다. 그는 자기 친구들을 향해 이렇게 말했다. "자 이제 이 말을 들어보라. 너희들은 내가 지금 처해있는 이 힘든 상황을 보았다. 그러나 내가 두 가지 점에 대해 확신하고 있는데, 하나는 내게 구속자가 있으며, 나의 구속자가 살아계신다는 사실을 내가 알고 있다는 사실이다."

만약 그들이 이 구속자가 누구인지를 욥에게 물었다면, 욥은 대답할 수 없었을 것이다. 그가 알고 있는 것 전부는, 하나님께서 이 곤경으로부터 욥을 건져내줄 것이며, 그렇게 하기 위해 필요한 일은 무슨 일이든지 다 하실 것이라는 사실이었다.

욥의 육체적 건강은 점점 더 나빠져서 구속자가 그곳에 등장하기 전에 자신이 죽을지도 모른다고 생각하기 시작했다. 그러나 그렇다 할지라도 별 차이는 없었다. 욥은 이 구속자가 꼭 오실 것이며, 비록 욥이 죽은 후 오래도록 오시지 않는다 할지라도 그 구속자는 여전히 욥이 완전히 소멸되지 않도록 구원하실 수 있을 것이라고 확신했다.

당신은 이 말을 듣고 있는 하나님 자녀의 모습을 상상할 수 있는가? 그 시절이라면, 예수 그리스도가 이 땅에 오시기까지는 적어도 2,000년은 더 있어야 했다. 그러나 그는 그분이 오실 날을 의지하며, 그 구속자에게 자신의 생명을 걸고 있었다.

태초에 하나님께서는 곤경 가운데 빠져있는 사람들을 건져내기 위해 누군가 올 것이라고 약속하셨다. 그래서 욥은 하나님의 그 약속을 굳게 잡고 있었다. 욥은 타락한 이 세상 가운데서의 고통과 고난과 죽음이 끝이 아닐 것임을 믿고 있었다.

오실 그분은 구속자가 되기 위한 값을 지불해야 했다. 베드로는 이렇게 말한다. "너희가 알거니와 너희 조상이 물려준 헛된 행실에서 대속함을 받은 것은 은이나 금 같이 없어질 것으로 된 것이 아니요"(벧전 1:18). 그것은 재정적인 곤란으로부터 당신을 구해주기 위해 당신의 농토를 살 수 있는 재력이 있는 삼촌을 찾았던 구약 시대와 같지 않았다. 그런 일이라면 비교적 쉬웠을 것이다. 우리가 현재 빠져있는 곤경은 구속자에게 훨씬 더 큰 대가를 치르도록 요구하고 있다. 그래서 베드로는 대신에 너희가 구속함을 받은 것은 "오직 흠 없고 점 없는 어린 양 같은 그리스도의 보배로운 피로 된 것이니라"(벧전 1:19)라고 말하고 있다.

하나님께서 애굽에 있는 자기 백성의 고난을 내려다보셨을 때, "내가 저들을 저곳에 내버려 둘 수 없구나! 내가 내려가서 저들을 구속해주어야겠다"고 말씀하셨다. 그 일을 이루기 위해서는 애굽 왕의 저항을 이겨내고 홍해를 가르는 역사가 필요했다. 그 일이 전능하신 하나님께 어찌 어려운 일이겠는가?

그다음에 하나님께서는 고통과 고난과 죽음 가운데 빠진 세상을 바라보셨다. 그러고는 "내가 저들을 저곳에 그대로 내버려둘 수가 없구나. 내가 내려가서 저들을 구속해주어야겠다"고 말씀하셨다. 그 일을 위해서는 하나님 자신의 아들을 포기해야 했다. 그 일에는 십자가의 고통이 따랐다. 그 일은 하나님의 심장을 찢어놓았다. 십자가는 우리에게, 구속자가 하나님께서 세상의 역사 속에서 행하셨던 다른 어떤 일보다도 지극히 힘들고 어려운 일을 감당하셨다고 말한다.

그 구속자는 임하셨으며, 그 값을 이미 지불하셨다. 그의 피는 뿌려졌으며, 사흘 만에 부활하셨다. 그래서 당신이 눈물 가운데 걷고 있다 할지라도 분명하고 확실하게 "나는 나의 구속자가 살아계심을 안다"고 말할 수 있는 것이다.

욥의 확신

인간 역사의 시작에서부터 구속자를 찾는 사람들이 있었다(창 3:15; 욥 19:25). 타락 이후, 하나님께서는 뱀에게 여인의 후손이 너(사탄)의 머리를 부술 것이라고 경고하셨다. 아담과 하와는 구원에 대한 언약의 말씀을 들었다. 그리고 그들이 첫아들을 낳았을 때, 혹시 그 아들이 구속자가 아닐까 궁금했을지도 모른다. 그러나 그 아들은 구속자가 아니었다. 그리고 아담과 하와는 구속자가 오시기 전에 죽었다. 시간이 흘러서 구속자가 임하실 것을 믿으면서 죽어간 사람들이 더욱 많아졌다. 그러나 그들은 그 위대한 날을 보기까지 살지 못했다.

욥은 구속자가 나타나기 전에 자기의 육체가 사라져버릴 것이라고 느낄 지경에 이르렀다. 그래서 그는 친구들을 향해 이렇게 말했다. "너희들에게 말하고 싶은 두 번째 사실은 이것이다. 나는 구속자가 임하기 전에 죽게 될 것이라는 사실을 잘 알고 있다. 만약 그렇게 될 경우, 너희들 가운데 누군가는 내 믿음이 헛것이었다고 생각할는지 모르겠다. 그러므로 내가 너희에게 하고자 하는 말은 이것이다. 비록 벌레들이 내 육체를 먹어치운다 할지라도, 나는 하나님을 뵙게 될 것이다. 죽음은 구속자의 힘이 미치지 않는 곳으로 나를 밀어 넣지 못할 것이다."

> 내 가죽이 벗김을 당한 뒤에도 내가 육체 밖에서 하나님을 보리라(욥 19:26).

이 말은 놀랄만한 믿음의 선언이다. 하나님께서는 역사를 통해 점차적으로 하나님의 진리를 나타내시는 길을 선택하셨다. 마침내 예수 그리스도의 임하심을 통해, '…저는 사망을 폐하시고 복음으로써 생명과 썩지 아니할 것을 드러내셨다'(딤후 1:10). 그것은 마치 예수 그리스도께서 흑암이 가득한 어두운 방에 들어와 불을 켜신 것과 같았다.

그러나 이것은 예수 그리스도께서 복음의 빛을 비추시기 적어도 2,000년 전에, 하나님께서 욥에게 어두운 방 안을 밝힐 수 있도록 촛불을 하나 켜주신 것과 같다. 그 짧은 불꽃 속에서 이 사람은 자신의 장례식이 끝난 이후에 하나님께서 더 많은 것을 예비해두셨음을 알 수 있을 만큼 충분한 빛을 받았던 것이다.

욥의 아내는 이 사실을 도무지 눈치채지 못했다. 그의 철학은 매우 간단했다. "지금 네가 얻지 못하는 것은 앞으로도 얻지 못할 것이다!"라는 것이었다. 그의 입장에서 볼 때, 이생의 삶이 전부였으며, 죽음은 이전과는 전혀 다른 세계 속으로 이끌려가는 일종의 블랙홀이었다. 오늘날 많은 사람들이 욥의 아내처럼 생각할 것이다. 그 사람들의 입장에서 볼 때는 죽음의 건너편에 있는 삶이 무엇이든지 간에, 지금 여기 안락한 교외에서 살고 있는 삶의 반만큼도 매력적이지 못한 것이다.

그러나 욥은 그 이상의 것이 있음을 알고 있었다. "내가 육체 밖에서 하나님을 보리라." 욥은 이 사실을 겨우 희미하게 보았다. 그러나 예수 그리스도께서 세상에 임하셨을 때, 그 유일한 참 빛으로 그 사실을 이렇게 선언하셨다. "나는 부활이요 생명이니 나를 믿는 자는 죽어도 살겠고"(요 11:25; 1:9; 3:19).

태초에 하나님께서는 땅의 흙으로 사람을 창조하시고 그 안에 생기를 불어넣어주셨다. 천사들은 육체가 없는 영들이다. 그리고 동물들은 영혼이 없는 육체적 존재들이다. 그러나 인간 창조의 유일한 영광은, 하나님께서 육체와 영혼을 하나로 묶으사, 남자와 여자에게 육체적 생명과 영적 생명의 모든 즐거움을 누릴 수 있도록 해주셨다는 것이다.

태초부터 사탄은 이 창조 세계를 공격하여, 육체를 통해 유혹함으로써 그 영혼을 파괴하고자 시도했다. 하나님의 목적은 모든 세대와 모든 문화로부터 사람들을 구속해내는 것이다. 바로 이러한 이유 때문에 하나님의 아들이 인간의 육체를 취하셨다. 하나님의 아들은 인간의 육체를 구속하기 위해 우리의 육체를 입으셨다.

만약 육체의 부활이 없었다면, 마귀는 큰 승리를 거두었을 것이다. 마귀는 하나님으로 하여금 창조에 대한 계획을 포기하게 만들어, 인간을 천사가 되게 하기보다는, 육체가 없는 피조물로 바꾸도록 만들었을 것이다. 만약 그렇게 되었더라면, 마귀는 최소한 자기가 하나님의 애초 목적을 뒤집어엎는 데 성공해서, 하나님이 에덴동산에서 최초의 조상에게 주셨던 선물들 몇 가지를 성공적으로 파괴해버렸다고 영원히 자축하면서 지낼 수 있었을 것이다.

주 예수 그리스도께서 죽으신 후 성부 하나님께로 되돌아가서 성령을 보내시기보다는, 죽은 자들 가운데서 부활하셔야 하는 것이 왜 중요했는가? 예수 그리스도의 부활로 말미암아, 그는 새로운 인류의 원형이 되셨다. 그의 육체는 부활했으며, 영원한 생명을 취하셨다. 우리 믿음의 결과는 우리 몸의 구속을 포함하게 될 것이다(롬 8:23, 24). 그것이 우리 주 예수 그리스도의 부활이 지니고 있는 큰 의미이다.

당신이 죄악으로부터 영원히 해방될 날이 다가오고 있다. 죄는 당신의 영혼이나 육체에 결코 들어오지 못하게 될 것이다. 당신의 육체와 영혼, 당신의 전 존재가 올바르고, 선하고, 순결하고, 참된 것에 반응하게 될 것이다. 당신은 하나님의 모든 충만함으로 가득하게 될 것이다. 유혹은 사라지고, 혼란은 과거가 되고, 무능은 알지 못하고, 고통은 잊혀지고, 눈물은 불필요하게 될 것이다.

영국의 의회에는 양원이 있다. 하원은 모든 의결이 이루어지는 곳이며 상원은 과거의 저명한 지도자들이 상당히 제한된 기능만을 수행할 수 있는 곳이다. 하원에 속한 사람들은 때때로 상원을 '저쪽 편'이라고 일컫는다. 사실 몇몇 매우 뛰어난 사람들이 상원에 몸담고 있지만, 그곳은 그렇게 흥미로운 곳이 아니다.

어떤 사람들에게 있어서 상원은, 과거에 열심히 일했으며 아직도 쓸모가 있는 특별한 사람들을 위로하기 위한 일종의 포상처럼 보일 것이다. 정치가가 어느 연령에 도달하게 되면, 사람들은 그 사람에 대해 "상원에 들어갈 준비가 됐다"고 말하기 시작한다. 물론 당신이 그곳에 가게 될 때가 되면 감사하게 받아들여야 하겠지만, 사실은 아무도 그곳에 가고 싶어 하지 않는다.

만약 당신이 천국을 그런 식으로 생각하고 있다면, 당신은 이 세상에서의 삶에 대해 결코 올바른 관점을 가지지 못할 것이다. 우리는 하나님의 임재 속에서 은퇴하지 않는다. 졸업하는 것이다. 나는 신자가 죽었을 때 구세군이 사용하는 말을 아주 좋아한다. "영광으로 승진되었다!"

하나님께서는 아담과 하와가 에덴동산에서 누렸던 즐거움은 아주 시시한 것으로 여길만한 삶을 천국에 마련해두셨다. 이 세상에서의 육체와 영혼의 즐거움은 상당히 커서 천국에서의 즐거움에 대해 우리가 상상하기는 어려울 것이다. 그런데 하나님께서는 그가 예비해놓으신 것이 우리가 상상할 수 있는 것을 능가하며 우리가 생각할 수 있는 것을 넘어선다고 말씀하신다(고전 2:9).

욥은 자신이 죽은 자들의 땅으로 들어가고 있는 산 자들의 땅에 있는 것이 아님을 발견했다. 오히려 그는 살아있는 자들의 땅으로 가는 도중에 죽은 자들의 땅에 머물고 있는 자신을 발견했다. 자기 인생의 비극들에 대한 계속되는 고통과 혼란 속에서도 그는 자신이 구속자를 의지할 수 있으며, 부활에 대해 확신할 수 있음을 알고 있었다.

드러난 사실 UNLOCKED

대답이 없는 수많은 의문이 자신을 곤경에 빠뜨릴 때에는 우리의 의식을 자신이 확실하게 알고 있는 것에 집중하는 것이 중요하다. 욥은 아주 훌륭한 모델을 우리에게 보여주고 있다. 그는 구속자와 부활에 대한 자기의 신앙을 고백했던 것이다.

당신은 하나님께서 당신을 이끌어 여러 고난을 무사히 통과하게 하실 것임을 믿을 수 있다. 그리고 아무리 죽음이라 할지라도 하나님의 백성을 구속의 권능이 미치지 못하는 곳으로 집어넣을 수 없음을 확신할 수 있을 것이다. 하나님께서 빛 가운데서 당신에게 가르쳐주신 것을 흑암 가운데서 결코 의심하지 말라. 믿음은 우리가 알고 있는 진리로 우리의 마음과 생각을 가득 채울 때에 그리고 지금 알지 못하는 것은 하나님의 손에 맡겨놓을 때 성장한다. 그렇게 된다면 아마도 당신은 욥의 모범을 따라서, 가족과 친구들에게 하나님께서 가르쳐주신 복음을 말할 수 있을 것이다. 당신이 믿고 있는 바를 그대로 고백하는 것은, 당신의 생각 속에서 분명한 진리를 지켜내는 중요한 방법이 될 것이다. 그리고 그렇게 할 때 당신의 영혼은 더욱 큰 힘을 얻게 될 것이다.

기도 PAUSE FOR PRAYER

전능하신 아버지 하나님!

예수 그리스도께서 구속자 되신 것과, 구속자가 계신 곳에서는 절대로 패배하지 않는다고 약속하신 주님께 감사드립니다. 예수 그리스도의 부활을 믿으며, 지금은 이해할 수 없는 일도 언젠가는 모두 밝혀지게 될 것임을 믿습니다.

어려움이 닥칠 때마다 믿음 가운데서 강하게 일어설 수 있도록 도와주시옵소서. 주님께서 저희에게 주신 진리 속에서 안식할 수 있도록 도와주시옵소서. 가장 어두운 흑암 가운데 생명의 빛을 비추신 예수 그리스도께 감사드립니다. 그 빛 가운데로 걸어 들어갈 수 있도록 도와주시옵소서. 예수 그리스도의 이름으로 기도드립니다. 아멘.

26

계시

Revelation

욥기 38장

우리가 어떻게 하나님을 알 수 있는가?

묵상의 길잡이

☑ **발견하라**
성경이 여느 책들과 왜 다른지 그 이유를 발견하라.

☑ **배우라**
하나님과의 참된 만남의 일차적인 효과들을 배우라.

☑ **경배하라**
살아계신 하나님의 위대하심과 영광에 대한 새로운 면모를 보면서 경배하라.

'밝히다'reveal, 계시하다나 '밝혀졌다'revealed, 계시됐다라는 단어는 저널리스트들과 주요 기사의 제목을 뽑는 편집자들이 애용하는 단어이다. 신문이나 그 외의 뉴스매체들의 궁극적인 목적은 알려지지 않은 사실들을 우리에게 전해주는 것이다. 각 신문사들은 큰 기삿거리의 확보를 위해 서로 경쟁을 벌인다. 그들은 다른 누구도 알고 있지 못한 사건을 활자화하기 바라며, 그렇게 됐을 때, 그들은 자신들이 쓴 이야기가 일종의 '폭로'(특종)라고 주장할 수 있다.

1970년대, 《워싱턴포스트》Washington Post의 밥 우드워드Bob Woodward와 칼 번슈타인Carl Bernstein은 워터게이트Watergate 스캔들을 밝혀내기 위해 끈질기게 정보를 추적했다. 《워싱턴 포스트》가 그 이야기를 기사화했을 때, 알려지지 않았던 그 사실이 온 세상에 폭로된 것이었다.

우드워드와 번슈타인은 워터게이트 스캔들에 연루된 관계자들을 추적해낼 수 있었다. 그렇지만 하나님에 대해서는 누가 추적할 수 있겠는가? 하나님은 우리 눈에 보이시는 분이 아니다. 우리가 하나님을 볼 수 있는 유일한 길은 하나님께서 자신을 스스로 나타내실 때뿐일 것이다. 이 계시는 우리의 조사를 통해 일어나는 것이 아니라, 하나님 스스로에 의해 일어나야 하는 것이다.

바로 그런 이유 때문에 성경의 이야기 하나하나가 모두 중요한 것이다. 하나님께서 자신을 계시하셨다. 아브라함, 이삭, 야곱, 모세 그리고 선지자들에게 그렇게 하지 않았다면 세상에 알려지지 않았을 사실을 하나님께서는 우리에게 드러내셨다. 그리고 이 계시가 성경을 통해 우리에게 주어졌다.

성경, 하나님의 독점 기사

종교 문제에 대해 사람들이 반대하는 한 가지 단어가 있다면, 그 단어는 '독점적'exclusive이라는 단어일 것이다. 많은 사람들은 '성경이 하나님의 독점적 계시'라거나 '하나님께서 오직 예수 그리스도 안에서만 독점적으로 자신을 계시하셨다'는 주장을 들으면 무척 불쾌해한다. 그러나 나는 어떤 신문이라도 자신들의 기사가 독점 기사라고 말한다고 해서 그것에 불쾌해하는 사람은 본 적이 없다.

어떤 신문이 '독점 기사'를 보도했다는 말은 누군가가 아무에게도 밝히지 않은 정보를 그 신문사에만 밝혔다는 뜻이다.

《쿡 카운티 크로니클》Cook County Chronicle(쿡 카운티는 시카고시가 속해있는 카운티의 이름임)이라는 신문이 특종을 한 건 잡은 상황을 가정해보자. 그 신문은 농구 슈퍼스타 마이클 조던과(지금은 은퇴한)의 독점 인터뷰를 싣는다. 조던은 이전에는 알려지지 않았던, 시카고 불스 팀의 라커 룸에서 일어난 일들을 폭로한다. 《쿡 카운티 크로니클》은 "나의 비밀스런 고통: 조던이 라커 룸의 고민들을 밝히다"라는 제목 아래 그 기사를 보도한다. 그 기사는 "마이클 조던은 《쿡 카운티 크로니클》과의 독점 인터뷰에서 이전에는 결코 밝혀지지 않았던 라커 룸의 비밀들을 말한다"라고 시작된다.

그 기사는 독점이기 때문에, 마이클 조던이 겪었던 라커 룸의 고민들에 대해 알 수 있는 유일한 방법은, 그 신문을 한 부 사서 그 기사를 읽는 수밖에 없을 것이다. 다른 신문들은 그 기사를 인용할 것이다. 그러나 《쿡 카운티 크로니클》만이 '특종'의 영광을 갖는다. 경쟁하는 다른 신문사들의 '그 기사'에 대한 보도는 처음으로 그 사실을 밝혔던 신문에 비추어 정확성이 검토되어야 할 것이다.

어떤 사람들은 왜 마이클 조던이 자신의 개인적인 이야기를 《쿡 카운티 크로니클》에 밝히고자 했는지 궁금해할 것이다. 그러나 그렇게 할 수 있는 조던의 권리에 대해 반박하려는 사람은 아무도 없을 것이다. 만약 그가 자기 세계의 내밀한 비밀들을 밝히기 원한다면, 자신이 어떤 시간, 어떤 장소를 선택해서 밝히든지 간에, 그것은 절대적으로 조던 자신의 자유이다. 마찬가지로, 그가 자기 생활에 대해 프라이버시를 지키고자 한다면, 그러기 위해 아무것도 밝히지 않을 권리 역시 그에게 있다.

이 사실은 하나님에 대해서도 똑같이 적용된다. 하나님은 자신의 모습을 드러내야 할 어떠한 강요도 받지 않으신다. 그러나 만일 하나님께서 자신을 우리에게 나타내고자 한다면, 언제, 어디서, 어떠한 방법으로 하시든지, 그것은 전적으로 하나님 자유이다.

먼저 하나님께서는 창조 세계를 통해 자신을 계시하셨다. 세계는 하나님의 영광을 상연하는 극장이다. 세계는 하나님의 영광을 비추어준다. 그러나 그 계시는 제한적이다. 지혜로운 사람은 달과 별들을 바라보면서 하나님께서 분명 존재하고 계심과 하나님의 권능이 무한하심을 알 수 있다. 그러나 하나님의 품성에 대해서는 많은 것을 배울 수 없을 것이다.

그래서 하나님께서는 성경을 통해 하나님 자신에 대한 더 풍성한 계시를 주셨다. 성경 이야기 전체는 어떻게 하나님께서 사람들에게 자신을 알려주게 되셨는가에 대한 것이다. 하나님께서는 자신이 알려지기 원하신다. 바로 그 때문에 하나님께서는 에덴동산에서 아담과 하와와 더불어 동행하셨다. 그런 다음에 하나님께서는 아브라함에게 말씀하셨으며, 아브라함 후손의 계보 가운데 태어나는 한 사람을 통해 온 땅의 모든 백성을 축복하실 것임을 계시해주셨다.

하나님께서는 시내산에 내려오셔서 하나님 임재의 공포와 그의 법의 신성함을 보여주셨다. 하나님께서는 대속죄일에 내려오셔서, 죄인을 대신해 그 자리에 선 희생제물의 피가 뿌려지고, 하나님께서 그 죽음을 받아들이실 때, 하나님과의 평화가 이루어진다는 사실을 계시하셨다. 만일 하나님께서 그 사실을 계시해주지 않으셨다면, 이러한 사실에 대해 우리는 아무것도 알지 못했을 것이다.

그런 다음에 하나님께서는 하나님의 가장 큰 '독점 기사'를 통해 자신을 계시하셨다. 그 기사는 '하나님께서 사람이 되셨다'는 것이다. 하나님께서는 구약성경 이야기를 통해 많은 사람을 감동시키고, 채워주시고, 기름 부으셨다. 그러나 하나님 자신이 실제로 사람의 육체를 취하여 사람이 되신 경우는 단 한 번뿐이었다. 언제나 하늘에서 아버지의 우편에 계셨던 하나님의 아들이 땅에 임하셨다. 그분은 우리가 하나님께로 나아갈 수 있는 길을 열어주셨으며, 회개와 믿음으로 그를 향해 나오는 모든 자들을 위해 그 길을 예비해놓으셨다.

그것이 바로 성경의 이야기이다. 그것은 하나님에 대한 참된 계시이며 하나님의 독점 기사이다. 우리가 그 기사에 견줄 수 있는, 똑같은 출처를 가지고 있거나 똑같은 이야기를 우리에게 해줄 수 있는 다른 어떠한 계시도 존재하지 않는다.

진실, 해석, 공상

뉴스를 보면 보통 세 가지 형식의 보도 방식이 있다는 사실을 알 수 있다. 어떤 보도들은 사실적이고 정확하다. 어떤 보도들은 진실에 기반을 두고 있지만, 상당한 해석이나 장황한 설명을 포함하고 있다. 어떤 보도들은 진실이나 실상과 거의 관계가 없다. 예를 들어서, 아침에 신문이 배달됐을 때, 주식이나 상호투자기금에 어떤 변화가 일어났는지 알기 위해서는 경제 섹션을 먼저 살펴볼 것이다. 만약 그토록 작게 적힌 숫자들을 읽을 수 있을 만큼 당신의 시력이 충분히 좋다고만 한다면, 그 신문을 통해 전날의 거래 상황들을 알게 될 것이다. 당신은 다우존스Dow Jones 지수를 확인하고 신문에 오자가 없을 것이라고 단정하면서 숫자들의 진실성을 받아들인다. 그 정보는 사실이다.

그러나 어떤 신문 보도에는 편향성이나 나름대로의 해석이 존재한다. 여러 다양한 신문이 공존하는 큰 도시에서 구독자들은 대개 자신들의 견해를 반영하는 신문을 선택한다. 대부분의 신문들이 가지고 있는 정치적인 입장은 잘 알려져있다. 예를 들어, 수도 워싱턴에서 《워싱턴 포스트》는 정부와, 특히 보수적인 정부와 기꺼이 싸움을 벌이는 것으로 잘 알려져있다. 그 반대 입장을 가지고 있는《워싱턴 타임즈》Washington Times를 읽는 사람들은 그 신문이 가지고 있는 보수적인 성향을 잘 알고 있기 때문에 그 신문을 구독한다. 당신은 한 사람이 어떤 신문을 읽느냐에 따라 그 사람에 대해 많은 것을 이야기할 수 있다.

그리고 진실과는 거의 아무런 관계가 없는 것으로 보이지만, '폭로' 하는 양 특종인 척하는 기사들이 있다. 당신이 슈퍼마켓에 가면 계산대 옆에 늘어져있는 주간지(타블로이드판)들을 볼 수 있을 것이다. 그 주간지들에는 흔히 명사들과 정치인들과 외계인들에 대한 상당히 기괴한 제목들이 지면을 채우고 있다. 당신은 "주간지 《티클러》Weekly Tickler가 오프라 윈프리Oprah Winfrey가 일곱 살이었을 때 외계인들에게 유괴 당했었다는 놀라운 증거를 밝힌다"라는 식의 기사 제목에 익숙할 것이다. 이러한 신문 기사들의 내용은 진실과는 거의 관계가 없다. 그것은 모두 한바탕 웃자는 이야기이다. 실제로 상당히 많은 사람이 그러한 형편없는 이야기들을 읽으면서 즐거워한다.

우리가 성경에 있는 하나님의 '계시'에 대해 말할 때, 우리가 말하는 계시는 참된 계시이다. 이것은 주간지《티클러》가 기사화하고 있는 허무맹랑한 이야기들과 같은 것이 아니다. 그것은 칼을 갈고 덤비는 저널리스트의 펜에서 나오는 편향적인 보도도 아니며, 개인적인 지적도 아니다. 하나님께서는 성경에서 자신이 계신 그대로를 계시하고 계시며, 우리 자신들에 대해서와 우리가 살아가고 있는 이 세계에 대한 진실을 우리에게 전해주신다.

그리스도인들은 (1) 하나님께서 말씀하셨다는 사실과, (2) 하나님께서는 진실하시다는 사실과, (3) 하나님께서는 절대 실수하지 않으신다는 사실을 믿는다. 이상 세 가지가 성경에 있는 하나님의 계시에 대해 우리가 믿고 있는 세 기둥들이다.

만일 하나님께서 말씀하셨으며, 그 하나님이 참되시며, 하나님께서 절대 실수하지 않으신다면, 그분이 말씀하신 것은 모두 진리임에 틀림없다. 하나님께서는 신뢰할 수 있는 분이다. 하나님은 거짓말을 하실 수 없다. 하나님께서는 진리만을 말씀하신다.

진리를 측정하는 척도

하나님께서 자신을 계시하신 적이 없다고 한다면, 우리가 하나님에 대해 이야기하는 것은 어떤 것도 보편적으로 진실이라고 할 수 없을 것이다. 그런 이야기는 모두 단지 개인 한 사람의 의견에 불과할 것이다.

그러나 만일 하나님께서 자신을 계시하신 적이 있다고 한다면 어떻게 될까? 만일 하나님께서 에덴동산에 임하셨으며, 아브라함에게 말씀하셨으며, 예수 그리스도 안에서 성육신하셨다고 한다면, 즉 성경이 말하고 있는 그대로 하나님이 그렇게 하셨다면 어떻게 되는가? 하나님께서 오직 독점적으로 예수 그리스도 안에서만 자신을 계시하셨다면 그리고 그 계시가 진실이라면, 이 계시는 모든 문화와 모든 세대의 사람들에 대해 권위를 가지게 된다. 또한 그 계시는 진실이나 진리에 대한 다른 모든 주장들을 재는 척도가 될 것이다.

내가 이 주제에 대해 우리 교회 성도들에게 가르쳤을 때, 나는 참석한 성도들에게 양손을 들어서 30센티미터 정도 벌려보라고 요청했다. 모든 사람은 자기 나름대로 30센티미터가 어느 정도 되는지에 대한 어떤 생각을 가지고 있다. 그러나 만일 각자 추측한 정도를 가지고서 건물의 치수를 재려고 한다면 아주 곤란하다. 실제로 정확한 치수를 재기 위해서는 자가 필요하다. 그래서 우리는 줄자를 구입한다. 만일 그들이 정확하다고 하는 것을 우리가 "어떻게 아느냐"고 묻는다면, 그에 대한 대답은 "런던의 그리니치Greenwich에 1피트(=30.48센티미터)의 정확한 척도가 있다"는 것이 될 것이다. 그것이 바로 척도이다. 척도는 30센티미터라는 주장이 검증될 수 있는 일종의 법이다.

성경은 진리에 대한 모든 주장들을 재는 척도이다. 성경은 나에게 권위를 갖고 있다. 나는 성경을 판단하고, 분석하고, 그 메시지를 평가하기 위해 성경을 대하지 않는다. 내 마음대로 내 취향에 맞고 내 생활 방식을 옹호해주는 것을 성경에서 분리시켜서 그것을 끄집어낼 수 있는 자유가 나에게는 없다. 성경이 나를 검사한다. 성경이 나를 판단하며, 내가 어디에서 잘못되었고, 왜 변화할 필요가 있는지 보여준다.

설명이 아니라 계시

욥기 38장에서 우리는 실제로 일어나고 있는 하나님의 계시에 대한 놀라운 일례를 보게 된다. 욥은 자신의 인생 가운데서 아주 커다란 고난의 기간을 감내했다. 그는 해답이 없는 의문점들을 가지고 씨름했다. 그리고 그의 친구들은 자기들의 편협한 이론들과 둔감한 말로써 사태를 더욱 악화시켰다.

그러나 그 이야기의 끝이 가까워졌을 때, 하나님께서 자신을 계시하셨다. 전능하신 하나님께서 직접 욥에게 말씀하셨다. 그 일은 절대적으로 전율할만한 일이었을 것이다.

> 그때에 여호와께서 폭풍우 가운데에서 욥에게 말씀하여 이르시되(욥 38:1).

하나님께서 인간의 귀에 들리는 음성으로 욥에게 말씀하셨던 것이라 여겨진다. 그리고 또한 이 일은 일종의 신현神顯, 즉 하나님께서 직접 눈앞에 나타나신 사건이었다고 볼 수 있다. 후에 욥은 이렇게 고백하게 된다. "내가 주께 대하여 귀로 듣기만 하였사오나 이제는 눈으로 주를 뵈옵나이다"(욥 42:5).

하나님께서는 깊은 흑암 가운데서 고난받고 있었던 이 믿음의 사람에게 내려오셔서 말씀하셨다. 그분이 하신 말씀은 설명이 아니라 계시였다. 욥기의 마지막 장은 고난에 대한 설명을 찾는 사람들에게 실망을 가져다줄 것이다. 조지 버나드 쇼George Bernard Shaw는 욥의 고난에 대한 적절한 설명을 제공해주지는 않고, 하나님께서 하셨던 일이 전부 자신이 어떻게 눈송이와 악어(리워야단)를 만들었는지 자랑하는 것이었다고 불평했다. 그러나 욥은 하나님께서 자기에게 하신 말씀에 만족했다. 하나님께서 가까이 다가오셔서 자신을 드러내셨을 때, 욥은 자신이 당했던 고난에 대한 설명을 듣지 않고서도 살 수 있다고 느꼈다.

하나님의 계시는 욥이 가지고 있었던 모든 의문들을 해결해주지는 않았다. 하나님의 계시는 우리가 가지고 있는 의문들에 대해서도 대답해주지 않는다. 그러나 그 계시는 하나님이 누구신가에 대해 우리에게 전해주고 있다. 하나님께서는 우리가 전적으로 신뢰하고 믿을 수 있는 분으로 자신을 드러내셨다. 그리고 욥이 하나님의 영광을 보았을 때, 그는 자신이 하나님께서 대답해주지 않은 그 의문점들을 지니고서도 살아갈 수 있음을 알게 됐다.

대답할 수 없는 하나님의 질문들

욥기 38-41장에서 하나님께서는 욥에게 거의 70여 가지의 질문을 던지셨다. 그런데 욥은 그 질문들 가운데 하나도 대답할 수가 없었다. 그것은 마치 주님께서 욥에게 이렇게 말씀하시는 것과 같았다. "욥아, 너는 하나님의 계획에 들어오기를 원했다. 너는 모든 것을 알 필요가 있다고 느꼈다. 그러나 오직 하나님만이 모든 것을 안다. 하여, 과연 네가 하나님의 계획에 들어올 자격이 있는지 알아보도록 하자."

만일 욥이 하나님의 계획에 들어가고자 한다면, 그가 그 자리에 적절한 인물인지를 심사 받는 면접을 치를 필요가 있을 것이다. 따라서 이 순간 우리는 가장 높은 자리를 놓고 벌이는 가장 힘든 면접을 접하게 된다. 당신은 취업을 준비하면서 높은 지위에 있는 사람들이 당신에게 대답하기 어려운 질문들을 하는 면접을 경험한 적이 있을 것이다. 그렇다고 해도 당신은 욥이 당한 상황은 결코 겪어보지 못했을 것이다. 이는 그 어떤 것보다 끔찍한 면접이었다.

"안녕한가, 욥! 자, 들어와 자리에 앉게나. 그대는 모든 것을 알고 싶어 하는 군. 그런데, 그대가 이토록 알기 원하는 것이 사실은 하나님의 자리를 열망하는 것임도 알고 있겠지? 그대는 하나님의 계획에 들어가기를 원하고 있어. 물론, 만일 그대가 하나님의 계획에 들어가고자 한다면, 자격을 갖추어야 하지. 그 자리는 아주 독보적인 자리거든. 자, 그렇다면, 욥, 그대에게 이것을 물어보도록 하지. 내가 땅의 기초를 놓았을 때에 그대는 어디에 있었지?"(욥 38:4).

"한번 말해보게. 그때에 새벽별들이 함께 노래하며 하나님의 아들들이 다 기쁘게 소리를 발하고 있는 동안에, 그대는 어디에 있었지?"(욥 38:7).

나는 여기에서 천사들(개역개정은 '하나님의 아들들'—역자 주)에 대해 언급한 것을 아주 좋아한다. 당신은 하나님께서 달과 별들과 성운들을 창조하셨을 때에 천사들이 기뻐했던 일에 대해 생각해본 적이 있는가? 하나님께서 새벽별들을 존재하게 하셨을 때에 모든 천사가 "와, 정말 멋지군요!" 하고 말했던 것이다.

"욥, 그대가 그 장면을 놓쳤다니 안됐군. 그 모습은 대단한 장관이었는데 말이야!"라고 하나님께서 말씀하고 계신 것이다.

하나님께서는 계속해서 이렇게 말씀하셨다. "바다가…터져나올 때에 문으로 그것을 가둔 자가 누구냐"(욥 38:8).

그다음으로 하나님께서는 바닷물과 해를 통제하는 자신의 경험에 대해 욥에게 물으셨다. "욥, 그대는 파도에게 말을 해서 그 조수를 되돌려 본 적이 있는가? 혹은 해에게 일어나라고 말한 적은 있는가?"(욥 38:11, 12). 만일 당신이 모든 것을 알기를 원한다면, 당신은 이 일을 어떻게 하는지 배워야 할 것이다.

그런 다음에 하나님께서 이렇게 정리하셨다.

> 다 알거든 말할지니라(욥 38:18).

고난 가운데서 욥은 내내 하나님 앞에 자신의 사정을 아뢸 기회가 찾아오기 원했다. 그러나 그 기회가 왔을 때, 그는 한 마디도 할 수가 없었다. 어떻게 그가 말을 할 수 있겠는가? 아무도 이러한 질문들에 대해서는 답변할 수 없을 것이다.

욥은 자신이 겪고 있는 깊은 문제로부터 빠져나오고 있음을 깨달았다. 욥은 자신의 삶 속에서 일어나는 모든 의문점에 대해 이해할 수 있어야 한다고 생각했다. 그러나 이제 그는 이 지식이 자신의 신분과 처지로는 전혀 이를 수 없는 것임을 알게 됐다. 그래서 욥은 면접의 나머지 단계를 생략해달라고 부탁드렸다.

> 나는 비천하오니 무엇이라 주께 대답하리이까 손으로 내 입을 가릴

뿐이로소이다(욥 40:4).

그러나 하나님께서는 이 사람을 그냥 보내고자 하지 않으신다. "너는 대장부처럼 허리를 묶고 내가 네게 묻겠으니 내게 대답할지니라"(욥 40:7). 고난당하면서 내내 욥은 자신이 하나님께 무엇을 물어야 할지를 생각해왔다. 아마도 당신은 만약 자신이 하나님을 만난다면, 대답하기 힘든 질문들을 하나님께 마구 퍼부을 것이라고 상상해왔을 것이다. 그러나 욥은 정작 하나님 앞에 서게 됐을 때, 그것은 자신이 기대하고 있었던 것과는 전혀 딴판이라는 사실을 깨달았다. 그는 묻고자 했던 단 하나의 질문도 생각할 수가 없었다.

우리로서는 하나님 영광의 시작조차도 파악하기가 매우 어렵다. 우리가 하나님에 대해 이야기를 하고, 하나님에 대해 노래하지만, 하나님의 영광에 대해서는 거의 느끼지 못하고 있다. 아마도 바로 그런 이유 때문에 주님께서는 그렇게 긴 시간 동안 욥과 인터뷰를 하셨던 것 같다.

인터뷰의 결과

마침내 그 면접이 끝났을 때, 욥은 기진맥진했을 것임에 틀림없다. 그러나 하나님께서 마음을 누그러뜨리셨을 때, 욥은 변화 받은 사람이 되어있었다. 그는 자신의 인생과 고난에 대해 전적으로 새로운 관점을 가지고 있었다.

> 주께서는 못 하실 일이 없사오며 무슨 계획이든지 못 이루실 것이 없는 줄 아오니…나는 깨닫지도 못한 일을 말하였고 스스로 알 수도 없고 헤아리기도 어려운 일을 말하였나이다(욥 42:2, 3).

욥기는 그의 친구들인 엘리바스와 빌닷과 소발의 의견과, 상당히 길게 덧붙여지고 있는 엘리후라는 또 한 사람의 말이 상당 부분을 차지하고 있다. 욥의 친구들이 모든 충고를 마쳤을 때, 욥은 완전히 비탄과 우울한 마음에 잠겨 자신을 탓했다.

그러나 욥기의 끝에서 하나님께서는 무대의 중심을 차지하신다. 당신은 이 상처받은 사람에게 하신 하나님의 말씀들이 상당히 혹독한 것처럼 여겨질 수도 있을 것이다. 하나님의 계시는 욥을 철저히 깨부수는 것 같지만, 정반대의 효과를 가지고 있다. 하나님과 조우한 후에, 욥은 더 이상 자신의 처지에 사로잡히지 않고 만물에 대해 주권을 행사하시는 하나님의 영광에 대한 비전으로 가득 차게 되었다. 욥의 친구들은 그의 눈을 내면으로 향하도록 초점을 맞추었지만, 하나님께서는 욥의 눈이 위를 향하도록 초점을 맞추셨다. 그것이 바로 하나님의 말씀이 행하는 일이다. 하나님의 말씀은 당신의 눈을 당신 자신으로부터 돌려서 하나님께로 향하도록 하신다. 욥은 이렇게 말했다. “내가 주께 대하여 귀로 듣기만 하였사오나 이제는 눈으로 주를 뵈옵나이다 그러므로 내가 스스로 거두어들이고 티끌과 재 가운데에서 회개하나이다”(욥 42:5-6).

욥이 하나님의 영광을 보았을 때, 그 일은 그가 생각하고 느끼고 있었던 방식을 바꾸어놓았다. 욥과 하나님의 조우는 “이제 내가 깨달았나이다”라는 말로 끝나지 않고 “이제 내가 회개하나이다”라는 말로 끝난다.

욥은 믿음의 사람이었다. 그 이야기의 서두에서 하나님께서는 그를 “동방 사람 중에 가장 큰 자”라고 일컬었다. 비극이 그를 쳤을 때, 욥은 훌륭하게 반응했다. 그는 자신의 겉옷을 찢고 하나님께 경배했다. 그러나 그는 고난을 견뎌내면서 그리고 친구들의 영향과 자기 자신과 대답 없는 질문들로 인해 점차 쇠진해버렸다.

어떤 사람들은 자신에 대해 너무 높게 생각하고 있어서 죄를 짓는다.

또 어떤 사람들은 자신에 대해 너무 낮게 생각하고 있어서 죄를 짓는다. 그러나 우리 모두는 우리 자신에 대해 너무나 많은 생각을 기울임으로써 죄를 짓고 있다. 하나님께서 나타나시기 전까지의 그것이 바로 욥이 있었던 자리였다. 그리고 살아계신 하나님과의 새로운 만남을 통해 이 믿음의 사람은 다시금 '예배하는 자'가 되었다.

그리스도에 대한 조명 SPOTLIGHT ON CHRIST

아마도 당신이 인생을 살면서 해결되지 않는 의문들이 있을 것이다. 그리고 당신도 욥처럼 점점 더 자기 자신에게 집착하고 자기 의에 사로잡히게 되었을 것이다. 여전히 교회에는 출석하고 있지만 하나님께 예배하는 대신에, 하나님께 질문을 던지면서 대부분의 시간을 보내고 있을 것이다. 당신의 인생 경험 때문에 하나님을 저만치 언저리로 내몰고 자기중심적인 생활을 하게 된 것이다.

하나님께서는 욥에게 하셨던 것처럼 당신에게 나타나지는 않으실 것이다. 그러나 하나님께서는 예수 그리스도 안에서 그보다 훨씬 더 큰일을 행하셨다. "옛적에 선지자들을 통하여 여러 부분과 여러 모양으로… 말씀하신 하나님이… 아들을 통하여 우리에게 말씀하셨으니…"(히 1:1, 2). 예수 그리스도께서 세상에 오셨을 때, 하나님께서는 사람들이 눈으로 볼 수 있도록 나타나시는 것보다 훨씬 더 큰일을 행하셨다. 하나님께서 실제로 사람의 모습을 하시고 우리가 고난 받는 세상 속으로 들어오셨던 것이다. 예수 그리스도는 "보이지 아니하시는 하나님의 형상"(골 1:15; 히 1:3)이시다. 요한은 우리에게 이렇게 말하고 있다. "본래 하나님을 본 사람이 없으되 아버지 품속에 있는 독생하신 하나님이 나타내셨느니라"(요 1:18).

예수 그리스도 안에 있는 하나님의 계시는 독점적이다. 하나님께서 사람이 되신 일은 한 번밖에 없었다. 다른 누구도 육체를 입으신 하나님이었던 적은 없으며, 앞으로도 없을 것이다. 이것이 바로 예수 그리스도께서 역사에 등장했던 종교 지도자들 중 한 사람이 결코 될 수 없는 이유이다. 예수 그리스도는 우리와 함께하시는 하나님이시다.

예수 그리스도 안에 있는 하나님의 계시는 진실이다. 그분의 말씀은 자신의 독특한 종교적 관점이나 통찰이 아니었다. 그분은 아버지께서 주셨던 말씀들을 그대로 행하셨다(요 14:25). 그리고 하나님의 말씀이 진리라고 주장하셨다(요 17:17).

하나님께서는 하나님이 누구시며 어떤 모습일 것인가에 대해 우리가 추측하도록 내버려 두지 않으셨다. 하나님께서는 예수 그리스도 안에서 자신을 계시하셨다. 예수 그리스도께서는 하나님께서 욥에게 행하셨던 바로 그 일을 우리에게 행하시기 위해 이 땅에 오셨다. 예수 그리스도께서는 우리가 더 이상 우리 자신들을 위해 살지 않고 우리를 지으신 창조주 하나님의 영광을 위해 살도록 인도하시려고 이 땅에 오셨다.

드러난 사실 UNLOCKED

비록 우리가 하나님에 대해 무엇인가를 알고자 한다 할지라도, 우리는 자신을 알려주시는 하나님께 전적으로 의존해야만 한다. 하나님은 인간의 탐구와 조사의 범위를 초월하신다. 좋은 소식은 하나님께서 자신을 알려주셨다는 사실이다. 하나님께서는 창조 세계를 통해 하나님의 권능과 영광의 일부를 계시해주고 있다. 또한 하나님께서는 자신의 말씀 가운데서 훨씬 풍성하게 자신을 계시해주셨다. 그 말씀은 우리에게 예수 그리스도를 가르쳐주고 있으며, 예수 그리스도는 바로 우리와 함께하시는 하나님이시다.

하나님께서 말씀하셨다. 하나님은 지금도 계시며, 침묵하고 있지 않으신다. 하나님께서는 자신이 알려지기를 원하셨기 때문에 자신을 계시하셨다.

기도 PAUSE FOR PRAYER

다음에 제시된 기도는 시편 139편 23-24절의 말씀이다.

하나님이여 나를 살피사 내 마음을 아시며 나를 시험하사 내 뜻을 아옵소서 내게 무슨 악한 행위가 있나 보시고 나를 영원한 길로 인도하소서.

27

지혜

Wisdom

잠언 8, 9장

어떻게 성공하는 인생을 살 것인가?

묵상의 길잡이

☑ **발견하라**

지혜가 무엇이며 어디에서 지혜를 찾을 수 있는지 발견하라.

☑ **배우라**

성적 유혹의 교묘한 힘을 배우라.

☑ **경배하라**

하나님의 지혜이신 예수 그리스도를 경배하라.

좋은 건물을 세우기 위해서는 탁월한 기술이 필요하듯 성공적인 인생을 살기 위해서도 좋은 기술이 필요하다. 성경이 그 기술을 표현하기 위해 사용하고 있는 단어가 바로 '지혜'이다. 히브리어로 지혜는 지식, 영리함, 훈련, 훌륭한 판단, 올바른 가치들, 기술, 솜씨를 뜻한다.

하나님의 백성이 광야에서 살아가고 있었을 때, 여호와 하나님께서는 그들에게 언약궤와 성막을 어떻게 만들 것인지에 대한 지침을 주셨다. 하나님께서는 브살렐이라는 사람에게 성령이 충만하게 하셔서, "지혜와 총명과 지식과 여러 가지 재주로 정교한 일을 연구하여 금과 은과 놋으로 만들게 하며 보석을 깎아 물리며 여러 가지 기술로 나무를 새겨 만들게" 하셨다(출 31:3-5).

백성은 나무와 돌 혹은 귀금속으로 만든 그 사람의 작품을 보면서 “야, 이 사람은 대단히 솜씨가 좋은 전문가로구나”라고 말했을 것이다. 이때 백성이 그 말을 하면서 사용했던 단어는 히브리어로 지혜에 해당하는 단어였다. 지혜는 우리가 생활하는 데 필요한 모든 기술을 가리킨다. 스튜어트 브리스코Stuart Briscoe가 지적하고 있다시피, 지혜는 생활의 기술들을 가리키는 말이다.

하나님께서 지혜를 언급하실 때 말씀하시는 것은 바로 우리가 우리의 삶을 세워나갈 때 필요한 기술들이다. 당신의 삶은 다른 사람들이 “대단한 솜씨로 이룩해놓은 삶이로군요”라고 말하게끔 할 수 있는 훌륭한 삶이거나, “한마디로 엉망진창이군”이라고 말하게끔 할 수 있는, 되는 대로 막 살아간 삶일 수 있다.

솔로몬 왕에게 하나님으로부터 선물 하나를 받을 수 있는 기회가 주어졌을 때, 지혜를 청했다(왕상 3:5~12). 그리고 하나님께서 그에게 주셨던 지혜의 일부를 우리를 위해 잠언에 기록했다. 잠언은 인생의 항로를 항해해 나가는 데 필요한 실천적인 충고로 가득 차 있다.

잠언은 처음부터 단도직입적으로 그것의 목적을 우리에게 전하고 있다.

> 다윗의 아들 이스라엘 왕 솔로몬의 잠언이라 이는 지혜와 훈계를 알게 하며 명철의 말씀을 깨닫게 하며(잠 1:1, 2).

솔로몬은 지혜가 지극히 중요하며 무엇보다 가치가 있음을 강조하면서 잠언의 처음을 시작했다. 지혜는 ‘진주보다 귀하다’(잠 3:15). 당신이 무엇을하든지, ‘지혜를 얻으라’(잠 4:5)고 그는 말한다.

지혜와 지식 사이에는 큰 차이가 있다. 많은 학위를 받았으면서도 어떻게 하면 생활을 잘 꾸려나갈 수 있는지에 대해서는 아무런 생각을 하지 못할 수 있다. 과학 기술에 대해서는 천재일 수 있지만, 인생을 살아가는 법에 대해에서는 거의 바보일 수 있다. 우리 세대는 전례 없이 지식이 폭발하고 있는 시대이지만, 지혜에 대해서는 그렇지 못하다.

창을 통해 밖을 내다보았을 때

솔로몬이 자기 서재에서 펜을 들고 이 잠언의 말씀들을 쓰는 장면을 한번 상상해보기 바란다. 그의 사상은 지혜라는 이 위대한 주제로 가득 차 있으며, 그가 종이 위에 써 내려가고자 하는 온갖 실질적인 삶의 지혜가 넘쳐날 것이다. 그리고 이제 막 값을 매길 수 없는 지혜의 가치를 설명하면서 책의 서론 부분을 끝마쳤다.

솔로몬이 글을 쓰면서, 창밖을 내다본다.

> 내가 내 집 들창으로, 살창으로 내다보다가 어리석은 자 중에, 젊은이 가운데에 한 지혜 없는 자를 보았노라(잠 7:6, 7).

자기 집의 창문 너머에 있는 거리에서 솔로몬은 너무나도 어리석은 한 사람을 보았다. 솔로몬은 잠시 동안 그 광경을 바라보고, 그 후에 자기가 보았던 사실을 우리에게 전해주고 있다.

> 그가 거리를 지나 음녀의 골목 모퉁이로 가까이 하여 그의 집쪽으로 가는데 저물 때, 황혼 때, 깊은 밤 흑암 중에라(잠 7:8-9).

그 사람은 그저 거리를 이리저리 배회하고 있었다. 그는 특별히 할 일이 없었다. 그저 어떤 여인이 있는 방향으로 어슬렁거리며 돌아다니고 있을 뿐이었다.

그러자 한 여인이 그 사람을 맞으러 나왔다(잠 7:10). 솔로몬은 단지 자기가 보았던 것을 그대로 기록하고 있었다는 사실을 기억하기 바란다. 그 여인은 그 사람을 유혹하고 있었다. 그 여인은 그 사람을 붙잡고 입을 맞추고 '내가 집에 화목제를 드린 것들이 있다'(잠 7:14)고 말했다(참조: 화목제를 드리고 나면 그다음 나누어 먹을 제물이 남게 됨—역자 주). 그 여인은 매우 열정적이었으며, 영적으로 유혹하는 듯이 들리는 말도 했다.

그 여인의 말은 목적 없이 배회하고 있던 그 사람이 스스로에 대해 만족스럽게 느끼도록 만들었음에 틀림없다. 왜냐하면 자기가 그 남자를 마중하러 나왔다고 말했기 때문이다. "이러므로 내가 너를 맞으려고 나와서 네 얼굴을 찾다가 너를 만났도다"(잠 7:15). 그 말은 바로 이런 말이었다. "그대는 내가 내 평생 찾고 있었던 바로 그 사람이라. 나는 내가 그대에게 지금 느끼고 있는 느낌을 다른 어느 누구에게서도 느끼지 못했었노라." 그 남자는 자기에게 아부하는 소리를 듣고 그녀에게 빨려 들어갔다.

솔로몬은 자기 집 창문을 통해, 그 남자가 결심을 한 듯 그 여인과 함께 갈 때까지 그들을 지켜보았다. 솔로몬은 이렇게 말한다.

> 젊은이가 곧 그를 따랐으니 소가 도수장으로 가는 것 같고(잠 7:22).

이 말은 상당히 강한 묘사이다. 그 남자는 충동에 사로잡혔다. 그 남자의 행동은 저항할 수 없는 강력한 느낌과 감정에 의해 지배당했다.

"만약 내가 이 일을 한다면, 그 결과가 어떻게 될 것인가?"라는 간단한 질문조차도 그의 머릿속에 떠오르지 않았다. 솔로몬은 그 질문에 대한 답변을 우리에게 언급한다. "그의 집은 스올의 길이라 사망의 방으로 내려가느니라"(잠 7:27).

나는 솔로몬이 이것을 본 후에 글을 쓰고 있는 펜을 내려놓고 머리를 감싸 쥐었을 것이라고 생각한다. 그는 삶에 꼭 필요한 하나님의 지혜에 관해 쓰고 있었다. 그리고 그는 창밖을 바라보며, 심지어 하나님의 백성 중에서도 어떤 사람들은 재앙을 향해 발걸음을 재촉하고 있다는 사실을 알 필요성을 느꼈다.

이 이야기는 우리의 선택과 행위를 불러일으키는 영혼의 깊은 문제들을 다루고 있다. 이것은 우리 의식의 폐부를 예리하게 파고드는 이야기이다. 솔로몬은 만약 우리 인생이, 어떤 목적도 없이 배회하면서 하찮은 충동에 우리 자신을 내어주고, 우리가 선택한 일들에 대한 결과를 무시한다면, 우리의 삶은 완전한 혼란 가운데 빠져들게 될 것이라는 사실을 일깨워주고 있는 것이다.

어리석음의 뿌리들

솔로몬은 우리도 곤경에 빠질 수 있다는 사실을 무시해버리는 어리석음에 대한 몇 가지 위험 신호들을 지적해주었다. 첫 번째 위험 신호는, 어리석음은 흔히 우리가 할 일 없이 배회하고 있을 때 시작된다는 것이다. 다윗 왕은 자기의 군사들이 전쟁에 나가 있을 때에 궁정에서 여유를 부리고 있었다. 그는 군사들과 함께하거나 국정을 돌보는 대신에 한가롭게 배회하며 주위를 두리번거리다가 우연히 목욕하고 있는 아리따운 여인을 보게 되었다. 그런데 그는 눈길을 돌리는 대신에 점점 더 그 상황에 빠져들었다. 결국 그는 밧세바와 간음을 하고 급기야 그녀의 남편을 죽이게 되었다.

아마 당신도 현재 특별한 삶의 방향이 없이, 당신의 생활을 재미있게 만들어줄 어떤 일이 일어나기를 바라고 있을지 모르겠다. 당신이 지금 아무런 목적도 없이 되는 대로 지내고 있다면, 당신은 현재 위험에 처해있는 것이다.

두 번째 위험 신호는, 충동에 따라 움직인다는 것이다. 당신은 많은 사람들이 자기가 내린 결정을 해명하려고 노력할 때 흔히 "글쎄요, 나는 그저 그렇게 결정해야겠다고 느꼈어요…"라고 말하는 것에 주목해보았는가? 그렇게 느꼈다는 것에 대해 어떤 잘못이 있다는 것은 아니다. 단, 그 느낌이 건전한 이성적 판단과 합치하는 한에서만 말이다. 그러나 충동에 따라서 움직이는 행태가 가지고 있는 문제점은, 우리의 느낌과 감정이라는 것이 분위기에 따라서, 무엇에 휩쓸리느냐에 따라서 쉽게 변한다는 것에 있다. 우리의 느낌과 감정은 믿음이나 공포, 정욕이나 탐욕, 자만이나 사랑에 따라 변할 수 있다. 충동에 따라서 움직이는 사람들은 마치 광우병에 걸린 가축이 쟁기질해놓은 밭이랑과 같다. 그래서 모든 일을 사방팔방에 흩어놓아 버린다. 완전히 엉망진창이 되는 것이다.

그리스도인들도 자주 이러한 위험에 처한다. 충동에 이끌려서 결정한 우리의 선택들에 대해 '주님의 인도하심'이라는 식으로 말함으로써 영적인 치장을 해놓는다.

세 번째 위험 신호는, 내린 결정의 결과에 대해 고려하지 않고 있다는 것이다. 솔로몬은 그 젊은이가 자신이 내린 결정에 대해 무슨 일이 따를 것인지 철저하게 생각해보지도 않고 쉽게 결정을 내리는 것을 보았다. 지혜는 우리가 내리는 선택 하나하나가 우리를 어디로 이끌어가는지를 묻는 것이다. 새로운 직장을 잡을 수 있는 기회가 오면, 그것은 좋은 기회일 것이다. 그러나 그 일이 그 사람의 아내나 자식들에게 어떤 영향을 미칠 것인가? 한 남성이 어떤 여성에게 데이트 신청을 한다. 그녀는 그리스도인이다. 그러나 그는 그리스도인이 아니다. 만일 그녀가 그와 데이트를 한다면, 어떤 일이 벌어질 것인가? 혹은 당신에게 상당 기간 동안 회피하고 있는 문제가 있다고 가정해보자. 만일 당신이 그 문제점을 못 본 척하고 그 문제에 직면하기를 거부한다면, 6개월 후 혹은 10년 후에는 사정이 어떻게 달라지겠는가?

한순간을 위해 산다는 것은 불가능하다. 왜냐하면 우리는 그 순간보다 훨씬 오랫동안 살아야 하기 때문이다. 당신은 어제 내린 결정들과 더불어서 오늘을 살아가고 있다. 그리고 당신이 오늘 내리는 결정들과 더불어서 내일을 살아가게 될 것이다.

지혜롭게 사는 길을 배울 수 있는 하나의 방법은 어리석음의 길을 바라보고 그 반대 방향을 향해 가는 것이다. 그것은 (1) 목적 없이 배회하기를 그치고 명확한 목적에 헌신하고, (2) 충동에 근거해 결정 내리기를 그치고 하나님의 말씀이 인도하시는 대로 선택하기를 시작하며, (3) 한순간을 위해 살기를 중단하고 영원에 비추어서 살아가기를 시작한다는 뜻일 것이다.

지혜를 얻기 위한 첫 걸음

여호와를 경외하는 것이 지혜의 근본이요(잠 9:10).

당신의 생활을 알맞게 추슬러나가는 첫 번째 단계는 당신의 삶 속에서 하나님을 하나님 되게 하는 것이다. 즉, 하나님께서 이끄시는 대로 따르는 것이다. 이것이 살아가는 기술의 출발점이다.

예수님께서는 사업을 하면서 돈을 쌓아놓은 한 부자에 대한 이야기를 해주셨다. 처음에는 작게 시작했지만, 그의 기업 전체는 계속해서 불어났다. 그 부자는 재정상의 안정을 가져다줄 수 있는 목표 수치를 마음속에 담아두고 있었으며 마침내 그 목표에 도달했다. 그의 친구와 동료들은 그를 크게 성공한 사람으로 여겼을 것이다. 사람들은 그 부자가 사업을 일구어낸 방식과 열심히 일할 수 있었던 그의 비상한 능력에 대해 감탄할만한 연설들을 들었을 것이다. 그러나 예수님은 그 부자를 바보라고 묘사했다. 왜냐하면 그가 추구했던 모든 것이 드디어 이루어지기 시작했다고 생각하는 그 날이 바로 그 모든 것이 끝나는 날이었기 때문이었다. 그날 밤에 그 부자는 죽었다(눅 12:20).

그 부자는 사다리를 타고 올라갔다. 그러나 그 꼭대기에 이르렀을 때, 그는 자기가 사다리를 대고 올라갔던 그쪽 벽이 잘못된 벽임을 발견했다. 그것이 바로 어리석음의 정상이다. 예수님께서는 이렇게 말씀하셨다. "자기를 위하여 재물을 쌓아두고 하나님께 대하여 부요하지 못한 자가 이와 같으니라"(눅 12:21).

복음서들은 또한 엉망으로 인생을 산 한 사람에 대한 이야기를 우리에게 전해주고 있다. 그는 형을 선고받고 이제는 십자가에 달려 서서히 죽어가고 있던 강도였다. 고통을 당하면서 그 강도는 예수님에 대해 욕하는 일밖에 생각할 줄을 몰랐던 것 같다. 반대편에는 또 한 명의 강도가 십자가에 달려있었다. 비록 그 강도는 살아오면서 여러 가지 잘못된 선택들을 했지만, 그 첫 번째 강도를 꾸짖으면서 이렇게 말했다. "네가…하나님을 두려워 아니하느냐"(눅 23:40).

여호와 하나님을 경외함이 지혜의 시작이다. 두 번째 강도는 지혜를 보여주고 있었다. 그 지혜는 그가 예수 그리스도를 신뢰하도록 이끌어주었다.

하나님을 당신의 생활에서 주인으로 모셨을 때, 당신은 솜씨 좋게 생활을 추슬러서 제대로 꾸려나갈 수 있는 출발점에 서게 된다. 당신의 삶이 하나님께서 당신에게 맡겨주신 성스러운 위탁물임과, 그 삶에 대한 청지기로서 책임을 져야 한다는 사실을 깨닫게 될 때, 당신은 한순간을 위해 살거나, 물결에 휩쓸려서 살거나, 충동에 떠밀려서 살지 않을 것이다.

자혜의 능력

잠언 8장에서 지혜는 목소리를 낸다. 이를 문학적인 표현으로는 의인법이라고 부른다. 지혜가 사람으로 변했기 때문이다.

지혜가 부르지 아니하느냐 명철이 소리를 높이지 아니하느냐(잠 8:1).

지혜는 삶의 기로에 서 있을 때 찾아온다. 잠언에서 사람으로 표현되고 있는 지혜는, 하기 힘든 판단들을 내려야 하는 성읍의 문으로 들어와 자기 말을 들을 청중을 찾는다. 지혜의 화신인 이 사람은 충동에 휩쓸려 방황하고 부유한 삶을 살면서 자기가 한 행위의 결과에 대해 무시하고 있는 사람들에게 호소하고자 한다. 지혜는 그들에게 와서 듣고 따르라고 청한다.

잠언 8장의 후반부에서 그 지혜는 믿기 어려운 다음과 같은 주장들을 한다.

그가 하늘을 지으시며 궁창으로 해면을 두르실 때에 내가 거기 있었고 그가 위로 구름 하늘을 견고하게 하시며 바다의 샘들을 힘 있게 하시며 바다의 한계를 정하여 물로 명령을 거스르지 못하게 하시며 또 땅의 기초를 정하실 때에 내가 그 곁에 있어서 창조자가 되어 날마다 그 기뻐하신 바가 되었으며 항상 그 앞에서 즐거워하였으며(잠 8:27-30).

이 지혜라는 인물은 "내가 창조자였다! 창조 세계가 이루어지도록 만든 것이 나의 솜씨였다"고 말하고 있다. 하나님께서는 "하늘에 빛들이 있으라"고 말씀하셨다. 그리고 그 창조자의 힘을 빌어서—즉, 지혜를 통해—태양과 달이 지음 받았으며 공중에 별들이 떠있게 되었다. 하나님께서는 "물이 충만하고 그 가운데 생물들이 살고, 하늘에는 새들이 날아다니도록 하라"고 말씀하셨으며, 그 창조자의 능력을 통해—하나님의 지혜를 통해—이 모든 일이 이루어졌다. 지혜는 대단한 솜씨와 기술로 모든 만물을 일제히 그 자리에 배치했다. 그런즉 우리가 성공적인 삶을 살기 위해서는 바로 지혜가 필요한 것이다.

그리스도에 대한 조명 SPOTLIGHT ON CHRIST

약 1,000여 년 후, 솔로몬에게는 단지 하나의 음성에 불과했던 그 지혜가, 살과 피가 됐다. 창조 세계를 만드셨던 그 창조자는 한 사람의 목수가 되셨다. 하나님의 지혜, 즉 창조 세계를 하나로 만들어냈던 그 솜씨가 인간의 몸을 입으시고 우리에게 찾아오셨다. "만물이 그로 말미암아 지은 바 되었으니 지은 것이 하나도 그가 없이는 된 것이 없느니라"(요 1:3).

예수님께서 어떻게 인생을 사셨는지 생각해보기 바란다. 방황하는 모습은 전혀 없었다. 아버지의 뜻을 그대로 이루어야 한다는 그분의 목적은 절대적으로 분명했다. 예수님은 충동에 의해 움직이지도 않으셨다. 자신의 감정과 느낌을 하나님의 목적에 복종시키셨다. 십자가와 같은 끔찍스런 고난에 직면해서도 예수 그리스도는 아버지 하나님께 "내 뜻대로 마옵시고 아버지의 뜻대로 하옵소서"라고 말씀하셨다. 예수님께서는 한순간을 위해 살기보다 순종의 길을 선택하셨다. 그리고 그 선택이 모든 하나님의 백성에게 하나님의 복을 가져다주었다. 오히려 마귀는 예수님께서 한순간을 위해 살아가는 것을 원했을 것이다.

밤하늘을 올려다보면 그 모든 것을 만드신 솜씨에 감탄할 것이다! 만약 예수 그리스도가 아무것도 없는 상태에서 우주를 만들어낸 솜씨를 가지고 계시다면, 당신의 삶이 그분 손안에 전적으로 맡겨졌을 때, 그분이 당신의 삶을 통해서 어떤 일을 하실 수 있을 것인지 한번 상상해보라! 바로 그것이 솜씨 좋은 창조자이신 예수 그리스도께서 당신에게 하라고 청하시는 일이다.

그것은 예수 그리스도께서 당신에게 지혜의 길을 가르칠 수 있도록 당신의 마음과 삶을 열어놓는 것을 의미한다. 신약성경은 그리스도를 "하나님으로부터 난 지혜"(고전 1:30)라고 말한다. 그리스도 안에는 '지혜와 지식의 모든 보화가 감추어있다'(골 2:3).

예수 그리스도께서는 자신들의 삶을 세우고자 노력하고 있었던 두 사람에 대한 이야기를 해주셨다. 예수님께서는 삶을 세우고 꾸려나가는 일을 집 짓는 일에 비유하셨다. 굳건한 반석에 인생을 세우고자 한다면, '나의 이 말을 듣고 행하여야 한다'(마 7:24)고 말씀하셨다.

지혜의 영

예수님의 가르침을 실행에 옮기는 일에 대해 말하는 것은 아주 좋은 일이다. 그러나 실천하는 것은 말하는 것보다 훨씬 어렵다. 그리스도인의 생활은 예수님이 가르쳐주신 원칙들 위에서 삶을 세워나가고 꾸려나가려는 맹렬한 노력, 그 이상이다. 성령은 '지혜의 영'(사 11:2; 엡 1:17)이라 일컬어지고 있다. 당신이 예수 그리스도께 나아올 때, 예수님께서는 당신이 지혜의 방향으로 움직여나가도록 성령의 권능을 주실 것이다.

신약성경을 보면 디모데라는 젊은 사역자가 등장한다. 디모데는 상당히 젊은 나이에 중요한 교회 한 곳을 돌보는 중책을 맡게 되었다. 그는 부담을 갖기 시작했다. 디모데는 자신의 감정과 기분에 너무 신경쓰는 경향이 있었다. 디모데는 예민해졌으며, 지나치게 몸을 사리게 되었다. 그래서 바울은 디모데에게 격려의 편지를 썼다. "하나님이 우리에게 주신 것은 두려워하는 마음이 아니요 오직 능력과 사랑과 절제하는 마음이니"(딤후 1:7). 바울은 디모데에게 이렇게 말하고 있었다. "디모데야, 그대는 충동에 휩쓸릴 필요가 없다. 하나님의 성령이 그대 안에서 살아계신다."

그것이 바로 당신이 충동의 수준을 넘어서서 살아갈 수 있는 방법이다. 그것이 바로 솔로몬이 거리에서 보았던 그 젊은이가 성령의 권능으로 말미암아 그가 겪었던 유혹을 이기고 살아갈 수 있는 방법이다. 당신은 매일 하나님께 나아가서 항상 성령 충만하게 해주시기를 하나님께 구할 수 있다. 그렇게 하면 당신의 모든 선택은 도도한 감정의 흐름 속에서 이루어지지 않고, 당신이 예수님 안에서 발견하는 하나님의 지혜에 따라 이루어질 수 있을 것이다.

지혜는 동반자를 찾고 있다

솔로몬은 우리를 초청하고 있는 지혜의 놀라운 모습을 보여주고 있다. 지혜는 집을 세워놓고서 사람들에게 그 집에 들어와 함께 식탁에 동참하라고 청하고 있다(잠 9:1-2). 특이한 것은 초대되는 손님의 명단이다.

세상에서 가장 지혜로운 사람이 식탁을 차려놓았을 때, 당신은 그 지혜로운 자가 식탁에 함께할 동반자로 누구를 초청할 것 같은가? 분명 인생에서 아주 큰 업적을 이루고, 건전한 선택들을 하며, 심오한 사상들에 대해 말할 수 있는 능력을 가지고 있는 사람일 것이라고 생각할 것이다. 그러나 지혜는 '판단력이 부족한 자들'을 초청하고 있다. 지혜가 이렇게 말한다.

어리석은 자는 이리로 돌이키라(잠 9:4).

그것은 정확히 솔로몬이 그의 창문을 통해 본 그 어리석은 남자에 대해 묘사한 것과 같은 경우이다(잠 7:7). 그에게는 지혜가 절실했다.

예수 그리스도께서는 우매한 실수와 어리석은 선택을 했다고 여기는 사람들을 초대하신다. 예수 그리스도는 이렇게 말씀하신다. "나는 너희가 나의 만찬에 와서 나의 동무가 되기를 원한다. 나는 너희가 와서 자리에 앉아 나와 더불어 먹고 마시기를 원한다." 지혜가 초대하는 만찬에 손님이 될 수 있는 유일한 자격 조건은 바로 지혜가 필요한 사람들이다. 예수 그리스도께서는 우리의 모든 실수와 모든 회한을 가지고 그분께 나오라고 청하신다. 예수 그리스도께서는 말씀을 통해 우리가 해야 할 것을 가르치실 것이며, 성령으로 말미암아, 우리가 그 일을 할 수 있도록 권능을 주실 것이다.

드러난 사실 UNLOCKED

하나님을 경외하는 것이 삶을 성공적으로 꾸려나가기 위한 첫걸음이다. 그 토대가 없다면, 우리의 성공은 종이 카드로 집을 세운 사람 수준에 머무를 것이다. 그 사람은 자기의 업적에 스릴을 느낄 수 있겠지만, 그 건물은 본성상 오래가지 못할 것이다. 우리는 하나님의 피조물이며 하나님의 영광을 위해 지음 받았다. 하나님 없는 불경건한 삶은 허무함의 실습일 뿐이다.

우리가 여호와 하나님을 경외할 때, 우리는 예수 그리스도의 필요성을 깨닫고 자신에게 나아오라는 예수 그리스도의 초청에 응하게 될 것이다. 예수 그리스도는 하나님의 지혜이다. 그리고 예수 그리스도께서는 성령으로 말미암아 하나님의 백성이 솜씨 있게 그들의 인생을 꾸려나갈 수 있도록 인도해주실 것이다.

잘 꾸려진 삶은 하나님께 영광을 돌리는 일을 중심으로 하는 명확한 목적을 가지고 있는 것이 그 특징이다. 그러한 삶은, 충동에 근거해서 이루어지는 것이 아니라 하나님의 말씀에 비추어서 이루어지는 결정과 함께, 즉각적으로 얻어지는 효과들이 아니라 장기적인 영향들에 비추어 고려된 선택이라는 특징을 가지게 될 것이다. 이러한 지혜의 결과로, 수년이 지나면 위대한 인생이 이루어질 것이다. 그러한 삶은 그 삶을 바라보는 사람들로 하여금 하나님을 찬양하고 하나님께 감사드리도록 하게 할 것이다.

기도 PAUSE FOR PRAYER

다음은 지혜를 구하는 기도로서, 만셀 램지B. Mansell Ramsey,(1849~1923)가 작사한 「주의 길을 내게 가르치소서」Teach Me Your Way라는 찬송시에서 뽑은 가사이다.

주의 길을 내게 가르치소서. 오 주여 주의 길을 내게 가르치소서.
자비를 내려 날 도우사 내게 주의 길을 가르치소서.
보는 것보다는 더욱 믿음으로
내가 바른 길 가도록 도우시고
나를 하늘의 빛으로 인도하소서.
내게 주의 길을 가르치소서.

나의 구주이신 예수 그리스도의 이름으로 기도드립니다. 아멘.

28

거룩

Holiness

이사야 6장

하나님은 어떤 분이신가?

묵상의 길잡이

☑ **발견하라**
하나님의 임재가 다가올 때에 무슨 일이 일어나는지 발견하라.

☑ **배우라**
왜 당신이 가장 약할 때 가장 강할 수 있는지 배우라.

☑ **경배하라**
하나님의 장엄한 영광의 새로운 면모를 느끼면서 경배하라.

2001년 9월 11일은 미국 역사에 영원히 기억될 날이 되었다. 테러리스트들의 끔찍한 공격이 미국을 뒤흔들어놓은 것이다.

그 비극이 일어난 후 각종 미디어는 앞다투어 기독교 지도자들에게 논평을 부탁했다. 하나님께서 도대체 무슨 일을 하고 계시는 것인가? 이것이 미국에 대한 일종의 심판인가? 이것이 세상 종말의 시작인가? 이러한 고난의 와중에 대체 하나님은 어디에 계시는 것인가?

나를 포함한 전국의 목회자들은 다음 주일을 위해 세심하게 준비해 놓았던 설교를 포기하고, 새 천년에 들어서 일어난 이 끔찍한 사건에 대해 하나님의 말씀을 어떻게 적용하는 것이 최선인지 분별하려고 노력하면서 성경을 읽고 또 검토했다. 우리에게 그 일은 더할 수 없이 중

대한 책임으로 주어졌다.

그래서 나는 이런 생각을 하게 되었다. 만약 하나님께서 내게 직접 말씀하셔서, 당신께서 나라를 향해 말씀하시는 바를 내가 분명히 알게 되고, 그 메시지를 전달할 때 사용해야 할 정확한 말씀을 내게 주신다면, 그 말씀은 과연 어떤 말씀일까?

그것이 바로 선지자들의 경험이었다. 앞(18장)에서 살펴보았듯이, 선지자들은 하나님의 천상회의에 들어가서 그분이 주신 정확한 말씀을 백성에게 그대로 전달할 수 있도록 직접적인 계시의 말씀을 받았다. 따라서 그들은 "이것이 바로 여호와께서 말씀하신 것이다(여호와께서 가라사대)"라고 말할 수 있었다.

오늘날의 목회자들은 하나님께서 이미 주신 말씀을 우리 시대의 큰 문제들에 적용할 때마다 성령의 인도를 구한다. 우리는 하나님 말씀의 진리를 적재적소에 올바로 적용하기 위해 노력하고 있다. 그러나 그 선지자들은 하나님으로부터 직접적인 계시를 받았다. 하나님께서는 세계사의 큰 사건들 가운데서 자신이 행하고 계신 바를 명확하고 분명한 목소리로 선지자들에게 말씀하셨다. 그래서 선지자들은 놀랍도록 하나님의 뜻을 잘 읽어냈다. 그들은 우리에게 예수 그리스도께서 이 땅에 오시기까지 성경 속에서 나타난 주요 사건들의 의미를 전해주며, 하나님께서 오늘날 세계 속에서 어떻게 역사하고 계시는지 이해할 수 있도록 도와주고 있다.

선지자들은 우리가 이 책의 앞부분에서 살펴본 성경에 기록된 사건을 통해 하나님의 말씀을 전했다. 거기에서 우리는 하나님의 백성에게 무슨 일이 일어났었는지 발견했다. 이제 우리는 그 선지자들을 통해 하나님께서 이 모든 사건 속에서 어떻게 역사하고 계셨는지 발견하게 될 것이다. 그것은 아주 놀라운 이야기이다.

문서 선지자들 가운데서 첫 번째 선지자는 아마도 예수 그리스도께서 오시기 약 850년 전의 요엘과 오바댜였을 것이다. 마지막 선지자는 주전 약 430년경 성전이 재건됐던 느헤미야 시대에 활동했던 말라기였다. 그러므로 하나님께서 이 선지자들을 통해 말씀하셨던 전체 기간은 400년 이상이 된다.

하나님을 경시하다

이사야의 활동 지역은 남방 유다 왕국이었으며, 그 기간은 웃시야 왕, 요담 왕, 아하스 왕, 히스기야 왕 등 네 왕의 통치 기간이었다(사 1:1). 따라서 그의 활동 기간은 60여 년 동안 계속됐다. 그러나 이사야의 삶과 사역을 형성시켜주었던 것은 웃시야 왕이 죽었던 해, 하나님께서 주신 환상이었다.

웃시야 왕은 이스라엘을 52년간 다스렸다. 그 기간은 다윗이나 솔로몬 혹은 남방 왕국의 어떠한 통치자가 나라를 다스렸던 기간보다도 더 긴 시간이었다. 이 세월 동안 이스라엘은 괄목할만한 번영을 누렸다. 그 기간은 이스라엘 역사상 가장 긴 영화를 누리던 기간이었다. 건축도 활발했고, 농업도 상당한 성장을 이루었으며, 국방도 상당히 강화됐다. 이 모든 발전으로 사람들에게 자신감이 생겨났으며, 그 자신감이 넘쳐남에 따라 그들은 점점 하나님을 가볍게 여기기 시작했다.

이사야서의 첫 장들은 성전에 오는 사람들이 아주 많았음을 분명하게 언급하고 있다. 그 사람들은 희생제사를 드렸으며, 여러 절기와 축제일을 지켰다. 그렇지만 하나님께서는 그들의 행동들을 "내 마당(성전 경내)만 밟을 뿐"이라고 말씀하신다(사 1:11, 12).

그들은 종교적인 관습들은 다 행하였지만, 그들이 성전 안에서 보내는 시간은 그들의 삶에 거의 영향을 끼치지 않고 있었던 것처럼 보였다. 하나님께서는 '헛된 제물들을 가져온다'(사 1:13)고 그들을 꾸짖으셨다. 한때 하나님의 영광으로 가득했던 성전은 이제 일종의 국보, 즉 전통적 가치들에 대한 하나의 상징물과 같이 되어버렸다. 실로 그들이 하나님에 대한 믿음을 고백하고 있음에도 불구하고, 이 백성과 그들 주변에 있는 이방신을 섬기는 민족들 사이에는 아무런 차이가 없는 것처럼 보였다.

그들의 이러한 상황은 오늘날의 교회에 강력한 메시지를 전한다. 미국 또한 세계 최고의 강대국으로서, 기독교 기반 위에 세워졌을 뿐만 아니라 많은 사람들이 하나님을 인정하고 있음에도 불구하고 주변의 문화와는 별반 차이가 없이 행동하며 처신하고 있다.

미국 중서부 지방에 있는 한 복음주의 교회는 교인들의 행동 양식에 대한 조사를 벌였다. 조사를 벌이는 여섯 달 동안, 33퍼센트의 응답자가 자신들이 거짓말을 했으며, 18퍼센트의 응답자가 남의 물건을 훔쳤다고 고백했다. 한편 헌신적인 신앙생활을 하는 남성들이 주로 참석하는 '프라미스 키퍼스'Promise Keepers에서 벌인 조사에서는, 그 행사에 참석한 남성의 절반이 지난 주간에 포르노그래피를 봤다고 시인했다.[1] 이 수치들은 모든 그리스도인을 대표하는 수치가 아닐 수도 있을 것이다. 그러나 이 수치는 우리에게 최대의 위험이 될 수 있는 존재가 다름 아닌, 이 세상 문화와 별반 차이 없이 삶을 살아가고 있는 또 다른 그리스도인이 될 수도 있다고 경고하고 있다.

이사야 시대의 이스라엘처럼 우리는, 예배에 참석하면서도 부모에게 거짓말하고, 고용주에게 허위 비용을 청구하고, 배 속의 아기를 낙태시키며, 아내를 속이고, 세상과 구별할 수 없을 정도로 물질주의에 빠져 있는 사람들이다.

그러나 우리가 알아야 할 중요한 사실은 이것들이 새삼스러운 일이 아니라는 점이다. 사람들이 하나님의 비전을 잃으면, 이러한 일은 언제 어디서나 일어나게 마련이다.

토저A. W. Tozer는 그의 저명한 저서, 『하나님을 바로 알자』*The Knowledge of the Holy*, 생명의말씀사에서 그 점을 이렇게 말하고 있다.

> 우리에게 있어서 가장 중요한 것은, 하나님에 대해 생각할 때, 우리 마음에 어떠한 생각이 드는가 하는 것이다.…교회의 가장 중대한 문제는 언제나 하나님이다. 누구에게나 가장 중대한 사실은, 그 사람이 어떠한 순간에 무슨 말과 행동을 하느냐가 아니라, 자기 마음 중심에서 하나님을 어떠한 존재로 생각하고 있느냐 하는 것이다.…만일 우리가 어느 누구에게라도 '당신이 하나님을 생각할 때에 마음에 어떠한 생각이 떠오르는가?'라는 질문에 대한 대답을 얻어낼 수만 있다면, 우리는 그 사람의 영적인 미래에 대해 확실하게 예견할 수 있을 것이다.
>
> 만일 우리가 이 시대의 가장 영향력 있는 종교 지도자들이 하나님에 대해 어떤 생각을 하고 있는지 정확하게 알 수만 있다면, 장차 교회가 어디에 서게 될 것인지 아주 정확하게 예견할 수 있을 것이다.…교회에 대해 가장 많은 것을 말해주는 것은 언제나 교회의 하나님에 대한 자세이다.[2]

당신이 지금 하나님에 대해 생각하고 있는 바는 영적인 면에서 당신의 미래가 어떨 것인지에 대한 가장 분명한 지표가 된다. 만일 한 사람이 하나님을 단지 사랑이 많으시고 용서를 베푸시는 분으로만 생각한다면, 우리는 그 사람이 도덕적인 삶을 살기 위해 노력하는 것을 기대할 수 없을 것이다.

또한 한 여성이 하나님을 모든 사람을 긍정적으로 인정해주시는 분으로만 생각한다면, 그 여성이 여전히 죄 가운데 빠져있으면서도 하나님으로부터 인정을 받고 있다고 느낀다고 해서 그리 놀라워할 일이 아니다. 이사야 시대의 그리고 우리 시대의 커다란 문제점은 많은 사람이 하나님의 놀라운 거룩하심에 대한 비전을 상실했다는 것이다.

"내가 여호와를 보았다"

백성이 하나님의 영광을 바라보는 비전을 상실하게 되자, 하나님께서는 한 사람에게 자신을 나타내셔서 하나님이 어떠하신 분인지 그 백성에게 가서 전하라고 명하기로 하셨다. 이사야는 그 믿기 어려운 특권과 중대한 책임을 부여받았던 것이다.

> 웃시야 왕이 죽던 해에 내가 본즉(사 6:1).

하나님의 이러한 면모는 신약성경에서 요한이 보았던 예수 그리스도에 대한 환상(참조: 요한계시록)과 같은 형태로 주어진 것 같다. 이사야는 이미 몇 년 동안 사람들에게 설교를 하고 있었다. 그러나 이 특정한 사건에서 하나님께서는 이사야의 모든 사역을 형성시켜줄 정도로 그에게 다가오셨다.

이사야가 자신이 "여호와를 보았다"고 말하고 있는데, 혹자는 그가 실제로 본 것이 무엇이었는지 궁금할 것이다. 하나님은 어떤 모습일까? 이사야는 이렇게 기록하고 있다.

> 주께서 높이 들린 보좌에 앉으셨는데 그의 옷자락은 성전에 가득하였고(사 6:1).

우리는 이사야가 더 말해주길 기다리지만, 그것이 이사야가 말할 수 있는 것의 전부이다.

성경에서 하나님에 대한 계시가 있을 때마다 똑같은 방식으로 표현되어있음을 볼 수 있다. 하나님의 광명은 저항할 수 없는 것이다. 모세와 아론이 이스라엘의 하나님을 보았을 때, 모세는 이렇게 말했다. "이스라엘의 하나님을 보니 그의 발아래에는 청옥을 편 듯하고 하늘같이 청명하더라"(출 24:10). 모세는 하나님 영광의 광채를 직접 볼 수가 없었다. 그래서 그는 단지 하나님의 발아래 빛나고 있는 것만을 묘사할 수밖에 없었다.

요한계시록을 보면, 사도 요한이 부활하신 예수 그리스도의 영광을 보고 있을 때도 마찬가지다. 그는 이렇게 말하고 있다. "그 얼굴은 해가 힘 있게 비치는 것 같더라"(계 1:16). 당신이 열렬히 빛을 발하고 있는 해를 직접 볼 수 없음은 물론이다. 사도 요한도 자신이 부활하신 예수 그리스도의 광채 때문에 그분의 얼굴을 직접 들여다볼 수 없었다는 것을 우리에게 말하고 있는 것이다.

여기 이사야서에서도 똑같다. 이사야의 말은 "눈으로 볼 수 없는 하나님이 내게 자신을 계시하셨지만, 나는 그 하나님의 얼굴을 볼 수가 없었다. 내가 여러분에게 말할 수 있는 전부는 그가 높은 곳에 계셨고, 그분의 옷자락이 성전을 가득 채웠다"는 것이다. 성전은 수년에 걸쳐 건축된 거대한 건물이었다. 성전은 그 민족의 자랑이었다. 그러나 그 장소 전체가 하나님의 옷자락 끝을 겨우 담을 수 있을 뿐이었던 것이다.

그다음에 이사야는 스랍이라 일컬어지는 천사들이 서로 창화하는 소리를 들었다.

> 거룩하다 거룩하다 거룩하다 만군의 여호와여(사 6:3).

우리가 글을 쓸 때 어떤 것을 강조하고자 하면, 밑줄을 긋거나 서체를 바꿔 표현할 수 있을 것이다. 그런데 히브리어에서는 특별히 어떤 말을 강조하려고 한다면 그 말을 두 번 반복한다. 그래서 예수님께서 어떤 점을 강조하고 싶으셨을 때, "진실로 진실로 내가 네게 이르노니"(요 3:3, 5)라고 말씀하셨던 것이다. 그것은 "이 말은 특별히 중요한 말이니, 유의해서 들으라"는 말의 관습적인 표현이었다.

성경 전체에서 세 번씩이나 밑줄이 그어진 유일한 진리가 있다. 그것은 바로 하나님의 거룩하심이다. '거룩하다, 거룩하다, 거룩하다.' 성경에서 하나님은 '진노, 진노, 진노'라거나 '사랑, 사랑, 사랑'이라거나, '권능, 권능, 권능'이라고는 단 한번도 나타나지 않는다. 그래서 우리는 하나님의 거룩하심이 하나님의 성품에 있어서 가장 근본적인 것이며, 만약 우리가 하나님의 거룩하심을 파악하지 못한다면 하나님의 면모를 있는 그대로 알지 못하는 것이라는 결론을 내려야 할 것이다.

만일 우리가 "거룩이란 무엇인가?"라고 묻는다면, 그 질문은 마치 "불이란 무엇인가?"라고 묻는 것과 같다고 할 수 있다. 불을 이해할 수 있는 최선의 방법은 그 효과를 관찰하는 것이다. 만약 당신이 불이 어떤 사물에 닿아서 일으키는 효과를 관찰한다면, 그것이 두려운 것이라는 사실을 조금은 이해하게 될 것이다. 하나님의 거룩하심을 이해할 수 있는 최선의 길은 거룩하심이 미치는 것에 나타나는 효과와 영향을 관찰하는 것이다.

천사들도 바라볼 수 없었다

하나님께서 임하셨을 때, 하나님은 스랍들에 둘러싸여 있었다. 스랍들은 하나님의 임재를 선포하면서 서로 창화하고 있었다. 당신은 하늘에서 머물고 있는 천사들이 하나님의 임재 속에서도 편안해할 것으로 생각할 수 있겠지만, 이사야는 그 천사들이 자신들의 얼굴을 가리고 있는 것을 보았다.

그 천사들이 왜 그렇게 하고 있던 것일까? 그 천사들은 우리처럼 죄를 짓지 않았다. 그 천사들은 부끄러워할 것이 아무것도 없었다. 천사들의 삶은 온통 하나님께 대한 순종에 바쳐졌다. 하지만 천사들 역시 피조물이기 때문에 하나님의 임재 앞에서 두려워 떨면서 자신들의 얼굴을 가렸던 것이다. 만일 당신이 가장 완전한 인생을 마친 후에 하나님의 임재 앞에 이른다고 할지라도 당신은 여전히 창조주의 영광 앞에서 한 사람의 피조물로서 두려움과 경이 가운데 위축될 것이다. 그것이 바로 보이지 않으시는 하나님이 내려와 임하셨을 때 그 천사들이 보였던 반응이었다.

오늘날 많은 사람들은 하나님이 자신들의 존재에 있어서 영적인 측면에 불과하며, 하나님과의 평화란 자신과의 평화에 해당하는 것이라는 생각을 가지고 있다. 그러나 성경의 하나님은 '전적인 타자'이다. 천사들에게까지도 하나님은 특별한 존재이다.

터가 흔들리다

하나님께서 임하셨을 때, 이런 일이 일어났다.

> 문지방의 터가 요동하며 집에 연기가 충만한지라(사 6:4).

이 일은 이사야에게는 완전히 무시무시한 일이었음에 틀림없다. 하나님의 임재가 다가왔을 때 땅이 흔들렸다. 영국의 크리스마스 캐롤

「그 황량한 한 겨울에」In the Bleak Midwinter가 인정하고 있듯이, "하늘도 우리 하나님을 붙잡아둘 수 없으며, 땅도 하나님을 감당할 수 없네, 우리 하나님이 내려와 다스리실 때 하늘과 땅이 도망하네."

데이비드 웰즈David Wells는 '하나님의 무게 상실'이라는 한마디로써 우리 시대가 처해있는 도전을 묘사하고 있다.

> 우리 시대를 규정해주는 사실 한 가지는 하나님이 오늘날 무게를 상실했다는 것이다.…하나님은 세상에서 눈에 띄지도 않을 정도로 하찮게 되어 버렸다.

웰즈는 오늘날 많은 사람이 믿고 있는 그 하나님을 "텔레비전보다 더 흥미가 없으며, 그의 계명은 풍요에 대한 관심보다 더 권위가 없으며, 그의 말씀은 저녁 뉴스보다 관심을 끌지 못하며, 그의 진리는 광고주의 미사여구나 아첨하는 말보다 호소력이 없는 것"이라고 묘사하고 있다.[3]

그것이 바로 성전에 들어와서 예배를 드리는 사람들이 그렇지 않은 사람들과 별반 다를 것이 없었던 이유이다. 그들의 예배 경험은 집에 있는 것처럼 편안한 느낌을 주었지만, 그들의 삶에는 지속적인 도덕적 변화를 전혀 주지 못했다. 한때 하나님의 임재의 구름이 성전을 가득 채운 적이 있었다. 그러나 이사야 시대에는 수천 명의 군중이 성전에 들어와서 자기들이 애창하는 음악을 즐기며 꽤 고무적인 생각들을 전해 들었지만, 하나님의 두려운 임재에 대해서는 전혀 경험하지 못했다. 그들은 만일 하나님이 그들 가운데 임재하신다면 그 성전 건물의 집터 자체가 흔들릴 것이라는 생각은 전혀 하지 못했을 것이다.

궁극적으로 이러한 종류의 예배는 따분하게 느껴진다. 우리가 감각으로 느끼는 필요들을 만족시켜주기 위해서만 존재하는 하나님은 우리의 삶을 바쳐서 헌신할 가치가 있는 그런 하나님이 아니다. 그런 하나님은 아브라함과 이삭과 야곱의 하나님이나, 우리 주 예수 그리스도의 아버지 하나님이 아니다. 만약 당신이 하나님을 따분하다고 생각하고 있다면, 당신은 결코 성경의 하나님을 대면한 적이 없는 것이다.

이사야 시대의 예배자들에게 존재하는 한 가지 커다란 아이러니가 있다. 그들은 하나님의 백성이었지만, 하나님을 모르고 있었다는 것이다. 그들은 자기들이 예배하고 있다고 주장했던 바로 그 하나님을 전혀 경험하지 못했다. 그래서 하나님께서는 한 사람에게 자신을 나타내 그 사람이 하나님에 대한 진상을 그의 세대에게 전달할 수 있도록 하신 것이다.

모든 것이 무너져내리다

하나님의 거룩하심에 대한 가장 중대한 영향은 천사들이나 성전 터에 미친 것이 아니라, 이사야 선지자 자신에게 미쳤다. 이사야가 여호와를 뵈었을 때, 그는 이렇게 말했다.

> …화로다 나여 망하게 되었도다…(사 6:5).

'망했다'는 말은 말 그대로, 여러 곳에서 파탄을 초래하여 모든 것이 찢겨지고 무너져내렸다는 뜻이다. 그가 하나님을 뵈었을 때, 그 모든 것이 무너져내렸다.

이사야는 그 당시 가장 존경받던 사람들 중 한 사람이었다. 그는 이미 상당 기간 동안 하나님의 말씀을 전하는 선지자 직분을 감당하고 있었다. 이사야서 5장 내내 그는 온갖 종류의 사람들에게 "화 있을진저"라고 말했다. 그러나 이제 자신이 하나님의 임재 앞에 서게 됐을 때, 그는 자신에게 "화가 있다"고 말할 수밖에 없었다. 하나님의 거룩하심은 가장 선량한 사람일지라도 자신의 죄성을 느끼도록 만든다.

이사야는 죄가 자신의 가장 선량한 은사까지도 오염시켰다고 느꼈다. "나는 입술이 부정한 사람이요"(사 6:5). 설교자이자 선지자로서 이사야의 입술은 사역의 수단이었다. 이것은 그의 영적 은사가 드러나는 통로이기도 했다. 그러나 하나님 앞에서 그는 자신의 가장 훌륭한 은사까지도 다른 목적을 위해 이용되지 않도록 하려면 정결하게 되어야 할 필요를 느꼈다. 때때로 우리의 최대 장점도 교만이라는 죄악에 가장 취약하게 노출되는 지점이 될 수 있다.

그런 다음에 이사야는 "나는 입술이 부정한 백성 중에 거하고 있다"고 말했다. 그에게 익숙했던 것들이 이제는 더럽게 보였으며, 그 지역사회 전체가 하나님의 순결하심으로부터 얼마나 멀리 떨어져 있는지에 대해 새로운 영적인 눈을 뜨게 됐다.

토저A. W. Tozer는 이렇게 썼다. "이 짐의 무게가 느껴지지 않는다면, 복음은 한 사람에게 아무 의미도 없다. 그리고 그가 높이 계신 하나님에 대한 비전을 보기 전까지는 아무런 고뇌도, 아무런 무거움도 느끼지 못할 것이다."[4] 사랑이 많으시고 용서를 베푸시는 하나님께서는 하나님의 임재 앞에서 용서받을 필요성을 느끼고 있는 사람에게만 다가오실 것이다. 우리가 하나님의 거룩하심을 목도하기 전까지 우리는 결코 우리가 지니고 있는 부족과 필요를 발견하지 못할 것이다.

뜨거운 숯불

그 거룩하신 분을 알게 되면 그 사람은 자기가 이루어놓은 곳들이 터지고 무너져내려서 자기의 생활 전체가 벌거벗은 것처럼 드러나버렸다는 느낌을 가지게 될 것이다. 그러나 하나님께서는 결코 그 사람을 그 자리에 내버려두지는 않으실 것이다. 이사야는 한 가지 예외가 없었다면, 하나님의 임재 속에서 망했을 것이다.

이사야는 하나님의 영광을 목격했다. 그리고 스랍들은 거룩하신 하나님의 임재를 선포했다. 그러자 성전에 연기가 가득히 들어찼다. 순간 하나님의 영광을 바라본 후, 이사야는 연기 때문에 흑암에 둘러싸였다. 그는 하나님의 임재를 의식하고 있었지만, 하나님을 볼 수는 없었다. 그런 다음에 성전의 터가 흔들리기 시작했다. 그런 경험은 틀림없이 너무도 무시무시한 일이었을 것이다.

그리고 이사야가 그 연기 속을 바라보았을 때, 마치 천사들 가운데 하나가 제단의 방향에서 자기를 향해 오고 있는 것처럼 보였다. 그 제단은 언제나 희생제물을 태우는 불꽃이 타오르고 있는 제단이었다.

> 그때에 그 스랍 중의 하나가 부젓가락으로 제단에서 집은 바 핀 숯을 손에 가지고 그것을 내 입술에 대며 이르되 보라 이것이 네 입에 닿았으니 네 악이 제하여졌고 네 죄가 사하여졌느니라 하더라(사 6:6-7).

그 천사는 제단으로부터 불타오르는 숯불을 하나 집어서 이사야를 향해 날아왔다. 천사는 그 뜨거운 숯불을 이사야의 입술에 댔다. 숯불은 선지자의 육신을 지졌다.

제단은 속죄의 희생제사가 드려진 장소였다. 이제 그 속죄의 효과가 이사야의 특별한 필요에 적용되고 있었다. 이사야는 "나는 입술이 부정한 사람이라"고 고백했었다. 그리고 이제 그 하나님의 천사는 "이것이 네 입에 닿았으니 네 악이 제하여졌고 네 죄가 사하여졌노라"(사 6:7)라고 말했다. 그 거룩한 불에 닿은 부분은 결코 이전과 똑같아질 수 없을 것이다.

하나님의 거룩하심을 목도한 후에 이사야는 결코 예전에는 의식하지 못했던 자신의 죄악들에 대해 의식하게 되었다. 하나님의 은혜는 그가 가장 절실한 필요를 갈구할 때에 이르기까지 그의 인생을 어루만지셨다. 그리고 그것이 바로 그가 사역하는 삶의 터전이었다. 이렇게 놀랍도록 직접 임하신 하나님의 은혜를 발견한 다음에 이사야는 섬기기를 원했다.

> 내가 또 주의 목소리를 들으니 주께서 이르시되 내가 누구를 보내며 누가 우리를 위하여 갈꼬 하시니 그때에 내가 이르되 내가 여기 있나이다 나를 보내소서(사 6:8).

그래서 하나님께서는 이사야를 보내셨다. 그것은 마치 하나님께서 "네가 가거라 이사야야, 너는 내가 누구인지 이해했고, 죄가 무엇인지 알고 있으며, 은혜가 무엇인지 파악했기 때문이다"라고 말씀하시는 것과 같았다.

이사야는 자신의 생활 속에서 하나님의 은혜에 대한 새로운 경이로움에 충만하고, 하나님을 섬기는 특권을 누리면서 하나님의 비전을 상실한 문화 속으로 살아계신 하나님을 알리기 위해 뛰어들었다.

그리스도에 대한 조명 SPOTLIGHT ON CHRIST

이사야가 거룩하신 하나님과 대면한 일은 예수 그리스도의 오심을 우리에게 가르쳐주고 있다. 구약성경은 이사야가 하나님의 영광을 보았다고 말해주고 있다. 그러나 신약성경은 이사야가 예수 그리스도의 영광을 보았다고 덧붙이고 있다. "이사야가 이렇게 말한 것은 주의 영광을 보고 주를 가리켜 말한 것이라"(요 12:41). 의미심장하게도 우리는 후에 요한이 아버지의 영광과 아들의 영광이 동일한 영광이라고 말하는 것을 듣게 된다(요 17:5).

성경 이야기 내내, 아버지 하나님은 아들에 의해 알려진다. 하나님의 신현 사건은 보이지 않는 하나님의 형상이신 예수 그리스도의 오심이다. 그 아들은 사람의 몸을 취하시고 우리 가운데 임하셔서, 하나님의 백성에게 하나님에 대한 지식의 면면들을 제공해주셨던 것이다.

이사야에게 임하셨던 하나님의 거룩하심은 우리에게 계시될 또 다른 날을 가르쳐주고 있다. 이사야가 보았던 그 영광을 소유하신 거룩하신 분이 십자가라는 제단에 놓이고, 우리 죄를 속죄하기 위해 희생제물이 되신 날이 임한 것이다.

성자 하나님의 거룩하심은 예수 그리스도가 세상의 죄악들을 짊어지셨을 때 나타났다. 연기가 성전을 가득 채웠기 때문에 이사야가 깜깜한 어둠 속에 있었듯이, 예수 그리스도께서 십자가에 달리셨을 때, 흑암이 온 땅을 뒤덮었다. 하나님의 임재가 임했을 때 성전의 터전이 흔들렸듯이, 예수 그리스도께서 십자가에 달려 죽으셨을 때, 지축이 흔들리고 바위들이 터졌다(마 27:45, 51). 하나님의 아들이 세상의 죄악들을 짊어지시고, 아버지께서 그 아들 위에 자기의 심판을 쏟아부으셨을 때 지축이 떨었다.

예수 그리스도가 죽으심으로써 그는 하나의 희생제물이 되셨다. 그래서 하나님의 거룩하심으로 말미암아 망하게 된 사람들이 하나님의 은혜를 접하고 치유를 받을 수 있게 됐다. 천사가 성전의 제단으로부터 불이 피어있는 숯불을 가지고 나왔듯이, 하나님께서는 예수님의 죽으심으로 말미암아 이루어진 일들을 우리의 삶에 적용하실 준비를 하고 계신다. 하나님께서는 갈보리의 제단으로부터 은혜로 우리에게 나아오셔서 이렇게 말씀하신다. "너희의 죄책이 치워졌고, 너희의 죄가 구속함을 받았다."

드러난 사실 UNLOCKED

하나님은 거룩, 거룩, 거룩하시다. 그분의 거룩하심은 근본적인 하나님의 성품이어서, 만일 우리가 그 거룩하심에 대해 파악하지 못한다면, 우리는 성경의 하나님을 알지 못하게 된다. 하나님의 거룩하심이 없는 복음 메시지는 아무런 의미가 없을 것이다. 죄는 끔찍한 것이다. 왜냐하면 죄는 거룩하신 하나님에 대한 범죄이기 때문이다. 구속이 없이는 하나님의 거룩하심 앞에서 모든 죄인이 멸망하게 될 것이기 때문에, 반드시 구속을 받아야만 한다. 은혜는 놀라운 것이다. 왜냐하면 은혜는 하나님의 심판으로부터 나와서 우리에게 흘러들어오는 하나님의 사랑이기 때문이다. 복음이 말하는 복된 소식은 하나님의 아들이신 예수 그리스도가 거룩하신 하나님의 심판을 만족시키시고, 우리의 모든 죄악을 속죄하는 희생제물이 되셨다는 사실이다.

하나님의 거룩하심에 대한 적절한 통찰력은 필수적인 것이다. 그에 대한 통찰력이 없다면, 우리의 예배는 그저 즐기는 유흥 속으로 빠져버리고, 우리의 죄악은 단지 실수들이 되어버리며, 우리의 삶은 의미 있는 성장의 증거가 없이 떠돌게 될 것이다.

21세기가 시작되면서 교회는, 하나님께서 친히 임하셨을 때 건물이 흔들리고, 그 시대의 가장 위대한 인물이었던 이사야까지도 자신의 죄악을 느끼게 했던 하나님의 거룩하심을 회복할 필요가 있다. 그렇게 할 때에 우리는 이사야처럼 예수 그리스도 안에서 하나님께서 우리를 위해 행하신 놀라운 역사를 느낄 수 있게 될 것이며, 인생에 있어서 우리의 최대의 특권이 바로 이 두렵고 거룩하신 영광의 하나님을 섬기는 일임을 느끼게 될 것이다.

기도 PAUSE FOR PRAYER

스랍이 제단에서 숯불을 가지고 왔을 때 이사야가 무엇을 느꼈을지 생각해보기 바란다. 그의 삶에서 하나님이 정결케 해주셔야 했던 영역이, 희생제사가 드려진 장소에서 취한 상징적인 숯불과 닿았다.

당신의 삶에서 가장 많이 정결케 될 필요가 있는 영역에 대해 생각해보라. 성령께서 예수님의 희생제사로부터 나오는 은혜를 당신에게 바로 부어주어, 당신의 죄악이 속함을 받고 당신의 죄책이 없어질 것이다.

은혜로우신 하나님 아버지!

주님의 거룩하심에 비추어볼 때, 제 자신의 죄악을 깊이 느낍니다. 주님의 은혜를 떠나서는 제가 멸망하게 될 것임을 알고 있습니다. 모든 믿는 자에게 주시는 예수 그리스도의 은혜에 진심으로 감사를 드립니다.

주님의 정결케 하시는 권능으로 저의 죄악을 씻어주시옵소서. 그 권능이 임한 제 삶이 영원히 변화되게 하여주옵소서. 그리하여 제가 주님의 일꾼으로서 주님의 영광을 위해 살아가게 하여주옵소서.

나의 주님이신 예수 그리스도의 이름으로 기도드립니다. 아멘.

Notes

1. 다음 책에서 재인용함. Laurie Hall, *An Affair of the Mind* (Colorado Springs Focus on the Family, 1996), 236.
2. A. W. Tozer, *Knowledge of the Holy* (New York Harper & Row, 1961), 9. 『하나님을 바로 알자』(생명의말씀사).
3. David Wells, *God in the Wasteland* (Grand Rapids Eerdmans, 1994), 88.
4. Tozer, *Knowledge of the Holy*, 11. 『하나님을 바로 알자』(생명의말씀사).

29

위로

Comfort

이사야 40장

없어지지 않는 문제들을 가지고 어떻게 살 수 있는가?

묵상의 길잡이

☑ **발견하라**

하나님의 주권이 주는 위로를 발견하라.

☑ **배우라**

하나님께서 어떻게 상처받은 마음에 힘을 주시는지 배우라.

☑ **경배하라**

어떠한 재앙도 당신의 삶에 대한 하나님의 목적을 방해할 수 없음을 보면서 경배하라.

《포춘》Fortune지가 선정한 500대 기업의 CEO가 자사 재정보고서를 이해하지도 못하고, 자기 직원들을 지휘하지도 못하며, 새로운 사업 계획을 구상하지도 못한다고 가정해보자. 한 사람의 최고 경영인으로서 권위와 리더십도 없고, 회사의 사업에 대해서도 잘 모르고 있다. 그 사람은 회사가 어떤 종류든 사규를 가지고 있다는 사실을 알고는 있지만, 그 내용을 기억하지도 못할 뿐더러 그 중요성에 대해서도 인식하지 못하고 있다.

그러나 그 사람은 많은 돈을 가지고 있다. 그의 할아버지가 그 회사의 창업자였던 것이다. 이 회사의 장래를 예견하기란 그다지 어려운 일이 아니다. 불행하게도 그것은 바로 옛 이스라엘의 남방 왕국을 다스렸던 여러 왕들의 경우에 해당한다.

그들은 다윗 왕과 그 아들 솔로몬 왕의 본거지였던 예루살렘에서 이스라엘을 다스렸다. 그러나 시간이 흐르면서 그들은 그들의 조상이었던 두 왕에 대해서와 그 두 왕이 하나님 나라를 향해 품었던 비전에 대해서는 점점 잊어버렸다. 어떤 왕들은 비록 하나님께 노골적으로 적대적인 자세를 보이지는 않았지만 관심이 전혀 없었다.

아하스 왕을 생각해보자. 말할 것도 없이 아하스 왕은 하나님을 믿는다고 고백했다. 그러나 그가 추진했던 일들을 살펴보면, 과연 그가 하나님에 대해 얼마나 알고 있었는지 의심이 들 것이다.

그는 인간의 생명은 신성한 것이라는 하나님의 계명을 준수하기 위한 일은 아무것도 하지 않았다. 그는 실제로 아기들을 희생제물로 바치는 끔찍한 일을 저질렀다(왕하 16:3). 갓난아기들의 목숨을 앗아가는 이 제사는 하나님을 심히 노하시게 하는 일이어서, 그 나라에 대한 하나님의 심판은 불가피했다.

또한 아하스 왕에게는 그 시대의 추세에 맞추어 종교를 새롭게 만들어내는 사악한 시도를 한 것에 대한 책임도 있었다. 앗수르(앗시리아)의 힘이 커지고 있었을 때, 아하스 왕은 그곳을 방문했다. 그는 앗수르인들의 종교에 감탄하고는 그들의 제단을 측정해 예루살렘에 있는 성전에 그 복제판을 만들었다.

그것은 하나님의 백성을 주변 문화에 물들게 하려는 특단의 시도였다. 그래서 그 일은 여호와를 사랑하고 하나님의 말씀대로 살아가고자 했던 모든 사람의 감정을 크게 상하게 만들었다.

성경은 이 왕에 대한 슬픈 묘비명을 기록하고 있다. 아하스가 "왕이 될 때에 나이가 이십 세라 예루살렘에서 십육 년간 다스렸으나 그의 조상 다윗과 같지 아니하여 그의 하나님 여호와께서 보시기에 정직히 행하지 아니하고"(왕하 16:2). 아하스의 시대가 끝났을 때, 하나님의 백성은 틀림없이 크게 안도했을 것이다. 그들은 자신들을 그릇된 방향으로 인도했던 지도자를 16년 동안이나 견뎌야 했던 것이다. 그들은 그들의 나라에서 하나님의 이름이 높임을 받기를 바랐다. 그래서 변화의 때가 가까워오자 기대는 점점 부풀어 올랐다.

새로운 왕의 즉위식이 다가왔을 때, 많은 선량한 백성은 분명 새 왕에 대해 큰 기대를 하고 있었을 것이다. 새로운 왕의 이름은 '히스기야'였다. 그는 백성의 높은 기대에 부응했다. 열왕기하에서 우리가 그 왕에 대해 배울 수 있는 첫 번째 사실은 "히스기야가 그의 조상 다윗의 모든 행위와 같이 여호와께서 보시기에 정직하게 행하여…히스기야가 이스라엘 하나님 여호와를 의지하였는데 그의 전후 유다 여러 왕 중에 그러한 자가 없었으니"(왕하 18:3, 5)라는 것이었다.

그렇게 해서 최후의 경건한 지도자가 유다 왕국에 돌아왔다. 그러나 우리가 그 이야기를 따라가 보면 알 수 있다시피, 그 경건한 지도자는 아주 힘든 문제들에 직면해있었다. 나라의 경건한 지도자들을 위해 기도하는 것은 당연한 일이지만, 그 지도자들이 미래까지 보장해줄 수 있는 것은 아니다. 그리고 아무리 훌륭한 지도자라 할지라도 어떤 일이 발생하면 주어진 형편에 따라 지혜롭게 대처할 수 있을 따름이다. 미래는 하나님 손에서 결정된다.

경건한 왕과 강력한 대적

히스기야가 예루살렘에서 왕위에 올랐을 때, 그는 강력한 적군의 세력에 직면해있었다. 앗수르는 세계 최강이 되어있었으며, 산헤립의 영도 아래에서 국경을 확장해나가고 있었다.

산헤립 왕은 북방 이스라엘 지역을 침략해 북쪽의 열 지파의 백성을 흩어버렸다. 그래서 히스기야 시대에 그 세력이 날로 커지고 있었던 앗수르 제국은 유다라는 남쪽의 자그마한 지역의 국경에까지 세력을 확장했다. 북방 이스라엘 왕국이 함락된 뒤에 산헤립이 되돌아와서 예루살렘 밖 수킬로미터 떨어진 곳에 진을 친 일은 히스기야에게 있어 전혀 놀라운 일이 아니었을 것이다(왕하 18:13).

히스기야는 협상을 하려고 시도했다. 그는 결국 산헤립에게 성전에서 나온 은과 금을 바쳤다(왕하 18:14-16). 히스기야는 성전의 문과 문설주에 붙어있던 금붙이들을 떼라고 명령했다. 그 모습은 보기에 참으로 처참했을 것이다.

그러나 금품을 제공하여 평화를 이룬다는 것은 성공할 확률이 거의 없다. 따라서 오래되지 않아서 산헤립은 다시금 예루살렘 성문 앞에 되돌아와 이스라엘 군대를 압박하는 공작을 펴면서 히스기야의 미미한 군대를 위협했다.

그때에 하나님께서 개입하셨다. 어떤 전염병이 산헤립의 군대를 친 것으로 보인다. 그래서 그 군대는 철수했다. (그 사건에 대해서는 왕하 19:35-36을 읽어보기 바란다.) 그리고 마침내 산헤립은 자기 아들들의 손에 죽고 말았다(왕하 19:37). 전능하신 하나님께서 예루살렘을 구출하신 것이다.

치명적인 실수

몇 년 뒤, 하나님께서는 히스기야 왕이 죽을병에 걸렸을 때 그의 목숨을 살려주셨다. 히스기야는 기도로 하나님께 울부짖었다. 그래서 또 다시 하나님께서 그의 삶에 개입하셔서 건강을 회복시켜주셨다(왕하

20:1-16).

바벨론의 왕은 히스기야가 병들었다는 소식을 듣고서, 편지와 예물을 들려 사신을 파견했다. 사신이 도착했을 때 히스기야는 건강이 회복된 상태에 있었다. 또한 경제도 회복되고 있는 것처럼 보였다. 열왕기서 기자에 따르면, "히스기야가 사자들의 말을 듣고 자기 보물고의 금은과 향품과 보배로운 기름과 그의 군기고와 창고의 모든 것을 다 사자들에게 보였는데 왕궁과 그의 나라 안에 있는 모든 것 중에서 히스기야가 그에게 보이지 아니한 것이 없더라"(왕하 20:13).

그것은 치명적인 실수였다. 그 일은 서서히 타들어가는 도화선과 같은 것이었다. 이사야는 그 왕에게 앞으로 무슨 일이 일어날지 말해주었다. 하나님께서 개입하셔서 군대를 치신 앗수르의 권세는 쇠할 것이지만, 아무도 심각하게 여기지 않는 바벨론의 권세는 날로 커지고 있었던 것이었다. 히스기야는 장차 자기의 적군이 될 자들에게 모든 보화를 보여주었던 것이다.

이사야는 그 결과에 대해 예언했다. "여호와의 말씀이 날이 이르리니 왕궁의 모든 것과 왕의 조상들이 오늘까지 쌓아두었던 것이 바벨론으로 옮긴 바 되고 하나도 남지 아니할 것이요"(왕하 20:17; 사 39:6).

그 일이 고스란히 현실로 나타났다. 세 세대 만에 바벨론은 초강대국으로 성장했으며, 느부갓네살 왕의 영도 아래서, 바벨론 군대는 예루살렘으로 진격해 들어와 많은 사람을 살육하고, 그 도성을 돌무더기가 되게 만들었으며, 능력있는 사람들을 포로로 잡아가 버렸다.

히스기야 왕의 통치 말년에 이사야는 노인이 되어있었다. 그 선지자는 요담 왕의 재위 기간 19년 동안과 아하스 왕이 다스렸던 끔찍스런 20년 동안 내내 설교해왔다. 그리고 이제 히스기야 왕이 통치하기 시작했는데, 그의 재위 기간은 43년 동안 지속됐다.

이사야 선지자가 사역을 시작했던 웃시야 왕 시절 이래로 많은 것들이 변했다. 그때에는 국민들의 사기가 아주 높았으며, 하나님의 백성은 모든 것이 가능하다고 여겼다. 그 자신감 때문에 많은 백성이 점점 더 하나님에 대해 무관심하게 되었다. 이제 예전에 가졌던 자신감은 사라져버렸다. 그리고 하나님의 백성은 점점 더 어려운 시절이 기다리고 있음을 예견하면서 살아가야 했다.

당신이 아무것도 손 쓸 수 없을 때, 무엇을 하겠는가

이사야 40장은 망연자실한 소식을 막 들은 백성에 대한 하나님의 말씀이다. 하나님의 백성은 장래에 대한 온갖 소망과 꿈들을 가지고 있었다. 그러나 바벨론이 번영하게 될 것이라는 이사야의 예언(사 39:5-7)은 그들의 미래가 고난의 연속이 될 것임을 분명하게 밝혀주었다.

고난은 하나님과 가까운 사람들을 포함하여 우리들 중 어느 누구에게도 찾아올 수 있다. (24장에서 다루었던 욥을 기억하기 바란다.) 그것이 바로 나의 두 친구인 바바라와 브라이언 에드워즈Barbara and Brian Edwards가 겪은 일이기도 하다. 바바라는 극심한 류마티스 관절염을 앓고 있었다. 그는 결혼 초기부터 심한 고통에 시달리기 시작했다. 그래서 휠체어를 의지해야 하는 신세가 됐다. 그의 척추가 척수를 짓누르기 시작했기 때문에, 그 압력을 줄이기 위해 척추를 녹이고 두 개의 티타늄 막대기로 그의 머리와 목을 조이는 대수술을 했다. 바바라는 비상한 용기로 이 일을 감내했다. 그는 이제 그 고통에서 벗어나 주님의 품 안에 있다.

브라이언 에드워즈는 그의 책 『희망의 지평들』*Horizons of Hope*[1]에서 결혼 생활 35년 동안 내내 장애와 싸웠던 그들의 우여곡절 많았던 삶과 함께, 주님의 사랑에 의지해 기나긴 고난의 여정을 통과하는 사람들에 대한 이야기들을 써놓았다. 앤드류와 헬렌 브라이언트Andrew and Helen Bryant의 넷째 자녀인 샬롯Charlotte은 밤낮으로 두 시간마다 기름을 발라 주어야 하는 희귀한 피부 질환을 가지고 태어났다. 클로드 트리거Claude Trigger 목사는 그의 성대 전체를 떼어내서 지금은 그의 목에 부착된 전원 작동 기계를 통해 의사소통을 해야 한다.

브라이언과 앤드류와 클로오드는 모두 내가 영국에서 목회하던 시절 나의 친구들이다. 그들의 고난은 세월이 흐른다고 해서 더 나아지지도 않으며, 줄어들지도 않는다.

이러한 고난들은 흔히 우리가 직면해야 할 극심한 상황에 해당한다. 그 문제가 해결이 되어야 우리는 번영을 누릴 수 있다.

사람들은 기적을 달라고 기도할 수 있을 것이다. 그러나 만일 하나님께서 결코 해결되지 않는 짐을 가지고 살아가라고 당신에게 요구하신다면 어떻게 하겠는가? 사람들이 "앞으로 잘되시길 바랍니다"라고 말하면 왠지 공허하게 들린다. 당신의 마음 깊은 곳에서는 더 나빠질 것이라 느끼고 있기 때문이다.

삶을 단지 생존하기 위한 투쟁으로 만들어버릴 수 있는 짐을 지고서 일생을 살아가야 하는 사람들에게 하나님께서는 무슨 말씀을 하셔야 하는가? 미래가 잘 풀리기는커녕 더 끔찍할 때 우리는 어떻게 힘을 얻을 수 있겠는가? 이사야가 전하고 있는 것이 바로 그것에 대한 문제다. 그것이 바로 변화에 대한 긍정적인 희망이 없이 난국에 처해있는 백성을 향한 하나님의 말씀이다.

하나님께서 지배하시다

> 너희의 하나님이 이르시되 너희는 위로하라 내 백성을 위로하라 너희는 예루살렘의 마음에 닿도록 말하며 그것에게 외치라…(사 40:1, 2).

하나님께서 이사야에게 가서 하나님의 백성을 위로하라고 말씀하셨을 때, 이사야의 대답은 예견할 수 있는 반응이었다. "대답하되 내가 무엇이라 외치리이까"(사 40:6). 하나님의 첫 번째 답변은, 하나님께서 통제하고 계신다는 사실을 그 백성에게 전하라는 것이다.

이사야 40장은 성경에서 하나님의 주권에 대해 언급하고 있는 가장 중요한 구절들 가운데 하나이다. 그 말씀은 하나님께서 역사상 모든 사건을 다스리고 계신다는 사실을 우리에게 일깨워주고 있다. 이사야는 성령의 영감을 받아서 말의 능력을 활용해 낙담하고 있는 백성에게 이 진리를 전달한다.

> 그는 땅 위 궁창에 앉으시나니 땅에 사는 사람들은 메뚜기 같으니라 그가 하늘을 차일같이 펴셨으며 거주할 천막같이 치셨고 귀인들을 폐하시며 세상의 사사들을 헛되게 하시나니 그들은 겨우 심기고 겨우 뿌려졌으며 그 줄기가 겨우 땅에 뿌리를 박자 곧 하나님이 입김을 부시니 그들은 말라 회오리바람에 불려 가는 초개 같도다(사 40:22-24).

하나님께서는 우리가 승리할 때도 주관하고 계시지만, 우리가 재난을 당했을 때에도 마찬가지로 주관하고 계신다. 산헤립 왕의 군대가 예루살렘 성문 앞에 당도했을 때에도, 그들이 갑자기 퇴각했을 때에도 하나님께서 주관하고 계셨다. 앗수르의 권력이 쇠약해졌을 때에도, 바벨론의 권력이 흥성했을 때에도 하나님께서 주관하고 계셨다. 예루살렘이 멸망했을 때에도, 그래서 포로가 된 자들이 바벨론으로 유배됐을 때에도, 느헤미야가 유배된 자들을 이끌고 되돌아와서 예루살렘 성을 재건했을 때에도 하나님께서 똑같이 주관하고 계셨다.

인간 역사상 가장 어두운 시절, 즉 하나님의 아들이 끌려가 십자가에 못 박히셨을 때에도 하나님께서 주관하고 계셨다. 그리고 인간 역사상 가장 위대한 날인, 예수 그리스도가 죽은 자들 가운데서 부활하셨을 때에도 하나님께서 주관하고 계셨다.

하나님께서는 당신의 인생에서 가장 어두운 날에도 내내 주관하고 계신다. 하나님의 주권은 하나님을 악의 저자로 만들지 않는다. 하나님의 주권이란 악이 아무리 크다 할지라도 최종적으로 하나님의 목적을 뒤엎어버릴 수는 없다는 것을 뜻한다. 당신의 믿음은 하나님의 주권을 의지해야 소생할 수 있다.

주권자로서 하나님의 신비한 방법들

20세기에 들어섰을 무렵, 런던에 스튜어트 홀든J. Stuart Holden이라는 목사가 있었다. 그는 당시 많은 사람의 입에 오르내렸던 새 기선의 첫 항해에 함께하고자 두 장의 티켓을 구입했다. 그런데 그 배가 항해하기 1주일 전쯤에 홀든의 아내가 병이 들었다. 그래서 아주 실망스럽게도 그 두 사람은 여행을 할 수가 없었다. 하는 수 없이 그들은 타이타닉Titanic호를 탈 수 있었던 두 장의 티켓을 사용하지 않고 그대로 가지고 있게 되었다.

물론 후에 그들은 이 일 가운데서 역사하신 하나님의 손길을 보았다. 홀든은 그 두 장의 티켓을 액자에 넣고 그 밑에 '하나님의 사랑에 대한 증거'라고 써넣었다. 몇 달 후, 한 사람이 그들의 집을 방문했다. 그는 두 장의 티켓과 거기에 쓰인 글귀를 보았다. 그리고 이렇게 말했다. "홀든 씨, 참 감동적인 액자입니다. 그러나 글귀는 잘못됐다는 생각이 듭니다."

그 방문자는 계속해서 설명을 했다. "내게 한 친구가 있었는데, 그 친구는 타이타닉호를 타고 갔지요. 그는 하퍼Harper라는 글래스고Glasgow 출신의 부흥사였습니다. 그는 미국에서 몇 차례 부흥회를 하려고 그 배에 탔던 것입니다." 그는 하퍼가 물속에서 죽기 전에 여러 사람을 예수 그리스도께로 인도했다는 말도 덧붙였다.

그리고 그 방문자는 말했다. "자, 홀든 씨, 한번 말해보세요. 당신은 '하나님의 사랑에 대한 증거'라고 말하고 있는데, 하나님께서 하퍼 씨를 사랑했던 것보다 당신을 더 사랑하셨는가요?"

홀든 목사는 대답할 수가 없었다. 다만 이렇게 물었다. "내가 무슨 말을 썼어야 했을까요?"

"당신은 '하나님의 주권에 대한 증거'라고 썼어야 합니다. 하나님께서는 당신이 살아가면서 하나님께 영광을 돌리라고 불러주셨습니다. 그리고 하퍼 씨는 죽음 가운데서 하나님께 영광을 돌리라고 불러주셨던 것입니다."[2]

하퍼와 홀든이라는 하나님의 귀한 종들에 대한 하나님의 사랑은 동등한 것이었다. 그러나 하나님 주권의 신비 속에서 한 사람은 하나님 곁으로 갔으며, 한 사람은 세상에 남게 되었다.

이사야 선지자는 우리들 가운데 아무도 하나님의 주권을 이해할 수 없을 것이라고 일깨워주고 있다. "누가 여호와의 영을 지도하였으며 그의 모사가 되어 그를 가르쳤으랴"(사 40:13). 나는 지금 하나님의 생각을 이해할 수 없다. 그러나 나에게는 이 큰 진리를 쥐고 있는 것보다 더 큰 위로가 없다. 하나님께서는 절대로 실수하지 않으신다.

하나님께서는 모든 목적을 이루실 것이다

일이 대단히 잘못 진행되어갈 때, 우리는 때때로 우리에 대한 하나님의 계획이 뒤집혀졌다고 느낀다. 우리들 대부분은 하나님을 위해서 우리가 무엇을 해야 할 것인지에 대한 나름의 생각들을 가지고 있다. 우리는 어떤 희망과 꿈들을 가지고 있지만, 종종 예상치 못했던 일이 발생하고 우리는 전혀 새로운 상황에 직면하게 된다. 이사야 시대의 사람들은 만일 예루살렘이 멸망한다면 장차 어떤 희망이 있을 수 있겠는가 의아해했을 것임에 틀림없다.

성경의 이야기 전체는 하나님께서 아브라함의 계보에서 나오는 누군가를 통해 어떻게 구원을 이루실 것인가에 대한 말씀임을 기억하기 바란다. 하나님께서는 아브라함의 후손에게서 나온 열두 지파로 이루어진 큰 나라를 일으키셨다. 그러나 이 열두 지파 가운데 열 지파가 이미 흩어져버렸다. 그것은 마치 열두 개의 타래로 이루어진 강력한 끈이 풀어져서 단 두 개의 실타래만 남아서 큰 힘을 견디고 있는 것과 같았다. 한때 큰 나라를 이루었던 이스라엘 열두 지파 가운데 겨우 두 개의 약하기 짝이 없는 지파들만 남았는데, 이제 하나님께서는 그 두 지파도 짓밟히고 흩어져버릴 것이라고 말씀하신 것이다.

그렇게 된다면, 하나님께서 하셨던 약속들과 목적들에 대해 어떤 희망을 품을 수 있겠는가? 하나님의 역사가 아주 미비하게 보이며, 핵심적인 일꾼들이 사라져버리거나, 어떤 결함들이 발생했을 때 도대체 하나님의 목적이 언제 어떻게 이루어질 수 있으려나 의심이 되는 때가 있다. 하나님께서는 백성이 처하게 될 가장 어려운 흑암의 때에 그들에게 필요한 놀라운 약속을 이사야에게 주셨다.

> 여호와의 영광이 나타나고 모든 육체가 그것을 함께 보리라(사 40:5).

하나님의 이름을 모욕했던 산헤립과 느부갓네살은 난공불락의 존재처럼 보였을 것이다. 그러나 하나님께서는 "모든 육체는 풀과 같다"(사 40:6) 그리고 "여호와의 기운이 그 위에 붊이라"(사 40:7)고 말씀하셨다. 하나님께서는 악인을 바람에 나는 겨와 같이 날려버리실 것이다(시 1:4).

그런 다음에 여호와께서는 "우리 하나님의 말씀은 영원히 서리라"(사 40:8)고 덧붙이셨다. 산헤립과 느부갓네살이 사라진 지 오래된 후에라도, 세상에 복을 가져다주시겠다는 하나님의 약속은 계속해서 서게 될 것이다. 또한 하나님께서는 자기 백성에게 싫증을 내지 않으실 것이다.

> 영원하신 하나님 여호와, 땅 끝까지 창조하신 이는 피곤하지 않으시며 곤비하지 않으시며…(사 40:28).

당신은 장난감을 지나치게 많이 가지고 있는 어린아이를 관찰해본 적이 있는가? 그 어린아이는 한동안 하나의 장난감을 가지고 놀다가 얼마 후 그 장난감을 내던져버린다. 그 장난감에 대해 싫증을 내는 것이다. 그 장난감이 싫증 나면, 다른 장난감을 가지고 놀고 싶어 한다. 이사야는 이렇게 말한다. "당신이 무엇을 하든지 간에 하나님께서 그와 같으리라고는 결코 생각하지 말라. 하나님께서는 당신에 대해 싫증을 내지 않으실 것이다. 하나님께서는 당신에게 흥미를 잃어 당신을 저만치 밀쳐버리지 않으실 것이다. 하나님께서는 결코 당신에게 지치지 않으실 것이다."

당신은 하나님께서 당신의 인생 전체의 방향을 바꾸게 될 고난을 허락하셔서, 도대체 하나님께서 무슨 일을 하고 계신 것인지 의문이 들도록 하신다는 사실을 발견하게 될지도 모른다. 마치 당신이 직면한 어려운 문제들 때문에 하나님의 목적이 당신의 삶 속에서는 전혀 성취되지 못할 것처럼 보일 수도 있다. 그러나 그렇게 단정하지는 말라!

그리스도에 대한 조명 SPOTLIGHT ON CHRIST

예수 그리스도께서 세상에 임하셨을 때, 제자들은 장차 이루어질 일들에 대해 커다란 희망과 꿈을 품고 있었다. 그러다가 도저히 생각할 수 없는 일이 발생했다. 예수 그리스도께서 십자가에 못 박히신 것이다.

하나님께서는 여전히 지배하실 것이다

제자들이 보기에는 하나님의 목적이 성취될 것에 대한 모든 소망이 사라져버린 것처럼 보였을 것이다. 그렇지만 악이 하나님의 아들의 죽음이라는 가장 끔찍하고 폭력적인 형태로 풀려났을 때에도 여전히 하나님께서 주관하고 계셨다. 이 사실에는 심오한 신비가 숨어 있다. 하나님의 가장 큰 목적은 세상의 가장 깊은 흑암의 순간에 이루어졌던 것이다.

우리의 삶이 혼란이나 혼돈 가운데 내던져진 것처럼 보일 때, 이 사실에 대해 생각하는 것이 유익할 것이다. 우리로 하여금 놀라게 만들고 우리에게 깊은 실망을 안겨주는 일도 언제나 하나님께서 알고 계시는 일이며, 그 일은 하나님의 목적과 의도 가운데 자리 잡고 있다.

하나님께서는 이사야에게 하나님의 백성을 위로하라고 말씀하셨다.

하나님의 백성은 하나님께서 지금도 여전히 자신들을 지배하고 계시며, 자신들을 통해 하나님의 목적들을 성취해나가실 것이라는 사실을 앎으로써 위로를 발견한다. 그러나 그 위로를 발견하지 못한 사람들은 지금도 커다란 짐을 짊어지고 오늘과 내일을 견뎌야 할 길을 끊임없이 찾아야 한다.

하나님께서는 자신의 백성에게 힘을 주실 것이다

이사야는 그 백성에게 하나님께서 어떻게 힘을 주실 것인지 다음과 같이 일깨워준다.

> 피곤한 자에게는 능력을 주시며 무능한 자에게는 힘을 더하시나니 소년이라도 피곤하며 곤비하며 장정이라도 넘어지며 쓰러지되 오직 여호와를 앙망하는 자는 새 힘을 얻으리니 독수리가 날개치며 올라감 같을 것이요 달음박질하여도 곤비하지 아니하겠고 걸어가도 피곤하지 아니하리로다(사 40:29-31).

쉴 새 없이 고난이 밀어닥치면 우리가 지칠 수 있음을 하나님께서 얼마나 잘 알고 계신지 살펴보라. 우리가 아무리 강하다 할지라도, 우리 힘의 근원에는 한계가 있다. 아무리 건강한 청년이라 할지라도 힘든 일을 하고 난 후에는 지치고 곤비해진다. 이사야가 사용한 '장정'이라는 말은 '선택된 사람'이라는 뜻을 가진 또 다른 단어와 연결되어있다. 따라서 여기에서 이사야는 무리들 가운데 뛰어난 사람, 즉 눈에 띄는 발군의 실력자에 대해 말하고 있는 것이다.

컨디션이 극도에 오른 운동선수라 할지라도 그 힘에는 한계가 있다. 그 힘이 소진되고 나면 분명 그 선수는 넘어지고 쓰러질 것이다. 그러나 하나님께 소망을 두는 사람들은 그 힘을 새롭게 하게 될 것이다. 하나님께서 지배하고 계시다는 사실을 잘 알고 있으며 자신의 목적을 성취하실 것임을 믿고 있는 사람들은 자신의 힘이 새롭게 충전되는 것을 발견하게 될 것이다. 그 사람들은 고난을 밀고 나가면서 견뎌낼 수 있는 힘을 얻게 될 것이다.

『희망의 지평들』이라는 책에서 브라이언 에드워즈는 아내가 병마에 시달리면서 지냈던 마지막 몇 달 동안 아내와 함께 했던 고통스런 여정을 기록했다. "마지막 몇 달 동안 그 터널은 끝까지 전혀 빛이 없는 것처럼 보였다. 그리고는 마침내 내가 그 터널 가운데서 빛을 찾기를 기대하고 있던 것이 아니었던가 하는 생각이 서서히 들었다."[3]

하나님께서는 자기 백성이 상당히 어두운 골짜기를 통과하도록 이끌어가신다. 그러나 하나님께서는 그 골짜기 가운데서 그들이 지탱할 수 있는 힘을 주실 것이라고 약속하신다. "흑암 중에 행하여 빛이 없는 자라도 여호와의 이름을 의뢰하며 자기 하나님께 의지할지어다"(사 50:10).

드러난 사실 UNLOCKED

때때로 하나님께서는 자기 백성을 이끌어 어두운 골짜기를 통과하게 하신다. 그 골짜기 가운데서는 하나님께서 무슨 일을 하고 계신지 알기가 불가능할 것이다. 하나님의 백성이 가장 어두운 흑암의 때에 직면했을 때, 하나님께서는 이사야를 보내시어 그들에게 지금 하나님께서 지배하고 계신다고 전하도록 하셨다.

이것이 우리 신앙의 토대이다. 하나님께서는 또한 자신이 하신 모든 약속을 성취하실 것이라고 약속하신다. 살다 보면 이 일이 불가능할 것이라고 느끼도록 만드는 때와 형편들이 있다. 그러나 그것이 하나님의 약속이다. 하나님께서는 가장 어두운 흑암의 때를 통과하도록 우리를 붙잡아주실 것이다.

기도 PAUSE FOR PRAYER

기도를 하기 전에 로마서 8:28-32을 읽어도 좋다.

주권자 되시는 여호와 하나님!

제가 흑암 가운데 있을 때 저에게 힘을 주시고, 제가 주님 안에서 주님이 주신 힘을 발견할 수 있도록 도와주시옵소서. 또한 주님께서 모든 것을 지배하고 계심을 알게 하여주시고, 주님의 목적이 모두 성취될 것임을 알고 위로와 평안을 얻을 수 있게 하여주시옵소서. 나의 주님이신 예수 그리스도 안에서 보여주신 주님의 사랑으로부터 그 무엇도 저를 떼어내지 못하게 하여주시옵소서. 예수 그리스도의 이름으로 기도드립니다. 아멘.

Notes

1. Brian Edwards, *Horizons of Hope* (Day One Publications, 2000).
2. 나는 지금은 주님 품에 계신, 영국 교회에서 존경받았던 목회자이자, 기독교 지도자였던 리스 사무엘Leith Samuel 목사가 설교했던 이야기를 아직도 생생하게 기억하고 있다. 지금 내 사무실에는 타이타닉호에 승선할 수 있었던 홀든의 티켓 복사판을 넣은 액자가 놓여있다. 우리가 그 이유를 확실히 알 수 있듯이, 그 티켓은 남아있는 몇 개 안 되는 티켓들 중 하나이다. 홀든 목사 이야기를 듣고 도움을 받았던 친구들이 시카고의 과학박물관에서 열렸던 타이타닉 전시회에 들렀다가 판매되고 있는 그 액자를 발견하고서 내게 그것을 사다 주었다. 그 액자에는 친필로 홀든J. S. Holden이라고 쓴 티켓이 들어있다.
3. Edwards, *Horizons of Hope*, 44.

30

종

Servant

이사야 42, 49, 53장

하나님의 뜻이 어떻게 이루어질 수 있는가?

묵상의 길잡이

☑ **발견하라**

긍휼의 권능을 발견하라.

☑ **배우라**

세상에 복을 주시는 하나님의 역사를 배우라.

☑ **경배하라**

예수 그리스도께서 하나님의 종이라는 역할을 어떻게 완수하셨는지 생각하면서 경배하라.

인도의 리쉬케쉬Rishikesh를 처음 보았을 때의 모습을 나는 결코 잊을 수 없다. 사원들의 부요함은 너무도 많은 사람의 처절한 가난과 극명한 대조를 이루고 있었다. 샛노란 겉옷을 입은 고행자들이 자기들의 암자 곁에 앉아있었다. 그들 가운데 어떤 고행자들은 전혀 딴 세상에 있는 것처럼 보였고, 어떤 고행자들은 세상에 아무런 소망이 없는 사람들처럼 보였다. 거리는 사자 모양, 원숭이 모양, 뱀의 모양을 한 우상들이 줄을 지어있었다.

그곳은 갠지스강에 위치한 힌두교 성지를 찾아온 동서양의 순례자들로 가득했다. 그곳이 바로 60년대에 영국의 록 그룹 비틀스가 찾아와서 영적인 의미를 발견하길 원했던 곳이다. 거기에는 하나님이란 존재는 없는 것처럼 보였다.

나는 그 도시 한가운데로 조금씩 더 걸어 들어가면서, 하나님의 뜻이 이곳에서 이루어진다면 이 지역이 어떻게 변화될 것인지 궁금해한 적이 있었다.

똑같은 궁금증이 별로 이국적이지 않은 도심과 그 지역의 감옥이나 부유한 교외 지역에서도 떠오른다. 이사야 선지자 역시 자기 시대의 실상을 바라보면서 똑같은 질문을 던졌을 것이다.

하나님께서는 자기 백성을 세상에서 모범이 되도록 부르셨다. 그들은 세상에서 하나님의 법에 따라 하나님의 이름을 품고 살아가야 했다. 그러나 그들은 분열됐으며, 그다음에는 다른 신들을 숭배하기 시작했으며, 이제는 하나님의 심판 아래 놓이게 되었다. 이사야는 예루살렘이 곧 황폐한 황무지가 되어버릴 것이라고 예언했다. 하나님께서 이름을 두셨던 곳이 연기가 피어오르는 폐허가 될 것이라는 말이었다. 그렇게 된다면 하나님의 복이 세상에 임하게 되는 일에 어떠한 희망을 걸 수 있겠는가? 만일 열방 가운데서 하나님의 빛이 어두운 암흑으로 변한다면, 그 어두움은 참으로 크고 깊을 것이다.

하나님께서는 자신이 모든 것을 주관하고 계신다고 백성에게 전해 그들을 위로하라고 말씀하셨다. 즉, 하나님께서 흑암의 시간들 동안 여전히 자기 백성을 지켜주실 것이며, 그때 하나님의 목적이 성취될 것이라고 말씀하셨다. 하나님의 백성은 이 일이 어떻게 이루어질 수 있을지 분명 의아해 했을 것이다. 하나님의 뜻이 이루어지도록 하는 데 무엇을 이용해야 할 것인가?

그 종을 만나라

이 시점에서 단지 '그 종'이라고 일컬어지는 누군가가 소개된다.

내가 붙드는 나의 종…을 보라(사 42:1).

종은 그 주인의 뜻이 이루어지도록 하는 사람이다. 만일 당신이 어떤 사람의 종이라고 한다면, 당신의 일거리는 아주 간단하다. 주인이 당신에게 무슨 말을 하든지 간에, 그 말을 행하는 것이다. 종은 자기 주인의 손짓과 부름에 따라서 움직인다. 종의 역할은 주인이 이루기 원하는 것을 행하는 것이다.

지금 하나님께서는 자기 종을 소개하고 계신다. 하나님께서는 이렇게 말씀하신다. "세상에서 나의 뜻이 이루어지도록 할 그 사람을 너희들에게 소개하겠다." 하나님께서는 자기 백성에게 복 주시고 다시 세상의 열방에게 복을 주시겠다고 하셨던 아브라함에게 하신 옛 약속이 어떻게 이루어질 것인지에 대해 우리에게 말씀하고 계신 것이다.

우리가 이사야서를 읽어나가다 보면, 그 종이 대단히 중요한 사람임을 서서히 깨닫게 될 것이다. 그 종은 하나님의 뜻을 집행하는 자이며, 하나님의 약속들을 성취시킨다.

신약성경에 이르면, 그 종은 바로 우리 주 예수 그리스도임이 명확하게 드러난다. 그러나 예수 그리스도께서 어떻게 그 종의 역할을 성취하시는지 살펴보기에 앞서서, 이사야가 하나님의 백성에게 말하고 있는 것이 예수 그리스도께서 세상에 오시기 700년 전, 하나님의 뜻이 어떻게 이루어질 것인지 이야기하고 있는 것임을 기억해야 한다.

하나님께서는 그 종에 대해 말씀하시면서, 하나님의 복을 열방에 전하기 위해 하나님께서 앞으로 사용하실 사람이 어떤 사람이며, 그가 어떻게 흑암 속에서 하나님의 뜻을 이루게 될 것인지 우리에게 전해주고 계신다.

그 종의 특권

> 내가 붙드는 나의 종, 내 마음에 기뻐하는 자 곧 내가 택한 사람을 보라 내가 나의 영을 그에게 주었은즉 그가 이방에 정의를 베풀리라(사 42:1).

하나님의 그 종은 몇 가지 놀라운 특권들을 가지고 있다. 그 종은 선택받고, 사랑받고, 기름 부음 받으며, 사역 중에 하나님의 지원을 받을 것이다. 그 종의 소명은 열방에 공의를 베푸는 일이 될 것이다. 이 사실은 법정에서 올바른 결정을 내리는 것, 그 이상의 것을 의미한다. 그 종의 과업은 세상의 질서를 바로잡고 세상의 모든 것이 응당 자기가 있어야 할 자리에 있게 하는 것이 될 것이다.

어떤 기준으로 보든지 간에, 이 일은 아주 특별한 사역이 될 것이다. 그리고 하나님께서 우리에게 그 종이 감당한 사역의 눈부신 결과들에 대해 말씀해주실 때, 우리는 어떻게 이러한 변화가 이루어질 수 있는지 묻지 않을 수 없을 것이다.

하나님의 종 한 사람이 어떻게 세상을 변화시킨다고 생각할 수 있겠는가? 만일 당신이 세상 모든 것의 질서를 올바르게 회복시켜줄 어떤 사역에 대한 비전을 바라본다면, 당신은 어디에서부터 시작하겠는가? 아마도 당신은 전국적인 규모의 기자 회견을 개최한다거나, 교육 프로그램을 시작한다거나, 흰 양복을 입고서 여러 차례의 부흥회를 열면서 세계를 다닐지 모르겠다.

그러나 이사야가 묘사하고 있는 그 종은 그러한 일을 전혀 하지 않을 것이다. 대신에 이렇게 한다고 말씀하신다.

> 그는 외치지 아니하며 목소리를 높이지 아니하며 그 소리를 거리에 들리게 하지 아니하며(사 42:2).

하나님께서는 이렇게 말씀하셨다. "나의 뜻을 이루기 위해 내가 쓸 그 사람은 자기에 대해 과시하는 일이 전혀 없을 것이며, 자기를 높이려고 하지 않을 것이며, 다른 모든 사람을 지배하려고 하지 않을 것이며, 목소리를 높여서 외치지 않을 것이다. 사실 그에게 있어 눈에 띄는 점은, 그는 조용한 가운데 사역할 것이라는 점이며, 자신에게 초점을 맞추지 않고서 하나님의 뜻을 행하는 데 전력할 것이라는 점이다."

긍휼의 권능

하나님의 뜻은 굉장한 호화 프로그램들이나 대단한 인물들의 활약을 통해 이 세상에서 이루어지지 않는다. 그 종의 스타일은 전적으로 다르다.

> 상한 갈대를 꺾지 아니하며 꺼져가는 등불을 끄지 아니하고 진실로 정의를 시행할 것이며(사 42:3).

상한 갈대를 손봐주려고 하는 사람은 거의 없다. 누구나 상한 갈대를 보고 본능적으로 드는 생각은 그 갈대를 끊어서 꺾어 내버리는 것이다.

갈대 하나가 구부러져 꺾이면, 대개는 그대로 짓밟히게 된다. 또한 촛불이 저녁 식탁 위에서 거의 다 타들어가면, 그 불을 끄고 다른 촛불을 밝힌다. 그러나 하나님께서는 자기 종이 그와 같지 않을 것이라고 말씀하신다. 그 종은 상한 갈대들을 꺾어내지 않을 것이며, 꺼져가는 촛불을 꺼버리지 않을 것이다. 그 종은 긍휼을 보여주실 것이다.

내가 런던에서 섬겼던 교회는 영국의 많은 복음주의 교회들과 마찬가지의 모습을 하고 있었다. 교회당 건물은 흰 벽에 거의 직사각형이다. 우리에게는 예술적 건축 양식에 대한 절대적인 전통이 없었다. 그것은 아마도 성당들에 대한 과잉반응 탓일 것이다. 한번은 성경을 잘 가르치는 워렌 위어스비Warren Wiersbe 목사가 내게 영국에 있는 복음주의 자유 교회에 가는 것은 마치 네모난 우유 통 속으로 들어가 앉아있는 것 같은 느낌을 준다고 말했다.

그 점에 대해 우리는 무엇인가를 하기로 결정했다. 그래서 여러 명의 성도들이 현수막을 만들기로 했다. 그들은 훌륭하게 그 일을 해냈다. 그렇게 해서 성경에 등장하는 여러 장면들을 묘사하고 있는 멋진 현수막을 만들어냈다. 내가 가장 좋아하는 그림은 이 구절에서 취한 장면을 담고 있는 현수막의 그림이다. 그 그림은 여러 개의 갈대를 보여주고 있으며, 그중 하나의 줄기가 꺾여있다. 그러나 거기에 그 줄기를 쥐고 있는 손이 하나 있다. 그 손이 없으면 그 줄기는 자체의 무게 때문에 꺾여버렸을 것이다.

이 세상은 상한 갈대들로 가득하다. 아마도 당신은 그 묘사에 공감할 수 있을 것이다. 당신이 무엇인가에 부딪쳐서 그 때문에 상처를 입고, 거의 낙심하게 됐을 수도 있다. 당신은 너무도 무거운 짐을 견디기 어려워 더 이상 짊어지고 있을 수 없을 지경일 것이다. 마음을 굳게 먹으라. 그 종이 당신을 도와주실 것이다.

혹시 당신은 자신의 모습을 꺼져가는 촛불의 모습과 비교할지도 모르겠다. 당신에게는 주 예수 그리스도를 위해 열정을 불사르던 때가 있었을 것이다. 그러나 지금은 마치 연료가 다 타버린 듯하다. 인내와 소망과 사랑의 원천은 거의 바닥이 나서 당신 속에 있는 불빛이 꺼질 듯이 깜박거린다. 사역에 자신을 투신하고 보니까, 당신이 베풀기에 앞서서 지원을 받을 필요가 있음을 발견하게 되었다. 교회는 하나님을 위해 일을 하라고, 사역을 감당하라고 부름을 받았다. 그러나 우리 모두는 하나님께서 우리를 위해 무엇인가 해주실 것을 절실하게 기다려야 할 형편에 있다.

산산이 부서지고, 상처 입고, 낙담한 사람들은 결코 목소리만 큰 사람들에게 이끌리지 않을 것이다. 자기들의 삶이 경각에 달려있다고 느끼는 사람들은 고강도의 촉진책들을 가지고서도 그리 도움을 얻지 못할 것이다. 하나님의 뜻을 이루시는 그 종은 긍휼하심으로 상처 입은 사람들의 삶을 어루만지는 조용한 사역을 하실 것이다.

이러한 사역은 대단히 더디고 매우 실망스럽게 보일 수 있을 것이다. 빠른 결과와 성장을 기대하는 사람들에게는 이러한 사역이 그다지 매력적이지 못할 것이다. 그러나 하나님의 종은 매우 충실하게 자신의 사역을 고수할 것이다.

> …진실로 정의를 시행할 것이며 그는 쇠하지 아니하며 낙담하지 아니하고…(사 42:3, 4).

하나님께서는 이 세상에서 하나님의 뜻을 이루는 데 사용하실 그 종의 강인한 모습을 우리에게 보여주셨다. 그 종은—그리고 하나님께서 유용하게 사용하시는 모든 종은—상처받고, 지친 사람들을 긍휼히 여기는 마음을 가지고 있다. 그러한 종은 결코 낙담하지 않고, 성령의 권능으로 새 힘을 얻는다. 그러한 종은 자신의 이름을 높이는 것에 무관심하다. 만일 당신이 하나님께 쓰임 받는 사람이 되길 원한다면, 겸손과 긍휼과 신실함을 키워야 한다.

도전의 규모

하나님께서는 상처 입고, 낙담한 사람들에게뿐만 아니라, 눈멀고 속박된 사람들에게 자신의 종을 보내신다. 이에 그 종은 엄청난 도전에 직면하지 않을 수 없을 것이다. 그 종은 다음과 같은 일을 해야 한다.

> 네가 눈먼 자들의 눈을 밝히며 갇힌 자를 감옥에서 이끌어내며 흑암에 앉은 자를 감방에서 나오게 하리라(사 42:7).

죄는 하나님의 영광으로부터 우리의 눈을 멀게 하며, 죄의 권능을 이용해 우리를 결박한다. 그러므로 만일 하나님의 복이 열방으로 흘러들어간다면, 죄에 눈이 가려진 소경이 치유함을 받을 것이며, 모든 이들이 죄의 권세로부터 자유로워질 것이다.

오늘날 하나님의 종들이 처해있는 도전의 규모는 우리의 사역에 무엇이 필요한지 가르쳐주고 있다. 만일 사람들에게 영적인 것을 볼 수 있는 영적인 안목이 있다면, 복음이 세상에 흘러넘치게 하는 일은 비교적 쉬울 것이다. 사람들은 자신에게 복음이 얼마나 필요한지 즉시 깨닫고 예수 그리스도께로 나아올 것이다. 그러나 하나님의 종들이 직면하고 있는 문제는, 그 종들이 하나님의 영광과 복음을 전한다 할지라도 듣는 사람들의 마음에는 이 진리를 인정하고 이 진리에 반응할 능력이 전혀 없다는 점이다. 그들은 눈이 먼 상태이다.

그리고 비록 그들이 확실하게 볼 수 있는 시력을 가지고 있다 할지라도, 그들은 죄에 얽매여있기 때문에 하나님께 적극적으로 반응할 능력이 모자란다. 만일 죄가 단순히 어떤 하나의 선택일 뿐이라면, 사람들이 더 나은 선택을 할 수 있도록 지도해주기가 비교적 쉬울 것이다. 그러나 죄는 단순한 선택에 불과한 것이 아니라 일종의 권세이다.

효과적인 사역이란, 그저 선포하는 것에 불과한 것이 아니다. 효과적인 사역은 선포 그 이상의 것이다. 하나님의 종들은 영안이 열리도록 도와주시는 하나님께 전적으로 의지하며, 사역 대상자가 하나님의 영광을 볼 수 있도록 그리고 하나님의 법이 선포될 때 그 법에 응답하는 영적인 시력을 회복하도록 돕는다. 이러한 사역이 없이는 그 종의 말을 듣는 사람들은 미술작품 전시회에 있는 시각장애인이나, 지도는 가지고 있지만 쇠창살 안에 갇혀있는 죄수와 다를 바 없다.

하나님께서는 "나의 종이 너희들을 맹목으로부터 진리로 건져내줄 것이며 너희들을 죄의 결박시켜놓은 권세로부터 해방시켜줄 것이다"라고 말씀하신다.

그 자격에 부합하는 자가 누구인가?

하나님께서 자기 종에 대해 더 많은 정보를 제공해주심에 따라서, 하나님의 백성은 점점 더 궁금해졌을 것이다. 누가 이러한 역할을 감당할 수 있단 말인가? 틀림없이 이사야도 그 자격에 부합하는 자가 누구일까 궁금했을 것이다.

맨 처음에 하나님께서 '그 종'에 대해 언급하셨을 때, 이사야가 보기에는 하나님께서 이스라엘에 대해 말씀하고 계신 것 같았다.

> 그러나 나의 종 이스라엘아 나의 택한 야곱아 나의 벗 아브라함의 자손아 내가 땅 끝에서부터 너를 붙들며 땅 모퉁이에서부터 너를 부르고 네게 이르기를 너는 나의 종이라 내가 너를 택하고 싫어하여 버리지 아니하였다 하였노라(사 41:8, 9).

하나님께서는 이 사역을 성취하도록 이스라엘을 불러내셨다. 하나님께서는 "나는 너의 하나님이 되고, 너는 나의 백성이 될 것이라"고 말씀하셨다. 그래서 하나님의 백성은 열방 가운데서 하나님의 종의 역할을 성취하라는 부르심을 받게 되었다. 그들에게는 하나님의 진리의 빛이 주어졌으며, 율법과 희생제사가 주어졌다. 하나님의 백성은 하나님의 이름이 만방에 알려지고 하나님의 복이 열방에 흘러들어가도록 하는 통로 노릇을 해야 했다.

이스라엘은 '그 종'이 아니었다

그러나 하나님의 백성은 그들의 소명에 부응하는 삶을 살 수가 없었다. 그 종은 소경된 사람들에게 광명을 가져다주고, 매인 자들을 풀어주어야 했다. 그러나 하나님께서는 이렇게 말씀하셨다. "맹인이 누구냐 내 종이 아니냐 누가 내가 보내는 내 사자같이 못 듣는 자겠느냐 누가 내게 충성된 자 같이 맹인이겠느냐 누가 여호와의 종같이 맹인이겠느냐"(사 42:19). 그런 다음에 이 말을 덧붙이셨다.

> 네가 많은 것을 볼지라도 유의하지 아니하며 귀가 열려있을지라도 듣지 아니하는도다…이 백성이 도둑 맞으며 탈취를 당하며 다 굴속에 잡히며 옥에 갇히도다…(사 42:20, 22).

다른 사람들에게 영적인 안목과 자유를 가져다주어야 할 종들이 도리어 눈멀고 매인 자였음이 드러난 것이다. 봉사의 사역을 감당하도록 소명을 받았던 그 종이 봉사의 대상인 것으로 밝혀진 것이다.

하나님의 복이 열방에 전해지는 일에 대한 기대는 이 시점에서 무너지는 것처럼 보였다. 이스라엘은 하나님의 종으로 선택을 받았지만, 그 역할을 감당할 수 있는 위치에 서지 못했다. 이스라엘이 열방에 빛을 가져다주기에 앞서서, 먼저 이스라엘에게 빛을 가져다줄 누군가의 구조를 받아야 할 필요가 있었던 것이다.

여기에서 마치 하나님께서 이사야에게 바로 그 사람이 되라고 요청하시는 것처럼 보인다.

이사야서 49장에서, 하나님께서는 다시금 '그 종'에 대해 말씀하신다. 그러나 이번에는 그 나라에 대해 말씀하지 않으시고, 사역을 감당할 한 개인에 대해 말씀하고 계신다. 하나님께서는 이렇게 말씀하셨다. "나는 세상이 나의 영광을 볼 수 있도록, 이스라엘에게 나의 영광을 비추라고 요청했다. 그러나 그 일은 이루어지지 않았다. 그러므로 이사야야, 나는 네가 대신 이 사역을 감당할 것을 요청한다." 성경에 의하면, "내게 이르시되 너는 나의 종이요 내 영광을 네 속에 나타낼 이스라엘이라 하셨느니라"(사 49:3).

그러나 이사야도 '그 종'이 아니었다

그러나 이사야는 그 일이 자신의 능력 밖의 일임을 알고 있었다.

> 그러나 나는 말하기를 내가 헛되이 수고하였으며 무익하게 공연히 내 힘을 다하였다 하였도다…(사 49:4).

이사야의 말은 이것이었다. "이렇게 시시한 결과들밖에 얻지 못하고 있는 나의 이 미비한 사역으로는 그 종의 역할을 감당하기 위해 나설 수가 없습니다." 그 말은 사실이었다. 그 백성은 이사야의 사역에 대해 아무 반응이 없었다.

하나님께서는 '그 종'이 이스라엘의 능력과 범위를 훨씬 뛰어넘는 사역을 감당하도록 부름을 받을 것이라고 이사야에게 말씀하셨다.

> 그가 이르시되 네가 나의 종이 되어 야곱의 지파들을 일으키며 이스라엘 중에 보전된 자를 돌아오게 할 것은 매우 쉬운 일이라 내가 또 너를 이방의 빛으로 삼아 나의 구원을 베풀어서 땅 끝까지 이르게 하리라(사 49:6).

이것은 어려운 임무가 아니라 불가능한 임무이다. 성경에서 이 임무를 성취하거나 근접하기라도 했던 선지자는 아무도 없다.

그리스도에 대한 조명 SPOTLIGHT ON CHRIST

하나님께서는 그 종의 특성과 소명을 드러내신 후, 이 역할을 감당할 자에 대한 환상을 이사야에게 보여주셨다. 이사야가 본 것은 너무도 당혹스러운 것이어서, 어떻게 그 내용을 전해야 할지 알 수 없었다. 그가 본 것을 그대로 이야기한다 해도 아무도 믿지 않을 것 같았다.

> 우리가 전한 것을 누가 믿었느냐 여호와의 팔이 누구에게 나타났느냐 (사 53:1)

이사야의 말은 이것이었다. “만약 내가 본 것을 여러분에게 말해준다면, 여러분은 결코 믿지 못할 것입니다.” 그러나 어찌됐든지 이사야는 자기가 본 것을 사람들에게 전하고 있다(사 53:2, 3). 질문하는 사람들에게 ‘그 종’을 묘사하고 있는 이사야의 모습을 한번 상상해보라.

“나는 그 종을 보았습니다. 나는 그 종을 보았습니다. 하나님의 뜻을 이룰 그 사람을 보았습니다.”

“이사야 님, 그 종이 어떤 모습이며, 어떻게 생겼습니까?”

“그것은 나로서는 도저히 이해할 수 없는 모습이었습니다. 나는 그 종이 멸시받고 있는 모습을 보았으며, 배척당하고 도성 밖으로 내몰리는 모습도 보았습니다. 차마 그 종을 똑바로 바라볼 수 없을 정도로 그에게 폭력이 가해지는 모습을 보았습니다. 그의 얼굴은 매우 심하게 상했습니다. 나는 그를 둘러싸고 있는 사람들이 차마 그를 쳐다보고 싶지 않아서 자기들 손으로 눈을 가리는 모습을 보았습니다. 그 종이 고난받는 모습을 구경하던 수많은 사람이 ‘그 사람이 자신이 당할 일을 당하고 있다’고 말하는 것을 보았습니다.”

고난받는 종

이사야는 하나님의 축복에 대한 모든 희망이 걸려있는 그 종에게 일어날 일에 대한 환상을 보고서 움찔했을 것임에 틀림없다. 이사야는 그 종이 찔리고, 상하고, 징벌을 받고 상처를 입었다고 우리에게 전해주고 있다.

그 종에게 일어났던 일에 대해 이사야가 묵상했을 때, 틀림없이 그 일은 너무도 끔찍한 최대의 재난인 것처럼 보였을 것이다. 그때 하나님께서는 이사야가 질겁할만한 말씀을 해주셨다. “여호와께서 그에게 상함을 받게 하시기를 원하사 질고를 당하게 하셨은즉 그의 영혼을 속건

제물로 드리기에 이르면…"(사 53:10).

겸손하고 긍휼하신 여호와의 종에게 가해진 고난과 죽음은 실제로 하나님의 뜻이었던 것이다. 그런 다음에 여호와께서는 이사야가 어리둥절해할 또 다른 말씀을 해주셨다.

> …그의 손으로 여호와께서 기뻐하시는 뜻을 성취하리로다(사 53:10).

이것이 바로 하나님의 뜻이 이루어지게 될 방법인 것이다. 하나님의 축복이 세상에 가득하고 만방에 하나님의 이름을 알리기 위해, 하나님께 기름 부음 받고 위임받은 겸손하고 긍휼하신 그 종이 자신의 고난과 죽음을 통해 자신의 사명을 성취하게 될 것이다.

예수 그리스도께서는 이사야가 보았던 바를 성취하셨다.

> 그가 찔림은 우리의 허물 때문이요 그가 상함은 우리의 죄악 때문이라 그가 징계를 받으므로 우리는 평화를 누리고 그가 채찍에 맞으므로 우리는 나음을 받았도다(사 53:5).

또한 하나님께서는 왜 십자가가 반드시 필요한가에 대한 깊은 통찰을 이사야에게 제공하셨다.

> 우리는 다 양 같아서 그릇 행하여 각기 제 길로 갔거늘 여호와께서는 우리 모두의 죄악을 그에게 담당시키셨도다(사 53:6).

하나님의 종이 되고자 하는 사람들에게 속한 모든 죄악과 실패와 자만과 이기심은 하나님의 참 종이신 그분에게 지워진다. 어느 나라도 어느 선지자도 결코 달성할 수 없었던 것을 예수 그리스도께서 성취하셨다.

신약성경에서 예수 그리스도는 특히 상한 갈대도 꺾지 않으시며, 꺼져가는 촛불도 끄지 않으시는 온유하고, 긍휼이 많은 종으로 확인되고 있다. 마태는 선지자 이사야를 통해 하나님께서 하셨던 그 말씀이 예수 그리스도의 사역으로 말미암아 성취됐음을 우리에게 전해주고 있다(마 12:17-21).

부활하신 예수 그리스도의 성품은 변하지 않았다. 예수 그리스도는 상처 입고, 낙담하고, 흔들리는 사람들이 믿음으로 나아올 때 자비롭게 맞아주신다. 그는 우리가 하나님을 알 수 있도록 우리의 먼 눈을 뜨게 하시며, 우리를 붙잡아 얽어매고 있는 죄의 권세로부터 우리를 풀어주신다. 예수 그리스도의 사역은 어떤 특정 집단의 사람들에게만 국한되지 않고 모든 사람을 위해 존재한다.

복음을 밝혀주다

신약성경에는 예배하기 위해 예루살렘을 찾아온 신앙심 깊은 아프리카의 한 지도자에 대한 이야기가 나온다. 그 지도자는 고향을 향해 돌아가는 도중에 구약성경을 읽고 있었다. 그가 읽고 있었던 단락은 이사야 53장, 고난받는 종을 묘사하고 있는 부분이었다.

빌립이라는 사람이 여행 도중에 그와 합류했다. 그때 그 아프리카인이 빌립에게 말하되 "청컨대 내가 묻노니 선지자가 이 말한 것이 누구를 가리킴이냐 자기를 가리킴이냐 타인을 가리킴이냐 빌립이 입을 열어 이 글에서 시작하여 예수를 가르쳐 복음을 전하니"(행 8:34-35). 나는 빌립이 이사야가 그 종에 관해 말했던 모든 것을 그 아프리카 지도자에게 정확히 말했다고 믿어 의심치 않는다.

아마도 빌립은 이렇게 말했을 것이다.

"자, 들어보시오. 성경은 하나님의 뜻을 이루게 할 그 사람이 상한 갈대들과 꺼져가는 촛불들을 불쌍히 여기는 사역을 감당할 것이라고 말하고 있습니다. 제가 당신에게 예수님에 대해 말씀드리도록 하지요. 예수님은 문둥병자들을 만지시고, 죄인들을 용서해주셨습니다. 예수님은 사람들이 목자 없는 양 떼와 같음을 알고 계셨기 때문에 그들을 불쌍히 여기셨습니다.

이사야 선지자는 그 종이 이스라엘을 회복시키실 것이라고 말했습니다. 그리고 예수님께서는 자신이 먼저 이스라엘의 잃어버린 양들을 위해 오셨음을 인정하셨지만, 그 뒤에 자신이 또한 열방을 위해서도 오셨음을 덧붙이셨습니다. 그래서 '내게는 이 우리에 들지 않은 다른 양들이 있다'(요 10:16)고 말씀하셨습니다.

그런데 무슨 일이 있었는지 당신에게 말씀드리도록 하지요. 사람들이 거짓 증인들을 데리고 와서 예수님에 대해 거짓된 고소를 했습니다. 예수님은 당신이 얼마 전에 나왔던 바로 그 성읍에서 십자가에 못 박히셨습니다. 그가 당한 고난은 말로 형언할 수 없는 것이었습니다. 그는 찔렸고, 상했고, 징벌을 당했으며, 채찍을 맞았습니다. 그런 다음에 그들은 예수님을 십자가에서 내려 무덤에 뉘었습니다.

그런데 당신은 이사야가 '그가 고난을 당한 후에 생명의 빛을 보리라'고 말하고 있는 것을 읽었지요? 그것이 바로 셋째 날에 일어난 일입니다. 그가 부활하셨습니다! 이사야가 예언했던 그 종은 오셨습니다. 그의 이름은 바로 예수 그리스도입니다. 하나님의 뜻은 그 종을 통해 이루어질 것입니다. 바로 그 예수 그리스도를 통해 하나님의 복이 그를 영접하는 모든 사람에게 임하게 되는 것입니다. 그는 아브라함에게 해주었던 옛 약속을 성취시키시는 바로 그분입니다."

예수 그리스도께 나아오는 사람들은 큰 특권과 놀라운 책임을 가지게 된다. 예수 그리스도께서는 제자들에게 이렇게 말씀하셨다. "아버지께서 나를 보내신 것같이 나도 너희를 보내노라"(요 20:21). 예수님을 아는 사람들은 예수님의 종으로서 세상 속으로 들어가야 한다. 우리는 오만한 세상 속으로 들어가서 그리스도의 겸손을 보여주어야 한다. 우리는 거친 세상 속으로 들어가서 그리스도의 긍휼을 보여주어야 한다. 우리는 예수 그리스도를 통해 하나님께서 행하신 일에 대한 진실을 선포하여 그분이 누구인지 모르고 있는 사람들에게 그분을 증거하고, 죄에 얽매여있는 사람들이 그분이 주시는 자유를 누릴 수 있도록 해주어야 한다.

그리고 우리 사명의 지평을 한 도시나 마을에 제한해서는 안 된다. 예수 그리스도께서는 제자들에게 열방으로 나가라고 명하셨다. 예수 그리스도께서는 그 대가가 무엇이라 할지라도 가라고 말씀하셨다. 안전은 약속되지 않았다. 예수 그리스도께서는 "내가 너희를 보냄이 어린 양을 이리 가운데로 보냄과 같도다"(눅 10:3)라고 말씀하셨다. 또 다른 곳에서는 "세상이 너희를 미워하면 너희보다 먼저 나를 미워한 줄을 알라"(요 15:18)고 말씀하셨다.

그러나 예수 그리스도께서는 우리가 그의 이름으로 나가서 사역을 감당하면, 하나님의 뜻이 이루어질 것이며, 하나님의 복이 많은 사람에게 임할 것이며, 예수 그리스도가 그 영혼의 수고한 열매를 보고 기뻐하실 것임을 약속하신다.

드러난 사실 UNLOCKED

하나님의 계획과 목적은 여러 프로그램이나 대단한 사람들에게 의존하지 않는다. 오히려 하나님의 뜻은 낙심하고 상처 입는 세상 속에서 긍휼히 여기는 마음으로 조용하고 겸손하고 신실하게 사역하고 있는 그의 종들에 의해 성취된다.

인간 문제의 핵심은, 우리가 하나님의 영광으로부터 눈이 멀었으며, 죄의 권세에 얽매였다는 사실에 있다. 그러므로 하나님의 종들은 영적인 안목과 하나님의 법을 성취할 수 있는 능력을 키우는 데 전적으로 하나님을 의지하고 있다. 하나님의 종들은 하나님께서 자신의 영광을 드러내고 사람들에게 회개와 믿음을 촉구하면서 이 일을 이루어주시기를 기대한다.

예수 그리스도는 하나님의 뜻이 이루어지게 하는 그 종이시다. 놀랍게도 하나님의 목적은 예수 그리스도의 끔찍한 수난과 죽음을 통해 성취됐다. 예수 그리스도 없이는 하나님의 목적이 결코 성취될 수 없었을 것이다.

하나님께서는 온 땅의 열방에게 자기 종들을 파송하신다. 그리하여 모든 지파와 모든 민족이 하나님의 영광을 보고, 하나님께서 예수 그리스도를 통해 주시는 자유를 발견하도록 하신다. 또한 그들 자신이 하나님의 종이 되도록 부르신다.

기도 PAUSE FOR PRAYER

전능하신 하나님 아버지!

하나님의 뜻을 이루기 위해 사람의 형상으로 이 땅에 오셔서, 우리의 죄를 사하며 구원하시고자 온갖 고초를 당하고 십자가에서 죽으신 예수 그리스도께 무한한 감사를 드립니다. 이사야의 예언을 성취하신 하나님, 우리를 향한 하나님의 놀라운 사랑에 감사드립니다.

예수 그리스도께서 지극히 높임을 받고, 주님께서 그에게 주신 모든 이름 위에 더 뛰어난 이름을 인하여 모든 무릎으로 예수 그리스도의 이름 앞에 꿇어 절하게 하심을 감사드립니다.

예수 그리스도를 나의 생명, 나의 구세주, 나의 주인으로 섬기며, 예수 그리스도의 종으로서 특권을 누리게 하심을 감사드립니다.

저를 주님의 참된 종으로 사용하여주시옵소서. 제 마음을 예수 그리스도의 긍휼로 가득 채워주시옵소서. 세상의 열방 가운데서 주님 나라에 대한 더 광대한 비전을 허락하여주시옵소서. 마지막 날에 모든 민족과 모든 나라 사람들이 예수 그리스도의 이름을 영화롭게 하고 주님의 복을 영원히 누릴 수 있게 하여주시옵소서. 나의 주 예수 그리스도의 이름으로 기도드립니다. 아멘.

31

부르심

Calling

이사야 55장

예수 그리스도께서는 무엇을 주시는가

그리고 그것이 어떻게 당신의 것이 될 수 있는가?

묵상의 길잡이

☑ **발견하라**

가장 낮은 가격을 입찰한 사람이 경매품을 차지하는 기적을 발견하라.

☑ **배우라**

예수 그리스도께서 어떻게 당신 영혼의 깊은 갈증을 해소시켜줄 수 있는지 배우라.

☑ **경배하라**

하나님께서 선물 받을 모든 사람에게 그분이 주실 수 있는 최고의 선물을 주신 것을 보면서 경배하라.

아내 캐어런과 내가 살았던 런던 북부에 위치한 마을에서는 매주 목요일과 토요일에 시장이 선다. 그 마을 한가운데에는 '마켓 스퀘어'라고 부르는 공터가 자리 잡고 있다. 그 공터에는 수백 년에 걸쳐 깔린 수많은 조약돌이 있었다. 매주 목요일과 토요일, 장을 여는 사람들이 새벽 6시 정도에 도착해 가판대를 설치하고 노점을 위해 천막을 친다. 그곳에서 장사를 할 수 있도록 허가서를 받은 상인들은 약 50여 명 정도였으며, 그들 가운데 몇몇은 진짜 명물이었다.

그 장터에는 과일과 채소를 파는 노점과, 가방과 의류를 파는 판매

대가 가득했고, 기이하게도 오로지 진공청소기의 부품만을 파는 사람도 있었던 것으로 기억된다. 그곳은 싼 물건들을 찾는 사람들로 언제나 붐볐다. 그러다가 날이 저물 때면 장사꾼들은 가판들을 모두 정리했고, '마켓 스퀘어'에는 찬바람만 휑하니 불었다.

그 시장에서 재미있는 것 중 하나는 소란스러운 상인들과 그들이 던지는 농담이었다. 장이 서면 사방이 온통 소음으로 시끌벅적했다. 장사꾼들이 하나씩 차지하고 있는 노점들 사이의 거리는 얼마 안 되기 때문에 그 사이를 이리저리 돌아다니다 보면, 노점상들이 당신의 이목을 끌려고 부단히 노력하는 모습을 볼 수 있을 것이다.

"탐스러운 버섯이 2킬로그램에 2,000원이요."

"새로 나온 수건이 있습니다. 촉감이 아주 부드럽습니다."

"새로 나온 가방 구경하세요. 다른 곳에서는 이 가격에 살 수가 없습니다."

진공청소기 부품을 팔고 있는 사람 곁을 지날 때에는 그나마 안도의 한숨이 나왔다. 그 사람은 그저 가판에 앉아서 독서에 빠져있었기 때문이다.

이사야서 55장에서, 하나님께서는 믿기 어려울 만큼의 놀라운 제안을 설명하시기 위해 시장 풍경을 예로 드신다. 당신이 수많은 노점상 곁을 걷고 있다고 상상해보라. 여러 목소리들이 당신을 유혹하고 있다. 왼쪽 세 번째 줄 뒤편에 가판대 하나가 보인다. 그 노점상은 대부분의 다른 노점상들에 비해 조용하지만, 그는 사람들에게 특별한 제안을 할 만반의 태세를 갖추고 있다.

> 너희 모든 목마른 자들아 물로 나아오라 돈 없는 자도 오라 너희는 와서 사 먹되 돈 없이, 값 없이 와서 포도주와 젖을 사라(사 55:1).

이 상인은 대단히 가치 있는 것을 제공하고 있다. 그는 이렇게 외친다.

…내게 듣고 들을지어다 그리하면 너희가 좋은 것을 먹을 것이며 너희 자신들이 기름진 것으로 즐거움을 얻으리라 너희는 귀를 기울이고 내게로 나아와 들으라 그리하면 너희의 영혼이 살리라…(사 55:2, 3).

이 상인은 누구인가? 그리고 왜 많은 사람들은 이렇게 좋은 제안을 성급하게 지나치고 있는 것일까?

모습을 드러낸 상인

그 시장의 상인이 누구인지는 몇 세기 후에 입을 연 한 사람의 말씀에 의해 밝혀졌다. "누구든지 목마르거든 내게로 와서 마시라"(요 7:37). 예수님은 이사야서 55장의 그 말씀을 들어서 자신에게 적용하셨다. 그 시장의 장사꾼은 바로 하나님의 아들이었던 것이다.

이렇듯 사람들의 이목을 끌기 위해 바로 예수 그리스도께서 외치고 계신다. 예수 그리스도는 많은 외치는 목소리들 가운데 하나이다. 그리고 예수 그리스도는 자신이 가장 깊은 갈등을 해소시켜주겠다고 제안하며 자신의 가판대로 오라고 사람들을 청하고 있다.

이사야서 55장에서의 초점은 이미 오실 예수 그리스도께 맞춰져있다. 그러므로 이 장에서 우리는 그 초점을 미리 살펴보도록 하겠다. 실제로 이사야서 55장은 믿을 수 없을 정도로 놀라운 제안을 하는 상인 예수 그리스도를 수많은 빛으로 비추는 투광 조명등이다.

예수님이 아무리 놀라운 제안을 하셔도, 모든 사람이 그 제안에 응하는 것은 아니다. 어떤 사람들은 듣고, 어떤 사람들은 듣지 않는다. 이것이 바로 성경의 큰 비밀 가운데 하나이다.

그 이유 가운데 하나는 시장에 나와 있는 사람들 중 상당수가 다른 상점에 정신이 팔려있기 때문이다. 그 사람들은 예수님의 제안을 들을 수 있는 거리에 있지만, 그들은 자신들이 하고 있는 일에 정신을 집중하고 있어서 그 제안을 듣지 않는다. 예수님은 여전히 제안하시지만, 다른 목소리들과 다른 흥밋거리들에 묻혀 들리지 않는 것이다. 시장의 상인들은 사람들의 이목을 끌기 위해 서로 경쟁을 벌이고 있다. 예수 그리스도께서는 사람들이 다른 가판대에 진열되어있는 상품들을 뒤적거리고 있을 때 그 사람들을 향해 외치고 계신다.

시장에서의 경쟁

경쟁 상품들이 존재한다는 점을 인식하면서, 그 상인은 이렇게 묻는다. "너희가 어찌하여 양식이 아닌 것을 위하여 은을 달아 주며 배부르게 하지 못할 것을 위하여 수고하느냐"(사 55:2).

오늘날의 시장에서 어떤 사람들은 '스포츠'라고 표시되어있는 진열대에 사로잡혀있다. 혹 다른 사람들은 '결혼'이라고 표시되어 있는 진열대에서 자신을 만족시켜줄 무엇인가를 찾고 있다. 또 어떤 사람들은 '경력'이나 '인기'나 '가족'이라고 표시되어 있는 진열대를 뒤적이고 있다.

이 진열대는 좋은 것들을 많이 포함하고 있다. 그러나 예수 그리스도께서는 우리에게 이렇게 말씀하고 계신다. "여기로 오라. 나는 너희들이 다른 어느 곳에서도 찾을 수 없는 특별한 것을 제공하고 있다."

영적 방해물

또 어떤 사람들은 그 소리를 듣지 못하기 때문에 그 제안에 대답하지 않는다. 그 사람들은 하나님의 음성을 들을 수가 없다.

우리 집에서는 식사가 준비되면 캐어런이나 내가 "식사 준비 다 됐다!"라고 외친다. 그러면 아이들은 그때가 식탁으로 와야 할 시간임을 알게 된다. 때때로 아무런 반응이 없을 때가 있다. 그런 때면 우리 부부 중 한 사람이 위층으로 올라가서 무슨 일이 있는지 알아본다. 때로 문제는 아주 단순한 곳에 있다. 바로 헤드폰이다.

어떤 의미에서, 우리 아이들이 내 말을 듣지 못하는 것은 아이들에게 문제가 있어서가 아니다. 그들의 귀를 막고 내가 부르는 소리를 듣지 못하게 방해하는 것이 있었던 것이다. 어떤 사람들에게는 생활 속에서 그들의 귀를 막고 있는 영적인 방해물이 있어서 그들이 예수 그리스도의 제안을 듣지 못하게 하고 있다. 만약 우리가 하나님께서 금하고 계신 것을 의식적으로 움켜쥐고 있다면, 그것이 하나님의 음성을 듣지 못하도록 우리를 방해할 수 있다.

편견

또 어떤 사람들은 편견 때문에 예수 그리스도께서 외치는 소리를 듣지 못하고 있다. 이 경우는 텔레마케터들이 전화로 판촉하는 것에 대해 내가 가지고 있는 태도와 유사하다. 우리 집에는 그런 전화들이 너무도 많이 걸려와 결국 나는 그들의 이야기를 들어주는 데 흥미를 잃어버렸다. 나는 편견에 사로잡혀서 더 이상 그런 전화에 대해 신경을 쓰지 않는다. 텔레마케터들이 제안하는 가격이 실제로 우리가 쓰고 있는 물건의 가격보다 더 좋을 수도 있지만 나는 주의 깊게 듣지 않는다. 만일 어떤 회사가 또 다른 가격을 가지고 전화를 한다면 나는 "감사하지만, 거절하겠습니다. 나는 이미 결심했습니다. 재고하지 않겠습니다. 상품을 선택하는 문제로 이미 충분히 많은 시간을 보냈습니다. 감사합니다. 이만 끊겠습니다"라고 말하기 원한다.

물론 내가 그렇게 말을 하지는 않겠지만, 그렇게 말하고 싶다. 많은 사람들이 예수 그리스도에 대해 가지고 있는 편견이 바로 그런 것이다. "나는 이미 오래전에 결정을 보았습니다." 그러나 예수 그리스도께서는 시장에 서서 여전히 모든 사람을 향해 계속 외치고 계신다. 예수 그리스도는 다른 어떤 상점에서도 제공해줄 수 없는 상품을 가지고 계신다. 그리고 그분은 그것을 우리가 가지기 원하신다.

단 하나뿐인 제안

훌륭한 상인은 자기의 상품을 잘 진열해놓을 것이다. 당신이 어떤 가게에 들어갔는데, 그곳의 점원이 그가 팔고 있는 상품에 대해 당신보다도 모르고 있다는 것을 알게 되면 참으로 당혹스러울 것이다. 훌륭한 상인이라면 어떤 상품이 어떻게 사용되며, 왜 그만한 가치가 있는지 당신에게 설명해줄 것이다. 그렇다면 예수 그리스도께서 제공하시는 것은 정확히 무엇인가?

"너희 모든 목마른 자들아, 물로 나아오라"(사 55:1). 그 상인은 영혼의 근원적인 갈증을 해결해주겠다고 제안하고 있다. 예수 그리스도께서는 "내가 하나님께서 너희 가운데 창조해놓으신 그 깊은 갈증들을 만족시켜줄 것이다"라고 말씀하고 계신다.

아담과 하와가 에덴동산에 있었을 때, 그들 속에 자리 잡고 있었던 갈증은 언제나 충분히 해소됐다. 그러나 죄가 세상에 들어왔을 때, 그들은 일이 이상하게 잘못되어가는 것을 발견했다. 너무나도 행복했던 그들의 결혼생활은 자신들의 문제들에 대해 서로 비난하면서 불행하게 변한 것처럼 보였다. 대단한 즐거움과 기쁨을 주었던 그들의 노동은 좌절을 가져다주었다. 아주 건강했던 그들의 육체는 이제 늙기 시작했으며, 고통을 경험하기 시작했다. 그들은 상황이 점점 잘못되어가는 것에 대해 놀라기 시작했다. 그들은 깊은 갈증으로 목마르게 되었다.

당신은 왜 당신의 영혼 속에 깊은 갈증이 자리 잡고 있는지 의아하게 생각해본 적이 있는가? 아담과 하와는 그에 대한 답변을 알고 있었다. 에덴동산에서 그들은 하나님과 동행했다. 그러나 그들이 에덴동산에서 쫓겨났을 때, 그들에게는 변화가 생겼다. 그들은 하나님과 헤어지게 되었으며, 그때부터 갈증을 느끼게 되었다. 우리는 그것과 똑같은 갈증을 경험하고 있다. 그래서 우리는 성취와 만족과 생명을 찾으면서 세상의 시장 한가운데 서 있다. 때문에 예수님께서는 어느 날인가 이렇게 선포하신 것이다. "누구든지 목마르거든 내게로 와서 마시라"(요 7:37).

예수님께서는 우리에게 이렇게 외치고 계셨던 것이다. "이리로 나아오라! 내가 너희의 영혼 가운데 있는 깊은 갈증들을 해소시켜줄 수 있다."

그것이 바로 예수님께서 세상에 오신 이유이다. 예수님께서는 "내가 온 것은 양으로 생명을 얻게 하고 더 풍성히 얻게 하려는 것이라"(요 10:10)고 말씀하셨다. 예수님은 에덴동산에서 아담과 하와가 잃어버렸던 것을 모든 사람에게 회복시켜주시기 위해 오셨다. 성경 이야기의 끝부분에서 사도 요한은 하늘에 대한 비전을 하나 기록하고 있다. 그 하늘에서 한 목자가 저희를 생명수 샘으로 인도해주실 것이다(계 7:17). 천국에서의 기쁨들 가운데 하나는, 우리가 언제나 만족을 얻으며, 예수 그리스도께서 영원히 자기 백성으로 하여금 새로운 기쁨을 발견하도록 이끌어주실 것이라는 점이다.

그것이 바로 예수님이 팔고 있는 상품이다. 이제는 그 상품의 가격에 대해 이야기해보자.

이상한 흥정

와서 사 먹되 돈 없이 값 없이 와서…사라(사 55:1).

이 말은 우리를 혼란스럽게 만든다. 보통 물건을 판다는 것은 상인이 자기가 제시한 가격을 받아내기 위해 고객과 흥정을 벌이는 일이다. 그러나 여기에서 우리는 예수 그리스도께서 그와 반대의 일을 하고 계시는 것을 본다. 상인이신 예수 그리스도가 값을 내리기 위해 흥정을 하고 계신 것이다.

당신은 경매장에서 경매가 이루어지는 것을 본 적이 있는지 모르겠다. 입찰을 하지 않았어도 경매품의 가격이 올라가는 것을 보는 재미가 쏠쏠하다. 경매는 입찰하려는 사람이 많이 있을 때 시작된다. 그러나 값이 너무 높게 올라가면 많은 사람이 포기하기 시작한다. 그런 다음부터는 큰돈을 쓰는 사람들 간의 경쟁이 된다. 때때로 나는 경매라는 것이, 두둑했던 지갑이 얄팍해지면서 은근히 찾아오는 자부심 외에 과연 별다른 것이 더 있겠는가 하는 생각을 하기도 한다.

예수 그리스도는 그와는 반대로 경매를 진행하고 계신다. 모든 것이 거꾸로다. 왜냐하면 예수 그리스도께서는 최저의 값을 제시한 입찰자에게 팔려고 하시기 때문이다. 나와 함께 예수 그리스도께서 벌이시는 이 경매장 속으로 들어가보자. 예수 그리스도께서 진열대 가운데 서 계신다. 거기에서 이렇게 말씀하신다. "나는 오늘 여러분에게 모든 죄를 용서받고 하나님과 화목할 수 있는 상품을 내놓을 수 있게 된 것을 기쁘게 생각합니다. 이 경매품과 제시한 가격 안에는 여러분을 이전의 생활 방식에서 이끌어내고 거룩한 새 길로 가도록 하는 일이 포함되고 있습니다. 또한 여러분 영혼의 깊은 갈증을 해소시켜주는 일이 포함되어

있으며, 최고의 값어치를 지닌 영원한 생명이 포함되어있습니다. 오늘 이 모든 것은 최저의 값을 제시한 입찰자에게 낙찰됩니다."

전혀 다른 경매

자, 이제 아주 대단한 품목인 하나님과의 화목과 영원한 생명을 놓고서 입찰이 이루어지고 있는 경매장에 참석해보도록 하자.

가는 세로줄 무늬 옷을 입은 남자가 첫 번째 입찰자로 나선다.

"나는 선한 생활을 해왔고, 정직하게 사업을 운영해왔습니다. 나는 아내에게 신실했으며 자식들에게도 좋은 아버지가 되기 위해 노력했습니다. 나는 가난한 사람들을 위해 세 개의 자선 단체 이사회에서 봉사했습니다. 나는 하나님과 영원히 살 수 있도록 이 모든 선행들을 값으로 제시합니다."

나머지 입찰자들이 웅성거리기 시작했다. 그 입찰가는 상당히 괜찮아보였다.

"세로줄 무늬 옷을 입은 분이 값을 제시했습니다" 하고 경매인이 말한다.

그러자 청색 코트를 입은 한 숙녀가 손을 들었다.

"저는 저 세로줄 무늬 옷을 입은 남자만큼 좋은 일을 하지는 못했습니다. 하지만 저는 성실하게 교회에 출석했으며, 하나님에 대한 놀라운 체험들을 했습니다. 저는 신령한 사람이 됐다고 생각합니다. 그래서 당신이 오늘 내놓은 경매품을 제가 가지고 싶습니다".

"청색 코트를 입은 숙녀가 값을 불렀습니다." 경매인이 말한다. "더 낮은 가격을 제시할 사람 있습니까?"

청바지를 입은 한 아가씨가 손을 든다.

"저는 저 청색 코트를 입은 숙녀처럼 교회에 출석하지는 못했습니다.

그러나 저는 옳은 일을 행하려고 진심으로 원하고 있고, 하나님을 기쁘시게 하는 생활을 하고자 노력해왔습니다."

경매인이 말한다. "그렇다면 가격이 별로 높지 않군요. 그 가격이 가장 낮은 입찰가가 되겠습니다. 그렇다면 당신이 경매품을 갖게 됩니다. 더 이상 다른 분 없습니까?"

붉은색 스웨터를 입은 한 남자가 얼굴에는 홍조를 띠고서 천천히 일어난다.

"저는 지금까지 저의 기대대로 살지 못했습니다." 그 남자가 계속해서 이야기한다. "저는 사람들을 실망시켰고, 몇 차례 끔찍한 일을 저지르기도 했습니다. 하지만 최소한 미안한 마음만큼은 가지고 있습니다. 내가 저질렀던 일은 내가 의도했던 것이 아니었습니다. 그래서 저는 제가 참으로 회개하는 사람이라는 사실로 가격을 제시합니다."

"자, 청바지를 입은 아가씨보다 더 낮은 입찰가입니다." 경매인이 말한다. "그렇다면 경매품은 붉은 스웨터를 입은 분에게 가게 되겠습니다. 더 낮은 가격을 제시하고 싶은 사람은 없습니까?"

그러자 붉은 머리칼에 얼굴에는 주근깨가 있는 한 소년이 손을 든다.

"저는 제가 진심으로 잘못을 느끼고 있는지 확신할 수 없습니다. 그 까닭을 말씀드리겠습니다. 내가 잘못했다고 말했던 일이 몇 가지 있는데, 그렇게 말하고는 바로 가서 또 다시 그 일을 행합니다. 그러나 나는 최소한 성경을 믿는다고는 말씀드릴 수 있습니다."

"그렇다면 진짜로 보잘것없는 가격이군요." 경매인이 말한다.

"성경은 귀신들까지도 그것을 믿고서 떤다고 말하고 있습니다. 그러나 이 가격이 가장 낮은 입찰가가 되겠습니다. 그러므로 이 최저가의 입찰을 낸 소년에게 경매품이 넘어가게 되겠습니다. 더 낮은 가격을 제시할 사람 있습니까?"

이 경매는 자부심의 싸움이 아니라 부끄러움의 싸움이다. 많은 사람들은 그 가격이 너무 높기 때문이 아니라 당황스러울 정도로 낮기 때문에 입찰에서 손을 뗀다. 그날 경매에 참여한 사람들은 감히 그 주근깨 소년보다 더 낮은 가격을 제시할 사람이 있는지 그저 구경만 하고 있다. 어떻게 하나님께 그처럼 낮은 값을 제시할 수 있겠는가?

마침내 누군가가 나와서 말한다. "저에게는 제시할 것이 아무것도 없습니다. 저의 회개는 회개랄 것도 없고, 저의 믿음은 신실하지도 않으며, 저의 공로는 전혀 내세울 것이 없습니다. 아무것도 제대로 된 것이 없습니다. 저에게는 내놓을 것이 아무것도 없습니다." 그러자 그 경매인이 망치를 두드리면서 말한다. "경매품은 바로 당신의 것입니다."

우리는 무엇을 가져오는가?

어쩌면 당신은 이렇게 말할는지 모르겠다. "좋아, 그렇지만 우리가 뭔가 하나님께 가져가야 하지 않을까? 우리가 송구스럽게 생각해야 하는 것이 아닐까? 우리가 믿음을 가져야 하는 것이 아닐까?"

그렇다. 그러나 우리는 이러한 것들을 하나님께 드렸기 때문에 구원을 받는 것이 아니다. 구원은 일종의 선물이다. 많은 사람들은 이 점에 대해 혼동을 일으키게 된다. 그들은 구원을 생각할 때, 하나님께서는 용서와 생명을 제공하고, 우리는 회개와 믿음을 제공하는 일종의 거래로 생각하여, 어떤 식으로든지 거래를 하려고 한다. 그러나 그것은 복음이 아니다.

소경은 자기에게 시력이 있었기 때문에 예수 그리스도께로 나왔던 것이 아니었다. 그는 시력을 얻기 위해 예수 그리스도께 나왔다. 당신은 변화된 삶을 가지고 예수 그리스도께 나오지 않는다. 당신은 변화된 삶을 위해 예수 그리스도께 나온다. 당신은 자신의 죄에 대해 상심했기 때문에 예수 그리스도께 나오는 것이 아니라 당신의 죄를 깨닫고 애통하기 위해 예수 그리스도께 나온다. 그리고 십자가에 비추어 당신이 자신의 죄를 볼 경우에만 그러한 일이 일어나게 될 것이다.

「만세 반석 열리니」라는 찬송가의 가사는 이렇다.

> 빈손 들고 앞에 가 십자가를 붙드네

당신의 구원은 자신의 선한 행위나, 영적인 체험이나, 죄에 대한 회개나, 혹은 어떠한 믿음에도 근거하지 않는다. 당신은 오직 받기만 하기 위해 예수 그리스도께로 나아가는 것이다. 만일 하나님께서 마지막 날에 "왜 내가 너를 천국에 들여보내주어야 하느냐?"고 물으신다면, 그 대답은 "저의 선행, 저의 회개 때문"이나 심지어 "저의 믿음 때문"이라고 해서는 안 된다. 우리의 구원은 우리가 행한 어떠한 일에도 근거하지 않는다. 우리의 구원은 오로지 예수 그리스도께 의지하고 있다.

만일 우리가 구원에 대해 우리의 회개와 믿음에 의지하고 있다면, 우리는 결코 확신을 가질 수 없을 것이다. 우리의 믿음과 회개는 결코 올바른 것이 아니기 때문이다. 우리의 구원은 전적으로 그리스도께 달려 있다. 믿음은 예수 그리스도께서 제공해주시는 것을 받아들이는 빈손이며, 회개는 받은 마음에서 우러나오는 반응이다.

최저 입찰가 제시하기

많은 사람들이 성부 하나님과 성자 하나님께 예배드리는 데 어려움을 느낀다. 그들은 예수 그리스도께서 제공해주시는 것을 받아들인 적이 없기 때문이다. 그들이 다른 사람들로부터 '사랑의 예수님'에 대해 들었을 때, 그 사실을 자신과 연결시키기 힘들다는 것을 발견한다. 그 이유는 예수님이 주시는 그 어떤 것도 받아들인 적이 없기 때문이다. 그들은 단지 어떤 도덕적 규범에 따라 살면서, 그것을 하나님께 제시하려고 하고 있다. 사실 그 사람들이 이제까지 행했던 모든 것은 하나님께 무엇인가 값을 제시하려는 흥정에 불과하다. 그들의 손 안에는 상품들이 가득 차 있다. 그들은 결코 예수 그리스도로부터 받기 위해 나오지 않았다.

예수 그리스도께서 받아들이실 제안은 아무것도 없다. 예수 그리스도께서 구원을 베풀어주시는 유일한 가격은 무일푼이다. 하나님께서 그렇게 하심으로써, 우리 각 사람 모두가 가장 낮은 가격을 제시할 수 있도록 해주셨다. 자만심은 오직 당신의 길을 방해하고 막아설 뿐이다. 세로줄 무늬 옷을 입은 남자와 청색 코트를 입은 숙녀 역시 이 복을 받아 누릴 수가 있다. 그들은 다른 무엇을 가지고 이 복을 사려는 시도를 중단해야 한다. 그들은 자기들의 행위와 공로를 옆으로 제쳐놓고, 빈손으로 예수 그리스도께 나아가야 한다.

이렇게 하기 어려운 한 가지 이유가 있는데, 그것은 우리가 빚지는 것을 좋아하지 않기 때문이다. 나는 이 사실을 몇 달 전에 깨달았다. 그때 한 친구가 우리 집에 고장난 문짝을 고쳐주었다. 그 친구는 그것을 수리하면서 두 시간을 보냈다. 나는 감사했다. 그래서 약간의 돈을 그의 호주머니에 찔러주었지만, 그 친구는 받으려고 하지 않았다.

"나는 이 일을 기쁘게 했을 따름입니다"라고 그는 말했다.

"그래 잘 알아요, 하지만 나는 그 일에 대해 약간의 사례를 하고자 해요. 그게 더 나을 것 같아요."

그래서 우리는 상당히 우스꽝스런 실랑이를 벌였다.

왜 내가 그 친구에게 값을 지불하려고 했을까? 우리는 동등했기 때문에, 나는 불합리하게 그에게 빚지고 싶지 않았던 것이다. 만일 내가 어떤 도움을 얻고, 그 사람이 얼마의 돈을 받는다면, 우리는 그 거래에 있어서 서로 공평했을 것이다. 이와 같이 우리는 예수님에 대해서도 마음속 깊은 곳 어디엔가 그런 식으로 생각하는 마음을 품고 있다. "예수님께서 내가 필요로 하고 있는 특별한 것을 제공해주셨으니까, 예수님이 원하시는 것을 내가 제공해드려야지"라고 생각한다. 그렇게 한다면 스스로 어떤 신용과 자부심을 느낄 수 있을 것이다. 그러나 예수 그리스도께서는 이렇게 말씀하신다. "그런 기반 위에서는 전혀 거래할 수 없다."

우리가 예수 그리스도께서 제공하고 계시는 것을 받아들일 수 있는 유일한 방법은 빈손으로 그리스도께 나아가는 것이다. 우리는 그에 대한 보답으로 아무것도 해드리지 못한다. 따라서 우리의 나머지 인생은 영원토록 예수 그리스도께 갚을 수 없는 빚을 진 자로 남게 되는 것이다. 이것이 바로 그리스도인의 삶의 모습이다. 우리는 예수 그리스도의 얼굴을 바라보면서 이렇게 말한다. "저는 당신이 제게 값 없이 제공해주신 것에 대해 당신에게 지고 있는 빚을 이루 표현할 수조차 없습니다. 그렇기 때문에 제가 남은 평생 동안 당신을 경배하며, 사랑하며, 당신에게 순종하겠습니다. 그렇게 하는 이유는 내가 받기 위해서가 아니라 이미 당신으로부터 받았기 때문입니다."

구매하기

와서…사라(사 55:1).

우리에게는 지불할 수 있는 돈이 한 푼도 없는데 예수 그리스도께서는 왜 사라고 말씀하시는가? 나는 여기에 두 가지 이유가 있다고 생각한다.

첫째, 구원은 그 값이 우리에 의해 지불되지 않는다 할지라도 어떤 대가로 성립된다.

예수 그리스도께서는 모든 사람에게 값 없이 주시는 그 복을 어떻게 얻으셨는가? 예수 그리스도께서는 그 복을 사신 것이다. 예수 그리스도께서 주시는 구원의 복은 바로 죄인들을 위해 자신의 피를 흘린 대가로 얻어진 것이었다.

그러나 예수 그리스도께서는 두 번째 이유로 사라고 말씀하고 계신다. 무엇인가 산다는 것은 확실한 거래를 시사한다. 예수 그리스도께서 "사라"고 말씀하시는 것은 이미 획득하신 것을 실제로 우리의 것이 되게 하는 확실한 거래가 이루어져야 함을 우리에게 말씀하시는 것이다. 산다는 것은 예수 그리스도께서 자신의 상점 진열대에 가지고 계신 것을 당신 손에 쥐여주어 당신의 소유가 되게 하는 일종의 거래이다. 만일 이 거래가 이루어지지 않는다면, 예수 그리스도께서 제공하고 계신 것은 여전히 그 진열대에 남아있는 것이다. 그것은 당신의 것이 아니다.

바라보기만 하는 것과 사는 것은 다르다

어떤 사람들은 상점에 다니면서 '그저 구경하는 것'을 좋아한다. 물론 그렇게 하는 것이 잘못은 아니다. 그런데 어떤 사람들은 영적으로 그저 바라보기만 하는 자리에 있다. 그 사람들은 시장을 둘러보고 다니면서 예수 그리스도께서 제안하시는 소리를 듣는다. 그들은 예수 그리스도의 진열대까지 와서 성경과 구원에 대해 묻기 시작한다. 이런 사람들은 마치 옷가게에 들어가 몇 가지 옷을 집어 들고는 그 질감을 비교해보는 소비자와 같다.

구경하는 것은 좋은 일이다. 그러나 구경이 곧 구매는 아니다. 당신의 삶을 다해서 무엇을 위해 헌신할지는 가장 깊숙이 연구할만한 값어치가 있는 주제이다. 그러므로 예수 그리스도의 요구를 세심하고 주의 깊게 살펴보라. 그러나 사는 것과 바라만 보는 것을 혼동하지 않기 바란다. 만일 예수 그리스도께서 제공하시는 것을 당신의 것으로 취하고자 한다면, 당신은 거래를 끝내야 한다.

입어보는 것과 사는 것은 다르다

옷을 입어본다고 해서 사는 것은 아니다. 당신은 물건은 하나도 사지 않으면서 일주일 내내 개점시간부터 폐점시간까지 상점에 가 있을 수 있다. 마찬가지로 당신이 교회에 출석해도, 성경을 읽어도, 성경 공부 모임에 참석해도 결코 예수 그리스도와 거래를 성사시키지 않을 수 있다. 당신은 출석 교회의 담임목사가 열을 올리면서 말하는 대단한 선전을 듣고 즐기면서도 결코 사지 않을 수 있다. 사야겠다고 결심할 정도로 감동을 받으면서도 결코 사지 않을 수 있다.

그리고 단지 안다고 해서 사는 것도 아니다. 우리는 몇 달 전에 세탁기를 고르고 있었다. 우리는 이 상품 저 상품을 알아보던 중, 아주 성실한 점원을 알게 됐다. 그는 세탁기에 관해서라면 백과사전과 같은 사람이었다.

약간 콧소리를 내면서 그 점원이 말했다. "이 세탁기는 말이죠, 23분 동안 빨래를 뒤집으면서 돌아가요. 그리고 이것은 나선형으로 돌게 되어있어요. 하지만 자동 온도 조절기가 없지요."

우리는 그 사람과 이야기를 나누기 시작했다. 그리고 마침내 그 점원은 자기는 혼자서 살기 때문에 세탁기를 가지고 있지 않은데, 빨래가 밀리면 수많은 양말 빨래를 하기 위해 매달 한 번씩 빨래방에 가서 빨래를 한다고 말했다. 그는 세탁기라는 상품들에 대해 모든 것을 알고 있었지만, 자기는 결코 사지 않았다. 우리도 그 세탁기를 사지 않았다.

어쩌면 그것이 우리의 영적인 상태일지 모른다. 당신은 예수님에 대해 많은 것들을 배웠다. 그러나 예수 그리스도께서 제공하고 계신 것을 아직 당신의 소유로 취하지 않은 상태이다. 안다고 해서 구매한 것은 아니다.

우리는 나무 몇 그루를 사려고 시장에 갔다. 폭풍우에 정원의 나무 세 그루를 잃었기 때문이다. 그래서 우리 정원은 마치 황폐한 사막 같았다. 나는 부끄러울 정도로 나무에 대해 아는 것이 별로 없다. 그래서 나는 나무에 대해 몇 가지를 살펴보기도 하고 배울 기회를 가졌다. 우리는 정원 품목들을 파는 상점에 찾아가서 끊임없이 질문을 해대고, 정보를 모으고, 가격을 비교하며 대안 품목들에 대해 생각해보았다. 그러다가 어느 날 내가 캐어런에게 말했다. "드디어 오늘은 사야 되겠군. 그동안 조사도 많이 했으니까, 이제 결정을 내려야 되겠지." 우리는 그렇게 했다. 그래서 세 그루의 나무가 화원에서 우리 집 정원으로 옮겨졌다. 그 나무들은 이제 우리 것이 됐다.

바로 그것이 '사는 것'이다. 구원에는 다시 반환하거나 되돌려주는 것이 없는 확실한 거래가 있다. 그것은 마치 어떤 물건을 구매하거나, 결혼생활에 돌입하거나, 언약을 맺는 것과 같다. 그렇게 당신이 구매할 때, 예수 그리스도께서 제공해주시는 것이 당신의 것이 되는 것이다.

예수 그리스도께서는 이렇게 말씀하고 계신다. "와서 돈 없이 값 없이 사라." 당신은 살 준비가 되었는가?

드러난 사실 UNLOCKED

예수 그리스도는 당신 영혼의 가장 깊은 갈증을 해결해주겠다고 제안하신다. 예수 그리스도께서는 당신이 죄 사함을 받고 주님의 능력을 경험하면서 주님을 기쁘시게 하는 삶을 살며, 하나님과의 친밀한 관계 속으로 들어오라고 제안하신다. 이 삶은 죽음을 넘어서도 영원토록 계속될 것이다.

당신은 이 선물을 살 수가 없다. 그러나 받을 수는 있다. 그 선물을 받기 위해 당신은 '하나님께 무엇인가를 해드릴 것이 없을까?' 하는 생각은 버려야 한다. 당신은 하나님께 지금 당신이 가지고 있지 않은 것을 달라고 간청해야 한다. 그것이 바로 그 선물을 받을 수 있는 유일한 방법이다.

선물을 받아들이는 것은 예수 그리스도께서 제공하시는 것이 실제로 당신의 것이 되는 확실한 거래이다. 믿음은 예수 그리스도께서 제공하시는 것을 받아들이는 빈손과 같다. 아무리 예수 그리스도라 할지라도 펼쳐지지 않은 손에 구원의 선물을 얹어놓을 수는 없다. 다만 모든 사람에게 주시기 위해 준비를 하고 서 계실 뿐이다. 만일 당신이 예수 그리스도께서 제공하시는 것을 받아들이기 원하는 지점에 이르렀다면, 하나님께 드리는 다음의 기도문을 사용할 수 있을 것이다.

기도 PAUSE FOR PRAYER

전능하신 하나님 아버지!

저의 영혼이 갈급하나이다. 저의 죄를 사하여주시옵소서. 제 삶에 예수 그리스도께서 임하여주시옵소서.

저는 예수 그리스도께서 제 영혼의 가장 깊은 갈증을 해결해주실 것을 믿습니다. 저는 예수 그리스도께서 저의 죄를 위해 십자가에 달려 죽으시고, 다시 부활하셨음을 믿습니다. 저는 예수 그리스도의 권능이 저의 삶 가운데 들어와 저를 새사람으로 만들어주실 것을 믿습니다. 그리고 지금 예수 그리스도께서 그 선물을 저에게 주실 것을 믿습니다.

자비로우신 주님, 주님의 성령이 저의 삶 속에 들어오셔서 제 삶을 주관하여주실 것을 간구합니다. 저를 주님의 자녀로 삼아주시고, 제가 주님의 영광을 위해 살 수 있도록 도와주시옵소서.

제가 믿음으로 주님께서 주시는 구원의 선물을 받아들입니다. 이 모든 것을 예수 그리스도의 이름으로 기도드립니다. 아멘.

32

마음

Heart

예레미야 31장

진정한 영구적 변화의 열쇠는 무엇인가?

BC	연대	사건
800		
	792~740	웃시야
이사야	750~731	요담
이사야	740	이사야의 비전
이사야	735~715	아하스
이사야	729~686	히스기야
이사야	722	북왕조의 멸망
700		
	696~647	므낫세(공동정권)
예레미야	640~609	요시야
예레미야	608~598	여호야김
예레미야	606~536	바벨론 포로 기간
600		
예레미야	598~597	여호야긴
예레미야	597~586	시드기야
예레미야	586	예루살렘 멸망
예레미야	536	예루살렘으로의 첫 번째 귀환
500		

묵상의 길잡이

☑ **발견하라**

왜 훈련과 교육과 종교가 경건한 생활을 낳을 수 없는지 그 이유를 발견하라.

☑ **배우라**

죄가 얼마나 마음을 얼룩지게 만들고 있으며, 하나님께서 그 마음을 어떻게 깨끗하게 하시는지 배우라.

☑ **경배하라**

하나님께서 명하시는 것을 행할 수 있도록 도우시는 주님께 경배하라.

존John의 신용카드 빚은 걷잡을 수 없이 불어났다. 존의 아내는 존에게 재정 상담자를 만나볼 것을 재촉했으며, 존은 마지못해 상담을 받는 데 동의했다. 재정 상담자는 존의 수입과 지출에 대한 평가를 해보았다. 그러나 빚을 청산하는 것은 쉽지 않을 것 같았다. 드디어 그 상담자는 한 가지 계획을 제시했다. 그 계획은 존의 생활 방식을 급진적으로 바꾸겠다는 내용이 포함되고 있었으며, 그의 빚 문제를 해결하는 데 10년이 걸릴 것으로 내다보았다.

존은 그 수치를 보고는 질겁했다. 존이 말했다. "나는 내가 무엇을 해야 하는지 잘 알고 있어요. 그러나 문제는 내가 그 일을 하고 싶어 하지 않는다는 것이지요."

궁지에 빠진 존의 상태는 왜 그토록 변화하기가 어려운지에 대한 한 가지 예시를 보여주고 있다. 무엇을 해야 할지 아는 것은 쉽다. 그러나 아는 것을 행하려고 결심하기란 훨씬 더 어려운 법이다.

일찍이 하나님께서는 그의 백성에게 무엇을 해야 할 것인지 말씀해 주셨다. 그 계명들을 이해하는 일은 결코 어렵지 않았다. 문제는 그 계명들에 순종할 마음을 갖는 일이었다. 한번은 하나님께서 마음으로 결심하는 문제를 선지자 예레미야를 통해 자기 백성에게 말씀하시면서, 그들의 삶 가운데서 진정성과 깊이가 있으며 영구적인 변화가 어떻게 가능한지 말씀해주셨다.

기대가 높은 만큼 실망도 크다

하나님의 말씀은 요시야 왕의 재위 13년, 선지자 예레미야에게 처음으로 임하셨다. 그때는 예수 그리스도의 탄생으로부터 약 600년 전이었다. 요시야는 훌륭한 왕이었다. 요시야가 왕위에 올랐을 때 많은 백성은 틀림없이 깊은 안도감을 느꼈을 것이다. 그 전에 이스라엘은 유다의 역대 왕들 중 가장 악한 왕이었던 므낫세의 다스림 아래서 고통당하고 있었다. 므낫세는 다른 신들을 숭배하도록 부추겼으며, 자기 자식들을 불에 태워 제사를 지내기도 했다. 선지자 이사야를 톱으로 베어서 죽인 자가 므낫세였다고 전해오고 있다. 므낫세는 55년 동안 왕위에 있었다. 그가 다스렸던 시대에는 하나님의 말씀에 대한 관심이 거의 사라져 버려서, 하나님의 율법서가 성전 안에서 소실되어버렸을 정도였다.

요시야가 왕위에 올랐을 때, 하나님의 율법서가 발견됐다. 요시야 왕은 자기에게 성경을 읽어줄 것을 요청했다. 그렇게 해서 하나님의 말씀을 처음으로 들었을 때, 그는 자기의 옷을 찢었다. 옷을 찢는 것은 회개나 후회를 표현하는 옛날의 방식이었다. 그렇게 하면서 요시야 왕은 아마 이렇게 말했을 것이다. "우리가 지금 하나님 말씀대로 행하고 있지 않구나! 우리가 살아가고 있는 방식은 하나님께서 우리에게 명하셨던 그 길이 전혀 아니었다. 우리는 하나님의 백성인 것처럼 살아가고 있지만, 사실 우리는 하나님의 율법이 무엇을 말하고 있는지조차도 알지 못했다!"

그래서 요시야 왕은 이스라엘을 변화시키기 위한 캠페인을 벌였다. 그 왕은 전국을 순회하면서 친히 모든 우상을 숭배하는 제단들을 허물어뜨리는 일을 감독했다. 그는 유월절 절기를 회복시켰으며, 백성에게 살아계신 참된 하나님께로 돌아오라고 권고했다(왕하 22, 23장).

예레미야의 사역은 이러한 도덕 개혁 운동 가운데서 시작됐으며, 하나님께서는 바로 이 선지자를 통해 그 백성에게 말씀하셨다.

> 이 모든 일이 있어도 그의 반역한 자매 유다가 진심으로 내게 돌아오지 아니하고 거짓으로 할 뿐이니라 여호와의 말씀이니라(렘 3:10).

하나님의 말씀은 이런 말씀이었다. "예레미야야, 너는 왕이 이끌었던 이 대규모 도덕 개혁 운동을 목격했다. 여러 가지 변화가 있었다. 이방 신전들이 사라졌고, 유월절이 다시 준수되고 있다. 그러나 여기에 문제가 있다. 겉으로의 행동에는 변화가 있지만, 백성의 마음은 감화되지 않았구나."

예레미야는 그 땅에 경건한 가치를 회복시키고자 대대적인 시도를 벌였던 시대를 살았다. 그러나 요시야 왕이 온갖 노력을 기울였음도 불구하고, 백성의 마음은 바뀌지 않았던 것이다.

여호야김 왕이 자기 아버지 요시야 왕의 뒤를 이어 왕위에 올랐을 때, 아버지인 선왕과는 정반대로 행했다는 것은 매우 흥미로운 일이다. 당신은 예레미야서 36장에서 여호야김에 대해 알 수 있다. 하나님께서는 예레미야에게 두루마리에 하나님의 말씀을 기록하라고 말씀하셨다. 그리하여 왕이 겨울에 화로 앞에 앉아있을 때 그 말씀을 읽을 수 있도록 해놓았다. 여호야김은 자기의 비서 여후디에게 그 두루마리에 기록된 내용을 서너 편 읽으라고 명한 다음에, 자기의 작은 칼로 두루마리를 베어 그것을 화롯불에 던져버렸다. 그러면서도 그는 계속해서 "하나님께서 하시는 말씀을 내게 더 읽어보라"고 말했다. 그래서 왕의 비서가 조금 더 읽으면, 그 왕은 칼을 들어서 그 부분을 잘라내어 화롯불에 던져버리고는 급기야 그 두루마리 전체를 태워버렸다.

대조적인 모습이 아닐 수 없다. 요시야 왕은 하나님의 말씀을 듣고 회개하면서 자기의 옷을 찢었는데, 그의 아들 여호야김 왕은 하나님의 말씀을 듣고, 그 두루마리를 칼로 베어서 화롯불에 넣어 태워버렸다.

예레미야는 이 두 왕의 재위 기간 내내 하나님의 말씀을 맡아 전하는 사역을 행하였다. 그는 요시야 왕의 시대 동안 많은 사람들 가운데 어떤 외적인 변화가 일어나는지 목격했다. 그러나 그 일은 그들의 마음까지 바꾸지는 못했다. 그렇기 때문에 다음 왕이 왕위에 올랐을 때 백성이 반발했고, 결국 왕실의 영적 상태는 요시야 왕 이전으로 되돌아갔다. 예레미야는 분명 이렇게 한탄했을 것이다. "요시야 왕의 대대적인 도덕 재무장 운동으로도 사람들을 변화시킬 수 없다면, 무엇이 그렇게 할 수 있단 말인가?"

낙심한 선지자에게 주어진 약속 하나

하나님께서 낙심한 예레미야에게 놀라운 약속을 주셨던 때가 바로 이 시점이었다. "예레미야야, 앞으로 내가 무슨 일을 하려고 하는지 네게 이야기해주겠다. 너는 요시야가 나라를 변화시키려고 했던 고귀한 노력을 목도했다. 너는 그 일에 대해 실망을 겪었다. 너는 사람들에게 진리를 심어주려는 온갖 시도들에도 불구하고 이루어지는 일은 얼마나 형편없는지 목격했다. 간단히 말해서 그렇게 해서는 아무 일도 안 된다. 그러므로 예레미야야, 이제 내가 앞으로 무슨 일을 하려는지 내가 네게 이야기해주겠다."

> …그날 후에 내가 이스라엘 집과 맺을 언약은 이러하니 곧 내가 나의 법을 그들의 속에 두며 그들의 마음에 기록하여…(렘 31:33).

하나님께서는 자신이 새 언약을 세울 것이며, 새 언약의 핵심은 마음의 변화가 될 것이라고 말씀하셨다. 실제로 하나님께서 이렇게 말씀하셨을 것이다. "이 새 언약은 '너희는 할지니라'라고 말하는 왕을 요구하지 않을 것이다. 새 언약은 나의 성령을 통해 내가 백성을 '우리가 하겠습니다'라고 말하는 자리로 이끌 내적인 변화를 통해 달성될 것이다."

아마도 당신은 오랫동안 이 점에 대해 자세히 조사해보았을 것이다. 수많은 사람이 내게 와서 이와 같은 말을 했다. "목사님, 목사님은 제가 어린 시절부터 교회에 끌려나왔으며, 저는 그게 싫었다는 점을 이해하셔야 합니다. 저는 말씀을 이해할 수도 없었고, 이해했다 해도 기분이 아주 불쾌했습니다. 그 말씀은 지루했고, 그 말씀이 어떻게 생활과 연결되는지 알 수도 없었습니다. 모든 것이 제게는 의문이었습니다. 그래서 저는 기회가 오자마자 교회 문을 박차고 나갔지요."

만일 이것이 당신의 경험이라면, 당신은 아마도 종교적인 규칙들과 의무들에 대해서는 거부했지만, 당신의 마음속 깊은 곳에는 여전히 '과연 내가 마음으로부터 진심으로 하나님을 알고 사랑할 수 있을까?' 하는 어떤 의문이 자리 잡고 있을 것이다. 그것이 여기에서 하나님께서 말씀하시는 바이다.

마음이 지니고 있는 문제

예레미야서는 인간 마음의 근본적인 문제점에 대해 가장 명확하게 말하고 있다.

> 만물보다 거짓되고 심히 부패한 것은 마음이라 누가 능히 이를 알리요마는(렘 17:9).

마음은 변하기 쉬우며, 때때로 정말 종잡을 수가 없다. 우리는 마음이 어느 쪽으로 기울지 그 방향을 예견할 수 없다. 예레미야는 또한 "유다의 죄는 금강석 끝 철필로 기록되되 그들의 마음 판과 그들의 단 뿔에 새겨졌거늘"(렘 17:1)이라고 말한다.

당신의 거실 벽을 상상해보라. 도둑이 당신의 집을 털기 위해 들어와서는 집을 온통 뒤집고 엉망으로 만든다고 가정해보자. 도둑이 당신의 안방에 있는 서랍들의 내용물들을 다 꺼내놓고, 스프레이로 거실 벽에 온통 지저분한 낙서를 해놓았다고 가정해보자. 그것이 바로 하나님께서 예레미야에게 주시고 있는 그림이다.

죄는 두 곳에 기록된다. 첫째로, 죄는 "제단의 뿔에"(렘 17:1; 레 4:18~20) 기록된다. 그곳은 바로 하나님께서 임재하셨던 자리이다. 만일 내가 죄를 지으면, 나는 하나님 앞에서 죄인이 되며, 나는 용서를 받아야 할 처지에 놓인다. 그러나 죄는 또한 우리의 마음에도 기록된다. 그것은 마치 우리 생활 중심에 위치한 이 은밀하고 사적인 장소인 마음에 낙서를 하는 것과 같다. 원수가 마음으로 들어와서 마음에 온통 잘못된 것들을 기록해놓는 것이다.

죄가 우리의 마음에 들어와 새겨지면, 그 죄는 다시 우리의 품성에 새겨진다. 죄는 우리 속에 습관이라는 힘을 만들어내고, 죄가 일단 마음이라는 지극히 개인적인 세계에 들어서게 되면 온갖 종류의 싸움을 불러일으킨다.

이 일은 여러 단계로 일어난다. 어떤 사람들에게는 마음이 상당 기간 추하고 더럽고 외설스런 것들이 깊이 새겨지는 장소가 된다. 그러한 마음을 가지고 산다는 것은 쉬운 일이 아니다. 또 어떤 사람들은 죄가 마음을 더럽히는 정도가 덜 심각하다. 그러나 성경은 어느 정도든지, 죄가 모든 사람의 마음에 낙서를 해두었다고 분명하게 말한다.

다윗 왕은 그의 생애에서 아주 엄청난 도덕적 실수를 회개하면서, 하나님께 두 가지를 간구했다. 첫째, 그는 자신의 죄악이 하나님 앞에 새겨져있음을 인정하면서 하나님 앞에 나왔다. 그리고 이렇게 말했다. “우슬초로 나를 정결하게 하소서 내가 정하리이다 나의 죄를 씻어주소서 내가 눈보다 희리이다”(시 51:7). 그러나 그는 거기에서 그치지 않았다. 그는 자기에게 용서 이상의 것이 필요하다는 사실을 알고 있었다. 그래서 그는 이렇게 기도했다. “하나님이여 내 속에 정한 마음을 창조하시고…”(시 51:10).

다윗은 자신이 저지른 일이 바로 자신의 마음을 반영하고 있었다는 것을 알고 있었다. 그는 하나님께서 친히 자신의 마음을 다스려주실 것을 간구했다. 왜냐하면 마음으로부터 어떤 변화가 일어나지 않는다면,

자신의 마음이 다시금 동일한 죄악의 길로 그를 이끌어갈 것임을 알고 있었기 때문이었다. 그래서 그는 "여호와 하나님이시여 이 일을 하도록 나를 이끌어갔던 그 마음을 다스려주시옵소서!"라고 기도했던 것이다.

우리의 행위들은 우연히 일어나는 것이 아니다. 그 행위들은 이미 우리 마음에 깊이 뿌리내리고 있는 주된 성향들의 결과물이다. 사건은 저절로 벌어지지 않는다. 우리의 행위들은 마음속 비밀 정원에서 성장한 결실인 것이다.

낙서 지우기

하나님께서 말씀하시는 마음이란, 영혼을 지배하는 성향, 즉 우리의 행위를 불러일으키는 주요 원인을 말한다. 당신의 생각과 감정과 선택에는 그것을 지배하고 있는 어떤 성향이 있다. 우리는 때때로 "우리의 성향이 어떤가?"에 대해 이야기한다. 바로 그것이다. 우리 속에는 어떤 방향으로 선택을 하도록 우리를 이끄는 어떤 성향이 자리 잡고 있다. 그래서 우리가 마음에 대해 이야기할 때, 우리는 한 개인이라는 존재에 대한 절대적인 기반에 대해 말하고 있는 것이다.

하나님께서는 자신이 사람들의 마음 위에 하나님의 율법을 기록하시겠다고 말씀하셨다. 죄의 낙서가 사람들의 마음 전체에 휘갈겨져있다는 것을 생각해볼 때, 하나님의 말씀은 대단한 변화가 될 것이다. 그것은 마치 약탈당하고 침입당한 방을 예쁘게 꾸미는 것과 같다.

이것이 바로 우리 각자에게 필요한 근본적인 변화이다. 만일 당신이 하나님께서 요청하시는 종류의 삶을 살아가고자 한다면, 당신이라는 존재의 마음 중심에 하나님의 율법이 작용해야 한다. 그 법은 외부로부터 강제되는 법규들이 아니라 내면으로부터 몹시 바라는 진심이어야 할 것이다. 구약성경의 이야기는, 하나님께서 우리에게 '너는…할지니라'라고 말씀하셨다고 해서 우리가 간단하게 의로운 삶을 살 수는 없다는 사실을 보여주고 있다. 만일 당신이 하나님께서 원하는 그런 사람이 되고자 한다면, 당신이 자유의지에 의해 "제가 하겠나이다"라고 말하게 되는 수준으로까지 이끌어주는 내적인 변화가 반드시 수행되어야 한다.

하나님께서는 행동의 변화 이상의 것을 바라고 계신다. 그것은 단지 훔치거나 거짓을 말하거나 탐내는 것을 그치는 것만이 아니다. 하나님께서는 마음에 있는 낙서를 지우고 싶어 하신다.

이것이 하나님께서 신약성경에서 새롭게 말씀하시는 것이 아니었음을 깨닫는 것이 중요하다. 어떤 사람들은 하나님께서 구약성경에서는 법, 규칙, 의무 등에 관심을 기울이셨지만, 신약성경에서는 그것이 제대로 먹혀들지 않는 것을 아시고 '마음의 종교'라는 새로운 종교를 도입하셨다고 생각한다. 그러나 하나님은 한 분이시며, 하나의 구원만 있을 뿐이다. 그러므로 태초부터 하나님께서는, 우리가 하나님께서 원하시는 그런 자녀가 될 수 있는 유일한 길은 마음의 변화밖에 없음을 분명히 말씀하고 계신다.

> 너는 마음을 다하고 뜻을 다하고 힘을 다하여 네 하나님 여호와를 사랑하라 오늘 내가 네게 명하는 이 말씀을 너는 마음에 새기고(신 6:5-6).

항상 이것이 하나님의 목적이었다. 문제는 어떻게 우리가 하나님의 법을 우리의 마음속에 임하게 할 수 있느냐 하는 것이다. 어떻게 '너는…할지니라'라는 외부로부터의 명령에서 '내가 하겠습니다'라는 내면으로부터의 의욕에 이를 수 있는가?

구약성경 이야기는 우리가 그 자리에 가지 못하게 방해하는 세 가지 길을 우리에게 보여주고 있다. 많은 사람들이 여전히 자기들이 가야 할 곳으로 가지 못하게 방해하는 길에서 방황하고 있기 때문에 이 세 가지를 이해하는 것이 대단히 중요하다.

두려움은 당신의 마음을 변화시키지 못한다

하나님께서 시내산에서 율법을 주셨을 때, 백성은 완전히 겁에 질려 있었다. 그들은 연기가 자욱한 산과 무섭게 번개가 치는 것을 보았으며, 하나님께서 임하셨을 때 나팔 소리가 나는 것을 들었다. 모세까지도 겁을 먹을 정도로 그 광경은 아주 무서웠다. 하나님의 백성은 전능하신 하나님께서 얼마나 두려운 존재이신지 경험했다. 그러나 그렇다고 해서 그들의 마음이 변화된 것은 아니었다. 두려움은 그들의 마음을 변화시키는 데 아무런 도움이 되지 않았다. 불과 몇 주 만에 그들은 금송아지를 중심으로 돌면서 춤을 추었던 것이다.

어떤 부모들은 엄격한 징계와 처벌을 많이 하면, 자녀들이 부모가 원하는 훌륭한 사람이 될 것이라고 생각한다. 마땅히 징계가 필요할 때가 있다. 그런 징계는 대개 행동의 변화를 불러일으킨다. 그러나 그렇다고 해서 마음까지 변화되는 것은 아니다. 지옥의 두려움도 마음을 바꾸지 못한다. 목회자들은 하나님의 진리 전체를 전하는 것이 중요하다. 거기에는 심판과 지옥이 포함된다. 그리고 하나님께서는 그러한 메시지를 사용해 사람들로 하여금 깊이 생각할 수 있도록 만드실 수 있다. 그러나 심판과 지옥에 대한 설교는 마음을 변화시키지 못한다. 그러한 메시지는 마음의 변화까지 불러일으키기에는 역부족이다.

부요도 당신의 마음을 변화시켜주지 못한다

인간이 갖춰야 할 조건으로 우선 사회적 지위와 경제적 부요를 드는 사람들이 있다. 그 주장은 이렇다. 만약 사람들이 충분한 돈을 갖지 못한다거나 또는 혹독한 조건 속에서 살아간다면, 그래서 삶에 아무런 희망이 보이지 않는다면 악해진다는 것이다. 그래서 이것을 변화시킬 수 있는 방법은 경제적인 지원과 사회 개혁 프로그램을 통한 개도라고 주장한다.

이 주장이 틀리지는 않다. 만일 한 사람이 가난에서 빠져나와 희망을 갖게 된다면, 그의 행동 양식은 아마도 변화할 것이다. 그러나 그의 마음이 변화하지는 않을 것이다. 하나님께서는 자기 백성을 광야에서 이끌어내어 젖과 꿀이 흐르는 땅으로 인도해주셨다. 그들은 하나님으로부터 자유와 기회와 모든 물질적인 것으로 복을 받았다. 그러나 그렇다고 해서 그들의 마음까지 변화하지는 않았다. 한 사람의 환경을 바꾼다고 해서 그 사람의 마음에 휘갈겨진 죄악의 낙서를 지워버릴 수는 없다.

종교도 당신의 마음을 변화시켜주지 못한다

나는 사람들이 교회에 출석하고, 기도하고, 성경을 읽으면 자신들의 마음이 변화할 것이라고 생각하는 것에 대해 이해할 수 있다. 하지만 구약성경 이야기는 비록 이러한 일들이 행위를 변화시킬 수는 있겠지만, 마음을 변화시키지는 못한다는 사실을 분명히 해주고 있다.

세계사에서 이스라엘 민족보다 더 종교적인 민족은 결코 없을 것이다. 그런데 이제껏 살았던 가장 양심적인 유대인들 중 한 사람은 이렇게 말했다. "내 속사람으로는 하나님의 법을 즐거워하되 내 지체 속에서 한 다른 법이 내 마음의 법과 싸워 내 지체 속에 있는 죄의 법 아래로 나를 사로잡아 오는 것을 보는 도다." 이것이 바로 로마서 7장 22-23절에서 사도 바울의 고백이다. 그는 자기의 영혼을 다해 거룩한 삶을 살도록 노력했지만, 그것이 자기가 산 위로 큰 바위를 밀어 올리려는 것과 같음을 발견했다. 율법은 그를 변화시키기에 무력했다. 율법은 그의 영혼에 압도되어버렸다.

부모들은 종종 자녀들과 바로 이 점을 놓고서 갈등을 벌인다. 부모들은 엄한 가정교육으로 자녀들을 양육하며, 될 수 있으면 좋은 것을 자녀들에게 주려고 한다. 또한 종교적인 프로그램으로 좋은 자양분을 공급하고자 자녀들을 교회에 데리고 온다. 그런데 여전히 자녀들의 마음속에 그들을 그릇된 방향으로 이끌어가는 옳지 못한 심리가 자리 잡고 있음을 발견하고 깜짝 놀란다. 그래서 이러한 성향을 보면서, "우리가 어찌해야 할까?"라고 말한다.

어쩌면 당신도 자기 자신 속에 그와 똑같은 갈등이 있음을 느끼고 있을지 모르겠다. 너무도 무서운 커다란 충격이나 사고, 거의 죽을 뻔했던 경험 이후에 당신은 자신이 바뀌어야 할 필요성과 이제까지와는 다른 길을 추구해야 할 필요성을 느낀다. 그러나 그렇게 하려고 시도해보면, 당신의 영혼이 가지고 있는 주된 성향에 막히는 것을 발견하게 된다. 어쩌면 당신은 교회에 다니고 성경 공부를 하면서 당신이 바뀌게 되기를 바라고 있는지 모르겠다. 그러나 그럴 때마다 당신은 놀랍게도 이기심과 교만과 탐욕과 정욕을 향한 영혼의 도도한 성향들이 여전히 예전만큼 강하다는 사실을 발견하게 된다.

마음의 변화

그러므로 큰 문제는 어떻게 우리가 하나님의 율법을 우리의 마음속에 새겨 넣느냐 하는 것이다. 만일 우리가 그 문제에 대한 해답을 발견할 수 있다면, 우리는 진정하고 영구적인 변화의 비밀을 발견하게 될 것이다. 예레미야 31장을 보면, 하나님께서 바로 그 문제에 대해 대답해주신다.

하나님께서 "내가 나의 법을 그들의 속에 두며"(렘 31:33)라고 말씀하고 계심에 주목하기 바란다. 구약성경 이야기는 당신이 아무리 하나님 말씀에 청종하려고 노력한다 할지라도 당신이 자신의 마음을 하나님의 율법에 나란히 놓을 길이 전혀 없음을 보여주고 있다. 그래서 하나님께서는 "너희들이 할 수 없는 일을 내가 할 것이다. 내가 나의 법을 너희들의 마음에 새길 것이다"라고 말씀하신다. 하나님께서는 선지자 에스겔에게도 동일한 약속을 해주셨다. "또 새 영을 너희 속에 두고 새 마음을 너희에게 주되…"(겔 36:26).

이런 일에 해당하는 전문적인 용어가 바로 '거듭남'이다. 그것은 하나님께서 마음의 주된 성향을 바꾸시는 것이다. 그리고 하나님께서 그 일을 하실 때, 이전에는 하나님을 알기 원하지 않았던 당신에게 이제는 하나님을 알기 원하는 어떤 욕구가 마음 깊은 곳에 있음을 발견하게 될 것이다. 그때부터 당신은 하나님의 말씀에 대한 새로운 의욕과 갈증을 가지게 된다. 당신은 예수 그리스도께로 이끌리는 것을 느끼게 되고, 하나님께 응답하게 된다.

영혼 안에 피어나는 이 새 생명에 대해 내가 알고 있는 가장 좋은 설명은 인간의 생명이 시작하는 방식에 있다. 살아있는 씨가 들어오면, 은밀하고 신비스러우며 놀라운 방식으로 새로운 생명이 잉태된다. 그 일은 순간적으로 일어난다. 그 일은 한순간에 일어난다. 여성의 몸 안 은밀한 곳에 새로운 생명이 존재하게 된다. 바로 이것이 놀라운 점인데, 그 순간에 여성은 그 생명의 존재에 대해 의식하지 못하기도 한다.

다음 날에 그 여성은 일터에 나가 일한다. 모든 것이 이전과 똑같은 것 같다. 그러나 몇 주 후에 자기 몸에 어떤 변화가 일어났음을 느끼기 시작한다. 그녀는 몸 상태가 이전과 다름을 느낀다. 그래서 '내가 혹시 임신한 것이 아닐까?'라고 생각한다.

바로 이렇게 새로운 생명이 시작된다. 또한 그것은 마음속에서 어떻게 새로운 생명이 시작되는지 보여주는 놀라운 그림이다. 당신의 영혼 속에 하나님의 생명의 씨를 심어주시는 것은 다름 아닌 성령의 역사이다. 그리고 하나님의 생명의 씨가 심어졌든 아니든 둘 중 하나이다. 그 중간의 어정쩡한 상태는 없다.

이 일이 당신에게 일어났는데 당신은 그 사실을 모를 수가 있다. 그러나 모든 임신한 여성의 경우와 마찬가지로, 그 일은 마침내 드러나게 될 것이다. 주 예수 그리스도에 대한 믿음과 회개는 하나님께서 주신 새로운 생명에 대한 첫 번째 증거이다. 그러나 그 일은 모두 하나님께서 마음을 변화시켜주심과 더불어 시작된다. 이것이 바로 하나님께서 예레미야에게 약속하신 것이다. "내가 나의 법을 그들의 마음 위에 기록할 것이다." 하나님께서는 영혼의 근본적인 성향에 이러한 내면적인 변화를 불러일으키실 것이다.

당연히 우리는 우리 자신의 마음을 변화시키기 위한 어떤 프로그램이나 계획을 원한다. "목사님, 좀 간단하게 해주셔요. 제게 영원한 변화에 이르는 다섯 단계를 제공해주시면, 제가 그 가운데서 세 단계를 시도해보겠습니다." 그러나 영구적인 변화는 하나님께서 행하시는 일이다. 그래서 하나님께서는 당신이 스스로 할 수 없는 일을 당신을 위해 친히 행하실 것이라고 말씀하신다. 바로 이러한 이유 때문에 다윗이 "내 안에 정한 마음을 창조하시고"라고 기도했던 것이다. 다윗은, 변화에 이르는 유일한 길은 하나님께서 자기를 변화시켜주시는 것이라고 깨달았다. 바로 이것이 하나님께서 새 언약 가운데 행하시리라고 약속하신 것이다.

삶을 되돌아보면, 하나님께서 당신의 삶 속에서 어떻게 이 일을 이루셨는지 볼 수 있을 것이다. 그리고 그 사실에 당신은 놀라움을 금치 못할 것이다. 당신은 하나님에 대해 무관심했던 때가 있었다. 당신은 교회에 출석했지만, 그 일이 당신에게 큰 의미를 가져다주지는 못했다. 모든 것은 외면에 사로잡혀있었다. 그러다가 당신의 내면에서 여러 가지가 바뀌기 시작했다. 당신이 알고 있었던 모든 것은 하나님에 대한 새로운 갈망, 갈급함, 속죄함을 받고 싶은 욕망으로 변했다. 당신은 그 점에 대해 설명할 수 없었다. 당시에는 그 사실을 잘 몰랐다. 그러나 하나님의 생명이 성령의 권능으로 말미암아 당신 속에 심겨진 것이다.

이 일이 당신에게 일어났는가? 당신 존재의 중심에 하나님에 대한 깊은 주림과 목마름이 존재하고 있는가? 그 욕망은 하나님께서 당신의 내면에 두신 것이다. 하나님께서는 약속을 성취하시며, 당신의 마음을 변화시키고 계신다.

그리스도에 대한 조명 SPOTLIGHT ON CHRIST

우리 주 예수 그리스도보다도 인간의 마음 상태에 대해 더욱 강력하게 말했던 사람은 아무도 없었다. 예수 그리스도께서는 이렇게 말씀하셨다.

> 속에서 곧 사람의 마음에서 나오는 것은 악한 생각 곧 음란과 도둑질과 살인과 간음과 탐욕과 악독과 속임과 음탕과 질투와 비방과 교만과 우매함이니 이 모든 악한 것이 다 속에서 나와서 사람을 더럽게 하

느니라(막 7:21-23).

한번은 니고데모라 불리는 한 경건한 사람이 예수님과 대화를 나누기 위해 찾아왔다. 예수님은 그의 근본적인 문제가 그에게 새로운 마음이 필요한 것임을 알고 계셨다. 그의 삶은 하나님을 기쁘시게 하려고 고군분투하고 있었다. 예수님께서는 그에게 "너는 거듭나야 한다"(요 3:7)고 말씀하셨다.

니고데모는 중년에 이른 사람이 다시 자기 어머니의 배 속으로 들어간다는 것은 불가능함을 지적했다. 그러나 예수님께서는 자신이 육체적인 탄생이 아니라 영적인 탄생에 대해 말하고 있음을 설명해주셨다. 육체가 육체를 낳는 것과 마찬가지로, 영을 낳는 것은 성령이다. 성령은 하나님께서 예레미야를 통해 약속하셨던 것을 주실 수 있으며, 니고데모에게 새로운 마음을 주실 수 있다.

니고데모는 그 영혼의 방향을 틀어줄 성령의 역사를 내면으로부터 필요로 하고 있었다. 예수 그리스도를 믿는 마음과 회개의 결과가 그를 평생 예수님을 따르는 사람이 되도록 이끌어주었다.

당신이 예수 그리스도 앞에 서게 될 때, 당신의 마음속에 있는 것이 당신 전체가 될 것이다. 다시 말해서 만일 하나님께서 당신의 마음속에 새 생명을 심어주셨다면, 가장 깊은 욕구가 채워지게 될 것이라는 말이다. 하나님 앞에서 당신은 자신이 되기 원했던 그런 사람이 될 것이다. 그때까지, 그 방향을 향해 질주하는 동안에 당신에게는 놀라운 성장 과정이 함께하게 될 것이다.

마찬가지로, 만일 당신의 마음이 죄를 향해 있다면, 지금 당신 마음속에 있는 것이 영원히 당신의 전부가 될 것이다. 성경에 있는 가장 무서운 말씀 가운데 하나는 "불의를 행하는 자는 그대로 불의를 행하고 더러운 자는 그대로 더럽고 의로운 자는 그대로 의를 행하고 거룩한 자는 그대로 거룩하게 하라"(계 22:11)는 하나님의 말씀이다. 영원 가운데서 당신은 마음의 어떤 소원을 가지게 될 것이다. 당신 영혼의 주된 성향은 어떠한가?

드러난 사실 UNLOCKED

인간이 마음속에 가지고 있는 문제는, 바로 그 마음에 죄악의 낙서가 사방으로 휘갈겨져 있다는 것이다. 이에 우리에게 가장 필요한 것은 하나님의 법이 우리의 마음에 기록되어서, 그 법이 우리 내면의 욕구가 되게 하는 것이다. 그러나 우리 스스로 마음속에 이러한 변화를 일으킨다는 것은 불가능하다. 오직 하나님만이 그분의 법을 우리 마음속에 기록하실 수 있다. 이것이 바로 성령의 역사이다. 이 역사가 바로 '거듭남'이다.

만일 당신의 마음이 변화되기를 원한다면, 전적으로 하나님께 의지해야 한다. 오직 하나님만이 마음의 주된 성향을 바꾸어주실 수 있다.

기도 PAUSE FOR PRAYER

전능하신 하나님 아버지!

성령의 역사 없이는 제가 주님을 사랑하지도, 주님에 대한 갈망을 느끼지도 못함을 고백합니다. 이런 제게 주님의 영광을 위해 살겠다는 참된 소망을 불어 넣어주심을 감사드립니다. 제 속에 있는 주님에 대한 갈망을 키워주시옵소서. 믿음으로 순종하는 삶 속에서 주님을 따르겠다는 저의 소망을 북돋워 주시옵소서. 주님께서 심어주신 새 생명에 말씀의 양식을 채워주시옵소서.

성령충만하게 하옵시고, 언제나 주님 뜻에 따라 살도록 도와주옵소서. 하나님의 소원에 따라 복음을 전하고 전도의 열매를 맺는 귀한 자녀로 삼아주시옵소서. 모든 것을 예수 그리스도의 이름으로 기도드립니다. 아멘.

33

눈물

Tears

예레미야애가

하나님을 섬기는 중에 낙심하게 될 때,

어떻게 감당해야 하는가?

722	북왕국의 멸망
BC 700	
640~609	요시야
606~536	바벨론 포로기
608~598	여호야김
600	
598~597	여호야긴
597~586	시드기야
586	예루살렘 멸망
536	예루살렘으로의 첫 귀환
500	

예레미야

묵상의 길잡이

☑ **발견하라**
하나님께서 당신의 눈물을 값지게 여기시는 까닭을 발견하라.

☑ **배우라**
하나님의 도성이 파괴당하고 하나님의 백성이 흩어져버렸는데도 하나님의 계획이 어떻게 계속 진행됐는지를 배우라.

☑ **경배하라**
언젠가는 우리의 눈에서 모든 눈물을 씻겨주실 하나님을 경배하라.

이 세상은 하나님의 세상이다. 그러나 이 세상은 하나님께서 애초에 만드셨던 그대로는 아니다. 이 세상은 한 침입자에 의해 얼룩져버렸다. 이러한 이유 때문에 하나님께서는 이 세상을 현재 상태 그대로 내버려두지 않으실 것이다. 하나님께서는 새 하늘과 새 땅을 창조하실 것이다. 그리고 그렇게 하실 때, 이전의 질서는 사라져버릴 것이다. 암 덩어리는 없어질 것이다. 전쟁도 없어질 것이다. 테러리스트의 분노도 사라질 것이다. 고통도 사라질 것이다. 죽음도 사라질 것이다. 하나님께서는 앞으로 만물을 새롭게 하실 것이라고 약속하고 계신다(계 21:5).

그때까지 당분간 하나님의 백성은 현재 이 타락한 세상 속에서 하나님을 섬기라는 부르심을 받고 있다. 그것은 바로 우리가 눈물을 흘리게 될 것이라는 뜻이다. 그러나 이런 상태로 영원히 가지는 않을 것이다. 하나님께서는 어느 날 천국에서 우리의 모든 눈물을 씻겨주실 것이다(계 21:4).

우리 눈물의 근원은 에덴동산에서 지은 죄까지 거슬러 올라갈 수 있다. 아담과 하와가 죄를 지었을 때, 하나님께서 하실 수 있었던 일에는 두 가지가 있었다. 하나님께서는 그들을 영원히 동산 바깥에 가두어, 끔찍한 죄악의 공포를 충분히 겪도록 버려두실 수 있었다. 하나님께서는 그들을 포기하고 그 악한 자에게 넘겨주실 수 있었다. 그러나 하나님은 사랑이시기 때문에 그리고 참으로 사랑하는 자는 결코 자기가 사랑하는 사람을 포기하지 않기 때문에 그렇게 하지 않으셨다.

다른 방법으로는, 하나님께서 그들을 에덴동산 안에 가두어두실 수 있었을 것이다. 하나님께서는 그 악한 자를 우주에서 가장 멀리 떨어져 있는 어느 한 구석으로 추방해버리고, 어떤 식으로든지 인간에게 절대로 접근하지 못하도록 해서, 외부로부터 오는 어떠한 악과도 인간을 대면하지 않도록 하실 수 있었다. 물론 그러한 해결책에도 문제는 있었다. 아담과 하와가 죄를 멀리하고, 그들이 스스로를 범죄의 가능성으로부터 지켜낸다는 것은, 그들이 완전히 감옥에 갇혀있는 것과 같았을 것이라는 사실이다. 하나님께서는 사랑이시며, 참된 사랑은 결코 강요하는 것이 아니기 때문에 하나님은 그렇게 하지 않으셨다.

만일 사람이 하나님의 임재 속에 남아있을 수 있었던 유일한 이유가, 사람에게 동산 바깥에 있는 악에 대한 지식을 탐구해볼 기회가 전혀 주어지지 않았기 때문이라고 한다면, 도대체 사람과 하나님 사이의 관계는 어떤 것이었을까? 그 관계는 마치 어린아이가 정말로 밖에 나가서 놀고 싶은데 무서운 어른이 지키고 있어서 칭얼거리고 있는 것과 같았을 것이다. 만일 천국이란 곳이, 사람들이 죄를 짓고 싶은 마음으로 살면서도 죄를 지을 기회를 차단당하고 있는 감옥과 같은 곳이라면, 어떻게 '천국'이 될 수 있겠는가! 하나님의 크신 목적은 죄를 짓고 싶은 욕망이 전혀 없는 사람들이 영원토록 기쁨으로 충만하게 영생을 누리는 것이다.

그렇다면 어떻게 이런 일이 일어날 수 있겠는가? 어떻게 하나님께서는 죄악에 대한 욕망을 가지고 있는 사람들을 이끌어서 하나님을 사랑하게 만들고, 그렇게 하여 그 사람들이 하나님을 즐거워하고 영원토록 하나님과 조화롭게 살아가는 것을 가장 큰 기쁨으로 여길 수 있도록 하시겠는가? 그것이 바로 성경의 위대한 이야기이다. 그리고 그 이야기에는 한 백성과 한 장소와 한 가지 목적이 포함되어있다.

하나님의 신중한 계시

하나님께서는 자신을 신중하게 나타내셔서, 하나님을 찾는 사람들은 하나님을 발견할 수 있되, 동시에 하나님 알기를 원치 않는 사람들은 하나님 없이 영원히 지낼 수 있도록 하셨다. 하나님께서는 한 사람, 아브라함에게 자신을 나타내시면서 이렇게 말씀하셨다. "내가…네게 복을 주어…땅의 모든 족속이 너로 말미암아 복을 얻을 것이라"(창 12:2, 3).

우리는 하나님께서 바로 이 한 사람으로부터 어떻게 이스라엘 민족을 이끌어내셨는지에 대한 이야기를 따라왔다. 이스라엘 백성은 세상에 대한 하나님의 축복의 통로가 되어야 했다. 하나님의 목적은, 하나님과 올바른 관계 가운데 있는 이 사람들의 공동체가 하나님께 예배하고 하나님 법에 순종하는 삶의 모범이 되어, 여러 민족이 이스라엘을 본받아 하나님의 권위와 축복 아래서 살기를 소원하도록 하려는 것이었다.

그런데 하나님께서는 한 특정 장소를 지정하셔서 그곳에서 자기 백성과 만나시겠다고 말씀하셨다. 하나님의 백성이 광야에 있었을 때, 그 특정한 장소는 이동 가능한 장소였다. 즉, 하나님께서는 성막에서 하나님의 백성과 만나시겠다고 약속하셨다. 그 장막에는 언약궤가 있었으며, 그곳에서 희생제사가 드려졌다. 그러나 백성이 가나안 땅에 진입하게 됐을 때, 하나님께서는 당신께서 임재하실 또 다른 특정한 장소를 마련하시겠다고 말씀하셨다(신 12:5). 그곳은 바로 예루살렘 성이었다. 다윗 왕은 이 도성을 이스라엘의 수도로 삼았고, 하나님의 임재를 상징하는 언약궤가 예루살렘으로 들어왔을 때, 이곳에는 큰 기쁨이 있었다.

이 땅에서 가장 복 받은 성읍

몇 년 후에 다윗의 아들 솔로몬은 그곳에 성전을 하나 지었다. 그가 성전을 건축했을 때, 하나님의 영광의 구름이 그곳 전체를 가득 채웠다. 이때는 구약성경 이야기에서 최고 전성기에 해당됐다. 하나님의 백성은 연합을 이루었고, 하나님께서 그 백성을 만나실 장소도 확정됐으며, 하나님의 목적도 주변 여러 나라의 왕들이 예루살렘으로 와서 솔로몬의 지혜를 듣고자 소원하면서 실현되기 시작했다. 이스라엘은 세상으로부터 부러움을 샀다. 예루살렘은 이 땅 위에서 가장 복 받은 도성이었다.

그러나 그 모든 것은 급속하게 바뀌었다. 솔로몬의 죽음 후에 왕국은 분열됐으며, 하나님 백성을 다스리는 지도자의 자질은 절망적일 정도로 낮아졌다. 왕위에 오르는 이마다 그 나라를 잘못된 길로 끌고 가버렸다. 우상들에 대한 숭배가 창궐했으며, 도덕적인 생활의 기반이 전반적으로 무너져버렸다.

하나님의 백성은 하나님을 전혀 알지 못했던 주변국들과 별반 다를 것이 없게 되어버렸다. 하나님께서 임하신 곳에서 드리는 참된 예배는 하나님의 백성 사이에서 공허한 의식이 되어버렸고, 하나님을 향한 순종은 사라지고 개인의 기복이 종교 생활의 동기가 되어버렸다. 하나님의 복 대신에 심판의 먹구름이 몰려들고 있다는 증거가 점점 드러나고 있었다.

계속해서 하나님께서는 자기 백성이 순종의 길로 되돌아오도록 부르짖을 선지자들을 여러 번 파송하셨다. 그러나 그에 대한 응답은 거의 없었다. 그래서 마침내 하나님께서는 한계를 정하시고 심판을 시작하셨다. 이 가장 절박한 시기에 예레미야는 하나님의 입을 대신하는 아주 힘든 일을 맡게 되었다.

32장에서 이미 살펴본 대로, 예레미야의 사역은 요시야 왕의 재위 기간 동안에 시작됐다. 그 젊은 왕은 예루살렘 전역에서 생활을 정결하게 하는 대대적인 캠페인을 이끌었던 왕이었다. 그 왕은 우상들을 뽑아버리고, 친히 우상을 섬기는 제단들을 깨뜨리는 일을 감독했다. 많은 사람이 왕이 행하는 그 일이 옳은 일이라고 생각했을 것이다. 적어도 그 일이 진행되고 있던 때에 한에서는 그랬다. 그러나 예레미야는 만일 그 백성의 마음에 어떤 변화가 일어나지 않는 한, 그 캠페인은 얼마 가지 못할 것이라는 점을 깨달았다. 그리고 실제로 그랬다.

요시야의 아들 여호야김이 왕위를 계승하게 되자, 여호야김은 하나님의 말씀을 읽어달라고 청하고는, 작은 칼을 가지고 그 말씀의 두루마리를 잘라서 화롯불에 넣어 태워버렸다. 하나님의 백성에 대한 심판이 시작됐던 것은 바로 여호야김의 재위 기간 동안이었다. 바벨론 왕 느부갓네살이 예루살렘을 포위했다. 군대가 성 밖에 주둔하면서 성안 백성의 음식과 식수가 다 떨어질 때까지 기다렸다. 그런 다음에 포위하고 있던 군대가 성안으로 쳐들어가서 성을 함락시켰다. 그 시대에는 그런 식으로 성을 함락시켰다. 마침내 그들은 예루살렘 성에서 다니엘이라 불리는 청년을 포함해서 가장 재능 있는 사람들을 포로로 붙잡아갔다. 다니엘에 대한 이야기는 나중에 살펴볼 것이다.

청년 왕 여호야긴

한 사회에서 유능한 지도자들이 제거됐을 때, 후임자가 그 자리를 잇게 된다. 그래서 성이 포위 공격에 의해 함락된 후에, 여호야김의 아들 여호야긴(혹은 여고니아로도 알려져 있음)이 18세의 나이에 왕위에 오르게 되었다. 이 어리고 연약한 왕의 즉위로 느부갓네살은 또 다른 원정대를 파견할 기회를 잡았다. 여호야긴의 재위 기간은 겨우 3개월뿐이었다.

이때 바벨론 군대는 예루살렘에서 가장 유능한 사람 1만여 명을 포로로 데리고 갔다. 이렇게 해서 끌려간 집단에는 에스겔과 같은 다채로운 성격의 사람들이 포함되어있었다. 그에 대한 이야기는 나중에 다루게 될 것이다. 사로잡힌 에스겔은 바벨론에 있었던 다니엘을 비롯한 사람들과 합류하게 되었으며, 청년 왕 여호야긴도 그들과 함께 끌려갔다. 어린 나이의 여호야긴은 그의 왕위를 이을 아들이 없었기 때문에, 그의 삼촌인 시드기야가 그 자리를 차지하게 되었다. 이스라엘에 왕의 가문에 속한 사람들이 점점 줄어들고 있었던 것이다.

동이 트기 전 가장 어두운 때

시드기야는 이 난국을 어떻게 운영해야 할 것인지 결정해야 했다. 느부갓네살에게 대항하기 위해 몇몇 다른 나라들과 동맹을 맺어야 할 것인지, 아니면 느부갓네살의 권력이 하나님의 계획 아래 있음을 받아들이고 그 권력에 복종해야 할 것인지에 대한 결단을 요구받고 있었다. 예레미야는 말할 것도 없이 그 대답을 알고 있었다. 예루살렘은 함락됐다. 이제는 바벨론 왕에게 항복해야 할 때가 된 것이었다(렘 38:17). 그러나 시드기야는 그의 메시지를 받아들이지 않았다. 결국 그는 하나님의 말씀을 무시했다.

시드기야는 애굽 왕의 격려에 힘입어서 느부갓네살에게 대항하기로 결심했다. 그가 반란을 일으키자, 바벨론의 수많은 군대가 몰려와서 예루살렘을 다시 포위하고 공격했다. 예루살렘은 아주 처참하게 전쟁의 참상을 경험해야 했다.

> 바벨론의 느부갓네살 왕의 열아홉째 해 다섯째 달 열째 날에 바벨론 왕의 어전 사령관 느부사라단이 예루살렘에 이르러 여호와의 성전과 왕궁을 불사르고 예루살렘의 모든 집과 고관들의 집까지 불살랐으며 사령관을 따르는 갈대아 사람의 모든 군대가 예루살렘 사면 성벽을 헐었더라 사령관 느부사라단이 백성 중 가난한 자와 성중에 남아 있는 백성과 바벨론 왕에게 항복한 자와 무리의 남은 자를 사로잡아 갔고 가난한 백성은 남겨두어 포도원을 관리하는 자와 농부가 되게 하였더라(렘 52:12-16).

그런 다음에 차마 말할 수 없을 정도로 잔혹하게 시드기야의 모든 아들이 그가 보는 앞에서 살해됐다. 시드기야는 두 눈이 뽑히고 바벨론으로 끌려가, 그곳에서 얼마 지나지 않아 죽음을 맞이했다(왕하 25:7).

이때가 구약성경 전체 이야기 가운데서 최악의 시기였으며, 가장 어두운 암흑기였다. 하나님께서 임하셨던 성전은 파괴됐으며, 왕의 모든 아들은 죽임을 당하였다. 하나님께서 자신의 이름을 두셨던 그 도성은 파괴됐다. 북방 왕국의 백성은 이미 흩어져버렸고 남방 왕국의 백성은 바벨론으로 끌려가서 유배 생활을 하게 됐다. 이제 하나님의 목적에 도대체 어떤 희망을 걸 수 있단 말인가?

예레미야애가는 최악의 지경에 떨어졌을 때 쓰인 책이다. 예레미야는 한때 하나님의 임재를 나타내주었던 아름다운 성전의 폐허와 잔재들로부터 피어오르는 연기와 더불어 흩어진 파편 사이를 헤집으면서 걷고 있었다. 한때 대적들로부터 하나님의 백성을 지켜주던 강력한 방어벽이었던 성벽들은 완전히 무너졌다. 돌 위에 돌이 얹힌 모습을 거의 볼 수 없었다.

예레미야는 이 모습을 보면서 가슴이 찢어지는 것 같았다. 그래서 이 책이 '애가'라고 불리는 것이다. 이 책은 눈물로 쓰인 애도의 노래이며, 세상 속에서 하신 하나님의 일이 허물어진 사실 때문에 가슴이 무너져버린 마음의 울부짖음이다.

안타까운 자의 눈물

아직도 먼지와 연기가 피어오르고 있는 잿더미 사이를 걷고 있는 예레미야의 모습을 한번 상상해보기 바란다. "슬프다 이 성이여 전에는 사람들이 많더니 이제는 어찌 그리 적막하게 앉았는고"(애 1:1).

한때는 하나님의 복을 받으면서 흥왕했던 성읍이 이제는 유령이 나올듯한 도시처럼 보인다. 예레미야는 한때 하나님께 예배를 드리려는 행복한 사람들로 가득했던 거리를 내려다보았는데, 거기에는 이제 아무도 없었다. 그 심정을 "시온의 도로들이 슬퍼함이여 절기를 지키려

나아가는 사람이 없음이로다"(애 1:4)라고 쓰고 있다. 그 거리는 버림받았다. 거기에는 손님들이 찾아올만한 성읍이 전혀 없었기 때문이었다.

> 딸 시온의 모든 영광이 떠나감이여…(애 1:6).

그는 이제는 돌무더기로 변해버린 성전과 궁전과 이국적인 조각품들에 대해 생각했다. 이제는 희생제사를 드릴 수 있는 장소가 없어졌다. 하나님께 예배할 장소, 하나님과 만나는 장소가 없어져버린 것이다.

> 내 눈이 눈물에 상하며 내 창자가 끓어지며 내 간이 땅에 쏟아졌으니 이는 딸 내 백성이 패망하여 어린 자녀와 젖 먹는 아이들이 성읍 길거리에 기절함이로다(애 2:11).

이리하여 예레미야의 눈에서 눈물이 흘러내리기 시작했다. 그렇지만 주목할 점은 예레미야가 개인적인 고통이나 손해 때문에 눈물을 흘리는 것이 아니었다는 점이다. 하나님께서는 이 문제에 대해 우리에게 중요한 사항 몇 가지를 말씀하실 것이다(이미 우리는 그 말씀들 가운데 몇 가지를 욥기에서 살펴보았다). 그러나 여기에서는 그것이 쟁점이 아니다. 예레미야애가는 세상에서 하나님의 뜻이 무너져내린 상황을 가슴 아파하는 경건한 사람에 대한 책이다. 그 사람은 예루살렘을 생각하며 눈물을 흘리고 있다.

만일 당신이 강한 믿음을 가지고 열심히 노력하고 기도하면서 하나님의 일을 하면 무조건 성공하고 결국 축복을 받게 될 것이라는 생각으로 하나님의 사역에 임한다면, 당신은 상당히 큰 실망에 빠질 것이다. 바로 그것이 중요한 진실 가운데 하나이다. 하나님께서는 그 사실을 가르쳐주시기 위해 성경 전체를 우리에게 주신 것이다. 하나님의 일은 때로 눈물을 통해 진전된다.

예레미야는 '눈물의 선지자'로 알려졌다. 나는 눈물을 흘리는 일에 대해 지나치게 강조하지 않을 것이다. 왜냐하면 어떤 사람들은 천성적으로 다른 사람들보다 훨씬 더 눈물을 잘 흘리기 때문이다.

그러나 당신이 상당히 절제하면서 자신의 감정을 표현하는 사람이라 할지라도, 때때로 마음이 찢어지는 아픔을 겪지 않고서는 하나님을 섬기는 삶을 살 수가 없다. 만일 당신이 그러한 아픔을 전혀 경험하지 못했다면, 그것은 당신의 마음이 무감각하기 때문이거나, 전심으로 하나님의 일에 자신을 바치지 않았기 때문일 수 있다.

애통하는 마음을 가진 사람은, 기회를 허비하는 것에 대해, 교회 안에 죄가 있는 것에 대해, 구원받을 수도 있었지만 그렇지 못했던 영혼들에 대해, 박해받는 사람들의 고통에 대해 그리고 믿지 않는 불신 세계의 완악함에 대해 가슴 아파할 것이다. 이처럼 애통하는 사람의 눈물은 선한 것이다.

사도 바울도 똑같은 경험을 나누었다. "내가 마음에 큰 눌림과 걱정이 있어 많은 눈물로 너희에게 썼노니 이는 너희로 근심하게 하려 한 것이 아니요 오직 내가 너희를 향하여 넘치는 사랑이 있음을 너희로 알게 하려 함이라"(고후 2:4). 또 바울은 갈라디아 교회에 이르길, 그 사역이 해산하는 수고와 같았다고 말했다. "나의 자녀들아 너희 속에 그리스도의 형상을 이루기까지 다시 너희를 위하여 해산하는 수고를 하노니"(갈 4:19).

아마도 당신은 예수 그리스도를 위해 과감히 자신을 던졌을 것이다. 당신은 주님의 축복과 목적이 세상 속에서 전진해나가는 것을 보고자 했을 것이다. 그러나 당신은 도저히 설명할 수 없는 불가항력적인 난관들에 부딪치게 될지도 모른다. 그럴 때 당신은 아픈 마음을 부여잡고 하나님께 울면서 외치게 될 것이다. 당신은 '예루살렘'을 놓고서 울고 있는 것이다.

그때 누군가 다가와서 "힘을 내시오. 당신도 알겠지만, 결국에는 잘 될 것이요"라고 말해줘도 위로가 되지는 않는다. 그런 말은 때로 귀에 거슬리게 들릴 수도 있다. 왜냐하면 그러한 말을 던지는 사람은 당신이 겪는 고통의 실상이나 가치를 인식하지 못하고 있다고 생각할 수 있기 때문이다. 그럴 때 당신이 알아야 할 사실은, 하나님께서는 당신의 눈물을 값지게 여기신다는 사실이다.

다윗은 한때 여호와 하나님께 자기의 눈물을 병에 담아달라고 요구하기도 했다(시 56:8). 그것은 참으로 아름다운 장면이다. 하나님 백성의 눈물은 하나님께 아주 값진 것이다. 왜냐하면 그 눈물에는 진심으로 애통하는 사람의 마음이 담겼기 때문이다. 하나님의 일을 놓고서 당신의 마음이 찢어지듯 아플 때, 당신은 하나님 보시기에 가장 값진 재물 중 하나로 경배를 드리고 있는 것이다. 하나님의 일은 많은 눈물을 통해 전진해나간다.

마침내 하나님의 목적이 이루어지다

만일 하나님께서 복 주시겠다고 택하셨던 백성이 다 흩어져버리고, 하나님께서 자신의 이름을 두시기 위해 택하신 곳이 파괴되었다면, 하나님께서 세상에 복을 가져다주시겠다는 약속에는 어떤 기대를 걸 수 있겠는가? 만일 마지막 왕의 자식들이 다 죽임을 당했다면, 다윗 왕의 계보에 어떤 미래가 있을 수 있겠는가?

그에 대한 해답은 항복하고 바벨론에 포로로 끌려가기 전 겨우 3개월 동안 왕 노릇했던 열여덟 살짜리 왕 여호야긴에게 있었다. 예레미야는 여호야긴이 석방됐다는 사실을 우리에게 전하고 있다. "그 죄수의 의복을 갈아입혔고 그의 평생 동안 항상 왕의 앞에서 먹게 하였으며"(렘 52:33). 그렇게 해서 여호야긴의 목숨은 보전됐고, 왕의 혈통도 유지됐다. 그리고 마태는 예수 그리스도께서 태어나신 다윗 왕의 족보를 쓰면서, 여호야긴(혹은 여고니야)에게 영예로운 자리를 마련해주었다(마 1:11). 고작 3개월 동안 왕 노릇하고서 결국에는 적군에게 항복했던 사람이, 우리를 예수 그리스도께로 이끌어주는 계보의 한 연결고리가 되었던 것이다.

물론 예레미야가 예루살렘 성의 폐허를 거닐면서 애가를 쓰고 있었을 때는 그 사실을 알지 못했다. 만일 우리가 그에게 "시드기야 왕의 아들이 다 죽었는데 다윗의 계보 가운데서 태어날 구세주를 보내주실 것에 대한 하나님의 약속이 어떻게 이루어질 수 있겠느냐?"고 물었다면, 그는 거의 아무 말도 해줄 수 없었을 것이다. 그러나 그는 하나님께서 자신의 약속을 충실히 지키신다는 사실을 믿었다. 그래서 그는 신실하신 하나님을 전적으로 믿고 의지하며 거기에 자신의 소망을 걸었던 것이다.

> 이것을 내가 내 마음에 담아두었더니 그것이 오히려 나의 소망이 되었사옴은 여호와의 인자와 긍휼이 무궁하시므로 우리가 진멸되지 아니함이니이다 이것들이 아침마다 새로우니 주의 성실하심이 크시도소이다(애 3:21-23).

수백 년을 되돌아볼 때 참으로 놀라운 사실은, 가장 어두운 암흑의 시절 가운데서도 하나님께서는 신실하시다는 것이다.

바벨론에 포로로 잡혀가 유배 생활을 하게 된 지 70년이 지나서 한 무리의 사람들이 폐허가 된 예루살렘 터로 귀환하여 그 성읍을 재건했다. 그런 다음에 약 500년이 지난 후에, 예수 그리스도께서 그 성읍에 오셨다. 그리고 예레미야처럼 그 성읍을 위해 눈물을 흘리셨다.

> 예루살렘아 예루살렘아 선지자들을 죽이고 네게 파송된 자들을 돌로 치는 자여 암탉이 제 새끼를 날개 아래에 모음같이 내가 너희의 자녀를 모으려 한 일이 몇 번이냐 그러나 너희가 원하지 아니하였도다(눅 13:34).

그리고 나중에 다시 예루살렘 성으로 되돌아오셨다. 그리고 "가까이 오사 성을 보시고 우시며 이르시되 너도 오늘 평화에 관한 일을 알았더라면 좋을 뻔하였거니와 지금 네 눈에 숨겨졌도다"(눅 19:41-42)라고 말씀하셨다.

하나님께서 자기 이름을 두셨던 바로 그 성읍이 하나님의 아들을 받아들이기 원치 않았다. 하나님께서 자기 성에 임하셨으나 그 성 밖으로 내몰려 십자가에 못 박히셨다. 그러나 예수 그리스도께서는 자신의 죽으심과 부활하심을 통해 하나님의 목적을 달성하셨다. 그 예수 그리스도는 하나님의 복이 땅 위의 모든 나라들에 임하게 될 통로이시다.

여린 마음을 가진 사람들은 오늘날에도 예루살렘에 대해 여전히 눈물을 흘릴 것이다. 그러나 성경 마지막 부분에서 하나님께서는 사도 요한에게 그 이야기가 어떻게 끝날 것인지에 대한 환상을 보여주셨다. 요한은 우리에게 자신이 "거룩한 성 새 예루살렘을 보았다"고 말하고 있다(계 21:2). 그 예루살렘은 하나님께서 원하셨던 바로 그 모습을 지닌 예루살렘 성이었다. 그곳이 바로 하나님의 백성을 위해 마련된 곳이다. 하나님께서는 그곳에 자기의 이름을 두셨으며, 그곳에서 하나님의 목적을 성취하실 것이다.

그 새 예루살렘은 "하나님께로부터 하늘에서 내려오니 그 준비한 것이 신부가 남편을 위하여 단장한 것"(계 21:2) 같을 것이다. 그리고 요한은 하나님의 보좌에서부터 한 큰 음성이 다음과 같이 선포할 것이라고 말해주고 있다.

> 내가 들으니 보좌에서 큰 음성이 나서 이르되 보라 하나님의 장막이 사람들과 함께 있으매 하나님이 그들과 함께 계시리니 그들은 하나님의 백성이 되고 하나님은 친히 그들과 함께 계셔서 모든 눈물을 그 눈에서 닦아주시니 다시는 사망이 없고 애통하는 것이나 곡하는 것이나 아픈 것이 다시 있지 아니하리니 처음 것들이 다 지나갔음이러라 보좌에 앉으신 이가 이르시되 보라 내가 만물을 새롭게 하노라 하시고 또 이르시되 이 말은 신실하고 참되니 기록하라 하시고(계 21:3-5).

세상에서 하나님의 백성 가운데 한 사람이 되어 하나님의 목적을 이루고 하나님의 처소를 향해 전진해나가는 것보다 더 위대한 일은 없다. 하나님의 일은 많은 눈물을 통과해나갈 것이다. 그러나 하나님의 목적은 언제나 승리할 것이다. 밤에는 눈물이 있겠지만, 아침에는 기쁨이 찾아올 것이다(시 30:5). 하나님의 백성은 하나님께서 그들의 눈에서 모든 눈물을 씻어주실 그날이 오고 있음을 알고 있다(계 7:17). 당신을 위해 그런 일을 행하시는 하나님을 상상할 수 있겠는가?

하나님께서 당신이 최고 전성기에 이르렀을 때 하나님을 섬기도록 부르셨든지, 여명 직전 가장 어두운 암흑기에 하나님을 섬기도록 부르셨든지, 당신이 사역을 감당하면서 어떤 형편에 직면했든지 간에 "견실하며 흔들리지 말고 항상 주의 일에 더욱 힘쓰는 자들이 되라 이는 너희 수고가 주 안에서 헛되지 않은 줄 앎이라"(고전 15:58).

드러난 사실 UNLOCKED

낙심했을 때 그것을 어떻게 다루는가 하는 것이 평생 동안의 사역을 유지하는 한 가지 열쇠이다. 비현실적으로 큰 기대들을 가지고 있으면 결국 크게 실망하기 마련이다. 그래서 성경 이야기는 하나님의 일에 있어 즉각적인 성공 공식은 절대로 존재하지 않는다는 점을 우리에게 일깨워준다. 하나님의 사역은 종종 눈물을 통과한다. 그 원칙을 배우면 낙심할만한 일에 직면했을 때 큰 도움이 될 것이다.

하나님께서는 하나님 나라에 대해 마음을 쓰는 사람의 눈물을 값지게 여기신다는 점을 기억하기 바란다. 찢겨진 심령은 때로 영적으로 건강하다는 징표라 할 수 있다. 우리의 가장 심오한 사역은 찢겨진 심령에서 온다.

우리는 예레미야애가가 성경 가운데 마지막 책이 아닌 사실에 감사드릴 수 있다. 하나님께서는 예레미야가 완전히 무너져 폐허가 되어버린 예루살렘 성읍의 잿더미에서 전혀 희망을 볼 수 없었을 때에도 그분의 목적을 이루어가고 계셨다. 하나님께서는 신실하시다. 하나님의 모든 백성이 하나님 앞에 모여서 온전하게 되고 영원한 하나님의 목적이 성취되는 그날이 임할 것이다.

기도 PAUSE FOR PRAYER

은혜로우신 하나님 아버지!

주님께서 주님의 나라를 위해 애통하며 우는 자의 눈물을 값지게 여기심을 감사드립니다. 이 세상에서 주님의 이름이 높임을 받으며 주님의 목적이 성취되는 일에 저를 사용하여주시옵소서. 저의 마음이 찢어질 듯 아플 때, 진심으로 애통하는 마음으로 저의 눈물을 주님께 바칠 수 있도록 도와주시옵소서.

지금 이 시간 주님의 일을 하면서 낙심하고 있는 사람들에게 힘을 주시고, 그들이 주님의 신실하신 모습을 볼 수 있도록 도와주시옵소서. 그들로 하여금 주님께서 놀라운 권능으로 하나님의 모든 목적을 성취하실 것임을 알고 믿을 수 있도록 영안을 내려주시옵소서. 주님께서 이 백성의 눈에 맺힌 모든 눈물을 씻겨주실 줄 믿습니다.

나의 주님이신 예수 그리스도의 이름으로 기도드립니다. 아멘.

34

영광

Glory

에스겔 1, 10장

어떤 점에서 하나님께서 우리와 항상
함께하신다고 할 수 있는가?

	722	북왕국의 멸망
BC 700		
	606~536	바벨론 포로
	605	첫 번째 포로 이송
600	600	
에스겔	597~586	시드기야
	586	예루살렘 멸망
	516	성전 재건이 이루어짐
500		

묵상의 길잡이

☑ **발견하라**
하나님의 공중 보좌에 대한 놀라운 이야기를 발견하라.

☑ **배우라**
하나님께서 자기 백성 가운데 있는 끈질긴 죄악을 어떻게 처리하시는지 배우라.

☑ **경배하라**
우리와 함께하시는 영광의 예수 그리스도를 경배하라.

대부분의 성인은 자기가 서른 살이 되는 생일을 고대한다. 서른 살이 되는 사람들은 이제 막 성인으로서 출발하는 스무 살은 훨씬 넘겼지만, 아직 중년에는 이르지 않은 것이다. 흔히 그 나이가 되면, 경력이 붙기 시작하고, 새 가족이 늘어나기 시작할 것이다. 그러나 에스겔 선지자에게 있어서 서른 번째 생일은 그의 생애 가운데서 가장 힘든 날이었다.

에스겔은 하나님의 성전에서 사역을 위한 준비를 하면서 생활하고 있었다. 그러나 그가 훈련을 받고 있던 중 스물다섯 살 되던 해에 전쟁이 일어났으며, 그는 포로가 되어 그발 강가로 끌려가게 되었다. 그곳은 지구의 반대편처럼 여겨졌을 정도로 멀게만 느껴졌다. 그렇게 5년 후에 그는 서른 번째 생일을 맞이하게 되었다. 그러나 그는 자신의 바람과는 다른 상황 속에 놓여있었다.

성직자가 서른 살 생일을 맞는 날은 그가 성전에서 사역을 시작할 수 있는 날을 의미했다. 그러므로 만일 에스겔이 고국으로 돌아갈 수 있다면, 그날은 대단히 축하받을 날이었을 것이다. 그러나 성전으로부터 약 1,100킬로미터나 떨어진 곳에서 신임 제사장의 자리에 오른 사람이 무슨 일을 할 수 있단 말인가?

전체적인 상황은 마치 재앙처럼 보였다. 에스겔의 꿈과 희망은 산산이 부서져버렸다. 만일 그가 다른 시대를 살았더라면, 만일 그가 바벨론 군대에게 끌려가지 않았더라면 모든 상황은 지금과 같지 않았을 것이다. 그러나 현재 그가 처한 환경은 사역을 향한 그의 앞길을 막고 있는 것처럼 보였다. 그는 바벨론 가까이에 있는 강가에서 낙심한 채 당황하고 있는 자신을 발견했다.

어쩌면 당신은 에스겔의 처지를 어느 정도 공감할지도 모른다. 당신도 부푼 희망과 꿈을 가지고 있었을 것이다. 그러나 꿈속에서라도 지금 당신이 처한 상황 가운데 빠지게 될 것이라고는 상상도 못했을 것이다. 그래서 당신은 "도대체 하나님은 내 인생 속에서 무슨 일을 하고 계시는 것인가?"라고 의아해하고 있을 것이다.

그것이 바로 에스겔이 처해있던 상황이었다. 그러나 그때 놀라운 일이 일어났다.

> 서른째 해 넷째 달 초닷새에 내가 그발 강가 사로잡힌 자 중에 있을 때에 하늘이 열리며 하나님의 모습이 내게 보이니(겔 1:1).

하나님께서는 고향을 떠나 낙심하고 있었던 이 사람을 만나셨던 것이다. 그리고 이 사람은 성전에 있는 촛불이나 희생제물보다 훨씬 더 귀한 것을 발견했다. 하나님께서 이 사람에게 자기의 영광을 보여주신 것이다. 그렇게 에스겔이 하나님의 영광을 보았을 때, 그는 자기의 길이 열리는 것을 알 수 있었다.

우리가 이해하기 어려운 혼란한 때나 환경에 부딪치게 될 때, 혹은 우리가 전혀 생각지도 못했던 상황에 처하게 됐을 때 우리에게 가장 절실한 것은 바로 하나님의 영광을 바라보는 것이다. 그렇게 할 때 우리는 에스겔처럼 삶의 방향을 찾게 될 것이다.

하나님의 영광이 나타나다

에스겔은 '북방에서부터 폭풍과 큰 구름이 오는데 그 속에서 불이 번쩍번쩍하여 빛이 그 사면에 비취는 것'을 보았다(겔 1:4). 그 광경은 마치 연기 속에서 작렬하는 불꽃같이 보였을 것이다. 에스겔이 구름 속을 바라보았을 때, 그는 네 생물을 볼 수 있었다. 나중에 우리는 그 네 생물이 그룹들이었으며(겔 10:1, 9, 10), 여기에서는 상징적으로 표현됐다는 사실을 알 수 있다.

그 생물들은 각각 네 얼굴과 네 날개를 가지고 있었다(겔 1:6). 그 얼굴들은 사자의 얼굴(고귀함), 황소의 얼굴(힘), 독수리의 얼굴(빠름 혹은 긍휼) 그리고 사람의 얼굴(하나님의 최고의 창조물)로서, 하나님의 창조세계의 절정을 나타내고 있다. 그 생물들은 네 날개도 가지고 있었다. 그들은 서로 날개 끝을 맞닿도록 하면서 일종의 정사각형 모양의 진을 형성하고 있었다. 그리고 그 네 생물 위에는 마치 플랫폼과 같은 '수정 같은 궁창'의 형상이 펼쳐져있었다(겔 1:22). 그 플랫폼 위에는 하나님의 보좌가 자리 잡고 있었다(겔 1:10-12, 26).

그런 다음에 에스겔은 어떤 바퀴 같은 것들을 보았다. 성경을 읽어보지 않은 성도들 중에도 「에스겔은 수레바퀴를 보았네」라는 성가곡을 들어본 사람이 있을 것이다. 그는 번쩍번쩍 빛나는 바퀴들을 보았는데, 각 바퀴는 다른 바퀴와 서로 교차하고 있었다. 만일 당신이 북쪽에서 남쪽을 향해 있는 바퀴를 하나 생각하고, 또 다른 바퀴는 동편에서 서편을 향해있다고 생각한다면, 그 모습이 상상이 될 것이다. 이 바퀴들은 사방 어느 곳으로든지 움직일 수 있어서, 만일 당신의 차에 이런 바퀴가 달려있다면 주차할 때 매우 편리할 것이다. 그저 측면 방향 모드로 바꾸고, 옆으로 차를 쏙 집어넣기만 하면 되기 때문이다.

이 바퀴들은 하나님의 보좌가 자리 잡고 있었던 그 거대한 플랫폼이 쉽게 움직일 수 있도록 기동력을 제공해주었다. 성경학자인 도날드 카슨Donald Carson은 이 바퀴들의 움직임을 컴퓨터 화면 위의 마우스 포인터에 비유했다. 그것은 상하 좌우뿐만 아니라 대각선 방향으로도 자유롭게 움직인다. 이것은 하나님 임재의 영광이 어느 한 장소에 고정되어있지 않다는 사실을 우리에게 말해주고 있다. 하나님께 제약이란 전혀 존재하지 않는다. 당신이 하나님을 묶어서 끌어내릴 수는 없다. 하나님께서는 어느 방향으로든지 자유롭게 움직이신다.

그다음에 에스겔은 그 플랫폼을 떠받치고 있었던 그룹들이 올라가기도 하고 내려가기도 할 수 있었기 때문에 전체 플랫폼이 마치 헬기처럼 이륙할 수도 있음을 보았다(겔 1:19). 이 때문에 UFO(미확인 비행물체)에 흥분하는 사람들이 에스겔서에 끌리는 것이다. 그렇지만 이것은 UFO와는 전혀 상관이 없다. 이것은 하나님의 위엄과 영광에 대한 비전이다.

그리고 여기에서 우리는 에스겔서, 다니엘서, 요한계시록 등에서 자주 나타나는 특별한 장치를 발견하게 되는데, 그것은 바로 혼합된 은

유이다. 성경은 우리에게 그 바퀴들이 '눈이 가득하다'라고 말한다(겔 1:18). 이 표현은 간단히 말해서 하나님의 보좌로부터는 숨길 수 있는 것이 아무것도 없다는 말이다. 하나님께서 가시지 못할 곳이 없듯이, 하나님께서 보시지 못하는 것도 없다.

에스겔은 이 믿을 수 없는 환상을 보면서, 마치 워싱턴 기념비 밑에 선 작은 소년처럼 그저 올려다보고 또 올려다보았다. 그 생물들 위에는 '수정 같은 궁창' 혹은 플랫폼이 펼쳐져있었다. 그 플랫폼 위에 '남보석으로 된 보좌같이 보이는 것'이 있는 것을 보았으며, 그 보좌 위에는 '한 사람의 모양과 같은 형상'이 있는 것을 보았다(겔 1:26). 그 사람 모양의 형상은 마치 불과 같았고, 광채가 나는 빛이 그를 두르고 있었다.

에스겔이 더 높이 바라볼수록, 자기가 본 것을 표현하기가 더욱 어려웠을 것이다. 그가 할 수 있는 최고의 표현은 "이는 여호와의 영광의 형상의 모양이라 내가 보고 곧 엎드렸다"(겔 1:28)는 것이었다.

목회자이며 유명한 저술가인 스튜어트 브리스코Stuart Briscoe는, 에스겔이 자기가 본 것을 말로 표현하는 것은 마치 베토벤의 5번 교향곡을 듣고 있는 사람에게 작은 양철 호루라기를 주면서, 오케스트라를 한번도 들어본 적이 없는 사람에게 오케스트라가 어떤 소리를 내는지 전달해 주라고 부탁을 하는 것과 같다고 말한 적이 있다. 어느 누가 그렇게 할 수 있겠는가? 에스겔은 말로 표현하려고 애를 쓰고 있었다. 사실 그가 할 수 있었던 것은 자신이 하나님의 영광을 보았을 때 엎드렸다는 것이 전부였다.

하나님의 영광이 나타났다. 하나님께서 가실 수 없는 곳은 전혀 없으며, 하나님께서 보실 수 없는 것은 아무것도 없다. 하나님께서는 지극히 높으시며, 우주의 보좌에 있는 천사들보다 더 높은 곳에 좌정해계신다.

성전에서의 사건

얼마 후에 그발 강가에서 유배 생활을 하는 공동체의 몇몇 지도자들이 에스겔의 집으로 찾아왔다(겔 8:1). 그들이 그곳에 있는 동안에 성령이 선지자 에스겔에게 임하셨으며, 그리하여 에스겔은 또 다른 환상을 보게 되었다. 에스겔이 이번에는 예루살렘에 있는 성전을 보았다. 그는 북문 쪽에서 엄청나게 큰 우상을 하나 보았다. 그리고 다른 방향에서 성전 지역의 중앙을 향해 바라보았을 때, 그가 이전 환상 가운데 보았던 것과 똑같은 여호와의 영광을 보았다(겔 8:2-4).

마치 하나님께서 그 우상과 싸울 태세를 하고 계시는 것 같았다. 여호와께서는 자신의 성전을 차지하고 있던 거짓 예배를 무너뜨릴 준비를 하고 계셨다. 그 당시에는 "예루살렘에 하나님의 성전이 있기 때문에 예루살렘은 결코 무너지지 않을 것"이라고 백성에게 떠벌리던 거짓 선지자들이 많았다(렘 7:4-8). 그러나 지금 하나님께서는 에스겔에게 예루살렘이 무너질 것이라는 사실뿐만 아니라, 하나님께서 자신의 성전을 멸하기로 결심하셨기 때문에 예루살렘이 무너질 것임을 보여주고 계셨던 것이다.

그런 다음에 여호와께서는 환상 가운데 에스겔을 성전 뜰의 벽에 난 구멍으로 데리고 가셨다. 에스겔은 비밀 문 하나를 발견했다. 하나님께서는 그에게 그 안을 들여다보라고 말씀하셨다. 에스겔이 들여다보았을 때, 그는 하나님의 성전 벽들 위로 기어 다니고 있는 온갖 종류의 가증하고 혐오스런 곤충들과 짐승들의 상을 발견했다(겔 8:7-10). 그것들은 아마도 므낫세 시절로 거슬러 올라가는 점성술의 그림들이었을 것이다(왕하 21:5).

하나님께서는 성전 내부에서조차 음란한 일들이 은밀하게 진행되고 있었으며, 사람들은 "여호와께서 우리를 보고 계시지 않는다"(겔 8:12)

라고 말하고 있었음을 명확하게 가르쳐주고 계셨다. 사람들이 하나님에 대한 비전을 상실하면 바로 그러한 일들이 벌어진다. 만일 그들이 에스겔이 본 온통 눈으로 가득 차 있는 바퀴 환상을 보았다면, 그들은 결코 "여호와께서는 우리를 보고 계시지 않는다"라고 말할 엄두도 내지 못했을 것이다. 하나님께서는 모든 것을 보고 계신다.

이제는 에스겔에게 모든 것이 분명해졌다. 성전의 날들이 계산되고 있었던 것이다. 심판이 하나님의 백성에게 임하고 있었다.

영광이 떠나가다

얼마 뒤에 에스겔은 다시 하나님의 영광을 보았다. 그는 그룹들(네 생물들)과 플랫폼(궁창)과 바퀴들과 하나님의 보좌를 보았다. 그러나 그가 다음에 무슨 일이 일어났는지 보았을 때에는 완전히 기겁했을 것이다.

> 여호와의 영광이 그룹에서 올라와 성전 문지방에 이르니 구름이 성전에 가득하며 여호와의 영화로운 광채가 뜰에 가득하였고(겔 10:4).

그 바퀴 달린 플랫폼이 성전 중앙으로부터 문을 향해 움직이고 있었다. 하나님께서 그 움직이는 플랫폼 위에서 자신의 성전을 떠나시려 하고 계셨던 것이다.

이 기이한 이미지의 배후에는 단 한 가지의 간단명료한 메시지가 있었다. 바로 하나님의 임재가 이동하고 있다는 것이다. 하나님께서는 자신의 바퀴 달린 플랫폼에 명하여 자신의 이름을 두었던 그 도성을 바야흐로 떠나고자 하셨다.

물론 여기에서 큰 의문점은 하나님의 플랫폼이 어디를 향하고 있는가 하는 것이었다. 그 환상이 전개되면서 에스겔은 그 의문에 대한 답변을 발견했다. 먼저, 그 영광은 그룹들 위에 머물렀다.

> 여호와의 영광이 성전 문지방을 떠나서 그룹들 위에 머무르니(겔 10:18).

그러나 곧, 다른 곳으로도 퍼져나갔다.

> 그때에 그룹들이 날개를 드는데 바퀴도 그 곁에 있고 이스라엘 하나님의 영광도 그 위에 덮였더니 여호와의 영광이 성읍 가운데에서부터 올라가 성읍 동쪽 산에 머무르고(겔 11:22-23).

이것을 바라본 에스겔은 분명히 두려움에 떨었을 것이다. 아마도 그는 하나님의 영광이 성전을 가득 채웠던 솔로몬 시절을 회상했을 것이다. 예루살렘은 하나님께서 자신의 이름을 두셨던 곳이었다. 백성은 하나님께서 시온 안에 거하고 계시기 때문에 시온은 결코 무너질 수 없다고 여겼다. 그러나 지금 에스겔은 환상 중에서 여호와의 영광이 성전에서 떠나 그 성읍의 가장자리로 이동하고, 다시 그 성읍의 가장자리 바깥으로 가서 동편에 있는 산 위로 옮겨가는 것을 보고 있다.

갑자기 에스겔은 모든 것이 이해되기 시작했다. 하나님께서는 이미 그발 강가에서 이와 똑같이 날아가는 플랫폼에 대한 환상을 그에게 주셨던 것이다. 하나님께서는 예루살렘을 버리려고 하시지만, 그의 백성이나 그의 약속들을 포기하지는 않으셨던 것이다. 하나님께서 백성을 구속하시려는 사역의 초점은 예루살렘으로부터 이동하여 이제는 이 낯선 배수로인 그발 강가에 집중되고 있었다. 바로 그곳에서 1만여 명의 하나님의 백성이 보호받으며 지내다가 마침내 하나님의 선하심 가운데 고향으로 돌아가게 될 것이었다.

바로 그러한 이유 때문에 하나님께서는 "…그들이 도달한 나라들에서 내가 잠깐 그들에게 성소가 되리라"(겔 11:16)고 말씀하셨던 것이다. 그러나 그다음에 하나님께서는 또한 "내가 너희를 만민 가운데에서 모으며 너희를 흩은 여러 나라 가운데에서 모아 내고 이스라엘 땅을 너희에게 주리라"(겔 11:17)고 말씀하셨다. 그리고 하나님께서는 그들이 다시 돌아왔을 때, 그들에게 변화된 마음과 새 신을 주실 것이라고 약속해주셨다(겔 11:19, 20).

이 말씀은 틀림없이 에스겔에게는 놀라운 소식이었을 것이다. 자신이 성전에서 1,100킬로미터나 떨어진 곳에 있었기 때문에, 서른 살이 되어도 제사장으로서 성전에서 사역할 길이 없다고 생각하고 있었는데, 이제는 자신이 하나님의 뜻의 한가운데 있음을 발견한 것이다. 하나님께서는 예루살렘 성전을 떠나고 있었으며, 이제 하나님의 영광이 그발 강가로 유배된 미천한 집단 가운데 알려지게 된 것이다. 에스겔은 그 사건의 핵심에 있었다.

영광이 귀환하다

에스겔이 여호와의 영광에 대한 환상을 처음 본 뒤, 20년 후에도 선지자는 여전히 그발 강가에서 유배되어 살아가고 있었던 사람들에게 말씀을 전하고 있었다. 하나님께서 그에게 다시 말씀하셨을 때, 에스겔은 50세였다(겔 40장).

하나님께서는 에스겔에게 대규모의 성전에 대한 환상을 주셨다. 그 성전의 규모는 이전 건축물과 측량 단위부터 달랐다. 그곳은 엄청난 규모의 예배 장소였다. 모든 벽과 문의 어마어마한 수가 상세하게 보이면서, 성전의 규모가 강조되고 있다. 이 성전이 말세에 예루살렘에 세워지게 될 실질적인 성전을 가리키는 것인지, 아니면 요한계시록 21, 22장이 말하고 있는 새 예루살렘에서 모든 하나님 백성이 드리는 예배를 가리키는 것인지에 대해서는 약간의 논쟁이 있다. 확실히 그에 대한 묘사들은 매우 비슷하다.

에스겔이 볼 때 중요한 사실은, 그 환상 가운데서 "이스라엘 하나님의 영광이 동쪽에서부터 오고 있는 것"(겔 43:2)을 보았다는 사실이었다. 동편은 성전을 버리고 그발 강가에 있었던 하나님 백성에게 여호와께서 구속 사역을 집중하셨던, 바로 20년 전에 예루살렘 성전으로부터 떠난 하나님의 영광이 향했던 방향이었다. 에스겔은 이렇게 썼다. "그 모양이 내가 본 환상 곧 전에 성읍을 멸하러 올 때에 보던 환상 같고 그발 강가에서 보던 환상과도 같기로 내가 곧 얼굴을 땅에 대고 엎드렸더니"(겔 43:3).

그다음에 그가 본 사실은 분명 그의 마음에 기쁨을 가져다주었을 것이다.

> 여호와의 영광이 동문을 통하여 성전으로 들어가고 영이 나를 들어 데리고 안뜰에 들어가시기로 내가 보니 여호와의 영광이 성전에 가득하더라(겔 43:4, 5).

그 장면이 이해되는가? 에스겔은 하나님께서 자기의 생애 가운데 행하고 계신 일이 무엇인지 의아해하며 처절하게 낙심한 사람이었다. 그러나 그는 하나님의 영광을 보았고 하나님께서 가시지 못할 곳이 없으시며 보시지 못할 것이 아무것도 없음을 깨달았다.

그런 다음에 하나님께서는 에스겔에게, 다음 70년 동안 하나님의 구속 사역은 예루살렘에 있는 성전이 아니라 동쪽 그발 강가에 있는 백성에게 초점이 맞춰질 것임을 보여주셨다. 하나님께서는 자기 이름을 영원히 두셨던 예루살렘 성읍을 버리지는 않으실 것이다. 하나님의 임재가 그 위대한 성읍으로 복귀하고, 하나님의 영광이 새 성전을 가득 채우게 될 때가 이를 것이다. 그러나 이 새 성전은 파괴된 옛 성전과 같지 않을 것이다. 새 성전은 상상조차 할 수 없을 정도로 거대할 것이다. 그 성전은 대단히 웅장해서, 우상들로부터 떠나 참되시고 살아계신 하나님을 찾는 모든 민족과 나라로부터 온 사람들을 위한 예배의 중심지가 될 것이다.

이것이 당신의 이야기일 수 있다

에스겔이 서른 살이 되었을 때에 그는 하나님의 영광을 보았다. 그는 인생의 최고조에 이른 재능 있는 사람이었다. 그러나 바벨론에 있는 외진 강가로 추방된 자신의 모습을 발견했다. 그의 앞은 어두웠으며, 장래에 대한 모든 희망이 산산이 부서져버린 것 같았다. 그가 고향으로부터 수백 킬로미터 떨어진 그발 강가에 앉아서 "이게 아닌데!"라고 말했던 때가 여러 번 있었을 것이다.

어쩌면 당신도 그런 느낌을 가지고 있는지 모르겠다. 당신의 인생에서 꿈이 산산조각 나는 어떤 일이 발생해 속으로 '이게 아니었는데! 내가 이런 상황에 빠지게 될 줄은 상상도 못했는데…'라고 말하고 있을지 모르겠다. 혹은 어쩌면 하나님께서 당신을 행복과 축복으로부터 들어내어 다른 곳으로 옮겨버리셨는지 모르겠다. 당신이 있고 싶지 않은 곳에 당신을 데려다두시면 견디기가 결코 쉽지 않다.

에스겔이 환상으로 본 날아가는 플랫폼에 대해 생각해보라. 그것은, 하나님의 영광과 그분의 축복이 한 장소에 제약되지 않는다는 사실을 당신에게 일깨워주고 있다. 만일 하나님께서 당신을 다른 곳으로 옮겨 놓으신다면, 그다음에는 하나님의 임재가 당신과 함께 갈 것이다. 하나님께서는 "내가 결코 너를 떠나지도, 버리지도 않을 것이다"라고 말씀하신다. 하나님께서는 당신을 보고 계시며 당신에 대해 모든 것을 알고 계신다. 하나님께서 가시지 못할 곳이 아무 곳도 없음을 기억하기 바란다. 에스겔은 하나님의 임재 없이 예루살렘에 있는 것보다는 하나님의 임재와 더불어 바벨론에 있는 것이 더 낫다는 사실을 발견했다.

이것이 바로 교회의 이야기이다

교회의 이야기는 하나님의 움직임에 대한 이야기이다. 하나님께서 그분의 백성에게 임하셨던 때가 여러 번 있었다. 우리는 이 움직임을 부흥이라고 부른다. 그리고 하나님께서 떠나셨던 때도 여러 번 있었다. 예수 그리스도께서는 사도 요한을 통해 에베소에 있는 교회에게 말씀하셨다. 만일 그들이 회개하지 않는다면 하나님의 임재를 그들로부터 옮기실 것이라고 말이다.

예수 그리스도의 임재가 없는 교회는 마치 텅 빈 조개껍데기와 같은, 하나님의 영광이 없는 성전과 같다. 한때 번창하는 교회들과 더불어 복음의 위대한 중심지였다가, 오늘날에는 영적인 생명력에 대한 증거를 거의 지니지 못하고 있는 곳들을 발견하기란 그리 어렵지 않다.

인간의 몸에 피가 필요하듯이, 교회는 하나님의 임재를 필요로 한다. 피가 없으면 생명을 유지할 수가 없다. 하나님의 성령이 없으면 교회는 생명력을 잃어버린다. 한 지역 교회가 많은 능력과 자산을 가지고 있을 수는 있겠지만, 하나님의 성령이 없다면 그렇게 많은 능력과 자산은 그리 오래가지 못할 것이다.

에스겔이 비록 환상 속에서 하나님께서 임재하신 하늘을 나는 플랫폼을 보았지만, 나는 내가 섬기고 있는 교회를 감싸 안고 돌보시는 하나님의 임재에 대해 생각하는 것이 더 유익하다는 점을 발견한다. 하나님의 임재는 지역 교회에 힘을 불어넣어주신다. 그러한 이유 때문에 우리는 성령을 근심케 하지 않도록 주의해야 한다. 성령은 자기 백성 가운데 오신 민감한 손님이다.

이것이 바로 성경 이야기이다

만일 당신이 에스겔의 이야기를 이해한다면, 성경 전체의 이야기를 이해할 수 있게 될 것이다. 성경 이야기가 하나님의 처소였던 한 동산에서 시작됐다는 사실을 기억하기 바란다. 그 동산에 있었던 남자와 여자는 하나님의 임재와 하나님이 주시는 복을 그곳에서 누렸다. 하나님께서는 그들을 감싸 안고 돌봐주셨을 뿐만 아니라 내려와서 친히 그들과 함께 거니셨다.

그러다가 그들은 하나님으로부터 돌아서서 악을 맛보는 선택을 하게 된다. 그리고 그들이 그렇게 했을 때, 그들은 하나님의 처소에서 쫓겨나게 되었다. 마치 하나님의 백성이 예루살렘 성읍에서 쫓겨난 것같이 말이다. 그러나 비록 그들이 하나님의 처소에서 쫓겨났을지라도 하나님께서는 그들을 버리지 않으셨다. 하나님께서는 우리가 살고 있는 곳으로 찾아오셔서 사람들이 하나님을 발견하고 하나님의 임재를 알 수 있도록 하셨다.

그리고 하나님께서는 자기 백성을 에덴동산이 아니라 이전에 우리가 알고 있었던 어떤 것보다도 훨씬 더 크고 훨씬 더 영광스러운 새로운 창조 세계, 즉 새 하늘과 새 땅으로 인도하여주실 것이다. 성경 이야기는 인간 역사의 오랜 유배 생활이 끝나고 하나님의 백성이 하나님의 처소에 인도되어 영원히 하나님의 임재를 누리게 될 때를 가르쳐주고 있다.

그리스도에 대한 조명 SPOTLIGHT ON CHRIST

에스겔이 환상을 본 지, 600년 후 예루살렘은 재건되어있었으며, 새로운 성전이 이전 성전의 자리에 세워져있었다. 이러한 배경 가운데 "하나님의 영광의 광채시요 그 본체의 형상"(히 1:3)이신 예수 그리스도께서 태어나셨다. 하나님의 영광이 내려와 우리 가운데 임하셨다. 사도 요한은 이렇게 썼다. "우리가 그의 영광을 보니 아버지의 독생자의 영광이요 은혜와 진리가 충만하더라"(요 1:14).

하나님께서 그 플랫폼을 떠나셨다. 영원하신 창조주, 영광의 주님께서 보좌에서 내려와 사람의 육체를 취하시고, 예루살렘 밖에 있는 작은 마을에서 태어나셨다. 천사들이 떠받치고 있는 보좌 위에 앉아계셨던 분이 한 구유 가운데 뉘어졌으며, 천사들이 그분을 내려다보았다. 영광의 주님께서는 그 플랫폼에서 내려오셨을 뿐만 아니라, 하나님의 영광이 예수 그리스도 안에서 성전에 임하셨다. 그리고 에스겔이 그의 환상 가운데 성전이 깨끗해질 필요가 있음을 보았듯이, 예수 그리스도께서는 성전이 도적과 강도들의 굴혈이 되어버렸음을 보셨다. 그리스도께서 성전에 오셔서, 날마다 하나님의 일들을 가르쳐주셨다.

그러나 그 백성은 그리스도를 원치 않았다. 그리하여 하나님의 영광이 성전을 떠나셨는데, 이번에는 날아다니는 플랫폼 위에서 떠나신 것이 아니라, 칼과 몽둥이를 든 군대의 호위를 받으면서 묶인 채로 떠나셨다. 하나님의 영광이 십자가를 짊어지고 예루살렘을 떠나 그 성벽 밖에 있는 갈보리라는 곳으로 가신 것이다. 그리고 그곳에서 영광의 주님이 십자가에 못 박히셨다.

그리고 사흘 만에 죽은 자들 가운데서 부활하셨다. 죽음이 그분을 붙잡아둔다는 것은 불가능했다. 40일 동안 그리스도께서는 제자들에게 나타나셔서, '많은 증거로 친히 살아계심을 나타내셨다'(행 1:3). 그런 다음에 그리스도께서는 그 성읍의 동편에 있는 감람산에 올라가셨다. 그리스도께서는 에스겔이, 성전을 떠난 하나님의 영광이 머물렀던 플랫폼을 보았던 그 자리에 서신 다음, 제자들이 보고 있는 자리에서 아버지의 곁으로 승천하셨다. 예수 그리스도께서는 에스겔이 그의 환상 가운데 보았던 그 보좌에 다시 가서 앉으셨다.

그러자 한 천사가 제자들에게 나타나서 이렇게 말했다. "갈릴리 사람들아 어찌하여 서서 하늘을 쳐다보느냐 너희 가운데서 하늘로 올려지신 이 예수는 하늘로 가심을 본 그대로 오시리라"(행 1:11).

하나님의 영광이 나타나셨다. 예수 그리스도께서 배척당하시고 예루살렘 밖에서 십자가에 못 박히시면서 그 영광은 예루살렘 성읍을 떠났다. 그 영광은 하늘에 있는 보좌로 되돌아갔다. 그렇지만 하나님의 영광은 앞으로 다시 오실 것이다. 그것이 모든 역사가 향하고 있는 방향이다. 그날 우리는 에스겔보다 더 좋은 곳으로 가게 될 것이다. 에스겔은 환상으로 주님께서 내려오시는 것을 보았다. 우리는 들려 올라가 주님을 맞이할 것이다. 그리고 영원히 주님과 함께 있게 될 것이다.

드러난 사실 UNLOCKED

하나님께서는 편재遍在하신다. 그 말은 하나님께서는 어느 곳에든지 계신다는 뜻이다. 하나님께 감출 수 있는 것은 아무것도 없다. 그러나 성경은 또한 어떤 의미에서 하나님의 임재가 그의 백성에게 임하기도 하시며, 때때로 그의 백성으로부터 거두어들여지기도 한다는 점을 명백히 밝히고 있다. 우리는 성령을 근심케 한다. 그래서 하나님께서 자신을 우리로부터 감추시는 때가 있을 수 있다. 때문에 바울은 다른 사람들에게는 전파하면서도 도리어 자신이 버림받지 않기를 바라는 마음으로 생활에서 훈련했다고 우리에게 말하고 있다(고전 9:27). 즉, 자신이 하나님을 섬기는 사역에 쓸모가 없어지게 되는 것에 대해 깊은 관심을 기울였다.

예수 그리스도께서는 요한계시록에서 모든 교회에게 이르시기를, 만일 교회들이 계속 죄악의 양식을 회개하지 않고 버틴다면, 예수 그리스도께서 그 교회들로부터 자신의 임재를 거두어들이실 때가 있을 것이라는 점을 명확히 밝히셨다. 바로 그러한 까닭에 교회는 성령을 근심케 하지 않도록 주의해야 한다.

또한 그렇기 때문에 우리는 부흥을 위해 기도해야 한다. 하나님께서는 우리가 지금까지 경험한 것보다 훨씬 더 많은 것을 우리 가운데 그리고 우리를 통해 행하실 수 있다. 사도 바울은 교회가 하나님의 모든 충만으로 가득 차게 되기를 기도했다(엡 3:19). 그렇게 되면 어떨지 생각해보라.

기도 PAUSE FOR PRAYER

전능하신 하나님 아버지!

저의 몸과 마음을 다하여 주님을 예배하며 주님을 찬양합니다. 주님께서는 만물을 창조하셨으며, 그러기에 어떠한 비밀도 주님께 숨길 수 없음을 고백합니다. 제 마음의 감추어진 비밀스런 장소들을 정결케 하여주셔서, 제 생활의 어떠한 영역에서도 하나님께 부끄럽지 않도록 깨끗게 하여주시옵소서. 오늘 저의 삶을 주님의 성령과 권능으로 채워주시고, 저의 길을 인도하사, 제가 주님의 뜻을 등지고 죄를 지음으로 주님의 마음을 아프게 하지 않도록 도와주옵소서.

주님의 교회에 임하셔서, 주님의 백성이 주님의 영광과 위엄과 권능에 대해 새로운 의식을 가질 수 있도록 하여주시옵소서. 주님의 교회를 새롭게 변화시켜주시기를 기도드립니다.

모든 주님의 백성이 주님의 영광을 보게 될 날을 기다리며 예수 그리스도의 이름으로 기도드립니다. 아멘.

35

목자

Shepherd

에스겔 34장

유능한 지도자는 어떠한가?

묵상의 길잡이

☑ **발견하라**
하나님께서는 사역을 어떻게 평가하시는지 발견하라.

☑ **배우라**
건강한 교회의 핵심적인 지표들이 무엇인지 배우라.

☑ **경배하라**
자기 양 떼를 위해 목숨을 버리신 선한 목자 예수 그리스도께 경배하라.

우리가 결혼한 다음 몇 해 동안 나의 아내 캐어런은 런던에 있는 한 학교에서 교사로 근무했다. 그 학교의 건물은 낡았고, 수업을 위한 기자재들은 턱없이 부족했다. 또한 교직원들의 사기는 저하될 대로 저하되어있었다. 그 학교 교장은 좌절한 가운데 사임했다. 그리고 그 자리는 은퇴를 앞두고 있어서 학교 운영 미비에 대한 책임을 떠맡기 원치 않았던 사람에게 맡겨졌다.

그리고 얼마 후 마침내 한 여성이 새로운 교장으로 임명됐다. 그 교장은 부임 첫날 교직원 회의를 소집했다. "본교는 이 학군 내에서 최악이라는 평을 듣고 있습니다. 그래서 나는 본교에 대한 평을 최고로 만들고자 합니다"라고 말했다. 신임 교직원들은 이 말에 전적으로 공감

했지만, 오랫동안 근무했던 기존 교직원들은 그 말을 모욕적으로 받아들였다. 그러나 그 교장의 말은 사실이었다. 그는 몇 해 만에 학교를 확 바꾸어 뛰어난 학교로 만들어놓았다.

어떠한 집단이든지 그 집단의 경험은 주로 지도자의 자질에 의해 결정될 것이다. 그래서 우리가 지도자에 대해 이야기를 할 때, 관련된 모든 사람에게 지도자가 미치는 영향을 쟁점으로 다루게 된다. 모든 가정과 학교와 사업체와 교회와 국가의 경험은 주로 지도자의 자질에 따라 달라지게 마련이다.

성경이 이 주제에 대해 많은 언급을 하고 있다는 사실은 전혀 놀라운 일이 아니다. 어떤 의미에서 구약성경 전체는 지도자에 대한 이야기이며 그리고 그 이야기의 상당 부분은 실패한 지도자에 대한 이야기이다. 이는 우리로 하여금 "과연 누가 하나님의 백성을 하나님의 축복 속으로 인도해줄 것인가?"라고 묻도록 만들고 있다.

세 종류의 지도자들: 선지자, 제사장, 왕

구약성경에는 세 지도자들의 특별한 역할이 나온다. 이 역할들 가운데 첫 번째는 하나님 앞에서 하나님의 말씀을 듣고 그 말씀을 백성에게 전하는 올바로 선지자의 역할이다. 선지자는 진리의 영역에서 지도력을 발휘했다.

둘째는, 성전에서 일했던 제사장의 역할이다. 그들이 할 일은 기도와 희생제물을 바치는 것이었다. 그들의 사역은 예배와 관련되어있었다. 이는 백성을 하나님 앞으로 데리고 가는 일이었다. 사람들은 성전에 있는 제사장에게 찾아갈 수 있었다. 그러면 그 제사장은 자신을 찾아온 사람들과 더불어 하나님께 기도했다. 제사장은 백성의 영적인 생활과 관련해 일종의 목회 상담자의 역할을 담당했던 것이다. 구약 시대 제사장의 역할은 선지자 의 반대편 역할이라 할 수 있다. 즉, 선지자가 하나님을 대신해서 사람들에게 말했다면, 제사장은 사람들을 대신해서 하나님께 아뢰었다.

셋째는 왕이다. 왕은 백성을 이끌고 전쟁을 치렀으며, 적군의 위협이나 공격으로부터 그들을 보호해주었다. 또한 왕은 백성을 올바른 길로 인도하여 백성이 계속 하나님의 복을 누릴 수 있도록 이끌어갈 책임을 지고 있었다.

이상과 같은 세 지도자의 특질은 성경 이야기의 중심을 흐르고 있다. 선지자는 백성을 진리로 향하도록 이끌어야 했으며, 제사장은 백성을 하나님께로 이끌어야 했고, 왕은 백성을 의로움으로 이끌어야 했다. 선지자의 사역은 하나님의 뜻을 나타내는 사역이었고, 제사장의 사역은 하나님과 화목하게 하는 사역이었으며, 왕의 사역은 백성을 다스리는 사역이었다. 이 세 가지 사역이 모여 지도자에 대한 하나님의 계획을 우리에게 보여준다.

하나님께서 선지자와 제사장과 왕 사이에 권위를 나누어놓으신 방식은, 하나님의 백성 사이에서의 지도자에 대한 어떤 견제와 균형을 제공해주고 있었다. 왕이 나라를 다스렸으나, 선지자가 왕에게 하나님의 말씀을 전달했다. 그래서 당신은 나단이 다윗에게 나아가고, 엘리야가 아합에게 나아가며, 예레미야가 시드기야에게 나아가서 그들에게 하나님의 말씀을 전달하는 것을 볼 수 있는 것이다.

왕은 왕궁에서 나라를 다스렸다. 그가 성전에 나아가서 직접 희생제사를 드리는 것은 허락되지 않았다. 오직 제사장만이 그 일을 할 수 있었다. 아무리 큰 영광을 가진 왕이라 할지라도, 그에게는 자신을 하나님의 성전으로 이끌어주는 사역을 행하는 제사장이 필요했다.

교회에서의 영적인 지도자

이 세 가지 지도자의 역할은 오늘날 교회의 건강을 위해서도 여전히 필수적이다. 교회는 하나님의 말씀을 가르치는 선지자적 기능을 필요로 한다. 이것은 하나님께 직통으로 받았다고 말하는 어떤 새로운 진리를 계시하는 것이 아니다. 하나님의 계시는 예수 그리스도 안에서 이미 완결됐기 때문이다. 그러나 모든 교회는 하나님의 진리를 하나님의 백성에게 알리기 위해 말씀 전하는 사역을 해야 한다.

그다음에는 기도하고 목회하면서 성도들을 돌보는 제사장적 기능이 있다. 교회는 사람들에게 필요한 것들을 하나님께 아뢰고, 양심에 의해 갈등하고 있는 사람들에게 도움을 주며, 죄책과 두려움으로부터 벗어날 수 있도록 도와주는 기도의 사역을 해야 한다. 이것이 목회 사역의 핵심이다.

마지막으로, 비전과 방향의 영역에서의 왕적인 기능이 있다. 교회는 어떤 목적을 성취하도록 부르심을 받고 있다. 그래서 우리에게는 우리 모두가 그 방향으로 움직이는 데 도움을 주는 지도자가 필요하다. 하나님의 교회에는 반드시 행정과 조직과 질서가 있어야 한다. 그리고 지도자들은 하나님의 양 떼를 거짓된 가르침으로부터와 하나님의 백성에게 하나님의 복이 주어지는 것을 방해하는 죄악으로부터 보호해야 한다.

이 세 가지 사역은 지역 교회의 건강 상태를 나타내주는 핵심적인 지표가 될 것이다. 만일 당신이 어떤 교회의 영적인 상태에 대해 알고자 한다면, 다음과 같은 질문으로 시작할 수 있을 것이다.

1. 그 교회에 강하고 안정된 지속적인 말씀의 사역이 있어서, 하나님의 양 떼가 꾸준하게 건강한 진리의 양식을 섭취하고 있는가?
2. 하나님의 백성에게 필요한 것들을 사적으로와 공적으로 하나

님 앞에 아뢰고, 상처 입은 자들이 고침을 받고 연약한 자들이 힘을 얻게 되는 기도의 사역이 존재하는가? 예배가 온전히 하나님을 향해있는가, 아니면 우선적으로 사람들을 즐겁게 하는 데 초점이 맞추어져있는가?

3. 목적의식과 명확한 비전이 존재하고 있는가? 교인들이 거짓으로부터 보호를 받아 올바른 길로 안내되고 있으며, 교회 전체가 하나님이 주신 목적을 추구해나감에 있어서 죄와 오류로부터 보호받고 있는가?

가정에서의 영적인 지도자

선지자, 제사장, 왕의 사역은 가정의 지도자가 담당할 역할 중에서도 핵심적인 요소이다. 모든 가정에서 부모가 자녀에게 하나님의 진리를 가르치는 선지자적 사역을 감당해야 한다는 것이 하나님의 계획이다. 부모는 또한 자녀를 위해 기도하면서, 자녀가 하나님을 알아가도록 격려하는 제사장적 사역을 감당하도록 부르심을 받았다.

이에 덧붙여서, 부모는 왕적인 사역을 감당해야 한다. 부모는 자기 자녀를 악한 세상으로부터 보호하고 그들을 의의 길로 인도해주어야 한다. 삶의 어떤 영역에서든지 이것들은 지도자의 기본이 되는 원칙이다.

모든 하나님 백성을 위한 사역들

성경은 예수 그리스도를 통해 선지자, 제사장 그리고 왕의 사역이 하나님의 모든 백성에게 주어졌다고 말하고 있다. 베드로는 오순절에 하나님의 모든 백성이 예언할 것이라고 말했다(행 2:17). 그 말의 뜻은 우리 모두가 설교자가 된다는 말이 아니라 하나님께서 어느 때든지 자기 백성 가운데 누구라도 쓰셔서 그로 하여금 다른 누군가의 삶을 변화하게 하실 수 있다는 뜻이다. 내 친구 가운데 한 명은, 모든 그리스도인은 항상 불이 켜져있으며 지금보다 더 큰 불꽃을 일으킬 수 있는 가능성을 그 안에 가지고 있는 점화용 불꽃과 같다고 말하곤 하였다.

마찬가지로 모든 하나님의 백성은 제사장이 된다(벧전 2:9). 우리는 모두 그리스도의 몸 가운데서 서로를 위해 기도하고, 사역을 감당할 수 있다. 그리고 찬양대나 단 위에 서는 소수의 예배 인도자들만이 아니라 우리 모두가 예배를 드릴 수 있다.

또한 하나님의 모든 백성은 왕이다. 하나님께서는 우리를 "그리스도와 함께 일으키사 그리스도 안에서 함께 하늘에 앉히셨다"(엡 2:6). 우리는 죄와 사망과 지옥이라는 우리의 대적들에 맞서 승리한 위치에 있으며, 성령의 역사로 인해 올바른 길로 나아갈 수 있는 힘을 가지게 되었다.

목자로서의 지도자

성경에서 하나님께서는 선지자, 제사장, 왕 이상 세 가지 리더십 역할을 모아서 성경적 리더십의 세 가지 차원들을 포괄하는 하나의 아름다운 그림으로 만들어놓으셨다. 그것은 바로 한사람의 목자(양치기) 이미지이다.

- 목자는 양 떼를 먹인다: 그것은 하나님의 백성에게 말씀의 건강한 양식을 먹여 영적인 건강을 유지시켜주는 선지자의 역할이다.
- 목자는 양을 찾는다: 양들 가운데 한 마리가 상처를 입거나 길

을 잃어버리면, 목자는 그 양을 찾으며, 그 양을 다시 찾아오기 위해 필요한 모든 일에 책임을 진다. 그것이 바로 제사장의 역할이다.

- 목자는 양 떼를 인도한다: 그것은 양 떼에게 방향을 제시하고 보호해주는 왕의 역할이다.

그러므로 하나님께서 목자들에 대해 말씀하실 때는, 리더십의 모든 차원을 계시하고, 화해시키고, 다스리는, 즉 진리와 예배와 권능, 혹은 설교와 목회와 인도의 모든 차원에 대해 말씀하고 계시는 것이다. 거기에는 하나님의 백성 사이에서 지도자로서 사역하는 자의 리더십에 관한 모든 것이 포함되어있다.

에스겔서 34장에는 목자의 역할이 상세하게 나와있다.

목자의 역할 수행에 대한 평가

대부분의 직장은 매년 직원들이 자기들이 해야 할 업무들을 어떤 식으로 수행했는지 평가하는 시스템을 가지고 있다. 하나님께서는 이스라엘의 목자들에게 하나님의 백성을 이끄는 큰 책임을 맡기셨는데, 하나님께서는 에스겔서 34장에서 그들의 업무 수행에 대한 평가를 하고 계신다.

하나님께서는 에스겔을 통해 이 말씀들을 전달하셨다. 에스겔은 예루살렘에 있는 그들의 고향에서 쫓겨나 이주되어 바벨론 가까이에 있는 그발 강가에서 유배 생활을 하고 있었던 1만여 명의 사람들로 이루어진 공동체를 섬기고 있었다. 이 사람들은 분명 왜 이 모든 일이 하나님의 백성에게 일어났는지 의아해하고 있었을 것이다.

그래서 하나님께서는 에스겔에게 말씀하시면서, 하나님의 백성을 이끄는 지도자들이 대대적으로 실패했기 때문에 재난을 맞이하게 됐다고 말씀하셨다.

> 여호와의 말씀이 내게 임하여 이르시되 인자야 너는 이스라엘 목자들에게 예언하라 그들 곧 목자들에게 예언하여 이르기를 주 여호와께서 말씀하시되 자기만 먹는 이스라엘 목자들은 화 있을진저 목자들이 양 떼를 먹이는 것이 마땅하지 아니하냐(겔 34:1, 2).

하나님께서는 그의 백성의 지도자들에 대해 특별히 세 가지 점을 책망하신다. 그것은 권력 남용과 진실 왜곡과 여호와 하나님을 경시하는 것이었다.

권력을 남용하는 지도자

> 너희가 그 연약한 자를 강하게 아니하며 병든 자를 고치지 아니하며 상한 자를 싸매주지 아니하며 쫓기는 자를 돌아오게 하지 아니하며 잃어버린 자를 찾지 아니하고 다만 포악으로 그것들을 다스렸도다(겔 34:4).

그것은 마치 하나님께서 "너희 왕은 권력을 받았는데, 그 권력을 가지고서 너희가 무슨 일을 저질렀느냐?"라고 말씀하고 계신 것과 같다.

에스겔은 어느 한 왕에 대해 말하고 있는 것이 아니라 역사 전체에서 모든 왕에 대해 말하고 있었다. 바벨론으로 유배를 가게 된 것은 단지 한 세대의 죄악 때문이 아니라, 수많은 세대에 걸쳐서 반복된 죄악의 양식 때문이었던 것이다. 하나님께서는 역사 전체에 걸쳐서 권력의 남용이 있었다고 말씀하고 계셨던 것이다.

하나님께서는 이것을 첫 번째 왕이 임명되기 전에 말씀하셨기 때문에 이 말씀이 그다지 놀랍지는 않을 것이다. 백성이 왕을 요구했을 때, 하나님께서는 백성에게 왕은 백성의 자식들을 군대에 징집할 것이며, 딸들을 데려다가 왕궁에서 섬기도록 만들 것이며, 추수한 곡식들과 가축들에 대해서는 세금을 올릴 것이기 때문에 결국에 그 백성이 "그날에 너희는 너희가 택한 왕으로 말미암아 부르짖게 될 것이라"(삼상 8:18)고 말씀하셨다.

바로 그 일이 정확히 그대로 일어났다. 많은 왕들은 사악하기 그지없었다. 가장 훌륭하다고 일컬어지는 솔로몬도 다르지 않았다. 그는 성전을 건축했지만, 그것은 강제 노동의 결과나 다름없었다. 그리고 백성은 세금 징수에 대한 부담으로 견딜 수 없는 지경이었다.

솔로몬이 죽었을 때, 그 백성은 그의 아들 르호보암에게 찾아가서 이렇게 말했다. "왕의 아버지가 우리의 멍에를 무겁게 하였으나 왕은 이제 왕의 아버지가 우리에게 시킨 고역과 메운 무거운 멍에를 가볍게 하소서 그리하시면 우리가 왕을 섬기겠나이다"(왕상 12:4). 그러나 르호보암은 처음 공공 정책에 대한 연설을 하면서 이렇게 말했다. "내 아버지는 너희의 멍에를 무겁게 하였으나 나는 너희의 멍에를 더욱 무겁게 할지라 내 아버지는 채찍으로 너희를 징계하였으나 나는 전갈 채찍으로 너희를 징치하리라"(왕상 12:14).

이것은 참으로 그 백성을 위해 권력을 행사하는 모델이라 할 수 없다. 그래서 하나님께서는 "그렇게 하는 것은 목자가 되는 것이 아니다"라고 말씀하셨던 것이다.

하나님의 진리를 왜곡하는 지도자

하나님께서는 에스겔을 통해 자기들이 선지자라고 주장하며 하나님의 말씀을 자기들의 의견들에 대한 목록으로 바꾸어버렸던 사람들을 향해 말씀하셨다.

> 여호와의 말씀이 내게 임하여 이르시되 인자야 너는 이스라엘의 예언하는 선지자들에게 경고하여 예언하되 자기 마음대로 예언하는 자에게 말하기를 너희는 여호와의 말씀을 들으라 주 여호와의 말씀에 본 것이 없이 자기 심령을 따라 예언하는 어리석은 선지자에게 화가 있을진저(겔 13:1-3).

자칭 선지자라 하는 이들은 시장을 둘러보면서, 사람들이 듣기 원하는 것을 찾아냈다. 그리고 사람들이 그 시간에 느끼는 욕구와 필요에 맞추어 메시지를 만들었다. 에스겔 시대에 이 선지자들은 백성이 듣기 원하는 것이 평화에 대한 메시지인 것을 간파하고 그들이 원하는 내용을 전해주었다. 그들은 하나님께서 '평강이 없을 것'이라고 말씀하셨음에도 '평화'를 말함으로써 하나님의 백성을 그릇된 길로 이끌었다(겔 13:10). 그들은 하나님께서 하시는 말씀에 무관심했다. 진리에 의해 움직인 것이 아니라 수요에 의해 움직였다. 그렇게 하는 것은 양 떼를 먹이는 것이 아니었다.

여호와를 경시하는 지도자

> 그 제사장들은 내 율법을 범하였으며 나의 성물을 더럽혔으며 거룩

함과 속된 것을 구별하지 아니하였으며 부정함과 정한 것을 사람으로 분변하게 하지 아니하였으며 그의 눈을 가리어 나의 안식일을 보지 아니하였으므로 내가 그들 가운데에서 더럽힘을 받았느니라(겔 22:26).

제사장들의 사역은 백성을 하나님께로 이끄는 것이었다. 그러나 세상의 상담자들처럼 사람들이 평안을 누리도록 도와주는 데 사역의 초점을 맞추었다. 그들은 기도하지 않았으며, 어떻게 하면 하나님과 화목하게 되는지 보여주지도 못했다. 만일 당신이 이들 제사장들 가운데 한 사람에게 찾아갔다면, 당신은 그들에게 어떠한 기도나 성경 말씀에 대한 언급도 듣지 못했을 것이다. 실제로 그들은 하나님에 대해 거의 말하지 않았다. 그들은 수직적인 관계, 즉 사람과 하나님과의 관계를 상실했다. 그들의 사역은 전적으로 수평적 관계, 즉 사람 대 사람의 관계에 초점이 맞추어져있었다.

그래서 하나님께서는 이스라엘의 목자들에 대해 혹평을 내리고 계셨던 것이다. 하나님께서는 이스라엘 목자들이 한 일을 살펴보시고, 끔찍한 권력 남용과 진리에 대한 교묘한 왜곡과 하나님 자신에 대한 경시를 목도하셨다. 하나님 백성 가운데서 하나님의 일은 세속적으로 변해버렸다. 이 모든 것의 결과로 하나님의 양 떼는 영양실조에 걸렸으며 보호받지 못했다.

새 목자가 오시는 때

하나님께서는 자기 백성 가운데 전개되고 있는 상황을 도저히 참을 수 없어 친히 개입하시기로 결정하셨다. 그러나 하나님께서는 전혀 예기치 못했던 방식으로 개입하고자 하셨다. 실제로 하나님께서는 에스겔에게 깜짝 놀랄만한 것을 말씀하셨다.

> 내가 친히 내 양의 목자가 되어 그것들을 누워있게 할지라 주 여호와의 말씀이니라(겔 34:15).

사실상 하나님의 말씀은 이러하다. "내가 비로 나의 백성에게 선지자와 제사장과 왕이 되리라. 내가 친히 진리를 그들에게 전해주리라. 내가 와서 친히 내 백성을 보살펴주리라. 내가 친히 그들을 보호해주고 그들을 옳은 길로 인도하여주리라. 내가 양 떼의 목자가 되리라." 에스겔은 어떻게 하나님께서 그렇게 하실 수 있을 것인지 이해하기가 힘들었을 것이다.

그리스도에 대한 조명 SPOTLIGHT ON CHRIST

예수 그리스도께서 세상에 오셨을 때, 그 백성이 여전히 그들에게 불필요한 짐들을 지우고 있는 종교 지도자들의 리더십 아래 살아가고 있음을 보셨다. 하나님의 양 떼를 돌보는 목자들은 백성에게 하나님을 아는 기쁨을 주지 못했다. 그래서 예수님께서는 백성을 돌아보시면서 그들을 측은히 여기셨다. 그들은 "목자 없는 양과 같이"(마 9:36) 고생하며 유리하고 있었다.

그리스도께서는 하나님의 목자들에 대해 가차 없이 냉혹한 평가를 내리셨다. 그들은 사리사욕을 채우기에 급급했으며, 자신의 이익을 위해 양 떼를 이용했다. 그런 그들에게 예수님께서는 "나보다 먼저 온 자는 다 절도요 강도"(요 10:8)라고 말씀하셨다. 그런 다음에 자신을 에스겔서 34장이 말하고 있는 양 떼를 돌보는 그 목자라고 확인하셨다.

> 나는 선한 목자라 선한 목자는 양들을 위하여 목숨을 버리거니와(요 10:11).

바로 이것이 희생하는 리더십이다. 그 선한 목자로서 예수님은 길 잃은 양들에게 그들이 필요한 모든 것을 주실 것이다. 첫째, 그 선한 목자는 양들에게 하나님의 진리를 공급해주신다. 어쩌면 당신은 자신이 어떻게 그리스도인으로서 성장할 수 있을 것인가, 혹은 당신이 직면하고 있는 문제를 어떻게 이겨낼 수 있을 것인가에 대해 궁금해했을지 모른다. 하지만 염려할 필요가 없다. 바로 그리스도께서 당신을 지켜주실 것이며, 그리스도께서 당신을 진리로 먹여주실 것이다. 당신이 그리스도와 동행할 때, 당신은 자신이 생각할 수 있었던 것보다 훨씬 더 성장하게 될 것이다.

둘째, 예수 그리스도께서는 잃어버린 양들을 찾으러 오신다. 그리스도께서는 자기 우리에 있는 양 떼를 남겨두고서 잃어버린 한 마리 양을 찾으러 갔다가 양을 찾아낸 뒤 즐거워 어깨에 메고 집에 오는 목자에 대한 이야기(눅 15:4-6) 속에서 자신의 사역을 예시해주셨다. 예수님은 길을 잃고 방황하는 사람들을 하나님께로 돌아오게 하실 분이다. 그런 예수님은 사람들이 자기에게 먼저 나아오기를 기다리고 계시지 않는다. 그리스도께서는 밖으로 나가서 길 잃어버린 사람들을 찾아 그들을 하나님께로 다시 데리고 오는 일을 하신다.

셋째로, 그리스도께서는 양 떼를 이끄신다. 그러면서 항상 양 떼를 그 대적들로부터 보호해주신다. "내 양은 내 음성을 들으며 나는 그들을 알며 그들은 나를 따르느니라 내가 그들에게 영생을 주노니 영원히 멸망하지 아니할 것이요 또 그들을 내 손에서 빼앗을 자가 없느니라"(요 10:27-28). 그리스도께서는 모든 수단을 동원해 당신을 지켜주실 것이다. 그리고 죽음이 찾아올 때 그리스도께서는 당신을 영원한 생명 가운데로 데리고 가실 것이다.

그리스도께서는 "내가 길이요 진리요 생명"(요 14:6)이라고 말씀하셨다. 그러나 사람들 가운데는 그리스도께서 가르치시는 진리와 그리스도께서 인도하시는 방식 혹은 그리스도께서 제공해주시는 생명을 좋아하지 않았던 목자들이 있었다. 그들은 자기들의 양 떼를 잃을까 염려했다. 그래서 그들은 예수 그리스도를 소환했으며, 그리스도께서는 하나님의 백성을 이끄는 목자들 앞에 서게 되었다. 선한 목자가 양들 가운데 한 마리 어린 양이 되신 것이다.

목자들 앞에 서신 그리스도

예수님께서 재판을 받으시고 십자가에 못 박히신 이야기는 마치 연극과 같이 극적인 이야기이다. 이 극적인 이야기 속에서 몇 명의 핵심적인 인물들이 각각 선지자와 제사장과 왕의 역할을 감당했다. 그러나 그들은 그 백성의 목자가 되기에는 그릇이 모자랐다.

첫째, 그리스도께서는 제사장 안나스의 집으로 끌려갔다(요 18:12, 13). 일찍이 자기 지위를 이용해서 사리사욕을 채웠던 제사장이 있었다면, 그 사람은 바로 안나스였다. 성전에서 안나스는 그가 소유하고 있었던 장터에서 터무니없이 비싼 교환 비용을 물렸기 때문에 악명이 높았다. 그것은 거의 강탈에 가까웠다. 그래서 안나스는 거의 왕처럼 살 수 있었다. 성전에서 그리스도께서 상인들의 테이블을 뒤엎어버렸다는 말을 안나스가 들었을 때, 그는 틀림없이 발끈해서 화를 내고 분을 삭이지 못했을 것이다.

대제사장의 직분은 철저하게 가족 중심으로 유지되고 있었던 것으로 보인다. 그 당시 제사장 직분은 안나스의 사위인 가야바가 차지하고 있었다.

그리스도께서 장로들과 서기관들에게 에워싸여 가야바 앞에 섰을 때, 이스라엘의 목자들 가운데 한 사람이 그리스도의 얼굴에 침을 뱉었다. 그리고 몇몇 사람은 그리스도의 뺨을 때렸으며, 주먹으로 치기도 했다(마 26:67). 하나님께서는 대제사장에게 예배 가운데 하나님의 백성을 이끌어갈 책임을 부여해주셨다. 그러나 가야바의 집에서 사람들이 하나님 아들의 얼굴에 침을 뱉었을 때, 예배를 인도해야 하는 사람은 곁에 서서 그 광경을 보고만 있었다.

그런 다음 예수 그리스도는 제사장에게서 왕에게로 보내졌다. 그 왕의 이름은 헤롯이었다. 이 사람은 자기의 권력을 남용하면서 세례 요한의 처형을 집행하도록 명령했던 사람이었다. 요한은 선지자였으며, 왕에게 하나님의 말씀을 전달했다. 그러나 헤롯은 세례요한이 전하는 말을 좋아하지 않았다. 헤롯은 목자라기보다 학살자에 더 가까웠다. 왕에게는 하나님의 백성을 변호해야 할 책임이 있었지만, 그는 그리스도를 위해 아무런 변호도 해주지 않았다. 헤롯은 그저 그리스도를 빌라도에게 되돌려보냈을 뿐이다.

그 땅의 총독으로서 빌라도의 의무는 진실을 세우고, 정의를 세우는 것이었다. 비록 그는 선지자는 아니었지만, 하나님께서 꿈을 통해 그의 아내에게 말씀하셨기 때문에 하나님이 주신 계시를 하나 받기도 했었다. 후에 그리스도께서 빌라도에게 진리에 대해 말씀하셨을 때, 그 총독은 깊은 감동을 받지 못했다. 그는 "진리가 무엇이냐?"라고 물었다(요 18:38). 참된 선지자들과는 달리 이 재판장은 예수님의 신분에 관한 진실이 있다고 믿지 않았다. 그래서 예수님에 대한 빌라도의 판결은 재판에 기초할 수밖에 없었으며, 민중의 거센 감정에 기초할 수밖에 없었던 것이다. 빌라도는 자기의 두 손을 씻고 인기투표를 벌였다. 그 투표는 하나님의 아들에게 십자가형을 선고하는 것으로 결말이 났다.

그리하여 선한 목자이신 그리스도가 온유한 어린양이 되셨다. 그는 "도수장으로 끌려가는 어린 양과 털 깎는 자 앞에서 잠잠한 양같이"(사 53:7) 끌려가셨다. 그는 권력을 남용하고, 진리를 왜곡했으며, 하나님보다 자기들을 돌보는 데 혈안이 되어있던 목자들 밑에서 한 마리의 어린 양이 되어 고난을 당하셨다. 그리스도께서는 십자가에서 세상의 죄악들을 치워버리실 번제의 희생양이 되셨다.

강력한 목자

그런 다음 그리스도께서는 사흘 만에 죽은 자들 가운데서 부활하셨다. 죽음은 어두운 골짜기이다. 그러나 목자는 이미 그 골짜기를 통과해 나왔다. 그는 그 통로에서 대적들을 물리치셨다. 그 골짜기는 여전히 어두운 곳이다. 그러나 그 목자에게 속해있는 모든 자들에게는 안전한 곳이다. "내가 사망의 음침한 골짜기로 다닐지라도 해를 두려워하지 않을 것은 주께서 나와 함께 하심이라…"(시 23:4).

그런 다음에 그리스도께서는 하늘로 올라가셨다. 그리고 오순절에 성령을 부어주셨다. 그 시간 이후로 그리스도께서는 교회에 많은 은사를 주고 계신다. 승천하신 그리스도께서 사람들로 하여금 사도, 선지자, 전도자, 목사 그리고 교사가 되게 하셨다(엡 4:11).

어떤 사람들은 하나님의 백성에게 지침을 제공해주는 은사를 받았다. 어떤 사람들은 진리를 선포하는 은사를 받았다. 어떤 사람들은 양떼를 돌보며, 하나님의 백성이 봉사의 사명을 감당할 수 있도록 준비시켜 그리스도의 몸이 세워지도록 한다. 교회 안에서 지도자의 역할을 감당하도록 부르심을 받은 사람들은 하나님의 양 떼를 돌보는 수하 목자들이다. 그들은 선한 목자 아래서 봉사한다. 이보다 더 큰 특권과 책임은 없을 것이다.

하나님의 양 떼를 돌보는 일

예수님께서는 교회 안에서 리더십이 어떤 식으로 행사되어야 하는지에 대해 명확한 지침들을 주셨다. "예수께서 제자들을 불러다가 이르시되 이방인의 집권자들이 그들을 임의로 주관하고 그 고관들이 그들에게 권세를 부리는 줄을 너희가 알거니와 너희 중에는 그렇지 않아야 하나니 너희 중에 누구든지 크고자 하는 자는 너희를 섬기는 자가 되고 너희 중에 누구든지 으뜸이 되고자 하는 자는 너희의 종이 되어야 하리라 인자가 온 것은 섬김을 받으려 함이 아니라 도리어 섬기려 하고 자기 목숨을 많은 사람의 대속물로 주려 함이니라"(마 20:25-28). 당신의 개인적인 목적들을 진작시키는 데 당신의 권력을 사용하지 말라. 하나님 백성의 종으로서 당신의 권력을 사용하라.

교회 안에서 지도자들은 하나님의 양 떼가 진리의 양식을 먹으면서 성장하도록 모든 노력을 기울여야 한다. 강단으로부터 자신들이 듣고자 하는 바가 무엇인지에 대한 자신들의 의제들을 가지고 있는 사람들로부터 언제든지 압력이 있게 마련이다. 그러나 목회자는 하나님의 말씀을 전해야 한다. 그리고 평신도 지도자들은 목회자가 말씀을 전하는 일을 지원하고 격려해주어야 한다.

교회의 지도자들은 사람들이 느끼고 있는 필요들과 욕구들에 호소함으로써 생계를 유지해나가는 연예인이 아니다. 교회의 지도자들은 길을 잃어버린 사람들을 찾아서 그들을 하나님께로 되돌아오게 하는 제사장과 같아야 한다. 교회는 길 잃어버린 사람들을 향한 심장을 가지고 있는 제사장들의 나라, 예배하는 공동체가 되어야 한다. 기독교 지도자들은 큰 목자와 하나님의 양 떼에 의해서 신임을 받았다. 그들은 어떤 식으로 사역을 감당하든지 간에 그에 대해 책임을 져야 한다.

그리스도가 당신의 목자이신가? 당신은 "주님이 나의 목자이십니다"라고 말할 수 있는가? 사도 베드로는 한 사람의 진정한 그리스도인이 된다는 것이 어떤 것인지를 아름다운 어구로 묘사했다. 그는 우리가 "…전에는 양과 같이 길을 잃었더니 이제는 너희 영혼의 목자와 감독되신 이에게 돌아왔느니라"(벧전 2:25)라고 말했다.

우리는 그리스도가 진리이심을 믿고, 우리의 가장 큰 대제사장으로서 그가 십자가에서 자신의 희생을 통해 성취하신 화목을 영접하고, 왕으로서의 그분의 다스리심에 순복함으로써, 그 목자에게로 돌아왔다. 당신이 만일 그리스도가 당신의 목자가 되신다는 점에 대해 확신하지 못한다면, 당신은 오늘 그분의 진리를 믿고, 그분의 희생을 의지하고, 그분의 다스리심에 복종함으로써 그의 우리 속으로 들어올 수 있다.

드러난 사실 UNLOCKED

하나님의 양 떼를 치는 일에는 선지자의 사역, 제사장의 사역, 왕의 사역이 다 포함되어있다. 하나님에 의해 교회 안에서 지도자의 책임을 맡게 된 사람들은 자기들의 지위를 남용했던 에스겔 시대의 목자들처럼 되지 않도록 매우 주의해야 한다. 한 개인의 견해를 가르치거나, 하나님 백성의 영적인 필요와 갈급함을 무시하거나 그들에게 불필요한 짐들을 부과시키는 것은 특권의 남용이다.

유능한 지도자는 하나님의 진리를 가르치며, 하나님의 백성을 양육하며, 하나님의 양 떼를 하나님께서 기뻐하시는 길로 인도해나갈 것이다. 또한 그들은 양 떼의 대목자장이신 예수 그리스도에 대해 설명할 수 있기 때문에 이러한 업무와 의무에 충실할 것이다. 예수님께서는 양 떼를 위해 자신의 목숨을 주셨다. 그래서 선하신 목자로서 예수 그리스도께서는 자기의 양 떼를 하나님의 우리 안으로 이끌어주실 것이다. 인간 지도자들은 때때로 우리를 실망시키고, 우리를 배신할 수 있다. 그러나 선하신 목자는 양 떼를 아끼시며, 단 한 마리의 양도 잃어버리지 않으실 것이다.

기도 PAUSE FOR PRAYER

은혜로우신 아버지 하나님!

주님의 양 떼를 먹이는 교회 지도자들에게 복을 내려주시옵소서. 그들이 순결하게 주님과 동행하도록 도와주시고, 사탄의 공격으로부터 지켜주시옵소서. 주님의 사명을 감당하는 목자들이 하나님 말씀을 깊이 묵상하고 주님의 백성을 깊이 사랑하게 하여주시옵소서. 그들이 주님의 백성을 올바른 길로 이끌어나갈 수 있도록 그리고 백성을 죄악으로부터 보호해줄 수 있도록 큰 지혜를 허락하여주시옵소서.

주님의 교회가 양들을 위해 자기의 목숨을 내어주셨던 예수 그리스도의 손안에 있음을 감사드립니다. 주님의 말씀으로 저를 먹여주시고, 저의 영혼을 다시금 새롭게 하여주시며, 하나님의 복을 회복시켜주시옵소서. 예수 그리스도의 이름으로 기도드립니다. 아멘.

36

생기

Breath

에스겔 37장

하나님께서 영적으로 죽어있는 자들을

어떻게 살려내시는가?

묵상의 길잡이

☑ **발견하라**
하나님의 목적 속에서 설교와 기도의 위치를 발견하라.

☑ **배우라**
우리가 어떻게 겸손과 믿음을 가지고 미래를 바라보아야 하는지 배우라.

☑ **경배하라**
죽은 자에게 생명을 주시는 하나님을 경배하라.

땀에 흠뻑 젖고 먼지투성이인 낯선 나그네가 마을에 들어와서 선지자의 집으로 가는 방향을 물었다. 그 나그네는 1,100킬로미터의 여행길에 기진맥진해있었다. 그리고 그는 자기가 나쁜 소식을 가져왔다고 말했다. 에스겔은 그 낯선 객이 자기 집에 도착했던 그날을 결코 잊을 수 없다. 그날은 제12년 10월 5일이었다. 그날은 에스겔과 1만여 명의 사람들이 포로가 되어 그발 강가로 이송된 지 열두 해된 날이기도 하다.

유배되어 온 사람들 사이에서는 다음에 예루살렘에서 무슨 일이 일어날 것인지에 대해 끊임없는 토론이 벌어졌다. 거짓 선지자들은 유배기간이 단기간에 불과할 것이며, 곧 하나님의 백성은 하나님의 성읍으로 돌아가게 될 것이라고 주장했다. 그러나 그것은 하나님께서 하신 말씀이 아니었다. 그런데 이제 땀과 먼지에 절은 그 낯선 객이 도착해 에스겔이 듣기 두려워했던 소식을 전해주었다. 물론 에스겔은 무슨 일이 일어날지 이미 알고 있었다. 그 소식은 바로 '그 성이 함락되었다'는 것이었다(겔 33:21).

그 소식이 가져온 충격은 상상조차 하기 어렵다. 예루살렘은 하나님의 도성이었다. 하나님께서는 그곳에 임하셨으며, 그곳에 자신의 이름을 두셨다. 이 백성은 "한 시내가 있어 나뉘어 흘러 하나님의 성 곧 지존하신 이의 성소를 기쁘게 하도다 하나님이 그 성 중에 계시매 성이 흔들리지 아니할 것이라 새벽에 하나님이 도우시리로다"(시 46:4, 5)라는 노래를 부르면서 안식일에 성소로 나아갔을 것이다.

그런데 어떻게 하나님께서 이런 일이 일어나게 하실 수 있는가? 그것은 하나님께서 자기 백성을 포기하셨다는 의미인가? 앞으로는 어떻게 될 것인가? 그러한 의문들이 그발 강가에서 유배 생활을 하던 사람들을 혼란에 빠뜨렸다. 바로 그때에 하나님께서 에스겔에게 혼란에 빠져있는 백성의 미래에 대한 환상을 보여주셨다.

신빙성의 문제

그 환상을 주시기 이전에 하나님께서는 이미 자기 백성에게 약속을 하나 하셨다. "또 새 영을 너희 속에 두고 새 마음을 너희에게 주되 너희 육신에서 굳은 마음을 제거하고 부드러운 마음을 줄 것이며"(겔 36:26). 하나님의 그 약속에도 불구하고, 백성은 이렇게 말했다. "우리의 뼈들이 말랐고 우리의 소망이 없어졌으니 우리는 다 멸절되었다"(겔 37:11).

하나님께서 이렇게 말씀하셨다. "끔찍한 일이 벌어졌다. 그러나 그것이 끝이 아니라는 것을 너희가 알기를 원한다. 내 목적은 계속해서 진행되고 있다. 그리고 나의 약속을 내가 이룰 것이다."

그러나 백성은 이렇게 대답하고 있었다. "아닙니다. 이것은 막다른 골목입니다. 우리에게 미래는 없습니다. 그 일이 일어난 다음에는 우리의 희망도 사라져버렸습니다."

그 백성은 하나님의 약속과 자기들이 직면해있는 환경 사이에 믿기 어려운 격차가 있다고 느꼈다. 그들은 하나님께서 에스겔을 통해 하시는 말씀을 들었다. 그러나 그들은 그 하나님의 말씀을 그들 주변에서 벌어지고 있던 일그러진 현실과 연결시키기가 매우 어려웠다.

아마 당신도 주일 아침 교회에서 그러한 느낌을 가질 때가 종종 있었을 것이다. 설교자가 이르기를, 하나님께서 어떻게 교회에 생명을 부어주시며, 하나님의 진리와 사랑과 은혜가 그 공동체 안에 어떻게 임하는지 설명한다. 설교자가 성경에서 하나님의 놀라운 약속들에 대해 읽는다. 그러나 당신은 날로 사악해져 가는 세상을 바라보면서 "아니야, 우리는 절망적이야"라고 말한다.

생활 속에서 어려운 상황에 부딪힐 때, 우리는 자신이 하나님의 약속의 범위에서 벗어나 있다고 느끼며, 그 약속이 다른 사람들을 위해 존재하는지 모르겠지만, 어쨌든 지금은 우리를 위해 존재하고 있지 않다고 느끼는 때가 있다. 만일 당신이 그렇게 느꼈다면, 하나님께서 에스겔에게 주셨던 그 환상은 바로 당신을 위한 것이다.

문제의 심각성을 깨달으라

여호와께서 권능으로 내게 임재하시고 그의 영으로 나를 데리고 가서 골짜기 가운데 두셨는데 거기 뼈가 가득하더라(겔 37:1).

이 환상 가운데서 하나님께서는 에스겔을 상당히 으스스한 골짜기로 데리고 가셨다. 그곳은 마치 수백 년 전에 대학살이 벌어졌던 것처럼 인간의 유골 잔해들로 가득 차 있는 거대한 무덤과 같았다. 하나님께서는 에스겔에게 환상 속에서 그가 보고 있는 그 뼈들이 이스라엘 전체를 의미한다고 말씀하셨다(겔 37:11). 그 백성은 "우리의 뼈가 말랐다"고 불평하고 있었다. 그래서 하나님께서는 그들에게 말씀하시기 위해 마른 뼈들로 가득 차 있는 골짜기의 모습을 보여주셨다.

하나님께서 에스겔에게 그 문제의 심각성을 일깨워주시기 위해 행하신 첫 번째 일은 그 선지자에게 여행 가이드를 해주신 것이었다.

나를 그 뼈 사방으로 지나가게 하시기로 본즉 그 골짜기 지면에 뼈가 심히 많고 아주 말랐더라(겔 37:2).

나는 에스겔이 이 경험을 그다지 좋아했을 것이라고 생각하지 않는다. 하나님께서는 이 으스스한 골짜기를 이리저리로 데리고 다니셨다. 그곳을 둘러보면 볼수록, 그 절망적인 상황이 더욱더 깊이 에스겔의 마음속에 각인되었을 것이다. 그 골짜기에는 아주 미약한 생명의 기척조차 없었다. 하나님께서는 "이 모든 상황이 어느 정도로 절망적인지 네가 알기 원한다. 이 속에서 희망을 찾을 수 없다는 사실을 알아야만 한다"고 말씀하셨다. 에스겔은 이 상황 속에서 유일한 희망은 하나님의 직접적인 개입이 이루어져야 한다는 사실을 납득했다.

실제로 이것이 사역을 시작하는 아주 좋은 방법이다. 당신은 자신이 직면하고 있는 현실에 대한 솔직한 평가를 가지고 사역을 시작해야 한다. 하나님께서는 에스겔에게 이렇게 말씀하셨다. "바로 이것이 네가 대면하고 있는 현실이다. 너는 생명의 기미라고는 전혀 없는 곳에서 사역하라고 부름을 받았다."

에스겔은 놀랄만한 은사와 능력을 가지고 있었다. 그는 창조적인 커뮤니케이션에 대한 특별한 능력을 가지고 있었음에 틀림없다. 그러나 그 어떤 능력도 마른 뼈들이 쌓여있는 골짜기에서는 아무짝에도 쓸모가 없었다. "에스겔아, 너는 여기에서 겸손할 수밖에 없다. 너의 은사들과 너의 재능들과 너의 자원들은 마른 뼈들의 골짜기에서는 하찮은 것일 뿐이다. 에스겔아, 그 뼈들이 얼마나 메말라버렸는지 보아라! 네가 이 문제를 해결할 수 있는 방법은 아무것도 없다. 내가 지금 너에게 보여주고 있는 이 현실을 변화시키기 위해 네가 할 수 있는 것은 아무것도 없다."

사역을 시작하면서 우리가 깨달아야 할 첫 번째 사실은 하나님께서 우리에게 명하신 일은 우리가 할 수 없는 일이라는 사실이다. 만일 우리가 이 원리를 파악하지 못한다면, 우리는 사역에서 그다지 오래 살아남을 수 없을 것이다.

아마도 하나님께서는 당신에게 마른 뼈들이 쌓여있는 골짜기를 보여주고 계실 것이다. 어쩌면 당신은 자신이 사랑하는 어떤 사람의 영적인 상태에 희망의 흔적이 있기를 찾고 있을지도 모르겠다.

당신은 그 사람들을 위해 오래도록 기도해왔을 것이다. 그러나 그 상황의 진상은 생명의 기미가 조금도 없다는 것이다. 당신이 그 사람들에게 영적인 것들에 대해 말해주려고 노력할 때, 그들의 눈동자는 흐릿해진다. 그들은 에스겔이 보았던 마른 뼈들처럼 하나님에 대해 아무 반응이 없다. 어쩌면 또 무슨 일이 벌어져서 상황은 이전보다 훨씬 더 가망이 없는 것처럼 보일지도 모른다. 하나님께서는 에스겔을 마른 뼈들로 가득 차 있는 골짜기로 데리고 가셔서, 에스겔로 하여금 이 죽음을 헤쳐나가는 유일한 희망은 하나님께서 직접 개입하시는 방법밖에 없다는 사실을 절대적으로 확신하게 만드셨다.

하나님께서 물으신 중요한 질문에 어떻게 대답할까

하나님께서는 에스겔에게 그 골짜기의 절망적인 상태를 보여주신 다음에, 그에게 중요한 질문을 하나 하셨다.

> 내게 이르시되 인자야 이 뼈들이 능히 살 수 있겠느냐(겔 37:3).

당신 같으면 그 질문에 어떻게 대답하겠는가?

에스겔은 "예, 그 뼈들이 능히 살겠습니다"라고 대답할 수도 있었다. 그러나 그는 그렇게 대답하지 않았다. 오늘날 골짜기의 뼈들을 바라보면서 "예, 그 뼈들이 능히 살겠습니다"라고 대답하는 사람들이 있다. 최근 들은 설교에서 어떤 유명한 목사가 이르기를, 미국이 현재 전 세계에 걸쳐 전에 없었던 성령의 역사가 임할 시기에 있다고 단언하면서 메시지를 시작했다. 그 목사는 그 점에 대해 절대적으로 확신하고 있었다. 나는 그가 옳기를 바란다. 그렇지만 나는 그가 어떻게 그 사실을 알고 있는지 잘 모르겠다. 믿음을 소박한 낙관주의와 혼동하는 것은 아주 위험한 일이다.

또는 반대로 에스겔은 "아닙니다. 그 뼈들은 살아나지 못할 것입니다"라고 대답할 수도 있었다. 기독교가 소수 입장으로 전락하고 있는 포스트모던 문화 속에서 머지않아 우리의 자유는 쇠퇴할 것이며, 교회는 무의미한 존재로 사라지게 될 것이라고 느끼기가 매우 쉽다. 누구든 그렇게 예견할 수는 있겠지만, 나는 그것이 틀리기를 바란다. 그러나 우리가 어떻게 미래를 알겠는가?

에스겔은 두 가지 입장 중 어느 입장도 취하지 않았다. 그리고 그의 대답은 믿음의 한 모델을 우리에게 제공해주고 있다.

주 여호와여 주께서 아시나이다(겔 37:3).

선지자의 말은 이러했다. "여호와여, 이 뼈들을 가지고서 앞으로 주님께서 어떻게 하실지 도무지 제가 알 수 없나이다." 에스겔은 대단히 겸손하게 대답했다.

우리에게도 그러한 겸손이 필요하다. 우리는 이러한 자세로 대답해야 한다. "주님, 제가 '능히 그렇게 될 것입니다'라고 말하는 교만한 태도를 갖지 않게 해주시고, '그 일이 어떻게 이루어지는지 제가 알고 있습니다. 제가 그 일을 일으킬 수 있습니다'라고 말하는 교만을 갖지 않도록 저를 지켜 주시옵소서. 우리가 그리스도를 위해 이 나라를 변화시킬 수 있다고 무례히 말하지 않도록 지켜주시옵소서."

또한 "오로지 주님께서만이 아시나이다"라는 에스겔의 대답에는 커다란 믿음이 자리하고 있다.

"주님, 제가 '그럴 수가 없나이다'라고 말하는 불신앙에 빠지지 않도록 지켜주시고, '지금은 암흑의 때이기 때문에 내가 어떠한 변화의 가능성을 찾아보기가 너무도 어렵다'고 말하는 정신 상태로부터 저를 지켜 주시옵소서." 에스겔은 낙담하지도 않았으며, 그렇다고 해서 주제넘지도 않았다. 그는 하나님의 주권에 자기를 맡겼다.

나는 하나님께서 앞날을 알고 계신다는 사실을 매우 감사하게 생각한다. 오늘날 어떤 사람들은 그 점에 강한 의문을 제기하고 있다. 나는 에스겔이 “하지만 저는 잘 모르겠습니다. 물론 그것은 사람들이 어떻게 대답할 것이냐에 달려있기 때문에 하나님도 알 수가 없습니다”라고 말하지 않았다는 사실을 매우 기쁘게 생각한다. 만일 모든 것이 사람들이 어떻게 응답하느냐에 달려있다면 마른 뼈들이 쌓여있는 골짜기에 그다지 희망은 없을 것이다.

에스겔은 절대적으로 옳은 대답을 했다. 마찬가지로 우리도 “주님, 이 나라에서 교회가 장래에 부흥할지, 아니면 쇠퇴할지 제가 알지 못합니다. 그러나 주님께서는 알고 계십니다. 제가 기도하고 있는 사람들이 그리스도 앞으로 나아올 것인지, 아니면 그대로 마음이 굳어진 채 남아있을 것인지 저는 모르지만, 주님께서는 알고 계십니다. 우리가 앞으로 선교의 문들이 계속해서 열리는 위대한 선교의 시대를 맞이할 것인지, 아니면 그 기회가 닫혀버리게 될것인지 저는 알지 못합니다. 그러나 주님께서는 알고 계십니다. 제가 기도하면서 사역하고자 하는 사람들의 장래는 주님만이 알고 계십니다. 그래서 저는 하나님의 주권을 믿고 의지할 것입니다”라고 말해야 할 것이다.

하나님께서는 에스겔로 하여금 그 상황에서 전혀 소망을 찾을 수 없음을 깨닫도록 인도하셨다. 그런 다음에 하나님께서는 하나님의 주권에 대해 에스겔이 확신하는 대답을 할 수 있는 질문을 하나 던지신 것이다.

당신이 하나님을 믿으면서 해야 할 일

그런 다음에 하나님께서는 에스겔에게 행동하라고 촉구하셨다.

> 너는 이 모든 뼈에게 대언하라(겔 37:4).

하나님의 주권을 믿는 것이 뒤로 물러나 앉아서 아무것도 하지 않고 있는 것에 대한 구실이나 변명이 결코 아님을 주목하기 바란다. 에스겔은 앞일을 하나님의 손에 맡겼다. 그러나 이제 하나님께서는 에스겔에게 무엇인가를 행하도록 요청하셨다.

"에스겔아, 내가 원하는 바대로 그 뼈들을 향해 설교하라."

"주님께서는 지금 제게 뼈 더미를 향해 말하라고 하시는 것입니까?"

"그렇다, 에스겔아, 그 말이 맞다."

"진짜 제가 입을 열어서 큰 소리로 말을 해야 하는 것입니까? 청중이 다 죽어버렸는데 그렇게 하는 것은 어리석다는 느낌이 드는데요. 그 대신, 제가 말씀을 머릿속으로 생각하거나 기도를 한다면 어떻겠습니까?"

"아니다, 나는 네가 큰 소리로 대언하기를 원한다."

"뼈들을 향해서 말입니까?"

"그렇다, 바로 저 뼈들을 향해서 말이다."

이 명령은 성경에 기록된 아주 기이한 명령들 가운데 하나이다. 왜 하나님께서는 선지자 에스겔이 뼈 무더기를 향해 설교하는 것을 원하셨을까?

시카고에 있는 무디 기념 교회의 목회자인 어윈 루처Erwin Lutzer 목사가 한번은 설교자들을 위해 개설한 한 강의에 대해 말해준 적이 있다.

첫 번째 시간에 어윈 루처 목사는 한 무리의 신학생을 데리고 공동묘지로 야외 학습을 떠난다. 신학생들은 호기심에 차서 잔디밭에 모여있었다. 그때 루처 목사는 그 반에서 누군가가 자원해서 설교를 할 사람이 있는지 묻는다. 물론 아무도 설교하려고 하지 않는다. 듣거나 이해하거나 응답이 불가능한 상황에서 설교한다는 것이 도대체 무슨 의미가 있단 말인가?

그 연습의 핵심은 간단하다. 이 상황은 하나님의 말씀을 믿지 않는 사람에게 복음을 전하는 것과 같다. 성경은 하나님께서 예수 그리스도를 통해 우리를 살려주시기까지 우리는 영적으로 죽은 상태라고 말하고 있다(엡 2:1-5).

복음을 전파하거나 당신의 믿음을 나누는 일에는 근본적으로 모순되는 부분이 있다. 그것은 우리가 영적으로 죽은 사람들, 그러므로 응답할 수 없는 사람들에게 말하고 있는 것이기 때문이다. 어쩌면 당신은 이런 일을 하며 고통을 느꼈는지 모르겠다. 당신이 한 친구에게 영생이나 삶을 변화시켜주는 십자가의 능력에 대해 말하는데, 친구로부터 전혀 응답이 없는 것이다. 그 친구의 눈이 차차 흐릿해지며 당신의 노력이 전혀 먹혀들지 않고 있다는 사실을 깨달으면 매우 고통스러울 것이다.

에스겔은 하나님께서 성공할 가능성이 전혀 없는 일을 하라고 요구하셨을 때, 반대할 수도 있었을 것이다. 그러나 하나님께서는 어쨌든지 설교를 하라고 그에게 요청하셨다. "에스겔아, 그 뼈들에게 대언하라." 그래서 에스겔은 순종했다.

그가 말했을 때, 놀라운 일이 벌어졌다. 수년 동안 아무것도 움직이지 않았던 그 골짜기에서 움직이는 소리가 들려왔다. 그리고 에스겔은 그 뼈들이 서로 맞추어지는 것을 보았다! 그 뼈들은 서로 연결되면서 골격의 형체를 갖추었다.

에스겔은 계속해서 설교했다. 그가 설교를 하고 있을 때, 뼈들에 힘줄이 생기고, 그 위에 근육이 생기고, 그 위에 피부가 생겨났다. 도무지 믿을 수 없는 일이었다.

> 내가 또 보니 그 뼈에 힘줄이 생기고 살이 오르며 그 위에 가죽이 덮이나 그 속에 생기는 없더라(겔 37:8).

뼈는 골격과 구조를 뜻하며, 힘줄은 하나로 연결되는 것을 뜻한다(힘줄은 연결되어있는 뼈들을 지탱해준다). 근육을 포함한 살덩이는 힘을 뜻하며, 피부는 외양을 뜻한다. 만일 신체가 살덩이로만 덮여있다면 흉측하게 보였을 것이다. 그러나 하나님께서는 살덩이들 위에 피부를 덮어주셨다. 그 모든 것이 생겼지만, 생기는 없었다.

예수 그리스도의 교회는 이 모든 것을 가지고 있으면서도 여전히 생명을 갖지 못할 수가 있다. 교회가 체계적인 조직들과 구조들을 가질 수 있고, 사람들이 서로 잘 연합할 수 있고, 힘을 발휘할 수 있는 온갖 종류의 자원이 있을 수 있고, 겉모습도 매우 매력적일 수 있지만, 여전히 생기는 전혀 없을 수 있다.

그 환상 가운데서 이때까지 일어난 일은 에스겔의 설교를 통해 묘지, 즉 활기가 없던 장소가 조직이 든든해졌다는 것을 의미했다. 그곳은 더 이상 마른 뼈들이 쌓여있는 묘지가 아니었다. 이제는 죽은 시체들이 모여있는 매장지였다. 하나님께서 그 골짜기에서 행하시는 기적은 그 선지자가 설교를 하면서 시작됐다. 하나님께서는 하나님의 진리가 선포될 때에 놀라운 일들을 행하신다. 그러나 마른 뼈들의 골짜기에 생명을 다시 불러일으키기 위해서는 설교 이상의 것이 필요하다는 사실을 에스겔은 명백히 깨달았다.

찰스 스펄전은 다음과 같이 말했다.

> 당신이 설교를 연구하고, 성경본문의 원문을 검토하고, 그 모든 의미를 예리하게 따라가고, 나아가서 아주 정확한 표현으로 설교할 수는 있겠지만, 그 설교로 한 영혼도 소생시킬 수 없습니다. 당신이 강단에 올라가서 그 진리를 예증하고, 설명하고, 강조하고, 강력한 수사법을 사용해서 청중을 끌어당길 수도 있고, 그들의 얼을 빼놓을 수도 있겠지만, 당신의 어

떠한 언변으로도 죽은 자를 일으킬 수는 없습니다.[1]

부모는 자기 자녀에게 하나님의 진리를 가르칠 수 있다. 교회들도 좋은 프로그램을 운영할 수 있다. 나가서 전도지를 나누어 주며 거리행진을 할 수도 있다. 그러한 모든 활동은 좋은 것이지만, 이러한 활동 자체로는 영적으로 죽어있는 사람들을 일으키지 못한다. 다른 무엇인가가 일어나야 한다.

생기를 향해 말하라

또 내게 이르시되 인자야 너는 생기를 향하여 대언하라…(겔 37:9).

하나님께서는 에스겔에게 영적으로 죽은 사람들을 향해 설교하는 일과 더불어 또 하나의 일을 하라고 요청하셨다. 에스겔은 뼈들을 향해 대언해야 했지만, 또한 생기를 향해서도 대언해야 했다.

'생기'라고 번역된 히브리어 단어는 루아흐Ruach이다. 이 단어는 '호흡', '숨', '바람' 혹은 '영혼'을 의미하기도 한다. 창세기에서 하나님께서는 땅의 흙으로부터 사람을 만드셨다. 하나님께서는 화학적인 물질을 가지고 몸을 만드셨다. 그 몸은 뼈와 힘줄과 살과 피부로 이루어져있었다. 그러나 그 몸에는 생명이 없었다. 그런 다음에 하나님께서 "생기를 그 코에 불어넣으시니 사람이 생령이 되었다"(창 2:7).

자! 이제 하나님께서는 이 마른 뼈 골짜기에서 똑같은 일을 다시 하시고자 한다.

선지자는 자기 앞에서 골격과 힘과 매력적인 외모가 조화를 이루어

형성되는 광경을 보고 있다. 그러나 거기에는 생명이 없었다. 그러자 하나님께서는 에스겔에게 성령의 바람을 불게 하라고 말씀하신다.

> 또 내게 이르시되 인자야 너는 생기를 향하여 대언하라 생기에게 대언하여 이르기를 주 여호와께서 이같이 말씀하시기를 생기야 사방에서부터 와서 이 죽음을 당한 자에게 불어서 살아나게 하라 하셨다 하라(겔 37:9).

그래서 에스겔이 기도하기 시작했다. 그러자 하나님의 생기가 몸 안으로 들어갔다. 에스겔은 그 몸이 살아나는 것을 보았으며, 그다음에는 일어서는 것을 보았다. 그렇게 해서 바로 이전에는 마른 뼈들의 골짜기였던 그곳에 전진할 준비가 되어있는 거대한 군대가 서 있는 것을 보았다(겔 37:9, 10).

하나님의 말씀이 선포되고 하나님의 백성이 기도할 때, 하나님께서 무슨 일을 하실 수 있는지 결코 과소평가하지 말라. 만일 하나님의 성령의 바람이 완전한 죽음 가운데 분다면, 놀랄만한 변화가 일어날 것이다.

에스겔이 그 골짜기에서 엄청난 군대를 보았을 때, 그는 이것이 바로 하나님의 역사라는 사실을 알았다. 그러나 그는 이 기적의 역사가 바로 자신이 설교하고 기도했을 때 하나님께서 행하셨다는 사실을 깨달았다. 그는 분명 '만일 내가 설교하지 않았다면, 내가 기도하지 않았다면 어떻게 되었을까?'라고 생각하며 마음을 쓸어내렸을 것이다.

이렇듯 만일 우리가 진리를 제시하려고 애를 쓰고 있는데, 우리 자녀들의 눈이 또릿또릿하지 않고 흐리멍덩하다면 어떻게 할 것인가? 만일 우리가 복음을 증거하고 있는데 동료가 무반응을 보인다면 어떻게 할 것인가? 첫째, 우리는 그 사람들이 하나님의 진리를 들을 수 있는 환경 속으로 이끌어주거나 그 속에 있도록 도울 수 있어야 한다. 그다음으로는, 우리가 기도의 사역으로 그들을 도울 수 있을 것이다. 우리는 하나님의 말씀을 전하고 또한 성령이 임하시도록 간구해야 한다. 우리는 말씀을 선포하고 성령의 바람이 불기를 간구해야 한다. 하나님께서는 말씀이 전파되고 하나님의 백성이 기도할 때, 희망이 보이지 않는 곳에서도 놀라운 일들이 벌어질 것이라고 우리에게 말씀하고 계신다.

환상에서 현실로

물론 이 모든 것은 하나님께서 에스겔에게 주신 환상일 뿐이다. 그 환상은 하나님의 백성이 자신들에게 전혀 미래가 없다고 느끼고 있었을 때, 그들에게 직접 말씀하셨기 때문에 놀라운 것이었다. 그러나 참으로 놀라운 일은 그 환상이 현실이 됐다는 사실이다. 그발 강가에서 유배 생활을 하고 있었던 그 사람들이 바로 자기 백성을 위한 하나님의 목적을 이루는 열쇠인 것으로 드러났다. 예루살렘이 멸망했을 때, 하나님께서는 이 백성을 바벨론에서 안전하게 보호하셨다. 그들은 방주에 들어간 노아처럼 보호를 받았다. 그리고 이 사람들과 그들의 자손을 통해 하나님의 목적을 성취하는 계보가 끊어지지 않고 유지될 수 있었다.

70년 후에 "우리의 희망은 사라졌으며, 우리는 모두 버림받았다"고 말했던 그 사람들의 자손이 예루살렘으로 복귀하여 성전과 성읍의 성벽들을 재건했다. 그들은 하나님의 이름이 높임을 받으며 하나님의 법에 순종하며 예배하는 사람들의 공동체를 건설했다. 그발 강가에서 유배 생활을 하며 한때 낙심하고 있었던 이 사람들을 통해 하나님께서는 세상의 열방에게 복을 가져다주는 자신의 계획을 진전시키셨다.

그리스도에 대한 조명 SPOTLIGHT ON CHRIST

니고데모라는 사람이 자신의 영적인 문제에 대해 예수님과 대화를 나누고자 했다. 그래서 그 종교 지도자는 밤중에 예수님을 찾아왔다. 아마도 그는 예수님과 사적인 토론을 하고 싶어서 찾아왔을 것이다. 말하자면 그는 회당 지도자들 중 한 사람이었기 때문에, 사람들은 당연히 자기들의 영적인 지도자들이 그 자신의 영적인 문제는 잘 해결하면서 살고 있기를 기대하고 있었던 것이다. 그러나 니고데모는 자신의 영혼에 메마름과 갈급함이 있음을 알고 있었다. 그는 자신에게 도움이 필요함을 알고 예수님께 찾아왔다.

니고데모는 영혼 깊은 곳 어디에선가 자신이 영적인 생명에 대해 잘 알지 못하고 있다는 사실을 알고 있었다. 그는 메마른 뼈들로 가득 찬 골짜기에 누워있는 한 시체와 같음을 느꼈다.

예수님께서 그에게 이렇게 말씀하셨다.

> 육으로 난 것은 육이요 영으로 난 것은 영이니 내가 네게 거듭나야 하겠다 하는 말을 놀랍게 여기지 말라 바람이 임의로 불매 네가 그 소리는 들어도 어디서 와서 어디로 가는지 알지 못하나니 성령으로 난 사람도 다 그러하니라(요 3:6-8).

니고데모에게는 그에게 새로운 생명을 주는 성령의 바람이 필요했던 것이다. 그리고 정확히 바로 그 일이 그에게 일어났다. 그리스도께서 십자가에 못 박히셨을 때, 니고데모는 앞으로 나서서 예수님의 시신을 달라고 요청했다(요 19:38-39). 그렇게 해서 이날 그는 자신이 그리스도의 제자임을 밝혔다.

예수님께서 죽은 자들 가운데서 부활하셨을 때, 예수님께서는 자기 제자들에게 나타나셔서 자신이 입은 상처를 그들에게 보여주셨다. 그런 다음에 그들 위에 숨을 내쉬면서 이렇게 말씀하셨다. "성령을 받으라"(요 20:22). 천지 창조 때에 하나님께서 아담의 육체에 생명을 불어넣으셨듯이, 이제는 주 예수 그리스도께서 제자들에게 영적인 생명을 불어넣으셨다. 영적인 생명은 하나님의 선물이다. 그 순간에는 아무 일도 일어나지 않은 것처럼 보인다. 예수님께서 그들 위에 숨을 내쉬셨을 때, 그는 자신의 승천 후에 하나님의 바람(루아흐)이 그들 위에 불어서 성령이 오실 때에 무슨 일이 일어날 것인지 예시해주고 계셨던 것이다.

40일 후에 바로 그 일이 일어났다. 제자들은 예루살렘 성읍 안에 있는 한 장소에서 모두 모여있었다. 그들은 기도하고 있었다. "홀연히 하늘로부터 급하고 강한 바람 같은 소리가 있어 그들이 앉은 온 집에 가득하며"(행 2:2). 그 일이 일어나자, 베드로가 일어나서 영적으로 죽어있었던 수많은 군중에게 말씀을 전했다. 그가 마른 뼈들에게 대언하자 하나님의 말씀과 성령으로 말미암아 그들에게 영적인 생명이 찾아왔다.

그날 3,000명이 자신들의 죄를 깨달았다. 그들은 당시 전 세계에서 온 사람들이었다. 그리하여 그들은 예수 그리스도에 대한 좋은 소식(복음)을 열방에 전파하기 시작했다. 영적으로 메말라 있던 마른 뼈들이 생명을 찾게 되었다. 오늘날 성령의 생기를 자기 안에 소유하고 있는 모든 사람은 새로운 생명, 즉 영생을 얻게 된다.

우리는 성경 이야기의 끝에서 하나님이 뼈들에 대해 한 가지 일을 더 하실 것이라는 사실을 알 수 있다. 하나님께서는 한 날을 정해서 자기 백성의 뼈들을 모으실 것이다. 죽었던 성도들은 즉시로, 의식적으로 그리스도 앞에 이끌림을 받을 것이다. 그러나 그 기적은, 모든 성도에게 주어지기 전까지는 누구에게도 주어지지 않을 최종적인 은혜의 기적으로 남아있다.

주께서 호령과 천사장의 소리와 하나님의 나팔 소리로 친히 하늘로부터 강림하시리니 그리스도 안에서 죽은 자들이 먼저 일어나고 그 후에 우리 살아 남은 자들도 그들과 함께 구름 속으로 끌어 올려 공중에서 주를 영접하게 하시리니 그리하여 우리가 항상 주와 함께 있으리라(살전 4:16, 17).

이 사실을 이해하면서, 우리는 "이러한 말로 서로 위로"(살 4:18)할 수 있다.

드러난 사실 UNLOCKED

하나님께서 영적으로 죽어있는 사람들에게 생명을 가져다주시는 것은 놀라운 기적의 역사이며, 크신 은혜다. 영적인 생명은 성령에 의해 주어진다. 성령은 부는 바람과 같다. 그래서 우리가 그 바람이 어디로, 어떻게, 언제 부는지 통제할 수 없다. 그러나 하나님께서는 우리를 통해 일을 하고 계신다.

에스겔의 환상은, 성령은 하나님의 진리가 선포되는 곳과 하나님의 백성이 기도하는 곳에서 역사하신다는 사실을 분명하게 시사하고 있다. 그렇다고 해서 우리가 성령에 대해 가르칠 때마다 사람들이 회개할 것이라는 뜻은 아니다. 그 말은 말씀과 기도의 사역이 없이는 사람들이 영적인 생명을 찾을 수 없다는 것을 뜻한다. 말씀과 기도가 하나님께서 사용하시는 일반적인 수단이다. 성령께서는 에스겔이 하나님의 진리를 선포하고 기도하라는 하나님의 명령에 충실했을 때, 죽어있는 마른 뼈들에게 생명을 불어넣어주셨다. 우리가 이 같은 부르심에 충성할 때 우리는 하나님의 성령이 영적인 생명이라는 놀라운 선물을 가져다주시는 것을 볼 수 있을 것이다.

기도 PAUSE FOR PRAYER

생명을 지으시고 유지시켜주시는 주님의 놀라우신 권능에 감사드립니다. 주님의 말씀과 성령의 권능을 통해 제게 새로운 생명을 주심 또한 감사드립니다. 저를 예수 그리스도 안에서 새로운 피조물로 만들어 주심을 감사합니다.

주님, 주님의 교회에 위로부터 불어오는 새로운 생명의 숨결을 불어넣어주시옵소서. 제게 부족한 것이 있음을 깨닫게 하여주시고, 주님의 권능으로 저를 새롭게 변화시켜주시옵소서. 주님의 백성이 믿음과 순종 가운데 일어나 우리나라가 주님의 목소리를 듣고, 주님이 살아계신 하나님이심을 알게 하여주시옵소서. 나의 구주이신 예수 그리스도의 이름으로 기도드립니다. 아멘.

Note

1. Charles Spurgeon, "Come from the Four Winds, O Breath!" Metropolitan pulpit 설교문 2246. "찰스 스펄전 선집"(The C. H. Spurgeon Collection), CD 디스크(Albany, Oreg. Ages Software, 1998)에 수록되어 있음. 1890년에 설교한 것임.

		722	북 왕조의 멸망
BC	700		
		640~609	요시야
		608~598	여호야김
		606~536	바벨론 포로기
		605	첫 번째 이송
	600		
		598~597	여호야긴
		597	두 번째 이송
		597~586	시드기야
		586	예루살렘 성 함락
	다니엘		
		536	예루살렘으로의 첫 귀환
	500		

37

이방인

Alien

다니엘 1장

내가 어떻게 해야 세상에서

구별된 그리스도인으로 살아갈 수 있는가?

묵상의 길잡이

☑ **발견하라**
어떻게 해야 세상에서 구별된 그리스도인으로 살 수 있는지 발견하라.

☑ **배우라**
어떻게 사탄이 그리스도인을 넘어뜨리려고 시도하는지 배우라.

☑ **경배하라**
세상을 이기신 예수 그리스도께 경배하라.

내 아내 캐어런은 한 기독교 학교에서 유치원 학생들을 가르치고 있다. 2000년 대통령 선거가 있던 날, 유치원 아이들이 바닥에 앉아서 이야기하고 있었다. 대통령 선거일이라 아이들이 동요하고 있었다. 그러자 캐어런은 자기는 투표하지 않는다고 아이들에게 말했다. 그리고 왜 그런지 아느냐고 물었다.

한 꼬마가 자신 있게 "선생님 나이가 너무 많아서 그런가요?"라고 물었다.

"선생님이 지금 우리를 가르치고 있기 때문이지요?"

"나중에 참석할 모임이 있기 때문이지요?"

마침내 영리한 학생이 물었다. "스미스 선생님, 선생님이 영국에서 오셨기 때문이지요?"

"맞아요!" 캐어런이 말했다. "그리고 사람들이 나를 무엇이라고 부르는지 알아요? '영주권자'라고 불러요."

그것이 한 아이의 마음에 어떻게 맺혀있었는지, 얼마 후 참으로 놀라운 일이 있었다. 두 주 후에 그 아이들이 한 사람씩 아침 기도를 드릴 때, 한 작은 소녀가 아내를 위해 이렇게 기도했다. "사랑하는 주님, 사람들이 스미스 선생님을 이방 사람이라고 부르지 않게 해주세요. 그것은 정말 별로 좋지 않기 때문이에요!"

천국의 시민권을 지닌 이방인들

성경은 하나님의 백성을 이방인과 나그네라는 말을 사용해서 표현한다(벧전 2:11). 우리는 어떤 식으로든 이 세상에 영구히 속하지 않는다. 우리에게는 이 세상 속에서 잠깐 살 수 있는 인생의 특권이 주어졌지만, 이 세상은 우리를 위한 본향이 아니다. 우리는 "지으시는 자와 만드시는 자가 하나님이신"(히 11:10) 도성에 소속되어있다. 그리고 지금 여기에서 우리가 보내는 시간은 위에 있는 우리의 시민권을 갖기 위한 예비 기간이다. 하나님께서 이 세상을 당신을 위해 지으신 것이 아님을 파악할 때까지 당신은 이 세상에서의 삶을 이해할 수 없을 것이다.

만일 당신이 그리스도인이라면, 두 개의 여권을 지니고 있다고 생각해야 한다. 그리스도께서 다시 오실 때 현재의 국적은 다 과거사가 되어버리고 하나님의 모든 백성이 하늘에 모여 연합하게 될 것이기 때문에 그 여권 가운데 하나는 소멸될 것이다. 그러나 하늘의 시민권자로서 당신의 여권은 결코 사라지지 않을 것이다. 그 여권은 영원히 남을 것이다.

그리스도인으로 살아가는 기술은 세상에 먹혀버리지 않으면서 이 세상을 살아가는 것이다. 우리는 앞으로 만나게 될 중심 사건을 준비하기 위해 이 세상에서 우리 인생의 짧은 기간을 사용할 수 있어야 한다. 다니엘의 이야기는 이방 땅에서 살았던 하나님의 백성 중 한 사람에 관한 것이다. 그리고 그 이야기는 우리가 어떻게 세속적이며 물질 중심적인 문화 가운데서 살아야 하는지에 대한 모범을 보여준다.

피랍된 학생들

다니엘은 예루살렘이 첫 번째 함락되었을 때 바벨론으로 끌려갔던 유능한 학생들 중 한 사람이었다. 다니엘은 여호야김의 재위 3년째에 고국으로부터 피랍됐으며(단 1:1), 고레스 왕이 다스리기 시작한 첫해에까지 바벨론에 머물렀다(단 1:21). 그 기간은 65년에서 70년에 이르는 기간이었다. 그것은 한 사람의 평균 수명과 맞먹었다. 그가 바벨론에 끌려왔을 때 나이는 틀림없이 20세 미만이었을 것이다. 따라서 당시 그는 고등학생 나이였다.

이 이야기를 살펴보면서 당신은 마음속으로 이 고등학생의 모습을 그려보기 바란다. 다니엘은 훌륭한 가정 출신이었으며, 전체 과목에서 '수'를 받는 학생이었다. 그는 "모든 지혜를 통찰하며 지식에 통달하며 학문에 익숙한 자"였다(단 1:4). 또한 그는 흠이 없고 아름다웠다. 세상이 그의 발아래 있었다.

그러던 어느 날 다니엘이 책상 앞에 앉아있을 때 문을 두드리는 소리가 들렸다. 잠시 후에 바벨론에서 온 세 명의 군인이 뛰어들어와서 다니엘을 끌고 나갔다. 그리고 학교 친구 몇 사람과 함께 바벨론을 향해 1,100킬로미터를 끌려갔다. 그것은 첫 번째 압송의 일부였다. 그 학생들의 부모들은 자식을 끌고가는 바벨론 군사들을 도저히 막을 길이 없었다.

그 순간 다니엘이 자기 친구들과 함께 이야기를 나눴다면 과연 어떤 이야기를 했을까?

"다니엘, 저 사람들이 우리를 어떻게 할 거라고 생각해?"

"저 사람들은 아마도 우리를 죽을 때까지 고문할 거야."

그러나 그들의 염려는 쓸데없는 것이었다. 왜냐하면 바벨론에 도착했을 때, 그들은 마치 왕족처럼 대접받았으며 훌륭한 기숙사를 갖춘 최우수 학교에 배정되었기 때문이다. 그들은 그 나라에서 최상의 교육을 받도록 선발되었던 것이다. 그들은 왕을 보좌하기 위한 속성 코스를 밟게 되었다. 그들이 잘만 한다면, 바벨로니아 제국 전체에서 고위직 몇 개를 쥘 기회도 가질 수 있었다.

순응하라는 압력

다니엘은 부모에게 양육되면서, 경건한 사람들의 영향을 받으며 성장했다. 그러나 이제는 자기 발로 서야 하며, 스스로 결정을 내려야 하는 새로운 상황에 처하게 되었다. 예루살렘에서는 많은 사람이 다니엘을 알고 있었지만, 바벨론에서 그를 아는 사람은 아무도 없었다.

여행을 많이 해본 사람들은 이 압력이 무엇인지 잘 알고 있을 것이다. 고향에서는 당신을 알고 있는 사람들이 많이 있다. 그러나 비행기를 타거나 호텔에 투숙을 하면 당신이 누구인지 아는 사람은 아무도 없다. 갑자기 당신은 자신이 원하는 것은 무엇이든 할 수 있을 것 같은 생각이 든다. 그 때문에 마음에 부담이 찾아온다. 사탄은 사람들을 이제까지와는 다른 장소에 데려다 놓는다. 그러면 그들에 대한 증거는 완전히 허물어져버린다.

이러한 시험은 집을 떠나서 대학에 들어가는 사람들에게도 커다란 시험거리이다. 부모의 감시와 경계의 눈초리가 새로운 곳에까지 미칠 수가 없게 된다. 다니엘이 맞닥뜨린 상황이 바로 그와 같았다. 당신이 마음먹은 대로 무엇이든 할 수 있는 상황이 되었을 때, 당신이 실제로 어떤 사람인지가 드러나게 될 것이다. 그것이 바로 다니엘이 처하게 된 첫 번째 압력이었다.

다니엘은 아스부나스Ashpenaz라는 이름을 가진 개인 교수의 지도를 받게 되었다. 그 사람은 다니엘과 그의 친구들에게 '갈대아(바벨로니아) 사람의 학문과 언어'를 가르치는 일을 맡았다. 전에 다니엘은 예루살렘에서 히브리어를 배웠을 것이고 성경을 배웠을 것이다. 그러나 바벨론에서의 교육 과정에 성경은 포함되어있지 않았다.

다니엘은 온갖 학문을 접하게 되었는데, 대부분은 그에게 대단히 생소한 것이었다. 실제로 배우는 것의 상당 부분은 그가 어렸을 때 성경에서 배웠던 것들과는 직접적으로 대립되는 내용이었을 것이다. 바벨론 사람들의 문헌을 익히는 공부를 할 때에는 그들의 신들인 마르둑Marduk과 벨Bel과 느보Nebo에 대한 신화들을 자주 접했을 것이다.

그리고 학생들과 일상적인 토론도 했을 것이다. 또한 다른 학생들과 그들의 개인교수로부터 도전도 받았을 것이다. "어떻게 해서 너희 유대인 학생들은 너희들의 신이 유일하신 하나님이라고 진지하게 믿을 수 있는 거지?…모든 문화에는 그 자체의 종교 이야기들이 있고 그 이야기들은 모두 똑같은 영적인 실재를 가리키고 있다는 점을 이해할 수 없겠니?…왜 너희들만 진리를 가지고 있는 유일한 사람들이라고 생각하는 거니? 성경 이야기들이라는 것은 단지 그 글을 쓴 사람의 개인적인 신념들을 기록하는 한 가지 방식이라는 것을 깨닫지 못하겠니?" 이처럼 그들의 질문은 오늘날 세속 대학들에서 젊은 그리스도인들이 접하고 있는 상황과 별반 다르지 않은 이야기였을 것이다.

부모는 때때로 자녀들이 학교에서 읽고, 배우는 내용에 대해 상당히 낙심한다. 학생들은 때로 진리에 정면으로 위배되는 문헌들을 공부한다. 그러나 이것은 전혀 새로운 현상이 아니다. 그것이 바로 정확히 다니엘이 직면해야 했던 상황이었다. 하나님께서는 한 경건한 젊은이와 그의 친구들이 그 압력에 어떻게 맞서나갔는지에 대한 모델을 우리에게 제공해주셨다. 그들의 세속적인 교육이 그들을 압도하기는커녕, 오히려 그들이 성공하는 원천이 되었다. 하나님의 선하신 손길 가운데서 그들이 받았던 바벨론식 교육은 그들의 믿음을 다듬질해서 성숙하게 만드는 디딤돌이 되었다.

이름에 무엇이 들어있는가?

아스부나스는 새로 맞이한 학생들에게 새로운 이름을 주었다(단 1:7). 그는 자기가 맡은 유대인 학생들이 유대 이름을 쓰는 것을 좋아하지 않았다. 그래서 그들에게 바벨로니아식 이름을 지어주었다. 다니엘이라는 이름은 "하나님이 나의 재판장이시다"라는 뜻이다. '엘'은 하나님을 가리키는 히브리어 명칭의 하나였다. 아스부나스는 그 이름을 '벨드사살'Belteshazzar이라고 바꾸어주었다. '벨'은 바벨론 신들 가운데 하나의 이름이었다. 벨드사살이라는 이름은 '벨 신의 은밀한 보물을 지키는 자'라는 뜻이다. 이 점에서 아스부나스의 계획이 분명하게 드러난다. 그는 이 대단히 영민한 유대인 학생들을 데려다가 바벨론 사람으로 만들려고 시도한 것이다.

이처럼 바벨론은 유대의 젊은이들을 다른 장소에 집어넣고, 다른 학문으로 그들의 생각을 채워주고, 다른 이름으로 부르면서 하나님에 대한 그들의 특별한 믿음의 뿌리째 뽑아버리려고 시도했다. 그리하여 궁정 대학교에서의 3년이 끝날 때면 그들이 철저하게 바벨로니아식 세계관을 가지고 졸업할 수 있도록 하고자 했다. 그들은 물론 여전히 유대인들이겠지만, 철저하게 바벨론 사람들처럼 생각하고, 행동하고, 처신하고, 대처하도록 만들려는 의도였다.

대적의 가면들

구약성경에서 핵심적인 시기에, 하나님의 백성은 두 가지의 매우 다른 탄압을 받으면서 살았다. 애굽의 바로는 하나님의 백성을 핍박하려는 계획을 세웠다. 바로는 무자비했다. 그래서 그 백성에게 힘든 강제노역을 시켰다. 그것은 하나님의 백성에 대한 끔찍한 공격이었다. 그럼에도 불구하고 그들은 번성했으며, 더욱 강대해졌다. 사탄은 오늘날 많은 곳에서 똑같은 전략을 사용하고 있다. 그곳에서 그리스도인들은 믿음 때문에 박해를 당하고 있지만, 그 결과는 부분 동일하다. 핍박 아래서 더욱 강성해지는 것이다.

느부갓네살의 계획은 좀 더 교묘했다. 그는 역사책을 읽고서 바로가 시도한 일이 먹혀들지 않았다는 것을 알게 되었다. 느부갓네살은 이 백성을 제압하는 최선책은 그들을 핍박하는 것이 아니라 그들에게 복을 주는 것이라는 사실을 깨달았다. 그의 전략은 그 백성을 환영하고 바벨론의 문화 속으로 흡수시켜버리는 것이었다. 그는 그들에게 기회의 문을 열어주었으며, 그들을 성공의 지름길에 올려주었다. 그는 그 백성이 성공에 취해 머지않아 하나님 백성으로서의 특수한 부르심을 완전히 망각할 것이며, 그래서 그들을 다른 민족과 구별되게 만들어주었던 모든 흔적을 잃어버리게 될 것이라고 내다보았다.

이 이야기는 오늘날 현대 교회에게 강력한 메시지를 전해준다. 사탄은 우리에게 느부갓네살의 전략을 사용하고 있다. 그리고 그 전략들은 교회에 대한 그의 전투에서 매우 효과적임이 입증되고 있다. 그 전략은 매우 간단하다. 하나님의 백성이 이 세상의 매력과 영광에 취하도록 하는 것이다. 그래서 그 백성이 믿고 있는 바가 참이 아닐 수도 있다는 가설을 확산시키려는 것이다. 점차적으로 백성의 특별한 실천 행위들과 가치들을 부식시켜나가면, 머지않아 그들이 세상 문화에 완전히 동화되어 하나님의 영광을 위해 살라는 그들의 특별한 사명이 간단하게 제압될 것이라는 것이다. 그리스도인들 중에는 애굽의 박해 아래서는 영웅이 될 수 있어도 바벨론의 유혹에는 저항할 수 없는 사람들이 있다.

고급 생활수준 맛보기

> 또 왕이 지정하여 그들에게 왕의 음식과 그가 마시는 포도주에서 날마다 쓸 것을 주어 삼 년을 기르게 하였으니 그 후에 그들은 왕 앞에 서게 될 것이더라(단 1:5).

이것은 고등학생 나이의 청소년들에게 대단히 매력적인 것이었다. 그들은 바벨론 왕과 똑같은 메뉴로 먹고 마셨다. 식사 시간마다 이 학생들에게 똑같은 메시지가 전달됐다. "왕궁이 너희가 있어야 할 장소이다. 이곳이 바로 기회의 문이 열려있는 곳이다. 이것이 성공의 지름길이며, 성공은 모든 것을 제공해준다." 왕은 일단 그들이 상류층의 생활에 맛을 들이게 되면 다른 수준의 생활에 정착하기가 매우 어려워진다는 것을 알고 있었다.

그러나 다니엘은 왕의 상에서 먹지 않기로 결심했다. 그는 "뜻을 정하여 왕의 음식과 그가 마시는 포도주로 자기를 더럽히지 아니하리라"(단 1:8)고 했다. 그 이유가 무엇인지에 대해서는 의견이 분분하다. 어떤 학자들은 그 이유가 유대인의 음식 법률과 관련된 것이라고 주장하고 있다. 또 다른 학자들은 그것이 왕의 육류는 요리되기 전에 우상들에게 바쳐지기 때문이었다고 주장한다. 나는 여기에 그보다는 훨씬 더 큰 쟁점이 자리하고 있다고 확신한다. 다니엘은 양심에 거리끼는 것이 있었기 때문에 왕의 식탁의 음식을 거절했던 것이 아니라, 그를 쉽게 빨아들일 수 있었던 문화의 압력에 대해 현실적인 안목을 가지고 있었기 때문에 그 음식을 거절했던 것이다.

그는 무슨 일이 벌어지고 있는지를 파악하고 있었다. 그는 느부갓네살이 바벨론에서 살아가는 기회를 제공함으로써 자기를 완전히 굴복시키려고 한다는 사실을 깨달았다. 그래서 다니엘은 그런 일이 결코 일어나지 않도록 하겠다고 단호하게 결심했다. 그가 바벨론에서 살고, 봉사도 하고, 번영할 수도 있겠지만, 바벨론이 자신의 마음을 사로잡아버리도록 결코 허락하지 않고자 했던 것이다. 그는 자신이 더 크신 왕을 섬기고 있음을 항상 기억했을 것이며, 자신이 다른 곳에 소속되어 있다는 사실을 결코 잊지 않았을 것이다.

그러나 그에게는 자신의 마음에서 그 결심을 굳건하게 만들 방법이 필요했다. 그래서 그는 스스로를 다스리는 훈련을 하기로 선택했다. 그는 그 성읍에서 최고 좋은 레스토랑에 매일 드나들 수 있다는 제의를 거절했으며, 그 대신에 야채로 된 샌드위치로 끼니를 때우기로 했다. 그는 어떤 외부의 법률 때문에 그렇게 한 것이 아니라 내면의 의욕 때문에 그렇게 했던 것이다. 그것은 자신의 특수한 부르심을 스스로에게 일깨워주고 자신의 영적인 힘을 키우기 위해 생각해낸 의지의 표출이었으며, 자발적인 훈련이었다.

다니엘은 만일 자신이 어떤 절제의 훈련을 하지 않는다면, 마침내 그 문화의 가치들에 의해 완전히 잡아먹힐 때까지 서서히 그 문화 속으로 빨려 들어갈 것임을 알고 있었기 때문에 그렇게 했던 것이다. 그는 자신의 영혼이 이 세상 것들에 말려들지 않게 하겠다고 결심했다. 그는 만일 그러한 일이 벌어진다면, 하나님의 신실한 종이 되려는 자유의지를 상실하게 될 것이라는 점을 잘 알고 있었다.

당신은 세상이 당신에게 가하고 있는 압력을 현실적으로 깨닫고 있는가? 당신은 매일 자기중심적이며 하나님을 위한 여지는 전혀 가지고 있지 않은 인생관에 의해 폭격을 당하고 있다. 문화가 주는 메시지는 명료하고, 강력하고, 매력적이다. "너희가 행하고 있는 것보다 더 중요한 것은 전혀 없으니, 너희 자신의 쾌락을 추구하라"는 것이다. 일단 가해져 오는 압력의 정체를 확인했다면, 이제는 대항할 전략을 개발해야 할 때이다.

아니라고 거절할 수 있는 능력을 배양하라

왕의 식탁에서 나오는 음식을 먹지 않기로 한 다니엘의 결심은 그가 "안 돼!"라고 거절할 수 있는 능력을 배양하고 있었던 것이기 때문에 의미가 깊다. 거절할 수 있는 능력은 효과적인 그리스도인의 삶에 있어서도 대단히 중요하다. "모든 사람에게 구원을 주시는 하나님의 은혜가 나타나 우리를 양육하시되 경건하지 않은 것과 이 세상 정욕을 다 버리고…"(딛 2:11, 12). 하나님의 은혜는 우리에게 경건하지 않은 것에 대해 "안 돼!"라고 거부하도록 가르치고 있다.

다니엘은 큰 결심을 했다. 때문에 왕의 이름으로 기도하지 않으면 사자 굴에 처넣어 죽여버릴 것이라고 명령한 그날에도 다니엘은 하나님의 은혜 가운데 굳세게 저항할 수 있었다.

만일 당신이 사소한 문제들에 대해 아니라고 거절할 수 있는 능력을 기르지 않는다면, 당신은 더 큰 시험이나 유혹이 왔을 때, 아니라고 거절하지 못할 것이다. 그래서 동료들의 압력에 굴하지 않는 능력을 기르는 것이 중요하며, 정당하며 합법적인 쾌락과 기회가 눈앞에 펼쳐졌을 때 자발적으로 자제하는 다니엘의 모범을 따르는 것이 큰 가치가 있다는 것이다.

다니엘은 왕의 식탁에서 나오는 음식을 자유롭게 먹을 수 있었다. 그러나 그는 그런 음식을 먹는 습관을 들인다면, 여호와 하나님에 대한 자신의 충성을 뒤엎어버릴 수 있는 세속의 흡인력에 빨려 들어가 버릴 것이라는 사실을 인식했다. 그래서 그는 자유의지로 자신을 자제했다. 그는 이생의 좋은 것들이 자신의 마음을 삼켜버리게 되는 위치에 빠지지 않고자 노력했다.

이 사실은 오늘날 우리에게 있어서 실천적인 의미를 충분히 가지고 있다. 어떤 그리스도인들은 마치 생활 속에서 실천해야 할 것들에 대한 결정을 내릴 때, 물어야 할 것이 단 한 가지밖에 없다는 듯이 살아간다. 우리는 "그것이 옳은가, 그른가?"라고 묻는다. 그리하여 그것이 불법적이거나 비도덕적이거나 비난받을만한 것이 아니라고 한다면, 적극적으로 그것을 즐길 수 있는 자유를 주장한다. 그러나 우리에게 주어진 자유의 영역 안에는 물어야 할 또 하나의 질문이 있다. 그것은 "그것이 지혜로운 결정인가?" 하는 것이다.

어떤 영화를 보아야 하는가? 얼마나 융자를 받아야 하는가? 어떤 파티에 가야 하는가? 어떤 친구와 꾸준한 관계를 유지해야 하는가? 무엇에 당신의 돈을 써야 하는가? 다니엘의 모범은 우리가 이러한 결정들을 내릴 때, 세상의 가치들과 생활양식에 빨려 들어갈 수 있는 장기적인 잠재력을 고려할 필요가 있음을 일깨워주고 있다.

금식의 정신

바벨론의 학교에서 가르치는 프로그램을 다니엘이 바꿀 수는 없었다. 다니엘은 아스부나스나 다른 사람들이 자신을 부르는 호칭을 바꿀 수 없었다. 그러나 그는 자신의 생활 가운데 매일 자신이 하나님의 종이라는 사실을 일깨워주는 공간을 하나 만들 수 있었다. 그는 자제하기로 결심했으며, 그 일은 그를 강하게 만들어주었다.

테리 웨이트Terry Waite는 수년 동안 영국 캔터베리 주교의 특별 공사special envoy를 지냈다. 그는 레바논에서 인질 석방 협상을 하다가 테러리스트들에 의해 자신이 인질이 되어버렸다. 그의 책, 『*Taken on Trust*』에 그는 인질로 사로잡힌 후에 그가 했던 첫 번째 일을 써놓았다.

만일 당신이 앞으로 무슨 일이 벌어질 것인지 도무지 알 길이 없이 손발이 묶이고 눈은 가려진 채 차가운 콘크리트 건물 안에 갇혀있다면, 당신은 맨 처음에 무엇을 했겠는가? 테리 웨이트는 금식하기로 결심했다. 왜냐하면 그는 앞으로 닥칠 일들에 맞설 내적 힘을 길러야 할 필요가 있음을 깨달았기 때문이었다.

우리가 금식하는 방법, 즉 내적 힘을 기를 수 있는 방법으로는 음식을 먹지 않고 지내는 것 이상의 여러 방법들이 있다. 만일 우리가 '이 세상이 제공하고 있는 합법적인 것을 모두 수용한다면, 우리는 순진하게도 더 큰 그림을 파악하지 못한 것이며, 이내 유혹에 빠져서 이 세상의 가치들을 받아들이는 결과를 초래했음을 깨닫게 될 것이다. 바벨론에서 살아감에 있어서 다니엘이 인식했던 큰 문제는, 자신의 영혼이 그를 둘러싸고 있는 풍부한 기회에 사로잡혀서 하나님께 대한 자신의 구별된 충성이 그저 한편의 추억으로 사라져버리지 않도록 내면의 힘을 길러야 한다는 것이었다.

하나님께서는 금욕하는 생활을 하라고 우리를 부르신 것은 아니다. 그러나 자제하지 않는 방종한 삶은 마침내 당신이 하나님의 백성으로 구별되는 모든 것을 갉아먹게 될 것이다. 다니엘은 바벨론에서의 성공으로 인해 결코 그렇게 되지 않겠다고 결심했다.

충성과 성공

하나님께서는 다니엘과 그의 친구들이 학업에서 큰 성공을 거두도록 해주셨다.

> 하나님이 이 네 소년에게 학문을 주시고 모든 서적을 깨닫게 하시고 지혜를 주셨으니 다니엘은 또 모든 환상과 꿈을 깨달아 알더라(단 1:17).

그들의 은사와 재능은 꽃을 활짝 피웠다. 그리하여 그들이 최종 시험을 보았을 때, 의기양양하게 통과했으며, 다니엘은 그 시대에 가장 강력한 정부 안에서 으뜸가는 지위에 임명됐다. 충성과 성공은 자연스런 파트너이다.

다니엘은 작은 것들에 충성스러움을 보여주었다. 그리하여 하나님께서는 그에게 더 큰 것을 맡기셨다. 그리스도에 대한 충성 때문에 이류가 된다거나 작은 것들에 안주해야 한다고 단정하지 말라. 다니엘은 자신이 믿을만한 사람임을 입증했다. 그리하여 하나님께서는 다니엘의 은사와 재능을 증대시켜 주셨으며 기회의 문을 열어주셨다. 다니엘은 자기가 꿈꾸었던 것을 훨씬 넘어서는 영향력을 갖게 되었다.

하나님의 백성에게 있어서 가장 어두웠던 암흑의 시기에, 이 세상에 의해 정복되기를 거절하고 이방 문화 가운데서 믿음의 구별된 삶을 살아가고자 노력했던 한 10대 청소년의 가슴 속에서 믿음의 빛이 밝게 불타고 있었던 것이다.

그리스도에 대한 조명 SPOTLIGHT ON CHRIST

이 모든 것은 우리에게 우리 주 예수 그리스도를 가르쳐주고 있다. 그리스도께서는 다른 곳에서 이 세상으로 들어오셨다. 그리스도께서는 우리 인간의 육체를 취하시고 한 사람의 낯선 객으로, 그렇지만 친구로 우리 가운데 오셨다.

사탄은 그리스도께서 세상의 생각과 가치들을 받아들이기를 원했다. "자신을 위해 당신의 권세를 사용하라. 당신의 능력을 가지고서 자신의 이름을 내고 당신의 일을 증대시킬 수 있을 것이다." 그래서 사탄은 세 차례나 예수님을 유혹했다. "이 돌들로 떡 덩이가 되게 하라…성전 꼭대기에서 뛰어 내리라…내게 경배하라 그렇게 한다면 내가 이 세상의 모든 나라를 다 너의 것이 되게 하겠다"(마 4:1-9).

그러나 그리스도께서는 거절하셨다. 그리스도께서는 하나님의 말씀대로 그리고 하나님의 영광을 위해 살기로 선택하셨다. 그리스도께서는 "나의 양식은 나를 보내신 이의 뜻을 행하는 것이라"(요 4:34; 마 4:4)고 말씀하셨다. 그들은 기도하면서 자신의 마음을 하나님의 말씀으로 흠뻑 적시고 아버지와 동행하기를 계속했다. 그리스도께서는 아버지께 순종하기 위해서라면 무슨 일이든 행하실 준비를 갖추고 있었다. 그리고 그 순종은 그리스도의 모든 것을 바치도록 만들었다. 그러한 순종에 대해 '하나님이 그를 지극히 높여 모든 이름 위에 뛰어난 이름을 주사 하늘에 있는 자들과 땅에 있는 자들과 땅 아래에 있는 자들로 모든 무릎을 예수의 이름에 꿇게 하셨다'(빌 2:9-10).

사탄은 예수님에 대한 첫 번째 공격에서 느부갓네살 타입의 전략, 즉 동화 정책을 사용했다가 완전히 실패했다. 그래서 십자가에서 보듯이 사탄에게는 바로의 전략처럼 잔혹한 공격을 하는 것 외의 다른 선택을 할 여지가 남아있지 않았다. 그리스도는 시험을 통해 이 세상의 유혹에 직면했으며, 십자가에서 이 세상의 노골적인 적개심에 부딪치셨다. 그는 두 가지 모두에 승리하셨으며, 그리하여 제자들에게 "담대하라 내가 세상을 이기었노라"(요 16:33)라고 말씀하실 수 있었다.

그리스도께서는 제자들이 겪게 될 싸움에 대해 그들에게 경고하셨다. 그리스도인들에게는 직접 대놓고 토해내는 세상의 증오심과 공개적인 적개심을 맞이하게 될 때가 여러 번 있다. 예수님께서는 "세상이 너희를 미워하면 너희보다 먼저 나를 미워한 줄을 알라"(요 15:18)고 말씀하셨다. 또 다른 때에 사탄은 이 세상의 유혹과 쾌락을 통해 그리스도인들을 뒤엎으려고 시도한다. 바울은 우리에게 "너희는 이 세대를 본받지 말고 오직 마음을 새롭게 함으로 변화를 받으라"(롬 12:2)고 권면하고 있다.

예수님의 생애 가운데 한 장면은 다니엘서의 메시지를 잘 반영해주고 있다. 예수님께서 배신당하시던 날 밤에, 제자들의 발을 씻겨주셨다. 제자들 중에서는 그런 식으로 다른 사람들에게 봉사하기를 원하는 사람이 아무도 없었다. 그러나 예수님은 달랐다.

저녁 먹는 중 예수는 아버지께서 모든 것을 자기 손에 맡기신 것과 또

> 자기가 하나님께로부터 오셨다가 하나님께로 돌아가실 것을 아시고 저녁 잡수시던 자리에서 일어나 겉옷을 벗고 수건을 가져다가 허리에 두르시고(요 13:3-4).

당신은 그 비밀을 파악했는가? 그리스도께서는 자신이 누구시며, 자신이 어디로 가는지 알고 계셨다. 다른 제자들은 서열상 누가 먼저인지에 대해서만 관심을 두고 있었다. 그러나 당신이 하나님께 속했으며, 결국 영원이라는 목적지를 향해 가고 있음을 안다면, 서열이 무슨 문제가 되겠는가?

우리는 이방인이다. 우리의 운명은 주님과 함께 하게 될 것임을 알고 있으므로 우리는 하나님의 뜻을 이루어 다른 사람들에게 복을 가져다주는 봉사에 우리의 생명과 삶을 쏟아 넣는 자유를 누리고 있다. 예수님께서는 자신이 하나님께로 다시 돌아갈 것을 알고 계셨다. 그래서 예수님은 일어나셔서 허리에 수건을 두르고 제자들의 발을 씻겨주셨던 것이다.

당신이 이방인이라는 사실을 알 때, 당신은 자유로움 가운데서 섬기는 일을 할 수 있게 된다.

다니엘은 대부분의 생애를 바벨론에서 보냈으나, 그는 자신이 그곳에 속하지 않는다는 사실을 알고 있었다. 그리스도께서는 자신이 성부로부터 와서 그 성부에게로 다시 돌아간다는 사실을 알고 계셨다. 당신은 여기 이곳에서 살아가면서, 당신의 진짜 집, 참된 본향과 당신의 목적지가 하늘에 있음을 알고 있는 사람으로서의 빛을 발하고 있는가?

드러난 사실 UNLOCKED

다니엘은 이 세상의 강력한 유혹들에 직면하게 되었으나, 그 유혹들을 이겨냈다. 그는 풍요롭고 경건치 못했던 문화 속에서 경건하면서도 성공적인 삶을 유지하고 발전시켜나갔다. 그는 자신이 직면하고 있었던 교묘한 압력에 대해 직시하고 있었기 때문에, 아니라고 거절할 수 있는 자제력을 행사할 수 있었다. 그는 하나님에 대한 자신의 사랑을 더욱 풍성하게 하여 어떠한 세상의 매력이나 쾌락보다 그 사랑이 더욱 강력하도록 만들었다.

다니엘은 자신이 하나님께 속해있음과 자신이 바벨론에서 한 사람의 이방인일 뿐이라는 사실을 알고 있었다. 자신의 집과 본향이 하늘에 있음을 알고 있는 사람은 이 땅 위에서 자유를 누리면서 하나님의 영광을 위해 살아갈 것이다.

기도 PAUSE FOR PRAYER

은혜로우신 아버지 하나님!

이 세상의 유혹들이 자주 제 마음을 삼켜버렸다는 사실을 고백합니다. 부와 권력과 쾌락에 대한 매력은 강력합니다. 제가 누구보다, 무엇보다 주님을 더욱 사랑하게 하여주시옵소서. 제가 믿고 있는 것에서만이 아니라 살아가는 방식에 있어서도 주님을 모르는 사람들과 구별될 수 있도록 도와주시옵소서. 제가 세상 유혹으로부터 자발적으로 발길을 돌릴 수 있도록 힘을 더해주시옵소서. 제가 군중에 휩쓸리지 않도록 도와주시옵소서.

탐욕의 힘으로부터 저를 건져내주시고, 주님의 영광을 위해 살아가게 하여주시옵소서. 그리하여 제 인생의 마지막에 주님께서 제게 "잘

했다, 착하고 충성된 종아, 네 주인의 기쁨에 참여할지니라"라고 칭찬 받게 하여주시옵소서.

제가 이 모든 일을 주님이신 예수 그리스도를 통해 할 수 있기를 예수 그리스도의 이름으로 기도드립니다. 아멘.

38

사랑

Love

호세아 11장

사랑이란 무엇인가?

묵상의 길잡이

☑ **발견하라**
하나님의 사랑에 대한 놀라운 네 가지 차원을 발견하라.

☑ **배우라**
감정이 메말라갈 때, 사랑하는 방법을 배우라.

☑ **경배하라**
우리는 신실하지 못했을지라도 신실하신 하나님께 경배하라.

로버트가 켈리의 어깨에 팔을 슬그머니 얹고서 좀 더 가까이 다가앉았을 때, 반사된 달빛이 수면 위에 어른거리고 있었다. 그때가 겨우 두 번째 데이트였다. 영화는 그리 재미있지는 않았다. 그러나 지금 그들은 호숫가로 나와서 전경을 즐기고 있었다. 로버트가 차의 시동을 끄자 잠시 정적이 흘렀다. 두 사람 모두 무슨 말을 해야 할지 몰랐다.

그러다가 어색하게 로버트가 말했다. "내 생각에는 말이야, 너를 사랑하는 것 같아." 그 말이 당시 분위기에 딱 맞는 말 같았다. 그러나 그는 자신이 왜 그 말을 했는지 확신이 없었다. 그리고 자신이 한 말이 무슨 뜻인지도 잘 몰랐다.

켈리는 어떻게 대답해야 할지 몰랐다. 그는 "나도 너를 사랑해"라고 말하려고 생각했다. 그러나 자신들의 관계를 생각해볼 때, 약간 때가 이른 감이 없지 않았다. 그리고 어쨌든지 간에 표현해야 한다면, 켈리는 그 대화가 어느 방향으로 흘러갈 것인지 자신할 수가 없었다. 그래서 그는 어색하게 자리에서 자세를 고쳐앉고는 아무 말도 하지 않았다.

"나는 너를 사랑해"라는 말이 의미하는 바는 무엇인가? 로버트도 알지 못했으며, 켈리 역시 알지 못했다. 실로 그 말을 우리 자녀들에게 할 때, 장차 약혼자에게 할 때 그리고 배우자에게 할 때, 진정으로 의미하는 바가 무엇인가?

그 대답은 경우에 따라 다르다. 헬라어로는 '사랑'에 해당하는 단어가 네 가지 있다. 그 단어들은 각각 에로스(성적인 사랑), 필레오(형제애, 친구들 간의 우정), 스토르게(친족애, 가족애, 동포애), 아가페(절대적인 사랑)로 구분된다. 단어가 빈약한 영어로는 이 모든 단어가 'Love'라는 단어 하나로 합쳐져 있다. 그렇기 때문에 우리가 때때로 혼동하는 것은 전혀 이상한 일이 아니다. 그러나 성경은 우리에 대한 하나님의 사랑과 우리에게 서로 보이라고 요청하고 있는 그 사랑을 묘사하기 위해 네 번째 헬라어인 아가페를 사용하고 있다. 아가페의 진정한 의미를 배우려면 호세아의 이야기를 배우는 것이 가장 좋다.

바람을 피우다

하나님께서 이스라엘 민족과 언약을 맺으셨을 때, "나는…너희의 하나님이 되고 너희는 내 백성이 될 것이니라"(레 26:12)고 말씀하셨다. 그리고 또한 "너는 나 외에는 다른 신들을 네게 두지 말라"(출 20:3)고 말씀하셨다. 언약은 배타적인 것이다. 주님의 말씀은 "만일 내가 너희의 하나님이 된다면, 나는 너희의 유일한 하나님이 되어야 한다"고 말씀하시는 것이다. 이 배타적인 언약에 대해 우리가 알 수 있는 가장 좋은 그림은 결혼이다. 구약성경에서 하나님께서는 자신을 이스라엘의 남편이라고 그리고 있으며, 신약성경에서는 교회가 그리스도의 신부라고 말씀하신다.

호세아의 사역 시기는 웃시야, 요담, 아하스 그리고 히스기야 왕의 통치 기간 동안이었다(호 1:1). 이 시기는 이사야 시대와 동일하다. 웃시야와 요담과 아하스는 모두 그 땅에서 이방 제단들을 제거하는 데 실패했다. 호세아의 생애 중 말년이 되어서야 히스기야 왕이 그 제단들을 헐었다(왕하 18:3, 4).

따라서 호세아의 생애 대부분 동안 하나님의 백성은 '바람을 피우고' 있었다. 그들은 하나님과의 언약 관계 가운데 있었으면서도 다른 편으로 다른 신들에게 빈자리를 내주고 있었다. 그것은 하나님께 모욕을 주고 고통을 주는 것이었다. 호세아의 고통스런 결혼생활은 자기 백성에 대한 하나님의 사랑이 잘 드러나는 거울이 되었다.

호세아서는 네 개의 장면으로 구성된 드라마이다.

첫 장면: 결혼식 – 사랑의 선택

> 여호와께서 처음 호세아에게 말씀하실 때 여호와께서 호세아에게 이르시되 너는 가서 음란한 여자를 맞이하여 음란한 자식들을 낳으라 이 나라가 여호와를 떠나 크게 음란함이니라 하시니(호 1:2).

우리는 여호와 하나님께서 호세아에게, 결혼상담소에 전화를 걸어 그 도시에서 가장 형편없는 여자에 대한 프로필을 찾도록 지시하셨다고 생각해서는 안 된다. 아마도 호세아는 이미 고멜이라는 여자를 알고 있었고, 그 여자와 사랑에 빠졌으며, 그녀와 결혼할 계획을 세우고 있었다고 보는 것이 합당하다(호 1:3). 그러나 호세아가 결혼하기 얼마 전에 하나님께서 그에게 앞날이 어떻게 전개될 것인지 말씀해주셨다.

결혼 준비를 하고 있었던 호세아에게 하나님의 이러한 말씀이 얼마나 날벼락과 같았을지 한번 생각해보기 바란다. 어느 날 밤에 호세아는 꿈을 꾸었다. 그 꿈은 보통 꿈이 아니었다. 그는 하나님께서 자신에게 말씀하고 계시다는 것을 알았다. 그 꿈에서 그는 자신이 사랑하는 여인인 고멜을 보았다. 그리고 경악하지 않을 수 없었다. 호세아는 자신의 약혼녀가 다른 남자와 함께, 또 다시 다른 남자와 함께 있는 것을 보았다. 그 꿈이 악몽으로 변했을 때, 그는 고멜이 뒤를 쳐다보면서 자신을 향해 비웃고 있는 것을 보았다. 그것은 가슴을 내려앉게 만드는 끔찍한 웃음이었다.

호세아는 식은땀에 젖은 채 잠에서 깨어났다. 현실에서 이런 날이 와서는 안 된다. 그렇지만 그는 하나님께서 앞으로 어떤 일이 벌어질 것인지 자기에게 알려주고 계시다는 사실을 깨달았다. 고멜은 불륜을 저지를 것이다. 호세아는 경악했다. 그러나 동시에 그는 하나님께서 자신에게 결혼식을 진행하라고 말하고 계심을 알고 있었다.

> 이에 그가 가서 디블라임의 딸 고멜을 맞이하였더니(호 1:3).

호세아는 고통이 앞에 놓여있다는 사실을 알면서도 결혼하기로 선택했다.

그 결혼식 모습을 마음속으로 한번 그려보기 바란다. 목사가 그 결혼예식에 참석한 모든 사람을 환영하는 말로 예식을 시작한다. "우리는 오늘 호세아와 고멜이 결혼하여 하나가 되는 자리에 모였습니다. 만일 어떤 이유로든지 이 두 사람이 합당하게 결혼하지 못할 이유가 있는 사람은 지금 이야기하십시오. 그렇지 않다면 영원히 침묵하시기 바랍니다." 그런 다음에 목사는 신부의 아버지인 디블라임을 향해 선다. "누가 이 여인을 이 남자와 결혼하도록 허락했습니까?" 디블라임이 그 유명한 한마디를 한다. "제가 했습니다." 만일 고멜이 결혼한 뒤에 어떤 사람임이 드러났던 것처럼 결혼하기 전 집에서도 그런 사람이었다면, 나는 그 아버지인 디블라임이 자기 딸자식을 결혼식장에 내보내면서 상당한 안도감을 느꼈을 것이라고 생각한다.

주례자는 계속 진행한다. "호세아군, 그대는 고멜을 그대의 아내로 맞이하여 오늘부터 앞으로 좋은 때나 나쁜 때나 그녀를 사랑하고 지켜주기로 맹세하겠습니까?" 호세아는 큰 덩어리가 목을 막고 있는 것 같아서 차마 말이 나오지 않았다. 그는 앞으로의 상황이 훨씬 더 나쁠 것임을 알고 있었다. 그러나 그는 주저하지 않고 "예, 그렇게 하겠습니다"라고 대답한다.

그런 다음에 주례자는 고멜에게 묻는다. "그대는 호세아를 그대의 남편으로 맞이하겠습니까? 그대는 그를 사랑하고 존경하며 그에게 순종하고, 두 사람이 사는 동안 다른 모든 것을 다 버릴지라도 오직 그만을 지키기로 맹세하십니까?"

모든 사람이 고멜의 대답을 기다리고 있는 동안 호세아는 고멜의 두 눈을 뚫어지게 바라본다. 그녀는 "예, 그렇게 하겠습니다"라고 대답한다. 호세아는 그가 그렇게 하지 않을 것임을 알고 있다. 그러나 그는 어찌됐든 고멜과 결혼하기로 선택한다. 당신은 그렇게 할 수 있겠는가?

여러 해 동안 수많은 사람이 내게 아주 슬픈 어조로 만일 자신들의 앞날에 어떤 고통이 놓여있는지 알았더라면 결코 결혼을 하지 않았을 것이라고 말했다. 물론 우리가 "좋은 때나 나쁜 때나"라고 맹세했을 때, 결혼 서약을 하는 우리들 가운데 어떤 사람도 앞날이 어떻게 전개될 것인지 몰랐다.

그러나 호세아는 알고 있었다. 그리고 자신의 가슴을 거듭해서 아프게 할 여자임을 그가 이미 알면서도, 그런 여인과 결혼하기로 한 그의 비상한 결심은 하나님의 사랑에 대한 특별한 통찰을 우리에게 제공한다. "이것이 바로 내가 행한 일이다. 나는 내 백성이 나에게 신실하지 못할 것이며 나에게 말로 표현할 수 없는 고통을 가져다줄 것임을 충분히 알면서 내 백성과 언약을 맺었다."

하나님께서는 태초부터 사람들이 죄악을 선택하게 될 것과, 그 죄악으로부터 우리를 건져내기 위해서는 하나님 자신이 직접 사람의 몸을 취해, 우리 인간의 세상 속으로 들어와 배척을 당하는 일을 하시게 될 것임을 알고 계셨다. 그리고 그러한 일이 하나님의 마음속에 형언할 수 없는 고난과 고통을 가져다줄 것임을 알고 계셨다. 그러나 하나님은 그 일을 진행하고 감당하셨다.

하나님께서는 처음부터 이스라엘이 우상들에게로 향할 것임을 알고 계셨다. 그렇지만 하나님께서는 이 사람들을 변함없이 사랑하셨다. 하나님께서는 백성에게 "나는 너희의 하나님이 될 것이며, 너희는 나의 백성이 될 것이니라"고 말씀하셨다. 하나님께서는 백성을 자신과의 배타적인 언약 관계 속으로 초대하셨다. 그들의 마음이 완고하기 그지없으며 정절을 지키지 않을 것임을 아시면서도 말이다.

하나님께서는 우리를 향해 똑같은 사랑을 보여주셨다. 당신이 어떨 것인지 모두 아시면서도 그리스도 안에서 당신에 대한 사랑을 맹세하셨다는 사실이 얼마나 감격스러운 것인가? 하나님께서는 우리가 얼마나 느리고, 이기적이고, 완고할 것인지 다 알고 계셨다. 그렇지만 하나님께서는 여전히 우리를 사랑하셨다.

예수 그리스도께서는 당신이 어떤 사람인지 다 알고 계시면서도 당신을 받아들이셨다. 여기에는 하나님을 실망시키는 일이 결코 가능하지 않다는 심원한 의미가 담겨 있다. 하나님께서는 당신의 삶에서 아주 처절한 실패를 계속 당하게 될 것을 아시면서도 당신을 사랑하셨다. '우리가 아직 죄인 되었을 때에 그리스도께서 우리를 위하여 죽으셨다'(롬 5:8). 하나님께서는 우리를 받아들이기에 앞서 먼저 우리가 우리 자신의 삶을 잘 정리할 때까지 기다리지 않으신다. 하나님께서는 우리를 먼저 받아들이시면서 따라올 고통에 대해 다 아시면서 죄인들에게 헌신하신다.

두 번째 장면: 가정 – 사랑의 고통

호세아와 고멜은 결혼식을 올린 뒤에 몇 년 동안은 잘 지낸 것으로 보인다. 그들은 두 아들과 딸 하나를 두었다. 그러나 그 자식들에게 상당히 당혹스러운 이름들이 붙여졌으며, 이것은 배후에 어떤 심각한 문제점들이 자리 잡고 있음을 시사해주고 있다. 그 자녀들의 이름은 대학살의 장소(왕하10:1-11) 이스르엘Jezreel, '사랑받지 못한다'는 뜻인 로루하마Lo-Ruhamah 그리고 '내 백성이 아니다'라는 뜻의 로암미Lo-Ammi였다(호 1:4-9).

그 자녀들과 함께 집에 있는 호세아의 모습을 한번 상상해보기 바란다. 늦은 밤이다. 고멜은 몇 시간째 들어오지 않고 있다. 그녀는 자기가 어디에 가는지 무엇을 하고 있는지에 대해 말도 없이 은근슬쩍 피하고 있다. 그러나 호세아는 무슨 일이 진행되고 있는지 다 알고 있다. 그는 자신의 아내를 대놓고 질책한다. 그러나 아무것도 변하지 않았다. 그래서 호세아는 상처받은 사랑의 고통에 시달리고 있는 남자가 되어 방안을 서성이고 있다.

여러 해 동안 고멜이 집을 비우는 일은 더욱 길어지고 더욱 잦아졌다. 그녀는 들어왔다가 또 나갈 것이다. 그러한 상황은 도저히 참을 수 없는 것이었다. 호세아는 번민 가운데 빠졌다. 하나님께서는 그가 이러한 고통을 겪게 될 것이라고 결혼 전에 이미 말씀하셨다. 지금 그는 그 고통 가운데서 헤매고 있다.

호세아의 고통은 하나님의 심정을 들여다보게 해주는 일종의 창이다. 고멜이 호세아에게 그랬듯이, 하나님의 백성은 하나님께 신실하지 못했다. 그래서 다른 신들에 대한 하나님 백성의 애정은 호세아의 아내가 다른 남자와 함께하기 위해 나갔을 때 호세아가 겪었던 것과 똑같은 고통을 하나님의 마음에 가져다주었다. 그래서 호세아 6장 4절에서 하나님께서는 이렇게 물으셨다. "에브라임아 내가 네게 어떻게 하랴 유다야 내가 네게 어떻게 하랴 너희의 인애가 아침 구름이나 쉬 없어지는 이슬 같도다."

"한순간은 너희가 나를 사랑한다고 말한다. 그러나 다음 순간에 너희의 사랑은 사라져버린다! 그러니 내가 너희에게 어떻게 해주랴?" 깨어진 가정의 고통을 겪은 사람은 누구든지, 하나님의 마음에서 쏟아져 나오는 그 아픔이 무엇인지 정확히 이해할 것이다.

고멜의 행동은 죄가 얼마나 하나님께 고통스럽고 직접적인 공격인지 이해하는 데 도움을 준다. 우리가 거짓말하고, 속이고, 도둑질하고, 거짓 맹세하고, 정욕에 불타고, 하나님을 모독하고, 우리가 하나님의 이익보다 우리 개인의 이익을 추구할 때마다, 우리는 하나님의 마음에 상처를 입히고 있는 것이다. 만일 죄가 단지 어떤 원칙이나 규정을 깨뜨리는 것에 불과하다면, 훨씬 덜 심각할 것이다. 그러나 죄는 하나님의 마음에 상처를 준다.

존 매이스필드John Masefield는 「영원한 자비하심」The Everlasting Mercy이라는 위대한 시를 썼다. 그 시는 소올 캐인Saul Kane이라는 사람의 이야기를 전해주고 있다. 그 사람은 미스 보온Miss Bourne이라고 불리는 퀘이커 선교사의 노력을 통해 그리스도를 믿게 된 사람이었다. 미스 보온은 영국 도심에 있는 가장 초라한 선술집들을 순회하곤 했다. 그는 비상한 용기를 지닌 여인이었다. 한번은 소올 캐인이 형편없이 취해서 어떤 사람들과 욕지거리와 상스러운 말을 나누고 있었다.

그때 소올 캐인은 미스 보온이 술집에 서 있는 것을 보았다. 이 용기 있는 여인은 그리스도의 이름으로 '남성 전용 구역'에 들어갔다. 그녀는 눈을 크게 뜨고 마음을 졸이면서 담배꽁초와 성냥이 어질러져 있는 술집 한가운데를 지나 캐인에게 다가갔다. 미스 보온은 캐인에게 그가 마시는 술잔과 내뱉는 더러운 말은 그리스도의 머리를 찌르는 또 하나의 가시관과 같은 것이라고 말했다.

그것이 그 남자의 삶의 전환점이었다. 소올 캐인은 자기가 그리스도에게 행하고 있었던 일을 더 이상 계속할 수가 없었다.[1]

세 번째 장면: 그 성읍 – 솔선하는 사랑

구약성경의 율법은 간음 행위에 연루된 양측 모두에게 사형을 규정하고 있다(레 20:10). 바로 그런 이유 때문에 그리스도께서는 간음 뒤에 이혼의 가능성을 허락하고 계신다(마 19:9). 만일 구약성경의 율법이 규정하고 있는 형벌이 그대로 집행된다면, 정절을 지키지 않은 배우자는 돌에 맞아서 죽음을 당하게 되므로, 규정상 무고한 배우자는 자유롭게 재혼할 수 있었기 때문에 간음은 아주 독특한 상황을 만들었다. 그래서 이혼은 호세아에게 있어서 정당한 선택이었다.

하나님께서는 “내가 너희 하나님이 될 것이며 너희는 나의 백성이 될 것이니라”(레 26:12)고 말씀하심으로써 자신의 백성과 배타적인 언약 관계를 맺으셨다. 그러나 그 백성은 언약의 핵심을 위반했다. 그들은 다른 신들을 향해 나갔다. 그러므로 이러한 상황에서 적절한 행동은 하나님께서 백성과 자신이 맺은 언약을 종결짓고, 다른 백성을 찾는 것인 것처럼 보인다.

분명 그 상황은 참을 수 없는 것이었으며, 계속되도록 허락되어서도 안 되는 일이었다. 그래서 하나님께서는 반드시 행동하기로 결심하셨다. 하나님께서는 자기 백성이 이런 식으로 배타적인 언약 관계 속으로 들어왔다 나갔다 하는 것을 허락하실 수가 없었다. 특단의 조처를 취해야 했다. 하나님의 백성은 자신들의 죄악에 대한 결과에 직면하게 될 것이었다. 그들은 베어질 것이다.

> 그들은 애굽 땅으로 되돌아가지 못하겠거늘 내게 돌아오기를 싫어하니 앗수르 사람이 그 임금이 될 것이라 칼이 그들의 성읍들을 치며 빗장을 깨뜨려 없이하리니 이는 그들의 계책으로 말미암음이니라(호 11:5, 6).

하나님의 결심은 굳어진 것으로 보인다. 그 백성이 죄송하다고 말하기는 너무 늦어버렸다. “…비록 그들을 불러 위에 계신 이에게로 돌아오라 할지라도 일어나는 자가 하나도 없도다”(호 11:7).

그러나 하나님께서는 이 결론대로 처리하지는 않으실 것처럼 보인다. 하나님께서는 자기 백성에 대해 심판으로 끝을 내실 수가 없으시다.

> 에브라임이여 내가 어찌 너를 놓겠느냐 이스라엘이여 내가 어찌 너를 버리겠느냐 내가 어찌 너를 아드마같이 놓겠느냐 어찌 너를 스보임 같이 두겠느냐 내 마음이 내 속에서 돌이키어 나의 긍휼이 온전히 불붙듯 하도다(호 11:8).

하나님의 정의는 "내가 이 일을 끝장내버려야 한다"고 말한다. 그러나 하나님의 사랑은 "내가 사랑하는 백성을 이렇게 간단히 포기할 수는 없다"고 말한다. 당신은 여기에서 하나님의 마음이 찢어지는 것을 느낄 수 있는가? 구약성경 이야기 내내, 이 두 가지 주제—하나님의 위엄찬 거룩하심과 하나님의 비할 데 없는 사랑—를 볼 수 있다. 그것은 마치 서로 반대 방향으로 당기고 있는 것처럼 보인다.

그것은 마치 호세아가 "나는 고멜이 하고 있는 일을 더 이상 참을 수 없다!"고 말하면서도 동시에 "내가 그녀를 사랑하는 일을 그만둘 수는 없다"고 말하는 것과 같다. 그의 마음은 왔다 갔다 하고 있다. 밤중에는 "내가 변호사를 찾아가야지" 하고 말하다가도 정작 아침이 되면 찾아가지 못한다. 만일 이러한 딜레마가 고통스럽게도 당신 마음의 중심을 찌르고 있다면, 당신은 하나님의 마음에 대한 특별한 통찰을 지니고 있는 것이다.

하나님께서는 호세아에게 신실하지 못한 그의 아내에 대해 그가 어떻게 해야 할지 말씀해주셨다. 그것은 하나님께서 우리를 어떻게 다루시기로 선택하셨는지에 대한 놀라운 묘사이다.

> 여호와께서 내게 이르시되 이스라엘 자손이 다른 신을 섬기고 건포도 과자를 즐길지라도 여호와가 그들을 사랑하나니 너는 또 가서 타인의 사랑을 받아 음녀가 된 그 여자를 사랑하라 하시기로(호 3:1).

그리하여 호세아는 성읍으로 들어가서 자기의 아내를 찾았다. 그의 아내 고멜은 도성에서 퇴폐하고 지저분한 지역에 들어가 있었다. 그는 아내를 찾아 헤맸고, 마침내 찾았을 때 그의 아내는 이미 절망적인 상태에 빠져있었다. 호세아는 은 열다섯 개와 보리 한 호멜 반으로…그를 샀다(호 3:2). 이 일이 호세아의 기분을 어떻게 만들었을 것인지 상상할 수 있겠는가?

네 번째 장면: 다시 집으로 – 사랑의 기쁨

호세아서에는 이 네 번째 장면이 기록되어있지 않다. 그러나 이 장면은 분명하게 약속되어있다. 호세아의 결혼과 하나님과 백성과의 관계 사이에는 분명하게 병행하는 공통점이 있다. 그것이 바로 호세아서의 핵심이다. 만일 호세아서가 하나님의 고통을 예증하고 있다면, 우리는 하나님께서 하시는 말씀의 궁극적인 결과가 호세아의 이야기 끝에 반영되어있을 것이라고 합리적으로 가정할 수 있을 것이다.

하나님께서는 하나님과 하나님 백성과의 관계에 대한 이야기가 어떻게 끝날 것인지에 대해 우리에게 이렇게 말씀해주신다.

> 그러므로 보라 내가 그를 타일러 거친 들로 데리고 가서 말로 위로하고(호 2:14).

물론 '거친 들'은 그 한 쌍의 커플만이 있을 수 있는 곳을 말한다. 하나님께서는 자신의 신부를 다시 찾아오실 것이다. 하나님께서는 둘이서만 가지게 될 새로운 허니문에 대해 말씀하고 계신다. 그리고 하나님께서는 민족 전체를 놓고서 이렇게 말씀하신다.

> 내가 그들의 반역을 고치고 기쁘게 그들을 사랑하리니 나의 진노가 그에게서 떠났음이니라(호 14:4).

고멜은 다시 집으로 돌아온다. 이스라엘 민족도 다시 집으로 돌어와서 하나님과 화해한다.

호세아는 그의 인생 말년에 이르러서 이 모든 것을 썼을 것임에 틀림없다. 나는 여기에 약간의 상상이 가미되어있음을 인정한다. 나는 그를 생각하면서 지팡이를 곁에 두고서 자기 책상에 앉아있는 한 노인을 연상한다. 그가 방을 둘러보았을 때, 거기에는 한 여인이 흔들의자에 앉아있다. 그리고 그는 속으로 생각한다. "나는 내가 일찍이 사랑했던 것보다 지금 더욱 그녀를 사랑한다."

호세아의 이야기는 해피엔딩이다. 깨어진 관계는 회복됐다. 그것은 사랑의 선택, 사랑의 고통, 솔선하는 사랑 그리고 사랑의 기쁨에 대한 이야기였다. 잊을 수 없을 만큼 정신적 충격이 컸지만, 그래도 승리한 호세아의 경험은 하나님의 이야기를 우리에게 보여준다.

그리스도에 대한 조명 SPOTLIGHT ON CHRIST

하나님께서는 죄인들을 사랑하시기로 선택하셨다. 하나님께서는 사랑의 고통과 그 대가에 대해 전부 알고 계신다. 이 사실이 진리가 패역하고 무가치한 사람들을 위해 이 땅에 자신의 독생자를 보내신 일에서보다 더 명확하게 나타나는 곳은 없다. 사도 바울이 썼다시피, "우리가 아직 죄인 되었을 때에 그리스도께서 우리를 위하여 죽으심으로 하나님께서 우리에 대한 자기의 사랑을 확증하셨느니라"(롬 5:8).

하나님께서는 예수 그리스도 안에서 솔선해서 사랑하시는 증거를 보여주셨다. 그리고 하나님께서는 자기 백성과 영원히 사랑의 기쁨을 나누실 것이다.

우리는 그러한 사랑을 받을 자격이 없다. 정의는 또 다른 것을 요구한다. 그러나 십자가가 하나님의 사랑과 정의를 하나로 만들어주고 있다. 한 무더기의 폭약을 한번 생각해보자. 그 폭약 더미에서부터 두 개의 도화선이 하나는 우측으로 다른 하나는 좌측으로 상당히 길게 뻗어 나와 있다. 그 한쪽 도화선의 끝에는 표지판 하나가 그 폭약 더미를 가리키고 있는데, 그 위에 '정의'라고 쓰여있다. 그리고 다른 편 끝에는 또 다른 표지판이 그 폭약 더미를 가리키고 있는데, 그 위에는 '사랑'이라고 쓰여있다.

그 두 도화선에 동시에 불이 붙었다. 한쪽 편에서 누군가가 서서히 타들어가고 있는 도화선을 발견하고서, "이것 참 큰일이군. 이 도화선이 정의의 폭약에까지 다 타들어가서 마침내 정의가 터진다면, 우리는 죗값을 갚기 위해 지옥에 떨어지고 말텐데!"라고 말한다. 그러자 다른 편에서도 다른 누군가가 타들어 가고 있는 도화선을 발견하고는, "이것 참 좋은 일이군. 이 도화선이 사랑을 폭발시키면, 하늘이 열릴 거야"라고 말한다.

그 도화선들이 서로를 향해 계속 타들어가서, 마침내 다 타들어갔을 때, 지구 전체를 흔드는 폭발이 일어난다. 정의와 사랑이 십자가에서 서로 충돌하는 것이다.

그것이 바로 성경의 이야기이다. 아담이 죄를 지었던 어느 날, 하나님께서는 그가 죽을 것이라고 말씀하셨다. 동시에 하나님께서는 그 저주에 대한 승리가 있을 것임을 약속해주셨다. 앞으로 언젠가 그 뱀의 머리를 부수고 사람을 죽음으로부터 건져낼 여인의 자손이 있을 것이라는 약속이다.

하나님께서는 두 개의 긴 도화선에 불을 붙이셨다. 그렇게 하심으로써 정의와 사랑으로 죄의 저주를 없애버리시고 죄인들을 건져내실 것이다. 정의와 사랑. 이 두 개의 주제는 마침내 갈보리에서 만날 때까지 구약성경 이야기 전체를 관통하면서 타들어가고 있다. 정의와 사랑은 십자가에서 가장 완전한 표현에 도달하게 된다. 우리의 죄악에 대한 완전무결한 희생제물이 제공되면서, 사랑은 정의에 대한 하나님의 요구를 만족시켰다.

왜 당신은 이와 같은 사랑으로부터 도피하려 하는가?

비록 자연의 전 영역이 내 것이라 할지라도
바쳐질 제물로는 너무나 적네
너무나도 놀랍고 신성한 사랑이
나의 생명 나의 영혼 나의 모든 것을 요구하네

–아이작 왓츠 「내가 놀라운 십자가를 바라보았을 때」(개작)

드러난 사실 UNLOCKED

참된 사랑은 충동도 아니고, 감정도 아니고, 하나의 결심이다. 그것은 지불해야 할 대가에 상관없이, 사랑받는 사람을 위해 행동하는 꾸준한 헌신이다. 호세아는 고멜을 향한 자신의 행동과 실천 가운데서 사랑의 참된 의미를 입증해주었다. 호세아는 지불해야 할 대가에 상관없이, 아내에게 최선의 유익을 주는 쪽으로 행동하겠다고 결심했다. 그래서 그는 앞으로 결혼생활에 놓여있는 고통과 슬픔에 대해 잘 알고 있으면서도 고멜과 결혼했던 것이다. 그래서 그는 그 관계를 끝내는 것이 정당화될 수 있었던 암흑의 세월을 지내면서도 아내에게 헌신적인 태도를 바꾸지 않았다. 바로 그러한 이유로 호세아는 고멜이 가장 밑바닥까지 내려갔을 때 값을 지불하고 그 아내를 집으로 데려왔던 것이다.

'여호와께서 이스라엘 족속을 사랑하고 있듯이'(호 3:1), 호세아는 고멜을 사랑했다. 그래서 절망적인 상황들 속에서 자기 아내에게 베푼 그의 특별한 사랑을 통해 그는 우리에게 하나님의 심정의 단편을 보여주었다.

성경은 우리에게 '하나님이 세상을 이처럼 사랑하사 독생자를 주셨다'(요 3:16)고 말하고 있다. 이것은 하나님께서 우리에 대한 따스한 감정들에 사로잡혔다는 뜻이 아니다. 실상은 그와 정반대이다. 하나님은 우리의 죄악을 보고 계시며, 그 죄악은 고멜의 행위가 호세아에게 불쾌한 것이었듯이, 하나님께 불쾌한 것이다. 그러나 하나님께서는 자신의 아들을 희생시켜야 한다 할지라도 그 대가에 구애됨이 없이 우리가 받을 가장 최선의 유익을 위해 행동하시기로 선택하셨다.

우리에 대한 하나님의 사랑은 예수님의 죽으심을 통해 역사 가운데서 결정적으로 입증됐다. 그러나 거기에서 그치는 것이 아니다. 바울은 또한 우리에게 "우리에게 주신 성령으로 말미암아 하나님의 사랑이 우리 마음에 부은바 됨이니"(롬 5:5)라고 말하고 있다. '부은바 되었다'는 말은 풍족하여 포화 상태라는 것을 뜻한다. 성령은 이 사랑을 우리 마음 가운데 쏟아부으셔서, 하나님의 사랑이 십자가 위에서 역사적으로 입증될 뿐만 아니라, 오늘날 직접 개인이 생활 속에서 경험할 수 있도록 하신다. 우리가 이 사랑을 발견했을 때, 우리 또한 성령의 권능으로 말미암아 대가에 구애받지 않으면서 다른 사람의 최선의 유익을 위해 행동하겠다는 선택을 할 수 있는 것이다.

기도 PAUSE FOR PRAYER

전능하신 하나님 아버지!

제가 주님의 놀라우신 사랑에 한없이 낮아지고, 또한 그 사랑에 감사하며 주님 앞에 무릎을 꿇습니다. 저의 죄악에 대해 주님께서 완전히 다 알고 계시면서도 왜 주님께서 저에게 주님의 모든 것을 바치시는지 그 까닭을 다 헤아릴 수 없습니다. 그러나 저는 주님께서 하신 일에 대해 무한한 감사를 드립니다. 저는 제가 그토록 신실하지 못할 때에도 주님께서 왜 계속 저에게 신실하신지 그 까닭을 다 헤아릴 수 없습니다. 그러나 저는 주님께서 저를 위해 신실하시다는 사실에 대해 주님께 찬양을 드립니다.

저에 대한 주님의 감격스런 사랑의 차원들을 파악할 수 있도록 더 큰 능력을 더하여 주시고, 이 구속의 사랑으로 저의 마음을 가득 채워주셔서, 주님의 특별한 마음이 제 안에 들어올 수 있도록 하여주시옵소서. 예수 그리스도의 이름으로 기도드립니다. 아멘.

Note

1. John Masefield, "The Everlasting Mercy," 다음에 수록되어 있음. *Collected Poems of John Masefield* (New York Heineman, 1942).

39

믿음

Faith

하박국 2장

하나님께서 오늘날 세상에 허용하시는 악에 대해
우리가 어떻게 이해해야 하는가?

묵상의 길잡이

☑ **발견하라**
하나님께서 자신의 목적 성취를 위해 얼마나 놀랍게 악을 사용하시는지 발견하라.

☑ **배우라**
왜 믿음이 보는 것보다 더 나은지 배우라.

☑ **경배하라**
하나님께서 결국에는 어떻게 모든 악을 없애실 것인지 보면서 경배하라.

내가 이 장의 초고를 썼던 주간에 들려왔던 뉴스들은 하나같이 암울했다. 그렇다고 해서 평상시와 달랐던 것도 아니다. 중동에서의 폭력 사태, 발칸 반도에서의 만행들, 캘리포니아에서 한 가족이 모두 살해됐다는 소식 등이었다. 나는 이 같은 사건들이 꾸준히 일어난다는 것을 지적하면서 처음에는 이렇게 썼다. "당신이 이 장을 읽고 있을 때 신문의 기사는 달라져있을 것입니다. 그러나 그 주제는 폭력, 파괴 그리고 죽음으로 전과 똑같을 것입니다."

그리고 내가 그 원고의 최종 수정을 끝마칠 즈음, 그것은 이전보다 훨씬 더 심각해진 것 같다. 신문의 기사들은 미국에서 벌어진 최대의 재난 여파로 가득 차 있다. 테러리트스들이 세계무역센터와 펜타곤(미 국방성)을 공격하여 4,000명 넘는 시민을 죽게 만든 것이다. 그렇지만 그 주제들은 여전히 동일하다. 폭력, 파괴 그리고 죽음이다.

오늘 당신이 이 책을 손에 들고 있을 때, 신문의 기사들이 어떨지 내가 예견할 수는 없다. 그렇지만 슬프게도 나는 이 주제들이 변치 않을 것이라고 자신한다. 때때로 우리는 우리를 침울하게 만드는 이 세상의 죄악들이 얼마나 오래 지속될 것인지 궁금해한다.

그것이 바로 하박국 선지자가 직면했던 문제였다. 그의 예언은 한 가지 중요한 차이점 이외에는 마치 욥기를 읽는 것 같다. 욥기는 개인적인 고난의 문제에 관심을 기울였지만, 하박국은 하나님께서 세상 가운데 허락하시는 악의 문제에 관심을 기울였다.

선지자가 맡는 주된 역할은 하나님으로부터 받은 말씀을 사람들에게 대언하는 것이었다. 그러나 하박국은 사람들을 대신해서 하나님께도 말씀을 드렸다는 점에서 달랐다. 이 책의 대부분은 하나님에 대한 하박국의 불평, 즉 탄원에 할애되어있다. 그는 몇 가지 중요한 문제를 제기하고 있다. 하박국은 하나님께서 왜 이 세상을 현재의 모습처럼 그냥 두시는지 그 까닭에 대해 매우 혼란스러워했다.

그것은 성경 이야기의 큰 쟁점이다. 성경은 당신과 나로부터 시작하지 않는다. 성경은 하나님과 세상이 더불어 시작한다. 즉, "태초에 하나님이…"이다. 그것이 첫 번째 되는 것이다. 그리고 "태초에 하나님이 천지를 창조하셨다." 그것이 두 번째 되는 것이다.

그리스도인들이 성경을 마치 개인 구원에 대한 핸드북처럼 취급하면서 나머지 영역은 거의 무시하는 것은 좁은 생각이며 아주 위험한 일이다. 성경은 하나님의 계시이다. 그리고 성경은 세상에 대한 하나님의 계획에 대해 우리에게 말해주고 있다. 성경은 세상이 하나님께 속해있음과 하나님이 당분간 악을 허용하시는 이유가 있다고 우리에게 전한다. 하나님께서는 마지막에 악이 없어질 것이며, 온 땅이 하나님의 영광으로 가득 차게 될 것이라고 우리에게 말씀하신다.

성경은 어떤 사람들이 말하는 세계관, 즉 우리가 살아가고 있는 세계에 대한 이해 방식, 우리 주위에서 진행되고 있는 일들에 대한 이해 방식 등을 알려주고 있다. 성경 어디에도 하박국보다 이 점에 대해 더 명확하게 제시하고 있는 부분은 없다.

"하나님! 어째서 죄악을 허용하고 계십니까?"

하박국이 정확히 어느 시대를 살았는지 알 수는 없다. 우리가 가지고 있는 단 한 가지 단서는 하나님께서 하박국에 이르시길 "내가…갈대아 사람을 일으켰나니"(합 1:6)라는 말씀이다. 바벨론 사람들이 주전 586년에 예루살렘 성을 무너뜨렸으므로, 하박국이 그 시기 전 세대에 하나님의 말씀을 전했다고 가정하는 것이 합당할 것이다.

하박국은 한 가지 깊은 질문으로 시작한다.

> 여호와여 내가 부르짖어도 주께서 듣지 아니하시니 어느 때까지리이까 내가 강포로 말미암아 외쳐도 주께서 구원하지 아니하시나이다 어찌하여 내게 죄악을 보게 하시며 패역을 눈으로 보게 하시나이까…(합 1:2, 3).

예루살렘 성읍 안에 있는 자기 집에서 머리를 감싸 쥐고 있는 하박국의 모습을 상상해보라. 그는 총으로 쏘고, 살인하고, 어떤 폭력과 파괴에 대한 이야기를 보지 않고서는 《예루살렘 일보》를 읽을 수가 없었다. 그가 그 도시를 둘러보았을 때, "겁탈과 강포가 내 앞에 있고 변론과 분쟁이 일어났다"(합 1:3)고 말하고 있다. 그가 둘러보는 모든 곳에서, 즉 사업장에서, 정부에서, 이웃 사이에서, 심지어 성전 안에서조차 분쟁과 말다툼이 있었다. 당신은 적어도 하나님의 백성이 최소의 기본적인 품성을 지니고 이웃을 대할 것이라 기대하겠지만, 그것은 과거의 일이 되어버렸다. 이제는 모든 사람이 자기만을 위하는 것 같았다. 그래서 하박국은 소송하기 좋아하는 도시 가운데서 살게 되었다.

물론 그 결과는 '율법이 해이'(합 1:4)하게 되는 것이었다. 법정은 소송이 너무 많아서 제 기능을 하지 못했으며, 무슨 수를 써보아도 정의가 이기지 못했다. 이러한 이유는 '악인이 의인을 에워쌌으므로 공의가 굽게 행함이었다'(합 1:4). 많은 소송이 진실과 정의에 기초하기보다는 돈과 권력에 기초해서 판결됐다. 그 결과 전체 사법 질서가 무너지고 있었다. 이 이야기가 전혀 딴 세상 이야기처럼 들리는가, 아니면 이상하게도 대단히 친숙하게 들리는가?

이 일이 하박국에게 큰 고통을 주었던 이유는 바로 이 모든 일이 하나님의 백성 가운데서 일어나고 있었다는 사실이었다. 하나님께서는 이 백성을 다른 나라들에 빛이 되라고 부르셨다. 예루살렘은 하나님의 이름이 영광을 받고 시민들은 하나님의 법에 따라서 살아가는 성읍이 되어야 했다. 하박국의 마음은 하나님의 도성에 가득 찬 불의 때문에 무거웠다. 그는 하나님께서 얼마나 오랫동안 이렇게 진행되도록 허락하실 것인지 궁금했으며, 백성의 죄악에 대해 무슨 일인가 하시기를 고대하고 있었다.

왜 하나님께서는 잘못을 허용하고 계시는가? 우리 시대에 일어나고 있는 일을 우리가 어떻게 이해해야 하는가? 하박국은 타락한 세상 가운데 살아가고 있는 신자들이 세대마다 직면하는 커다란 의문들을 제기하고 있었다. 왜 세상이 이 모양이란 말인가? 왜 하나님께서는 오늘날 세상을 휩쓸고 있는 악들을 허용하고 계신다는 말인가?

너는 이것을 믿지 못할 것이다!

> 너희는 여러 나라를 보고 또 보고 놀라고 또 놀랄지어다 너희의 생전에 내가 한 가지 일을 행할 것이라 누가 너희에게 말할지라도 너희가 믿지 아니하리라(합 1:5).

하박국은 하나님께서 행동하시기를 기다리고 있었다. 그리고 이제 하나님께서도 움직이실 준비를 끝내셨다. 아마도 하박국 선지자는 이렇게 생각했을 것이다. "좋습니다, 이 믿을 수 없는 일이 무엇인지 제게 말씀해주십시오, 주님! 이 나라에 민족적인 부흥을 가져다주실 것인가요? 다음 세대에는 많은 사람의 믿음이 회복되는 일이 벌어지나요?"

이어서 하나님께서 하신 말씀 때문에 하박국은 분명 할 말을 잃었을 것이다.

> …갈대아 사람을 일으켰나니(합 1:6).

나는 하박국 선지자가 이 시점에서 깜짝 놀라며 다시 물었을 것이라고 생각한다.

"갈대아(바벨론) 사람들을요?"

"그래, 하박국아, 갈대아 사람들을 말이다."

"그러나 주님께서 그렇게 하실 수 없습니다! 하나님 백성 가운데서 벌어지고 있는 사태는 꽤 절박합니다. 그러나 이 일이 바벨론 사람들 가운데서는 전혀 벌어지고 있는 것 같지 않습니다. 그 사람들은 주님께서 위하시는 모든 것을 거부하고 있는 사람들입니다. 주님께서 그 사람들을 일으키실 수는 없습니다. 그렇지 않습니까, 주님?"

치료책이 현 상태보다 더 나쁜 것처럼 보였다. 그러나 하나님의 대답은 아주 분명했다. 하나님께서는 자기 백성의 죄악을 징계하기 위해 바벨론 사람들을 사용하시려는 것이었다. 하나님께서는 자신의 목적을 달성하기 위해 바벨론 사람들의 악을 사용하시려는 것이었다.

그 말을 받아들이는 데는 상당한 믿음이 필요하다. 그것은 해답을 주기보다는 오히려 의문을 더 많이 일으키는 것 같다. 그래서 하박국이 다음과 같이 두 번째 질문을 했다는 것은 전혀 놀라운 일이 아니다.

> 선지자가 이르되 여호와 나의 하나님, 나의 거룩한 이시여 주께서는 만세 전부터 계시지 아니하시니이까 우리가 사망에 이르지 아니하리이다 여호와여 주께서 심판하기 위하여 그들을 두셨나이다 반석이시여 주께서 경계하기 위하여 그들을 세우셨나이다 주께서는 눈이 정결하시므로 악을 차마 보지 못하시며 패역을 차마 보지 못하시거늘 어찌하여 거짓된 자들을 방관하시며 악인이 자기보다 의로운 사람을 삼키는데도 잠잠하시나이까(합 1:12-13).

하박국의 첫 번째 질문은 하나님의 백성의 죄악들에 대한 것이었고 두 번째 질문은 세상에 있는 더 광범위한 악에 대한 것이었다. 하박국은 하나님께서 자기 백성에게 심판을 행하기 위해 바벨론 같은 악한 권세를 사용하실 수 있다는 사실을 받아들이는 것처럼 보인다. 그러나 그 사실은 또 하나의 질문을 야기했다. 하나님께서 악한 권세들에 대해서는 어떻게 하실 것인가?

역사가 향해나가고 있는 곳

그 대화는 잠깐 멈추었던 것 같다. 하나님의 대답에 이르기까지는 하박국 2장까지 기다려야 한다. 마침내 하나님께서 상당히 중요한 선언을 하신다.

> 여호와께서 내게 대답하여 이르시되 너는 이 묵시를 기록하여 판에 명백히 새기되 달려가면서도 읽을 수 있게 하라 이 묵시는 정한 때가 있나니 그 종말이 속히 이르겠고 결코 거짓되지 아니하리라 비록 더딜지라도 기다리라 지체되지 않고 반드시 응하리라(합 2:2-3).

하나님의 말씀은 이런 말씀이었다. "하박국아, 이제 내가 말하려고 하는 내용을 네가 받아 적도록 해라. 왜냐하면 이것은 모든 사람이 알 필요가 있는 것이기 때문이다. 이 내용은 영구적으로 기록될 필요가 있다. 내가 지금 네게 말하고자 하는 것은 그 정해진 때까지는 일어나지 않을 일이기 때문이다. 내가 종말에 일어날 일을 밝히 드러내고자 한다." 그래서 하박국은 펜과 판을 꺼내서 하나님이 하신 다섯 가지 말씀들을 기록했다. 각각의 진술들은 "화있을진저!"라는 말로 시작됐다. 그 말은 무엇인가가 저지될 것임을 시사하는 말이었다.

"화 있을진저 자기 소유 아닌 것을 모으는 자여"(합 2:6). 이 사람은 깨끗하지 않은 방법으로 부를 축적한 사람이다.

"재앙을 피하기 위하여 높은 데 깃들이려 하며 자기 집을 위하여 부당한 이익을 취하는 자에게 화 있을진저"(합 2:9). 이 사람은 진리와 정의에 대한 안목을 상실해서, 자기 권력을 쌓아나가고 자신의 목적들을 달성하기 위해서는 어떤 짓이든지 할 사람이다.

"피로 성읍을 건설하며 불의로 성을 건축하는 자에게 화 있을진저"(합 2:12). 이 사람은 사람의 생명을 경시하는 자이다.

"이웃에게 술을 마시게 하되 자기의 분노를 더하여 그에게 취하게 하고 그 하체를 드러내려 하는 자에게 화 있을진저"(합 2:15). 이 사람은 마약을 남용하고 여자들을 능욕하는 자이다.

"나무에게 깨라 하며 말하지 못하는 돌에게 일어나라 하는 자에게 화 있을진저"(합 2:19). 이 사람은 우상숭배자이다. 그의 생활에서 가장 중요한 것은 자신의 업적이다. 자기가 만들어놓은 것으로 하나님의 자리를 대신하는 것이다.

하나님께서는 세상에서 모든 악이 마침내는 저지될 것이라고 약속하고 계신다. 그들의 파멸은 보장되어있다. 하나님께서는 모든 악을 완전히 뒤엎어버리실 것이다. 그리고 '대저 물이 바다를 덮음같이 여호와의 영광을 인정하는 것이 세상에 가득할 것이다'(합 2:14). 바로 그것을 향해 인간의 역사가 나아가고 있는 것이다.

믿음으로 살아감

악의 문제로 인한 갈등의 한 가운데서, 하나님께서는 하박국에게(또한 우리에게) 이렇게 말씀하신다.

> 의인은 그의 믿음으로 말미암아 살리라(합 2:4).

이 말씀은 사도 바울이 복음의 요약으로서 인용했던 말씀이다. "내가 복음을 부끄러워하지 아니하노니 이 복음은 모든 믿는 자에게 구원을 주시는 하나님의 능력이 됨이라…복음에는 하나님의 의가 나타나서 믿음으로 믿음에 이르게 하나니 기록된바 오직 의인은 믿음으로 말미암아 살리라 함과 같으니라"(롬 1:16-17).

믿음으로 살아가는 의인은 신약성경에서 사도 바울이 꾸며낸 새로운 생각이 아니었다. 의인은 언제나 믿음으로 살아왔다. 하나님의 백성은 믿음을 기반으로 활동해야 하며, 그리스도께서 재림하실 때까지 그렇게 살아가야 한다.

하박국이 '의인'에 대해 말하고 있는데, 그것은 모든 면에서 절대적으로 올바른 사람이 있다는 뜻이 아니다. 성경은 '의인은 없나니 하나도 없다'(롬 3:10)고 확고하게 말한다. 그러나 자신들의 삶 속에서 그리고 세상 속에서 의로움을 소망하는 사람들은 분명 존재한다. 예수님께서는 이러한 사람들에 대해 "의에 주리고 목마른 자는 복이 있나니 그들이 배부를 것임이요"(마 5:6)라고 말씀하셨다.

하박국과 같이 의에 주리고 목마른 이 사람들이 어떻게 이 혼란스런 세상을 이해할 수 있을까? 어떻게 우리가 우리 세계의 불확실하고 예견할 수 없는 사건들을 통과하면서 인생을 항해해나갈 수 있을까? 어떻게 우리가 역사의 현장 가운데서 일어나는 끔찍한 악들에 직면해서 우리의 방향을 지켜낼 수 있을까? 그에 대한 대답은 바로 '믿음'이다. '의인은 믿음으로 말미암아 살 것이다.'

믿음이 보는 것보다 더 낫다

본다는 것은 놀라운 선물이다. 그러나 시력은 매우 제한된 능력을 가지고 있을 따름이다. 눈은 사방을 다 볼 수 없다. 한 번에 한 방향만을 볼 수 있을 뿐이다. 그래서 눈을 돌려서 다른 곳을 바라보면, 앞서 보았던 것을 바라볼 수 있는 능력을 상실하게 된다.

우리가 이 타락한 세상에서 살아가고 있는 한, 믿음이 보는 것보다 훨씬 더 낫다. 보는 눈은 증거를 찾으며, 의견을 형성하며, 결론을 도출해낸다. 눈이 가지고 있는 문제점은, 눈은 오직 관찰 가능한 것들만을 보는 대상으로 할 뿐이라는 것이다. 눈은 그 이상의 것을 인지할 능력을 가지고 있지 않다.

눈은 결코 보이지 않는 하나님의 권능을 헤아릴 수 없다. 그렇기 때문에 우리가 살아가고 있는 이 세상을 이해하기에 눈은 터무니없이 부적절한 것이다. 있는 그대로 말하자면, 눈은 보이지 않는 하나님을 그림에서 제외시킬 수밖에 없다. 그래서 만일 당신이 눈에 보이는 것에만 기초해서 이 세상에서 일어나는 사건들과 삶을 이해한다면, 당신은 크게 실망할 수밖에 없을 것이다.

하나님께서는 하박국에게 그가 바벨론이 등장하는 것을 보게 될 것이라고 말씀하고 계셨다. 그는 완전히 탄압하는 환경 속에서 살아갈 것이다. 세상을 활보하는 악의 수준은 그로 하여금 망연자실하게 만들 것이다. 그러나 하나님께서는 하박국이 자기 주변에서 본 것에만 근거해 움직이지 않아야 한다고 말씀하셨다.

이것은 믿음을 행사하는 사람이 눈을 감은 채 살아간다는 뜻이 아니다. 믿음의 사람의 두 눈은 문제점들에 대해 밝게 떠 있어야 한다. 그러나 믿음은 눈으로 보는 것을 넘어선다. 믿음은 난관들의 그 너머를 보며, 하나님을 인식한다.

만일 우리가 눈에 보이는 것에만 근거해서 움직인다면, 우리는 곧 아주 낙담하게 될 것이다. 우리는 고위직에서의 권력 남용과 교회의 연약성과 세상에 동화된 성격과 끔찍스런 폭력 행위들과 섬뜩한 학대를 보게 될 것이다. 우리는 바벨론 사람들이 횡행하는 것을 보게 될 것이다. 만일 우리가 의로움을 사모하면서도 눈에 보이는 것에만 근거해서 생각하고 움직인다면, 우리는 곧 암흑과 절망에 사로잡힐 것이다.

물론 우리가 그리스도의 임재 가운데 있다면, 눈으로 본다는 것은 전적으로 다른 문제가 될 것이다. 그때 우리는 예수 그리스도를 보게 될 것이다. 그때 눈으로 보는 것은 하나님을 이해할 수 있는 능력이 된다. 그러나 지금은 눈이 그런 능력을 가지고 있지 않다. 하늘의 기쁨은 우리가 그를 보게 될 것이라는 것이다. 그때까지 우리는 믿음으로 걸어나가야 한다.

믿음은 하나님의 약속을 의지한다

그것이 바로 하나님께서 하박국에게 하라고 명하신 것이다. 전능하신 하나님께서는 바벨론을 흥성하게 하시면서도 예루살렘은 망하게 하실 것이다. 겉으로 보기에는 악이 승리해서 하나님의 목적이 무너지고 있는 것처럼 보일 것이다. 그러나 하나님께서는 이렇게 말씀하셨다. "나의 목적은 달성될 것이다. 그리고 결국 악은 완전히 멸절될 것이다. 그것이 나의 말이다 그리고 이것이 나의 일이 될 것이다. 자, 나를 믿으라."

믿음은 말씀과 하나님의 역사를 의지한다. 믿음은 하나님께서 말씀하시는 것을 신뢰하며 하나님이 행하시는 것에서 안식을 발견한다. 바로 아브라함이 그렇게 했다. 하나님께서는 아브라함의 자손들을 하늘의 별들과 같이 많게 하시겠다고 약속하셨다(창 15:5).

유일한 문제는 아브라함이 100세나 된 노인이었으며, 그의 아내는 거의 90세에 가까웠다는 사실이었다. 이삭이 태어날 가능성은 거의 제로에 가까웠다.

보는 눈은 "희망이 전혀 없어"라고 말했지만, 믿음은 눈에 보이는 것을 넘어서서 하나님 말씀에서 안식을 찾았다. 하나님께서는 "너의 후손들이 하늘에 있는 별들처럼 많을 것이다"라고 말씀하셨다. 그리고 아브라함은 하나님께서 하신 말씀을 믿었으며, 오직 하나님만이 하실 수 있는 일에서 참된 안식을 찾았다. 바울은 아브라함이 100세나 되어 자기 몸의 죽은 것 같음을 인식하고 있었다고 말했다(롬 4:19). 그러나 그는 하나님께서 약속하신 것을 이루실 능력이 있으심을 완전히 믿고 하나님에게 영광을 돌렸다(롬 4:21).

그것이 바로 믿음이 작용하는 방식이다. 믿음은 눈으로 관찰할 수 있는 사실들을 넘어서서 하나님의 약속을 의지한다. 당신은 자신의 삶에서 상당히 낙심되는 상황을 보고 있을지 모르겠다. 눈으로 볼 수 있는 현실은 좋지가 않다. 아마도 당신이 보고 있는 것에는 희망을 가질 수 있는 어떠한 근거도 없을 것이다. 하나님께서는 믿음을 근거로 해서 움직이라고 당신에게 촉구하고 계신다. 믿음은 현실을 인정한다. 그러나 믿음은 전적으로 하나님의 약속을 의지한다.

믿음은 영원한 기쁨의 문을 열어준다

하박국은 경배로 끝을 맺고 있다. 선지자는 자신이 궁금해했던 것들에 대해 물었다. 하나님께서는 약속을 주시고 선지자에게 믿음을 촉구하셨다. 그런 다음에 3장에서 하박국은 하나님의 신실하심을 기억하면서 경배하기 시작한다. 그리고 이 경배를 통해 하박국은 구약성경에서 가장 위대한 신앙 고백 가운데 하나를 하게 된다.

하박국은 하나님을 바라보고, 완전한 확신을 고백하는 기도로 끝을 맺고 있다.

> 비록 무화과나무가 무성하지 못하며 포도나무에 열매가 없으며 감람 나무에 소출이 없으며 밭에 먹을 것이 없으며 우리에 양이 없으며 외양간에 소가 없을지라도 나는 여호와로 말미암아 즐거워하며 나의 구원의 하나님으로 말미암아 기뻐하리로다(합 3:17-18).

자기 주변을 휩쓸고 있는 죄악들의 의미를 이해하지 못해서 괴로웠던 한 선지자에게서 나온 이 신앙 고백은 욥이 고난 중에 드렸던 경배를 생각나게 한다. 그것은 구약성경에 나오는 최고의 신앙 고백 중 하나이다.

하박국은 자기 주위에서 일어나고 있는 일에 의존하지 않는 기쁨을 발견했다. 그는 자기가 생각할 수 있는 가장 심각하고 어려운 형편들을 이야기한 다음에, 하나님께 이렇게 말씀드렸다. "비록 모든 것이 잘못되고, 지옥불 가운데 떨어진다 할지라도, 이것이 나의 처지입니다. 나는 눈으로 보는 것에 근거해 생각하거나 움직이지 않고 믿음에 근거해서 일할 것입니다. 나는 주님의 약속 가운데서 안식을 얻겠습니다. 그리고 나는 주님이 나의 구주이심을 아는 데서 기쁨을 찾겠습니다."

하박국의 기쁨은 비록 바벨론 군대가 하나님의 도성을 휩쓸어버린다 할지라도 그 상황을 주관하고 계신 분은 여호와 하나님이시라는 확신에 근거하고 있었다. 그는 역사가 하나님의 계획에 따라서 움직이고 있으며, 모든 악이 무너지고 없어져 버릴 한 날을 향해 전진해나가고 있다는 사실을 파악했다.

이 기쁨은 현재 시장에서 벌어지고 있는 일에 의존하지 않으며, 대통령의 자리에 누가 앉아있는지에도 의존하지 않는다. 우리는 피어나는 무화과나무와 포도나무 가지에 달린 포도와 우리에 든 양 떼와 외양간에 있는 소 떼를 위해서도 기도해야 하지만, 우리의 기쁨은 이러한 예상할 수 없는 것들에 의존하지 않는다. 하박국은 하나님 안에 뿌리박혀있으며, 하나님의 목적이 성취될 것이라는 확실성에 뿌리받힌 기쁨을 발견했다. 그리하여 그는 안정을 찾았으며, 이 세상에서 갈수록 악이 커지고 있는 때에 기쁨으로 하나님께 경배할 수 있었던 것이다.

당신은 이러한 믿음에 대해 무엇을 알고 있는가?

그리스도에 대한 조명 SPOTLIGHT ON CHRIST

600년 후, 한때 하박국이 자기 주변의 악에 대해 번민했었고 나중에 바벨론 군사들에 의해 멸망됐던 바로 그 도시 예루살렘이 하나님께서 약속하셨던 그대로 재건되어있었다. 예수님께서 탄생하실 즈음, 예루살렘은 혼잡한 도시가 되어있었다. 바벨론 제국은 이미 오래전에 사라지고 없었다. 그러나 로마에 근거지를 두고 있는 또 다른 제국이 등장하여 예루살렘의 자율권을 박탈했다. 그 제국의 악은 다른 제국의 악과 그다지 다르게 보이지 않았다.

로마는 다른 이름을 가진 바벨론과 같았다. 그리스도의 시대에도 여전히 정의를 얻는 일은 어려웠다. 그 당시에 정의는 정치적으로 움직이고 있었던 본디오 빌라도라는 재판장의 손에 달려있었다.

그 장면을 잘 살펴보라. 두 사람의 거짓 증인이 법정에 서서 이미 편견을 가지고 있는 배심원들을 향해 거짓말을 하고 있다. 하나님께서는 왜 그런 일이 벌어지도록 허용하고 계시는가.

군사들은 두 손이 묶여있는 사람의 주위에 서 있다. 그들은 그 사람을 치고 그 사람에게 침을 뱉고 그 사람의 머리에 가시 면류관을 씌웠다. 그것은 하박국이 보았던 폭력과 파괴와 별반 다름이 없다. 왜 하나님께서는 그런 일을 허용하신단 말인가?

와서 무고한 사람이 십자가에 못 박히는 광경을 보라. 그는 괴로워하는 가운데 죽어가면서 "나의 하나님, 나의 하나님, 어찌하여…?"라고 외친다. 하나님께서는 악이 횡행할 수 있는 날을 허락해주셔서 하나님 자신의 목적을 이루시는 데 그 악을 사용하셨다.

피터 크리프트Peter Kreeft는 그의 책 『고난을 이해하기』*Making Sense of Suffering*에서 "갈보리는 유도柔道와 같다. 그래서 대적의 힘이 그 대적을 무찌르는 데 사용된다"고 말하고 있다.[1] 이것은 아주 절묘한 비유이다. 하나님께서는 악의 권능을 취해서, 악 자체가 멸망하도록 그 악의 관성을 사용하신다. 사탄의 목적이 하나님의 수단이 되는 것이다.

물론 눈으로 보는 것은 결코 그 사실을 당신에게 알려주지 못할 것이다. 예수님의 제자들까지도 눈에 보이는 것에 근거해서만 생각하고 움직였기 때문에, 그들이 인지할 수 있었던 것은 죽음 가운데서 괴로워하시는 하나님의 아들이 전부였다. 그들은 모두 주님을 버리고 도망갔다. 차라리 여인들이 더 나은 행동을 보였다. 그들은 요한과 더불어 십자가 곁에 남아있었다. 그러나 그들이 본 것은 희망의 죽음과 기쁨의 종말이 전부였다.

그러나 믿음이 십자가를 바라볼 때, 믿음은 끔찍한 악 이상의 것을 본다. 믿음은 하나님께서 역사하고 계시는 것을 보며, 그분의 약속을 믿는다. 믿음은 바로 이 때문에 그리스도께서 세상에 오셨다는 사실을 본다. 믿음은, 만일 하나님께서 그리스도가 자기 백성을 그들의 죄악들로부터 구원해주실 것이라고 말씀하셨다면, 그의 죽음조차도 틀림없이 그 목적에 해당할 것이라고 여긴다.

가장 개인적인 수준에서, 나는 믿음이 눈으로 보는 것보다 더 낫다고 말하고자 한다. 만일 내가 하나님의 법에 비추어서 나의 생활을 세심하게 분석한다면, 보고 있는 눈은 내가 죄를 지었으며 하나님의 영광에 모자란다고 말할 것이다. 그 사실은 내 눈에만 보이는 것이 아니라 내 아내의 눈에도 그리고 내가 잘 알고 있는 모든 사람들의 눈에도 보일 것이다. 그것은 우리 모두에게 해당된다. 의로운 사람은 없으니, 단 한 사람도 없다.

그러나 믿음은 눈으로 보는 것보다 더 깊이 들어간다. 믿음은 하나님의 약속을 의지한다. 믿음은 "그리스도께서 나의 죄악을 위해 죽으셨다"고 말하며, 그리스도께서 십자가 위에서 우리의 죄악을 다 감당하셨기 때문에 우리가 용서받을 수 있으며, 하나님과 화목하게 될 수 있다고 고백한다. '그러므로 그리스도 예수 안에 있는 자에게는 결코 정죄함이 없다'(롬 8:1)는 하나님의 약속을 믿는다. 그리스도에 대한 이 믿음은 영원한 기쁨을 가져다준다. 그렇기 때문에 나는 하박국과 함께 "내가 구원자이신 하나님을 기뻐하리라"라고 말할 수 있는 것이다.

바로 그런 이유 때문에 사도 바울이 "의인은 믿음으로 살리라"는 하박국의 말을 취한 것이다. 십자가에 비추어볼 때, 이것은 믿음이 단지 이 세상을 통과해나가면서 의를 사모하는 사람들을 위한 길이라는 뜻이 아니라, 믿음이 의를 사모하는 사람들이 장차 임할 생명으로 들어가게 되는 길이라는 뜻이다.

만일 당신이 성경 이야기를 끝까지 따라간다면, 당신은 바벨론이 요한계시록에서 다시금 등장하고 있음을 발견하게 될 것이다. 예전의 바벨론 제국은 그리스도의 탄생 수백 년 전에 붕괴됐다. 그 이래로 역사는 대제국들의 흥망성쇠를 목격했다. 그 대제국들은 모두 다른 이름으로 불리는 바벨론과 같다고 여겨진다. 성경은 오만하게 하나님을 대적하는 이 세상의 권세들을 모두 합해서 바벨론이라는 이름을 사용하고 있다.

사도 요한의 생애 끝 무렵, 그가 밧모섬에 고독하게 유배되어있었을 때, 하나님께서는 그에게 장차 이루어질 일들에 대해 한 부분을 보여주셨다. 요한계시록에서 사도 요한은 우리에게 자기가 본 것을 전해 주고 있다. "무너졌도다 무너졌도다 큰 성 바벨론이여"(계 18:2). "사라져버렸구나! 끝장나버렸구나!" 사도 요한은 하나님께서 하박국에게 약속하셨던 일의 일면을 보았던 것이다.

그런 다음에 사도 요한은 그리스도께서 그의 모든 영광 가운데 하늘로부터 내려오시는 것을 보았다. 그리고 그는 큰 무리가 외치는 것 같은 다음의 소리를 들었다. "할렐루야 주 우리 하나님 곧 전능하신 이가 통치하시도다 우리가 즐거워하고 크게 기뻐하며 그에게 영광을 돌리세…"(계 19:6, 7).

드러난 사실 UNLOCKED

성경은 악이라는 것이 존재한다고 우리에게 가르쳐주고 있다. 악은 추하고 파괴적이다. 악은 언제나 고통과 슬픔을 가져온다. 악의 권력은 아담과 하와가 에덴동산에서 하나님께 대한 불순종을 선택했을 때 이 세상에 풀려나가게 되었다. 그때 이후로 사람은 악의 손아귀에서 벗어나 자유를 얻고자 노력해왔으나, 악으로부터 벗어나는 것은 우리의 능력 밖의 일이다. 정부가 악을 제지할 수도 있으며 그렇게 하는 것이 당연하지만, 그렇다고 해서 악으로부터 우리가 벗어날 수 있는 것은 아니다. 하나님만이 우리를 악에서 건져주실 수 있다.

그러나 우리는 하나님이 배척당하고 있는 세상 가운데서 살아가고 있다. 우리가 살고 있는 이 사회에서조차도 공공 영역에서 하나님을 배제시키려는 여러 시도들이 존재한다. 우리는 우리를 구원해주실 수 있는 분에게 떠나달라고 요청하면서도, 악이 횡행할 때면 왜 하나님은 아주 멀리 떨어져 뒷짐만 지고 있는 것처럼 보이냐고 불평을 한다.

하나님께서는 모든 악을 멸하실 것이다. 마지막 때에 가서 악은 서지 못할 것이다. 그것이 죄가 세상에 들어오던 날에 하셨던 하나님의 약속이었다(창 3:15). 그리고 그것이 바로 복음 가운데 나타나 있는 큰 소망이다. 그러나 하나님께서는 우리에게 과연 악이 없는 세상 가운데 살기를 원하는지 아닌지 선택할 자유를 주고 계신다. 만일 우리가 원한다면, 우리는 우리 내면에 있는 악으로부터와 우리 주변에 있는 악으로부터 건짐을 받아야 한다.

그리스도께서는 우리를 악으로부터 건지시기 위해 이 땅에 오셨다. 그리스도께서는 우리가 믿음으로 그리스도께 나아갈 때, 우리 생활 가운데 있는 악의 권세를 깨뜨리신다. 그러나 그리스도께서는 그리스도를 배척하고 있는 세상에 악의 권력이 남아있도록 허락하고 계신다. 그러한 긴장 때문에 우리는 그리스도께서 재림하시고 더 이상 악이 존재하지 않을 날을 고대하게 된다.

그날이 이르기까지, 하나님께서는 우리가 보이는 대로가 아니라 믿음으로 행하면서 살아가라고 명하신다. 우리는 최근에 일어난 참사나 재난 그 너머를 바라보아야 한다. 십자가는 아무리 큰 죄악이라 할지라도 하나님의 목적을 무마시킬 수 없음을 우리에게 일깨워주고 있다. 그리고 믿음은 하나님의 최후 승리의 날을 예견하고 있다.

기도 PAUSE FOR PRAYER

전능하신 하나님 아버지!

제가 세상 가운데 역사하고 있는 죄악 때문에 슬픔과 비탄에 젖어 주님께 나옵니다. 제가 악한 것을 미워하고 선한 것을 고수하도록 도와주시옵소서. 저의 생각과 말과 행동과 의도와 그 어떤 곳에서든 악을 보게 되면, 그 악과 열심히 싸워 이길 수 있도록 도와주시옵소서.

제 주위에서 저의 눈으로 보는 사실에 근거해서가 아니라 믿음에 기초해서 모든 것을 행하도록 도와주시옵소서. 그리스도께서 우리를 악으로부터 건져주시기 위해 세상에 오심을 감사드립니다. 제가 항상 주님 안에서 구원을 확신하고, 주님을 신뢰할 수 있도록 도와주시옵소서. 예수 그리스도의 이름으로 기도드립니다. 아멘.

Note

1. Peter Kreeft, *Making Sense out of Suffering*(Ann Arbor, Mich Servant, 1986), 132.

40

소망

Hope

말라기 4장

우리에게 어떠한 소망이 있는가?

묵상의 길잡이

☑ **발견하라**
왜 어떤 종교도 당신을 하나님께 인도해줄 수 없는지 그 이유를 발견하라.

☑ **배우라**
왜 구약성경이 하나님의 최종적인 말씀일 수 없는지 그 이유를 배우라.

☑ **경배하라**
전체 성경 이야기가 어떻게 우리에게 예수 그리스도를 가르쳐주고 있는지 보면서 경배하라.

연극을 즐기는 청중들은 배우, 감독 그리고 음악 등을 포함하여 몇 가지 이유 때문에 연극을 보러간다. 어떤 사람은 등장인물들이 펼쳐내는 재미있는 이야기의 전개를 좋아한다. 만일 성경을 압축된 한 편의 드라마로 만든다면, 그것은 마치 2막으로 구성된 연극과 같이 두 부분으로 전개될 것이다.

이 큰 드라마의 1막은 구약성경이 될 것이다. 구약성경은 실제 역사 기간으로 보면 아브라함에서부터 말라기까지 대략 1,600년 동안 진행되는 이야기이다. 그래서 1막의 길고 긴 이야기가 끝나면서 2막에서 무슨 일이 벌어지는지 보기 위해 자리로 되돌아가기까지 우리는 막간 휴식을 취한다.

1막을 되돌아볼 때, 그 전체 이야기는 한 가지 문제점과 한 가지 약속에 대한 것이었다. 그 문제점은 이야기의 서두에서, 즉 사랑의 하나님께서 창조하신 첫 남자와 첫 여자에게 좋은 것들로 둘러싸이도록 해주셨는데도 그들이 다른 것을 원했던 문제가 우리에게 제시됐다. 아담과 하와는 악에 대해 전혀 모르고 있었다. 그래서 그들은 만일 자신들의 악에 대해 무엇인가를 알게 된다면 자신들의 삶이 더 완벽해질 것이라고 느꼈다.

하나님의 낙원 안에서는 악을 경험할 기회가 그다지 많지 않았다. 그러나 하나님께서는 그들에게 한 가지 명령을 주셨는데, 그 명령에 불순종하는 것이 악에 대한 그들의 첫 경험이었다.

에덴동산 바깥에서의 삶

그들의 죄에는 즉각적인 결과가 따랐다. 첫째, 그 일은 그들이 하나님과 맺은 관계의 성질을 바꾸어버렸다. 하나님께서는 동산에서 그들과 함께 동행하시는 방법으로 그들에게 나타나셨다. 그들은 하나님과의 사귐을 누렸으며 하나님과 대화하면서 살고 있었다.

그러나 첫 번째 죄를 지은 후, 아담과 하와는 주님을 피해 숨었다. 그들은 하나님께 가까이 가기를 원치 않았다. 주님께서는 아담을 불러 그가 숨어있는 곳에서 나오도록 하셔야 했다. 그리고 날이 저물 무렵 아담은 동산 바깥으로 쫓겨났다. 하나님께서는 더 이상 아담에게 나타나지 않으셨다. 아담은 하나님을 알고 있었지만, 하나님을 볼 수도 없었으며, 하나님의 음성을 들을 수도 없었다. 결국 그는 하나님으로부터 소외되었다.

아담과 하와의 인생 경험은 그날 바뀌어버렸다. 하나님께서는 그들에게 아름다운 관계를 주셨다. 그들은 완벽한 짝이었다. 서로에 대한 그들의 사랑은 그들에 대한 하나님의 사랑을 보여주는 거울과 같았다. 그들은 서로를 편하게 대했으며, 서로를 완벽하게 신뢰했다. 그러나 죄악은 그 모든 것을 바꾸어버렸다. 아담은 아내를 탓했으며, 아내는 뱀을 탓했으며, 뱀은 다리가 없어져버렸다. 처음으로 부부 사이에서 의심이 커졌다. 그들은 죄악이 단 한 번의 사건이 아니라, 그들 속에 자리잡고 있는 하나의 권세가 되어버렸음을 발견했다.

하나님께서는 장래에 무슨 일이 있을 것인지 그들에게 말씀해주셨다. 앞으로 이 악과의 커다란 싸움이 예정되어있다. 그 싸움은 매 세대 그리고 모든 문화에 걸쳐서 진행될 것이었다. 이 세상에서의 삶은 결코 하나님의 낙원에서 지냈던 삶과 같지 않을 것이다.

죄는 미래에 대한 그들의 희망을 바꾸어버렸다. 세상에는 저주라는 끔찍한 것이 존재했다. 하나님께서는 하와를 부추겨 죄를 짓게 한 뱀에게 "너는 저주를 받아라" 하고 말씀하셨다. 하나님의 말씀은 "네가 완전히 멸망할 것이다. 네가 저지른 모든 것은 아무것도 아닌 것이 될 것이다"라는 것이었다.

그다음에 하나님께서는 그 남자에게 향하셨다. 그러나 하나님께서는 즉시 그 저주를 아담으로부터 피해 땅으로 가게 하셨다. "땅은 너로 인하여 저주를 받고"(창 3:17). 아담은 땅이 도대체 무슨 일을 저질렀는지 분명히 궁금해했을 것이다. 자기가 받아 마땅한 저주를 땅이 받게 된 것이었다.

하나님께서는 그의 목숨을 보전하시기 위해 그 저주를 그 남자로부터 빗나가게 하셨다. 이것은 아담으로 하여금 하나님과 화목하게 될 여지를 남겨두셨다는 것을 의미한다. 그러나 그 저주의 요점은 분명했다.

악은 궁극적으로는 망하게 된다는 것이었으며, 아담과 그의 후손들의 가장 큰 문제는 이 악이 이제 그들 속에 존재하게 되었다는 것이었다.

아담과 하와는 에덴동산으로부터 쫓겨났으며, 그룹들이 하나님의 심판을 상징하는 화염검을 들고서 하나님의 낙원으로 되돌아가는 길을 지키게 되었다. 그곳으로 들어가고자 하는 사람들을 완전히 멸하는 이 심판을 통과하지 않고서는 하나님의 복 가운데로 되돌아갈 길이 전혀 없어져버렸다.

이것이 성경 이야기 전체를 관통하고 있는 큰 문제이다. 사람들은 하나님으로부터 소외되었다. 우리는 이제 아담과 하와가 에덴동산에서 지냈던 것과 같은 삶을 경험할 수 없다. 그리고 세상에 태어난 각각의 사람들 위에는 이 무서운 저주가 놓여있다.

이제 우리는 구약성경의 마지막 책인 말라기서에 이르게 되었다. 말라기는 구약 선지자들 가운데 최후의 선지자였다. 그는 느헤미야가 소규모의 사람들을 이끌고 예루살렘으로 복귀하여 그 도성의 성벽들을 재건했던 때를 즈음해서 하나님의 말씀을 전했다. 말라기서는 우리가 그 공동체의 생활이 어떤 모습이었는지에 대해 간파할 수 있도록 도와주고 있다.

말라기서 다음에는 막간 휴지기가 있었다. 400년 동안 하나님의 이야기에는 중요한 일이 전혀 일어나지 않았다. 그다음으로 무대에 나타난 선지자가 바로 세례 요한이었다. 그래서 우리가 구약성경 이야기의 말미에 이르면서, 이제는 어떻게 되었는지 최신 정보를 얻기 위해 다음 질문을 해보는 것이 가치가 있을 것이다. 성경 이야기의 출발 부분에서 제시됐던 그 문제와 관련해 우리는 지금 어디에 와있는가?

진전 없는 말다툼

하나님으로부터 멀어진 긴 세월이 지난 후에 하나님과 그의 백성 사이의 관계는 어디에 서 있는가? 이것이 그 질문이다. 말라기는 우리에게 별로 고무적인 답변을 주지 않는다.

하나님께서 어떤 말씀을 하시지만 그 백성은 하나님이 말씀하시는 것을 받아들이지 않는 모습이 말라기서 전체에 흐르고 있다. 그것은 마치 성질이 급하고 토라져있는 한쪽 편 사람이 상대편 사람이 하는 말은 무엇이든지 받아들이지 않으려고 하는 것과 같이, 하나님과 그의 백성 사이에 어떤 말다툼이 전개되고 있는 것이다.

말라기서는 하나님께서 자기 백성에 대한 자신의 사랑을 확인하는 말로 시작된다.

> 여호와께서 이르시되 내가 너희를 사랑하였노라(말 1:2).

하나님께서 그 백성을 애굽에서 이끌어내고, 수많은 약속을 해주시고, 유배 생활로부터 해방시켜주셨음을 생각할 때, 그 말은 맞는 말처럼 들린다. 그러나 하나님의 백성은 그 말을 받아들이지 않으려 했다. 그것은 마치 팔짱을 끼고서 "당신이 우리를 얼마나 사랑했는데?"하며 대드는 것과 같다(말 1:2).

당신이 말라기서를 끝까지 읽는면, 하나님과 그의 백성 사이에 계속해서 어떤 언쟁이 진행되고 있는지 분명히 알 수 있다. 하나님께서는 자기 백성과의 관계를 회복시키려고 애쓰고 계신다. 그래서 그 관계가 깨어지도록 만든 문제점들을 제기하신다. 그것이 관계가 회복될 수 있는 유일한 방법이다. 감정을 상하게 만든 쟁점들이 분명하게 제시되고 솔직하게 다루어져야 하는 것이다. 그러나 하나님의 백성은 그 문제점에 대해 부인한다.

당신은 한쪽 편에서 회피하면서 잘못된 것에 대한 어떠한 책임도 인정하지 않으려고 하는 언쟁을 본 적이 있는가? 깨어진 관계를 회복하고자 시도해본 사람들이라면, 이러한 언쟁이 어떤 것인지 잘 알 것이다. 바로 그런 일이 여기에서 벌어지고 있다.

부인하고 또 부인하다

하나님께서는 제사장들에 대해 문제를 제기하신다. 그들은 하나님께 드리는 예배의 질서를 유지하고 희생제사를 관장해야 했다. 하나님께서는 그들이 하나님의 이름을 경시하는 태도를 보이고 있다고 말씀하신다. 그러나 제사장들은 그 말씀을 받아들이려고 하지 않았다. 그 대신에 그들은 "우리가 어떻게 주의 이름을 멸시하였나이까?"라는 말로 자기들이 어떻게 하나님을 멸시했는지 알고자 했다(말 1:6). 하나님께서 문제점이 무엇인지 설명하신다. 하나님께서는 문제를 해결하고 관계를 회복시키기 원하시기 때문에 그 문제를 제기하고 계신다. "너희가 더러운 떡을 나의 단에 드렸다." 그러나 제사장들은 이 말씀도 받아들이지 않는다. 그 대신에 그들은 "우리가 어떻게 주를 더럽게 하였나이까?"라고 묻는다(말 1:7).

이것은 전혀 진전이 없는 토론의 징표를 보여준다. 이러한 패턴은 말라기서 전체에 흐르고 있다. 부인하고, 또 부인하고, 또 부인하고 있는 것이다. 하나님께서는 그 백성에게 회개의 문제를 제기하신다. "만군의 여호와가 이르노라 너희 조상들의 날로부터 너희가 나의 규례를 떠나 지키지 아니하였도다 그런즉 내게로 돌아오라 그리하면 나도 너희에게로 돌아가리라 하였더니." 이에 대한 그들의 대답은 어딘가 비뚤어진 것 같다. "너희가 이르기를 우리가 어떻게 하여야 돌아가리이까 하는도다"(말 3:7).

하나님께서는 십일조의 문제도 제기하신다. "사람이 어찌 하나님의 것을 도둑질하겠느냐"(말 3:8). 그러나 이 문제 제기에 대한 응답은 "우리가 어떻게 주의 것을 도둑질하였나이까"(말 3:8)였다.

그런 다음에 하나님께서는 그 백성이 하나님에 대해 거칠게 말하는 것을 지적하신다. "너희가 완악한 말로 나를 대적하고도 이르기를 우리가 무슨 말로 주를 대적하였나이까 하는도다"(말 3:13).

하나님께서는 자기 백성에게 손을 내밀고 계신다. 하나님께서는 자신이 그들을 사랑하고 있다고 말씀하고 있다. 그분은 백성과의 관계가 회복되길 원하고 계신다. 그래서 그들이 해결할 수 있는 문제점들을 제기하고 계시지만, 하나님의 백성은 거듭해서 그것을 부인하며 팔짱을 끼고서 하나님께 대들고 있다. 거기에서 구약성경이 끝을 맺고 있는 것이다.

하나님과 관계를 가지고 있는 한 남자와 한 여자와 더불어 시작했던 이 이야기는 문제점을 부인하고 어떠한 책임도 지려 하지 않으며, 그에 대해 아무것도 할 수 없는 상태에 있는, 하나님으로부터 소외되어 있는 사람들로 끝을 맺는다.

깨어진 가정의 고통

만일 그것이 남자와 여자가 하나님과 맺었던 관계에 대한 이야기라고 한다면, 그들이 결혼생활에서 서로에 대해 맺고 있었던 관계에 대한 이야기는 어떠한가? 구약성경에서 그 이야기는 기쁨으로 시작됐지만, 눈물로 끝난다. 에덴동산에서 아담과 하와는 완전한 행복을 누렸다. 그러나 구약성경의 끝에서 말라기는 이렇게 말을 한다.

> 너희는 이르기를 어찌 됨이니이까 하는도다 이는 너와 네가 어려서 맞이한 아내 사이에 여호와께서 증인이 되시기 때문이라 그는 네 짝이요 너와 서약한 아내로되 네가 그에게 거짓을 행하였도다 그에게는 영이 충만하였으나 오직 하나를 만들지 아니하셨느냐 어찌하여 하나만 만드셨느냐 이는 경건한 자손을 얻고자 하심이라 그러므로 네 심령을 삼가 지켜 어려서 맞이한 아내에게 거짓을 행하지 말지니라 이스라엘의 하나님 여호와가 이르노니 나는 이혼하는 것과 옷으로 학대를 가리는 자를 미워하노라 만군의 여호와의 말이니라 그러므로 너희 심령을 삼가 지켜 거짓을 행하지 말지니라(말 2:14-16).

하나님께서 말라기 시대의 문화에 대해 말씀하셨다시피, 결혼이 깨어지고 찢어지고 있음이 분명했다. 서로의 장래에 대한 꿈과 소망을 공유하는 기쁨은 깨진 약속들의 눈물로 끝나고 있었다.

그것이 구약성경의 이야기이다. 그 이야기는 동산에서 함께 완전한 생활을 누리는 기쁨을 공유하고 있었던 한 남자와 한 여자에게서 시작됐다. 그리고 그 이야기는 더 이상 정절과 사랑의 관계를 유지할 수가 없어서 이혼 법정에 서게 된 남녀의 이야기로 끝나고 있다. 그것이 우리 세계의 비극이다.

결혼생활이 깨어지는 것은 자녀들에게 극심한 피해를 가져다준다. 그래서 말라기 4장에서 하나님께서는 아비의 마음이 아들에게로 향하고, 아들의 마음이 아비에게로 향하게 될 한 날에 대해 말씀하셨던 것이다(말 4:6). 하나님께서 이러한 말씀을 하고 계신다는 사실은 당시 가족의 단위가 무너지고 있었다는 사실을 우리에게 말해준다. 아버지들은 자기 자식들에 대한 마음을 상실했다. 아들과 딸들은 자기 부모들을 돌보지 않았다. 가족들은 사랑이 없이 살았다. 쌓여왔던 잘못들에 대한 길고 긴 이야기들은 용서 없이 전개됐다. 기쁨으로 시작됐던 것이 눈물로 끝나고 말았던 것이다.

장래에 대한 전망들

말라기의 핵심적인 단어는 소망이지만, 구약성경 최후의 단어는 그다지 희망적이지 않다. 하나님께서는 누군가가 와서 "아버지의 마음을 자녀에게로 돌이키게 하고 자녀들의 마음을 그들의 아버지에게로 돌이키게 하리라 돌이키지 아니하면 두렵건대 내가 와서 저주로 그 땅을 칠까 하노라"(말 4:6) 하고 말씀하신다.

악에 대한 하나님의 저주가 말라기 전체에 계속해서 흐르고 있다. 이 단 두 구절만을 생각해보라. "내가 너희에게 저주를 내려 너희의 복을 저주하리라"(말 2:2). "너희 곧 온 나라가 나의 것을 도둑질하였으므로 너희가 저주를 받았느니라"(말 3:9). 하나님의 저주는 모든 악에 대해 내려진다.

이렇게 해서 우리가 구약성경의 끝부분에 도달했음에도 불구하고, 우리는 하나님으로부터 떠난 문제, 인간의 견고한 마음의 문제, 혹은 사람들 위에 내려진 저주의 문제를 다루는 일로부터 멀리 떨어져 있지 않다. 에덴동산에서 시작됐던 그 문제들은 말라기서의 마지막 말씀에까지 전체에 기록되어있다.

성취되지 않은 약속

죄의 저주에 대한 문제가 구약성경에 깊이 배어있다 할지라도, 성경 이야기는 또한 한 가지 약속에 관한 말씀이기도 하다. 죄악이 세상에 들어왔던 그날, 하나님께서 한 여인에게서 태어날 누군가가 뱀의 머리를 부술 것이라고 약속하셨음을 기억하라. 그 누군가는 그 악한 자와 악의 모든 역사를 멸할 것이다. 이 승리는 큰 대가를 치루고 얻어질 것이다. 그 사람은 뱀의 머리를 부수겠지만, 그 뱀은 그의 발뒤꿈치를 물 것이다(창 3:15). 즉, 악으로부터의 구원은 커다란 고통과 고난이 수반될 것이다.

그러므로 이 위대한 드라마의 처음부터, 우리는 악의 권세를 이기고, 궁지에 빠진 인류를 구원해줄 누군가를 바라보고 있다.

시간이 흘러 하나님께서는 아브라함에게 나타나셔서, "내가 너에게 복을 줄 것이며, 너를 통해 땅의 모든 나라들이 복을 누리게 될 것이다"라고 말씀하셨다. 이삭이 태어났고, 그다음에 야곱이 태어났다(야곱은 나중에 이스라엘이라는 이름을 다시 받는다). 그들로부터 하나님께서는 큰 민족을 일으키셨다. 이 사람들은 애굽에서 커다란 악에 의해 탄압을 당했으나 하나님께서 그들을 애굽으로부터 나오게 하고 그들과 한 가지 언약을 맺으셨다. "내가 너희 하나님이 될 것이며, 너희는 나의 백성이 될 것이다."

모세는 그들을 애굽으로부터 이끌고 나왔으며, 여호수아는 그들을 이끌고 가나안으로 들어갔다. 그러나 그들을 죄악 된 자신으로부터 건져낼 구원자는 아직 나타나지 않았다. 그런 다음에 하나님께서는 이스라엘의 두 번째 왕 다윗에게 한 가지 특별한 약속을 주셨다. 그것은 앞으로 어느 날 한 왕이 다윗의 후손 중에서 태어날 것인데, 그의 나라와 통치는 영원히 지속될 것이라는 약속이다(삼하 7:13). 그러나 다윗의 시대 이후로 대부분의 왕은 큰 실망만을 안겨주었다. 왕위에 오르는 왕마다 백성을 잘못된 길로 인도했다. 하나님의 백성은 여호와 하나님을 예배하는 대신, 그들 주변 민족들의 예배와 생활 풍습을 본받았으며, 그 결과 악이 하나님의 백성 가운데 편만하게 되었다.

그래서 하나님께서는 선을 그으셨다. 느부갓네살은 하나님의 백성 가운데서 가장 똑똑하고 잘난 사람들을 뽑아서 바벨론으로 끌고 가버렸다. 그리고 예루살렘 성읍과 성전과 궁궐은 완전히 무너져버렸다.

어디에 소망이 있었는가? 소망은 항상 있었다. 하나님께서는 결코 약속을 철회하지 않으신다. 그리하여 유배 생활을 한 지 70년 후에 몇 사람이 예루살렘으로 돌아와 그 성읍을 재건했다. 하나님께서는 선지자 말라기를 보내어 그들에게 문제점만이 아니라 약속에 대해서도 일깨워주셨다.

> 내 이름을 경외하는 너희에게는 공의로운 해가 떠올라서 치료하는 광선을 비추리니 너희가 나가서 외양간에서 나온 송아지같이 뛰리라(말 4:2).

하나님께서는 그 백성에게 인간 역사 내내 줄기차게 내려왔던 그 문제점에 대한 치료가 있을 것이라고 말씀하셨다. 악은 세상을 움켜쥐고 있었다. 심지어 하나님의 백성조차도 죄악의 포로가 되어버렸다. 그러나 하나님의 백성은 송아지가 외양간에서 풀려나 기뻐 뛰노는 것과 같은 자유를 경험하게 될 날을 맞이할 것이다. 그러나 구약성경의 끝에서는 아직도 여전히 그 약속이 성취되기를 고대하고 있을 뿐이다.

막간 휴식 시간

그리하여 1막의 위대한 드라마가 끝이 나고 이제는 중간 휴식 시간이다. 첫 번째 막은 대단했다. 사귐으로 시작됐던 하나님과의 관계가 소외로 끝나고 말았다. 기쁨으로 가득 차 있었던 삶의 경험은 이제 눈물로 점철되어있다. 에덴동산에서 가지고 있었던 영원한 삶에 대한 희망은, 이제는 죄 때문에 사람들 위에 펼쳐진 저주에 의해 무색해졌다. 하나의 중대한 약속이 주어졌다. 그러나 그 약속은 아직 성취되지 않았다. 그리고 바로 거기에서 구약성경은 끝나고 있다.

그리하여 막간 휴식 시간이 되자, 우리는 모두 휴게실로 빠져나와 전반부에 대해 생각해보기 시작한다. 우리는 로비에서 사람들이 무리를 지어 자기들이 보았던 1막에 대해 이야기하는 것을 보고 그 사람들 틈에 끼어든다.

"어떤 부분은 참 무거웠습니다." 덩치가 큰 남자가 말한다.

"어떤 부분은 눈물이 나오게 만들었어요." 손에 음료를 들고 선 가냘픈 한 숙녀가 말한다.

"나는 2막은 이번보다 더 행복한 결말이었으면 하고 바라고 있어요." 세 번째 사람이 덧붙였다.

"당연히 그래야 되겠지요." 그 무리 가운데 있던 다른 사람이 말한다. "지금까지 내내 약속들과 그것을 가리켜주는 지표들만 있었잖아요. 내가 말하지만 분명히 곧 무슨 일이 벌어질 거예요."

"그렇지만 무슨 일이든지 간에, 아직 일어나지는 않았잖소." 어떤 사람이 참을 수 없다는 듯이 말한다. "기본적인 문제를 다루었던 1막 전체에서 아무 일도 일어나지 않았단 말이요."

"아무 일도 일어나지 않았다는 당신의 말이 무슨 뜻입니까? 우리에게는 율법도 있고, 희생제사도 있고, 왕들도 있고, 제사장들도 있고, 성전에 임하신 하나님의 임재의 구름도 보았는데요?"

"그랬지요. 그러나 그 이야기의 중심적인 문제점은 아직 해결되지 않았단 말씀입니다." 그가 대답한다. "사람들은 하나님으로부터 떠났고, 그들의 인생은 전부 부패했어요. 그리고 그들 위에는 이 무서운 저주가 놓여있단 말입니다. 그 문제가 해결되지 않는 한 해피엔딩이란 있을 수 없어요!"

막간 휴식 시간이 끝났음을 알리는 종이 울리자, 그 무리는 모두 2막을 보기 위해 각자 자기 자리로 돌아갔다.

2막을 놓치지 말라!

청중 가운데서 누군가가 중간 휴식 시간에 그 극장을 떠났다고 가정해보자. 그들은 해결되지 않은 문제와 성취되지 않은 약속을 그대로 안고서 그 극장을 떠난 것이다.

모든 율법과 제사장들과 희생제사를 가지고 있는 구약성경의 끝에 이르면, 이런 질문을 하게 될 것이다. "무엇이 하나님으로부터 떠난 이 상태를 끝낼 수 있을까? 무엇이 사람의 마음을 바꿀 수 있을까? 세상에 태어나는 모든 사람 위에 걸려있는 무서운 저주를 제거해줄 수 있는 것이 무엇인가?"

오늘날 많은 사람들은 "모든 종교는 하나님께로 인도해준다"고 생각하고 있다. 그러나 구약성경은 정반대로 말하고 있다. 구약성경은 어떠한 종교도 우리를 하나님께로 이끌어줄 수가 없다고 가르친다. 구약성경의 종교 자체를 포함해서 말이다. 오늘날 많은 사람이 2막을 놓치고 있다. 그들은 구약성경을 포용하면서도 하나님께서 어떻게 최종적인 희생제물을 가지고 죄를 다루셨는지 모르고 있다.

우리는 말라기서와 구약성경을 끝내면서 우리에게 큰 문제가 있다는 사실을 분명히 깨달아야 한다. 우리는 하나님에 대해 죄를 지었다. 우리는 하나님의 법들을 어겼다. 우리는 하나님을 떠났다. 그리고 악에 대한 저주가 우리 위에 걸려있다.

그리스도에 대한 조명 SPOTLIGHT ON CHRIST

바로 그 때문에 예수 그리스도께서 세상에 오신 것이다. 예수 그리스도께서는 세상의 어떠한 종교도 할 수 없었던 일을 행하시기 위해 오셨다. 그분은 그 문제를 해결하고, 그 약속을 성취하기 위해 오셨다. 당신은 교회에 출석할 수 있고, 기도를 할 수 있고, 어떤 도덕적인 삶을 살아갈 수가 있다. 그러나 그리스도 없이는 당신은 하나님과 화목하게 될 수가 없다. 바로 그런 이유 때문에, 그리스도께서 세상에 오신 일은 모든 인간의 역사 가운데서 가장 큰 사건이다. 예수 그리스도께서는 당신의 마음을 변화시키실 수 있다. 예수 그리스도께서는 당신 위에 놓인 저주를 해치워버리실 수 있다. 그리고 예수 그리스도께서는 당신이 하나님과 화목하게 해주실 수 있다. 구약성경은 미완성된 이야기이다. 그것은 우리에게 그리스도가 필요하다는 사실을 보여준다.

예수님께서 세상에 태어나셨을 때, 하늘에 기쁨이 넘쳐났다는 것은 전혀 놀랄 일이 아니다. 그 사건은 인간의 모든 역사 가운데서 가장 중대한 사건이었다. 그리스도께서는 자기의 생명을 죄를 사하시기 위한 희생제물로 드리기 위해 세상에 오셨다. 그 그리스도께서는 사람과 하나님 사이에 다리를 놓으셨다. 또한 그분은 사람의 몸을 취하고 계신 하나님이시기 때문에, 자신의 본성 가운데서 사람과 하나님이 만나는 처소가 되신다. 그리고 그리스도께서는 자신의 죽음을 통해 우리가 모든 죄악을 용서받고 하나님과 화목하게 될 수 있는 길을 열어놓으셨다.

그리스도께서는 또한 그 저주를 감당하셨다. 하나님께서 그 저주가 아담에게 직접 가지 않고 빗나가게 하셨듯이, 당신에게서도 빗나가게 하실 준비를 다 하고 계신다. 그러나 그 저주는 말 그대로 진짜 저주이기 때문에 어디론가 가야만 한다. 그래서 예수님께서 오셨다. 사도 바울은 이렇게 설명했다.

> 그리스도께서 우리를 위하여 저주를 받은바 되사 율법의 저주에서 우리를 속량하셨으니 기록된바 나무에 달린 자마다 저주 아래에 있는 자라 하였음이라(갈 3:13).

예수님께서 하나님의 저주를 짊어지셨다. 하나님의 아들은 어느 누구도 할 수 없는 일을 행하셨다. "친히 나무에 달려 그 몸으로 우리 죄를 담당하셨으니 이는 우리로 죄에 대하여 죽고 의에 대하여 살게 하려 하심이라…"(벧전 2:24). 그분은 죽음으로 죄에 대한 형벌을 다 감당하셨으며, 사흘 만에 죽은 자 가운데서 부활하사, 우리가 영원한 삶에 들어갈 수 있게 하셨다.

그리스도의 희생으로, 그분께 나아가는 자들은 결코 하나님의 진노를 경험하지 않을 것이다. 왜냐하면 그리스도께서 그 사람들을 위해 그 진노를 대신 다 받으셨기 때문이다.

동산에서 시작된 이야기는 눈물로 끝나지 않을 것이다. 그 이야기는 아담과 하와가 동산에서는 결코 알 수 없었던 더 풍성한 기쁨으로 끝날 것이다. 그 이야기는 그리스도에 의해 구속함을 받은 모든 사람이 거주하는 한 성읍에서 끝날 것이다. 그 이야기는 아담과 하와가 알고 있었던 낙원보다 더 나은 결말을 갖게 될 것이다. 왜냐하면 우리는 현존하는 죄에서뿐만 아니라 다시 죄를 지을 가능성으로부터도 벗어나 자유하게 될 것이기 때문이다. 우리는 하나님을 보게 될 것이며 영원토록 완전한 생명 속으로 들어갈 것이다.

드러난 사실 UNLOCKED

이 장은 커다란 의문을 제기하고 있다. 타락한 세상과 깨어진 인생들에 어떤 희망이 존재하는가? 구약성경 이야기는 종교에도, 법률에도, 어떠한 종류의 인간 구조나 프로그램에도 소망이 전혀 없음을 명확히 하고 있다. 하나님께서는 600년이나 되는 기간에 걸친 백성의 이야기를 통해 그 점을 입증해주셨다.

그러나 하나님께서는 거짓된 소망들을 깨뜨리셔서 우리가 하나님의 아들에게서 참된 소망을 찾을 수 있도록 하신다. 하나님의 아들은 죄의 문제에 대한 해답이 되시며, 하나님의 약속들을 성취하신다.

이 장에서 나는 당신에게 성경의 이야기를 하나의 큰 드라마로 생각하고, 당신은 그 연극을 보고 있는 관객이라고 생각해보라고 부탁했다. 그러나 당신은 또한 그 연극에 등장하고 있는 배우이기도 하다. 성경은 인류의 큰 드라마이다. 그것은 우리의 이야기이다. 그러므로 당신의 삶은 그 이야기 속에 담겨있는 것이다. 당신은 한 사람의 구경꾼이 아니라, 그리스도께서 세상에 오신 이유 중 하나이다.

기도 PAUSE FOR PRAYER

은혜가 풍성하신 여호와 하나님!

제게 그리스도가 필요함을 보여주시고, 하나님의 아들을 세상에 보내주심을 진실로 감사드립니다. 그 아들의 죽음을 통해 제가 하나님과 화목하게 되었음을 감사드립니다. 그 아들이 죄로 인한 저주를 감당하셨음을 감사드립니다. 그렇지 않았다면, 그 저주는 저의 죄악 때문에 저에게 떨어졌을 것입니다. 그 아들이 저의 마음을 변화시켜주고 계심을 감사드립니다.

주님의 놀라우신 은혜와 크신 권능을 찬양합니다. 그리고 제가 그 은혜와 권능이 저의 생활 가운데 역사하고 있는 것을 볼 수 있게 하심을 감사드립니다. 예수 그리스도의 이름으로 기도드립니다. 아멘.

국제제자훈련원은 건강한 교회를 꿈꾸는 목회의 동반자로서 제자 삼는 사역을 중심으로 성경적 목회 모델을 제시함으로 세계 교회를 섬기는 전문 사역 기관입니다.

손에 잡히는 성경 이야기_ 구약

초판 1쇄 발행 2004년 7월 29일
개정판 1쇄 인쇄 2018년 2월 2일
개정판 1쇄 발행 2018년 2월 9일

지은이 콜린 스미스
옮긴이 김재영

펴낸이 오정현
펴낸곳 국제제자훈련원
등록번호 제2013-000170호(2013년 9월 25일)
주소 서울시 서초구 효령로68길 98(서초동)
전화 02)3489-4300 **팩스** 02)3489-4329
이메일 dmipress@sarang.org

ISBN 978-89-5731-740-2 04230
ISBN 978-89-5731-738-9(세트)

※ 책값은 뒤표지에 있습니다. 잘못된 책은 구입하신 곳에서 교환해드립니다.